# ଆଗନ୍ତୁକଙ୍କ ଦେଶ - ଆମେରିକା

# ଆଗନ୍ତୁକଙ୍କ ଦେଶ - ଆମେରିକା

## ଦେବୀ ପ୍ରସନ୍ନ ନନ୍ଦ

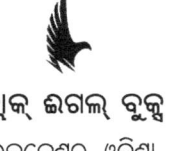

ବ୍ଲାକ୍ ଈଗଲ୍ ବୁକ୍ସ
ଭୁବନେଶ୍ୱର, ଓଡ଼ିଶା

**BLACK EAGLE BOOKS**
Dublin, USA

ଆଗନ୍ତୁକଙ୍କ ଦେଶ - ଆମେରିକା / ଦେବୀ ପ୍ରସନ୍ନ ନନ୍ଦ

ବ୍ଲାକ୍ ଇଗଲ୍ ବୁକ୍ସ : ଭୁବନେଶ୍ୱର, ଓଡ଼ିଶା ● ଡବ୍ଲିନ୍, ଯୁକ୍ତରାଷ୍ଟ୍ର ଆମେରିକା

BLACK EAGLE BOOKS

USA address:
7464 Wisdom Lane
Dublin, OH 43016

India address:
E/312, Trident Galaxy, Kalinga Nagar,
Bhubaneswar-751003, Odisha, India

E-mail: info@blackeaglebooks.org
Website: www.blackeaglebooks.org

First International Edition Published by
BLACK EAGLE BOOKS, 2023

**AGANTUKANKA DESHA- AMERICA**
by **Debi Prasanna Nanda**

Copyright © **Debi Prasanna Nanda**

All rights reserved. No part of this publication may be reproduced, stored in a retrieval system, or transmitted, in any form or by any means, electronic, mechanical, photocopying, recording or otherwise without the prior permission of the publisher.

Cover photo: **Debi Nanda**
Interior Design: Ezy's Publication

ISBN- 978-1-64560-473-0 (Paperback)

Printed in the United States of America

## ଉତ୍ସର୍ଗ

ଉକ୍ତ ଭ୍ରମଣ କାହାଣୀଟିକୁ ମୋ ଜୀବନଯାତ୍ରାରେ ସହଯାତ୍ରୀ ହୋଇଥିବା ମୋର ପରିବାର ଯଥା ଭ୍ରାତା, ଭଗିନୀ, ସହଧର୍ମିଣୀ, ପୁତ୍ର, କନ୍ୟା ଆଦି ସକଳ ପରିବାରବର୍ଗ ତଥା ବନ୍ଧୁ ସହୋଦର ଓ ଶୁଭେଚ୍ଛୁମାନଙ୍କ ଉଦ୍ଦେଶ୍ୟରେ ଉତ୍ସର୍ଗ କରୁଅଛି ।

# ମୁଖବନ୍ଧ

## ଡ. ଭଗବାନ ଜୟସିଂହ

ଓଡ଼ିଶାର ଅନ୍ୟତମ ପ୍ରାଚୀନତମ ଧର୍ମୀୟ ପୀଠସ୍ଥଳ ପୁରୀର ଧର୍ମ, ଭାଷା, ସାହିତ୍ୟ, ସଂସ୍କୃତି ଓ ପରମ୍ପରା ଉପରେ ନିଜର ଗବେଷଣାତ୍ମକ ପ୍ରବନ୍ଧମାନ ଲେଖି ଓଡ଼ିଆ ପାଠକ ଓ ଗବେଷକଙ୍କ ଦୃଷ୍ଟି ଆକର୍ଷଣ କରିଥିବା ଦେବୀ ପ୍ରସନ୍ନ ନନ୍ଦଙ୍କର ଆମେରିକା ଉପରେ ଏକ ଭ୍ରମଣ କାହାଣୀର ପାଣ୍ଡୁଲିପି ପଢ଼ିବାର ସୁଯୋଗ ଲାଭକଲି। ଦୁଇ ବର୍ଷ ପୂର୍ବେ ପତ୍ନୀ ଓ କନ୍ୟାଙ୍କ ସହ 'ଆଗନ୍ତୁକଙ୍କ ଦେଶ' ଆମେରିକା ପରିଭ୍ରମଣ କରି ଏବଂ ମାତ୍ର ଦେଢ଼ଟି ମାସର ଭ୍ରମଣଜନିତ ଅନୁଭୂତିକୁ ଯେଉଁଭଳି ଭାବେ ପରିବେଷଣ କରିଛନ୍ତି ତାହା ମୋତେ ଆଶ୍ଚର୍ଯ୍ୟଚକିତ କରିଛି।

ଏଠି ମନେ ରଖିବାକୁ ହେବ, ଆଜିର ବିଶ୍ୱାୟନ ପରିପ୍ରେକ୍ଷୀରେ ପୂର୍ବର ବିଦେଶଯାତ୍ରାର ପ୍ରତିବନ୍ଧକ ଓ କଠିନତା ଆଉ ନାହିଁ ଏବଂ ଆଜି ବହୁସଂଖ୍ୟାରେ ଲୋକମାନେ ବିଦେଶଯାତ୍ରାର ଉଲ୍ଲାସ ଓ ପୁଲକକୁ ଅଚିରେ ହାସଲ କରିପାରୁଛନ୍ତି। ଆଜିର ଭ୍ରମଣକାରୀଙ୍କ ପାଇଁ ପୃଥିବୀ ଏକ ବୃହତ ଓ ଅନତିକ୍ରମ ଭୂଖଣ୍ଡ ହୋଇ ରହିନାହିଁ , ବରଂ ଏହା ଏକ ଚିର ଆକର୍ଷଣୀୟ ଗ୍ରାମ (Global Village)ରେ ରୂପାନ୍ତରୀତ ହୋଇ ପରିବ୍ରାଜକମାନଙ୍କ ପାଇଁ ଅନନ୍ୟ ଆକର୍ଷଣର କେନ୍ଦ୍ରବିନ୍ଦୁ ପାଲଟି ଯାଇଛି।

ଦେବୀ ନନ୍ଦଙ୍କ ଆମେରିକାଯାତ୍ରାର ପଶ୍ଚାତ୍‌ଭାଗରେ ଯେଉଁ କେତୋଟି ଆକର୍ଷଣଜନିତ ଉଦ୍ଦେଶ୍ୟ ରହିଛି ତାହାକୁ ତିନୋଟି ଭାଗରେ ବିଭକ୍ତ କରାଯାଇପାରେ।

ପ୍ରଥମ : ଆମେରିକାରେ ବହୁ ବର୍ଷ ରହି ଗବେଷଣାରେ ନିମଗ୍ନ ପୁଅ ଆଦିତ୍ୟ ସହ ଦେଖା କରିବା ତଥା ସେଠାରେ ବସବାସ କରି ରହୁଥିବା ଭାଣେଜୀଙ୍କ ପରି କିଛି ନିକଟ ସମ୍ପର୍କୀୟଙ୍କ ସହ ସାକ୍ଷାତ କରି ସମ୍ପର୍କର ସେତୁବନ୍ଧକୁ ସୁଦୃଢ଼ କରିବା,

ଦ୍ୱିତୀୟ : ଆମେରିକା ଭଳି ପୃଥିବୀର ଏକ ପ୍ରକାଣ୍ଡ ମହାଦେଶର ଯେତେ ସମ୍ଭବ ସ୍ଥାନ ପରିଦର୍ଶନ କରି ଏହାର ଭୌଗୋଳିକ ବିଭିନ୍ନତା ଯଥା ଏହାର ପ୍ରାକୃତିକ ତଥା ଯାନ୍ତ୍ରିକ ସଭ୍ୟତାର ସ୍ୱାଦ ଅନୁଭବ କରିବା,

ତୃତୀୟ : ଏହାର ଅଗ୍ରଗତି ତଥା ଅଭିବୃଦ୍ଧି, ବିଶେଷ କରି ବିଶ୍ୱର ଏକ ଶକ୍ତିରୂପେ ପରିଗଣିତ ହେବା ପଛରେ ଏହାର ସାମାଜିକ, ରାଜନୈତିକ, ଅର୍ଥନୈତିକ ଭଳି କାରଣର ଗବେଷଣାଲବ୍ଧ ଜ୍ଞାନ ଆହରଣ କରିବା ।

ସମ୍ପ୍ରତି ବିଶ୍ୱଭ୍ରମଣ ସହଜସାଧ୍ୟ ହେବା ପରିପ୍ରେକ୍ଷୀରେ ବହୁତ ଭ୍ରମଣ କାହାଣୀ ଲେଖାଯାଉଛି, କିନ୍ତୁ ଅଧିକାଂଶ ଭ୍ରମଣକାରୀଙ୍କ ଅନୁଭୂତିର ବ୍ୟାପକତା ତଥା ପରିବେଷଣର ମୌଳିକତା ବିନା କାହାଣୀଗୁଡ଼ିକ ସମ୍ପୂର୍ଣ୍ଣ ଶୁଷ୍କ ଓ ନିରସ ମନେ ହୁଅନ୍ତି । କିନ୍ତୁ ଦେବୀ ନନ୍ଦ ଜଣେ ସୃଜନଶୀଳ ସ୍ରଷ୍ଟା, 'ଏକବର୍ଣ୍ଣୀ' ଭଳି ଏକ ଉପନ୍ୟାସ ଏବଂ ଅନେକ କବିତା ତଥା ପ୍ରବନ୍ଧମାନ ରଚନା କରି ପାଠକମାନଙ୍କୁ ମୁଗ୍ଧ କରିପାରିଛନ୍ତି ସେ । ଏଣୁ ନିଜସ୍ୱ ଭ୍ରମଣ ବୃତାନ୍ତ ବର୍ଣ୍ଣନା କଲାବେଳେ ତାଙ୍କ ଭିତରେ ଅନନ୍ୟ ସ୍ରଷ୍ଟାଟି ଯେଉଁଭଳି ଭାବେ ସୃଜନର ମଞ୍ଚ ଆରୋହଣ କରି ଲେଖକ-ପାଠକ-ଶ୍ରୋତାମାନଙ୍କୁ ଏକତ୍ରିତ କରି ସୃଜନର ଚମକରେ ଚମକୃତ କରିପାରିଛନ୍ତି ତାହା ଅନୁଧ୍ୟାନ କରିବା କଥା । ଏହା ବ୍ୟତୀତ ଭାଷାର ଏକ ସୁଦକ୍ଷ ବିନ୍ଧାଣୀ ହେଉଛନ୍ତି ଦେବୀ ନନ୍ଦ, କାବ୍ୟିକ ଭାଷାର ବ୍ୟବହାର କରି ଭ୍ରମଣ କାହାଣୀକୁ ଅତ୍ୟନ୍ତ ସରଳ ଓ ସାବଲୀଳ କରିଛନ୍ତି ଦେବୀ । କେତେକ ସ୍ଥଳରେ, ବିଶେଷକରି ଆମେରିକୀୟ ପ୍ରକୃତିର ନୈସର୍ଗିକ ସୌନ୍ଦର୍ଯ୍ୟ ବର୍ଣ୍ଣନା କଲାବେଳେ ସେ ଯେଉଁଭଳି ଆତ୍ମହରା ହୋଇପଡ଼ନ୍ତି ତାହା ଲକ୍ଷ୍ୟ କରିବା କଥା ।

ମାତ୍ର ଦେଢ଼ଟି ମାସର ଭ୍ରମଣର ପରିଧି ଭିତରେ ଭ୍ରମଣକୁ ଯେତେ ବ୍ୟାପକ କରିବା କଥା ତାକୁ କରିଛନ୍ତି ଦେବୀ ନନ୍ଦ । ନିଜକୁ ସେ ପରିଧିର କେନ୍ଦ୍ରବିନ୍ଦୁରେ ସ୍ଥାପନ କରି ପୁଅ, ପତ୍ନୀ, କନ୍ୟା ଓ ଭାଣେଜୀଙ୍କ ଭଳି ରକ୍ତ ସମ୍ପର୍କୀୟମାନଙ୍କୁ ପରିଧିର ଭିନ୍ନ ଭିନ୍ନ ସ୍ଥାନରେ ଭିନ୍ନ ଭିନ୍ନ ଘଟଣା ସହ ସମ୍ପର୍କିତ କରିଛନ୍ତି । ଆମେରିକାର ପ୍ରମୁଖ ସ୍ଥାନ ଯଥା ଶିକାଗୋଠାରୁ ଆରମ୍ଭ କରି ଲାସ୍ ଭାଗାସ, ନ୍ୟୁୟର୍କ, ନ୍ୟାସଭିଲ, କାଲିଫର୍ଣ୍ଣିଆ ଓ ମ୍ୟାନହାଟେନ ବ୍ୟତୀତ ବଫେଲୋ ବିଶ୍ୱବିଦ୍ୟାଳୟ, ଟାଇମ ସ୍କୋୟାର, ନାଇଗ୍ରା ଫଲ, ଗ୍ରାଣ୍ଡ କାନ୍ୟାନ ତଥା ଷ୍ଟାଚ୍ୟୁ ଅଫ ଲିବର୍ଟି ଭଳି ବହୁ ଦର୍ଶନୀୟ ସ୍ଥାନ ପରିଦର୍ଶନର ବିସ୍ତୃତ ବିବରଣୀ ଦେଇଛନ୍ତି । ଏହା ବ୍ୟତୀତ ଆମେରିକାର ଇତିହାସ, ଅର୍ଥନୀତି ଓ ରାଜନୀତି ସହିତ ଏହାର ଲୋକମାନଙ୍କ ରୁଚି ଓ ଅଧ୍ୟବ୍ୟବସାୟ ଇତ୍ୟାଦି ବିଷୟରେ ବିସ୍ତୃତ ବିବରଣୀ ମଧ୍ୟ ଦେଇଛନ୍ତି ।

ତେବେ  ବିବରଣୀଜନିତ ବିରକ୍ତିକୁ ଏଡ଼ାଇବା ପାଇଁ ଦର୍ଶନୀୟ ସ୍ଥାନର ଆବେଗାତ୍ମକ ପରିବେଷଣ ତାଙ୍କ ଭ୍ରମଣ ବୃତାନ୍ତକୁ ଅତ୍ୟନ୍ତ ରସାଳ ଓ ରୋଚକ କରି ତୋଳିଛି । ଦେବୀ ନନ୍ଦଙ୍କ ବର୍ଣ୍ଣନା ଶୈଳୀରେ ଶବ୍ଦ ପ୍ରୟୋଗ ଏକ ପ୍ରମୁଖ ଭୂମିକା ଗ୍ରହଣ କରିଥାଏ । ପରିବେଶ ଓ ପରିସ୍ଥିତି ବିଚାରରେ ଶବ୍ଦର ଯଥାର୍ଥ ବ୍ୟବହାର କରି ତାଙ୍କର ବର୍ଣ୍ଣନାକୁ ଗଳ୍ପ ଭଳି ପାଠକଙ୍କୁ ଆମୋଦିତ କରିବାକୁ ପ୍ରୟାସ କରିଥାନ୍ତି ଦେବୀ ।

ପରିଶେଷରେ କହିବାକୁ ଚାହେଁ ଏବଂ ମୋ ବିଚାରରେ ଦେବୀ ନନ୍ଦଙ୍କ ଭ୍ରମଣ କାହାଣୀ ଲେଖିବାଜନିତ ପ୍ରୟାସ ଯେ ସାର୍ଥକ ହେବ ଏବଂ ଓଡ଼ିଆ ଭ୍ରମଣ ସାହିତ୍ୟ ପାଇଁ ତାଙ୍କ ଯୋଗଦାନ ଅବିସ୍ମରଣୀୟ ରହିବ, ଏ ବିଶ୍ୱାସ ମୋର ରହିଛି ।

**ଅଚ୍ୟୁତ ଆଶ୍ରମ ନିକଟ, ସେଣ୍ଟ୍ରାଲ ସ୍କୁଲ ରୋଡ଼, ତାଳବଣିଆ, ପୁରୀ**

# କଥା ପଦେ

ମୋ ବିଚାରରେ କେଉଁ ଶସ୍ୟ କେଉଁ ହାଣ୍ଡିରେ ସିଦ୍ଧ ହେବ, କେଉଁ ଫୁଲ କେଉଁ ଦେବତାଙ୍କର ଗଳା ମଣ୍ଡନ କରିବ, କେଉଁ ଭାବ କେବେ ମଗଜରେ ସ୍ଫୁରିତ ହେବ, ସବୁ ବିଧିନିର୍ଦ୍ଦିଷ୍ଟ। ଏଣୁ କେଉଁଦିନ କେଉଁ ଭୂମିରେ କାହାର ପଦପାତ ହେବ ତାହା ସେହି ସର୍ବଶକ୍ତିମାନଙ୍କ ଦ୍ୱାରା ନିର୍ଦ୍ଧାରିତ। ସେଥିପାଇଁ ବୋଧହୁଏ ମନିଷୀଗଣ ଯେଉଁ ସ୍ଥାନରେ ପହଞ୍ଚନ୍ତି ସେଠାରେ ମାଟିକୁ ପ୍ରଥମେ ପ୍ରଣିପାତ କରିଥାନ୍ତି।

ଭ୍ରମଣ ଏକ ମାନବୀୟ ପ୍ରବୃତ୍ତି, ଏକ ଅଭୀପ୍ସା। ଜୀବନରେ ପାଦ ଖୋଜୁଥାଏ ନୂଆ ଭୂମି, ଆଖି ଖୋଜେ ନୂଆ ଦୃଶ୍ୟ ଆଉ ଦେହ ଚାହେଁ ଜଳବାୟୁରେ ସାମୟିକ ପରିବର୍ତ୍ତନ । ନିଜସ୍ୱ ପୃଥିବୀ ବାହାରେ ଆଉ କ'ଣ ରହିଛି ତା'ର ଅନୁସନ୍ଧାନ କରିବା ଉଦ୍ଦେଶ୍ୟରେ ପର୍ଯ୍ୟଟନ କରାଯାଇଥାଏ। ପର୍ଯ୍ୟଟନ ବିନା ଏ ଧରା ଆଜି ସେହି ପ୍ରାଗ୍ ଐତିହାସିକ ରୂପ ନେଇ ରହିଥାନ୍ତା। ଭ୍ରମଣ କେତେବେଳେ ବୃତ୍ତି ପାଇଁ ତ କେତେବେଳେ ପ୍ରବୃତ୍ତି । ଏଣୁ ପର୍ଯ୍ୟଟନ କେବଳ ଉପଭୋଗ ସର୍ବସ୍ୱ ନହୋଇ ଅନୁସନ୍ଧିତ୍ସାର ବାହକ ହେବା ଆବଶ୍ୟକ। ସୂଚନା ଓ ପ୍ରଯୁକ୍ତି ବିଦ୍ୟାର ବ୍ୟାପକ ବିକାଶ ତଥା ସାମାଜିକ ଗଣମାଧ୍ୟମର ବହୁଳ ବ୍ୟବହାର ଫଳରେ ଆମ ପୃଥିବୀ ଏକ ବୈଶ୍ୱିକ ଗ୍ରାମରେ ପରିଣତ ହୋଇଛି। ଇଣ୍ଟରନେଟ ମାଧ୍ୟମରେ ଯେକୌଣସି ସୂଚନା ସହଜରେ ପ୍ରାପ୍ତ ହେଇପାରୁଛି। ଯେକୌଣସି ସ୍ଥାନର ବିବିଧ ଦୃଶ୍ୟ ଟିପ ସ୍ପର୍ଶରେ ସମ୍ଭବ ହେଉଛି। ତେବେ ପର୍ଯ୍ୟଟନର ଗୁରୁତ୍ୱ କମିନାହିଁ ବରଂ ଦିନକୁ ଦିନ ଅଧିକ ଗତିଶୀଳ ହେଉଛି। ଚିତ୍ରରେ  ଦର୍ଶନ ତଥା ପ୍ରତ୍ୟକ୍ଷ ପଦପାତ ଓ ଦର୍ଶନ ମଧ୍ୟରେ ପ୍ରଭେଦ ଅନେକ।

ପର୍ଯ୍ୟଟକ ଯେବେ ଅନିସନ୍ଧିତ୍ସୁ ହୁଏ, ସଂପୃକ୍ତ ସ୍ଥଳୀର ଐତିହ୍ୟ ଖୋଜେ, ତାକୁ ଲୋକଲୋଚନକୁ ନିଜସ୍ୱ ଶୈଳୀରେ ଆଣିବାକୁ ଚେଷ୍ଟା କରେ। ତାହା ସୂଚନା

ହୋଇପାରେ ଅଥବା ଉପାଦେୟ ତଥ୍ୟସମୃଦ୍ଧ ଆଲେଖ୍ୟ ମଧ୍ୟ ହୋଇପାରେ। ପାଠକଙ୍କୁ ଆମୋଦିତ କରିପାରେ, ପ୍ରଭାବିତ କରିପାରେ ପୁଣି ମନରେ ବିବିଧ ଜିଜ୍ଞସା ସୃଷ୍ଟି କରିପାରେ, ସେହି ଜିଜ୍ଞାସା ହିଁ ମଣିଷକୁ ନୂଆ ନୂଆ ସ୍ଥାନକୁ ଯିବା ପାଇଁ ପ୍ରେରିତ କରିଥାଏ।

ଭ୍ରମଣ କାହାଣୀ ସାହିତ୍ୟର ଏକ ବିଭାବ। ଲେଖକର ଲେଖନୀର ଯାଦୁକରୀ ସ୍ପର୍ଶରେ ଭ୍ରମଣ କାହାଣୀ ହୋଇ ଉଠେ ରସାଳ, ସୁଖପାଠ୍ୟ। ଲେଖକର ପର୍ଯ୍ୟବେକ୍ଷକ ସୁଲଭ ଦକ୍ଷତା ତଥା ଉପସ୍ଥାପନ ଶୈଳୀ ଉପରେ ସଦା ନିର୍ଭରଶୀଳ। ସଂପୃକ୍ତ ସ୍ଥଳୀରେ କିଛି ସମୟ କଟାଇବାର ବିରଳ ଅନୁଭୂତି କେବଳ ରଚନା ସର୍ବସ୍ୱ ବା ସଚିତ୍ର ବଖାଣ ଅଥବା ଉଭୟ ଉପାୟ ଅବଲମ୍ବନରେ ସାଧିତ ହୋଇପାରେ। ବିବରଣୀରେ ସତ୍ୟତା ରହିବା ଅନିବାର୍ଯ୍ୟ।

'ଆଗନ୍ତୁକଙ୍କ ଦେଶ-ଆମେରିକା'ର ରଚନା ମୋର ୨୦୨୧ ମଇ ୨୦ରୁ ଜୁଲାଇ ୯ ତାରିଖ ମଧ୍ୟରେ ଆମେରିକାରେ ସପରିବାର କଟାଇବାର ଅନୁଭୂତି ଉପରେ ମୁଖ୍ୟତଃ ଆଧାରିତ। ସେଠାରେ ପହଞ୍ଚିବା ପରେ କିଛି ଶୁଭେଚ୍ଛୁ ସାହିତ୍ୟିକ ବନ୍ଧୁଙ୍କ ଅନୁରୋଧ କ୍ରମେ ମୁଁ ଲେଖା ଆରମ୍ଭ କରିଥିଲି। ଟେକ୍ସାସରେ ଦୁଇ ସପ୍ତାହ ଅବସ୍ଥାନ କାଳରେ ଦୁଇଟି ବହି **'We the People'** ଓ **'Give me Liberty'** ପାଠ କରି ଆମେରିକାର ରାଜନୈତିକ ଇତିହାସ ତଥା ସାମ୍ବିଧାନିକ ବ୍ୟବସ୍ଥା ବିଷୟ ସହିତ କଲେଜ ପାଠ୍ୟକ୍ରମରେ ଥିବା ତଥ୍ୟ ମନେ ପକାଇ ଧାରଣା ସମୃଦ୍ଧ ହେଲା। ଭ୍ରମଣକାଳରେ ଅନେକ ସ୍ଥାନରେ ସ୍ଥାନିତ ଫଳକ ସବୁରୁ ତଥ୍ୟ ସଂଗ୍ରହ କରିବା ସହିତ ଅନେକ ବିଷୟର ଦୃଢ଼ୀକରଣ ପାଇଁ ସର୍ବଜ୍ଞାତା ଗୁଗୁଲ ଉପରେ ନିର୍ଭର କରିବାକୁ ପଡ଼ିଲା। ପ୍ରତ୍ୟାବର୍ତ୍ତନ ପରେ ଚିତ୍ତରଞ୍ଜନ ଦାସ, ହୃଦାନନ୍ଦ ରାୟ ପ୍ରଭୃତି ଦିଗ୍‌ଗଜମାନଙ୍କ ଆମେରିକା ଭ୍ରମଣ ବୃତ୍ତାନ୍ତ ସଂଗ୍ରହ କରି ପଢ଼ିବା ପରେ ଉକ୍ତ ପୁସ୍ତକ ରଚନା ସଂପୂର୍ଣ୍ଣ ହେଲା।

କୌଣସି ରଚନାକୁ ସର୍ବଶେଷ ବା ସର୍ବଶ୍ରେଷ୍ଠ ଆଲେଖ୍ୟ ବୋଲି ବିବେଚନା କରାଯାଇ ନପାରେ। କେବଳ ଲେଖକର ଦୃଷ୍ଟିଭଙ୍ଗୀ ଲେଖାଟିରେ ଅନୁରଣିତ ହୋଇଥାଏ ଯାହା! ଏଣୁ ବିଶାଳ ସମୃଦ୍ଧ ଦେଶ ଆମେରିକା ବିଷୟରେ ଆହୁରି ଅନେକ ବିଷୟ ଲେଖାଯାଇପାରେ। ମାତ୍ର ଦେଢ଼ମାସ ଭିତରେ ସେ ଦେଶର ବିଭିନ୍ନ ଅଞ୍ଚଳ ବୁଲିବା ପରେ ମଧ୍ୟ ଅନେକ ଗୁରୁତ୍ୱପୂର୍ଣ୍ଣ ସ୍ଥଳ ଅଣଦେଖା ରହିଲା। ସେହି ଅବଧି ଭିତରେ ଆଉ ଅଧିକ ଭ୍ରମଣ ମଧ୍ୟ ସମ୍ଭବ ନଥିଲା। ଏଣୁ କେବଳ ଆମେ ଦେଖିଥିବା ସ୍ଥାନଗୁଡ଼ିକର ବିଭିନ୍ନ ଦିଗ ଉପରେ ଅଲୋକପାତ କରାଯାଇଛି। ଅଧିକନ୍ତୁ 'ଦେଶ

ପରିଚୟ' ଓ 'ସଂକ୍ଷିପ୍ତ ରାଜନୈତିକ ଇତିହାସ' ବିଷୟକ ଦୁଇଟି ଅଧ୍ୟାୟ ପାଠକଙ୍କ ଅବଗତି ଉଦ୍ଦେଶ୍ୟରେ ବହିର ଆଦ୍ୟଭାଗରେ ସଂଯୋଜିତ ହୋଇଛି।

ଉକ୍ତ ଦୀର୍ଘ ଆଲେଖ୍ୟର ସମ୍ପାଦନା ବରିଷ୍ଠ ସାହିତ୍ୟିକ, ସମ୍ମାନନୀୟ ଅଗ୍ରଜ ଡ.ସିଦ୍ଧେଶ୍ୱର ମହାପାତ୍ରଙ୍କ ଦ୍ୱାରା ସମ୍ପନ୍ନ ହୋଇଛି। ବିଶିଷ୍ଟ କବି ତଥା ସାହିତ୍ୟକାର ଡ.ଭଗବାନ ଜୟସିଂହ ପୁସ୍ତକଟି ଆମୂଳଚୂଳ ପାଠକରି ଏହାର ମୁଖବନ୍ଧ ଲେଖିଛନ୍ତି। ଏହି ଦୁଇଜଣ ସହୃଦୟ ବ୍ୟକ୍ତିଙ୍କ ନିକଟରେ ମୁଁ ଅନ୍ତରରୁ ଗଭୀର କୃତଜ୍ଞତା ଜ୍ଞାପନ କରୁଛି।

ପରିଶେଷରେ ଆମେରିକା ରହଣୀକାଳରେ ତଥା ଫେରିବା ପରେ ଏହି ବହିଟିର ରଚନା ସହଧର୍ମିଣୀ ପ୍ରବାସିନୀ, ଭାଣିଜୀ ପ୍ରୀତି, ପୁତ୍ର ଆଦିତ୍ୟ ଓ କନ୍ୟା ଆୟୁଷୀ ପ୍ରଭୃତିଙ୍କ ଉତ୍ସାହ ସକାଶେ ସଂପୂର୍ଣ୍ଣ ହେଲା। ଆହୁରି ସାହିତ୍ୟିକ ବନ୍ଧୁ ଡ. ସୁରେନ୍ଦ୍ର କୁମାର ମିଶ୍ର, ଡ.ବସନ୍ତ କୁମାର ପଣ୍ଡା, ଦୀପକ କୁମାର ଗ୍ରହାଚାର୍ଯ୍ୟ, ଅଭିରାମ ମଣ୍ଡଳ, ଡ.ଆରତୀ ପଟ୍ଟଯୋଶୀ ପ୍ରଭୃତିଙ୍କ ପ୍ରେରଣା ଭୁଲିବାର ନୁହେଁ। ସର୍ବୋପରି 'ବ୍ଲାକ ଇଗଲ ବୁକସ୍'ର ପ୍ରତିଷ୍ଠାତା ସାହିତ୍ୟିକ ସତ୍ୟ ପଟ୍ଟନାୟକ ଓ ତାଙ୍କର ଭୁବନେଶ୍ୱର ପ୍ରତିନିଧି ଅଶୋକ ପରିଡ଼ାଙ୍କ ସହଯୋଗରେ ଏହି ପୁସ୍ତକର ପ୍ରକାଶନ ସଫଳ ହୋଇଛି। ଏମାନେ ସମସ୍ତେ ଧନ୍ୟବାଦର ପାତ୍ର।

ବହିଟି ପାଠକଙ୍କ ଦ୍ୱାରା ଆଦୃତ ହେଲେ ଶ୍ରମ ସାର୍ଥକ ହେବ।

**- ଦେବୀ ପ୍ରସନ୍ନ ନନ୍ଦ**

## ସୂଚିପତ୍ର

**ମୁଖବନ୍ଧ** ୦୭

କଥା ପଦେ **୧୧**
ଦେଶ ପରିଚୟ ୧୭
ସଂକ୍ଷିପ୍ତ ରାଜନୈତିକ ଇତିହାସ ୨୭
ପ୍ରଥମ ପଦପାତ ୩୮
ଏଆର.ବି.ଏନ୍.ବି ୪୩
ସିକାଗୋ ୪୭
ରାଜପଥରେ ସାରାଦିନ ୫୩
ନ୍ୟାସଭିଲ ୬୦
**କ.** ସଂଗୀତର ତୀର୍ଥ ୬୧
**ଖ.** ଜଗନ୍ନାଥ ମନ୍ଦିର ୬୬
**ଗ.** ରାଡ଼ନର ଲେକ୍ ୭୦
**ଘ.** ଟେନିସି ରାଜ୍ୟ ସଂଗ୍ରହାଳୟ ଓ ପାଠାଗାର ୭୨
**ଙ.** କ୍ୟାପିଟଲ ସୌଧ ୭୫
**ଚ.** ସେଣ୍ଟେନିୟଲ ପାର୍କ ଓ ପାର୍ଥେନନ୍ ୮୩
ଫୋର୍ଡଙ୍କ ସହର ୮୯
ପୋର୍ଟ ଅଷ୍ଟିନ ୧୦୩
ଆନାରବର୍ ବିଦ୍ୟାନଗରୀ ୧୦୭
ପୁନଶ୍ଚ ନ୍ୟାସଭିଲ୍ ୧୧୮
**କ.** ଆରିଙ୍ଗଟନ ଭାଇନୟାର୍ଡ ୧୧୮
**ଖ.** ଡାଉନ ଟାଉନ ୧୨୨
**ଗ.**ଦେଶୀୟ ସଂଗୀତ (Country music) ୧୨୫
**ଘ.**ଶ୍ୱାନ ଉଦ୍ୟାନ ୧୨୭
**ଙ.** ପ୍ରେମ ବୃତ୍ତ ୧୩୦
**ଚ.** ହର୍ମିଟେଜ୍ ହୋଟେଲ ୧୩୧

| | |
|---|---|
| ସେତୁର ସହର ପିଟ୍ସବର୍ଗ | ୧୩୫ |
| ଉଚ୍ଛୁଳ ନାଏଗ୍ରା | ୧୪୧ |
| ବଫେଲୋ | ୧୪୭ |
| ଐଶ୍ୱର୍ଯ୍ୟମୟୀ ନ୍ୟୁୟର୍କ | ୧୪୯ |
| କ. ଟାଇମ ସ୍କୋୟାର | ୧୫୧ |
| ଖ. ଷ୍ଟାଚ୍ୟୁ ଅଫ୍ ଲିବର୍ଟି | ୧୫୭ |
| ଗ. ମ୍ୟୁଜିୟମ ଅଫ ମଡର୍ଣ୍ଣ ଆର୍ଟ | ୧୬୪ |
| ଘ. ସେଣ୍ଟ ଯୋସେଫ ଚର୍ଚ୍ଚ | ୧୭୦ |
| ଙ. ସେଣ୍ଟ୍ରାଲ ପାର୍କ | ୧୭୨ |
| ଚ. ବିଦାୟ ନ୍ୟୁୟର୍କ | ୧୭୪ |
| ଡ୍ୟାଲାସ୍ ଯାତ୍ରା (ଟେକ୍ସାସ) | ୧୭୬ |
| ପଶ୍ଚିମ ଯାତ୍ରା | ୧୯୧ |
| ଲାସ୍ ଭେଗାସ | ୧୯୨ |
| ହୁଭର ଡ୍ୟାମ | ୨୦୦ |
| ଗ୍ରାଣ୍ଡ କାନ୍ୟାନ | ୨୦୪ |
| ହାଭାସୁ ହ୍ରଦ | ୨୧୩ |
| କାଲିଫର୍ଣ୍ଣିଆ | ୨୧୬ |
| ହଲିଉଡ୍, ବିଭରଲି ହିଲସ୍ | ୨୧୯ |
| ସାନ୍ତାମୋନିକା ବେଲାଭୂମି | ୨୨୬ |
| ପୁନଶ୍ଚ ମରୁଯାତ୍ରା | ୨୨୯ |
| ଏକ୍ସକ୍ୟାଲିବର ହୋଟେଲ ଓ କ୍ୟାସିନୋ | ୨୩୪ |
| ଷ୍ଟକ୍ୟାର୍ଡ ଓ କାଓ ବଯେଜ | ୨୩୬ |
| ବାଏ ବାଏ ଆମେରିକା | ୨୪୦ |

# ଦେଶ ପରିଚୟ

ଆମେରିକା, ଯୁକ୍ତରାଜ୍ୟ ଆମେରିକା। ପୃଥିବୀର ପଶ୍ଚିମ ଗୋଲାର୍ଦ୍ଧରେ ଅବସ୍ଥିତ ଆୟତନରେ ସର୍ବବୃହତ୍ ଅଞ୍ଚଳରେ ପରିବ୍ୟାପ୍ତ ଆମେରିକା। ଉତ୍ତରରେ କାନାଡ଼ା, ତା'ପରେ ପୁଣି ବରଫାବୃତ ଆଲାସ୍କା ଯାହା ଏଇମାତ୍ର ୧୮୬୭ରେ ରୁଷିଆଠାରୁ ୬୭ ଲକ୍ଷ ଡଲାରରେ ଖର୍ଦ୍ଦିସୂତ୍ରରେ ଆମେରିକା ଅଧୀନକୁ ଆସିଛି। ଦକ୍ଷିଣରେ ମେକ୍ସିକୋ ଓ ଦକ୍ଷିଣ ଆମେରିକାର କ୍ଷୁଦ୍ର ଦେଶ ସମୁହ, ପୂର୍ବରେ ବିଶାଳ ଆଟଲାଣ୍ଟିକ୍ ମହାସାଗର ତଥା ପଶ୍ଚିମରେ ଅନନ୍ତବ୍ୟାପୀ ପ୍ରଶାନ୍ତ ମହାସାଗର ପରିବେଷ୍ଟିତ ଅଞ୍ଚଳ ଆମେରିକା। ଧନଧାନ୍ୟରେ ଭରା ବିସ୍ତୃତ ବନଭୂମି, ବିପୁଳ ଖଣିଜ ସମ୍ପଦଯୁକ୍ତ ଐଶ୍ବର୍ଯ୍ୟଶାଳୀ ଆମେରିକା। ସାରା ବିଶ୍ୱରେ ଉତ୍ପାଦିତ ସାମଗ୍ରୀର ଅଉଲ ନମ୍ବର ଉପଭୋକ୍ତା ସାଜିଥିବା ଆମେରିକା। କୃଷି, ଶିକ୍ଷା, ବିଜ୍ଞାନ, ପ୍ରଯୁକ୍ତି ବିଦ୍ୟା, କାରିଗରୀ କୌଶଳରେ ଅଗ୍ରଣୀ ଦେଶ ଆମେରିକା। ଡାକ୍ତରୀ ଚିକିତ୍ସା ଶାସ୍ତ୍ରଠାରୁ ଆରମ୍ଭ କରି ଯୁଦ୍ଧାସ୍ତ୍ର ନିର୍ମାଣ କ୍ଷେତ୍ରରେ ଅଗ୍ରଗାମୀ ଦେଶ ଆମେରିକା। ଅନେକ ଦେଶର ଉର୍ବର ମସ୍ତିଷ୍କମାନଙ୍କୁ ନେଇ ଗବେଷଣା କ୍ଷେତ୍ରରେ ଆଗରେ ଥିବା ଆମେରିକା। ସାମରିକ କ୍ଷେତ୍ରରେ ପରାକ୍ରମ ଦେଖାଇବାର କ୍ଷମତା ସମ୍ପନ୍ନ ବୃହତ୍ ଶକ୍ତି ଆମେରିକା। ରାଜନୀତି, କୂଟନୀତି ଓ ଅର୍ଥନୀତିରେ ପ୍ରତିପତ୍ତିଶାଳୀ ଦେଶ ଆମେରିକା। ବିସ୍ତୃତ ପ୍ରାକୃତିକ ସମ୍ପଦ ଓ ସୁନ୍ଦର କ୍ଷେତ୍ରର ଅଧିକାରୀ ଆମେରିକା। ବିପୁଳ ନିଯୁକ୍ତି କ୍ଷେତ୍ର ସୃଷ୍ଟି କରିପାରିଥିବା ଦେଶ ଆମେରିକା। ପୃଥିବୀର କୋଣ ଅନୁକୋଣରୁ ବିଭିନ୍ନ କ୍ଷେତ୍ରରେ ପାରଦର୍ଶିତା ଲାଭ କରିଥିବା ଯୁବକମାନଙ୍କୁ ଆମନ୍ତ୍ରଣ କରି ଗର୍ଭରେ ଧାରଣ କରୁଥିବା ଦେଶ ଆମେରିକା। ବୁଦ୍ଧିଜୀବୀ ଗବେଷକମାନଙ୍କ ପାଇଁ ପର୍ଯ୍ୟାପ୍ତ ସୁଯୋଗ ଉନ୍ମୁକ୍ତ ରଖିଥିବା ଦେଶ ଆମେରିକା। ସମସ୍ତ କ୍ଷେତ୍ରରେ ସମନ୍ୱିତ ବିକାଶ ଲାଭ କରିଥିବା ଦେଶ, ଆମେରିକା।

'ଆଗନ୍ତୁକମାନଙ୍କର ଦେଶ' ବୋଲାଉଥିବା ଆମେରିକାର ଭୂଗୋଳ ଯେମିତି

ଚମତ୍କାର, ପ୍ରଗତିଶୀଳ ପ୍ରଶାସନିକ  ଦକ୍ଷତା ତଥା ନାଗରିକମାନଙ୍କର ଜୀବନଧାରା, କର୍ମନିଷ୍ଠତା, ଶୃଙ୍ଖଳାବୋଧ ମଧ୍ୟ ତତୋଧିକ ପ୍ରଭାବଶାଳୀ। ସମନ୍ୱିତ ଭାବରେ ଏହିସବୁ ଗୁଣଗୁଡ଼ିକ ଏହି ଦେଶର ବିକାଶର ମୂଳ ଆଧାର ବୋଲି କୁହାଯାଇପାରେ। ଶିକ୍ଷା, ସ୍ୱାସ୍ଥ୍ୟ ଓ ବିଜ୍ଞାନ ଓ ଗବେଷଣାକୁ ଯେତିକି ପ୍ରାଧାନ୍ୟ ଦିଆଯାଇଛି ତାହାର ସୁଫଳରେ ଅଭିମଣ୍ଡିତ ହୋଇଛି ସାଂପ୍ରତିକ ଆମେରିକା।

କଳା, ସାହିତ୍ୟ ଓ ସଂସ୍କୃତିଠାରୁ ଆରମ୍ଭ କରି ବିଜ୍ଞାନର ସମସ୍ତ ବିଭାଗ ତଥା ମନୋବିଜ୍ଞାନ, ସମାଜବିଜ୍ଞାନ, ଭାଷାତତ୍ତ୍ୱ  ଦର୍ଶନ, ଆଧ୍ୟାତ୍ମିକତା ବିଷୟରେ ମାନବୀୟ ଅନ୍ୱେଷଣ କ୍ଷେତ୍ରରେ ଅଭିନବ ପ୍ରସ୍ଥ ଖୋଲିଅଛି ଏହି ଦେଶ। ଆମେରିକୀୟ ବିଶ୍ୱବିଦ୍ୟାଳୟଗୁଡ଼ିକରେ ସଂପୃକ୍ତ ବିଭାଗଗୁଡ଼ିକ ଅତ୍ୟନ୍ତ ଉନ୍ନତ ଏବଂ ସହଯୋଗର ବାତାବରଣ ଆଜି ଏ ଦେଶକୁ ପୂର୍ଣ୍ଣ ବିକଶିତ କରିଅଛି। ଗବେଷଣାର ଧାରା ଚଳଚଞ୍ଚଳ ରହିଛି ଏବଂ ଆଗକୁ ଆହୁରି ତ୍ୱରାନ୍ୱିତ ହେବାର ସମ୍ଭାବନା ରହିଛି। ସାରା ବିଶ୍ୱରେ ପ୍ରଯୁକ୍ତି ବିଦ୍ୟାର ଆଦର  ବର୍ତ୍ତମାନ ସର୍ବାଗ୍ରେ ରହିଥିବା ପରିପ୍ରେକ୍ଷୀରେ ଆମେରିକା ମଧ୍ୟ ସେଥିରେ ଅଗ୍ରଗଣ୍ୟ ଭାବେ ଉଭା ହେଇଛି। ଦେଖାଯାଏ ଯେ ଏବର ଆଗନ୍ତୁକମାନଙ୍କ ମଧ୍ୟରେ ଶତକଡ଼ା ନବେ ଭାଗ ଏହି ପ୍ରଯୁକ୍ତି ବିଦ୍ୟା କ୍ଷେତ୍ରରେ ସଫଳତା ଲାଭକରି ଅଥବା ଅଧିକ ଶିକ୍ଷାର୍ଜନ ଉଦ୍ଦେଶ୍ୟରେ ଏହି ଦେଶକୁ ଆସୁଛନ୍ତି। ପ୍ରବାଦ ଅଛି ବିଭିନ୍ନ ଦେଶରୁ ଆସୁଥିବା ଛାତ୍ର ବା ବୃତ୍ତିଧାରୀ ଥରେ ଏ ଦେଶକୁ ଆସି କିଛିଦିନ ରହିଗଲେ ଆମେରିକାର ମାୟାଜାଲରେ ବନ୍ଦୀ ହୋଇଯାଆନ୍ତି,  ତାଙ୍କୁ ଏ ଦେଶ ଅକ୍ଟୋପସ୍ ଭଳି ନିଜ କୁହୁକ ପଂଝାରେ ଗୁଡ଼େଇ ରଖେ। ସେମାନେ ଏ ଦେଶର ଆକର୍ଷଣରେ ମୋହଗ୍ରସ୍ତ ହୋଇ ରହିଯାଇଥାନ୍ତି।

ହୋଇପାରେ ଏହି ମୋହର କାରଣ ଏହି ଦେଶର ମାଟି, ପାଣି, ପବନ, ନିଯୁକ୍ତି ଭିତ୍ତିକ ବିକାଶ ପାଇଁ ସୁଯୋଗ,  ଲୋକଙ୍କର ଚାଲିଚଳନ, ମୁକ୍ତ ଚିନ୍ତାଧାରା, ବ୍ୟକ୍ତି ସ୍ୱାଧୀନତା, ବିପୁଳ ଖାଦ୍ୟ ସମ୍ଭାର, ଉପଭୋକ୍ତା ସଂସ୍କୃତି ଏବଂ ସର୍ବୋପରି ଡଲାରର ଉଚ୍ଚ ବିନିମୟ ମୂଲ୍ୟ। ଏହିସବୁ କାରଣରୁ ଆମେରିକା ବିଶ୍ୱାୟତନରେ ସାଜିଛି ଆଜିର ଯୁବଗୋଷ୍ଠୀଙ୍କ ପାଇଁ ପ୍ରଥମ ପସନ୍ଦର ଦେଶ, ସ୍ୱପ୍ନର ଲକ୍ଷ୍ୟସ୍ଥଳ ଓ ମୁଖ୍ୟ ଆକର୍ଷଣ।

ଆମେରିକା ଏକ ପ୍ରାଚୀନ ସଭ୍ୟତାର ଦେଶ ବୋଲି କୁହାଯାଇ ପାରେନା ମାତ୍ର ଏକ ପ୍ରାଚୀନ ସଭ୍ୟତାର ସମାଧି ଉପରେ ଗଢ଼ିଉଠିଛି ବୋଲି କହିବା ଠିକ୍ ହେବ। ବିଗତ ପଞ୍ଚଦଶ ଶତାବ୍ଦୀ ଶେଷ ଦଶକରେ ବିଭିନ୍ନ ୟୁରୋପୀୟ ଦେଶର ନାବିକମାନେ ଦେଶୀ ଜାହାଜ ସାହାଯ୍ୟରେ ଆଟ୍‌ଲାଣ୍ଟିକ୍ ମହାସାଗର ଅତିକ୍ରମ କରି

ଏ ଦେଶରେ ପ୍ରଥମେ ପହଞ୍ଚିଥିଲେ। ସେଥିରେ ସ୍ପେନ ଓ ପର୍ତ୍ତୁଗାଲ ଆଗରେ ଥିଲେ। ତା'ପରେ ଇଂଲଣ୍ଡ ,ଇଟାଲୀ, ଜର୍ମାନୀ , ଫ୍ରାନ୍ସ ପ୍ରଭୃତି ଦେଶ ସେହି ଦୌଡ଼ରେ ମିଶିଲେ। ପୂର୍ବ ଓ ଉତ୍ତରାଞ୍ଚଳର ସହରମାନଙ୍କରେ ଏବେ ବି ସ୍ପେନୀୟମାନଙ୍କ ପ୍ରତିପତ୍ତି ରହିଛି। ସ୍ପାନିସ୍ ଭାଷା ମଧ୍ୟ ଦ୍ୱିତୀୟ ବ୍ୟବହୃତ ଭାଷା ଭାବରେ ପ୍ରଚଳିତ। ଖ୍ରୀଷ୍ଟଫର କଲମ୍ବସ ଇଟାଲୀର ଉତ୍ତର ପଶ୍ଚିମ ଉପକୂଳର ଜେନୋଓ୍ୱା ନାମକ ଏକ କ୍ଷୁଦ୍ର ଦେଶରେ ଜନ୍ମଗ୍ରହଣ କରିଥିଲେ। ସ୍ପେନର କାଥୋଲିକ୍ ଶାସକମାନଙ୍କ ପ୍ରୋତ୍ସାହନରେ ସେ ୧୪୯୪ରେ ଭାରତ ଆବିଷ୍କାର ଲକ୍ଷ୍ୟ ନେଇ ବାହାରିଥିଲେ ଓ ବିଶାଳ ସମୁଦ୍ର ବକ୍ଷରେ ଦିଗହରା କଲମ୍ବସ ଯାଇ ପ୍ରଥମେ ଦକ୍ଷିଣ ଆମେରିକାର କ୍ୟୁବାରେ ପହଞ୍ଚିଥିଲେ। ପୁଣି ୧୪୯୭ରେ ଦ୍ୱିତୀୟବାର ଯାତ୍ରାରେ ସଫଳ ହେଇ ପ୍ରକୃତ ଆମେରିକାର ମହାଦେଶୀୟ ଭୂଖଣ୍ଡକୁ ସ୍ପର୍ଶ କରିଥିଲେ। ଇତିହାସରେ ବର୍ଣ୍ଣିତ ଅନ୍ୟ ଏକ ତଥ୍ୟ ଅନୁସାରେ ଆଉ ଜଣେ ଇଟାଲୀୟ ନାବିକ ଆମେରିଗୋ ଭେସ୍‌ପୁସି (Amerigo Vespucci) କଲମ୍ବସଙ୍କ ପୂର୍ବରୁ ଆମେରିକା ଭୂଖଣ୍ଡରେ ପହଞ୍ଚିସାରିଥିଲେ ଏବଂ ତାଙ୍କ ନାମ ଅନୁସାରେ ଏହି ଦେଶର ନାମକରଣ କରାଯାଇଛି ବୋଲି ଅନୁମାନ କରାଯାଏ। ଏହି ୟୁରୋପୀୟମାନେ ପହଞ୍ଚିବା ବେଳକୁ ସେ ଭୂଖଣ୍ଡ ଯେ ଜନଶୂନ୍ୟ ଥିଲା ତା' ନୁହେଁ। ବିଭିନ୍ନ ଅଞ୍ଚଳରେ ସେତେବେଳେ ରହୁଥିବା ମୂଳ ଅଧିବାସୀମାନଙ୍କର ଏକ ପ୍ରାଚୀନ ସଭ୍ୟତା ରହିଥିଲା ଯାହାର ଛାପ ଏବେ ମଧ୍ୟ ମେକ୍ସିକୋରେ ଦେଖାଯାଏ। ଏଠାରେ ଏକଦା ଇନ୍‌କା, ଆଜଟେକ୍ ଓ ମାୟା (Inca, Aztek, Maya) ଆଦି ସଭ୍ୟତା ଗଢ଼ିଉଠିଥିଲା। ପ୍ରାଚୀନ ମେକ୍ସିକୋ ସଭ୍ୟତାର କେତେଗୋଟି ଐତିହ୍ୟ କୀର୍ତ୍ତିର ଭଗ୍ନାବଶେଷ ଏବେ ସେହି ପ୍ରାଚୀନ ସଭ୍ୟତାମାନଙ୍କର ମୂକସାକ୍ଷୀ।

ୟୁରୋପୀୟ ନାବିକମାନେ ଆସି ପ୍ରଥମେ କିଛି ସୁନାର ସନ୍ଧାନ ପାଇଥିଲେ। ଆଜଟେକ୍ ଅଧିବାସୀମାନେ ସେତେବେଳେ ବିଶେଷ କୌଣସି ଧାତୁର ଗୁରୁତ୍ୱ ଜାଣିନଥିଲେ। ସେମାନେ ଥିଲେ ସରଳ ବିଶ୍ୱାସୀ ଓ ନିରୀହ। ଏହାର ସୁବିଧା ନେଇ ୟୁରୋପୀୟମାନେ 'ଆଙ୍ଗୁଳି ପରେ ବାହୁ ପ୍ରବେଶ' ନୀତିରେ ସେମାନଙ୍କୁ କବଳିତ କରିବାକୁ ଚେଷ୍ଟା କଲେ। ଗୋରାମାନେ ସେହି ଆଦିବାସୀମାନଙ୍କୁ ଲୋହିତ ଭାରତୀୟ(Yellow Indians ) ବୋଲି କାହିଁକି ନାମକରଣ କଲେ ତାହା ଆମ ପାଇଁ ତାତ୍ପର୍ଯ୍ୟପୂର୍ଣ୍ଣ। ଏହାର କାରଣ ଯାହା କିଛି ହେଲେ ମଧ୍ୟ ଆମ ଭାରତୀୟମାନଙ୍କ ପାଇଁ ଚିରଦିନ ଏକ ହୀନମନ୍ୟତାର ପ୍ରଶ୍ନ।

ନାବିକମାନେ ପ୍ରଥମ ଦଫାଗୁଡ଼ିକରେ କିଛି ସୁନା ନେଇ ନିଜ ଦେଶର ଶାସକମାନଙ୍କୁ ଭେଟି ଦେଇ ପୁନଃଯାତ୍ରା ପାଇଁ ପ୍ରୋତ୍ସାହନ ଦାବୀ କରୁଥିଲେ ଏବଂ

ପାଉଥିଲେ ମଧ୍ୟ। ଏପରିକି ରଜାଙ୍କ ସୌଜନ୍ୟରୁ ଜେଲମାନଙ୍କରେ ସଜା କାଟୁଥିବା କଏଦୀମାନଙ୍କର ଦଣ୍ଡ କୋହଳ କରି ସେମାନଙ୍କୁ ନାବିକମାନଙ୍କ ସହିତ ଆମେରିକା ପଠାଯାଉଥିଲା। ଉଦ୍ଦେଶ୍ୟ ବିସ୍ତୃତ ଅଞ୍ଚଳରେ ବୁଲି ସୁନା ସଂଗ୍ରହ କରିବା ଯାହା ଥିଲା ଏକ ଶ୍ରମ-ସାପେକ୍ଷ କାର୍ଯ୍ୟ ଏବଂ ୟୁରୋପୀୟମାନେ ଥିଲେ ଅପେକ୍ଷାକୃତ ଶ୍ରମକାତର। ଲୋହିତମାନଙ୍କୁ କଳେବଳେ କୌଶଳେ ନିଜ ଅଧୀନକୁ ଆଣି କାମରେ ଲଗାଇବା ପାଇଁ ବିବିଧ ନୀଚ ଅମାନବୀୟ ଉପାୟ ଆପଣେଇଲେ। ପ୍ରଥମେ ଠାରଠୁର ଜରିଆରେ ଭାବର ଆଦାନପ୍ରଦାନ, ବିଫଳ ହେଲେ ନାଲି ଆଖି, ତା'ନହେଲେ ଅତ୍ୟାଚାର ଏବଂ ଶେଷରେ ଆକ୍ରମଣ ଆଉ ତା'ର ଫଳ ସ୍ୱରୂପ ହତ୍ୟା।

ୟୁରୋପୀୟ ଦେଶମାନଙ୍କରେ ଆମେରିକାରେ ସୁନା ସନ୍ଧାନର ଖବର ପ୍ରଚାରିତ ହେବାପରେ ଆଗନ୍ତୁକମାନଙ୍କ ଧାଡ଼ି ଲମ୍ବା ହେଇ ଚାଲିଲା। ଯେଉଁମାନେ ବି ନିଜ ଦେଶରେ କୌଣସି କାରଣରୁ ଅସନ୍ତୁଷ୍ଟ ଥିଲେ ସେମାନେ ପ୍ରଥମେ ଯିବା ପାଇଁ ବାହାରିଲେ। ତାଙ୍କ ସହିତ ଖ୍ରୀଷ୍ଟିଆନ ପାଦ୍ରୀମାନେ ବି ଯାଇଥିଲେ। ବିଭିନ୍ନ ବର୍ଗର ଆଗନ୍ତୁକମାନଙ୍କ ମଧ୍ୟରେ ବାଛି ବାଛି କିଛି ରୁକ୍ଷ ନିଷ୍ଠୁର ବ୍ୟକ୍ତିଙ୍କୁ ମଧ୍ୟ ଲୋହିତମାନଙ୍କୁ ଶାସନ କରିବା ପାଇଁ ନିଆଯାଉଥିଲା। ଲୋହିତମାନେ କଥା ମାନିଲେ ତାଙ୍କୁ ପାଦ୍ରୀମାନେ ଧର୍ମ ବିଷୟରେ ବୁଝାଇ ଧର୍ମାନ୍ତକରଣ କରିବାକୁ ଚେଷ୍ଟା କରୁଥିଲେ। କ୍ରମେ ଧର୍ମ ପ୍ରଚାର ସହିତ ଅତ୍ୟାଚାର ବଢ଼ିଚାଲିଲା। ଲୋହିତମାନେ ଗୋରାମାନଙ୍କ ପାଇଁ ଚାଷକାମ, ଖଣିରେ କାମ ଇତ୍ୟାଦି ଅନିଚ୍ଛା ସତ୍ତ୍ୱେ କରିବା ପାଇଁ ବାଧ୍ୟ ହେଲେ। ନକଲେ ବିଭିନ୍ନ ନିର୍ଯ୍ୟାତନା ଭୋଗିବାକୁ ପଡ଼ିଲା। ଅଶ୍ୱାରୋହୀ ଗୋରାମାନଙ୍କ ଆଗରେ ଦେଶୀୟ ପଦାତିକମାନେ ହାର ମାନିଲେ। ହୁଲି ଡଙ୍ଗାକୁ ମାସ୍ତୁଲଯୁକ୍ତ ବଡ଼ ଡଙ୍ଗା ନିଜ ଆୟତ୍ତକୁ ନେଲା। ଖଣ୍ଡା, ଚାବୁକ, ଗୁଳି, ବନ୍ଧୁକ ଆଗରେ ଧନୁତୀର କାମ ଦେଲାନାହିଁ। ବାରମ୍ବାର ସଂଗ୍ରାମରେ ଲୋହିତମାନଙ୍କର ପରାଜୟ ହେଲା। ଅନେକ ଗଣହତ୍ୟାର ଶିକାର ହେଲେ। ମହିଳାମାନେ ଧର୍ଷିତା ହେଲେ। ଲୋହିତମାନେ ବହୁ ବର୍ଷ ଧରି ଚାଷ କରି ଫଳେଇଥିବା ଖାଦ୍ୟ ଶସ୍ୟକୁ ଗୋରାମାନେ ଜବରଦସ୍ତ ଛଡ଼ାଇ ନେଲେ। ଅନେକ ଲୋହିତ ଅନାହାରରେ ମଲେ। ଇଂରେଜମାନେ ସାଙ୍ଗରେ ଆଣିଥିବା ବସନ୍ତ ରୋଗର ସଂକ୍ରମଣ ଫଳରେ ଉଚିତ୍ ଚିକିତ୍ସା ନପାଇ ଅନେକ ମୃତ୍ୟୁବରଣ କଲେ। ବହୁ ବର୍ଷ ଧରି ବର୍ବର ଅତ୍ୟାଚାରର ଫଳ ସ୍ୱରୂପ ଆମେରିକା ଭୂମିରେ ଲୋହିତମାନଙ୍କ ସଂଖ୍ୟା କମିଆସିଲା ଏବଂ ଅପରପକ୍ଷେ ଆଗନ୍ତୁକଙ୍କ ସଂଖ୍ୟା ବଢ଼ିଚାଲିଲା। କୌଣସିମତେ ବଞ୍ଚିଯାଇଥିବା ଲୋହିତମାନେ ଗୋରାମାନଙ୍କ ଦୌରାତ୍ମ୍ୟରେ ଅତିଷ୍ଠ ହେଇ ନିଭୃତ ସ୍ଥାନମାନଙ୍କୁ ପଳାୟନ କଲେ। ନିଜ ଜନ୍ମମାଟିରେ ସେମାନେ ବିଲୁପ୍ତ

ପ୍ରାୟ ଅବସ୍ଥାକୁ ଆସିଲା ବେଳକୁ ଗୋରାମାନଙ୍କ ଭାଲେଣୀ ପଡ଼ିଲା। ଚାଷ କାମ, ଖଣିରେ କାମ କରିବା ପାଇଁ ଶ୍ରମିକ ନଥିଲେ। ଚାଷକର୍ମ ବ୍ୟାହତ ହେଲା।ଏଣୁ ଅନ୍ୟ ଦେଶ ଉପରେ ଆଖି ବୁଲିଲା। ଅମାନବିକତାର ପ୍ରଥମ ପର୍ଯ୍ୟାୟର ଅବସାନ ଘଟିବା ପରେ ନିଜ ଜୀବନଧାରଣରେ ସ୍ୱାଚ୍ଛନ୍ଦ୍ୟ ଭୋଗ କରିବା ପାଇଁ ଆଫ୍ରିକା ମହାଦେଶରୁ କୃଷ୍ଣକାୟମାନଙ୍କୁ ପଣ୍ୟବତ୍ ଆମଦାନୀ ଆରମ୍ଭ ହେଲା। ଏମାନଙ୍କୁ କ୍ରୀତଦାସ(Slave) ବୋଲି କୁହାଗଲା। ସେମାନଙ୍କ ଆଗମନରେ ସମସ୍ୟାର ନିଶ୍ଚିତ ସମାଧାନ ହେଲା ମାତ୍ର ମାନବିକତାର ଇତିହାସରେ ଆଉ ଏକ କଳଙ୍କିତ ପୃଷ୍ଠା ଯୋଡ଼ି ହେଲା।

କିଛି ସମାଜ-ବିଜ୍ଞାନୀଙ୍କ ମତରେ ବିଶ୍ୱ ଇତିହାସରେ ବିଭିନ୍ନ ସଭ୍ୟତାରେ ମାନବୀୟ ଅତ୍ୟାଚାରର ସ୍ୱାଭାବିକ ଉଦାହରଣ ରହିଛି। ସମାଜରେ ଅତ୍ୟାଚାରୀ ଆଉ ଅତ୍ୟାଚାରିତ - ଏଭଳି ଦୁଇଟି ଗୋଷ୍ଠୀ ରହିବା ପାଇଁ ବାଧ୍ୟ। ବଳ , ବିଦ୍ୟା, ବୁଦ୍ଧି ପ୍ରୟୋଗରେ କିଛି ଲୋକ ଏସବୁ ଦିଗରେ ଦୁର୍ବଳ ଥିବା ଲୋକଙ୍କ ଉପରେ ବିଭିନ୍ନ ଉପାୟରେ ପ୍ରାଧାନ୍ୟ ଜାହିର କରନ୍ତି। ତାହାକୁ ମାନବିକତା ଦୃଷ୍ଟିରୁ କେତେକ କ୍ଷେତ୍ରରେ ଅତ୍ୟାଚାର କୁହାଯାଇପାରେ। ବିଶେଷ କରି ରାଜତନ୍ତ୍ର ଓ ଏକଛତ୍ରବାଦ ଶାସନରେ ଏଭଳି ଅତ୍ୟାଚାର ରହିଥାଏ। ଏଭଳି ଅତ୍ୟାଚାର ବ୍ୟାପକ ତଥା ଉଗ୍ର ଓ ହିଂସ୍ର ହେଲେ କିଛି ସଭ୍ୟତା ସଂପୂର୍ଣ୍ଣ ନିଶ୍ଚିହ୍ନ ହେଲାଭଳି ଉଦାହରଣ ଇତିହାସରେ ବିରଳ ନୁହେଁ। ଧନବଳ, ଜନବଳ ଓ ଧର୍ମବଳ ବଢ଼ାଇବା ପାଇଁ ମୁଖ୍ୟତଃ ଅତ୍ୟାଚାର ହୋଇଥାଏ। ସେହିଭଳି ଆଫ୍ରିକା ମହାଦେଶରୁ କ୍ରୀତଦାସମାନଙ୍କୁ ଅଣାଯାଇ ଆମେରିକାରେ ନିର୍ଯ୍ୟାତନା ଦିଆଯାଉଥିଲା। ଶହ ଶହ ବର୍ଷଧରି ଇତର ଶ୍ରେଣୀର ପଶୁଙ୍କ ଭଳି ବ୍ୟବହାର ସେମାନେ ସହ୍ୟ କରିଥିଲେ। ଦାଦନ, କ୍ରୀତଦାସର ଏକ ସମଗୋତ୍ରୀୟ ଶବ୍ଦ ଯାହା ସହ ଆମେ ସୁପରିଚିତ। ଆମ ରାଜ୍ୟରେ ପଛୁଆବର୍ଗର ଲୋକମାନେ ଅନ୍ୟ ରାଜ୍ୟକୁ ଗୋତି ଶ୍ରମିକ ଭାବେ ଯିବା ଏକ ଚିରାଚରିତ ପ୍ରଥା। ରାଜା ରାଜୁଡ଼ା ଅମଳରେ ସାମନ୍ତବାଦୀ ସମାଜ ବ୍ୟବସ୍ଥାରେ ଗୋତିଶ୍ରମ ଏକ ରୀତି ଥିଲା। ଉଚ୍ଚବଂଶଜ ଜମିଦାର ମାନଙ୍କ ଘରେ ସ୍ୱାଧୀନତା ପରକାଳ ପର୍ଯ୍ୟନ୍ତ ମଧ୍ୟ କିଛି ଶ୍ରମିକ ଗୋତିରେ ଅର୍ଥାତ୍ ବିନା ପାରିଶ୍ରମିକରେ ବିଭିନ୍ନ କାମରେ ଖଟୁଥିଲେ। ସଚ୍ଚି ରାଉତରାୟଙ୍କ କବିତା 'କୋଣାର୍କ' ଏଠାରେ ମନେ ପଡ଼େ। " ତୁମେ ଦେଖି ଅଛ ଶିଳାରେ ତା'ର ରମ୍ୟ କଳାର ରୂପ / ମୁଁ ଦେଖିଛି ତହିଁ କୋଟି କଙ୍କାଳ ଭଗ୍ନ ବୁକୁର ସ୍ତୁପ"। ବାରଶହ ବଢ଼େଇଙ୍କ ଲୁହଲହୁରେ ବିଶାଳ କୋଣାର୍କ ରୂପ ନେଇଥିଲା ବୋଲି କବି କହିଛନ୍ତି। ମାତ୍ର ବିଶିଷ୍ଟ ସାହିତ୍ୟିକ ସ୍ୱର୍ଗତଃ କୃଷ୍ଣଚନ୍ଦ୍ର ପାଣିଗ୍ରାହୀଙ୍କ ମତରେ ବେଡ଼ିକୋରଡ଼ା ମାଡ଼ରେ ପିରାମିଡ଼ଟିଏ ଗଢ଼ି ଦିଆଯାଇପାରେ, କୋଣାର୍କ କି ରାଜରାଣୀ ମନ୍ଦିରଟିଏ ନିର୍ମାଣ

କରିବା ସମ୍ଭବ ନୁହେଁ। ଏବେ ବି ଅଜ୍ଞାତରେ ସେହି ପ୍ରଥା କେଉଁଠି ଯେ ରହିନଥିବ ଏ କଥା କହିହେବ ନାହିଁ।

ଆମେରିକାରେ ସେହି ବ୍ୟଥାଟିର ଆଧାର ଥିଲା ମୁଖ୍ୟତଃ ବର୍ଣ୍ଣବୈଷମ୍ୟ (apartheid)। ଲୋହିତମାନଙ୍କ ଅବସାନ ପରେ କୃଷ୍ଣକାୟ ଆଫ୍ରିକୀୟମାନଙ୍କୁ ମଧ୍ୟ ଗୋରାମାନେ ସେହିଭଳି ଖଟାଇଲେ। ସେମାନଙ୍କୁ କୌଣସିମତେ ରକ୍ତ ମାଂସରେ ଗଢ଼ା ମଣିଷ ଭଳି ଦେଖିବା ପାଇଁ ସେମାନେ ପ୍ରସ୍ତୁତ ନଥିଲେ। କୃଷ୍ଣକାୟମାନେ କ୍ଷେତରେ ଚାଷକାମ, ବାଡ଼ିବଗିଚା କାମ, ଘରସଫା, ପଶୁଧନ ରକ୍ଷଣାବେକ୍ଷଣ ଆଦି ଯାବତୀୟ ଶ୍ରମଭିତ୍ତିକ କାମରେ ନିୟୋଜିତ ଥିଲେ। ସେମାନଙ୍କ ପିଲାମାନଙ୍କୁ ପାଠପଢ଼ାର ସୁଯୋଗ ଦିଆଯାଉନଥିଲା। ସେମାନେ ଖ୍ରୀଷ୍ଟିଆନ ହେଲେ ମଧ୍ୟ ଗୀର୍ଜାକୁ ପ୍ରାର୍ଥନା ପାଇଁ ଯିବାର ଅନୁମତି ନଥିଲା। ବିପୁଳ ଶ୍ରମଦାନ ବିନିମୟରେ ଗଣ୍ଡେ ଖାଇ ଅତ୍ୟନ୍ତ ଅବହେଳିତ ଅବସ୍ଥାରେ ବଞ୍ଚି ରହିବାକୁ ପଡୁଥିଲା। ସେମାନଙ୍କ ନିଜ ନାମକୁ ଅଣଦେଖା କରି ମାଲିକମାନେ ନୂଆ ନାମକରଣ କରୁଥିଲେ। ନିଜର ମାଲିକାନା ସାବ୍ୟସ୍ତ କରିବା ପାଇଁ ତାଙ୍କ ଦେହରେ ଏକ ପ୍ରତୀକର ଚେଙ୍କ ଦେବା ପାଇଁ ପଛାଉନଥିଲେ। ଆଫ୍ରିକାର ବିଭିନ୍ନ ଦେଶରୁ ଧରିଆଣି ହାତଗୋଡ଼ ବାନ୍ଧି ଜାହାଜର ତଳମହଲାର ଅନ୍ଧାରୁଆ ଅପରିଷ୍କାର ସ୍ଥାନରେ ଶସ୍ୟ ବସ୍ତା ଭଳି ପକାଇ ଦିଆଯାଉଥିଲା। ହାତ ଖୋଲି ଖାଇବାକୁ ଦେଇ, ଖାଇବା ପରେ ପୁଣି ବାନ୍ଧି ଦିଆଯାଉଥିଲା। ସଂକୀର୍ଣ୍ଣ ସ୍ଥାନରେ ବହୁ ମଣିଷ ରହିବା ଦ୍ୱାରା ଅକଥନୀୟ ଅବସ୍ଥା ସହଜରେ ଅନୁମେୟ। ମଳମୂତ୍ର ତ୍ୟାଗକରି ଅତ୍ୟନ୍ତ ଦୟନୀୟ ଭାବରେ ଅସ୍ୱସ୍ତିକର ପରିବେଶରେ ରହି ଜଳଯାତ୍ରା ଅବଧିରେ କିଛି କୃଷ୍ଣକାୟ ମୃତ୍ୟୁବରଣ କରୁଥିଲେ। ସେମାନଙ୍କ ମରଶରୀରକୁ ସମୁଦ୍ରରେ ନିକ୍ଷେପ କରାଯାଉଥିଲା। ଯେଉଁମାନେ ବର୍ତ୍ତିଯାଉଥିଲେ ସେମାନେ ଜାହାଜରୁ ଓହ୍ଲାଇବା ପରେ ସେମାନଙ୍କୁ ପରିଚ୍ଛନ୍ନ କରି ଭଲ ଖାଇବାକୁ ଦିଆଯାଇ ରୁଚିପୂର୍ଣ୍ଣ ଦେଖାଯିବା ପାଇଁ ବ୍ୟବସ୍ଥା ହେଉଥିଲା। ତା'ପରେ ସେମାନଙ୍କର ଉଚିତ୍ ଦର ହାଟରେ ନିଲାମ ମାଧ୍ୟମରେ ସ୍ଥିରୀକୃତ ହେଉଥିଲା। ସିଧାସଳଖ ଜଣେ ମାଲିକଙ୍କ ଘରକୁ ଯିବା ସୁଯୋଗ ଅଳ୍ପ ସଂଖ୍ୟକ ନିଗ୍ରୋଙ୍କୁ ମିଳୁଥିଲା, ନହେଲେ ବେପାରୀଠୁ ଆଉ ଜଣେ ବେପାରୀ ନେଇ ପୁଣି ଅନ୍ୟ ହାଟରେ ବା ଘରୋଇ ଭାବରେ ବିକ୍ରି କରାଯାଉଥିଲା। କ୍ରୀତଦାସର ଭେକ ଦେଖି ଦର କଷାଯାଉଥିଲା। ବଳିଷ୍ଠ ହୃଷ୍ଟପୁଷ୍ଟ ନିଗ୍ରୋ ଭଲ କାମ କରିପାରିବ ବୋଲି ତା'ର ଦର ଉଚ୍ଚ ରହୁଥିଲା। କ୍ରୀତଦାସ ବେପାରରେ ବିଜ୍ଞାପନ ପ୍ରଚଳନ ଥିଲା। କେଉଁଦିନ କେଉଁହାଟରେ କେଉଁପ୍ରକାର କ୍ରୀତଦାସ ମିଳିବେ ତା'ର ବିବରଣୀ ସ୍ଥାନୀୟ ଖବରକାଗଜମାନଙ୍କରେ ପ୍ରକାଶ ପାଉଥିଲା। ପୁନଃ କିଣାବିକା

ପାଇଁ ମଧ୍ୟ ବିଜ୍ଞାପନ ଆସୁଥିଲା । ଜଣେ ଖାଉନ୍ଦଙ୍କ ଘରେ ଜଣେ କ୍ରୀତଦାସ କିଛି ବର୍ଷ କାମ କଲା ପରେ ଅନ୍ୟକୁ ବିକ୍ରି କରାଯାଇ ପାରୁଥିଲା । ସହନଶୀଳ କୃଷ୍ଣକାୟମାନଙ୍କର କୌଣସିଥିରେ ପ୍ରତିବାଦ ନଥିଲା । ସେମାନେ ଯେପରି ଏହିଭଳି ପଣ୍ୟ ହେଇ ଖାଉନ୍ଦଘରେ ଖଟିବା ପାଇଁ ଜନ୍ମ ହୋଇଛନ୍ତି । ପୁରୁଷାନୁକ୍ରମେ ମାଲିକର ସେବା କରିବା ପାଇଁ ବଞ୍ଚିଛନ୍ତି । ଯଦି କୌଣସି କାରଣରୁ ଅତ୍ୟାଚାର ବିରୁଦ୍ଧରେ ସ୍ୱର ଉତ୍ତୋଳନ କଲେ ବେତ୍ରାଘାତ, ଚାବୁକମାଡ଼ ଅଥବା ନିରାହାର ରଖାଯିବା ଭଳି ଦଣ୍ଡ ମିଳୁଥିଲା । ଦଣ୍ଡରେ ଅତିଷ୍ଠ ହୋଇ କେହି କେହି ଘରୁ ପଳାଉଥିଲେ । ନିଖୋଜ କୃଷ୍ଣକାୟକୁ ଧରି ଜୀବିତ ଅବସ୍ଥାରେ ଦେଲେ ପୁରସ୍କାର ବ୍ୟବସ୍ଥା ଥିଲା । ନିଖୋଜମାନଙ୍କୁ ଧରିବା ପାଇଁ ପୁଲିସକୁ ଏତାଲା ଦିଆଯାଉଥିଲା । ଆବଶ୍ୟକ ସ୍ଥଳେ ଡାହାଲ କୁକୁର ଲଗାଇ ନିଖୋଜମାନଙ୍କ ପିନ୍ଧାଲୁଗା ଓ ଜୋତାରୁ ଗନ୍ଧ ବାରି ଖୋଜିବା ପାଇଁ ତାଲିମ ଦେଇ ସେମାନଙ୍କୁ ଧରିବା ଭଳି ଉପାୟ ପ୍ରୟୋଗ ହେଉଥିଲା । ଦୁର୍ଭାଗ୍ୟବଶତଃ ନିଗ୍ରୋଟି ଧରାହେଲେ ତା' ପ୍ରତି ଦଣ୍ଡ ସ୍ୱରୂପ ଅକଥନୀୟ ଅତ୍ୟାଚାର କରାଯାଉଥିଲା । ନିର୍ଯ୍ୟାତନାର ଅନ୍ତ ନଥିଲା । ଏହି କୁତ୍ସିତପ୍ରଥା ଊନବିଂଶ ଶତାବ୍ଦୀର ଶେଷ ଭାଗ ପର୍ଯ୍ୟନ୍ତ ସାରା ଦେଶରେ ବଳବତ୍ତର ଥିଲା । କ୍ରୀତଦାସ ବେପାର ଲାଭଜନକ ଥିବାରୁ ଅନେକ କମ୍ପାନୀ ମଧ୍ୟ ପ୍ରତିଷ୍ଠା ହେଇଥିଲା । ମଣିଷ ଆମଦାନୀ ବ୍ୟବସାୟ ସରକାରୀ ସ୍ୱୀକୃତି ପାଇଥିଲା । ନିଗ୍ରୋମାନଙ୍କ ଶ୍ରମ ବଳରେ ମୁଖ୍ୟତଃ ଚାଷକାର୍ଯ୍ୟ କରାଯାଉଥିଲା । ଚାଷୋପଯୋଗୀ ଦକ୍ଷିଣ ଭାଗରେ ଯଥା ଲୁଇସିଆନାରେ ଆଖୁ, ଭର୍ଜିନିଆରେ ଧୂଆଁପତ୍ର, ଦକ୍ଷିଣ କାରୋଲିନାରେ ଧାନ, ମିସିସିପିରେ କପା ଇତ୍ୟାଦି ଚାଷରେ ନିଗ୍ରୋମାନଙ୍କୁ ନିୟୋଜିତ କରାଯାଉଥିଲା । ତା' ଛଡ଼ା ବିଭିନ୍ନ ଅଞ୍ଚଳରେ ଖଣିଖାଦାନରେ ସେମାନେ ଶ୍ରମିକ ଭାବରେ ଖଟୁଥିଲେ । ମୋଟାମୋଟି ଭାବେ କୃଷ୍ଣକାୟମାନଙ୍କ ଶ୍ରମର ବିନିଯୋଗରେ ଗୋରାମାନେ ଆୟସୀ ଜୀବନ ଅତିବାହିତ କରିବାରେ ଅଭ୍ୟସ୍ତ ଥିଲେ ।

ପ୍ରଥମେ ଲୋହିତ ଏବଂ ପରେ କୃଷ୍ଣକାୟମାନଙ୍କ ଉପରେ ଅତ୍ୟାଚାରର କରୁଣ ହୃଦୟବିଦାରକ କାହାଣୀ ସବୁ ଆମେରିକା ଇତିହାସରେ ଅନେକ ଧୂସର ପୃଷ୍ଠାରେ ବର୍ଣ୍ଣିତ । ଇଂଲଣ୍ଡ ଶାସନରୁ ବିଚ୍ଛିନ୍ନ ହେଇ ସ୍ୱତନ୍ତ୍ର ରାଷ୍ଟ୍ର ଭାବେ ଘୋଷିତ ହୋଇ ପ୍ରଥମ ରାଷ୍ଟ୍ରପତି ଜର୍ଜ ୱାସିଙ୍ଗଟନଙ୍କ କାର୍ଯ୍ୟକାଳରେ ନିଜସ୍ୱ ସମ୍ବିଧାନ ପ୍ରଣୟନ ପରେ ମଧ୍ୟ ଅନେକ କାଳ ଏହି ପରମ୍ପରା ଚାଲିଥିଲା । ଆବ୍ରାହିମ ଲିଙ୍କନଙ୍କ ସମୟରେ କ୍ରୀତଦାସ ପ୍ରଥାର ବିଲୋପ ହେବା ପାଇଁ ଆଇନ ଆସିବା ପରେ ଲୁଚାଛପାରେ ଏହି ଘୃଣ୍ୟ ପ୍ରଥା ବଳବତ୍ତର ରହିଥିଲା । ଆଇନ ଥିଲା, ଧର୍ମ ଥିଲା ମାତ୍ର ସମ୍ବେଦନଶୀଳତାର ଅଭାବ ଥିଲା । ଗୋରାମାନେ କୃଷ୍ଣକାୟଙ୍କ ଉପରେ ଏତେ ପରିମାଣରେ ନିର୍ଭରଶୀଳ

ହେଇପଡ଼ିଥିଲେ ଯେ ସେମାନଙ୍କ ବ୍ୟତିତ କାର୍ଯ୍ୟ ସଂପାଦନ ଦୁରୂହ ଥିଲା । କ୍ରୀତଦାସ ପ୍ରଥା ବିରୋଧ ଅଭିଯାନରେ ମାର୍ଟିନ ଲୁଥର କିଙ୍ଗ ଜୁନିୟର ପ୍ରଭୃତି ଅନେକ ସକ୍ରିୟ ଥିଲେ । ଗୋରାମାନଙ୍କ ମଧ୍ୟରେ ମଧ୍ୟ ଅନେକ ସମ୍ବେଦନଶୀଳ ବ୍ୟକ୍ତି ରହିଥିଲେ ମାତ୍ର ସେମାନେ କୃଷ୍ଣକାୟଙ୍କ ସପକ୍ଷରେ କିଛି କହିଲେ ସେମାନଙ୍କୁ ସାମାଜିକ ବାସନ୍ଦ ଭଳି କଷ୍ଟ ଭୋଗିବାକୁ ପଡୁଥିଲା । ସେମାନଙ୍କ ମୁହଁ ବନ୍ଦ କରିବା ପାଇଁ ବିଭିନ୍ନ ଚାପ ପ୍ରୟୋଗ କରାଯାଉଥିଲା । ସେହି କାଳରେ ପ୍ରସିଦ୍ଧ ଔପନ୍ୟାସିକା ହାରିଏଟ ବିଚର ଷ୍ଟୋଙ୍କ ଲିଖିତ ଗୋଟିଏ ଉପନ୍ୟାସ 'ଅଙ୍କଲ ଟମସ୍ କ୍ୟାବିନ' ୧୮୫୨ରେ ଦୁଇଟି ଅଧ୍ୟାୟରେ ପ୍ରକାଶ ପାଇ ସାରା ବିଶ୍ୱରେ କ୍ରୀତଦାସ ପ୍ରଥା ବିରୁଦ୍ଧରେ ସଚେତନତା ସୃଷ୍ଟି କରିଥିଲା । ବହିଟିର ବିଷୟବସ୍ତୁ ଜନମାନସକୁ ଆନ୍ଦୋଳିତ କରିବା ସହ ଆମେରିକାରେ ଗୃହଯୁଦ୍ଧ ପାଇଁ ଖୋରାକ ଯୋଗାଇଥିଲା । (ଏହି ବହି ବିଷୟରେ ଅନ୍ୟତ୍ର ବିଶେଷ ଆଲୋଚନା କରାଯାଇଛି) ଏବେ ଆଇନତଃ କ୍ରୀତଦାସ ପ୍ରଥାର ସଂପୂର୍ଣ୍ଣ ବିଲୋପ ହେବା ପରେ ଆଫ୍ରିକୀୟମାନେ ପାଠ ପଢ଼ି ବିଭିନ୍ନ ପଦବୀରେ କାର୍ଯ୍ୟକରି ସମାଜରେ ସମ୍ମାନର ସହିତ ଚଳୁଥିଲେ ମଧ୍ୟ ଗୋରାମାନଙ୍କ ମନରେ ସେମାନଙ୍କ ପ୍ରତି ବୈଷମ୍ୟ ଭାବ ଆଦୌ ରହିନାହିଁ ବୋଲି କହିହେବ ନାହିଁ । ପ୍ରଦର୍ଶନକାରୀ 'Black lives also matter' ଲେଖା ପୋଷ୍ଟର ଧରି ପ୍ରତିବାଦ କରୁଥିବା ଦେଖାଯାଉଛି ।

ଅତୀତରେ ଏହିସବୁ ସାମାଜିକ ସମସ୍ୟା ରହିଥିଲେ ମଧ୍ୟ ଆମେରିକାର ସର୍ବାଙ୍ଗୀନ ବିକାଶ ଅବ୍ୟାହତ ରହିଛି । ବିଭିନ୍ନ ଦେଶରୁ ବୁଦ୍ଧିଜୀବୀ, ଶ୍ରମଜୀବୀମାନେ ଯାଇ ସେହି ବିକାଶ ପ୍ରକ୍ରିୟାକୁ ତ୍ୱରାନ୍ୱିତ କରିଛନ୍ତି । ଆମେରିକାରେ ଯେତେବେଳେ ଯେଉଁ ସରକାର ଆଗନ୍ତୁକମାନଙ୍କ ପାଇଁ ଯେଭଳି ଆଇନ ବ୍ୟବସ୍ଥା କରିଛନ୍ତି ତା'ର ସୁଯୋଗ ନେଇ ପରଦେଶର ନାଗରିକମାନେ ଯିବାକୁ ଚାହିଁଛନ୍ତି । କେତେବେଳେ ଗବେଷଣା ପାଇଁ ତ ପୁଣି କେତେବେଳେ କ୍ଷେତରେ କୃଷିକାମ କରିବା ପାଇଁ । ବିଜ୍ଞାନର ବିକାଶ ସହିତ କୃଷିକର୍ମରେ ଉନ୍ନତ ବୈଷୟିକ ପ୍ରଣାଳୀର ପ୍ରୟୋଗ କ୍ଷେତ୍ରରେ ଆମେରିକାର ମଧ୍ୟ ଅଗ୍ରଣୀ ଭୂମିକା କାଏମ ରଖିଛି । କ୍ରୀତଦାସ ପ୍ରଥା ଉଚ୍ଛେଦ ପରେ କୃଷି କ୍ଷେତ୍ରରେ ଯେଉଁ ସମସ୍ୟା ଦେଖାଦେଲା ସେଥିପାଇଁ ବହୁଳ ଭାବରେ ଯନ୍ତ୍ରପାତିର ସାହାଯ୍ୟ ନେଇ କୃଷିକାମ କରାଗଲା । ତଥାପି ମାନବ ସଂସାଧନର ବିପୁଳ ଆବଶ୍ୟକତା ଥିବାରୁ ଅନ୍ୟ ଦେଶମାନଙ୍କରୁ ଲୋକମାନେ କେବଳ କୃଷି କର୍ମରେ ସହଯୋଗ କରିବା ପାଇଁ ଆସିବା ପାଇଁ ଅନୁମତି ମିଳିଲା । ସେହି ନିୟମ ଅନୁସାରେ ଭିଜା ବ୍ୟବସ୍ଥା ମଧ୍ୟ ଲାଗୁ କରାଗଲା । ସେଥିରେ ଦକ୍ଷିଣ ଏସିଆର ବହୁ ଦେଶରୁ ଲୋକମାନେ ଆମେରିକା

ଯିବାପାଇଁ ସମର୍ଥ ହେଲେ। ଆମ ଦେଶରୁ ସେହି ଦଉଡ଼ରେ ସର୍ବାଗ୍ରେ ରହିଲେ ପଞ୍ଜାବୀ ଓ ଗୁଜୁରାଟିମାନେ। ଦକ୍ଷିଣ ଭାରତୀୟ ମଧ୍ୟ କିଛି ସେହି ଆଇନର ସୁଯୋଗ ନେଲେ। ଏମାନେ ଚାଷକର୍ମ କରିବା ପାଇଁ ଯାଇ ଦେଶର ମୁଖ୍ୟ ସ୍ରୋତରେ ସାମିଲ ହେଲେ। ପୂର୍ବରୁ କେବଳ ସ୍ୱାସ୍ଥ୍ୟସେବା, ଉଚ୍ଚଶିକ୍ଷା, ନିଯୁକ୍ତି ଓ ଗବେଷଣା ପାଇଁ ଅନେକ ଯାଇଥିଲେ।

ବିଂଶ ଶତାବ୍ଦୀର ମଧ୍ୟଭାଗରୁ ଆମେରିକାରେ ଭାରତୀୟ ସଂସ୍କୃତିର ଏକ ସ୍ୱତନ୍ତ୍ର ସ୍ରୋତର ଅଭ୍ୟୁଦୟ ଘଟିଛି ବୋଲି କହିଲେ ଠିକ୍ ହେବ। ଆଧ୍ୟାତ୍ମିକତା ସେହି ସ୍ରୋତର ମୁଖ୍ୟ ଆଧାର ହୋଇପାରେ। ୧୯୦୩ରେ ସ୍ୱାମୀ ବିବେକାନନ୍ଦ ସିକାଗୋରେ ବିଶ୍ୱ ଧର୍ମ ସମ୍ମିଳନୀରେ ଯୋଗ ଦେଇ ତାଙ୍କର ଦୀକ୍ଷାନ୍ତ ଭାଷଣରେ ଆମେରିକୀୟମାନଙ୍କୁ ଚମକୃତ କରିଥିଲେ। ସେହିଠାରୁ ବସ୍ତୁତଃ ସେ ଦେଶରେ ସନାତନୀ ଭାବଧାରାର ଭିତ୍ତିଭୂମି ପଡ଼ିଥିଲା। ପରେ ଅନେକ ଭାରତୀୟ ଯୋଗୀ, ସନ୍ୟାସୀ, ଆଧ୍ୟାତ୍ମ୍ୟ ପ୍ରଚାରକ ଆମେରିକା ଯାଇଛନ୍ତି। ୧୯୬୫ରେ ସବୁଠାରୁ ପ୍ରଭାବଶାଳୀ ଭାବରେ ପରମ ବୈଷ୍ଣବ ପ୍ରଭୁପାଦ ଭକ୍ତିବେଦାନ୍ତ ସ୍ୱାମୀ ISKCON ପ୍ରତିଷ୍ଠା କରି ଅନେକ ବିଦେଶୀଙ୍କୁ କୃଷ୍ଣଧର୍ମରେ ଦୀକ୍ଷିତ କରାଇ ହିନ୍ଦୁ ମନ୍ଦିରମାନ ପ୍ରତିଷ୍ଠା କଲେ। ରାଧାକୃଷ୍ଣଙ୍କ ସହିତ ଆମ ଜଗନ୍ନାଥଙ୍କୁ ରଖି ଓଡ଼ିଶାକୁ ଧନ୍ୟ କଲେ। ସହରମାନଙ୍କରେ ରଥଯାତ୍ରା ପାଳନ କରି ଶ୍ରୀ ଜଗନ୍ନାଥଙ୍କ ମହିମାକୁ ଲୋକଭିମୁଖୀ କରାଇଥିଲେ। ଏବେ ଆମେରିକାରେ ବିଭିନ୍ନ ଭାରତୀୟ ଧର୍ମଗୁରୁମାନଙ୍କର ଅନେକ ଆଶ୍ରମ, କେନ୍ଦ୍ର ବା ମନ୍ଦିରମାନ ରହିଅଛି। ତେବେ ISKCON ମନ୍ଦିରଗୁଡ଼ିକର ଆକାର, ଚାକ୍ୟଚକ୍ୟ ଓ ପୂଜାନୀତିରେ ନିଛକ ଗୌଡ଼ୀୟ ପରମ୍ପରା ଅନୁସୃତ ହୋଇ ଆକର୍ଷଣ ବଢ଼ାଇଛି।

ସଂପ୍ରତି ଆମେରିକାରେ ବସବାସ କରୁଥିବା ଭାରତୀୟମାନେ ବେଶ୍ ସ୍ୱଚ୍ଛଳ ଜୀବନଯାପନ କରନ୍ତି। ପ୍ରାୟ ସମସ୍ତେ ଉଚ୍ଚଶିକ୍ଷିତ, ବୃତ୍ତିଧାରୀ ବା ବ୍ୟବସାୟୀ। ପଞ୍ଜାବୀ ଓ ଗୁଜୁରାଟିମାନେ ବ୍ୟବସାୟ କ୍ଷେତ୍ରରେ ଭଲ ପ୍ରଦର୍ଶନ କରିଛନ୍ତି। ବୈଷୟିକ ପ୍ରଯୁକ୍ତି ବିଦ୍ୟାର ଶୀର୍ଷରେ ଭାରତୀୟମାନେ ଅବସ୍ଥାପିତ। ଗୁଗୁଲ, ଆପଲ, ମାଇକ୍ରୋସଫ୍ଟ , ଟ୍ୱିଟର ଆଦି ଅନେକ କମ୍ପାନୀର ଉଚ୍ଚ ପଦବୀରେ ଭାରତୀୟ-ଆମେରିକାନମାନେ କାର୍ଯ୍ୟରତ। ପ୍ରଥମେ ଯାଇ ସେଠାରେ ନାଗରିକତ୍ୱ ଗ୍ରହଣ କରିଥିବା ଭାରତୀୟମାନଙ୍କର ତୃତୀୟ ପୀଢ଼ି ମଧ୍ୟ ରହିଛନ୍ତି। ଏକ ସ୍ୱଚ୍ଛଳ,ସ୍ୱଚ୍ଛନ୍ଦ ଓ ମୁକ୍ତ ଜୀବନ ଉପଭୋଗ କଲାପରେ ଆଉ ସ୍ୱଦେଶକୁ ଫେରିବାକୁ ଆଗ୍ରହ ପ୍ରକାଶ କରୁନାହାନ୍ତି ଅଥଚ ଜନ୍ମମାଟିର ମୋହରେ ସନ୍ତୁଳି ହେଉଛନ୍ତି। ସେଥିପାଇଁ ନିଜ ଦେଶର କଳାସଂସ୍କୃତିର ଝଲକ ମନେ ପକାଇବା ପାଇଁ ଅନେକ ଉପାୟ କରୁଛନ୍ତି। ହିନ୍ଦୁ ମନ୍ଦିର, ସାଂସ୍କୃତିକ କେନ୍ଦ୍ର ଆଦି ସ୍ଥାପନା ଓ

ପରିଚାଳନାରେ ନିଜକୁ ସଂପୃକ୍ତ କରୁଛନ୍ତି। ନିଜ ରାଜ୍ୟର ପ୍ରମୁଖ ବକ୍ତା,ଗବେଷକ, ପ୍ରଚାରକ, ଶିଳ୍ପୀ, ନୃତ୍ୟ ନିପୁଣ, ସଂଗୀତଜ୍ଞମାନଙ୍କୁ ପ୍ରଦର୍ଶନ କରିବା ପାଇଁ ଆମନ୍ତ୍ରଣ କରି ନେଉଛନ୍ତି। ସେମାନଙ୍କର ବିବିଧ ପ୍ରତିଭା ତଥା କଳାକୌଶଳର ସାମୟିକ ପ୍ରଦର୍ଶନରେ ମୂଳ-ଭାରତୀୟମାନେ ଆନନ୍ଦ ଅନୁଭବ କରୁଛନ୍ତି। ଅନେକ ସ୍ୱଚ୍ଛଳ ଭାରତୀୟ ନିଜ ଜନ୍ମମାଟିର ବିକାଶ ପାଇଁ ବିଭିନ୍ନ ଉପାୟରେ ବିପୁଳ ଧନରାଶି ବ୍ୟୟ କରୁଛନ୍ତି। ସେମାନେ ନିଜଦେଶରେ ଥିଲେ ହୁଏତ ସେହି ସାହାଯ୍ୟ କରିବା ପାଇଁ ସମର୍ଥ ହେଇପାରି ନଥାନ୍ତେ। ୨୦୨୦ରେ ସରକାରୀ ଆକଳନ ଅନୁସାରେ ଆମେରିକାରେ ପ୍ରାୟ ୪୬,୬୦,୦୦୦ ଭାରତୀୟ ଅର୍ଥାତ୍ ଜନସଂଖ୍ୟାର ପ୍ରାୟ ଶତକଡ଼ା ଦେଢ଼ଭାଗ ଭାରତୀୟ ରହିଛନ୍ତି। ତା' ପଛକୁ ଏସୀୟ ଦେଶ ଭାବେ ଚୀନ ରହିଛି।

ଏକ ପୁରୁଣା ପ୍ରବାଦ ଥିଲା ଇଂଲାଣ୍ଡକୁ ଥଣ୍ଡା ହେଲେ ସାରା ବିଶ୍ୱ ଛିଙ୍କି ଥାଏ। ମାତ୍ର ଏବେ 'ଆମେରିକା କାଶିଲେ ବିଶ୍ୱରେ ଅଧିକାଂଶ ଦେଶର ଗଳା ଖିଚ୍ ଖିଚ୍ ହେଉଛି'। ରାଜନୀତି ଓ କୂଟନୀତି କ୍ଷେତ୍ରରେ ଆମେରିକା ତା'ର ସ୍ଥିତି ଉଚ୍ଚରେ ରଖିଛି। ଅନେକ ଦେଶ ଉପରେ ନିଜର ବଡ଼ଭାଇ ପଣିଆ ଜାହିର କରିଛି। ମଧ୍ୟପ୍ରାଚ୍ୟରୁ ତୈଳ ଆମଦାନୀ ରାଜନୀତିରେ ନିଜ ଦେଶର ପତିଆରା ଅକ୍ଷୁର୍ଣ୍ଣ ରଖିଛି। ଆମ ଦେଶ ସହିତ ଆମେରିକାର ସଂପର୍କ ସର୍ବଦା ସନ୍ତୁଳିତ ଅବସ୍ଥାରେ ରହିଥାଏ। ନେହେରୁଙ୍କ ବେଳରୁ ଭାରତ, ଆମେରିକା ସହିତ ରୁଷ ଓ ଚୀନ ସହିତ ମଧ୍ୟ ଭଲ ସଂପର୍କ ରଖିବାକୁ ସର୍ବଦା ଆଗ୍ରହୀ ରହିଆସିଛି। ନରେନ୍ଦ୍ର ମୋଦି ପ୍ରଧାନମନ୍ତ୍ରୀ ହେବା ପରେ ସେ ସଂପର୍କ ଆହୁରି ଉଚ୍ଚସ୍ତରକୁ ଯାଇଛି। ରାଷ୍ଟ୍ରପତି ଡୋଲାନ୍ଡ ଟ୍ରମ୍ପଙ୍କ ସହିତ ବନ୍ଧୁ ବାନ୍ଧି ସଂପର୍କ ଆହୁରି ଦୃଢ଼ ହେବା ପରେ ଟ୍ରମ୍ପଙ୍କ ପତନ ଆମ ଦେଶ ପାଇଁ ବିପର୍ଯ୍ୟୟ ହୋଇନପାରେ। ସୌଭାଗ୍ୟବଶତଃ ଜୋ ବାଇଡେନଙ୍କ ସାଙ୍ଗରେ ଉପରାଷ୍ଟ୍ରପତି ପଦରେ ଭାରତୀୟ ବଂଶୋଦ୍ଭବ କମଳା ହାରିସ୍ଙ୍କ ସହ ଅନେକ ଭାରତୀୟ ପ୍ରଶାସନରେ ଉଚ୍ଚପଦରେ ରହିଛନ୍ତି।

# ସଂକ୍ଷିପ୍ତ ରାଜନୈତିକ ଇତିହାସ

ୟୁରୋପୀୟ ଦେଶମାନଙ୍କରୁ ବିପୁଳ ସଂଖ୍ୟାରେ ଆଗନ୍ତୁକମାନେ ଆସି ବସବାସ କଲା ପରେ ସ୍ୱାଭାବିକ ଭାବେ ଗ୍ରେଟ ବ୍ରିଟେନ ଅଧୀନରେ ଆମେରିକାରେ ଔପନିବେଶିକ ଶାସନ ଚାଲି ଆସିଥିଲା । କର ଆଦାୟ ଜନିତ ଅସନ୍ତୋଷ ଓ ଅନ୍ୟ କେତେକ କାରଣରୁ ଆମେରୀକୀୟମାନେ ବିଟ୍ରେନଠାରୁ ଅଲଗା ହୋଇ ସ୍ୱାଧୀନ ରାଷ୍ଟ୍ର ଗଠନ ପାଇଁ ଦାବୀ କରିବା ଆରମ୍ଭ କଲେ । ଫଳରେ ମୁକ୍ତି ସଂଗ୍ରାମ (American Revolution) ୧୭୬୫ରୁ ଆରମ୍ଭ ହୋଇ ୧୭୮୩ ପର୍ଯ୍ୟନ୍ତ ଚାଲିଥିଲା । ଜେନେରାଲ ଜର୍ଜ ୱାସିଂଟନ ଏହାର ନେତୃତ୍ୱ ନେଇଥିଲେ । ଆନ୍ଦୋଳନର ଅଗ୍ନିସ୍ଫୁରଣ ହେଲାପରେ ୧୭୭୬ରେ ଫିଲାଡେଲଫିଆଠାରେ ଅନୁଷ୍ଠିତ ୨ୟ ମହାଦେଶୀୟ କଂଗ୍ରେସରେ ଉପସ୍ଥିତ ଉପନିବେଶର ପ୍ରତିନିଧିମାନଙ୍କ ସର୍ବସମ୍ମତି କ୍ରମେ ସ୍ୱାଧୀନ ରାଷ୍ଟ୍ରର ଘୋଷଣା କରାଗଲା । ଏହାକୁ ସ୍ୱୀକୃତି ନଦେଇ ବ୍ରିଟିଶ ସରକାରଙ୍କ ପକ୍ଷରୁ ପ୍ରତିରୋଧ କରାଗଲା ଓ ପ୍ରତି-ପଦକ୍ଷେପମାନ ନିଆଗଲା । ସଂଗ୍ରାମ ଆହୁରି ତୀବ୍ର ହେଲା । ସରକାରଙ୍କ ବିରୁଦ୍ଧରେ ବିଭିନ୍ନ ଯୋଜନା କାର୍ଯ୍ୟକାରୀ କରାଗଲା । ପରିଶେଷରେ ଗ୍ରେଟ ବ୍ରିଟେନର ତତ୍କାଳୀନ ରଜା କିଙ୍ଗଜର୍ଜ ୩ୟ ଓ ତଥାକଥିତ ସଂଯୁକ୍ତରାଜ୍ୟର ୧୩ଗୋଟି ଉପନିବେଶର ପ୍ରତିନିଧିଙ୍କ ମଧ୍ୟରେ ପ୍ୟାରିସଠାରେ ତା ୩ ସେପ୍ଟେମ୍ବର ୧୭୮୩ ଦିନ ଏକ ଐତିହାସିକ ଚୁକ୍ତି ସ୍ୱାକ୍ଷରିତ ହେଲା । ଏହା ଦ୍ୱାରା ଆମେରିକା ବିଧିବଦ୍ଧ ଭାବେ ସଂଯୁକ୍ତ ରାଜ୍ୟ ଭାବେ ସ୍ୱାଧୀନ ସାଧାରଣତନ୍ତ୍ରର ମାନ୍ୟତା ପାଇଲା ଏବଂ ମୁକ୍ତି ସଂଗ୍ରାମର ଅବସାନ ଘଟିଲା ।

ସ୍ୱାଧିନତା ପ୍ରାପ୍ତି ପରେ ଆରମ୍ଭ ହେଲା ରାଷ୍ଟ୍ର ଗଠନ ପାଇଁ ପ୍ରୟାସ । ସେଥିପାଇଁ ଆବଶ୍ୟକୀୟ ସଂବିଧାନର ପ୍ରସ୍ତୁତିରେ ଯେଉଁ ମୁଖ୍ୟ ନାୟକମାନେ ଅଗ୍ରଣୀ ଥିଲେ ସେମାନଙ୍କ ମଧ୍ୟରୁ ଚାରିଜଣଙ୍କୁ ପ୍ରତିଷ୍ଠାତା ବା ଜନକ ବୋଲି ଧରାଯାଏ । ସେମାନେ

ହେଲେ ଜେମ୍ସ ମାଡିସନ୍, ଆଲେକଜାଣ୍ଡାର ହାମିଲଟନ୍, ଥୋମାସ୍ ଜାଫରସନ୍ ଓ ଜନ୍ ଜେ। ଜେମସ୍ ମ୍ୟାଡ଼ିସନ୍ଙ୍କ ଅବଦାନ ସମ୍ବିଧାନର ମୁଖ୍ୟାଂଶ ଲିଖନ ତଥା ଅନୁମୋଦନ ପ୍ରକ୍ରିୟାରେ ଅଧିକ ରହିଥିବା ଅନେକ ଅନୁଭବ କରନ୍ତି। ଜୁନ୍ ୨୧, ୧୭୮୮ରେ କଂଗ୍ରେସରେ ଏହାର ବିଧିବଦ୍ଧ ଅନୁମୋଦନ କରାଯାଇ ଦେଶରେ କାର୍ଯ୍ୟକାରୀ କରାଗଲା।

ଆମେରିକାର ସମ୍ବିଧାନରେ ସଂଘୀୟ ବ୍ୟବସ୍ଥାକୁ ପ୍ରାଧାନ୍ୟ ଦିଆଯାଇ ସମଗ୍ର ଶାସନ ବ୍ୟବସ୍ଥାକୁ ତିନିଭାଗରେ ବିଭକ୍ତ କରାଯାଇଛି। କ୍ଷମତା ବିକେନ୍ଦ୍ରୀକରଣ ନୀତି ଅନୁସାରେ ବ୍ୟବସ୍ଥାପକ ସଭା ଭାବରେ 'କଂଗ୍ରେସ' ଆଇନ ପ୍ରଣୟନ ପାଇଁ ସର୍ବୋଚ୍ଚ କ୍ଷେତ୍ର, ପ୍ରଶାସନିକ କ୍ଷେତ୍ରରେ ରାଷ୍ଟ୍ରପତି ନିର୍ବାଚିତ ମୁଖ୍ୟ ଭାବରେ ଦେଶର ସର୍ବୋଚ୍ଚ କର୍ତ୍ତା ଏବଂ ନ୍ୟାୟ ବ୍ୟବସ୍ଥାର ଶୀର୍ଷରେ ଦେଶର ସୁପ୍ରିମ କୋର୍ଟ ରହିଅଛି। କଂଗ୍ରେସରେ ଦୁଇଗୋଟି କକ୍ଷ ଯଥା ସିନେଟ ଓ ପ୍ରତିନିଧି ସଭା ରହିଛି। ଗଣତାନ୍ତ୍ରିକ ବିଧି ବ୍ୟବସ୍ଥାରେ ଦେଶର ନାଗରିକମାନଙ୍କୁ ବ୍ୟାପକ ଅଧିକାର ପ୍ରଦାନ କରାଯାଇଛି। ଏହି ସମ୍ବିଧାନ ଏ ପର୍ଯ୍ୟନ୍ତ ୨୭ଥର ସଂଶୋଧିତ ହୋଇଛି।

ଆମେରିକା ସମ୍ବିଧାନର ଧାରାର ଗ୍ରହଣୀୟତାରେ ପ୍ରଭାବିତ ହୋଇ ଅନେକ ଦେଶ ଏହାକୁ ଅନୁକରଣ କରିଛନ୍ତି। ଆମ ଭାରତରେ ସ୍ୱାଧୀନତା ପ୍ରାପ୍ତି ପରେ ଯେଉଁ ସମ୍ବିଧାନ ପ୍ରଚଳିତ, ସେଥିରେ ବିଶ୍ୱର ଅନ୍ୟତମ ପ୍ରଭାବଶାଳୀ ଗଣତନ୍ତ୍ର ଆମେରିକା ସମ୍ବିଧାନର କେତେକ ଅଂଶ ସହିତ ବ୍ରିଟିଶ ସମ୍ବିଧାନର ମିଶ୍ରିତ ପ୍ରଭାବ ରହିଅଛି। ଏଣୁ ଆମ ଦେଶର ରାଷ୍ଟ୍ରପତି ସାମ୍ବିଧାନିକ ମୁଖ୍ୟ ହେଲାବେଳେ ପ୍ରଧାନମନ୍ତ୍ରୀ ପ୍ରଶାସନିକ ମୁଖ୍ୟ ହୋଇ ରହିଛନ୍ତି।

ସମ୍ବିଧାନ ଅନୁମୋଦିତ ହେବା ସହିତ ଦେଶର ପ୍ରଧାନ ରାଷ୍ଟ୍ରପତି ଭାବେ ଜର୍ଜ ୱାସିଙ୍ଗଟନ ୧୭୮୯-୧୭୯୯ ପର୍ଯ୍ୟନ୍ତ କ୍ଷମତାସୀନ ରହିଲେ। ସଂଘୀୟ ବ୍ୟବସ୍ଥାରେ ସଫଳ ରୂପାୟନ ପାଇଁ ସେ ବହୁବିଧ ଚେଷ୍ଟା କରିଥିଲେ। ଦେଶର ସୀମା ବୃଦ୍ଧି ପାଇ ଭୂମଧ୍ୟସାଗର ପର୍ଯ୍ୟନ୍ତ ବିସ୍ତାର ଲାଭ କରିଥିଲା। ତାଙ୍କ ପରେ ସମ୍ବିଧାନର ପ୍ରଣେତା ଭାବେ ପରିଚିତ ଅନ୍ୟ ତିନିଜଣ ମଧ୍ୟ ରାଷ୍ଟ୍ରପତି ପଦରେ ଅଭିଷିକ୍ତ ହୋଇଥିଲେ ଏବଂ ଦେଶକୁ ସବୁ ଦୃଷ୍ଟିରୁ ସୁଦୃଢ଼ କରିବା ପାଇଁ ଉଦ୍ୟମ କରିଥିଲେ। ପର୍ଯ୍ୟାୟ କ୍ରମେ ବିଭିନ୍ନ ଅଂଶ ସଂଘୀୟ ବ୍ୟବସ୍ଥାରେ ମିଶିଥିଲେ। ୧୮୪୫ରେ ଟେକ୍ସାସର ମିଶ୍ରଣ ପରେ ମେକ୍ସିକୋ ସହିତ ଯୁଦ୍ଧ ହେଇଥିଲା। ଏହି ଯୁଦ୍ଧ ୧୮୪୬ରୁ ୪୮ ଭିତରେ ଘଟିଥିଲା। ସେତେବେଳେ ଦକ୍ଷିଣାଞ୍ଚଳର କେତେଗୋଟି କ୍ରୀତଦାସ ଅଧ୍ୟୁଷିତ ରାଜ୍ୟ ସଂଯୁକ୍ତ ରାଷ୍ଟ୍ରରେ ମିଶିନଥିଲେ। ସେମାନେ ଏକ ସମାନ୍ତରାଳ ସଂଘରେ ସଂପୃକ୍ତ ଥିଲେ।

୧୮୬୧ରୁ ଆମେରିକାର ଇତିହାସ ଚଳଚଞ୍ଚଳ ହେଇଉଠିଥିଲା। ଏହି ବର୍ଷ ଆବ୍ରାହିମ୍ ଲିଙ୍କନ ରାଷ୍ଟ୍ରପତି ହୋଇଥିଲେ। ଦେଶରେ ବ୍ୟାପକ ସଂସ୍କାର ଆଣିବା ପ୍ରଚେଷ୍ଟାକୁ ବିଫଳ କରି ଦେଶରେ ଗୃହଯୁଦ୍ଧ ଆରମ୍ଭ ହେଲା। ଏଥିରେ ସଂଘୀୟ ବ୍ୟବସ୍ଥାର ସମର୍ଥକ ଭାବେ ଉତ୍ତରାଞ୍ଚଳର ରାଜ୍ୟଗୁଡ଼ିକ ଏକ ପକ୍ଷରେ ରହିବା ବେଳେ ସେମାନଙ୍କ ବିପକ୍ଷରେ ଦକ୍ଷିଣାଞ୍ଚଳର ଭର୍ଜିନିଆ, ଲୁଇସିନିଆ, ଦକ୍ଷିଣ କାରୋଲିନା ଭଳି ରାଜ୍ୟଗୁଡ଼ିକ ମୁଣ୍ଡ ଟେକିଲେ। ଘମାଘୋଟ ଲଢ଼େଇରେ ପ୍ରାୟ ସାତ ଲକ୍ଷ ଲୋକ ପ୍ରାଣ ହରାଇଲେ। ଦେଶର ପ୍ରଭୂତ କ୍ଷତି ହେଲା। ଶେଷରେ ୧୮୬୫ରେ ଦକ୍ଷିଣ ରାଜ୍ୟଗୁଡ଼ିକ ହାର ମାନିଲେ ଏବଂ ସଂଯୁକ୍ତ ରାଜ୍ୟରେ ଯୋଗଦେଲେ। ଏହା ପରେ ସମ୍ବିଧାନର ତିନିଗୋଟି ଗୁରୁତ୍ୱପୂର୍ଣ୍ଣ ସଂଶୋଧନ ଅଣାଯାଇ ସାର୍ବଭୌମତ୍ୱକୁ ପ୍ରାଧାନ୍ୟ ଦିଆଗଲା। ଗୃହଯୁଦ୍ଧର ମୁଖ୍ୟ କାରଣ ଥିଲା ନାଗରିକ ଅଧିକାର ସୁରକ୍ଷା। ସାମାଜିକ ଅସନ୍ତୋଷ ବିରୁଦ୍ଧରେ ପ୍ରତିବାଦର ସ୍ୱରକୁ ମଜବୁତ କରିବାରେ ମାର୍ଟିନ ଲୁଥର କିଙ୍ଗଙ୍କ ଯଥେଷ୍ଟ ଉଦ୍ୟମ ରହିଥିଲା। ଅଗଷ୍ଟ ୧୪, ୧୯୬୪ରେ ନାଗରିକ ଅଧିକାର ଆଇନ୍ (Civil Rights Act, 1964) ପ୍ରଣୟନ କରାଗଲା।

ଦେଶର ସୀମାରେଖାର ସଠିକ୍ ନିର୍ଦ୍ଧାରଣ, କ୍ରୀତଦାସ ପ୍ରଥାର ବିଲୋପ ଇତ୍ୟାଦି ଏହି ସଂଶୋଧନର ଅଂଶବିଶେଷ। ତା'ପରଠାରୁ ଉନବିଂଶ ଶତାବ୍ଦୀର ଦ୍ୱିତୀୟ ଦଶକ ପର୍ଯ୍ୟନ୍ତ କାଳଖଣ୍ଡକୁ ପୁନଃନିର୍ମାଣର ଯୁଗ ବା ପ୍ରଗତିର ଯୁଗ ବୋଲି ଐତିହାସିକମାନେ ଅଭିହିତ କରନ୍ତି।ଏହି କାଳରେ ଦେଶରେ ଆଗନ୍ତୁକମାନଙ୍କ ସଂଖ୍ୟାରେ ଯଥେଷ୍ଟ ବୃଦ୍ଧି ଘଟିଥିଲା। କୃଷି ଓ ଶିଳ୍ପ କ୍ଷେତ୍ରରେ ବିପୁଳ ବିକାଶ ଘଟି ଅର୍ଥନୀତି ସୁଦୃଢ଼ ହୋଇଥିଲା। ରାଜନୈତିକ ସ୍ଥିରତା ସହ କୁଟନୈତିକ ସ୍ତରରେ ସାରା ବିଶ୍ୱରେ ଆମେରିକାର ପ୍ରତିପତ୍ତି ବଢ଼ିଥିଲା। ସାମାଜିକ ସଂସ୍କାର କ୍ଷେତ୍ରରେ ମଧ୍ୟ ଅଗ୍ରଗତି ହୋଇ ମହିଳାମାନଙ୍କୁ ଭୋଟଦାନ କ୍ଷମତା ଏବଂ କର୍ମକ୍ଷେତ୍ରରେ ସମାନତା ଭଳି ଆଇନ ଆସିଥିଲା। ଲିଙ୍କନ ଦେଶର ସବୁଠାରୁ ଜନପ୍ରିୟ ଉତ୍ତମ ରାଷ୍ଟ୍ରପତି ଭାବେ ଖ୍ୟାତି ଅର୍ଜନ କଲେ।

ପ୍ରଥମ ବିଶ୍ୱଯୁଦ୍ଧରେ ଆମେରିକା କୌଣସି ପକ୍ଷରେ ଯୋଗ ଦେଇ ନଥିଲା। ମାତ୍ର ଯୁଦ୍ଧ ଆରମ୍ଭ ହେବାର ତିନି ବର୍ଷ ପରେ ୧୯୧୭ରେ ଜର୍ମାନୀ ବିରୁଦ୍ଧରେ ଲଢ଼ିଥିଲା। ୧୯୧୮ରେ ଅସ୍ତ୍ରବିରତି ଓ ଚୁକ୍ତି ଦୁଇ ଦେଶ ମଧ୍ୟରେ ସଙ୍ଗଠିତ ହୋଇଥିଲା। ତୃତୀୟ ଦଶକରେ ପାଶ୍ଚାତ୍ୟରେ ସାଂସ୍କୃତିକ ଉତ୍‌ଥାନ (Renaissance) ଆରମ୍ଭ ହେଲାବେଳକୁ ଆମେରିକାରେ ମହା ଅବପାତ (Great depression) ଘଟି ଅର୍ଥନୈତିକ ବିପର୍ଯ୍ୟୟ ସୃଷ୍ଟି ହୋଇଥିଲା। ପୁରା ଦଶନ୍ଧି ବ୍ୟାପୀ ଏହି ଦୁଃସମୟ ୧୯୪୧

ପର୍ଯ୍ୟନ୍ତ ଲାଗି ରହିଥିଲା । ଫଳତଃ ପୁଞ୍ଜି ବଜାରରେ ପତନ ଘଟିବା ସହିତ ବେକାରୀ ସମସ୍ୟା ବୃଦ୍ଧି ପାଇଲା ଏବଂ ଋଣ ଗ୍ରହୀତାମାନେ ଦେବାଳିଆ ହେବାରେ ବ୍ୟାଙ୍କସବୁ ବୁଡ଼ିଗଲେ ବା କୃଷିଜାତ ଦ୍ରବ୍ୟର ଉଚିତ ମୂଲ୍ୟ ନମିଳିବାରୁ କୃଷକମାନେ ଗରୀବ ହେଲେ । ଉଚିତ୍ ପାରିଶ୍ରମିକ ନମିଳିବାରୁ କର୍ମଜୀବୀମାନେ କାନାଡ଼ା, ଅଷ୍ଟ୍ରେଲିଆ, ଦକ୍ଷିଣ ଆଫ୍ରିକା ଆଦି ଦେଶକୁ ଚାଲିଗଲେ । ଏସବୁ କାରଣରୁ ଅର୍ଥନୀତି ଭୁଶୁଡ଼ି ପଡ଼ିଲା ସିନା ପରବର୍ତ୍ତୀ କାଳରେ ନୂଆ ଅର୍ଥନୈତିକ ଯୋଜନା କରିବା ପାଇଁ ଅନେକ ଶିକ୍ଷା ମିଳିଲା । ମହା ଅବପାତ କାଳରେ ଭୋଗିଥିବା କଷ୍ଟକୁ ଭାଷାଦେଇ ସାହିତ୍ୟ ପୃଷ୍ଠାରେ ଜୀବନ୍ତ କରି ତୋଳିଛନ୍ତି କେତେଜଣ ଔପନ୍ୟାସିକ । ସେଥି ମଧ୍ୟରୁ ଜନ୍ ଷ୍ଟିନ୍‌ବେକ୍ ଦୁଇଟି ଉପନ୍ୟାସ The Grapes of Wrath ଆଉ Of Mice and Men ଅଧିକ ଲୋକପ୍ରିୟ । ଶେଷରେ ଆନ୍ତର୍ଜାତିକ ମୁଦ୍ରା ବ୍ୟବସ୍ଥା Gold Standardର ଉପଯୋଗ କରି ଦୁରବସ୍ଥାରେ ସୁଧାର ଆସିଥିଲା ।

ସେତେବେଳକୁ ଦ୍ୱିତୀୟ ବିଶ୍ୱ ଯୁଦ୍ଧର ବିଗୁଲ ବାଜିସାରିଥିଲା ।ଆମେରିକା ବ୍ରିଟେନର ପକ୍ଷ ନେଇ ପ୍ରଶାନ୍ତ ମହାସାଗରରେ ନୌଭେଳା ଛାଡ଼ିବା କଥା ପ୍ରତିପକ୍ଷ ଜାପାନକୁ ସୁହାଇନଥିଲା । ପ୍ରଶାନ୍ତ ମହାସାଗରରେ ନିଜର ଆଧିପତ୍ୟ ବଜାୟ ରଖିବା ପାଇଁ ଜାପାନ, ଆମେରିକାର ହାୱାଇ ଦ୍ୱୀପ ଅଞ୍ଚଳରେ ଥିବା ଜଳସେନା କେନ୍ଦ୍ର ପର୍ଲ ହାର୍ବର ଉପରେ ତା ୦୭ ଡିସେମ୍ବର ୧୯୪୨ରେ ଦିନ ସକାଳେ ଅତର୍କିତ ବିମାନ ଆକ୍ରମଣ କଲା । ଉଦ୍ଦେଶ୍ୟ ଥିଲା ପ୍ରଶାନ୍ତ ମହାସାଗୀରୟ ବ୍ୟାପାରରେ ଆମେରିକା ସଂପୃକ୍ତ ହେବାରୁ ବିରତ ରହୁ । ପଶ୍ଚିମ ଏସିଆରେ ରହିଥିବା ବ୍ରିଟ୍ରିଶ ଉପନିବେଶ ଯଥା ସିଙ୍ଗାପୁର, ହଙ୍କଂ, ଫିଲିପାଇନ୍ସ ଓ ଭାରତ ଆଦି ଦେଶ ଉପରେ ମଧ୍ୟ ଜାପାନର ନଜର ରହିଥିଲା ଯାହାକୁ ବ୍ରିଟ୍ରିଶର ପକ୍ଷ ନେଇ ଆମେରିକା ସୁରକ୍ଷା ଦେବାକୁ ଚାହୁଁଥିଲା । ପର୍ଲ ହାର୍ବର ଆକ୍ରମଣରେ ଆମେରିକାର ବିପୁଳ କ୍ଷୟକ୍ଷତି ହୋଇ ୨୪୦୦ ଲୋକ ମରିବା ସହିତ ୧୧୪୦ ଲୋକ ଆହତ ହୋଇଥିଲେ । ବହୁ ସଂଖ୍ୟକ ଯୁଦ୍ଧ ବିମାନ ଓ ରଣତରୀ ଧ୍ୱଂସ ପାଇଥିଲା । ଆକସ୍ମିକ ଆକ୍ରମଣରେ ଆମେରିକା ପକ୍ଷରୁ ବିଶେଷ ପ୍ରତ୍ୟାକ୍ରମଣ କରାଯାଇ ନପାରିବାରୁ ଜାପାନର ଅପେକ୍ଷାକୃତ ବହୁତ କମ୍ କ୍ଷତି ହୋଇଥିଲା । ତତ୍କାଳୀନ ରାଷ୍ଟ୍ରପତି ରୁଜଭେଲ୍ଟ ତା' ପର ଦିନ କଂଗ୍ରେସର ମିଳିତ ଅଧିବେଶନ ଡକାଇ ଜାପାନ ବିରୁଦ୍ଧରେ ଯୁଦ୍ଧ ଘୋଷଣା କରିବା ପାଇଁ ଅନୁମୋଦନ ନେଲେ । ବିଟ୍ରେନର ପ୍ରତିପକ୍ଷ ଦେଶ ଜର୍ମାନୀ ଓ ଇଟାଲୀ, ଜାପାନର ପକ୍ଷ ନେଇ ଆମେରିକା ବିରୁଦ୍ଧରେ ଯୁଦ୍ଧ ଘୋଷଣା କଲେ । ରୁଷ୍ ଏମାନଙ୍କୁ ପରୋକ୍ଷରେ ସମର୍ଥନ କରୁଥିଲା । ଏହି ବୃହତ୍ ଶକ୍ତିମାନଙ୍କ ସଂପୃକ୍ତିରେ ଯୁଦ୍ଧର ବିଭୀଷିକାରେ ସାରା ବିଶ୍ୱ

ଅଳ୍ପ-ବହୁତେ ପ୍ରଭାବିତ ହୋଇଥିଲା । ପର୍ଲହାର୍ବର ଆକ୍ରମଣର ପ୍ରତିଶୋଧ କିଛି ବଡ଼ ଆକାରରେ ନେବା ପାଇଁ ଆମେରିକା ସର୍ବଦା ଚେଷ୍ଟିତ ଥିଲା । ଆକାରରେ କ୍ଷୁଦ୍ର ହେଲେ ବି ଜାପାନ କିଛି କମ୍ ଶକ୍ତିଶାଳୀ ନଥିଲା । ଶେଷରେ ୧୯୪୫ ଅଗଷ୍ଟ ତା ୬ ଦିନ ସକାଳେ ଜାପାନର ହିରୋସିମା ସହର ଓ ପୁଣି ତା ୯ ଦିନ ସକାଳେ ନାଗାସାକି ସହର ଉପରେ ଶକ୍ତିଶାଳୀ ଅଣୁବୋମା ନିକ୍ଷେପ କରି ସାରା ବିଶ୍ୱକୁ ଚମକାଇ ଦେଇଥିଲା । କୁହାଯାଏ ପୂର୍ବ ଚୁକ୍ତି ଅନୁସାରେ ଆମେରିକା ଏହି ଅଣୁଅସ୍ତ୍ର ପ୍ରୟୋଗ ପାଇଁ ବ୍ରିଟେନର ସମର୍ଥନ ପାଇ ସାରିଥିଲା । ଏହି ଦୁଇଟି ପ୍ରଳୟଙ୍କରୀ ଅଣୁ ଅସ୍ତ୍ରର ନାମ ଯଥାକ୍ରମେ 'ଲିଟିଲ୍ ବୟ'ଓ 'ଫ୍ୟାଟ ମ୍ୟାନ୍' ରହିଥିଲା । ଅଣୁବୋମା ନିକ୍ଷେପ ହେବାର କେତେ ଘଣ୍ଟା ମଧ୍ୟରେ ହଜାର ହଜାର ଲୋକ ମୃତ୍ୟୁବରଣ କଲେ । ଏହାର ତେଜଷ୍କ୍ରିୟତାର ପ୍ରଭାବରେ ଅନେକ ଦିନ ପର୍ଯ୍ୟନ୍ତ ଲୋକଙ୍କ ମୃତ୍ୟୁ ଲାଗିରହିଥିଲା । ଜାପାନର ବିପୁଳ ଧନଜୀବନ କ୍ଷତି ହେଲା । କୁହାଯାଏ ଏଥିରେ ୧,୨୮,୦୦୦ ମୃତ ଓ ୨,୨୬,୦୦୦ ଆକ୍ରାନ୍ତ ହୋଇଥିଲେ ।

ଏହି ମାନବକୃତ ବିପର୍ଯ୍ୟୟ, ଯୁଦ୍ଧ ନିବୃତ୍ତି ପାଇଁ ସବୁ ଦେଶ ଉପରେ ନୈତିକ ଚାପ ସୃଷ୍ଟି କରିଥିଲା । ପରିଶେଷରେ  ମିଳିତଶକ୍ତି ଆଗରେ ଜାପାନ ୧୫ ଅଗଷ୍ଟ ୧୯୪୫ରେ ଯୁଦ୍ଧ ବିରତି ଘୋଷଣା କରିଥିଲା । ତା' ସହିତ ବିଶ୍ୱଯୁଦ୍ଧର ଅବସାନ ଘଟିଲା ମାତ୍ର ସେତେବେଳକୁ ଆଣବିକ ଅସ୍ତ୍ର ପ୍ରୟୋଗର ବିରୋଧ କରି ଅନ୍ୟତମ ବୃହତ ଶକ୍ତି ରୁଷ, ଆମେରିକା ବିରୁଦ୍ଧରେ ଯୁଦ୍ଧ ଡାକରା ଦେଇଥିଲା । ଅବଶ୍ୟ ତାହା ଅନେକ ବର୍ଷ ପର୍ଯ୍ୟନ୍ତ ଶୀତଳ ଯୁଦ୍ଧରେ ସୀମିତ ରହିଲା । ଏହି ଶୀତଳ ଯୁଦ୍ଧ କେବଳ ରୁଷ କାହିଁକି ଅନ୍ୟତମ କମ୍ୟୁନିଷ୍ଟ ରାଷ୍ଟ୍ର ଚୀନ ସହିତ ମଧ୍ୟ ଚାଲିଥିଲା । ଏହି ଶୀତଳ ଯୁଦ୍ଧ ସମୟକ୍ରମେ ଉଗ୍ରରୂପ ନେଇ ଭିଏତନାମ ଯୁଦ୍ଧରେ ପ୍ରକାଶ ପାଇଲା ।

ଦ୍ୱିତୀୟ ବିଶ୍ୱଯୁଦ୍ଧ ପରେ ଆମେରିକା ଓ ରୁଷ୍ ଦୁଇଟି ବୃହତ୍ ଶକ୍ତି ଭାବରେ ମୁଣ୍ଡ ଟେକିଲେ । ଉଭୟ ନିଜ ନିଜ ଆଦର୍ଶ ଯଥା ଆମେରିକାର 'ପୁଞ୍ଜିବାଦ' ଓ ରୁଷର 'ସାମ୍ୟବାଦ' ମଧ୍ୟରେ ଶୀତଳ ଯୁଦ୍ଧ ଲାଗିରହିଲା । ୟୁରୋପରେ ପ୍ରତିରକ୍ଷା ବ୍ୟାପାରକୁ ଆମେରିକା ନେତୃତ୍ୱରେ 'ନାଟୋ'ର ସଦସ୍ୟ ଦେଶମାନେ ତଥା ରୁଷ୍ ନେତୃତ୍ୱରେ ୱାର୍ସା ଚୁକ୍ତିରେ ସ୍ୱାକ୍ଷର କରିଥିବା ଦେଶ ସମୁହ ଦୁଇଟି ଗୋଷ୍ଠୀ ଭାବେ ପରିଚାଳନା କଲେ । ଉଭୟ ଶକ୍ତି ଆଣବିକ ଅସ୍ତ୍ର ନିର୍ମାଣ ଓ ମହଜୁଦ କ୍ଷେତ୍ରରେ ଅଧିକ ଗୁରୁତ୍ୱ ଦେଲେ ମାତ୍ର ତୃତୀୟ ବିଶ୍ୱଯୁଦ୍ଧର ସପକ୍ଷରେ ନଥିଲେ । ଆମେରିକା ଅନ୍ୟତମ କମ୍ୟୁନିଷ୍ଟ ଦେଶ ଚୀନ ଓ ଉତ୍ତର କୋରିଆ ସହିତ ୧୯୫୦-୫୩ରେ ଯୁଦ୍ଧକରି ନିଜ ପ୍ରତିରକ୍ଷା ଶକ୍ତିର ପ୍ରମାଣ ଦେଲା । ସେହିକାଳରେ ବୃହତ୍ ଶକ୍ତିମାନଙ୍କ ଦ୍ୱାରା ମହାକାଶ ଦୌଡ଼

ଆରମ୍ଭ ହେଲା । ରୁଷ ପ୍ରଥମେ ୧୯୫୭ରେ ପ୍ରଥମ କୃତ୍ରିମ ଉପଗ୍ରହ ପ୍ରେରଣ ଓ ୧୯୬୧ ପ୍ରଥମ ମହାକାଶ ଯାନରେ ମାନବ ପ୍ରେରଣ କରିବା ପରେ ଆମେରିକା ଆଉ ପାଦେ ଆଗକୁ ଯାଇ ଚନ୍ଦ୍ର ପୃଷ୍ଠରେ ପ୍ରଥମଥର ପାଇଁ ମାନବ ଅବତରଣ କରାଇ ସାରା ବିଶ୍ୱକୁ ବିଜ୍ଞାନ କ୍ଷେତ୍ରରେ କୃତିତ୍ୱରେ ଚକିତ କରିଦେଲା ।

ଦକ୍ଷିଣ ପୂର୍ବ ଏସିଆରେ ଭିଏତନାମ ବହୁ ପୂର୍ବରୁ ଫ୍ରାନ୍ସର ଉପନିବେଶ ଭାବେ ରହିଥିଲା ବେଳେ ଏହାର ଉତ୍ତର ଭାଗରେ ଚୀନର ଆଧିପତ୍ୟ ରହିଆସିଥିଲା । ଉତ୍ତର ଓ ପଶ୍ଚିମ ଭିଏତନାମ ମଧ୍ୟରେ ପ୍ରଥମେ ଗୃହଯୁଦ୍ଧ ଲାଗି କ୍ରମେ ତାହା ବିରାଟ ରୂପ ନେଲା । ଉତ୍ତର ଭିଏତନାମକୁ କମ୍ୟୁନିଷ୍ଟ ରାଷ୍ଟ୍ର ଚୀନ ଓ ରୁଷ୍ ବଳ ଦେଲେ ଏବଂ ଦକ୍ଷିଣ ଭିଏତନାମର ଫରାସୀ ଦଳ ପକ୍ଷରେ ଆମେରିକା ଯୁଦ୍ଧରେ ଯୋଗଦେଲା ଏବଂ ତା' ସହିତ ଦକ୍ଷିଣ କୋରିଆ, ଫିଲିପାଇନସ୍, ଅଷ୍ଟ୍ରେଲିଆ ଓ ଥାଇଲାଣ୍ଡ ଆଦି ଦେଶ ଓହ୍ଲାଇଲେ । ବସ୍ତୁତଃ କମ୍ୟୁନିଷ୍ଟ ଓ ଅଣକମ୍ୟୁନିଷ୍ଟ ଦେଶଙ୍କ ମଧ୍ୟରେ ଏହି ଲଢ଼େଇ ୧୯୫୪ ଶେଷ ଭାଗରେ ଆରମ୍ଭ ହୋଇ ୧୯୭୫ରେ ସମାପ୍ତ ହୋଇଥିଲା । ବିଶ୍ୱର ଇତିହାସରେ ଦୀର୍ଘତମ ଯୁଦ୍ଧ ଭିତରେ ଏହା ଅନ୍ୟତମ । ଏହି ଅବଧିରେ ତିନିଜଣ ରାଷ୍ଟ୍ରପତି ଆମେରିକାରେ ନିର୍ବାଚିତ ହୋଇଥିଲେ । ଜନ୍ ଏଫ୍ କେନେଡ଼ିଙ୍କ ଶାସନ ବେଳେ ଏହି ଯୁଦ୍ଧ ଆରମ୍ଭ ହୋଇ ରିଚାର୍ଡ ନିକ୍ସନ୍‌ଙ୍କ କାର୍ଯ୍ୟକାଳରେ ଶେଷ ହୋଇଥିଲା । ଏହା ଦ୍ୱାରା ସଂପୃକ୍ତ ସମସ୍ତ ଦେଶର ବିପୁଳ ଧନଜୀବନ ନଷ୍ଟ ହେଲା । ଆମେରିକାର ବିଭିନ୍ନ ସହରରେ ହଜାର ହଜାର ମୃତ ସୈନିକଙ୍କ ସ୍ମୃତି ସ୍ତମ୍ଭ ଏବେ ମଧ୍ୟ ସେହି ଯୁଦ୍ଧର ବିଭୀଷିକାକୁ ମନେ ପକାଇଦିଏ । ଏହି ବିପୁଳ କ୍ଷୟକ୍ଷତିର ଘୋର ବିରୋଧ ଦେଶରେ ସବୁ ବର୍ଗର ନାଗରିକମାନେ କରିଥିଲେ । ବୁଦ୍ଧୀଜୀବୀମାନେ ସେମାନଙ୍କ ଲେଖା, ଚିତ୍ର, ଭାସ୍କର୍ଯ୍ୟ, ଗୀତ ଓ ନାଟକ ମାଧ୍ୟମରେ ସେମାନଙ୍କ ପ୍ରତିବାଦ ଜଣାଇଥିଲେ । କେବଳ କମ୍ୟୁନିଷ୍ଟମାନଙ୍କୁ ବିରୋଧ କରି ଏକ ଗଣତାନ୍ତ୍ରିକ ରାଷ୍ଟ୍ର ନିଜର ଏଭଳି କ୍ଷୟକ୍ଷତିକୁ ପ୍ରଶୟ ଦେବା ଅତ୍ୟନ୍ତ ନିନ୍ଦନୀୟ ବୋଲି ସାରା ଦେଶରେ ଜନମତ ପ୍ରକାଶ ପାଇଲା । ଶେଷରେ ୧୯୭୩ ଜାନୁଆରୀରେ ରାଷ୍ଟ୍ରପତି ନିକ୍ସନ୍‌ଙ୍କ ଉଦ୍ୟମରେ ପ୍ୟାରିସଠାରେ ଏକ ଶାନ୍ତି ଚୁକ୍ତି ମାଧ୍ୟମରେ ଯୁଦ୍ଧ ବିରତି ଘଟିଥିଲା ଏବଂ ଆମେରିକା ସୈନ୍ୟବଳ ପ୍ରତ୍ୟାହାର କରିଥିଲା । ମାତ୍ର ତା'ପରେ ଲାଓସ ଓ କାମ୍ବୋଡ଼ିଆ ସହିତ ଗୃହଯୁଦ୍ଧ ଘଟି ଭିଏତନାମର ପୁନର୍ଗଠନ ସମ୍ଭବ ହୋଇଥିଲା ଏବଂ ସେଠାରେ କମ୍ୟୁନିଷ୍ଟ ଶାସନ ଆରମ୍ଭ ହୋଇଥିଲା । ଏହି ଯୁଦ୍ଧର ଫଳାଫଳକୁ ଅନେକ ଐତିହାସିକ ଆମେରିକାର ପରାଜୟ ବୋଲି ବର୍ଣ୍ଣନା କରନ୍ତି ।

ରାଷ୍ଟ୍ରପତି ରିଚାର୍ଡ଼ ନିକ୍ସନଙ୍କ ଶାସନକାଳ ଥିଲା ଘଟଣାବହୁଳ । କେନେଡ଼ିଙ୍କ

ଦ୍ୱାରା ଚନ୍ଦ୍ର ଅଭିଯାନ ଯୋଜନାର ଆରମ୍ଭ ହୋଇ ତାହା ୨୦ ଜୁଲାଇ ୧୯୬୯ରେ ଫଳବତୀ ହୋଇଥିଲା। ମାର୍କିନ ଅନ୍ତରୀକ୍ଷ ଗବେଷଣା ସଂସ୍ଥା 'ନାସା' ପକ୍ଷରୁ ନିର୍ମିତ ସ୍ୱତନ୍ତ୍ର ଚନ୍ଦ୍ରଯାନ ଆପୋଲୋ ଯୋଗେ ଯାଇଥିବା ତିନି ଜଣ ମହାକାଶଚାରୀଙ୍କ ମଧ୍ୟରୁ Neil A. Armstrong ଓ Buzz Aldrin ଚନ୍ଦ୍ରପୃଷ୍ଠରେ ଅବତରଣ କରି ଆମେରିକାର ଜାତୀୟ ପତାକା ଉତ୍ତୋଳନ କରିଥିଲେ।ଅନ୍ୟତମ ସହଯାତ୍ରୀ ପାଇଲଟ Michael Collins ସଂଯୋଗକାରୀ ଯାନ କଲମ୍ବିଆରେ ଚନ୍ଦ୍ରକକ୍ଷରେ ପ୍ରଦକ୍ଷିଣ କରି ସେମାନଙ୍କୁ ଫେରିବାରେ ସହାୟତା କରିଥିଲେ। ଚନ୍ଦ୍ରପୃଷ୍ଠରେ ମହାକାଶଚାରୀମାନେ ରାଷ୍ଟ୍ରପତି ନିକ୍ସନ୍‌ଙ୍କ ସହିତ ଯେଉଁ ଐତିହାସିକ ବାର୍ତ୍ତାଳାପ କରିଥିଲେ ତାହା ହିଁ ଆମେରିକାର ଗୌରବ।

ପରବର୍ତ୍ତୀ କାଳରେ ଆମେରିକା ଇତିହାସରେ ଘଟିଥିଲା ଏକ ଉଲ୍ଲେଖନୀୟ ଘଟଣା। ସାଧାରଣତଃ ରାଜନେତାମାନଙ୍କର ସମସ୍ତ କାର୍ଯ୍ୟକଳାପ ଉପରେ ଜନସାଧାରଣ ତଥା ସରକାରୀ କଳର ତୀର୍ଯ୍ୟକ ଦୃଷ୍ଟି ରହିଥାଏ। ନିକ୍ସନ ଦେଶର ଗୁଇନ୍ଦା ସଂସ୍ଥା CIA, FBI ଆଦିକୁ ଅଧିକ କାର୍ଯ୍ୟକ୍ଷମ କରିବା ଆଳରେ କିଛି ରାଜନେତା ଓ ପ୍ରଭାବଶାଳୀ ଲୋକଙ୍କୁ ଗୁପ୍ତ ତଥ୍ୟ ସଂଗ୍ରହ ପାଇଁ ମାତ୍ରାଧିକ ଭାବରେ ନିୟୋଜିତ କରିଥିଲେ। ଏ ଗୁମରର ଉନ୍ମୋଚନ ହେବା ପରେ ଏଭଳି ହୀନ କାର୍ଯ୍ୟକ୍ରମକୁ ଗମ୍ଭୀରତାର ସହ ନିଆଯାଇଥିଲା ଯେଉଁଥିପାଇଁ ରାଷ୍ଟ୍ରପତି ନିକ୍ସନ ଓ ଏଥିରେ ସଂପୃକ୍ତ କର୍ମଚାରୀମାନଙ୍କୁ ଅଦାଲତରେ ଦୋଷୀ ସାବ୍ୟସ୍ତ ହେବାକୁ ପଡ଼ିଥିଲା। ଏହି ଅପବାଦ `Water Gate scandal` ନାମରେ ସାରା ବିଶ୍ୱରେ ଚର୍ଚ୍ଚିତ ହୋଇଥିଲା। କଂଗ୍ରେସର ଉଭୟ ଗୃହରେ ବିସ୍ତୃତ ଆଲୋଚନା କରାଯାଇ ରାଷ୍ଟ୍ରପତିଙ୍କ ବିରୁଦ୍ଧରେ ଦଣ୍ଡବିଧାନ (Impeachment) ହୋଇଥିଲା ଏବଂ ଶେଷରେ ୧୯୭୪ରେ ତାଙ୍କୁ ଇସ୍ତଫା ଦେବା ପାଇଁ ପଡ଼ିଥିଲା ଅବଶ୍ୟ ପରବର୍ତ୍ତୀ ରାଷ୍ଟ୍ରପତି ତାଙ୍କୁ ସେଥିରୁ ମୁକୁଳାଇଥିଲେ।

ତୃତୀୟ ବିଶ୍ୱରେ ପ୍ରତିରକ୍ଷା ଶକ୍ତି ସୁଦୃଢ଼ କରିବା ପାଇଁ ଆଣବିକ ଶକ୍ତି ବୃଦ୍ଧି କ୍ଷେତ୍ରରେ ରାଷ୍ଟ୍ରମାନଙ୍କ ମଧ୍ୟରେ ଏକ ପ୍ରକାର ପ୍ରତିଯୋଗିତା ଲାଗିରହିଛି। ଅଣୁଅସ୍ତ୍ର ଉତ୍ପାଦନ ତଥା ପରୀକ୍ଷଣରେ ଲାଗିଥିବା ରାଷ୍ଟ୍ରମାନଙ୍କ ଉପରେ ସର୍ବଦା କୂଟନୀତି ପ୍ରୟୋଗକରି ଚାପ ସୃଷ୍ଟି କରିବା ପାଇଁ ଆମେରିକା ନିଜ ଦ୍ୱାରା ପ୍ରତିଷ୍ଠିତ ମିଳିତ ଜାତିସଂଘ ସୁରକ୍ଷା ପରିଷଦ (United Nations Security Council)କୁ ନିୟୋଜିତ କରିଛି। ବିକଶିତ ଦେଶମାନଙ୍କୁ ଏକାଠି କରି NATO ଭଳି ଗୋଷ୍ଠୀ ଗଢ଼ିଛି। ଅଣୁଅସ୍ତ୍ର ରଖିଥିବା ଦେଶମାନଙ୍କ ଉପରେ ବଡ଼ ଭାଇପଣିଆ ଜାହିର କରି ତାଙ୍କ ବିରୁଦ୍ଧରେ କାର୍ଯ୍ୟାନୁଷ୍ଠାନ ଗ୍ରହଣ କରିଛି। ସେଥିପାଇଁ ଆରବ ଦେଶମାନଙ୍କ ମଧ୍ୟରେ ଇରାନ ଓ

ପୂର୍ବ ଏସିଆରେ ଉତ୍ତର କୋରିଆ, ଦକ୍ଷିଣ ଆମେରିକାର କ୍ୟୁବା ଭଳି ଦେଶମାନଙ୍କ ସହିତ ଆମେରିକାର କୂଟନୈତିକ ସଂପର୍କ ମାତ୍ର ରହିଛି। ସାରା ବିଶ୍ୱରେ ନିଜକୁ ସର୍ବଶ୍ରେଷ୍ଠ ବୋଲି ଦର୍ଶାଇବାରେ କେତେ ନୀତି-ଅନୀତି ସବୁ ଆପଣେଇଛି। ଶତ୍ରୁର ଶତ୍ରୁକୁ ମିତ୍ର କରିବା ପାଇଁ ବିପୁଳ ସହାୟତା ଯୋଗାଇ ଦେଇଛି। ଧନବଳ ଓ ସୈନ୍ୟବଳ ଖଟାଇ ସାରା ବିଶ୍ୱରେ ଆଧିପତ୍ୟ ଅକ୍ଷୁର୍ଣ୍ଣ ରଖିବା, ଏହି ଦେଶର ଜାତୀୟ ନୀତିରେ ପରିଣତ ହୋଇଛି।

ଇରାନ ସହିତ ସଂପର୍କ ତିକ୍ତ ହେବା ପଛରେ କେବଳ ପାରମାଣବିକ ଅସ୍ତ୍ର ଠୁଳ କରିବା ତଥା ତୈଳ ରାଜନୀତି ମଧ୍ୟ ମୂଳ କାରଣ। ମଧ୍ୟପ୍ରାଚ୍ୟରେ ଅନ୍ୟ କ୍ଷୁଦ୍ର ଦେଶଗୁଡ଼ିକ ମଧ୍ୟରେ ଇରାନର ମର୍ଯ୍ୟାଦା ଅଧିକ ଥିଲା। ସେଠାରେ ମାନବିକ ଅଧିକାର ଉଲଘଂନ ଓ ଅଣୁଅସ୍ତ୍ର ଉତ୍ପାଦନ ଭଳି ଅଭିଯୋଗ ଆଣି ତତ୍‌କାଳୀନ ଶାସକ ତଥା ଧର୍ମମୁଖ୍ୟ ଆୟୋତଲ୍ଲା ଖୋମିନୀଙ୍କୁ ବିରୋଧ କରିବା ଆରମ୍ଭ କରି ଛୋଟ ଛୋଟ ଘଟଣା ଲାଗିରହିଲା। ଅଧିକ ତୈଳ ଉତ୍ପାଦନକାରୀ ଦେଶ କୁଏତରୁ ଆମେରିକା ଖଣିଜ ତୈଳ ବିପୁଳ ପରିମାଣରେ ଆମଦାନୀ କରିଥାଏ। ୧୯୯୦ରେ ଇରାକ ଦ୍ୱାରା କୁଏତ ଦଖଲ ହେଲାପରେ ଆମେରିକା ପ୍ରତିକ୍ରିୟାଶୀଳ ହୋଇପଡ଼େ। ଇରାକ୍‌ର ରାଷ୍ଟ୍ରପତି ମହାପ୍ରତାପୀ ସଦ୍ଦାମ ହୁସେନଙ୍କୁ ଗାଦିଚ୍ୟୁତ କରିବା ପାଇଁ ବହୁ ପ୍ରକାର ଅଭିଯୋଗ ଆଣେ। ଶେଷରେ ଆରମ୍ଭ ହୁଏ ଆକ୍ରମଣ ୨୦୦୩ ମାର୍ଚ୍ଚ ତା ୨୦ରେ। ଯୁଦ୍ଧ ପାଇଁ ବ୍ରିଟେନ, ଅଷ୍ଟ୍ରେଲିଆ ଓ ପୋଲାଣ୍ଡ ଏଥିରେ ଆମେରିକା ସହିତ ମିଳିତ ସାମ୍ମୁଖ୍ୟରେ ଯୋଗଦିଅନ୍ତି। ରାଜଧାନୀ ବାଗଦାଦ୍‌ରେ ପ୍ରବଳ ଆକ୍ରମଣ ଫଳରେ ସଦ୍ଦାମ ହୁସେନ ରାଜପ୍ରାସାଦ ଛାଡ଼ି ଆତ୍ମଗୋପନ କରନ୍ତି। ତା ୧୩ ଜୁଲାଇ ୨୦୦୩ରେ ଏକ ବଙ୍କର ଭିତରୁ ତାଙ୍କୁ ଉଦ୍ଧାର କରାଯାଏ। ପରେ ସେ ଏକ ଅଦାଲତରେ ଏକ ଗଣହତ୍ୟା ଅପରାଧରେ ଦୋଷୀ ସାବ୍ୟସ୍ତ ହୋଇ ୨୦୧୬ରେ ଫାଶୀ ପାଆନ୍ତି। ଇରାକ୍‌ରେ ଗଣତନ୍ତ୍ରର ପୁନଃପ୍ରତିଷ୍ଠା ପାଇଁ ମାର୍କିନ ସୈନ୍ୟବଳ ଇରାକରେ ବହୁଦିନ ଧରି ରୁହନ୍ତି।

ଇସଲାମୀୟ ଦେଶ ସମୁଦାୟ ସହିତ ସଂପର୍କରେ ତିକ୍ତତାର କାରଣ ମୁଖ୍ୟତଃ ତୈଳ ଓ ତୈଳଜାତ ସାମଗ୍ରୀର ପରିଚାଳନା ତଥା ବ୍ୟବସାୟ କ୍ଷେତ୍ରରେ ଆଧିପତ୍ୟ। ଇସଲାମର ଆଦର୍ଶରେ ପରିଚାଳିତ ଅନେକ ଆତଙ୍କବାଦୀ ସଂସ୍ଥା ମଧ୍ୟରୁ 'ଅଲକାଏଦା' ଅନ୍ୟତମ। ତା ୧୧ ସେପ୍ଟେମ୍ବର ୨୦୦୧ରେ ନ୍ୟୁୟର୍କର ୱାର୍ଲ୍ଡ଼ ଟ୍ରେଡ ସେଣ୍ଟର ଓ ଅନ୍ୟ କେତୋଟି ପ୍ରମୁଖ ସ୍ଥାନରେ ବିମାନ ଆକ୍ରମଣ କରି ବିପୁଳ ଧନଜୀବନ କ୍ଷତି କରିବା ଭଳି ଆତଙ୍କବାଦୀ ଆକ୍ରମଣ ଘଟାଇ ପାରିଲା ଏହି ପ୍ରଳୟଙ୍କରୀ ଆତଙ୍କି ସଂସ୍ଥା। ସବୁଠାରୁ ଅଧିକ କ୍ଷତିଗ୍ରସ୍ତ ହୋଇ ୱାର୍ଲଡ ଟ୍ରେଡ଼ ସେଣ୍ଟରର ଦୁଇଟି ଅତ୍ୟୁଚ୍ଚ କୋଠା

ଧରାଶାୟୀ ହୋଇପଡ଼ିଲା। ଇତିହାସରେ ଏହି ଘଟଣା ଥିଲା ବିରଳ ଓ ସବୁଠାରୁ ଭୟଙ୍କର। କେତେଗୋଟି ବିନ୍ଦୁରେ ଆକ୍ରମଣ ପଛର କାରଣ ତଥା ଦାବୀ ଅଲ୍‌କାଏଦା ପକ୍ଷରୁ ପ୍ରଚାରିତ ହୋଇଥିଲା। ୧. ଇସ୍‌ଲାମ ରାଷ୍ଟ୍ର ପାଲେଷ୍ଟାଇନ ବିପକ୍ଷରେ ଇସ୍ରାଏଲକୁ ଆମେରିକାର ସାହାଯ୍ୟ। ୨. ସାଉଦି ଆରବରେ ଆମେରିକୀୟ ସୈନ୍ୟମାନଙ୍କୁ ଅପସାରଣ ଯାହା ମଧ୍ୟ ପ୍ରାଚ୍ୟରେ ଅସନ୍ତୋଷର କାରଣ ୩. ଇରାକ୍ ବିରୁଦ୍ଧରେ ଲାଗୁ କରିଥିବା ବିଧାନର ପ୍ରତ୍ୟାହାର। ଆକ୍ରମଣ ପରେ ତତ୍‌କ୍ଷଣାତ କ୍ଷମତାସୀନ ଜର୍ଜ ବୁଶ ସରକାରଙ୍କ ଉଦ୍ୟମରେ ଅଲକାଏଦାର ଜନ୍ମସ୍ଥାନ ଆଫଗାନିସ୍ତାନ ଅଧିକାର କରି ତାଲିବାନ ସରକାରଙ୍କୁ ଗାଦିଚ୍ୟୁତ କରି ଗଣତନ୍ତ୍ର ଶାସନ ପ୍ରତିଷ୍ଠା ହୋଇଥିଲା। ଅଲ୍‌କାଏଦାର ମୁଖ୍ୟ ତଥା ବିମାନ ଆକ୍ରମଣର ସୂତ୍ରଧର ଓସାମା ବିନ୍ ଲାଡ଼େନ ଜୀବନ ଭୟରେ ଏକ ପାର୍ବତ୍ୟାଞ୍ଚଳକୁ ପଳାଇଥିଲା। ତା'ପରେ ଆସି ପାକିସ୍ଥାନର ଆବୋଟାବାଦରେ ଏକ ଉଚ୍ଚ ପାଚେରୀ ଘେରା ଘରେ ଗୋପନ ବାସ କରୁଥିବା ଅବସ୍ଥାରେ ମାର୍କିନ କମାଣ୍ଡୋଙ୍କ ଦ୍ୱାରା ନିହତ ହୋଇଥିଲା ତା୨ ମଇ ୨୦୧୧ରେ।

ଆମେରିକାର ପ୍ରକୃତ ଅର୍ଥନୈତିକ ବିକାଶ ଉନବିଂଶ ଓ ବିଂଶ ଶତାବ୍ଦୀରେ ଘଟିଥିଲା। ବଡ଼ ବ୍ୟବସାୟୀ ତଥା ଶିଳ୍ପପତି ଭାବରେ Cornelius Vanderbilt, John D. Rockfeller ଓ Andrew Carnegieପ୍ରଭୃତିଙ୍କ ଦ୍ୱାରା ରେଳପଥ, ପେଟ୍ରୋଲିୟମ ଓ ଇସ୍ପାତ ଶିଳ୍ପରେ ବିରାଟପରିବର୍ତ୍ତନ ଘଟିଥିଲା। ପ୍ରସିଦ୍ଧ ବ୍ୟାଙ୍କ ମାଲିକ J.P. Morganଙ୍କ ଦ୍ୱାରା ବ୍ୟାଙ୍କ ଶିଳ୍ପର ବିକାଶ ଦେଶର ଅର୍ଥନୀତିରେ ଗୁରୁତ୍ୱ ଆଣିଥିଲା। ଏହି କାଳରେ ସାମାଜିକ ଓ ପ୍ରଶାସନିକ କ୍ଷେତ୍ରରେ ମଧ୍ୟ ବହୁ ସଂସ୍କାର ଆଣିବାରେ ଦେଶର ଅର୍ଥନୀତି ବିଶ୍ୱରେ ଶୀର୍ଷସ୍ଥାନ ଅଧିକାର କରିଥିଲା।

୨୦୦୭-୦୮ରେ ଘଟିଲା ମହାମାନ୍ଦା ଅବସ୍ଥା The Great Recession ଦେଶର ପ୍ରଥମ ମିଶ୍ରବର୍ଗର ସଭାପତି ବାରାକ୍ ଓବାମାଙ୍କ ଉଦ୍ୟମରେ ଲୋକଙ୍କ ସମ୍ପତ୍ତିର ଅବମୂଲ୍ୟାୟନରେ ସୁଧାର ଆଣିବା ପାଇଁ କିଛି ଯୁଗାନ୍ତକାରୀ ଆଇନ ପ୍ରଣୟନ କରାଗଲା। ଓବାମା ଦ୍ୱିତୀୟଥର ନିର୍ବାଚିତ ହୋଇଥିଲେ। ତା'ପରେ ଦେଶର ୪୫ତମ ରାଷ୍ଟ୍ରପତି ଭାବେ ୨୦୧୬ରେ ଡୋନାଲ୍ଡ ଟ୍ରମ୍ପ କ୍ଷମତାକୁ ଆସିଲେ। ପ୍ରଥମରୁ ବିବଦମାନ ରହିଥିବା ଟ୍ରମ୍ପ କୋଭିଡ଼ ୧୯ର ସଂକ୍ରମଣ କାଳରେ କୁପରିଚାଳନା ସକାଶେ ଦେଶର ପ୍ରାୟ ନ'ଲକ୍ଷରୁ ଅଧିକ ଲୋକ ପ୍ରାଣ ହରାଇଲେ। ୨୦୨୦ରେ ଡେମୋକ୍ରାଟ ଜୋ ବାଇଡ଼େନ ନିର୍ବାଚିତ ହେଲା ପରେ ତା ୬ ଜାନୁଆରୀ ୨୧ରେ ଟ୍ରମ୍ପଙ୍କ ଦ୍ୱାରା ସାମାଜିକ ଗଣମାଧ୍ୟମରେ ପ୍ରେରିତ ଏକ ବାର୍ତ୍ତାରେ ପ୍ରଭାବିତ ହେଇ ତାଙ୍କ ସମର୍ଥକମାନେ ବିପୁଳ ସଂଖ୍ୟାରେ ଆସି ୱାସିଂଟନ ଡିସିର କ୍ୟାପିଟଲ ସୌଧରେ

ରାଷ୍ଟ୍ରପତି ନିର୍ବାଚନର ଭୋଟ ଗଣତି ଚାଲିଥିବା ସମୟରେ ସମୂହ ଆକ୍ରମଣ କଲେ। ନିର୍ବାଚନରେ ପରାଜୟର ପ୍ରତିକ୍ରିୟା ଭାବରେ ଏହା ଆମେରିକା ଇତିହାସରେ ଏକ ବିରଳ ହୀନ ଘଟଣା। ଏଥିପାଇଁ ବିଶ୍ୱ ସମୁଦାୟ ଆଗରେ ଟ୍ରମ୍ପଙ୍କୁ ଘୋର ଅପବାଦ ମୁଣ୍ଡାଇବାକୁ ହେଲା।

ଜୋ ବାଇଡ଼େନ କ୍ଷମତାକୁ ଆସିବା ପରେ ତା ୩୦ ଅଗଷ୍ଟ ୨୦୨୧ରେ ଆଫଗାନିସ୍ତାନରେ ୨୦୦୧-୨୦୦୨ର ଆତଙ୍କି ଆକ୍ରମଣ ପରେ ଚାଲିଥିବା ତାଲିବାନ ବିରୋଧି ଯୁଦ୍ଧର ଆକସ୍ମିକ ଅବସାନ ଘଟାଇ ସୈନ୍ୟବଳ ଫେରାଇନେଲେ। ସେଠାରେ ତାଲିବାନ ପୁଣି ସହସା କ୍ଷମତା ଦଖଲ କଲା। ପ୍ରଧାନମନ୍ତ୍ରୀ କାର୍ଜାଇ ଦେଶ ଛାଡ଼ି ଚାଲିଗଲେ। ଆମେରିକାର ଏହି ନିର୍ଣ୍ଣୟରେ ସାରା ବିଶ୍ୱରେ ମିଶ୍ର ପ୍ରତିକ୍ରିୟା ପ୍ରକାଶ ପାଇଲା। ବାସ୍ତବରେ ଓସାମା ବିନ୍ ଲାଡ଼େନ ନିହତ ହେବା ପରେ ଆଫଗାନିସ୍ତାନରେ ମାର୍କିନ ସୈନ୍ୟମାନଙ୍କ ବ୍ୟୟ ବହୁଳ ଉପସ୍ଥିତିର କୌଣସି କାରଣ ନଥିଲା। ସାଧାରଣ ଲୋକେ ଆସନ୍ନ ନିର୍ଯ୍ୟାତନାରେ ଆତଙ୍କିତ ହୋଇ ଦେଶ ଛାଡ଼ିବା ପାଇଁ ବ୍ୟାକୁଳ ହେଲେ। ଆମେରିକୀୟ ବାୟୁସେନା ପ୍ରାୟ ଦେଢ଼ ଲକ୍ଷ ଲୋକଙ୍କୁ ନିରାପଦ ସ୍ଥାନକୁ ସ୍ଥାନାନ୍ତର କଲା। ମାର୍କିନ ଉଡ଼ାଜାହାଜ ରନ୍‌ୱେ ଉପରେ ଗଡୁଥିବା ଅବସ୍ଥାରେ ଲୋକେ ବିକଳ ହୋଇ ତା'ର ବିଭିନ୍ନ ଅଂଶରେ ଝୁଲିରହି ଆକାଶ ମାର୍ଗରୁ ପଡ଼ି ଜୀବନ ହାରିଲେ। ମାଆମାନେ ସନ୍ତାନଙ୍କ ଜୀବନ ବଞ୍ଚାଇବା ପାଇଁ ବିମାନ ବନ୍ଦର କଣ୍ଟା ବାଡ଼ ଆରପଟୁ କଅଁଳା ଶିଶୁକୁ ଫିଙ୍ଗିବାର ଦୃଶ୍ୟ ମଧ୍ୟ ଦୂରଦର୍ଶନରେ ଦେଖିବାକୁ ମିଳିଲା। ମାନବିକତା ଦୃଷ୍ଟିରୁ ଏହି ଘଟଣାକୁ ଅଧିକାଂଶ କ୍ଷେତ୍ରରେ ନିନ୍ଦା କରାଗଲା। ଏହା ସଦ୍ୟ ଘଟଣା ହୋଇଥିଲେ ମଧ୍ୟ ଇତିହାସ ପୃଷ୍ଠା ମଣ୍ଡନ କରିବା ପାଇଁ ଯୋଗ୍ୟତା ବହନ କରେ।

**ଶେଷ କଥା :** ସାରା ବିଶ୍ୱରେ ଶ୍ରେଷ୍ଠ ଦେଶର ମର୍ଯ୍ୟାଦା ଅବ୍ୟାହତ ରଖିବା ପାଇଁ ଆମେରିକା ସର୍ବଦା ପ୍ରୟାସ କରିଆସିଛି। ସବୁ କ୍ଷେତ୍ରରେ ଆଧିପତ୍ୟ ଜାହିର କରିବା ପାଇଁ କୂଟନୈତିକ ପ୍ରଚେଷ୍ଟାରେ ଲିପ୍ତ ରହିଛି। ଅବଶ୍ୟ ଏଥିରେ ପ୍ରଯୁକ୍ତି ବିଦ୍ୟାର ଅଗ୍ରଗାମୀ ଯାତ୍ରା, ବ୍ୟାପକ ଗବେଷଣାର ସୁଫଳ ଏ ଦେଶକୁ ବିଶେଷ ସହାୟ ହୋଇଛି। ତେବେ ଏସବୁ ସତ୍ତ୍ୱେ କୃଷି, ଶିକ୍ଷା, ବିଜ୍ଞାନ, ବାଣିଜ୍ୟ ବ୍ୟବସାୟ କ୍ଷେତ୍ରରେ ଚୀନ ସହିତ ବରାବର ପ୍ରତିଯୋଗିତା ଲାଗିରହିଛି। ଉତ୍ତର କୋରିଆର ଏକଛତ୍ରବାଦୀ ସରକାରଙ୍କୁ ନିଜ ଆଧିପତ୍ୟରେ ରଖିପାରିନାହିଁ। ଦୀର୍ଘଦିନ ବ୍ୟାପୀ ଭିଏତନାମ ଯୁଦ୍ଧରେ ନିଜର ବିପୁଳ କ୍ଷୟକ୍ଷତି ହେବା ପରେ ନିଜ ଆଡୁ ଓହରିଯାଇଛି। ଅଣୁଅସ୍ତ୍ର ରଖିଥିବା ଦେଶମାନଙ୍କ ଉପରେ ବିଭିନ୍ନ ଅଙ୍କୁଶ ଲଗାଇବା ବେଳେ ଭାରତରେ ବାଜପେୟୀ

ସରକାରଙ୍କ ଶାସନ କାଳରେ ପୋଖରାନରେ ପାରମାଣବିକ ପରୀକ୍ଷା ପରେ ବିଶେଷ ପ୍ରତିକ୍ରିୟା ପ୍ରକାଶ କରିପାରିନାହିଁ। ଭାରତ ସର୍ବଦା ଆମେରିକା ଓ ତା'ର ପ୍ରତିପକ୍ଷ ବୃହତଶକ୍ତି ରାଷ୍ଟ୍ର ରୁଷ ସହିତ ସନ୍ତୁଳିତ ସଂପର୍କ ରଖିଆସିଛି। ସାଧାରଣ ନାଗରିକମାନେ ପାଖରେ ବନ୍ଧୁକ ଆଦି ମାରଣାସ୍ତ୍ର ରଖିପାରିବା ଏ ଦେଶରେ ଆଇନସମ୍ମତ ହୋଇଥିବାରୁ ସାମାନ୍ୟ ରାଗ ରୋଷ ବା ମାନସିକ ଦ୍ୱନ୍ଦ୍ୱଗତ କାରଣରୁ ଯେକୌଣସି ସ୍ଥାନରେ ନିରୀହ ଲୋକମାନଙ୍କୁ ଗୁଳିମାରି ହତ୍ୟା କରିବା ଏକ ସାମାଜିକ ବ୍ୟାଧିରେ ପରିଣତ ହୋଇଛି ମାତ୍ର ଏଥିରୁ ନିବୃତ୍ତ ହେବା ପାଇଁ ସରକାରଙ୍କ ପକ୍ଷରୁ ଆଇନଗତ ପଦକ୍ଷେପ କାହିଁକି ନିଆଯାଇପାରୁନାହିଁ ତାହା ଅସ୍ପଷ୍ଟ। ଆହୁରି ଯୁବବର୍ଗ ବିଶେଷତଃ ମାନସିକ ବ୍ୟାଧିରେ ବହୁ ସଂଖ୍ୟାରେ ପୀଡ଼ିତ ହୋଇ ନାନା ଅପରାଧମାନ କରୁଛନ୍ତି। ଆତ୍ମହତ୍ୟା ପ୍ରବଣତା ବୃଦ୍ଧିପାଉଛି। ମୁକ୍ତ ଯୌନ ସମ୍ପର୍କ ସୁସ୍ଥ ସମାଜ ଗଠନରେ ବାଧକ ସାଜୁଛି । ଏସବୁ ସତ୍ତ୍ୱେ ପଚାଶଗୋଟି ତାରକା ଚିହ୍ନିତ ଗାଢ଼ ନୀଳ ରଙ୍ଗର ଜାତୀୟ ପତାକା ଆକାଶରେ ବହୁ ଉଚ୍ଚରେ ସଗର୍ବ ଆନ୍ଦୋଳିତ ହେଉଅଛି।

# ପ୍ରଥମ ପଦପାତ

ଅଫିସର, ମୋର ଶ୍ୱାସରୁଦ୍ଧ ହେଉଛି, ମୋତେ ଛାଡ଼ିଦିଅ 'Officer! I can't breathe, leave me' ଭଳି କେତୋଟି ବାକ୍ୟ ବାହାରି ଆସିଥିଲା ଜର୍ଜ ଫ୍ଲଏଡ଼ଙ୍କ ମୁହଁରୁ। ସମଗ୍ର ଦେହକୁ ମାଡ଼ି ବସିଥିଲେ ଚାରିଜଣ ପୋଲିସ କର୍ମଚାରୀ ଏବଂ ସର୍ବୋପରି ବରିଷ୍ଠ ରକ୍ଷୀ ଡେରେକ୍ କୌଭିନ୍‌ଙ୍କ ଆଣ୍ଠୁ ପ୍ରାୟ ଏଗାର ମିନିଟ କାଳ ରହିଥିଲା ଜର୍ଜଙ୍କ କାନମୁଣ୍ଡା ଓ ବେକ ଉପରେ। ଅସହାୟ ଭାବେ କିଛି ସମୟ ଜୀବନ ଭିକ୍ଷା କରିବା ପରେ ଛେପ ଢୋକିବା ପାଇଁ ମଧ୍ୟ ତାଙ୍କର ଜୁ' ନଥିଲା। ପରିଶେଷରେ ସେହି ସ୍ଥାନରେ ଛଟପଟ ହୋଇ ତାଙ୍କ ପ୍ରାଣବାୟୁ ଉଡ଼ିଯାଇଥିଲା। ମିନିଆପଲିସ୍‌ର ରାଜରାସ୍ତାରେ ପୋଲିସର ଏହି ବର୍ବରୋଚିତ କାଣ୍ଡର କିଛି ଲୋକ ସାକ୍ଷୀ ଥିଲେ ମଧ୍ୟ କେହି ବିଶେଷ ପ୍ରତିବାଦ କରିନଥିଲେ। ଯିଏ ବି କରିଥିଲେ ତାଙ୍କ କଥା ସେହି ମୁହୂର୍ତ୍ତରେ ଶୁଣିବାକୁ ଏହି ରକ୍ତମୁଖା ପୋଲିସ କର୍ମଚାରୀଙ୍କ ଆଗ୍ରହ ନଥିଲା। ଜର୍ଜଙ୍କ ଦୋଷ ଥିଲା ଅତି ମାମୁଲି। ଏକ ଦୋକାନରେ ସିଗାରେଟ ପ୍ୟାକେଟର ମୂଲ୍ୟ ଦେୟକୁ ନେଇ କିଛି ଯୁକ୍ତିତର୍କ ବା ସେହିଭଳି କିଛି ଘଟଣାକୁ ନେଇ ଏହି ହୀନ କାଣ୍ଡ ଘଟିଥିଲା। ମାତ୍ର ଏହି ଘଟଣାର କେଇ ଘଣ୍ଟା ପରେ ଭିଡ଼ିଓ ଭାଇରାଲ ହୋଇ ସାରା ବିଶ୍ୱରେ ଆମେରିକାରେ ବର୍ଣ୍ଣବିଦ୍ୱେଷର ପ୍ରତିବାଦରେ ତୀବ୍ର ସ୍ୱର ଗୁଞ୍ଜରିତ ହୋଇଥିଲା। ଜର୍ଜ ଫ୍ଲଏଡ଼ ଥିଲେ ଜଣେ କୃଷ୍ଣକାୟ ଆଉ କୃଷ୍ଣକାୟଙ୍କ ଉପରେ ଶ୍ୱେତବର୍ଣ୍ଣଙ୍କ ଅତ୍ୟାଚାର ମାର୍କିନ ଇତିହାସରେ କିଛି ବିରଳ ନୁହେଁ। ସେଥିରେ ଆଉ ଏକ କଳା ଫର୍ଦ୍ଦ ଯୋଡ଼ି ହୋଇଥିଲା। ମଇ ୨୫ ତାରିଖ ୨୦୨୦ରେ ଘଟିଥିବା ଏହି ଘଟଣା ମିନିସୋଟା ରାଜ୍ୟରୁ ବ୍ୟାପୀ ସାରା ଆମେରିକାରେ ବିଦ୍ରୋହର ବହ୍ନି ଜାଳିଦେଇଥିଲା ବେଶ୍ କିଛିଦିନ ଧରି। ଅସଂଖ୍ୟ କୃଷ୍ଣକାୟଙ୍କ ସହିତ ଅନେକ ଶ୍ୱେତ ମାନବବାଦୀ, ସାମାଜିକ କର୍ମୀ ମଧ୍ୟ ଯୋଗ ଦେଇଥିଲେ ଏହି ବିକ୍ଷୋଭରେ। ବିଦ୍ରୋହୀମାନଙ୍କ ହାତରେ ଯେଉଁ ପ୍ଲାକାର୍ଡ ଥିଲା

ସେଥିରେ 'Black lives matter' ବୋଲି ଲେଖାଥିଲା ଅର୍ଥାତ୍ 'କୃଷ୍ଣକାୟଙ୍କ ଜୀବନ କିଛି ଅର୍ଥ ରଖେ' ବୋଲି ସମସ୍ତେ ଏକ ସ୍ୱରରେ ଚିତ୍କାର କରିଥିଲେ। ଜର୍ଜଙ୍କ ହତ୍ୟାକାରୀ ପୋଲିସ କର୍ମୀଙ୍କୁ ଗିରଫ କରି ଉପଯୁକ୍ତ ଶାସ୍ତିବିଧାନ କରିବା ପାଇଁ ସର୍ବତ୍ର ପ୍ରବଳ ଦାବୀ ହେଉଥିଲା। ଇଣ୍ଟରନେଟ୍‌ରେ ସହସ୍ର ସଂଖ୍ୟାରେ ମତାମତ ପ୍ରକାଶିତ ହୋଇ ତତ୍‌କାଳୀନ ଟ୍ରମ୍ପ ସରକାରଙ୍କୁ ଏକ ପ୍ରକାର ଅଡୁଆ ପରିସ୍ଥିତିରେ ପକାଇଥିଲା। ଶେଷରେ ଜନମତକୁ ସମ୍ମାନ ଜଣାଇ ଆରକ୍ଷୀ ଡେରେକ୍ କୌଭିନ ଗିରଫ ହେଇ କାରାଗାରରେ ରହିଲେ। ସମସ୍ତ ସାକ୍ଷ୍ୟ ପ୍ରମାଣ ଗ୍ରହଣ କରିବା ପରେ ପ୍ରାୟ ଏଗାର ମାସ ପରେ ଅର୍ଥାତ୍ ତା ୨୦ ଏପ୍ରିଲ ୨୦୨୧ରେ ମାନ୍ୟବର ଅଦାଲତ ଡେରେକ୍‌ଙ୍କୁ ପ୍ରମୁଖ ଦୋଷୀ ସାବ୍ୟସ୍ତ କଲେ। ତାଙ୍କ ପ୍ରତି ଆଜୀବନ କାରାଦଣ୍ଡ ବିଧାନ କରାଗଲା। ଏହା ସହିତ ଦେଶର ଆଟର୍ଣ୍ଣି ଜେନେରାଲ ମିନିସୋଟା ରାଜ୍ୟ ପୋଲିସର କାର୍ଯ୍ୟକାରିତାରେ ନିରପେକ୍ଷତା ଅବଲମ୍ବନ ଉପରେ ବିସ୍ତୃତ ତଦନ୍ତ ତଥା ଜର୍ଜ ହତ୍ୟା ଘଟଣାରେ ସଂପୃକ୍ତ ଅନ୍ୟ ପୋଲିସ୍ କର୍ମଚାରୀଙ୍କ ଦୋଷର ମଧ୍ୟ ବିଚାର କରାଯିବ ବୋଲି ଘୋଷଣା କରିଥିଲେ। ଏହି ଘଟଣା ମାନବବାଦୀ ସମାଜରେ ପ୍ରଚାରିତ ହେବା ପରେ ସାଧାରଣରେ ଖୁସିର ଲହରୀ ଖେଳିଯାଇଥିଲା ଏବଂ ଲୋକେ ଏହି ଦିନଟିକୁ ଉତ୍ସବମୁଖର କରିବା ପାଇଁ ଆଗେଇ ଆସିଥିଲେ। ଦେଶର ନବନିର୍ବାଚିତ ରାଷ୍ଟ୍ରପତି ଜୋ ବାଇଡେନ ମଧ୍ୟ ନ୍ୟାୟପାଳିକାର ନିରପେକ୍ଷ ଆଚରଣକୁ ପ୍ରଶଂସା କରିଥିଲେ ମାତ୍ର ଲୋକେ ଏହାକୁ ନେଇ ଉତ୍ସବ ପାଳିବା ପାଇଁ ଯୋଜନା କରିବା ଆଗରୁ ପ୍ରଶାସନ ଅଧିକ ସତର୍କତାର ସହ ଏହାକୁ ସାମନା କରିବା ପାଇଁ ପଦକ୍ଷେପ ନେଇଥିଲେ। ଏହାର କାରଣ, ଗତ ଜାନୁଆରୀ ୬ ତାରିଖ ଦିନ ବିଦାୟୀ ରାଷ୍ଟ୍ରପତି ଡୋନାଲ୍ଡ ଟ୍ରମ୍ପଙ୍କ ସାମାନ୍ୟ ଏକ ଟ୍ୱିଟର ମେସେଜ୍‌କୁ ଆହ୍ୱାନ ରୂପେ ଗ୍ରହଣ କରି ତାଙ୍କର ଶତାଧିକ ସମର୍ଥକମାନେ ସଂଗଠିତ ଭାବେ ଜଣାଶୁଣା କ୍ୟାପିଟଲ ହିଲରେ ସିନେଟର ବୈଠକ ଚାଲିଥିବା ସମୟରେ ଯେଉଁ ଅନଧିକାର ପ୍ରବେଶ ପୂର୍ବକ ଲଙ୍କାକାଣ୍ଡ ଭିଆଇଥିଲେ ସେଥିପାଇଁ ସେହିଦିନଟି ମାର୍କିନ ଇତିହାସରେ ଏକ କଳା ଦିବସ ଭାବେ ଲିପିବଦ୍ଧ ହୋଇ ରହିଲା। ସେହି ଘଟଣା ପରଠାରୁ ଦେଶର ଆରକ୍ଷୀ ବିଭାଗ ସାଧାରଣ ଜନତାଙ୍କ ସମାବେଶ କାର୍ଯ୍ୟକ୍ରମକୁ କେବେ ବି ହାଲୁକା ଭାବେ ନେବା ପାଇଁ ଚାହୁଁନଥିଲେ। ତା ସତ୍ତ୍ୱେ ମଧ୍ୟ ଶିକାଗୋ ସହରରେ କିଛି ଜନତା ଏକାଠି ହୋଇ ଜର୍ଜଙ୍କ ମୃତ୍ୟୁଜନିତ ରାୟକୁ ସମ୍ମାନ ଜଣାଇ ନାରାବାଜି କରିଥିଲେ। ପ୍ରଶାସନ ପକ୍ଷରୁ ସତର୍କତା ଅବଲମ୍ବନ ସ୍ୱରୂପ କିଛି ସର୍ବସାଧାରଣ ସ୍ଥାନ ଯଥା ସଂଗ୍ରହାଳୟ, ପାର୍କ ଆଦିକୁ ଦୁଇଦିନ ପାଇଁ ବନ୍ଦ ଘୋଷଣା କରାଯାଇଥିଲା।

ଉପରୋକ୍ତ ଗୌରଚନ୍ଦ୍ରିକାର ଅବତାରଣା ମାଧ୍ୟମରେ କୁହାଯାଇପାରେ ଯେ ଏହି ଐତିହାସିକ ରାୟ ପ୍ରକାଶ ପାଇବା ଦିବସଟି ଏହି ଲେଖକ ପାଇଁ ମଧ୍ୟ ଅବିସ୍ମରଣୀୟ ହୋଇ ରହିବ କାରଣ ସେହିଦିନ ଅର୍ଥାତ୍ ୨୦ ଏପ୍ରିଲ ୨୦୨୧ ପ୍ରତ୍ୟୁଷରେ ଆମେ ଅର୍ଥାତ୍ ମୁଁ, ପତ୍ନୀ ଓ କନ୍ୟାଙ୍କ ସହିତ ଶିକାଗୋ ବିମାନ ବନ୍ଦରରେ ପହଞ୍ଚିଥିଲୁ। ନୂଆଦିଲ୍ଲୀରୁ ୟୁନାଇଟେଡ୍ ଏଆରଲାଇନ୍ସର ୭୩୭ ବିମାନରେ ଦୀର୍ଘ ପନ୍ଦର ଘଣ୍ଟାରୁ ଅଧିକ ସମୟ ଅତିବାହିତ କରି ଆମେରିକାର ଅନ୍ୟତମ ପ୍ରାଣକେନ୍ଦ୍ର ଶିକାଗୋରେ ସକାଳ ଦେଖିଲୁ। ବିଶାଳ ବିମାନ ବନ୍ଦରର ସମସ୍ତ ଅଂଶରେ ବ୍ୟବସ୍ଥିତ ଅବସ୍ଥା। ପ୍ରଶାସନିକ ହେଉ ବା ସୌନ୍ଦର୍ଯ୍ୟବର୍ଦ୍ଧନ ହେଉ ସବୁଥିରେ ପୂର୍ଣ୍ଣତା ତଥା ସଠିକତାର ଛାପ। ବହିରାଗତ ଯାତ୍ରୀମାନଙ୍କ ଆଗମନ ତଥା ଦେଶ ପ୍ରବେଶ ଜନିତ ଯାଞ୍ଚ ପ୍ରକ୍ରିୟା ମୁଖ୍ୟତଃ ପ୍ରଶ୍ନୋତ୍ତର ମାଧ୍ୟମରେ ଶେଷ କରି ଆମେ ପ୍ରସ୍ଥାନ ଦ୍ୱାର ଆଡ଼କୁ ଅଗ୍ରସର ହେଲୁ। ଆମେରିକାରେ ଦୀର୍ଘ ସାତ ବର୍ଷ ଧରି ରହିଆସୁଥିବା ଆମ ପୁତ୍ର ଆଦିତ୍ୟ ଆସି ଆମକୁ ସାଙ୍ଗରେ ନେବାର ଯୋଜନା ଆଗରୁ ସ୍ଥିରୀକୃତ ହୋଇଥିଲା। କନ୍ୟା ଆୟୁଷୀ ଏଣୁ ତାକୁ ଆମ ପହଞ୍ଚିବା କଥା ଫୋନ ଯୋଗେ ଜଣାଇବା ପାଇଁ ବ୍ୟଗ୍ର ହୋଇପଡ଼ିଲା। ତା'ର ମୋବାଇଲରେ ପୂର୍ବରୁ ଆନ୍ତର୍ଜାତୀୟ ଆଳାପ ପାଇଁ କରାଯାଇଥିବା ଏୟାରଟେଲର ଅଗ୍ରୀମ ଡାଟା ଜରିଆରେ ପ୍ରଥମେ ସଂଯୋଗ ସ୍ଥାପନ କରିବା ସମ୍ଭବ ନହେବାରୁ ଆମେ ବିଚଳିତ ହୋଇ ପଡ଼ିଲୁ। ପବ୍ଲିକ୍ ଫୋନରୁ ମଧ୍ୟ କଲ୍ କରିବା ପାଇଁ ଆମ ପାଖରେ ଡଲାର ଥିଲେ ମଧ୍ୟ ଆବଶ୍ୟକୀୟ ମୁଦ୍ରା, ଏକ ଡଲାରର ଏକ ଚତୁର୍ଥାଂଶ ନଥିଲା। ଆୟୁଷୀ ଜଣେ ବୟସ୍କା କର୍ମଚାରୀଙ୍କ ସହାୟତା ନେଇ ନିକଟରେ ଥିବା ଏକ କଫି ବିପଣୀରୁ ମୁଦ୍ରା ସଂଗ୍ରହ କଲା। ସେ ମହିଳା ଜଣକ ମଧ୍ୟ ଗୋଟିଏ ମୁଦ୍ରା ଦେଇପାରିବେ ବୋଲି ସମ୍ମତ ହେଲେ ମାତ୍ର ଆମେ ତାଙ୍କଠାରୁ ଅଯଥା ଅନୁଦାନ ନେବା ପାଇଁ ଚାହିଁଲୁ ନାହିଁ। ତାଙ୍କୁ ଧନ୍ୟବାନ ଜଣାଇଲୁ। ବୁଥରେ ପ୍ରଥମ କଲ୍‌ଟି କୌଣସି କାରଣରୁ ବୃଥା ଗଲା। ମୁଦ୍ରାଟି ନିର୍ଦ୍ଧାରିତ ସ୍ଥାନକୁ ସଶବ୍ଦେ ଫେରିଆସିଲା। ଆମର ବ୍ୟଗ୍ରତା ବଢ଼ିଚାଲିଥାଏ। ଆଦିତ୍ୟ ସହିତ ସଂଯୋଗ ସ୍ଥାପନ ହେବା ଜରୁରୀ। ବ୍ୟସ୍ତତା ଭିତରେ କିଛି ସମୟ କଟିବା ପରେ, କିଛି ସମୟ ପୂର୍ବରୁ ମୋବାଇଲରେ ଆଦିତ୍ୟର କଲ୍ ଆସିଥିବାର ଜାଣିଲୁ ଅର୍ଥାତ୍ ବିଦେଶରେ ଏୟାରଟେଲ କାମ କଲା ବୋଲି ଜାଣିଲୁ। ସଙ୍ଗେ ସଙ୍ଗେ ତା ସହିତ ଯୋଗାଯୋଗ କରି ତିନି ନମ୍ବର ଗେଟ୍ ପାଖକୁ ଆସିବାକୁ କହିଲୁ ଏବଂ ଆଶ୍ୱସ୍ତ ହେଲୁ ମାତ୍ର ପହଞ୍ଚିବା ପାଇଁ ନିଶ୍ଚୟ କିଛି ସମୟ ଲାଗିବ ! ଦୀର୍ଘ ପ୍ରାୟ ଚବିଶ ଘଣ୍ଟା ଧରି ବିମାନ ଓ ବିମାନ ବନ୍ଦରର ଆଉ କିଛି ଅଞ୍ଚଳ ସହିତ ଦେହ ଆଉ ସଂପର୍କ ରଖିବାକୁ ଚାହୁଁନଥିଲା। ବାହାରର ହାଓ୍ୱା ଯେମିତି

ମନଖୋଲି ଡାକୁଥିଲା। ଆହୁରି ଆମେରିକା ଭ୍ରମଣର ଉତ୍ସୁକତା ଏବଂ ସର୍ବୋପରି ଦୀର୍ଘ ଛଅ ବର୍ଷ ପରେ ଆଦିତ୍ୟକୁ ଦେଖିବା ଏବଂ ତା ସହିତ ସମୟ କଟାଇବା ଉଦ୍ଦେଶ୍ୟରେ ଆମର ଏହି ପଚାଶ ଦିନିଆ ଯାତ୍ରା। ମୁଁ ଆଉ ବିଶେଷ ଅପେକ୍ଷା ନରଖି ସାମାନଭରା ଟ୍ରଲିଟିକୁ ଗଡ଼ାଇ ବାହାରକୁ ଚାଲିଆସିଲି ସିନା ପତ୍ନୀ ଓ ଝିଅକୁ ହାତଠାରି ଭିତରେ ରହିବାକୁ କହିଲି କାରଣ ଥରେ ପ୍ରସ୍ଥାନ ଦ୍ୱାର ବାଟେ ବାହାରକୁ ଚାଲି ଆସିଲେ ପୁଣି ସେହି ଦ୍ୱାର ଦେଇ ଭିତରକୁ ଯିବା ସମ୍ଭବ ନୁହେଁ। ଆଦିତ୍ୟ କେତେ ଦୂରରେ ଅଛି ତାକୁ ଆମ ନିକଟରେ ପହଞ୍ଚିବା ପାଇଁ କେତେ ସମୟ ଲାଗିବ ସେ ବିଷୟରେ ମୋ ଜ୍ଞାନ ନଥାଇ ମୁଁ ଦୁଃସାହସଟିଏ କଲି ବୋଲି ଜାଣିଲି କାରଣ ବାହାରେ ସେତେବେଳକୁ ବିଯୁକ୍ତ ୬ ଡିଗ୍ରୀ ଫାରେନହିଟ ତାପମାତ୍ରା ବୋଲି ପରେ ଜାଣିଲି। ସ୍ୱୟଂଚାଳିତ କାଚଦ୍ୱାର ଦେଇ ଟ୍ରଲିଟି ଗଡ଼େଇ ବାହାରକୁ ଆସିବା ପରେ ଝଲକାଏ ନିଷ୍ଠୁର କୋହଲା ପବନ ମୋ ସମଗ୍ର ସତ୍ତାକୁ ଚହଲାଇ ଦେଲା। ମାର୍କିନ ମାଟିର ପ୍ରଥମ ଶୀତଳ ପରଶ ମୋ ପାଇଁ ରୋମାଞ୍ଚକର ଥିଲେ ମଧ୍ୟ ତା ପର ମୁହୂର୍ତ୍ତଗୁଡ଼ିକ ଦେହର ମଜ୍ଜାକୁ ଥରାଇ ଦେଇଥିଲା। ପୂର୍ବରୁ ଆଦିତ୍ୟ ଓ ଆମେରିକାରେ ପ୍ରାୟ ତିରିଶ ବର୍ଷ ଧରି ରହୁଥିବା ମୋର ବଡ଼ ଭାଣିଜୀ ପ୍ରୀତିର କହିବାନୁସାରେ ଆମେ ଶୀତବସ୍ତ୍ର ନେଇଥିଲୁ। ମୁଁ ମୋଜା, ଜିନସ୍ ପ୍ୟାଣ୍ଟ, ଜ୍ୟାକେଟ ମଙ୍କି କ୍ୟାପ୍ ଓ ହାତରେ ଗ୍ଲୋବସ୍ ପିନ୍ଧିଥିଲେ ମଧ୍ୟ ମୋତେ ସେଗୁଡ଼ିକ ସେ ସମୟରେ ଧୋକା ଦେଇଥିଲେ କହିଲେ ଚଳେ। ପୋଷାକରେ ସାମାନ୍ୟ ଗଳାବାଟ ଖୋଜି ସେ କୋହଲା ପବନ ଦେହକୁ ଛୁଇଁବାକୁ ଅବିରତ ଚେଷ୍ଟା କରୁଥାଏ। ସମୟ ସକାଳ ସାତଟା ହେଇଥିଲେ ମଧ୍ୟ ଖରାର ଚିହ୍ନବର୍ଣ୍ଣ ନଥିଲା। ମେଘୁଆ ପାଗରେ ହିମଶୀତଳ ପରିବେଶ ସହିତ ଲଢ଼ିବା ପାଇଁ କେବଳ ପଦଚାରଣା କରିବା ବ୍ୟତିତ ମୋ ପାଇଁ ଅନ୍ୟ ବିକଳ୍ପ ନଥିଲା। ସୂଚନାଯୋଗ୍ୟ ବିମାନବନ୍ଦରର ପ୍ରସ୍ଥାନପଥରେ ଅନେକଗୁଡ଼ିଏ ଦ୍ୱାରରେ ମାତ୍ର ଅଳ୍ପ କେତେଜଣ ଯାତ୍ରୀ ଥିଲେ। ଆମେ ଆସିଥିବା ବିମାନରେ ଶତାଧିକ ଯାତ୍ରୀ ଯେ ସେ ସମୟରେ କୋଉଠି ଥିଲେ ମୁଁ ସେ କଥା ଭାବି କୌଣସି ଉତ୍ତର ପାଇନଥିଲି। କେବଳ କେତେ ଗୋଟି ବସ୍‌ର ଆସିବା ଯିବା ଏବଂ କ୍ଷିପ୍ର ଗତିରେ ଗୋଟିଏ ପରେ ଗୋଟିଏ କାର ଆସି କେତେଜଣ ଯାତ୍ରୀଙ୍କୁ ନେଇ ଚାଲିଯିବା ଘଟଣାର ମୁଁ ଥିଲି ଏକ ମାତ୍ର ନିରବ ଦର୍ଶକ ଆଉ ମତେ ଦେଖୁଥିଲେ କ୍ୟାବିନ ଭିତରେ ବସିଥିବା ପୋଲିସ କର୍ମଚାରୀ। ତାଙ୍କ ନିର୍ଦ୍ଦେଶରେ ମତେ ଟ୍ରଲି ଠେଲି ବସ୍ ଲାଇନ ଛାଡ଼ି କାର ଲାଇନକୁ ଯାଇ ଆଦିତ୍ୟ ଆସିବା ବାଟକୁ ଅପେକ୍ଷା କରିବାକୁ ହେଲା। ପ୍ରବଳ ଥଣ୍ଡାରେ ଦେହ ସେମିତି ଥରିଯାଉଥାଏ ଭିତରେ ପତ୍ନୀ ଓ କନ୍ୟା ବେଶ୍ ଆରାମରେ ବସିଥାନ୍ତି ଏବଂ

ମୋ ଇଶାରାକୁ ଅପେକ୍ଷା କରିଥାନ୍ତି । ମୁଁ ଆଗତୁରା ବାହାରକୁ ଆସି ଥଣ୍ଡାରେ ସନ୍ତୁଳି ହେବାକୁ ଭୁଲ୍ ବୋଲି ନ ଭାବି ଆମେରିକାରେ ଏହା ମୋର ପ୍ରଥମ ଅନୁଭୂତି ବୋଲି ନିଜକୁ ସାନ୍ତ୍ୱନା ଦେଉଥାଏ । ଶେଷରେ ଆଦିତ୍ୟର କାର୍ ଆସି ଲାଗିଲା । ପ୍ରାଥମିକ ସଂକ୍ଷିପ୍ତ ସମ୍ଭାଷଣ ପରେ ତରତର ହୋଇ ବ୍ୟାଗ ସବୁ ଗାଡ଼ିରେ ରଖି ଆମେ ତୁରନ୍ତ ବାହାରି ଆସିଲୁ କାରଣ ଅଧିକ ସମୟ ସେଠାରେ କାର୍ ରଖି ରହିବା ଆଇନ ବିରୁଦ୍ଧ । ସେଠି ନା ଥିଲା କୌଣସି ବ୍ୟବସାୟିକ ଟ୍ୟାକ୍ସି ବା ଡ୍ରାଇଭର, ହକରଙ୍କ ଭିଡ଼ ଆମ ଦେଶର ବିମାନବନ୍ଦରର ଅବସ୍ଥା ଭଳି । ଭୁବନେଶ୍ୱର ବିମାନ ବନ୍ଦରରେ ଯାତ୍ରୀ ଓହ୍ଲାଇବା ପରେ ତାଙ୍କର ନିଜର ଗାଡ଼ି ଅପେକ୍ଷା କରିଥିଲେ ମଧ୍ୟ, ଆହୁରି ଟୋକନ ବ୍ୟବସ୍ଥା ରହିଥିଲେ ମଧ୍ୟ ଡ୍ରାଇଭରମାନେ ଯେଉଁଭଳି ବିରକ୍ତ କରନ୍ତି ତାହା ସ୍ମରଣୀୟ । ଦିଲ୍ଲୀ, ମୁମ୍ବଇ, ବାଙ୍ଗାଲୋର ବିମାନ ବନ୍ଦରରେ ମଧ୍ୟ ଦଲାଲଙ୍କ ପ୍ରାଦୁର୍ଭାବ ସଂପୂର୍ଣ୍ଣ ବନ୍ଦ ହୋଇନାହିଁ ।

# ଏଆର.ବି.ଏନ୍.ବି

ଏଆର.ବି.ଏନ୍.ବି ଏକ ଅନଲାଇନ ବ୍ୟବସ୍ଥା ଯାହା ଦ୍ୱାରା ପର୍ଯ୍ୟଟକ ବା ବୃତ୍ତିଧାରୀମାନଙ୍କୁ ସ୍ୱଚ୍ଛ ରହଣୀ ପାଇଁ ସୁଲଭ ମୂଲ୍ୟରେ ବିଶ୍ୱର ଅନେକ ସହରରେ ସ୍ୱୟଂସଂପୂର୍ଣ୍ଣ ବାସଗୃହ ସହଜରେ ମିଳିପାରିଥାଏ। ଏହା କିଛି ନୂଆ କଥା ନୁହେଁ। ପୂର୍ବରୁ ଓ.ୱାଇ.ଓ, ଗୋଇବିବୋ ଆଦି ଆପ୍ ମଧ୍ୟ ବିଭିନ୍ନ ସ୍ଥାନରେ ହୋଟେଲ ରୁମ୍ ସଂରକ୍ଷଣ ପାଇଁ ସେବା ଯୋଗାଇ  ଦେଉଛନ୍ତି ମାତ୍ର ଆମେରିକାରେ ଏହି ଏଆର.ବି.ଏନ୍.ବି ଆପ୍‌ର ଆଦର ଉତ୍ତ ମ ସେବା ପାଇଁ ବଢ଼ିଯାଇଛି। ଏହାର ପ୍ରତିଷ୍ଠାତା ଦୁଇବନ୍ଧୁ ପ୍ରଥମେ କିଛି ପର୍ଯ୍ୟଟକଙ୍କୁ ଏଆର ବେଡ୍ ବା ପବନଫୁଲା ଶେଯରେ ଶୋଇବା ବ୍ୟବସ୍ଥା ସହ ପ୍ରାତଃ ଭୋଜନ  ଯୋଗାଇ ଦେଉଥିଲେ ଏବଂ ସେଥିରେ ଅତିଥିମାନେ ସନ୍ତୋଷ ବ୍ୟକ୍ତ କରିବାରେ ସେ ଏହି ସେବାକୁ ଆଗକୁ ବଢ଼ାଇବାକୁ ଉତ୍ସାହିତ ହେଲେ। ଏଆର ବେଡ୍ ଆଣ୍ଡ ବ୍ରେକ୍‌ଫାଷ୍ଟର ସଂକ୍ଷିପ୍ତ ନାମ ଏଆର.ବି.ଏନ୍.ବି ରଖି ଏବେ ଏହାକୁ ଏକ ସଫଳ ସେବା ପ୍ରଦାନକାରୀ ବ୍ୟବସାୟିକ ସଂସ୍ଥା ଭାବେ ପ୍ରତିଷ୍ଠିତ କରାଇ ପାରିଛନ୍ତି। ଏଥିରେ ଆଗନ୍ତୁକଙ୍କ ପାଇଁ ରହିବା, ଶୋଇବା, ରନ୍ଧନଶାଳା, ଲୁଗାସଫା ଓ ଇସ୍ତ୍ରୀ ଆଦି ପାଇଁ ସମସ୍ତ ଆବଶ୍ୟକୀୟ ଆସବାବପତ୍ର ରଖାଯାଇଥିବା ଉତ୍ତମମାନର ବାସୋପଯୋଗୀ ଗୃହ ଯୋଗାଇ ଦିଆଯାଏ ଯାହା କୌଣସି ହୋଟେଲରେ ପ୍ରାପ୍ତ ହେଲେ ଯଥେଷ୍ଟ ଅଧିକ ବ୍ୟୟ କରିବାକୁ ପଡ଼େ। ସାଧାରଣତଃ ଆମେରିକାରେ ଜନସଂଖ୍ୟାକୁ ଚାହିଁ ବାସଗୃହ ସଂଖ୍ୟା ଅଧିକ ବୋଲି ଅନୁମାନ କରାଯାଏ।ଏଣୁ ଗୃହମାଲିକମାନେ ଏହିଭଳି ସଂସ୍ଥା ସହ ଅନୁବନ୍ଧିତ ହୋଇ ନିଜର ଥିବା ବଳକା କୋଠରୀକୁ ସାମୟିକ ଭଡ଼ାସୂତ୍ରରେ ଦେବାପାଇଁ ଆଗ୍ରହ ପ୍ରକାଶ କରିଥାନ୍ତି ଏବଂ ଏହାର ସୁଯୋଗ ପାଇ ଆମ ଭଳି ପର୍ଯ୍ୟଟକମାନେ ଉପକୃତ ହୋଇଥାନ୍ତି। କମ୍ପାନୀର ବିଜ୍ଞାପନରେ ପ୍ରକାଶିତ ରୋଚକ

ବାକ୍ୟଟି ଏହିପରି 'ଜୀବନ ଆପଣଙ୍କୁ ଯେଉଁଠାକୁ ଘେନିଯିବ ସେଠାରେ ଆମେ ଆପଣଙ୍କୁ ସେବା ଯୋଗାଇ ଦେବା ପାଇଁ ପ୍ରସ୍ତୁତ'।

ଶିକାଗୋରେ ଆମର ଦୁଇ ଦିନର ରହଣୀ ପାଇଁ ସହର ତଳି ଅଞ୍ଚଳ(suburb)ରେ ଏକ ଦୁଇ କୋଠରୀଯୁକ୍ତ ଗୃହର ଆରକ୍ଷଣ ଏହି ଏଆର.ବି.ଏନ୍.ବିରେ କରାଯାଇଥିଲା। ବ୍ୟବସ୍ଥା ଅନୁସାରେ ଗୃହମାଲିକଙ୍କ ସହିତ ଅତିଥିଙ୍କ କୌଣସି ପ୍ରତ୍ୟକ୍ଷ ସଂପର୍କ ସ୍ଥାପନର ଅବକାଶ ନାହିଁ। ଆରକ୍ଷଣ ଭଡ଼ା ପୈଠ ସବୁ ମୋବାଇଲ ଜରିଆରେ ସମ୍ପାଦିତ। ଏପରିକି ଗୃହ ମାଲିକଙ୍କ ଦ୍ୱାରା ପ୍ରଦତ୍ତ ଏକ କୋଡ଼ ନମ୍ବର ଜରିଆରେ ଆଗନ୍ତୁକ ଆସି ଭଡ଼ାଗୃହ ପାଖରେ ରହିଥିବା ଖୋପରୁ ଘର ଚାବି ଆଣି ଘର ଖୋଲି ରୁହନ୍ତି ଏବଂ ଘର ଛାଡ଼ି ଗଲାବେଳେ ମଧ୍ୟ ଅନୁରୂପ ବ୍ୟବସ୍ଥା ଅବଲମ୍ବନରେ ଯାଆନ୍ତି। ଗଲାପରେ ମାଲିକ ଘରର ଆସବାବ ସଜଡ଼ା ଓ ସ୍ୱଚ୍ଛତା ବଜାୟ ରଖିବା ପାଇଁ ବ୍ୟବସ୍ଥା କରନ୍ତି। ଘର ପୁଣି ଅପେକ୍ଷା ରଖେ ପରବର୍ତ୍ତୀ ଆଗନ୍ତୁକଙ୍କୁ।

ଆମେ ସେ ଘରେ ପହଞ୍ଚି ପ୍ରଥମେ ସବୁ ଜିନିଷ ପରଖିନେଲୁ ଉତ୍ତମ ଶଯ୍ୟା, ଶୌଚାଳୟ, ରନ୍ଧନ ସାମଗ୍ରୀ, ଟିଭି, ୱାସିଙ୍ଗ ମେସିନ, ଫ୍ରିଜ୍ ସହିତ ଏସି ଓ ରୁମହିଟର ସବୁ ସଂସ୍ଥାପିତ। ଆହୁରି କଫି ଓ ଚିନି ଇତ୍ୟାଦି ମଧ୍ୟ ଦୁଇଟି କାଚ ଜାର୍‌ରେ ସଂରକ୍ଷିତ। ସବୁ ପରିଷ୍କୃତ ସ୍ୱଚ୍ଛ, ଲାଗିଲା ଗୃହସ୍ୱାମୀ ନିଜେ ଚଳୁଥିବା ବାସଗୃହକୁ ଯେମିତି ଆମପାଇଁ ଦୁଇଦିନ ପାଇଁ ଛାଡ଼ି ଚାଲିଯାଇଛନ୍ତି ଆମକୁ ଅନାୟାସରେ ବିନା କୌଣସି ହସ୍ତକ୍ଷେପ ବିନା ବଞ୍ଚିବାକୁ ସୁଯୋଗ ଦେଇଛନ୍ତି କିନ୍ତୁ ପ୍ରକୃତରେ ଗୃହସ୍ୱାମୀ ସପରିବାର ଆମ ଉପର ମହଲାରେ ରହୁଥିବାର ଜାଣିଲୁ।

ଆମେ ନିତ୍ୟକର୍ମ ଉପରାନ୍ତ ପ୍ରାତଃ ଭୋଜନ ସାରି କିଛି ସମୟ ବିଶ୍ରାମ ନେଲୁ। ଦୀର୍ଘ ସମୟ ବିମାନ ଯାତ୍ରା ଜନିତ ଅଫୁରନ୍ତ କ୍ଳାନ୍ତି ଭରି ରହିଥାଏ ଦେହରେ। ଆମେରିକାରେ ପହଞ୍ଚିବାର ଆନନ୍ଦ ସେ କ୍ଳାନ୍ତିକୁ ଦମନ କରିବାକୁ ବାରମ୍ବାର ଚେଷ୍ଟା କରି ହାର ମାନୁଥାଏ। ଆଗରୁ ଶୁଣିଥିଲୁ ଦୀର୍ଘ ବିମାନ ଯାତ୍ରାରୁ ଲୋକେ ଜେଟ୍‌ଲ୍ୟାଗ ଭଳି କିଛି ଅସ୍ୱାଭାବିକ କ୍ଳାନ୍ତି ଓ ନିଦ୍ରାଛନ୍ନତାର ଶିକାର ହୁଅନ୍ତି। ଯେଉଁ ଅସ୍ୱାଭାବିକତା ସ୍ଥଳବିଶେଷରେ ଏକ ସପ୍ତାହ ପର୍ଯ୍ୟନ୍ତ ମଧ୍ୟ ଲାଗି ରହିପାରେ।

ଦୀର୍ଘ ବିମାନ ଯାତ୍ରା ଅବସରରେ ଯେଉଁ ଏକାଧିକ ସମୟ-ବିସ୍ତାର-କ୍ଷେତ୍ର (time zone) ଅତିକ୍ରମ କରାଯାଏ ସେଥିପାଇଁ ମଣିଷ ଶରୀରରେ ପୂର୍ବ ପ୍ରଚଳିତ ସମୟ ନିର୍ଘଣ୍ଟ ବ୍ୟବସ୍ଥାରେ ଘୋର ବ୍ୟତିକ୍ରମ ଦେଖାଯାଏ। ଆମେ ନିର୍ଦ୍ଦିଷ୍ଟ ସମୟରେ ଭୋଜନ, ଶୟନ ଓ ଜାଗରଣ ଆଦି କର୍ମ କରିଥାଉ। ଦୈନନ୍ଦିକ କାର୍ଯ୍ୟ ମୁଖ୍ୟତଃ ଆମେ ସୂର୍ଯ୍ୟୋଦୟ ଉପରେ ନିର୍ଭର କରିଥାଉ। ପ୍ରାତଃକାଳରେ ସୂର୍ଯ୍ୟ କିରଣରୁ ଯେଉଁ

ଭିଟାମିନ ଡି ମିଳିଥାଏ ତା ଦ୍ୱାରା ଆମେ ଆମର ଜୀବନଶୈଳୀ ସଠିକ୍ ମାର୍ଗରେ ପରିଚାଳନା କରିଥାଉ । ବୃହତ୍ ବ୍ୟବଧାନରେ ସ୍ଥାନ ପରିବର୍ତ୍ତନ ଯୋଗୁଁ ଅର୍ଥାତ୍ ପୃଥିବୀର ଗୋଟିଏ ପ୍ରାନ୍ତରୁ  ଅପରକୁ ଗମନ କଲେ ଏହିଭଳି ବ୍ୟତିକ୍ରମ ସ୍ୱାଭାବିକ । ଆମ ଅଭ୍ୟାସାନୁସାରେ ଯେଉଁ ସମୟରେ ଭୋକ ହେବା କଥା ବା ନିଦ ଲାଗିବା କଥା ସେମିତି ହୁଏ ମାତ୍ର ସେ ସମୟ, ଆମେ ପହଞ୍ଚିଥିବା ନୂଆ ସ୍ଥାନ ସହିତ ମେଳ ରଖେନାହିଁ । ଫଳରେ ଆମକୁ ଦିନରେ ନିଦ ଲାଗେ ଆଉ ରାତିରେ ଉଜାଗର ରହିବାକୁ ପଡ଼େ । ଏହି କାରଣରୁ ଆମର ପାଚନ ବ୍ୟବସ୍ଥା ବିଶୃଙ୍ଖଳିତ ହୋଇ କାହାର ଝାଡ଼ା ହୁଏ ତ ପୁଣି କାହାର ଅଜୀର୍ଣ୍ଣ ସମସ୍ୟା ଦେଖାଦିଏ । ଅଭ୍ୟାସଗତ ଶୋଇବା ସମୟ ଆସିଗଲେ ଘୁମେଇବାକୁ ଭଲ ଲାଗେ । ନିଦ୍ରାଚ୍ଛନ୍ନତାକୁ ଦମନ କରି କାମଦାମ କଲେ ମୁଣ୍ଡ ବୁଲାଏ, ତ କାହାର ବାନ୍ତି ହୁଏ ।  ଅବଶ୍ୟ ଏହି ବ୍ୟତିକ୍ରମ ସାମୟିକ, ଅଳ୍ପ କିଛି ଦିନ ମଧ୍ୟରେ ଆମେ ପୁଣି ନୂଆ ଧାରାକୁ ଆପଣେଇ ପରିବର୍ତ୍ତିତ ଜୀବନଶୈଳୀକୁ ଆଦରି ନେଉ ।

ବିମାନଯାତ୍ରାରେ ଟାଇମଜୋନ୍‌ରେ ବ୍ୟାପକ ପରିବର୍ତ୍ତନ ତଥା ସମୟଚକ୍ରରେ ତାହାର ପ୍ରଭାବ ବିଷୟରେ ପ୍ରାପ୍ତ ଅନୁଭୂତି ବିଷୟରେ ସମ୍ୟକ ଆଲୋଚନା ଉଚିତ୍ ହେବ । ଏପ୍ରିଲ ତା୧୯ ରାତି ଗୋଟାଏ ତିରିଶ ମିନିଟରେ ଦିଲ୍ଲୀର ଇନ୍ଦିରା ଗାନ୍ଧୀ ଆନ୍ତର୍ଜାତୀୟ ବିମାନ ବନ୍ଦରରୁ ଆମ ବିମାନର ଉଡ଼ାଣ ଆରମ୍ଭ ହେଲା । ମାର୍କିନ ଉଡ଼ାଣ ସଂସ୍ଥା ୟୁନାଇଟେଡ୍ ଏୟାର ଲାଇନ୍ସର ବୋଇଂ ୭୫୭ରେ ସେଦିନ କୌଣସି ସ୍ଥାନ ଖାଲି ନଥିଲା । ପୁରା ୨୦୦ ଆସନରେ ଯାତ୍ରୀ ତଥା ପ୍ରାୟ ଦଶ ଜଣ ପରିଚାରିକା ଓ ଦୁଇ ଜଣ ପାଇଲଟଙ୍କୁ ନେଇ ଉଡ଼ାଣ ଆରମ୍ଭ ହେଲା । କିଛି ସମୟ ପରେ ସମସ୍ତଙ୍କୁ ରାତ୍ରିଭୋଜନ ପରିବେଷଣ ପରେ ଆଲୋକ ନିଷ୍ପ୍ରଭ କରି ଦିଆଗଲା । ପୂର୍ବରୁ ଆସନରେ ରଖାଯାଇଥିବା ତକିଆ ଓ କମ୍ବଳର ସଦୁପଯୋଗ କରି ସମସ୍ତେ ବିଶ୍ରାମ ନେଲେ । ମାତ୍ର କିଛି ଘଣ୍ଟା  ପରେ ସୂର୍ଯ୍ୟୋଦୟ ହେବା କଥା, ତାହା ଅଳ୍ପ ସମୟ ପାଇଁ ଘଟିଲା । ବିମାନର ଦକ୍ଷିଣ ପାର୍ଶ୍ୱର ରୂପ ଦିଗ୍‌ବଳୟରେ ଉଦିତ ସୂର୍ଯ୍ୟର ଉଜ୍ଜଳ ଆଭା ମାତ୍ର କିଛି ସମୟ ପାଇଁ ଝଲସି ଉଠିଲା ଏବଂ ତାହା ଧିରେ ଧିରେ ପ୍ରଶମିତ ହୋଇ କେବଳ ଏକ କ୍ଷୀଣ ଗୋଲାପି ଧାରର ପ୍ରତିଫଳନ ବହୁ ସମୟ ଧରି ଦୃଷ୍ଟିଗୋଚର ହେଲା । ବିମାନର ଗତି ଘଣ୍ଟା ପ୍ରତି ପାଞ୍ଚଶହରୁ ଅଧିକ ବୋଲି ସୂଚନା ପ୍ରତି ଆସନର ପଛରେ ଥିବା ମନିଟରରେ ମିଳୁଥାଏ । ଆହୁରି ବିମାନର ଅର୍ଦ୍ଧବୃତ୍ତାକାର ଗତିପଥ ଯାହା ରୁଷ ଦେଶ ଉପର ଦେଇ ଉତ୍ତର ମେରୁ ପାଶ୍ୱବର୍ତ୍ତୀ ହେଇ ପୁଣି ଆସି ଉତ୍ତର ଆମେରିକାର ଶିକାଗୋ ସହର ପର୍ଯ୍ୟନ୍ତ ଲମ୍ବି ଆସିଥିଲା । ଉଡ଼ାଣର ଅବଧି, ବଳକା ଦୂରତ୍ୱ ତଥା ସମୟ, ବିମାନ ବାହାର ଓ ଗନ୍ତବ୍ୟ ସ୍ଥଳର ସେହି ସମୟର ତାପମାତ୍ରାର ସୂଚନା ସହିତ

ବ୍ୟକ୍ତିଗତ ଭାବରେ ବହୁ ଉପଭୋଗ୍ୟ ଭିଡ଼ିଓ ତଥା ମନୋରଞ୍ଜନ ଚଳଚିତ୍ର ଦେଖିବାର ସୁଯୋଗ ମଧ୍ୟ ମିଳିଥାଏ ଏହିଭଳି ଆନ୍ତର୍ଜାତୀୟ ବିମାନଯାତ୍ରା ଅବସରରେ। ଏସବୁ ଉପଭୋଗ କରିବାରେ ଅନ୍ୟ ଯାତ୍ରୀମାନଙ୍କୁ ଅସୁବିଧା ନହେବା ପାଇଁ ସମସ୍ତଙ୍କୁ ଇୟରଫୋନ ମଧ୍ୟ ମିଳିଥାଏ।

ଦୀର୍ଘ ସାଢ଼େ ପନ୍ଦର ଘଣ୍ଟାର ଉଡ଼ାଣ କାଳରେ ଭୋଜନ, ଜଳପାନ, ଶୌଚାଳୟ ସହିତ କିଛି ସମୟ ଛିଡ଼ା ହେଇ ରହିବା ଓ ପଦଚାଳନା କରିବାକୁ କିଛି ଯାତ୍ରୀ ପସନ୍ଦ କରନ୍ତି। ସଳଖ ଭାବେ ଶୋଇବାକୁ ସୁଯୋଗ ନ ମିଳିବାରୁ ଦେହ ଅବଶ ଲାଗେ। ଅବଶ୍ୟ ଉଚ୍ଚଶ୍ରେଣୀର ଆସନରେ ସେହି ସୁଯୋଗଟି ଅନେକାଂଶରେ ପ୍ରାପ୍ତ ହେଇଥାଏ।

ଗନ୍ତବ୍ୟସ୍ଥଳ ଯେତିକି ନିକଟତର ହୁଏ ମନରେ ଉତ୍କଣ୍ଠା ଭାବ ସେତିକି ପ୍ରଖର ହୁଏ। ଶିକାଗୋ ବିମାନ ବନ୍ଦରରେ ଅବତରଣ ନିର୍ଘଣ୍ଟ ସକାଳ ୬:୧୦ ମିନିଟ ବୋଲି ଟିକେଟରେ ଉଲ୍ଲେଖ ଥିବା ଅନୁସାରେ କୌଣସି ବ୍ୟତିକ୍ରମ ନଥିଲା। ଆଉ ସେହି ଦିନଟି ଆମେରିକାରେ ଏପ୍ରିଲ ୨୦ ତାରିଖ ବୋଲି ଆମକୁ ଜଣାଥିଲା। ତେବେ ତା ୧୯ ରାତି ୧:୩୦ରେ ଉଡ଼ାଣ ଆରମ୍ଭ କରି ୧୫ ଘଣ୍ଟା ଆକାଶମାର୍ଗରେ ଅତିକ୍ରାନ୍ତ ହେବା ପରେ ଆମେ ପୁଣି ତା ୨୦ ସକାଳ ଛଅଟାରେ ଶିକାଗୋ ପହଞ୍ଚିବାରେ ଆମର ଯେଉଁ ଦିନଟି ଅଧିକ ପ୍ରାପ୍ତ ହେଲା ତାହା ଆମେ ଯେବେ ପୁଣି ପୂର୍ବ ପ୍ରାନ୍ତକୁ ଫେରିବୁ ସେତେବେଳେ ସେହି ଦିନଟିକୁ ପୁନର୍ବାର ହରେଇବାକୁ ପଡ଼ିବ। ଅର୍ଥାତ୍ ଆମେ ଯେଉଁ ତାରିଖରେ ବାହାରିବୁ ପୂର୍ବଭଳି ସେତିକି ସମୟ ଆକାଶମାର୍ଗରେ କଟାଇବା ପରେ ମଧ୍ୟ ସେହି ତାରିଖରେ ଦିଲ୍ଲୀରେ ପହଞ୍ଚିବୁ। ତେଣୁ ଏହା ସବୁ ସମୟର ବିଚିତ୍ର ଖେଳ, ଆମର ଟାଇମ ଜୋନ ପରିବର୍ତ୍ତନର କାରଣ। ଗୋଟିଏ ପ୍ରାନ୍ତରୁ ଅପର ପ୍ରାନ୍ତକୁ ଯାତ୍ରାକାଳରେ ଏହିପରି ବିଡ଼ମ୍ବିତ ଉପଲବ୍ଧି ଆସିବା ଅତ୍ୟନ୍ତ ସ୍ୱାଭାବିକ।

# ଶିକାଗୋ (Chicago)

ଇଲିନଇସ୍ ରାଜ୍ୟର ମିସିଗାନ ହ୍ରଦ କୂଳରେ ଅବସ୍ଥିତ ଏହି ଆଧୁନିକ ପ୍ରାଚୁର୍ଯ୍ୟପୂର୍ଣ୍ଣ ସହର। ଶିକାଗୋ ୧୭୮୦ରେ ପ୍ରତିଷ୍ଠିତ ହୋଇ ୧୮୩୭ରେ ମହାନଗର ଆଖ୍ୟା ପାଇଥିଲା। ୨୩୪ ବର୍ଗ ମାଇଲ ପରିମିତ ଅଞ୍ଚଳରେ ଗଢ଼ିଉଠିଥିବା ଏହି ସହରରେ ଲୋକସଂଖ୍ୟା ହାରାହାରି ୨ କୋଟି ୭୦ ଲକ୍ଷ। ୧୮୮୫ରେ ଏଠାରେ ବିଶ୍ୱର ପ୍ରଥମ ନଭଶ୍ଚୁମ୍ବୀ ଅଟ୍ଟାଳିକା ଇସ୍ପାତ ଦଣ୍ଡ ବ୍ୟବହୃତ ହୋଇ ନିର୍ମିତ ହୋଇଥିଲା। ଅଧୁନା ଏଇ ସହରରେ ଶତାଧିକ ଉଚ୍ଚ ଅଟ୍ଟାଳିକା ସହିତ ତିନିଗୋଟି ବିମାନ ବନ୍ଦର ରହିଛି। ଓ'ହାରେ ହେଉଛି ଏହାର ପ୍ରମୁଖ ଆନ୍ତର୍ଜାତୀୟ ବିଶାଳ ବନ୍ଦର। ଅନେକ ପଞ୍ଚ ତାରକା ହୋଟେଲ, ବୃହତ୍ ପ୍ରେକ୍ଷାଳୟ, ଦର୍ଶନୀୟ ସଂଗ୍ରହାଳୟ, ଆକର୍ଷଣୀୟ ଉଦ୍ୟାନ, ଚିଡ଼ିଆଖାନା, ଷ୍ଟାଡ଼ିୟମ ପ୍ରଭୃତିରେ ସମୃଦ୍ଧ ଏଇ ସହର ଶିଳ୍ପ, ବ୍ୟବସାୟ, କଳା ସଂସ୍କୃତି, କ୍ରୀଡ଼ା, ସଙ୍ଗୀତ ଆଦିରେ ମଧ୍ୟ ସାରା ଆମେରିକାରେ ପ୍ରାଧାନ୍ୟ ବିସ୍ତାର କରିଛି। ଏଠାରେ ରହିଥିବା ୫୦୦ରୁ ଉର୍ଦ୍ଧ୍ୱ ଦେଶୀ ଓ ବିଦେଶୀ କମ୍ପାନୀ ବ୍ୟବସାୟରେ ସଫଳତା ଲାଭ କରିଛନ୍ତି। ଷ୍ଟକ୍ ମାର୍କେଟ ତଥା ପୁଂଜି ବ୍ୟବସାୟରେ ମଧ୍ୟ ଭଲ ପ୍ରଦର୍ଶନ କରିଛି ଏହି ସହର। ସୁବିଶାଳ ହ୍ରଦ ସହିତ ପାର୍କ, ନେଭିପିୟର, ମ୍ୟୁଜିୟମ ଅଫ ସାଇନ୍ସ ଆଣ୍ଡ ଇଣ୍ଡଷ୍ଟ୍ରୀ, ଲିଙ୍କନ ପାର୍କ ପ୍ରଭୃତି ଏହି ସହରର ଦର୍ଶନୀୟ ସ୍ଥାନ।

ଶିକାଗୋରେ ଅଧୁନା ସାରା ପୃଥିବୀର ବିଭିନ୍ନ ଦେଶର ଲୋକ ଆସି ବାସ କରୁଛନ୍ତି। ଉନବିଂଶ ଶତାବ୍ଦୀରେ ମୁଖ୍ୟତଃ ୟୁରୋପର ଇଟାଲୀ, ପୋଲାଣ୍ଡ, ଗ୍ରୀସ ସହିତ ରୁଷ୍ , ୟୁକ୍ରେନ, ଲିଥୁ୍ୟନିଆ, ବୋହେମିଆ, ଚୀନ ଆଦି ଦେଶରୁ ଲୋକେ ଆସି ରହିଛନ୍ତି। ୧୯୧୯ରେ ଘଟିଥିବା ଜାତିଆଣ ଦଙ୍ଗା ଯାହାକୁ ଏକ ପ୍ରକାର ଗୃହଯୁଦ୍ଧ ଆଖ୍ୟା ଦିଆଯାଏ ତା'ପରେ ମେକ୍ସିକୋ ଓ ଆଫ୍ରିକାରୁ ବହୁ ସଂଖ୍ୟାରେ ଲୋକେ ଆସି ଶିକାଗୋରେ ଗୃହ ନିର୍ମାଣ, ମକାଚାଷ, ମାଂସ ପ୍ରକ୍ରିୟାକରଣ ଆଦି କର୍ମରେ ନିଯୁକ୍ତ

ହୋଇଥିଲେ। ଏବେ ଏସୀୟ ଦେଶ ଭାରତ, ଜାପାନ, ମାଲେସିଆ ପ୍ରଭୃତିରୁ ମଧ୍ୟ ଅନେକ ଲୋକ ବିଶେଷ କରି ସୂଚନା ପ୍ରଯୁକ୍ତି ବିଦ୍ୟା କ୍ଷେତ୍ରରେ ସଫଳତାର ସହ କାର୍ଯ୍ୟ କରୁଛନ୍ତି।

ପିଲାଦିନେ ସପ୍ତମ ଶ୍ରେଣୀ ଭୁଗୋଳ ବହିରେ ଶିକାଗୋ (ଚିକାଗୋ) ସହର ଗୋମାଂସ ପ୍ରସ୍ତୁତି ଓ ବେପାର ପାଇଁ ପ୍ରସିଦ୍ଧ ବୋଲି ପଢ଼ିବା ମନେ ପଡୁଛି। ଏହି ସହର ପ୍ରତିଷ୍ଠା ହେଲା ପରେ ଏଠାକାର ଅଧିବାସୀମାନେ ଅନେକ ଖୁଆଡ଼ ରଖି ବହୁ ସଂଖ୍ୟକ ଗୃହପାଳିତ ପଶୁ ପାଳନ କରୁଥିଲେ। ସେଥିରେ ଅଧିକ ସଂଖ୍ୟକ ଗାଈଗୋରୁ ରହୁଥିଲେ ଏବଂ ଅନେକ କଂସେଇଖାନାରେ ସେମାନଙ୍କୁ ହତ୍ୟା କରାଯାଇ ପ୍ରସ୍ତୁତ ମାଂସକୁ ସୁନ୍ଦର ଭାବେ ପ୍ୟାକିଂ କରି ଦେଶ ବିଦେଶକୁ ରପ୍ତାନୀ କରିବା ଏକ ସମୃଦ୍ଧ ଶିଳ୍ପରେ ପରିଣତ ହୋଇଥିଲା। ୧୯୭୦ ପରେ ସେହି ଖୁଆଡ଼ ସ୍ଥାନରେ ଅନ୍ୟ ଶିଳ୍ପ ବା ଅଟ୍ଟାଳିକାମାନ ଗଢ଼ିଉଠିଥିଲା। ଏବେ ଏଠାରେ କିଛି ଅତ୍ୟାଧୁନିକ କଂସେଇଖାନା ରହିଥିଲେ ମଧ୍ୟ ଏହି ସହର ଗୋମାଂସ ପାଇଁ ପ୍ରସିଦ୍ଧ ହୋଇ ରହିନାହିଁ। ସେହି ପ୍ରସିଦ୍ଧିର ସ୍ଥାନ, ସ୍ୱାଦିଷ୍ଟ ଖାଦ୍ୟ, ମନମୋହକ ଆଧୁନିକ ସଙ୍ଗୀତ, ଅତି ବାସ୍ତବବାଦୀ ଚିତ୍ରକଳା ଓ ସ୍ଥାପତ୍ୟ ଆଦି ବିଷୟ ନେଇଛନ୍ତି।

୧୯୬୫ରେ ଆମେରିକା ମାଟିରେ ପ୍ରଥମେ ପାଦ ଦେଇ ଶ୍ରୀ ପ୍ରଭୁପାଦ ଭକ୍ତି ବେଦାନ୍ତ କୃଷ୍ଣଚେତନାର ପ୍ରସାର କରିବାର ବହୁ ପୂର୍ବରୁ ଶିକାଗୋ ସହର ସହିତ ଆମ ଦେଶର ଏକ ପ୍ରକାର ଆଧ୍ୟାତ୍ମିକ ସଂପର୍କର ଯୋଗସୂତ୍ର ସୃଷ୍ଟି ହୋଇସାରିଥିଲା ୧୮୮୩ରୁ। ସେହିବର୍ଷ ସିକାଗୋ ସହରରେ ଅନୁଷ୍ଠିତ ସେପ୍ଟେମ୍ବର ୧୧ରୁ ୨୭ ତାରିଖ ମଧ୍ୟରେ ବିଶ୍ୱ ଧର୍ମ ସମ୍ମିଳନୀରେ ସନାତନ ଧର୍ମର ପ୍ରମୁଖ ପ୍ରବକ୍ତା ସ୍ୱାମୀ ବିବେକାନନ୍ଦ ଦେଇଥିବା ଦୀକ୍ଷାନ୍ତ ଭାଷଣ ସାରା ବିଶ୍ୱର ଧର୍ମଗୁରୁମାନଙ୍କୁ ଚମକୃତ କରିଦେଇଥିଲା। ସ୍ୱାମୀଜୀ ତାଙ୍କ ଭାଷଣରେ ପ୍ରାରମ୍ଭରେ 'ହେ ମୋ ଆମେରିକୀୟ ଭାଇଭଉଣୀ' ବୋଲି ସମ୍ବୋଧନ କରି ଆମ ସଂସ୍କୃତିର ମୂଳମନ୍ତ୍ର 'ବସୁଧୈବ କୁଟୁମ୍ବକମ୍'ର ପ୍ରୟୋଗାତ୍ମକ ତତ୍ତ୍ୱ ଉପରେ ଆଲୋକପାତ କରିଥିଲେ।

ଶିକାଗୋ ସହରରେ ଅନେକ ଗୁଡ଼ିଏ ହିନ୍ଦୁ ମନ୍ଦିର ରହିଥିବାରୁ ଏଠାରେ ବହୁ ସଂଖ୍ୟକ ଭାରତୀୟ ବସବାସ କରୁଥିବାର ସୂଚନା ମିଳେ। ସ୍ୱାମୀ ପ୍ରଭୁପାଦଙ୍କ ପ୍ରେରଣାରେ ପ୍ରଥମେ ନ୍ୟୁୟର୍କରେ ଇସ୍କନ ମନ୍ଦିର ପ୍ରତିଷ୍ଠା ହେବା ପରେ ୧୯୭୪ରେ ଦ୍ୱିତୀୟ ମନ୍ଦିର ଶିକାଗୋରେ ହୋଇଥିଲା। ତା'ପରେ ହିନ୍ଦୁ ଚେତନା ସ୍ଥାନୀୟ ଭାରତୀୟଙ୍କ ମଧ୍ୟରେ ଜାଗ୍ରତ ହୋଇ ଅନେକ ଗୁଡ଼ିଏ ମନ୍ଦିର ଗଢ଼ି ଉଠିଥିଲା। କିଛି ଦକ୍ଷିଣ ଭାରତୀୟଙ୍କ ଉଦ୍ୟମରେ ହିନ୍ଦୁ ଟେମ୍ପୁଲ କମ୍ପ୍ଲେକ୍ସ ୧୯୮୬ରେ ପ୍ରତିଷ୍ଠା

ହୋଇଥିଲା ଯେଉଁଠାରେ ରାମ ଲକ୍ଷ୍ମଣ ସୀତା ହନୁମାନ ଗଣେଶ ଶିବ ପାର୍ବତୀ ଆଦି ଦେବୀ ଦେବତାଙ୍କ ମୂର୍ତ୍ତି ପୂଜିତ ହେଇଆସୁଛି । ଆମ ସନାତନ ଧର୍ମ, ବିଭିନ୍ନତା ଭିତରେ ଐକ୍ୟର ଉଦାହରଣ ସ୍ୱରୂପ ସ୍ୱାମୀ ନାରାୟଣ ପନ୍ଥୀମାନେ ୧୯୯୧ରେ ଏକ ଭବ୍ୟ ମନ୍ଦିର ପ୍ରତିଷ୍ଠା କରିଛନ୍ତି । ଆହୁରି ଗାୟତ୍ରୀ ଶକ୍ତିପୀଠ, ହନୁମାନ ମନ୍ଦିର ଆଦି ଅନେକ ଆରାଧନା ସ୍ଥଳୀ ମଧ୍ୟ ରହିଅଛି । ସବୁ ମନ୍ଦିରଗୁଡ଼ିକ ନିର୍ଦ୍ଦିଷ୍ଟ ନୀତିନିୟମ ସମୟ ନିର୍ଘଣ୍ଟ ବ୍ୟବସ୍ଥା ଭିତରେ ପରିଚାଳିତ ଓ ମୁଖ୍ୟତଃ ଭକ୍ତମାନଙ୍କ ଦାନ ଉପରେ ନିର୍ଭରଶୀଳ ।

ଏହି ଶିକାଗୋ ସହରରେ ୧୯୦୫ ମସିହା ଫେବ୍ରୁଆରି ତା ୫ରେ ଘଟିଥିଲା ଆଉ ଏକ ବିଶେଷ ଘଟଣା । ପଲ୍ ହ୍ୟାରିସ୍ ନାମକ ଜଣେ ବିଚକ୍ଷଣ ସଂଗଠକ ତାଙ୍କର

ଆଉ ତିନି ଜଣ ବନ୍ଧୁଙ୍କୁ ନେଇ ପ୍ରଥମ ରୋଟାରୀ କ୍ଲବ ଗଢ଼ିଥିଲେ। ପ୍ରାଥମିକ ଉଦ୍ଦେଶ୍ୟ ଥିଲା ପରସ୍ପର ସହିତ ଭାବ ବିନିମୟ ଓ ବନ୍ଧୁତା ମାଧ୍ୟମରେ ପରସ୍ପରର ବୃତ୍ତିଗତ ବିକାଶ। ପରବର୍ତ୍ତୀ କାଳରେ ସେମାନେ ତା' ସହିତ କିଛି ସମାଜସେବା କରିବାକୁ ଆରମ୍ଭ କଲେ କେବଳ ନିଜସ୍ୱ ଖର୍ଚ୍ଚରେ। ଏହି ଚିନ୍ତାଧାରା ଅନ୍ୟ ବୃତ୍ତିଧାରୀଙ୍କ ମଧ୍ୟରେ ବେଶ୍ ଆଦୃତ ଲାଭ କରି କ୍ରମେ ସାରା ବିଶ୍ୱରେ ପ୍ରସାରିତ ହେଲା। ଫଳତଃ ଆଜି ବିଶ୍ୱରେ ଦୁଇଶତରୁ ଊର୍ଦ୍ଧ୍ୱ ଦେଶରେ ପ୍ରାୟ ୩୫୦୦୦ ରୋଟାରୀ କ୍ଲବରେ ୧୨ ଲକ୍ଷ ସଦସ୍ୟ ରହି ସମାଜର ପଛୁଆ ବର୍ଗଙ୍କ ବିକାଶ ପାଇଁ ବିଭିନ୍ନ ଯୋଜନା ମାଧ୍ୟମରେ କାର୍ଯ୍ୟ କରୁଛନ୍ତି। ପ୍ରକାଶଯୋଗ୍ୟ ସାରା ବିଶ୍ୱରେ ପୋଲିଓ ନିରାକରଣ କ୍ଷେତ୍ରରେ ରୋଟାରୀ ଇଣ୍ଟରନ୍ୟାସନାଲର ଏକ ଦୃଷ୍ଟାନ୍ତମୂଳକ ଅବଦାନ ରହିଅଛି। ଏବେ ମଧ୍ୟ ଏହାର ମୁଖ୍ୟ କାର୍ଯ୍ୟାଳୟ ଏହି ଇଲିନଇସ୍ ରାଜ୍ୟର ଇଭାନଷ୍ଟୋନରେ ରହିଛି। ପ୍ରକାଶଯୋଗ୍ୟ ଯେ ଏହି ଲେଖକ ମଧ୍ୟ ରୋଟାରୀ ସହିତ ବିଗତ ୨୦୦୦ ମସିହାରୁ ଜଡ଼ିତ।

ଆମେରିକାର ପ୍ରମୁଖ ପୁରାତନ ତଥା ଅନ୍ୟତମ ବିଶାଳ ସହରରେ ଅଧିକ ପର୍ଯ୍ୟଟନ ସ୍ଥଳ ପରିଦର୍ଶନ ତଥା ବିବରଣୀ ଉପସ୍ଥାପନ ପାଇଁ ଆମ ପାଖରେ ମାତ୍ର ଦୁଇ ଦିନରୁ ଅଧିକ ସମୟ ନଥିଲା। ଆମେରିକା ଭଳି ବିତ୍ତଶାଳୀ ଦେଶର ଇତିହାସ, ଅର୍ଥନୈତିକ ଓ ବୌଦ୍ଧିକ ବିକାଶ କ୍ଷେତ୍ରରେ ଶିକାଗୋର ଉଲ୍ଲେଖନୀୟ ଭୂମିକା ରହିଛି।

ଆମେ ସେ ଭଡ଼ାଘରୁ ଶିକାଗୋ ସହର ପରିଭ୍ରମଣରେ ବାହାରିବା ବେଳକୁ ଡ୍ୟାଲାସ୍‌ରୁ ଭାଣିଜୀ ପ୍ରୀତିର ଫୋନ ଆସିଲା। ସେ ଜଣାଇ ଦେଲା ଯେ ଜର୍ଜ ଲୟଡ୍ ହତ୍ୟାକାଣ୍ଡର ରାୟ ଅଦାଲତରେ ବାହାରି ସାରିଛି ଏବଂ ଏଥିରେ ସଂପୃକ୍ତ ପୁଲିସ ଅଧିକାରୀଙ୍କୁ ଆଜୀବନ କାରାଦଣ୍ଡ ମିଳିଛି। ଏଥିଯୋଗୁଁ ଶିକାଗୋରେ ମାନବବାଦୀଙ୍କ ଦ୍ୱାରା ଏହାର ସପକ୍ଷରେ ଉତ୍ସବ ପାଳନ କରାଯିବା ପାଇଁ ଉଦ୍ୟମ ଆରମ୍ଭ ହେଇଯାଇଛି। ଏଣୁ ତୁମେମାନେ ଡାଉନ୍‌ଟାଉନ ଆଡକୁ ନଗଲେ ଭଲ କାରଣ ଥରେ ଲୋକେ ଏକତ୍ରିତ ହେଲେ ତାହା ଯେ ଉଗ୍ରରୂପ ଧାରଣ ନକରିବ ତା'କହିହେବ ନାହିଁ। ଆମେ ତଥାପି ସଚେତନ ହେଇ ବାହାରିଲୁ। ସେଦିନ ସାରା ଦିନ ସେମିତି ନିର୍ମମ କୋହଲା ପାଗ ଲାଗିରହିଥିଲା। ତା ସାଙ୍ଗକୁ ଚୁନା ଚୁନା ତୁଷାର ପଡ଼ି ପରିବେଶ ଖରାବେଳେ ମଧ୍ୟ ଆହୁରି ରୋମାଞ୍ଚକର ଲାଗୁଥିଲା। ଅନେକ ଗଛ ଥୁଣ୍ଟା ପରି ଛିଡ଼ା ହେଇଥିଲେ। ଆଉ କେତେକ ଗଛରେ ରଙ୍ଗବେରଙ୍ଗର ପତ୍ର କଅଁଳି ଆସୁଥିଲା। ଆମେ ଯେଉଁଠି ରହୁଥିଲୁ ତା'ର ସାମ୍ନା ଭାଗରେ ଲାଲ, ହଳଦିଆ ଓ କମଳା ରଙ୍ଗର ଟୁଲିପ ଫୁଟିଥିଲା

ଯାହା ବସନ୍ତର ଆବିର୍ଭାବର ସୂଚନା ଦେଉଥିଲା । ଠିକ୍ ପୂର୍ବ ଦିନ କାଶ୍ମୀରର ଟୁଲିପ ଉଦ୍ୟାନରେ ସହସ୍ରାଧିକ ପର୍ଯ୍ୟଟକଙ୍କ ଆଗମନ ବୋଲି ଚିତ୍ର ସହ ଖବର ପ୍ରକାଶ ପାଇଥିଲା । ସେ ସମୟରେ ଭାରତରେ ନିଶ୍ଚିତ ଭାବେ ବସନ୍ତର ରାଜତ୍ୱ ଚାଲିଥିଲା । ତେବେ ବସନ୍ତରେ ଶୀତ ଋତୁ ଯାଇ ଗ୍ରୀଷ୍ମର ଆଗମନର ସୂଚନା ମିଳିଥାଏ ।  ମାତ୍ର ଏମିତି ହାଡ଼ଭଙ୍ଗା ଶୀତ ସହିତ ତୁଷାରପାତ ସମୟକୁ ବସନ୍ତ ଋତୁ କହିବା କେତେଦୂର ସମୀଚୀନ ବୁଝି ହେଉନଥିଲା । ଶିକାଗୋରେ ସେଦିନ ତାପମାତ୍ରା ବିଯୁକ୍ତ ଆଠ ଡିଗ୍ରୀ ଥିଲା । ଅବଶ୍ୟ ତାହା ଫାରାନହାଇଟରେ, ଆମ ଦେଶ ଭଳି ସେଲସିୟସ୍‌ରେ ତାହା ଆଉ କିଛି କମ୍ ହେଇପାରେ ।

ଆମେ ଡାଉନଟାଉନରେ ପହଞ୍ଚି ଏକ ବିରାଟ ଅଟ୍ଟାଳିକାର ଭୂତଳ ଅଞ୍ଚଳରେ ମାତ୍ର ଏକ ଘଣ୍ଟା ଅବଧି ପାଇଁ ଦଶ ଡଲାର ବିନିମୟରେ ଗାଡ଼ି ରଖି ବାହାରକୁ ଆସି ଚାଲିବାକୁ ଆରମ୍ଭ କଲୁ । ଦୁଇ ପାର୍ଶ୍ୱର ସୁଉଚ୍ଚ ଅଟ୍ଟାଳିକା ମଧ୍ୟରେ ପ୍ରଶସ୍ତ ରାସ୍ତା । ରାସ୍ତାରେ ଗାଡ଼ି ସଂଖ୍ୟା ମଧ୍ୟ ସେତିକି ସ୍ୱଳ୍ପ । ବହୁ ଖୋଜିବା ପରେ ଜଣେ ଅଧେ ମଣିଷ ଦୃଶ୍ୟ ହେଉଥିଲେ । କୌଣସି ବିଷୟରେ କାହାଠାରୁ କିଛି ବୁଝିବା ପାଇଁ ସୁଯୋଗ ନାହିଁ । କେବଳ ଇଣ୍ଟରନେଟ୍‌ର ଜିପିଏସ୍ ଇସାରାରେ ଆଗକୁ ବଢ଼ିବା କଥା । ସେମିତି କୋହଲା ପବନକୁ ସାହାରା କରି ବେଶ କିଛି ବାଟ ଚାଲି ଚାଲି ମିସିଗାନ ହ୍ରଦର କିୟଦଂଶ, ମିଲିନିୟମ ପାର୍କ ଓ ଗୋଟିଏ ମ୍ୟୁଜିୟମର ପ୍ରବେଶପଥ ଦର୍ଶନ କରି ଫେରିଆସିଲୁ । ସେଦିନ ଆଉ ଅଧିକ ସେ ପାଗରେ ବୁଲିବା ସମ୍ଭବ ନଥିଲା । ଗାଡ଼ିରେ ବସିବା ପୂର୍ବରୁ ଶୌଚାଳୟ ଯିବାର ଆବଶ୍ୟକ ପଡ଼ିଲା । ଗୋଟିଏ ବଡ଼ ଦୋକାନ ଭିତରକୁ ଯାଇ କିଛି କିଣାକିଣି କରିବା ସହିତ ସେହି କାମଟି ସାରିବା ପାଇଁ ଚେଷ୍ଟା କରି ବିଫଳ ହେଲୁ । ଦୋକାନୀଙ୍କ ସୂଚନା ଅନୁସାରେ ନିକଟରେ ଥିବା ହଡ଼ସନ୍ ହୋଟେଲ ଭିତରକୁ ଯାଇ ସେ ସୁବିଧାଟି ପାଇ ପାରିଲୁ । ଆଉ ଜଣେ ସାଧାରଣ ଲୋକ ଅକସ୍ମାତ ଭେଟି ସେହି କଥା ମଧ୍ୟ କହିଲେ । ଆମେ ସନ୍ତର୍ପଣରେ ସେ ହୋଟେଲ ଭିତରକୁ ଯାଇ ହୋଟେଲର ଅଭ୍ୟର୍ଥନା ସ୍ଥଳର ଚାକ୍ୟଚକ୍ୟ ଦେଖି ଅଭିଭୂତ ହେଲୁ । ଶୌଚାଳୟ ଖୋଜିବା ଆବଶ୍ୟକ ହେଲା ନାହିଁ । ରେସ୍ତୋରାଁ, ପାନଶାଳା, ବ୍ୟାୟାମଶାଳା ଦେଖିବା ପରେ ଆମେ ଅଚିରେ ଶୌଚାଳୟର ସନ୍ଧାନ ପାଇ କାମ ସାରି ବାହାରକୁ ଆସିଲୁ । ସେଭଳି ପଞ୍ଚତାରକା ହୋଟେଲରେ ସେହି ସମୟରେ ଚା ପାନ କରିବା ପାଇଁ ପ୍ରବଳ ଇଚ୍ଛା ଥିଲେ ମଧ୍ୟ ଆମର କ୍ରୟଶକ୍ତି ଅନୁମତି ଦେଇନଥିଲା । ଆମେ ପ୍ରବେଶ ପଥରେ ଛାତ ତଳେ ଲାଗିଥିବା ନିମ୍ନମୁଖୀ ଉଷ୍ମବାୟୁ ନିର୍ଗମନ ଉପଭୋଗ କରି ଫେରିଆସିଲୁ । ଆଶ୍ଚର୍ଯ୍ୟର କଥା ଏତେ ବଡ଼ ସମ୍ଭ୍ରାନ୍ତ ହୋଟେଲର ମୁଖ୍ୟ ପ୍ରବେଶ

ପଥରେ ମଧ୍ୟ ଜଗୁଆଳି ନଥିଲେ ବା କେହି କିଛି ପଚାରିବାକୁ ଉପସ୍ଥିତ ନଥିଲେ। ଯଦି ସେମିତି କିଛି ବ୍ୟବସ୍ଥା ସାମ୍ନା କରିବାକୁ ପଡ଼ିଥାନ୍ତା ତେବେ ଆମେ ନିଶ୍ଚିତ ସେ ହୋଟେଲରେ ଚା'ପାନ କରିଥାନ୍ତୁ ବୋଲି ମନରେ ଦମ୍ଭ ରଖିଥିଲୁ। ପରେ ଜାଣିଲୁ ଯେ ସେଠାରେ ଆମେ ଚାରିଜଣ ଚା ପାନ କରିଥିଲେ ଆମକୁ ପାଖାପାଖି ଏକଶତ ଡଲାର ଦେବାକୁ ପଡ଼ିଥାନ୍ତା।

ଦ୍ୱିତୀୟ ଦିନ ମଧ୍ୟ ଦୀର୍ଘ ବିମାନ ଯାତ୍ରାଜନିତ ନିଦ୍ରାଛନ୍ନତା ଓ ଅସ୍ୱସ୍ତିକୁ ପ୍ରତିହତ କରିବା ପାଇଁ ଦିନବେଳା କିଛି ସମୟ ବିଶ୍ରାମ ନେଇ ପୁଣି ବୁଲିବାକୁ ବାହାରିଲୁ। ପୂର୍ବ ରାତିରେ ମଧ୍ୟ ସଂପୂର୍ଣ୍ଣ ନିଦ ହେଇନଥିଲା। କାରଣ ସେଠାକାର ସମୟ ସହ ଆମ ଦୈନିକ ଜୀବନଚର୍ଯ୍ୟା ସହିତ ଖାପ୍ ଖାଇବାକୁ ଆଉ କିଛି ଅଧିକ ସମୟ ଲାଗିବ ବୋଲି ଆମେ ଜାଣିଥିଲୁ। ସେଦିନ ଅଳ୍ପ କିଛି ସ୍ଥାନ ବୁଲିବା ଭିତରେ ରାସ୍ତାରେ ଅଧିକାଂଶ ସମୟ କାଟିବାକୁ ହେଲା। ପ୍ରଭାବଶାଳୀ ସ୍ଥାପତ୍ୟ ସମୃଦ୍ଧ ଅଟ୍ଟାଳିକା, ରାସ୍ତା ସଲଗ୍ନ ଜଳାଧାର, ସୁନ୍ଦର ସେତୁ, ରାସ୍ତାଧାରର ଭୋଜନ ବ୍ୟବସ୍ଥା ଆଦିରେ ପୂର୍ବଦିନ ଅପେକ୍ଷା ଅଧିକ ଜନଗହଳି ଦେଖିବାକୁ ମିଳିଲା। ତାପମାତ୍ରା ମଧ୍ୟ ପୂର୍ବଦିନ ଅପେକ୍ଷା ଉନ୍ନତ ଥିଲା। ଆମେ ଶିକାଗୋ ଛାଡ଼ି ଆଦିତ୍ୟ ରହୁଥିବା ସହର ନ୍ୟାସଭିଲ ଅଭିମୁଖେ ଯାତ୍ରା ପାଇଁ ପ୍ରସ୍ତୁତ ହେଲୁ।

# ରାଜପଥରେ ସାରାଦିନ

ଆମେରିକାରେ ବିମାନ ପଛକୁ ମୋଟର ଯାନ ହେଉଛି ଗମନାଗମନର ପ୍ରମୁଖ ମାଧ୍ୟମ। ତାହା ପୁଣି ଗଣଯାତାୟତ ବ୍ୟବସ୍ଥା ବା ବସ୍ ନୁହେଁ ସ୍ୱାଧୀନ ଭାବେ ନିଜସ୍ୱ ଯାନରେ ଯାତ୍ରା କରିବା ପାଇଁ ଆମେରିକୀୟମାନେ ପସନ୍ଦ କରନ୍ତି। ସେଥିପାଇଁ ଅନେକ ପ୍ରକାରର ସ୍ୱାଚ୍ଛନ୍ଦ୍ୟଯୁକ୍ତ ବିଳାସପୂର୍ଣ୍ଣ ଯାନ ଏ ଦେଶରେ ଦେଖିବାକୁ ମିଳିଥାଏ। ରାସ୍ତାରେ କେବଳ ସ୍କୁଲ ବସ୍ ବା କର୍ମଚାରୀମାନଙ୍କ ପାଇଁ ଉଦ୍ଦିଷ୍ଟ ବସ୍ କେତୋଟି ଦେଖିବାକୁ ମିଳେ। ଯାତ୍ରୀବସ୍ ସଂଖ୍ୟା ବହୁ ନଗଣ୍ୟ। ଏ ଦେଶରେ ରାଜପଥ ସବୁ ପ୍ରଶସ୍ତ ତଥା ଉଚ୍ଚମାନ ସଂପନ୍ନ। ରାସ୍ତାରେ ସଠିକ୍ ସୂଚନା ଫଳକ ଓ ସ୍ୱୟଂଚାଳିତ ବେଗ ନିୟନ୍ତ୍ରକ ବ୍ୟବସ୍ଥାର ତୁଳନା ନାହିଁ। ଗାଡ଼ି ଚାଳନାର ନିୟମ ବୁଝିଥିବା ଯେକୌଣସି ଲୋକ ଅକ୍ଲେଶରେ ବହୁଦୂର ସ୍ଥାନରେ ଯାଇ ପହଞ୍ଚିପାରିବ। ସେଥିକୁ ମୋବାଇଲରେ ଜିପିଏସ୍ ଖୋଲି ବିନା କାହାକୁ ପଚରାବୁଝାରେ ଗନ୍ତବ୍ୟସ୍ଥଳକୁ ସଠିକ୍ ମାର୍ଗଦର୍ଶନ ସମ୍ଭବ ହୁଏ। ଆଧୁନିକ ଯୁଗର ବହୁ କଠିନ ସମସ୍ୟାର ସମାଧାନ ପାଇଁ ଗୁଗୁଲ ହିଁ ପରମ ସହାୟକ ଭାବେ ଉଭା ହେଇଛି, ଏହା ଅନସ୍ୱୀକାର୍ଯ୍ୟ।

ଆମେ ବସାଘରୁ ବ୍ୟାଗ ବସ୍ତାନି ସବୁ କାରରେ ଲଦି ଯାତ୍ରା ଆରମ୍ଭ କଲୁ। ମୁଁ ସେ ଘର ଆଗରେ ଥିବା ଟୁଲିପ ଫୁଲ ପସରା ତଥା ସେହି ଜନପଦର ପରିବେଶକୁ ଭଲକରି ଥରେ ଦେଖିନେଲି। ଗତ ଦୁଇ ଦିନ ଧରି ସେ ସ୍ଥାନର ଦୃଶ୍ୟ ଆମ ସମସ୍ତଙ୍କୁ ଆତ୍ମହରା କରିଥିଲା। ବିଶେଷକରି ବାସଗୃହଗୁଡ଼ିକର ପରିପାଟୀ, ଶୃଙ୍ଖଳିତ ଉଦ୍ୟାନ ସହିତ ଜନଶୂନ୍ୟତା ମଧ୍ୟ ଆମକୁ ଆକର୍ଷିତ କରିଥିଲା କାରଣ ଅତି ଗହଳି ସ୍ଥାନ ହୋଇଥିଲେ ତା'ର ମର୍ଯ୍ୟାଦା ରହିନଥାନ୍ତା। ଆମେ ବାହାରିଲା ବେଳକୁ ଜଣେ ପଡ଼ୋଶୀ ସ୍ମିତହାସ୍ୟ ସହ ସମ୍ଭାଷଣ ଜଣାଇ ଚାଲିଗଲେ। ଏହା ଏଠାକାର ପ୍ରଚଳିତ ସାମାଜିକ ଶୃଙ୍ଖଳା ଅଟେ ଏବଂ ତାହାକୁ ଆମର ସେଠାରୁ ବିଦାୟକାଳୀନ ଶୁଭେଚ୍ଛା

ବୋଲି ଭାବି ଯାତ୍ରା ଆରମ୍ଭ କଲୁ। କହିବା ବାହୁଲ୍ୟ ଆମକୁ ପରୋକ୍ଷରେ ଗୃହ ଯୋଗାଇ ଦେଇଥିବା ପରିବାରର କାହାକୁ ବି ଆମେ ଦେଖିପାରିଲୁ ନାହିଁ।

ଯୁକ୍ତରାଷ୍ଟ୍ରରେ ଯାନର ଗଠନଶୈଳୀ, ବେଗ-ମାପକ ମାନ ଆମ ଦେଶର ପ୍ରଚଳିତ ବ୍ୟବସ୍ଥାଠାରୁ ବିପରୀତ। ସମସ୍ତ ଯାନଗୁଡ଼ିକରେ ବାମପାର୍ଶ୍ୱ ଚାଳନା ବ୍ୟବସ୍ଥା ଥିବା ବେଳେ ରାସ୍ତାର ଦକ୍ଷିଣ ପାର୍ଶ୍ୱରେ ଗତି କରିଥାଏ। ରାସ୍ତାର ଦୂରତ୍ୱ କେବଳ ମାଇଲ ହିସାବରେ ପ୍ରଦର୍ଶିତ ହେଲାବେଳେ ଯାନର ବେଗ ସୂଚକ (speedometer)ରେ ଉଭୟ ମାଇଲ ଓ କିଲୋମିଟରର ସୂଚନା ମିଳିଥାଏ।

ଶିକାଗୋରୁ ନ୍ୟାସଭିଲର ଦୂରତା ୪୭୭ ମାଇଲ ବା ୭୬୦ କି.ମି। ରାସ୍ତା ମଝିରେ ଦୁଇଟି ରାଜ୍ୟ ଇଣ୍ଡିଆନା ଓ କେଣ୍ଟୁକୀ ଅତିକ୍ରମ କରିବା ପାଇଁ ସାତ ଘଣ୍ଟାରୁ କିଛି ଅଧିକ ସମୟ ଲାଗିବାର ସୂଚନା ଥାଏ। ଦୀର୍ଘ ସାତ ଘଣ୍ଟା ଲଗାତାର ଗାଡ଼ି ଚାଳନା ନିଶ୍ଚିତ ଭାବେ ବିରକ୍ତିକର। ଏଣୁ ରାସ୍ତାରେ ବିଭିନ୍ନ ସ୍ଥାନରେ କିଛି ସମୟ ଅତିବାହିତ କରି ଯିବା କଥା। ସ୍ୱାଭାବିକ ଭାବେ ନ' ଘଣ୍ଟାର ଯାତ୍ରା ବୋଲି ମାନସିକ ପ୍ରସ୍ତୁତି ନେଇ ଆମେ ବାହାରିଲୁ। ବସାଘରଠାରୁ ଚଉଡ଼ା ରାସ୍ତା ଦେଇ ଶିକାଗୋ ସହରର କିଛି ଅଂଶ ସ୍ପର୍ଶ କରି ୬୫ ନମ୍ବର ହାଇୱେ ଧରିବା ପାଇଁ ପ୍ରାୟ ୧ ଘଣ୍ଟା ଲାଗିଲା। ତା'ପରେ ଗାଡ଼ି ୮୦ ମାଇଲ ଅଥବା ଘଣ୍ଟା ପ୍ରତି ୧୩୦ କିମି ବେଗ ଧରିଲା। ଏହା ଆମେରିକାର ସରକାରୀ ଅନୁମତିପ୍ରାପ୍ତ ବେଗ। ଆଦିତ୍ୟ ସାଙ୍ଗରେ କନ୍ୟା ଆୟୁଷି ଆଗ ସିଟ୍‌ରେ ବସି ଜିପିଏସ୍ ଜରିଆରେ ଆବଶ୍ୟକୀୟ ସୂଚନା ସରବରାହ ଦାୟିତ୍ୱ ନେଇଥାଏ। ଯେହେତୁ ଆମେ ସକାଳୁପ୍ରାୟ ବାହାରିଥିଲୁ ସଡ଼କର ଦୁଇ ପାର୍ଶ୍ୱରେ ଘାସ ଓ ଗଛ ପ୍ରଭୃତିରେ ସେ ପର୍ଯ୍ୟନ୍ତ ତୁଷାର ଆସ୍ତରଣ ଲାଗିରହିଥାଏ ଯାହା ଆମମାନଙ୍କ ପାଇଁ ଆକର୍ଷଣୀୟ ଥିଲା।

ପ୍ରକୃତରେ ସେ ଦିନଟି ଥିଲା ଭାରତର ରାମନବମୀ ତିଥି ତଥା ମୋର ଜନ୍ମଦିନ। ଆମେ ଗୋଟିଏ ସ୍ଥାନରେ ଜଳପାନ କରିବା ପାଇଁ ଅଟକିଲୁ। ସକାଳୁ ଉଠିଲା ବେଳକୁ ପିଲାମାନେ ମତେ ଜନ୍ମଦିନର ଶୁଭେଚ୍ଛା ଜଣାଇଥିଲେ। ଆମେ ଯେଉଁଠି ରହିଲୁ ସେଠାରେ ପାଖାପାଖି ପାଞ୍ଚଗୋଟି ରେସ୍ତୋରାଁ ରହିଥିଲା। ମ୍ୟାକଡୋନାଲ୍ଡ, କେଏଫ୍‌ସି, ଆବିସ୍ ପ୍ରଭୃତିରୁ ଆମେ ଆବିସ୍(Abbey's)ରେ ପ୍ରବେଶ କଲୁ। ପ୍ରାତଃ ଭୋଜନରେ ବର୍ଗର, ଫ୍ରେଞ୍ଚଫ୍ରାଏ ଓ କଫି ଖାଇବା ପରେ ମୋର ଜନ୍ମଦିନ ପାଳନ ଆରମ୍ଭ ହେଲା ଯାହା ନ୍ୟାସଭିଲରେ ଡିନର ପାର୍ଟିରେ ପୂରା ହେବ ବୋଲି ପିଲାମାନେ ଘୋଷଣା କଲେ। ତା' ମଝିରେ ମଧ୍ୟାହ୍ନ ଭୋଜନ ରାସ୍ତାରେ ଆଉ ଗୋଟିଏ ସ୍ଥାନରେ ହେବ। ଏଣୁ ଏମିତି ଜନ୍ମଦିନ ପାଳନ ନିଆରା ବୋଲି

ଶ୍ରୀମତୀ ମତ ଦେଇଥିଲେ। ଆମେ ଖାଇ ସାରିବା ପରେ ଅଳିଆ ଓ ପ୍ଲେଟ ସୂଚନା ଅନୁସାରେ ଯଥା ସ୍ଥାନରେ ରଖି ପୁଣି କାର୍‌ରେ ବସିଲୁ।

ରାଜପଥରେ ଯାତ୍ରୀମାନଙ୍କ ସୁବିଧା ପାଇଁ ଅନେକ ବ୍ୟବସାୟ ଗଢ଼ିଉଠିଛି। ଏସବୁ ଯାତ୍ରୀ ସୁବିଧାସ୍ଥଳୀରେ ଖାଇବା ପିଇବା ସହ ଶୌଚାଳୟ, ଶିଶୁଙ୍କ ଶୟନ ପାଇଁ ବ୍ୟବସ୍ଥା, ସାଙ୍ଗରେ ପୋଷା କୁକୁରଙ୍କ ପାଇଁ ଖାଦ୍ୟ, ଆବଶ୍ୟକ ସ୍ଥଳରେ ଆଶୁ ଚିକିତ୍ସା ପାଇଁ ଔଷଧ ଆଦି ଉପଲବ୍ଧ। ଅନେକ ସ୍ଥାନରେ ପେଟ୍ରୋଲ ପମ୍ପ ସଂଲଗ୍ନ ଅଞ୍ଚଳରେ ଏହିସବୁ ସୁବିଧା ମିଳିଥାଏ। ଏଭଳି ଆମ ଦେଶରେ ମଧ୍ୟ ଅନେକ ସ୍ଥାନରେ ଦେଖାଯାଏ। ଆମେରିକାରେ ପେଟ୍ରୋଲ ପମ୍ପକୁ ଗ୍ୟାସ ଷ୍ଟେସନ ଏବଂ ପେଟ୍ରୋଲକୁ ଗ୍ୟାସୋଲିନ୍ କୁହାଯାଏ ଏବଂ ଗାଡ଼ିରେ ଇନ୍ଧନ ଭରାଣ କାମଟି ସ୍ୱସେବା ନିୟମରେ ପରିଚାଳିତ। କେହି ନୋଜାଲ ଧରି ଇନ୍ଧନ ଗାଡ଼ିରେ ଭରିବା ପାଇଁ ରହିନଥାନ୍ତି। ନିଜେ ଚାଳକ ଗାଡ଼ିରୁ ଓହ୍ଲାଇ ପ୍ରଥମେ କାର୍ଡ ସାହାଯ୍ୟରେ ଅର୍ଥ ପୈଠ କରନ୍ତି ଏବଂ ନିଜେ ନିଜ ଗାଡ଼ିରେ ଇନ୍ଧନ ଭରନ୍ତି। କେଉଁ ଇନ୍ଧନ କେନ୍ଦ୍ରରେ ଧାଡ଼ି ବା ଗହଳି ଲାଗିଥିବାର ମୁଁ ଦେଖିନାହିଁ। ଅଥଚ ସବୁ ବ୍ୟବସ୍ଥିତ, ପ୍ରମାଦଶୂନ୍ୟ। ଆଉ ଗୋଟିଏ ସ୍ଥାନରେ ଆମେ ଇନ୍ଧନ ଭରିବାକୁ ଅଟକିଲୁ। ମୁଁ ଗାଡ଼ିରୁ ଓହ୍ଲାଇ ପାଖରେ ଥିବା ଏକ ବିପଣୀରୁ କିଛି ପାଟି ସୁଆଦ ଜିନିଷ କିଣିବା ଉଦ୍ଦେଶ୍ୟରେ ଗଲି। ସେଠାରେ ଏତେ ପ୍ରକାରର ୱେଫର ରଖାଯାଇଥିଲା ଯେ ମୋତେ ବାଛିବା ପାଇଁ ମୁସ୍କିଲ ହେଲା, କେବଳ ବୁଲି ଅନ୍ୟ ଜିନିଷ ଦେଖିବା ସାର ହେଲା। ଶତାଧିକ ପ୍ରକାରର ଚକୋଲେଟ୍, କୁକିସ୍, ପ୍ୟାଷ୍ଟ୍ରିଜ୍, ପିଲାଙ୍କ ପାଇଁ ପୋଷାକ, ଖେଳନା, ଅପୂର୍ବ ସମାହାର ଦେଖି ଶେଷରେ କେବଳ ଗୋଟିଏ ଚୁଇଗମ୍ ପ୍ୟାକେଟ ଧରି ପୁଣି ଆଗକୁ ବଢ଼ିଲୁ।

ଆମେ ଇଲିଓନିସ୍ ରାଜ୍ୟ ଅତିକ୍ରମ କରି ଇଣ୍ଡିଆନା ପ୍ରବେଶ କଲା ବେଳକୁ, ଦିନ ଗୋଟାଏ ପାର୍ ହେଇଯାଇଥିଲା। ଏକଦା ଦେଶୀୟ ଜନଜାତି ଅଧ୍ୟୁଷିତ ଏହି ରାଜ୍ୟ ୧୮୧୬ରେ ଯୁକ୍ତରାଷ୍ଟ୍ରରେ ମିଶି ରାଜ୍ୟର ମାନ୍ୟତା ପାଇଥିଲା। ଇଣ୍ଡିଆନାପଲିସ୍ ଏହାର ରାଜଧାନୀ। ବାସ୍କେଟବଲ ଖେଳ ପାଇଁ ଏହି ରାଜ୍ୟ ପ୍ରସିଦ୍ଧି ହାସଲ କରିଛି। ଆମ ଯାତ୍ରାର ଅଧିକାଂଶ ଭାଗ ଏହି ରାଜ୍ୟ ଦେଇ ଯାଉଥିଲା। ପାଗ ମୁଖ୍ୟତଃ ଶୁଖିଲା ଥିଲା। ଆମେ ମଧ୍ୟାହ୍ନ ଭୋଜନ ପାଇଁ ନିର୍ଦ୍ଦିଷ୍ଟ ଭାବେ 'କ୍ରାକର ବ୍ୟାରେଲ' (Cracker barrel) ଅପେକ୍ଷାରେ ଥିଲୁ। କିଛି ବାଟ ଗଲା ପରେ ରାସ୍ତା ପାର୍ଶ୍ୱ ବିଜ୍ଞାପନରୁ ସେହି ସ୍ଥାନର ସନ୍ଧାନ ମିଳିଲା। ଏ ଦେଶରେ କୌଣସି ବ୍ୟବସାୟିକ ପ୍ରତିଷ୍ଠାନ ଏକଦମ ରାସ୍ତା ପାର୍ଶ୍ୱରେ ଆମ ଦେଶ ଭଳି ରହିନଥାଏ। ସହର ଭିତର କଥା ଅଲଗା ମାତ୍ର ହାଇୱେରେ ତାହା ଏକ ନିୟମ। ଇନ୍ଧନ ଷ୍ଟେସନ ପାଇଁ ମଧ୍ୟ ହାଇୱେରୁ ବାଟଭାଙ୍ଗି

ଭିତରକୁ ଯିବାକୁ ପଡ଼େ, ସେଠାରୁ କାମ ସାରି ନିର୍ଦ୍ଦିଷ୍ଟ ରାସ୍ତାରେ ଫେରି ପୁଣି ହାଇୱେ ଧରିବାକୁ ହୁଏ।

'କ୍ରାକର ବ୍ୟାରେଲ' ଷ୍ଟୋରର ସୁନାମ ବିଷୟରେ ଆଦିତ୍ୟ ପୂର୍ବରୁ ଅବଗତ ଥିଲା। ବିଶେଷକରି ବହୁ ପ୍ରକାରର ଛେନା ପ୍ରସ୍ତୁତି ଓ ବିକ୍ରୟ କ୍ଷେତ୍ରରେ ୧୯୫୬ରେ ପ୍ରତିଷ୍ଠିତ ଏହି ରେଷ୍ଟୋରାଁ-ଶୃଙ୍ଖଳ ସାରା ଦେଶରେ ବେଶ୍ ଜଣାଶୁଣା ଥିଲା। ପ୍ରକାଶଯୋଗ୍ୟ ଯେ ଆମେରିକୀୟମାନେ ଆମ ଭଳି ରୁଟି, ପରଟା ବା ପୁରୀ ଅପେକ୍ଷା ପାଉଁରୁଟି ବା କେକ୍‌ରୁ ପ୍ରକ୍ରିୟାକୃତ ବହୁ ପ୍ରକାରର ଖାଦ୍ୟ ଖାଇଥାନ୍ତି ଯାହା ଛେନା ମିଶ୍ରିତ। ସେଠାରେ ସେମିତି ପାନଶାଳାଯୁକ୍ତ ଭୋଜନାଳୟ, ସାଜସଜ୍ଜାରେ ପ୍ରାଚୀନତାର ଛାପ, ସଂସ୍ଥାର ଐତିହ୍ୟର ଗୁଣଗାନ କରିବା ପାଇଁ ସମର୍ଥ। ଛାତରୁ ବହୁ ପୁରୁଣା ମଡେଲର ପଙ୍ଖା ଝୁଲିବା ସହିତ ପ୍ରତି ଟେବୁଲ ଉପରେ ଲ୍ୟାମ୍ପ ଭିତରେ ମହମବତୀ ଦିନବେଳେ ମଧ୍ୟ ରାତ୍ରିର ଭ୍ରମ ସୃଷ୍ଟି କରୁଥାଏ। ଚତୁଃପାର୍ଶ୍ୱର କାନ୍ଥଗୁଡ଼ିକରେ ବହୁ ଐତିହାସିକ ତଥ୍ୟ ସମ୍ବଳିତ ଚିତ୍ର ବା ସୂଚନାମାନ ସୁନ୍ଦର ଫ୍ରେମରେ ଲଗାଯାଇଥାଏ। ସେଥିରେ ଆମେରିକାର କାଚଶିଳ୍ପ, ବୟନକଳାର ପ୍ରାଚୀନତା ବିଷୟରେ ଅନେକ ରୋଚକ ତଥ୍ୟ ପରିବେଷିତ ହୋଇଥାଏ। ଆହୁରି କ୍ରୀଡ଼ା ଓ ସଙ୍ଗୀତ କ୍ଷେତ୍ରରେ ସ୍ୱନାମଧନ୍ୟ ବ୍ୟକ୍ତିଙ୍କ ଫଟୋ ସମ୍ବଳିତ ସୂଚନା ମଧ୍ୟ ଭିନ୍ନ ଭିନ୍ନ ଶୈଳୀରେ ପ୍ରଦର୍ଶିତ ହୋଇଥାଏ। ବିଭିନ୍ନ ଖୋପ ବା ଥାକରେ କିଛି ପୁରୁଣା ସାମଗ୍ରୀ ବନ୍ଧୁକ, ଘୋଡ଼ା ପିଠିର ଆସନ, ଛେଳି ବେକର ଘଣ୍ଟି, ଧାତବ ହତିଆର, କାଠକାମର ଉପକରଣ ଆଦି ସଂରକ୍ଷିତ ହୋଇଥାଏ ଯାହାର ପରସ୍ପର ସହିତ କୌଣସି ତାଳମେଳ ନଥାଏ। ଏଗୁଡ଼ିକ କିଛି ନିୟମିତ ଗ୍ରାହକଙ୍କ ସୌଜନ୍ୟରୁ ସଂଗୃହିତ ବୋଲି ଏକ ହାତଲେଖା ଫଳକରୁ ଜଣାଯାଏ। ସର୍ବୋପରି ପରିଚାରିକାଙ୍କ ସମ୍ଭ୍ରାନ୍ତ ଶୈଳୀରେ ଅଭ୍ୟର୍ଥନା ଓ ତରୁଣ ପରିଚାଳକଙ୍କ ଅତ୍ୟନ୍ତ ଚଞ୍ଚଳ ସୁଲଳିତ ସେବାଶୈଳୀ ଏହି ସଂସ୍ଥାର ଆଦର ବଢ଼ାଇଥାଏ। ମେନୁ କାର୍ଡରେ ଗୋମାଂସ ଓ ଘୁଷୁରି ମାଂସର ପ୍ରାବଲ୍ୟ ଦେଖି ଆମେ ଶଙ୍କିଗଲୁ ମାତ୍ର ପରିଚାଳକ ଅଳ୍ପ କିଛି 'ଚିକେନ୍ ମିଳିପାରିବ' ବୋଲି ଜଣାଇବାରୁ ଆମେ ଖାଦ୍ୟ ଅର୍ଡର କଲୁ। ପ୍ରଥମେ ପାଣିରେ ଲେମ୍ବୁ ଟୁକୁଡ଼ା ପକାଇ ଦେଲା ପରେ ମଧ୍ୟାହ୍ନ ଭୋଜନ ପରଷାଗଲା। ମାପଲ ସିରପ୍ ସହିତ ପ୍ୟାନ୍ କେକ୍, ଆଳୁଅଣ୍ଡାର ଭଜା, ଫ୍ରାଏଡ଼ ଚିକେନ, ଫ୍ରାଏଡ ଆପଲ, କ୍ରିମଯୁକ୍ତ ସସ୍ ଓ ପଫ୍ ବେଶ୍ ସ୍ୱାଦିଷ୍ଟ ଥିଲା। ସତେଜ ମଧ୍ୟ ଥିଲା। ଭୋଜନ ଉପରାନ୍ତ ଅଭ୍ୟର୍ଥନା କକ୍ଷ ସଂଲଗ୍ନ ବିପଣୀରେ ବହୁ ମନଲୋଭା ସାମଗ୍ରୀ ବିକ୍ରୟ ପାଇଁ ସଜା ହୋଇ ରହିଥିଲା। ସେଥିରେ ବିଭିନ୍ନ ପ୍ରକାରର ପୋଷାକ, ଜୋତା, ଉପହାର, ଖେଳନା ଆଦି ରହିଥିଲା। ସବୁ ଥିଲା

ସୁସଂଯୋଜିତ ଆଉ ରୁଚିପୂର୍ଣ୍ଣ। ଶେଷରେ ଆମେ କ୍ରାକର ବ୍ୟାରେଲ ଛାଡ଼ିବା ବେଳକୁ ପରିଚାରିକାମାନଙ୍କ ଏକତ୍ର ହୋଇ ଗୋଟିଏ ଭଲ ଦିନର ଶୁଭେଚ୍ଛା ସହିତ ବିଦାୟ ଦେବାର ଶୈଳୀ ଥିଲା ଅନନ୍ୟ। ଆମେ ବାହାରକୁ ଆସି ଅବହାୱା ଉପଭୋଗ କଲୁ। ଦୂରରେ ହାଇୱେରେ ଧାଡ଼ି ଧାଡ଼ି ଛୋଟ ବଡ଼ ଯାନସବୁ କ୍ଷିପ୍ରଗତିରେ ନିରନ୍ତର ଗଡ଼ି ଚାଲିଥାନ୍ତି। କେହି କାହାକୁ ଅପେକ୍ଷା କରିବାର ନାହିଁ। କ୍ରାକର ବ୍ୟାରେଲର ସ୍ୱାଦିଷ୍ଟ ଖାଦ୍ୟର ପ୍ରଶଂସା ସହିତ ଆମେ ଚାରିଜଣଙ୍କ ପାଇଁ ପୈଠ କରିଥିବା ମାତ୍ର ୩୭ ଡଲାର ସେମିତି କିଛି ଅଧିକ ନୁହେଁ ବୋଲି ଆଦିତ୍ୟ ମତ ଦେଲା। ଆମେ ଖାଦ୍ୟର ସ୍ୱାଦଜନିତ ତୃପ୍ତିକୁ ଅନୁମୋଦନ କଲୁ।

ଇଣ୍ଡିଆନା ରାଜ୍ୟସୀମା ଅତିକ୍ରମ କଲାପରେ କେଣ୍ଟୁକୀ ରାଜ୍ୟର ସ୍ୱାଗତ ବିଜ୍ଞାପନ ଦେଖିବାବେଳକୁ ଅପରାହ୍ଣ ୪ଟା ପ୍ରାୟ ବାଜିସାରିଥିଲା। ସେତେବେଳେ ପାରିପାର୍ଶ୍ୱିକ ଭୌଗଳିକ ସ୍ଥିତି ମଧ୍ୟ ଅଧିକ ଆକର୍ଷକ ଥିଲା। ଛୋଟ ଛୋଟ ପାହାଡ଼ ଦେଇ ଗଡ଼ାଣି ଉଠାଣିରେ ସୁଦୀର୍ଘ ରାସ୍ତା କାହିଁ କେତେ ଦୂରକୁ ଲମ୍ବିଥାଏ। ଚାରି ଆଡ଼େ ସବୁଜ ଘାସର ଗାଲିଚା ଯେମିତି ବିଛାଇ ପଡ଼ିଛି। ତା ମଝିରେ ଗୋଟାଏ ଗୋଟାଏ ଲେଖା ଗଛ କିଏ ଖଞ୍ଜି ଦେଇଛି ଅବା! ଯିବାଆସିବା ପାଇଁ ପୃଥକ ଭାବେ ଚାରିଥାକିଆ ରାସ୍ତାରେ ନିରନ୍ତର ଗଡ଼ିଚାଲିଥାଏ ଅଜସ୍ର ଗାଡ଼ି। ସେଥିରେ ଅଠର ଚକ ବିଶିଷ୍ଟ ଟ୍ରକ ଅଧିକ ସଂଖ୍ୟକ ଥିଲା ବେଳେ ଚାରିଚକ ବିଶିଷ୍ଟ ବିଭିନ୍ନ ପ୍ରକାରର ଯାନ ମଧ୍ୟ କିଛି କମ୍ ନଥାଏ। ଜିପିଏସ୍‌ରୁ ଆହୁରି ଦୁଇଘଣ୍ଟାରୁ ଅଧିକ ରାସ୍ତା ବାକି ବୋଲି ଜଣାପଡ଼ିଲା। ସେତେବେଳକୁ ଚା ବା କଫି ପାନ କରିବାର ସମୟ। ‘ କାଉଣ୍ଟି ବିଶ୍ରାମଗାରର’ ବିଜ୍ଞାପନ ଦେଖି ଚା କପେ ମିଳିବାର ଆଶାରେ ଆମେ ଦକ୍ଷିଣକୁ ବାଟ କାଟିଲୁ। ଗାଡ଼ି ପହଞ୍ଚିଲା ଏକ ଛୋଟ ପାହାଡ଼ ନିକଟରେ ଥିବା ଗୋଟିଏ ବଙ୍ଗଳା ସଦୃଶ୍ୟ ଘର ସାମ୍ନାରେ। କାରରୁ ଓହ୍ଲାଇ ଆଗ ହାତ ଗୋଡ଼ ଅଣ୍ଟା ସଳଖ କରି କିଛି ସମୟ ହାଲୁକା ବ୍ୟାୟାମ ଅଭ୍ୟାସ ଆରମ୍ଭ କଲୁ। ଗାଡ଼ି ଭିତର ଛାଡ଼ି ବାହାରର ମୁକ୍ତ ହାୱା ଅନେକ ଉପଭୋଗ୍ୟ ଥିଲା। ଆମେରିକାରେ ଜିଲ୍ଲା ଭଳି ଅଞ୍ଚଳକୁ କାଉଣ୍ଟି କୁହାଯାଏ। ପ୍ରତିଟି ରାଜ୍ୟ କେତୋଟି କାଉଣ୍ଟିରେ ବିଭକ୍ତ। ସେଇଠି ଥିଲା କେଣ୍ଟୁକି ରାଜ୍ୟର ଜିଲ୍ଲା ପ୍ରଶାସନ ପକ୍ଷରୁ ଏକ ‘ଯାତ୍ରୀ ସୁବିଧା କେନ୍ଦ୍ର’ ଯେଉଁଠି ପର୍ଯ୍ୟଟକମାନଙ୍କୁ ଆକୃଷ୍ଟ କରିବା ପାଇଁ ସମସ୍ତ ପ୍ରକାରର ବ୍ୟବସ୍ଥା ରହିଥିଲା। ସେହି ବୃହତ୍ କକ୍ଷରେ ଗୋଟିଏ ପାଖରେ ଏକ ବଡ଼ ଏଲ୍‌ଇଡି ପରଦାରେ କେଣ୍ଟୁକୀ ରାଜ୍ୟର ବିଭିନ୍ନ ପର୍ଯ୍ୟଟନ ସ୍ଥଳୀ ସମ୍ବନ୍ଧୀୟ ସୂଚନା ପ୍ରଦର୍ଶିତ ହେଉଥିଲା। ଆହୁରି ବହୁ ଖୋପଯୁକ୍ତ ଏକ ଥାକରେ ପ୍ରାୟ ତିରିଶ ପ୍ରକାରର ଛାପା ଫୋଲଡର୍ ସଜା ହେଇ ପର୍ଯ୍ୟଟକମାନଙ୍କ ପାଇଁ

ରଖାଯାଇଥିଲା । ଚତୁଃପାର୍ଶ୍ୱର କାନ୍ଥରେ ବିଭିନ୍ନ ଚିତ୍ରମାନ ଅଙ୍କାଯାଇଥିଲା । ସବୁଥିରେ ରାଜ୍ୟର ପ୍ରମୁଖ ପର୍ଯ୍ୟଟନସ୍ଥଳୀ, କଳା, ସଂସ୍କୃତି, କ୍ରୀଡ଼ା ଓ ଅନ୍ୟାନ୍ୟ କଥାର ବ୍ୟାଖ୍ୟା କରାଯାଇଥାଏ । କେବଳ ଶୌଚାଳୟ ସୁବିଧା ବ୍ୟତୀତ ସେଠାରେ କେହି କର୍ମଚାରୀ ନଥିଲେ ବା ବସିବା ପାଇଁ ବ୍ୟବସ୍ଥା ରହି ନଥିଲା । ସବୁ କିଛି ସ୍ୱୟଂଚାଳିତ, ସ୍ୱୟଂସେବା ସମୃଦ୍ଧ । ପଛ ପାଖେ ଅନେକ ଗୁଡ଼ିଏ ଟ୍ରକ ଅଟକିଥିଲା । ବୋଧହୁଏ ଟ୍ରକ ଚାଳକଙ୍କ ପାଇଁ କିଛି ବ୍ୟବସ୍ଥା ସେଠାରେ ଉପଲବ୍ଧ ଥିବ । ମାତ୍ର ସେ ସମୟରେ ନିହାତି ଆବଶ୍ୟକ ଥିବା ଉଷ୍ଣ ପାନୀୟ ଚାଖିବାର କୌଣସି ଉପାୟ ନପାଇ ଆମେ ସେ ସ୍ଥାନ ଛାଡ଼ିଲୁ । ଆସିବା ପୂର୍ବରୁ ସେ ସ୍ଥାନର କେତେଗୋଟି ଫଟୋ ଉଠାଇ ପୁଣିଥରେ ଭିତରକୁ ଯାଇ କେତେଗୋଟି ବ୍ରୋସର୍ ନେଇ ଚାଲିଆସିଲୁ । ସେହି ବ୍ରୋସରଗୁଡ଼ିକରେ ସେହି କାଉଣ୍ଟିରେ ରହିଥିବା ମାମଥ୍ ଗୁମ୍ଫା, ଜଳପ୍ରପାତ, ଜାତୀୟ ଉଦ୍ୟାନ, ଗଲ୍‌ଫ ପଡ଼ିଆ, ବଣଭୋଜୀ ସ୍ଥଳୀ, ହସ୍ତଶିଳ୍ପ ତଥା ଅନ୍ୟାନ୍ୟ ସାଂସ୍କୃତିକ ବିଭବ ବିଷୟରେ ପର୍ଯ୍ୟଟକମାନଙ୍କୁ ଅବଗତ କରାଇବା ପାଇଁ ପୃଥକ ଭାବେ ଯଥାସମ୍ଭବ ପ୍ରୟାସ କରାଯାଇଛି । ଆଜିକାଲି ଇଣ୍ଟରନେଟ ଯୁଗରେ ଆମେରିକା ଭଳି ଦେଶରେ ଏହିଭଳି ଛପା ପ୍ରଚାରପତ୍ରଗୁଡ଼ିକ ଦେଖି କିଛିଟା ଆଶ୍ଚର୍ଯ୍ୟଚକିତ ଲାଗିଲା । କେଣ୍ଟୁକୀ ରାଜ୍ୟର ଆଉ ଗୋଟିଏ ବିଶେଷତ୍ୱ ହେଉଛି ଏଠାରେ ଆମେରିକାର ସବୁଠାରୁ ବଡ଼ ଡର୍ବି ବା ଘୋଡ଼ା ଦୌଡ଼ ଚର୍ଚ୍ଚିଲ ଡାଉନ୍‌ଠାରେ ପ୍ରତିବର୍ଷ ଗ୍ରୀଷ୍ମ ଋତୁର ପ୍ରାରମ୍ଭରେ ମଇ ମାସରେ ଅନୁଷ୍ଠିତ ହୋଇଥାଏ । ସେତେବେଳେ ଦେଶବିଦେଶରୁ ବହୁ ଘୋଡ଼ା ସଉକି ଏଠାକୁ ଆସନ୍ତି ଆଉ ଏହି ରାଜ୍ୟ ଉତ୍ସବ ମୁଖରିତ ହୋଇ ଉଠେ । ଏହାର ରାଜଧାନୀ ଫ୍ରାଙ୍କଫର୍ଟ । କେଣ୍ଟୁକୀ ରାଜ୍ୟର କୋର୍ବିନ ସହରରୁ କୋଲନେଲ ହାରଲାଣ୍ଡ ସାଣ୍ଡର୍ସଙ୍କ ଦ୍ୱାରା ପ୍ରତିଷ୍ଠିତ କେଣ୍ଟୁକୀ ଫ୍ରାଏଡ୍ ଚିକେନ ବା କେଏଫସି ଆଜି ସାରା ବିଶ୍ୱରେ ତାହାର ବିପଣୀ ଖୋଲି ଏକ ଅଗ୍ରଣୀ ରେସ୍ତୋରାଁ ଶୃଙ୍ଖଳ ଭାବେ ସୁପରିଚିତ । ୧୯୪୭ରେ ଉଟାଃ ସହରରେ କେଏଫସି ପ୍ରଥମ ଅନୁବନ୍ଧିତ ବିପଣୀ ଖୋଲିଥିଲା । ବହୁବାର ଏହି କମ୍ପାନୀର ମାଲିକାନା ପରିବର୍ତ୍ତିତ ହେଲେ ମଧ୍ୟ ତାଙ୍କର ଖାଦ୍ୟର ସ୍ୱାଦରେ କୌଣସି ପରିବର୍ତ୍ତନ ହୋଇନାହିଁ ବରଂ ଅଧିକ ସ୍ୱାଦିଷ୍ଟ ହୋଇଛି ବୋଲି ସେମାନେ ଦାବୀ କରନ୍ତି । ସାରା ବିଶ୍ୱରେ କେଏଫ୍‌ସିର କେତେ ହଜାର ବିପଣୀ ରହିଥିବା ବେଳେ କେବଳ ଭାରତରେ ୩୫୦ରୁ ଅଧିକ ସଂଖ୍ୟକ ବିପଣୀ ରହିଛି ।

କେଣ୍ଟୁକୀ ଛାଡ଼ି ଆସିବା ପରେ ପଶ୍ଚିମାକାଶରେ ସନ୍ଧ୍ୟାର ସମାରୋହ ଆରମ୍ଭ ହେଲା । ଅସ୍ତଗାମୀ ସୂର୍ଯ୍ୟର ଗୋଲାପୀ ରକ୍ତିମ ଆଭା ସହିତ ତରଙ୍ଗାୟିତ ରାସ୍ତାରେ ଆମର ଗତି ସହିତ ମାଳମାଳ ବୃକ୍ଷରାଜିର ଲୁଚକାଳି ଖେଳରେ ବିମୋହିତ ହେଇ

ଆମେ ଆଗେଇ ଚାଲିଲୁ ଟେନିସି ରାଜ୍ୟ ଭିତରକୁ । ପ୍ରତିଟି ସନ୍ଧ୍ୟାରେ ପ୍ରକୃତିରାଣୀ ରତ୍ନମତୀ ହୁଏ, ଏହି ଆପ୍ତବାକ୍ୟଟି ମୁଁ ସେଠାରେ ପ୍ରତ୍ୟୟ କଲି । ଆମେରିକାକୁ ଛଅଗୋଟି ଟାଇମଜୋନରେ ବିଭକ୍ତ କରାଯାଇଛି । ସେଥିରୁ ଏହି ଅଞ୍ଚଳ ଯେଉଁ ଟାଇମ ଜୋନରେ ଆସୁଛି ସେ ଅନୁସାରେ ୭:୩୦ ପରେ ସଂପୂର୍ଣ୍ଣ ଅନ୍ଧାର ହୋଇଥାଏ । ଆମେ ନ୍ୟାସଭିଲ ପହଞ୍ଚିଲା ବେଳକୁ ପ୍ରାୟ ସେହି ବେଳ । ଆଦିତ୍ୟର ବସା ଘରକୁ ଯିବା ପୂର୍ବରୁ ପ୍ରଥମେ 'କ୍ରୋଗର' ନାମକ ଏକ ବୃହତ୍ ବିପଣୀକୁ ଗଲୁ କିଛି ଆବଶ୍ୟକୀୟ ଜିନିଷ କିଣିବା ପାଇଁ । ପିଲାମାନେ ସେଦିନ ମୋ ଜନ୍ମଦିନର ଅନ୍ତିମ ପର୍ବ ପାଳିବାକୁ ଭୁଲିନଥିଲେ । ସେଠାରୁ ଏକ ସୁନ୍ଦର କେକ୍ ସହିତ ଅନ୍ୟ ଖାଦ୍ୟ ସାମଗ୍ରୀ କିଣି ଯାଇ ଘରେ ପହଞ୍ଚିଲୁ । ଏ ଦେଶରେ ଆମ ଦେଶ ଭଳି ଛୋଟ ଡେଜରାତି ଦୋକାନ ନାହିଁ, ଯେକୌଣସି ଜିନିଷ ପାଇଁ ମଲ୍ ବା ଏହିଭଳି ବୃହତ୍ ବିପଣୀକୁ ଯାଇ ମନେ ପକାଇ ସବୁ ଆଣି ଘରେ ସାଇତିବାକୁ ପଡ଼େ । ସେଥିପାଇଁ ଆବଶ୍ୟକତାଠାରୁ ଅଧିକ ଜିନିଷ କିଣିବା ଆମେରିକୀୟମାନଙ୍କର ଅଭ୍ୟାସ ।

ସକଳ କ୍ଲାନ୍ତି ସତ୍ତ୍ୱେ ପାରିବାରିକ ଉତ୍ସାହକୁ ସମ୍ମାନ ଜଣାଇ ଆମେରିକା ମାଟିରେ ମୋର ଚଉଷଠୀତମ ଜନ୍ମଦିନ ପାଳିତ ହେଲା । ମହମବତୀ ଜଳାଗଲା ଓ ଲିଭାଇବା ପର୍ବକୁ ମୁଁ ବାରଣ କଲି । ତାହା ଆମ ସଂସ୍କୃତି ବିରୁଦ୍ଧ । ପିଲାମାନେ ମଧ୍ୟ ବୁଝିଲେ ।

# ନ୍ୟାସଭିଲ (Nashville)

ଟେନେସି ରାଜ୍ୟର କ୍ୟୁବରଲ୍ୟାଣ୍ଡ ନଦୀ କୂଳରେ ଅବସ୍ଥିତ ନ୍ୟାସଭିଲ ସହର ବ୍ରିଟିଶ ବ୍ୟବସାୟୀ ଜେମସ୍ ଟବର୍ଗସନ ଓ ତାଙ୍କ ସହଯୋଗୀମାନଙ୍କ ଦ୍ୱାରା ପ୍ରତିଷ୍ଠିତ ହୋଇଥିଲା। ପ୍ରାଥମିକ ସ୍ତରରେ ଏହାର ନାମ ଜେନେରାଲ ଫ୍ରାନସିସ୍ ନାସ୍‌ଙ୍କ ନାମ ଅନୁସାରେ ଫୋର୍ଟ ନ୍ୟାସ୍‌ବୋର ଥିଲା। ୧୭୮୪ରେ ଏହା ପରିବର୍ତ୍ତିତ ହୋଇ ନ୍ୟାସଭିଲ ରଖାଗଲା। ଇତିହାସ ପୃଷ୍ଠାକୁ ଅବଲୋକନ କଲେ ଜଣାଯାଏ ଏହି ଅଞ୍ଚଳରେ ୧୦୦୦-୧୪୦୦ ଖ୍ରୀଷ୍ଟାବ୍ଦ ମଧ୍ୟରେ ମିସିସିପି ସଂସ୍କୃତିର ଆଦିବାସୀମାନେ ରହିଥିଲେ। ଏମାନେ ମକା ଚାଷ, ମେଷ ପାଳନ, ମୃଣ୍ମୟ କଳା ଆଦିରେ ବେଶ୍ ଉନ୍ନତ ଥିଲେ। କୌଣସି ଅଜ୍ଞାତ କାରଣରୁ ଏହି ଆଦିବାସୀମାନେ ଏ ସ୍ଥାନ ଛାଡ଼ି ଅନ୍ୟତ୍ର ଚାଲିଗଲେ ଏବଂ ତାଙ୍କ ସ୍ଥାନରେ ସେରୋକି, ସିକାଶ, ସୌନି ପ୍ରଜାତିର ଲୋକମାନେ ଏହି ଅଞ୍ଚଳକୁ ଶିକାର ଭୂମି ଭାବେ ବ୍ୟବହାର କରୁଥିଲେ। ୧୭୧୩ରେ ଫରାସୀ ମେଷଲୋମ ବ୍ୟବସାୟୀ ଏ ଅଞ୍ଚଳକୁ ଆସି ତାଙ୍କର ବେପାର କେନ୍ଦ୍ର ସ୍ଥାପନ କରିଥିଲେ। ଜଳପଥର ସୁବିଧା ରହିଥିବାରୁ ଅନ୍ୟ ବ୍ୟବସାୟୀମାନେ ଆସି ଏ ଅଞ୍ଚଳକୁ ସମୃଦ୍ଧ କରିଥିଲେ।

ଆମେରିକାର ଷୋଡ଼ଶ ରାଜ୍ୟଭାବେ ଟେନିସି ଘୋଷିତ ହେବା ପରେ ନ୍ୟାସଭିଲ ଏହାର ରାଜଧାନୀ ଭାବେ ୧୮୪୩ରେ ସ୍ୱୀକୃତି ପାଇଥିଲା। ୧୮୬୦ ବେଳକୁ ନ୍ୟାସଭିଲ ଏକ ସମୃଦ୍ଧ ନଗର ହୋଇ ରହିଥିଲା ଏବଂ ଗୃହଯୁଦ୍ଧ ଯୋଗୁଁ ବହୁ କ୍ଷତିଗ୍ରସ୍ତ ହୋଇଥିଲା। ସେହି କାଳରେ ତିନି ବର୍ଷ ଧରି ଏ ସହର କେନ୍ଦ୍ରୀୟ ସେନା ଅଧୀନରେ ରହିଥିଲା। ୧୮୬୫ରେ ଘଟିଥିବା ନ୍ୟାସଭିଲ ଯୁଦ୍ଧ(The Battle of Nashville)ରେ ପ୍ରାଦେଶିକ ସେନା ତା'ର ଶେଷ ଲଢ଼େଇ ଲଢ଼ିଥିଲା। ତା'ପର କିଛି ଦଶନ୍ଧି ମଧ୍ୟରେ ବିକାଶର ଧାରା ବଳବତ୍ତର ରହିଥିଲା ଏବଂ ଶିକ୍ଷା, ସ୍ୱାସ୍ଥ୍ୟ, ଶିଳ୍ପ,

ବ୍ୟବସାୟ, ଖେଳକୁଦ, ସଂସ୍କୃତି ଓ ଜନସଂଖ୍ୟା ସବୁଥିରେ ଉନ୍ନତି ଘଟିଲା। ସହରର ମୁଖ୍ୟସ୍ଥଳରେ ଅନେକ ପାରମ୍ପରିକ ଶୈଳୀର କୋଠା ଗଢ଼ିଉଠିଲା। ଜଳପଥର ପୂର୍ଣ୍ଣ ଉପଯୋଗ ହୋଇ ବାଣିଜ୍ୟ ବୃଦ୍ଧିପାଇଲା। ୧୯୬୩ରେ ନ୍ୟାସଭିଲ ଡେଭିଡସନ କାଉଣ୍ଟିର ମୁଖ୍ୟ ସହର ହେଲା ଏବଂ ମହାନଗରୀୟ ସରକାର ଗଢ଼ିବାରେ ପ୍ରଥମ ଆମେରିକୀୟ ସହର ଭାବେ ଘୋଷିତ ହେଲା।

**କ. ସଙ୍ଗୀତ ତୀର୍ଥ :**

ନ୍ୟାସଭିଲର ଆଉ କିଛି ସ୍ୱତନ୍ତ୍ର ପରିଚୟ ରହିଛି। ଏହା ଆମେରିକାର ସଙ୍ଗୀତ ନଗରୀ ଭାବେ ବେଶ୍ ଖ୍ୟାତି ଲାଭ କରିଛି। ଦେଶୀୟ ସଙ୍ଗୀତର ଶିକ୍ଷା, ଅଭ୍ୟାସ, ଚର୍ଚ୍ଚା, ଆଲୋଚନା ତଥା ପ୍ରଦର୍ଶନ ପାଇଁ ଏ ସହର ବେଶ ପ୍ରସିଦ୍ଧ। ସହରର ଡାଉନ ଟାଉନ ବା ପ୍ରମୁଖ ଅଞ୍ଚଳରେ ଗଢ଼ିଉଠିଥିବା ହୋଟେଲ ଓ ପାନଶାଳାରେ ପ୍ରତିଦିନ ଅପରାହ୍ଣରୁ ବିଳମ୍ବିତ ରାତ୍ରୀ ପର୍ଯ୍ୟନ୍ତ ରକ୍ ମ୍ୟୁଜିକ୍ ବା ଦେଶୀ ସଙ୍ଗୀତର ଆସର ଚାଲିଥାଏ। ଭୋଜନ ମଦ୍ୟପାନ ସହିତ ସଙ୍ଗୀତର ସମିଶ୍ରଣ ସ୍ଥାନୀୟ ଲୋକଙ୍କ ସହିତ ବହୁ ପର୍ଯ୍ୟଟକଙ୍କୁ ମଧ୍ୟ ଆକର୍ଷିତ କରିଥାଏ। ଡ୍ରମ, ଗିଟାର, କ୍ଲାରିଓନେଟ, ପ୍ୟାଡ ଓ ସିନ୍ଥେସାଇଜର ପ୍ରଭୃତି ଉପକରଣ ସମୂହର ଉଚ୍ଚାଙ୍ଗ ଝଙ୍କାର ସହିତ ଆଧୁନିକ ଇଂରାଜୀ ଗୀତର ଗାୟନର ଅନୁରାଗୀ କେବଳ ଯୁବଗୋଷ୍ଠୀ ନୁହଁନ୍ତି ବରଂ ମଧ୍ୟବୟସ୍କ ଓ ଅତିବୟସ୍କ ମଧ୍ୟ ବହୁ ସଂଖ୍ୟାରେ ଏହା ଶୁଣି ଆମୋଦିତ ହୁଅନ୍ତି ଏକଥା ଏହି ଅଞ୍ଚଳ ଥରେ ବୁଲି ଆସିଲେ ସ୍ୱତଃ ପ୍ରମାଣିତ ହୁଏ। ନ୍ୟାସଭିଲର ଡାଉନ ଟାଉନର ମୁଖ୍ୟ ରାସ୍ତାରେ ଏବଂ ଗଳିମାନଙ୍କରେ ରହିଥିବା ଶତାଧିକ ସ୍ଥାନରେ ଏକ ସଙ୍ଗେ ଚାଲୁଥିବା ସଂଗୀତ କାର୍ଯ୍ୟକ୍ରମର ପ୍ରଭାବରେ ଏ ଅଞ୍ଚଳରେ ଏକ ପ୍ରକାର କମ୍ପନ ସୃଷ୍ଟି ହୁଏ। ହୋଟେଲ ଭିତରେ ସ୍ଥାନ ନ ମିଳିଲେ ବାହାରେ ରହି ସଙ୍ଗୀତ ଉପଭୋଗ କରନ୍ତି। ସଂଗୀତର ମୁର୍ଚ୍ଛନାରେ ଆତ୍ମହରା ହୋଇ ଅନେକ ଅଣ୍ଟା ହଲାଇ ତାଳ ପକାଇ ନୃତ୍ୟ କରନ୍ତି। ସଙ୍ଗୀତ ଅତି ପ୍ରୀତିପଦ ହେଲେ ଉଚ୍ଚାଟିତ ହୋଇ ସେହି ରାଜରାସ୍ତାରେ ଆଲିଙ୍ଗନ ତଥା ଚୁମ୍ବନ ପର୍ବ ମଧ୍ୟ ଆରମ୍ଭ ହୋଇଯାଏ ଅନ୍ୟାୟାସରେ। ଏହି ସଙ୍ଗୀତ କାଙ୍ଗାଳମାନଙ୍କୁ ଦେଖିଲେ ଲାଗେ ଯେମିତି ପୃଥିବୀର ଶ୍ରେଷ୍ଠ ସଂଗୀତ ରସ ପିପାସୁମାନେ ଏହି ସହରରେ ଏକାଠି ହେଇଛନ୍ତି। ଶନିବାର ଓ ରବିବାର ଏହି ଅଞ୍ଚଳରେ ଜନଗହଳି ବହୁଗୁଣିତ ହୁଏ ସଙ୍ଗୀତ ଆସର ଦିନରାତି ସାରା ଚାଲିଲେ ମଧ୍ୟ ଦର୍ଶକଙ୍କ ଗହଳି କମିନଥାଏ ଏବଂ ହୋଟେଲମାନଙ୍କରେ ଆସନ ଆରକ୍ଷଣ ବ୍ୟବସ୍ଥା ଲାଗୁହୁଏ।

ଏହି ସହରରୁ ଜାତ ଅନେକ ଗାୟକ, ଗୀତିକାର ତଥା ସ୍ୱର ସଂଯୋଜକ

ସ୍ୱସାଧନା ବଳରେ ବିଶ୍ୱବିଖ୍ୟାତ ହୋଇପାରିଛନ୍ତି । କିଛି ବାହାରର କଳାକାର ମଧ୍ୟ ଏଠାକୁ ଆସି ନିଜ ପ୍ରତିଭା ପ୍ରଦର୍ଶନ କରିବାରେ ସମର୍ଥ ହୋଇଛନ୍ତି । ଏହି ସହର ଅନେକ କଳାକାରଙ୍କୁ କର୍ମ ସଂସ୍ଥାନ ଯୋଗାଇଛି । ପ୍ରକାଶଯୋଗ୍ୟ ଯେ ପ୍ରସିଦ୍ଧ ଗାୟକ ଟେଲର ସ୍ୱିଫ୍ଟ ଏହି ନ୍ୟାସଭିଲରେ ଅଭ୍ୟାସ ଆରମ୍ଭ କରି ବିଶ୍ୱ ବିଖ୍ୟାତ ହୋଇଥିଲେ । ଜଣାଶୁଣା କଳାକାର ବିଲ୍ଲୀରେ ସାଇରସ୍ ଓ ତାଙ୍କର କନ୍ୟା ମିଲି ସାଇରସ ଯିଏକି ମଞ୍ଚ କଳାକାର ହାନା ମୋଣ୍ଟାନା ଭାବରେ ବେଶ ଖ୍ୟାତି  ଲାଭ କରିଥିଲେ ସେମାନେ ଏହି ସହରର ଅଧିବାସୀ । ଏହିଠାରେ ସଙ୍ଗୀତ ପ୍ରସିଦ୍ଧି ଗୃହ (Music Hall of Fame) ପ୍ରତିଷ୍ଠା ହୋଇଛି ଯେଉଁଠାରେ ସଙ୍ଗୀତ ସମ୍ବନ୍ଧୀୟ ତଥ୍ୟ, ଚିତ୍ର, ଉପକରଣ, ସ୍ୱୀକୃତି ଆଦି ପ୍ରଦର୍ଶିତ ହୋଇଛି । ଶିକ୍ଷା ଓ ଚିକିତ୍ସା କ୍ଷେତ୍ରରେ ମଧ୍ୟ ନ୍ୟାସଭିଲର ଅନ୍ୟ ଏକ ପରିଚିତି ରହିଛି । ଏହିଠାରେ ଦୁଇଗୋଟି ବିଶ୍ୱବିଦ୍ୟାଳୟ ଥିବା ସହିତ ଅନେକଗୁଡ଼ିଏ ଚିକିତ୍ସାଳୟ ରହିଛି । ଭାଣ୍ଡରବିଲ୍ଟ ବିଶ୍ୱବିଦ୍ୟାଳୟ ସେଥିରୁ ଅନ୍ୟତମ । ଉତ୍କର୍ଷତା ଦୃଷ୍ଟିରୁ ଆମେରିକାର ପ୍ରମୁଖ ଦଶଗୋଟି ବିଶ୍ୱବିଦ୍ୟାଳୟ ମଧ୍ୟରେ ସ୍ଥାନ ପାଇଛି । ଏଥିରେ ମେଡ଼ିକାଲ କଲେଜ ତଥା ଡାକ୍ତରଖାନା ସହିତ ଗବେଷଣା ପାଇଁ ପର୍ଯ୍ୟାପ୍ତ ସୁଯୋଗ ରହିଅଛି । ଏହି ବିଶ୍ୱବିଦ୍ୟାଳୟ ୧୯୭୩ରେ ବିଶିଷ୍ଟ ଜାହାଜ ଓ ରେଳପଥ ମାଲିକ କର୍ନେଲିୟସ ଭାଣ୍ଡରବିଲ୍ଟଙ୍କ ଦ୍ୱାରା ପ୍ରଦତ୍ତ ଦଶ ଲକ୍ଷ ଡଲାର ଧନରାଶି ବ୍ୟୟ କରାଯାଇ ପ୍ରତିଷ୍ଠା ହୋଇଥିଲା । ସହରର ମୁଖ୍ୟ ଅଞ୍ଚଳରେ ପ୍ରାୟ ୩୦୦ ଏକର ପରିମିତ ସ୍ଥାନରେ ଏହି ପ୍ରମୁଖ ଶିକ୍ଷାନୁଷ୍ଠାନ ୭୦୦୦ ଊର୍ଦ୍ଧ୍ୱ ଛାତ୍ରଛାତ୍ରୀଙ୍କୁ ଅନେକ ଅଭିନବ ବିଷୟରେ ଶିକ୍ଷା ଲାଭ କରିବା ପାଇଁ ସୁଯୋଗ ସୃଷ୍ଟି କରିଛି । ଏହାକୁ ଯୁକ୍ତରାଷ୍ଟ୍ରରେ Innovative Universityର ମାନ୍ୟତା ମଧ୍ୟ ମିଳିଅଛି ।

ଏହି ନ୍ୟାସଭିଲ ସହରରେ ଆଦିତ୍ୟ ପ୍ରାୟ ତିନି ବର୍ଷ ହେବ ରହିଅଛି । ସେ ଭାଣ୍ଡରବିଲ୍ଟ ବିଶ୍ୱବିଦ୍ୟାଳୟରେ ଗବେଷଣୋତ୍ତର (Post-doctoral) ପାଠ୍ୟକ୍ରମରେ ଯୋଗ ଦେଇଛି । ସେ ତା'ର ଶିକ୍ଷା ଜୀବନ ଭିତରେ ଖଡ଼ଗପୁର ଆଇଆଇଟିରେ ଏରୋସ୍ପେସ ଇଞ୍ଜିନିୟରିଂ ପାଞ୍ଚ ବର୍ଷ ଇଣ୍ଟିଗ୍ରେଟେଟ୍ ଡିଗ୍ରୀ କୋର୍ସ ସମାପ୍ତ କରି ୨୦୧୩ରେ ଆମେରିକା ଆସି ନିୟର୍କ ରାଜ୍ୟର ସୀମାନ୍ତରେ ଅବସ୍ଥିତ ବଫେଲୋ ବିଶ୍ୱବିଦ୍ୟାଳୟରେ ପି.ଏଚ.ଡି ସଂପୂର୍ଣ୍ଣ କରିଥିଲା ଯାନ୍ତ୍ରିକ ବା ମେକାନିକାଲ ବିଷୟରେ । 'ଉର୍ଜା ବା ଶକ୍ତି ଉତ୍ପାଦନ ଓ ସଂରକ୍ଷଣର ସୂକ୍ଷ୍ମ ତଥା ବିକଳ୍ପ ଉପାୟ ଏବଂ ଚିକିତ୍ସା ବ୍ୟବସ୍ଥାରେ ତହିଁର ପ୍ରୟୋଗାତ୍ମକ ସମ୍ଭାବନା' ବିଷୟଟି ଥିଲା ତା'ର ଗବେଷଣାର ବିଷୟ । ଏବେ ପୁଣି ବିଷୟ ପରିବର୍ତ୍ତନ କରି ସ୍ନାୟବିକ ବିଜ୍ଞାନ (Neuro science)ରେ ପ୍ରାଣୀ ମସ୍ତିଷ୍କରେ ସୂକ୍ଷ୍ମାତିସୂକ୍ଷ୍ମ କାର୍ଯ୍ୟକାରିତା ଉପରେ ଅଧ୍ୟୟନ ଜାରି ରଖିଛି । ଜୁନ

୨୦୧୮ରେ ଯେଉଁ ଦିନ ବଫେଲୋ ବିଶ୍ୱବିଦ୍ୟାଳୟରେ ସମାବର୍ତ୍ତନ ଉତ୍ସବରେ ଡକ୍ଟରେଟ ଉପାଧି ଗ୍ରହଣ କରିବାର ଭିଡ଼ିଓ ଚିତ୍ର ଦେଖିବାକୁ ପାଇଲୁ ସେଦିନଟି ଆମ ପରିବାର ପାଇଁ ଥିଲା ଅବିସ୍ମରଣୀୟ । ସୋସିଆଲ ମିଡ଼ିଆରେ ସେହି ଖବର ଦେବାରେ ବନ୍ଧୁପରିଜନ ସମସ୍ତଙ୍କଠାରୁ ଛୁଟିଥିଲା ଶୁଭେଚ୍ଛାର ସୁଅ । ଆଦିତ୍ୟର ଉଚ୍ଚଶିକ୍ଷା ସାରଣୀରେ ବିଷୟ ପରିବର୍ତ୍ତନକୁ ଲକ୍ଷ୍ୟ କଲେ ବୁଝିବାକୁ ହେବ ଯେ ଜ୍ଞାନପିପାସୁ ମଣିଷ ପାଇଁ ଗବେଷଣା, କୌଣସି ନିର୍ଦ୍ଦିଷ୍ଟ ପରିସୀମା ଭିତରେ ଆବଦ୍ଧ ନୁହେଁ। ଜ୍ଞାନ ଆହରଣ ବ୍ୟବସ୍ଥା ଅନେକ କ୍ଷେତ୍ରରେ ବୃତ୍ତି ସର୍ବସ୍ୱ ହେଲେ ମଧ୍ୟ ଏହା ମୂଳରେ ତୀବ୍ର ଅନୁସନ୍ଧିତ୍ସା ଟିକକ ମୂଳଉତ୍ସ ହେଇ ରହିଥାଏ। ସେ ଆମେରିକା ଆସିବା ପରେ ୨୦୧୪ ଓ ୨୦୧୫ରେ ଦୁଇଥର ଭାରତ ଆସି ଫେରିଯାଇଛି ମାତ୍ର ତା'ପରେ ଆଉ ଆସିବା

ସମ୍ଭବ ହୋଇନାହିଁ। ସେଥିପାଇଁ ତା'ର ଆମନ୍ତ୍ରଣରେ ଆମେ-ପତ୍ନୀ ପ୍ରବାସିନୀ ଓ କନ୍ୟା ଆୟୁଷୀ- ଏକାଠି ଆସି ବୁଲାବୁଲି କରିବା ସହିତ ତା ସହିତ କିଛି ଦିନ କଟାଇବା ଉଦ୍ଦେଶ୍ୟରେ ସେ ଏପ୍ରିଲ ୨୦-୨୦୨୦କୁ ଟିକେଟ କରିଥିଲା ମାତ୍ର ଦୁର୍ଭାଗ୍ୟ ତା'ର ଠିକ୍ ଏକ ମାସ ପୂର୍ବରୁ କରୋନାର କରାଳ ଛାୟା ଏସିଆରୁ ୟୁରୋପ ପର୍ଯ୍ୟନ୍ତ ଛାଇଯାଇଥିଲା। ଆମର ଆମେରିକା ଯିବାର ଅଭିଳାଷ ମଉଳିଗଲା। ଆମେ ପୁଣି ଭବିଷ୍ୟତରେ ସୁଯୋଗ ଅପେକ୍ଷାରେ କରିରହିଲୁ। ତା ପରେ ଧୀରେ ଧୀରେ ସାରା ପୃଥିବୀରେ ଭୂତାଣୁର ତାଣ୍ଡବଲୀଳାର ପରାଭବ ଉତ୍କଟ ହେଲା। ଆମେରିକାରେ କେତେକ ରାଜ୍ୟରେ ମୃତ୍ୟୁ ସଂଖ୍ୟା ବଢ଼ି ଚାଲିଲା। ପଶ୍ଚିମ ବିକଶିତ ରାଷ୍ଟ୍ରମାନଙ୍କର ପ୍ରଚଳିତ ଆଧୁନିକ ଚିକିତ୍ସା ବ୍ୟବସ୍ଥା ଭୂତାଣୁର ପ୍ରକୋପ ଆଗରେ ହାର ମାନିଲା। ଲକ୍ଷ ଲକ୍ଷ ଲୋକଙ୍କୁ ମୃତ୍ୟୁ ମୁଖରୁ ରକ୍ଷା କରିବା ପାଇଁ ବିକଶିତ ଓ ବିକାଶଶୀଳ ରାଷ୍ଟ୍ରମାନଙ୍କ ଭିତରେ ପ୍ରତିଯୋଗିତା ଆରମ୍ଭ ହେଇଗଲା। ସେଥିରେ ଭାରତ ମଧ୍ୟ ସାମିଲ ହେଲା ଏବଂ କୋଭାକ୍ସିନ ଓ କୋଭିସିଲ୍ଡ ନାମକ ଦୁଇ ପ୍ରକାରର ଟୀକା ଅନେକ ପରୀକ୍ଷା ନିରୀକ୍ଷା ପରେ ଲୋକଙ୍କୁ ଦେବାର କାର୍ଯ୍ୟକ୍ରମ ସ୍ଥିର କରାଗଲା। ସେତେବେଳକୁ ଆମ ଦେଶରେ ଅନେକ ମାସ ଧରି ସଟ୍‌ଡାଉନ ହୋଇ ଲୋକଙ୍କ ଆର୍ଥିକ ମାନଦଣ୍ଡ ଘୋର ପ୍ରଭାବିତ ହେବାକୁ ଲାଗିଲା। ଶିକ୍ଷାୟତନ, ଦୋକାନ, ବଜାର, ପରିବହନ, ମନୋରଞ୍ଜନ, ପର୍ଯ୍ୟଟନ ସବୁ କ୍ଷେତ୍ରରେ ମାଲିକ କର୍ମଚାରୀ ସମସ୍ତେ ପ୍ରଭାବିତ ହେଲେ। ଶ୍ରମିକମାନେ କାମ ନପାଇ ଘରକୁ ଫେରିଲେ। ଯାନବାହାନ ବନ୍ଦ ଯୋଗୁଁ ହଜାର ହଜାର ସଂଖ୍ୟାରେ ଲୋକେ ଚାଲି ଚାଲି ଶହ ଶହ ମାଇଲ ଦୂରରେ ଥିବା ନିଜ ଘରକୁ ଫେରିବା ଘଟଣା ଇତିହାସରେ ବିରଳ ହୋଇ ରହିଲା। କେନ୍ଦ୍ର ସରକାର ଓ ରାଜ୍ୟ ସରକାରଙ୍କ ପ୍ରଣୀତ ବହୁ ଉପାୟ କେଉଁଠି କାମ କଲା ତ ପୁଣି କେଉଁଠି ଓଲଟା ସମସ୍ୟା ସୃଷ୍ଟି ହେଲା। ଅବସ୍ଥା ସ୍ୱାଭାବିକ ହେଲାବେଳକୁ ୨୦୨୦ ବର୍ଷଟି ଅତିବାହିତ ହେଇଗଲା। ଲକଡାଉନ ଅବଧି ସାରା ଆମେ କେବଳ ଆଦିତ୍ୟ ସହିତ ଫୋନ ବା ଭିଡ଼ିଓ କଲରେ କଥା ହେଇ ପରସ୍ପରକୁ ସତର୍କ ରହିବାକୁ ସଚେତନ କରିବା ବ୍ୟତୀତ ଆଉ କିଛି କରଣୀୟ ନଥିଲା। ତା'ପରେ ଆମର ଯାତ୍ରା ବିଷୟ ମୁଣ୍ଡ ଟେକିଲା ଏବଂ ମାର୍ଚ୍ଚ ୨୦-୨୦୨୧ରେ ଦିଲ୍ଲୀ-ଶିକାଗୋ ସିଧାସଳଖ ବିମାନରେ ଟିକେଟ କରାଗଲା। ପୁଣି ବିଡ଼ମ୍ବନା ଦେଖାଗଲା ଯାତ୍ରାରେ। ଠିକ୍ ସେତିକି ବେଳକୁ ଭାରତରେ ଷାଠିଏ ବର୍ଷରୁ ଅଧିକ ବ୍ୟକ୍ତିମାନଙ୍କୁ ଟୀକାଦାନ ବ୍ୟବସ୍ଥା ଆରମ୍ଭ ହେଲା ଯେଉଁଥିରୁ କି ମୁଁ ଟୀକା ନେବା ପାଇଁ ଯୋଗ୍ୟ ହେଲି ଆଉ ପତ୍ନୀ ପ୍ରବାସିନୀ ମଧ୍ୟ ଡାକ୍ତରୀ ପ୍ରମାଣପତ୍ର ବଳରେ ଟୀକା ନେବା ପାଇଁ ଥିଲା। ଏଣୁ ଆଦିତ୍ୟ ଓ ପ୍ରୀତି

ଉଭୟ ଆମକୁ ଟୀକା ନେବା ପରେ ଯାତ୍ରା ଆରମ୍ଭ କରିବାକୁ ପରାମର୍ଶ ଦେଲେ। ସେଥିପାଇଁ ଟିକେଟ ବାତିଲ କରି ପୁଣି କରାଗଲା ଏପ୍ରିଲ ତା ୧୯କୁ। କୋଭିଡ଼ ନେଗେଟିଭ ପ୍ରମାଣପତ୍ର ଆନ୍ତର୍ଜାତୀୟ ବିମାନ ଯାତ୍ରା ଆରମ୍ଭର ମାତ୍ର ୭୨ ଘଣ୍ଟା ପୂର୍ବରୁ ଦାଖଲ କରିବା ନିଶ୍ଚିତ ଆବଶ୍ୟକତା ରହିଥିଲା। ଏଣୁ ଆମେ ଦୁଇଜଣ ଚାରିସପ୍ତାହ ବ୍ୟବଧାନରେ ଦୁଇ ପର୍ଯ୍ୟାୟରେ ଟୀକା ନେବା ପରେ ଉକ୍ତ ସ୍ୱଳ୍ପ ଅବଧି ମଧ୍ୟରେ କୋଭିଡ଼ ନେଗେଟିଭ ପ୍ରମାଣପତ୍ର ଦାଖଲ କରିବା ଆମେ ନାକେଦମ୍ ହେଲୁ। ତେବେ ମହାପ୍ରଭୁଙ୍କ କରୁଣାରୁ ସବୁ ପ୍ରକାରର କଟକଣାକୁ ଅତିକ୍ରମ କରି, ସମସ୍ତ ସ୍ୱାସ୍ଥ୍ୟଜନିତ ଆବଶ୍ୟକୀୟ ପ୍ରମାଣପତ୍ର ଯୋଗାଡ଼ କରି ଯଥାସମ୍ଭବ ସ୍ୱଳ୍ପ ଜିନିଷ ସାଙ୍ଗରେ ଧରି ଆମେ ପୁରୀରୁ ଭୁବନେଶ୍ୱର- ଭୁବନେଶ୍ୱରରୁ ବିମାନ ଯୋଗେ ଦିଲ୍ଲୀ ଏବଂ ଶେଷରେ ଦିଲ୍ଲୀରୁ ୟୁନାଇଟେଡ ଏଆରଲାଇନ୍ସ ଯୋଗେ ସିକାଗୋ ପାଇଁ ବିମାନ ଧରିଲୁ। ଏହି କରୋନା ନେଗେଟିଭ ପ୍ରମାଣପତ୍ର ପାଇବାର ମାତ୍ର ୩୬ ଘଣ୍ଟା ମଧ୍ୟରେ ଆମକୁ ପୁରୀ ଛାଡ଼ିବାକୁ ପଡ଼ିଲା। ତେଣୁ ବନ୍ଧୁ ପରିଜନ ସମସ୍ତଙ୍କୁ ଜଣାଇ ବାହାରିବା ସମ୍ଭବ ନଥିଲା। ଆହୁରି ଦୁଇଥର ଯାତ୍ରା ବାତିଲ ହେବା ପରେ ପୁଣି କାହାକୁ ଜଣାଇବା ପାଇଁ ଆମର ଆଗ୍ରହ ନଥିଲା। ସେଥିପାଇଁ ଆମେରିକାରେ ପହଞ୍ଚିବା ପରେ ଜଣାଇବାରୁ କିଛି ବନ୍ଧୁଙ୍କ ତେର୍ଚ୍ଛା ବାଣର ଶିକାର ହେବାକୁ ପଡ଼ିଲା।

ଆଦିତ୍ୟ ରହୁଥିବା ଘରେ ଆମେ ପ୍ରଥମେ କିଛି ଦିନ ରହିଲୁ। ଚାରିପଟେ ପ୍ରଶସ୍ତ ଖାଲି ଜାଗା ରହି ମାର୍କିନ ଶୈଳୀରେ କଟେଜ୍ ସଦୃଶ୍ୟ ଘରେ ଆସବାବ ପତ୍ର ସହିତ ଯାନ୍ତ୍ରିକ ବ୍ୟବସ୍ଥା ଅଧିକ। କେବଳ ବାହ୍ୟ ମୂଳଦୁଆ କାନ୍ଥ ଇଟା ସିମେଣ୍ଟ ରେ ହୋଇଥିବା ବେଳେ ଆଭ୍ୟନ୍ତରୀଣ କାନ୍ଥ, ଛାତ, ଚଟାଣ ସବୁ କାଚ, ପଟା, ପ୍ଲାଷ୍ଟିକ୍, ଫାଇବର ଅଥବା ଧାତବ ପରସ୍ତରେ ନିର୍ମିତ। ବୈଦ୍ୟୁତିକ ସରଞ୍ଜାମ ସବୁ ଅତ୍ୟନ୍ତ ଉଚ୍ଚମାନର। ସେଠି ରୋଷେଇ ଘରେ ଗ୍ୟାସର ପ୍ରଚଳନ ନାହିଁ। ସବୁ ଇଲେଟ୍ରିକ ହିଟରରେ ରୋଷଇ ହୁଏ। ଅଗ୍ନିକାଣ୍ଡ ପ୍ରତିଷେଧକ ଭାବରେ ରୋଷେଇ କଲାବେଳେ ସାମାନ୍ୟ ଅଧିକ ଧୁମ୍ରଜାତ ହେଲେ ସାଇରନ ବାଜି ଉଠେ। ସେଥିପାଇଁ ଶକ୍ତ ବାହ୍ୟନିର୍ଗମନ ବ୍ୟବସ୍ଥା ଥିଲେ ମଧ୍ୟ ସୁରକ୍ଷା ପାଇଁ କେତେ ଯନ୍ତ୍ର ଖଞ୍ଜାଯାଇଛି। ରାତିଦିନ ଥଣ୍ଡା ଓ ଗରମ ପାଣି ବ୍ୟବସ୍ଥା, ବିଳାସପୂର୍ଣ୍ଣ ସ୍ନାନଶୌଚ ପାଇଁ ବ୍ୟବସ୍ଥା ସବୁ ରହିଛି ଏହି ଛୋଟ ଘରେ। ଗାଧୁଆ ଘରେ ବାଲଟି ମଗ୍ ନଥାଏ। ଶୌଚ ପାଇଁ କେବଳ କାଗଜ ରୋଲ ମହଜୁଦ। ଗାଧୁଆ ଘର ସାରା ଗାଲିଚା ପଡ଼ିଛି। ନକଲି ଫୁଲତୋଡ଼ା ସଜାଯାଇଛି। ସ୍ନାନ ଶୌଚ ସମୟରେ ଚଟାଣରେ ପାଣି ପଡ଼ିବା ପାଇଁ ଘର ମାଲିକ ବାରଣ କରିଛନ୍ତି ବୋଲି ଆଦିତ୍ୟ ଆମକୁ ଜଣାଇ ଦେଲା। ବିନା ଜଳ ବ୍ୟବହାରରେ

ପତଳା କାଗଜ ସାହାଯ୍ୟରେ ଶୌଚ ହେବା ଆମ ପାଇଁ ଏକ ସମସ୍ୟା ଥିଲା। ତେବେ ପ୍ଲାଷ୍ଟିକ୍ ବୋତଲରେ ବେସିନରୁ ପାଣି ନେଇ ଅତି ସତର୍କତାର ସହ ଆମେ ସେ କାମଟି ସାରି ଚଟାଣରେ ପାଣି ନପଡ଼ିବା ସର୍ତ୍ତଟି ରକ୍ଷା କରିବାରେ ସଫଳ ହେଲୁ।

## ଖ. ଜଗନ୍ନାଥ ମନ୍ଦିର:

ସେ ଘରେ ପ୍ରଥମ ରାତି କାଟିବା ପରେ ସକାଳୁ ଶ୍ରୀମତୀ ସାଙ୍ଗରେ ନେଇଥିବା ଶ୍ରୀଜଗନ୍ନାଥଙ୍କ ଫଟୋ ସଜାଇ ପୂଜା ପ୍ରାର୍ଥନା ଆରମ୍ଭ କଲେ। ଆମେ ସେଦିନ ପ୍ରଥମେ ସ୍ଥାନୀୟ ହିନ୍ଦୁ ମନ୍ଦିରକୁ ବୁଲିବାକୁ ଗଲୁ। ନ୍ୟାସଭିଲରେ କୌଣସି ହିନ୍ଦୁ ମନ୍ଦିରରେ ଚତୁର୍ଦ୍ଧାମୂର୍ତ୍ତି ସ୍ଥାପନ ଅବସରରେ ଗଜପତି ମହାରାଜା ଶ୍ରୀ ଦିବ୍ୟସିଂହ ଦେବ ୨୦୧୫ରେ ଯାଇଥିଲେ ବୋଲି ମୁଁ ପୂର୍ବରୁ ଜାଣିଥିଲି। ଆମେ ସେହି ଗଣେଶ ମନ୍ଦିରକୁ ଗଲୁ। ଏକ ପାହାଡ଼ିଆ ଅଞ୍ଚଳରେ ମନୋରମ ପରିବେଶରେ ଦକ୍ଷିଣ ଭାରତୀୟମାନଙ୍କ ଦ୍ୱାରା ପ୍ରତିଷ୍ଠିତ ଏହି ମନ୍ଦିରରେ ଶ୍ରୀଗଣେଶ ମୁଖ୍ୟ ଆରାଧ୍ୟ ଭାବରେ ଉପାସିତ। ତାଙ୍କ ସହିତ ଅନ୍ୟାନ୍ୟ ବହୁ ଦେବଦେବୀଙ୍କ ସହିତ ଏକ ଖୋପ ମନ୍ଦିରରେ ପ୍ରାୟ ଦେଢ଼ଫୁଟ ଉଚ୍ଚର ଦାରୁବିଗ୍ରହ ବିଦ୍ୟମାନ। ଆମ ଶ୍ରୀମନ୍ଦିରରେ ଚତୁର୍ଦ୍ଧାମୂର୍ତ୍ତିଙ୍କ ଉପାସନାର ପ୍ରାଧାନ୍ୟ ତଥା ମହିମା ବିଷୟରେ ପିଲାବେଳକୁ ଅବଗତ ହେଇଥିବାରୁ ଜଗନ୍ନାଥଙ୍କୁ ଏପରି

ଗୌଣ ଭାବେ ରଖାଯିବା କଥା ଗ୍ରହଣୀୟ ହେଲା ନାହିଁ। ମାତ୍ର ପରେ ଜାଣିଲି ଯେ ମହାପ୍ରଭୁଙ୍କ ପାଇଁ ସେହି କ୍ଷୁଦ୍ର ଆସନଟି ହାସଲ କରିବା ପାଇଁ ସ୍ଥାନୀୟ ଓଡ଼ିଆ ସଂଗଠକମାନଙ୍କୁ କିଛି କମ୍ ପ୍ରଚେଷ୍ଟା କରିବାକୁ ପଡ଼ିନାହିଁ। ଶ୍ରୀମନ୍ଦିରଠାରୁ ହଜାର ହଜାର ମାଇଲ ଦୂରରେ ଆମେରିକା ଭଳି ଚରମ ବିକଶିତ ଦେଶରେ ମହାପ୍ରଭୁଙ୍କୁ ଏକ ଭବ୍ୟ ମନ୍ଦିର ମଧ୍ୟରେ ସ୍ଥାନିତ କରିବା ମଧ୍ୟ ଆମ ପାଇଁ ଗର୍ବ ଓ ଗୌରବର ବିଷୟ। ପ୍ରକାଶଯୋଗ୍ୟ ଯେ ଆମେରିକାରେ ପ୍ରାୟ କୋଡ଼ିଏରୁ ଊର୍ଦ୍ଧ୍ୱ ସହରରେ ଏହି ଭାବରେ ମହାପ୍ରଭୁ ବିରାଜମାନ କରିଛନ୍ତି। କେଉଁଠି ଇସ୍‌କନ ପ୍ରତିଷ୍ଠିତ ମନ୍ଦିରରେ ଶ୍ରୀକୃଷ୍ଣ ଓ ରାଧାରାଣୀ ମୁଖ୍ୟ ଥିବାବେଳେ କେଉଁଠି ତିରୁପତି ବାଲାଜୀ ବା ପୁଣି କୌଣସି ଦେବୀପୀଠରେ ମହାପ୍ରଭୁ ଏହି ଭାବରେ ସ୍ଥାପିତ। ତେବେ ଆମେରିକାରେ ଏକାଧିକ ସ୍ଥାନରେ ଶ୍ରୀଜଗନ୍ନାଥଙ୍କର ରଥଯାତ୍ରା ପାଳିତ ହେଉଛି। ସବୁ ସେହି କାଳିଆ ସାଆନ୍ତଙ୍କ ଲୀଳା। ସେ ଯେଉଁଠି ଯେମିତି ଚାହିଁବେ ସେମିତି ପୂଜିତ ହେବେ। କେଉଁଠି ମୁଖ୍ୟ ତ ପୁଣି କେଉଁଠି ଗୌଣ।

ଘରଠାରୁ ହଜାର ହଜାର ମାଇଲ ଦୂରରେ ବୃତ୍ତି ସର୍ବସ୍ୱ ଜୀବନ ଅତିବାହିତ କଲେ ମଧ୍ୟ ଓଡ଼ିଆଙ୍କ ପ୍ରାଣ ସବୁବେଳେ ମହାପ୍ରଭୁଙ୍କ ଚରଣାଶ୍ରିତ। ମାନସଦର୍ଶନ ହେଉ ପଛେ ସେହିଥିରେ ନିଜକୁ କୃତାର୍ଥ ମଣନ୍ତି ସେମାନେ। ଭକ୍ତବତ୍ସଳ ମହାପ୍ରଭୁ ଆକର୍ଷଣର ଡୋରିରେ ବାନ୍ଧି ରଖିଛନ୍ତି ଭକ୍ତମାନଙ୍କୁ। ତାଙ୍କ ମହିମା ପ୍ରସାରିତ ହେଇଛି ଦେଶବିଦେଶକୁ। ବିଦେଶ ମାଟିରେ ଶତାଧିକ ମନ୍ଦିର ପ୍ରତିଷ୍ଠା ହେଇ ଚକା ଆଖି ଦ୍ୱୟର ଦର୍ଶନରେ ଭକ୍ତ ଜନେ କୃତ କୃତ ହୋଇଛନ୍ତି। କ୍ରମେ ଚେତନା ପରିବ୍ୟାପ୍ତ ହୋଇଛି ଏବଂ ଭକ୍ତଙ୍କ ସଂଖ୍ୟା ବଢ଼ିଛି।

ଆମେରିକାରେ ବାସ କରୁଥିବା ଭାରତୀୟଙ୍କ ମଧ୍ୟରେ ଦକ୍ଷିଣ ଭାରତୀୟ ସର୍ବାଧିକ। ୫୦ ଲକ୍ଷ ଭାରତୀୟ ଆମେରିକୀୟଙ୍କ ମଧ୍ୟରେ ଓଡ଼ିଆଙ୍କ ସଂଖ୍ୟା ପ୍ରାୟ ୫୦ ହଜାର। ସେମାନେ ବିକ୍ଷିପ୍ତ ଭାବରେ ବିଭିନ୍ନ ରାଜ୍ୟରେ ରହୁଛନ୍ତି। ଦକ୍ଷିଣ ଭାରତୀୟଙ୍କ ମଧ୍ୟରେ ଆଧ୍ୟାତ୍ମିକ ଭାବନା ସମୃଦ୍ଧ ଲୋକଙ୍କ ସଂଖ୍ୟା ନିଶ୍ଚିତ ଭାବେ ଅଧିକ। ବୃତ୍ତି ସହିତ ଧର୍ମୀୟ ଚେତନାକୁ ସେମାନେ ସମାନ ପ୍ରାଧାନ୍ୟ ଦିଅନ୍ତି ବୋଲି ମନେ ହୁଏ। ଆମର ଶ୍ରୀଜଗନ୍ନାଥଙ୍କ ଭଳି ସେମାନେ ଶ୍ରୀ ଭେଙ୍କଟେଶ୍ୱର, ମା ମୀନାକ୍ଷୀ, ପ୍ରଭୁ ମୁରୁଗନ ପ୍ରଭୃତି ଦେବଦେବୀଙ୍କ ଉପାସନା କରନ୍ତି। ସେମାନେ ଏକ ପଞ୍ଜୀକୃତ ସଂସ୍ଥା ମାଧ୍ୟମରେ ସନାତନ ଧର୍ମର ସୁରକ୍ଷା ଓ ପ୍ରସାର ଉଦ୍ଦେଶ୍ୟରେ ଗଢ଼ିଛନ୍ତି ଅନେକ ମନ୍ଦିର। ଆବଶ୍ୟକ ଜମି ମଧ୍ୟ ସେମାନେ ଚାନ୍ଦା ସଂଗ୍ରହ କରି ଯୋଗାଡ଼ କରିଛନ୍ତି। ଏଠାରେ ଗଢ଼ିଉଠିଥିବା ସମସ୍ତ ହିନ୍ଦୁ ମନ୍ଦିରଗୁଡ଼ିକର ପରିସର ବେଶ୍ ପ୍ରଶସ୍ତ। ସେଥିରେ

ଆରାଧ୍ୟ ଦେବଦେବୀଙ୍କ ବିଗ୍ରହ ସ୍ଥାପନ, ପ୍ରାର୍ଥନା, ଦର୍ଶନ, ଭଜନ, ପ୍ରସାଦ ପ୍ରସ୍ତୁତି ଓ ସେବନ ପାଇଁ ଯଥେଷ୍ଟ ସ୍ଥାନ ରହିଥାଏ ମାତ୍ର ଆମ ଦେଶରେ ମନ୍ଦିର ଭଳି ଗହଳଚହଳ ନଥାଏ। କେବଳ ବିଶେଷ ଦିବସରେ କିଛି ଅଧିକ ଭକ୍ତ ଏକତ୍ରିତ ହୁଅନ୍ତି। ମନ୍ଦିର ଖୋଲିବା ଓ ବନ୍ଦ ହେବା ସମୟ ପୂର୍ବରୁ ପ୍ରସାରିତ ହୋଇଥାଏ। ସମସ୍ତ ହିନ୍ଦୁ ମନ୍ଦିର ସଂସ୍ଥାଗୁଡ଼ିକ ଗୋଟିଏ ଗୋଟିଏ ସାଂସ୍କୃତିକ କେନ୍ଦ୍ର ଭାବରେ ବିଶେଷ ଦିନମାନଙ୍କରେ ବିଭିନ୍ନ କାର୍ଯ୍ୟକ୍ରମର ଆୟୋଜନ କରିଥାନ୍ତି। ବିବାହ, ବ୍ରତୋପନୟନ, କର୍ଣ୍ଣବେଧ ତଥା ଶ୍ରାଦ୍ଧାଦି କାର୍ଯ୍ୟ ଏଠାରେ ସମାପନ ହୋଇଥାଏ। ମନ୍ଦିର କାର୍ଯ୍ୟକାରିତାର ବିଶେଷ ବିବରଣୀ ସଂପୃକ୍ତ ୱେବସାଇଟ୍‌ରେ ଉପଲବ୍‌ଧ ହୁଏ।

ଯୁକ୍ତରାଷ୍ଟ୍ର ଆମେରିକା ଓ କାନାଡ଼ାରେ ରହୁଥିବା ଭାରତୀୟଙ୍କ ଦ୍ୱାରା ପ୍ରତିଷ୍ଠିତ ଶତାଧିକ ହିନ୍ଦୁ ମନ୍ଦିର ରହିଅଛି। ଏଥିରେ ସନାତନ ଧର୍ମର ବିଭିନ୍ନ ଦେବାଦେବୀଙ୍କ ନାମାନୁସାରେ ମନ୍ଦିର, ଗୁରୁଦ୍ୱାର ତଥା ସ୍ୱାମୀନାରାୟଣ ଓ ସାଇବାବାଙ୍କ ମନ୍ଦିରମାନ ଅନ୍ତର୍ଭୁକ୍ତ। ତନ୍ମଧ୍ୟରୁ ବିଭିନ୍ନ ସ୍ଥାନରେ ରହିଥିବା ମନ୍ଦିରମାନଙ୍କରେ ସ୍ଥାନୀୟ ଓଡ଼ିଆ ଲୋକଙ୍କ ପ୍ରଚେଷ୍ଟାରେ ଚତୁର୍ଦ୍ଧାମୂର୍ତ୍ତି ସ୍ଥାପନା ହୋଇ ପୂଜିତ ହେଉଛନ୍ତି। ଏହାଛଡ଼ା ଅନେକ ବ୍ୟକ୍ତିଗତ ମନ୍ଦିର ତଥା ଆଶ୍ରମ ବା ମଠ ଭଳି ସଂସ୍ଥାମାନଙ୍କରେ ମଧ୍ୟ ଅନ୍ୟାନ୍ୟ ଦେବଦେବୀଙ୍କ ଗହଣରେ ଶ୍ରୀଜଗନ୍ନାଥ ଉପାସିତ ହେଉଛନ୍ତି।

ଡ୍ୟାଲାସ୍‌ରୁ ପ୍ରୀତି ବାରମ୍ବାର ଫୋନ କରି ଆମର ସୁବିଧା ଅସୁବିଧା ପଚାରି ବୁଝୁଥାଏ। ଆମେ ଆମେରିକା ଆସିବା ଯୋଜନା ପଛରେ ଆଦିତ୍ୟ ସହିତ ତା'ର ଆଗ୍ରହ ଓ ସହଯୋଗ ରହିଆସିଛି। ଆମେ ଭିସା ପାଇଁ ଆବେଦନ କରିବାଠାରୁ ସବୁ ପଦକ୍ଷେପରେ ସେ ବିଭିନ୍ନ ସୂଚନା ଦେବା ସହ ଆମକୁ ଉତ୍ସାହିତ କରି ଆସିଛି। ଆମର ଏହି ରହଣି ଭିତରେ ତା' ପାଖରେ ପନ୍ଦର ଦିନ ରହିବା ମଧ୍ୟ ଅନ୍ତର୍ଭୁକ୍ତ। ସେ ଦୁଇଜଣ ମିଶି ଆମର ଭ୍ରମଣ ସାରଣୀ ସେମାନଙ୍କ ବୃତ୍ତି ସହିତ ତାଳମେଳ ରଖି ପ୍ରସ୍ତୁତ କରିଥିଲେ। ପ୍ରୀତିର ସ୍ୱାମୀ ଗୁରୁଇନ୍ଦର ବଦେସା ଆମକୁ ସ୍ୱାଗତ ଜଣାଇ ଟେକ୍‌ସାସ୍ ଯିବା ପାଇଁ ଆମନ୍ତ୍ରଣ ଜଣାଇଲେ। ଡେଟ୍ରଏଟରୁ ଡା.ଶିଶିର ସେନାପତି ଓ କାଲିଫର୍ଣ୍ଣିଆରେ ରହିଥିବା ତାଙ୍କର ଭାଇ ପ୍ରମୋଦ ସେନାପତି ଆମକୁ ଶୁଭେଚ୍ଛା ଜଣାଇବା ସହିତ ସେମାନଙ୍କ ଘରକୁ ଯିବାପାଇଁ ନିମନ୍ତ୍ରଣ ଜଣାଇଲେ। ଏମାନେ ପିପିଲି ବ୍ଲକ ମଙ୍ଗଳପୁର ନିକଟସ୍ଥ  ସିଙ୍ଗାରପୁରର ଏକ ସମ୍ଭ୍ରାନ୍ତ ପରିବାରର ଯୋଗ୍ୟ ଦାୟାଦ। ବହୁ ବର୍ଷ ଧରି ଏଠାରେ ରହିଛନ୍ତି। ତାଙ୍କ ବଡ଼ ଭାଇ ଡା.ହେମନ୍ତ ସେନାପତି ଏବେ ଦିବଙ୍ଗତ। ସାନ ଭାଇ ପ୍ରତାପ ସେନାପତି ଯିଏ ଗାଁରେ ରହି ବିଶାଳ ଭୂସମ୍ପତ୍ତିର ରକ୍ଷଣାବେକ୍ଷଣ କରନ୍ତି ସେ ମୋର କଲେଜ ବେଳର ଅନ୍ତରଙ୍ଗ ବନ୍ଧୁ। ପ୍ରତାପର ପୁଅ

ସୂର୍ଯ୍ୟ ମଧ୍ୟ ସସ୍ତ୍ରୀକ ଏଠାରେ ରହୁଛି। ପ୍ରତାପ ଓ ପତ୍ନୀ ରୂପା  ପୁଅବୋହୂଙ୍କ ନିକଟକୁ ଆସିବାର ଥିଲା ମାତ୍ର କୋଭିଡ଼ ସକାଶେ ତାହା ବାତିଲ ହେଇଛି। ଶିଶିର ଭାଇନାଙ୍କ ଲୋକସମ୍ପର୍କ ଅତ୍ୟନ୍ତ ମାର୍ମିକ। ସେ ଡାକ୍ତରୀ ବୃତ୍ତିରୁ ଅବସର ନେଇଥିଲେ ମଧ୍ୟ ସେବା ଛାଡ଼ିନାହାନ୍ତି। ପ୍ରତିଦିନ ଏବେ ମଧ୍ୟ ଡାକ୍ତରଖାନାକୁ ଯାଇ ରୋଗୀଙ୍କ ଭଲମନ୍ଦ ବୁଝିଥାନ୍ତି। ଫୋନ ଯୋଗେ ଆମେରିକାରେ ଥାଇ ମଧ୍ୟ ଓଡ଼ିଶାରେ ଚିକିତ୍ସିତ ରୋଗୀମାନଙ୍କର ଚିକିତ୍ସା ବିଷୟ ଅନୁଧ୍ୟାନ କରି ପରାମର୍ଶ ଦେଇଥାନ୍ତି। ଆମେରିକା ଓଡ଼ିଆ ସମାଜରେ ସ୍ୱର୍ଗତଃ ହେମନ୍ତ ସେନାପତିଙ୍କର ଯଥେଷ୍ଟ ଖ୍ୟାତି ରହିଥିଲା। ତାଙ୍କର କାଳ ହେବା ପରେ ଶିଶିର ଭାଇନା ସେହିଭଳି ଜନସମ୍ପର୍କ ଅତୁଟ ରଖିଛନ୍ତି। ଗତ ନବକଳେବର ସମୟରେ ଡେଟ୍ରଏଟଠାରେ ଥିବା ହିନ୍ଦୁ ମନ୍ଦିରରେ ଚତୁର୍ଦ୍ଧାମୂର୍ତ୍ତି ପରିବର୍ତ୍ତନ ପାଇଁ ତାଙ୍କ ମାଧ୍ୟମରେ ମୁଁ ବିଗ୍ରହମାନଙ୍କୁ ପଠାଇଥିଲି। ତାଙ୍କର ଅଗ୍ରଜତୁଲ୍ୟ ବ୍ୟବହାର ତଥା ମନଖୋଲା ଆମନ୍ତ୍ରଣରେ ପ୍ରଭାବିତ ହୋଇ ଆମେ ରାଜିହେଲୁ। ସେ ତିନି ଦିନ ପାଇଁ ତାଙ୍କ ଆତିଥେୟତା ଗ୍ରହଣ କରିବା ପାଇଁ ଏକ ଖସଡ଼ା ପ୍ରସ୍ତୁତ କରି ଆଗତୁରା ଆମ ଦୁଇଜଣଙ୍କ ପାଇଁ ଟିକେଟ କରି ପଠାଇ ଦେଲେ। ମଇ ଛଅ ତାରିଖରେ ତାଙ୍କ ପାଖକୁ ଯିବା ପୂର୍ବରୁ ଆମେ ଆଦିତ୍ୟ ସାଙ୍ଗରେ ଦୁଇ ସପ୍ତାହ ଅବସ୍ଥାନ କରିସାରିଥିଲୁ। ତା ମଧ୍ୟରେ ତା'ର ଭଡ଼ାଘର ଆମ ଚାରିଜଣଙ୍କ ପାଇଁ ସୁବିଧାଜନକ ନହେବା କଥା ସେ ପୂର୍ବରୁ ଅନୁମାନ କରି ସହର ଉପକଣ୍ଠରେ ଏଆର୍‌ବିଏନ୍‌ବି ଜରିଆରେ ଅନ୍ୟ ଏକ ଅପେକ୍ଷାକୃତ ବଡ଼ ଘର ପନ୍ଦର ଦିନ ପାଇଁ ଆରକ୍ଷଣ କରିଥିଲା। ସେ ଘରଟି ନିଶ୍ଚିତ ଭାବେ ଅଧିକ ସ୍ୱାଚ୍ଛନ୍ଦ୍ୟଯୁକ୍ତ ଥିଲା। ଶାନ୍ତ ଶୀତଳ କାନ୍ତ କୋମଳ ପ୍ରାକୃତିକ ପରିବେଶରେ ଆଧୁନିକ ଉପକରଣ ସମୃଦ୍ଧ ତଥା ସୌନ୍ଦର୍ଯ୍ୟଯୁକ୍ତ ଆଭ୍ୟନ୍ତରୀଣ ଆସବାବ ଖଚିତ ସେ ଘରଟିରେ ରହିବା କାଳରେ ଆମେ ଆମେରିକାରେ ବିଳମ୍ବିତ ବସନ୍ତ ଋତୁକୁ ଉପଭୋଗ କଲୁ। ଏହା ଆମ ପାଇଁ ବିଳମ୍ବିତ ମନେ ହେଲେ ମଧ୍ୟ ଆମେରୀୟମାନଙ୍କ ପାଇଁ ସ୍ୱାଭାବିକ। ଏଠାରେ ନଭେମ୍ବରରୁ ଏପ୍ରିଲ ଶୀତ ଋତୁ ରାଜତ୍ୱ କରେ। ଶୀତ ଋତୁର ମଧ୍ୟଭାଗରେ ଅନେକ ସ୍ଥାନରେ ତୁଷାରପାତ ହୁଏ। ଦେଶର ଉତ୍ତର ଭାଗରେ ଥିବା ରାଜ୍ୟମାନଙ୍କରେ ପ୍ରବଳ ତୁଷାରପାତ ହୁଏ। ପ୍ରକୃତ ଗ୍ରୀଷ୍ମ ଜୁନ ଜୁଲାଇ ଅଗଷ୍ଟ ବୋଲି ଜଣାଯାଏ। ସେତେବେଳେ ଆମ ଦେଶରେ ବର୍ଷାଋତୁ ଚାଲିଥାଏ।  ଚତୁର୍ଦ୍ଦିଗରେ ଘାସ ଗାଲିଚାର ଆସ୍ତରଣ ମଧ୍ୟରେ ସ୍ଥାନେ ସ୍ଥାନେ ସବୁଜ ଓ ଶାଗୁଆ ରଙ୍ଗର ପତ୍ରଯୁକ୍ତ ଗଛଗୁଡ଼ିକ ସତେ ଅବା ଗୋଟିଏ ଗୋଟିଏ ସ୍ଥାପତ୍ୟ ଭଳି ଦଣ୍ଡାୟମାନ। କେତେଗୋଟି ଗଛରେ ହଳଦିଆ, ନାରଙ୍ଗୀ ଓ କମଳା ରଙ୍ଗର ପତ୍ରଗୁଡ଼ିକ ଦୂରରୁ ପୁଷ୍ପଗୁଚ୍ଛର ଭ୍ରମ ସୃଷ୍ଟି କରୁଥାନ୍ତି। ଅନେକ ପ୍ରକାରର ରଙ୍ଗ ବେରଙ୍ଗ ଚଢ଼େଇଙ୍କ

ବେପରୁଆ ଉଡ଼ାଣ ଓ ଖେଳ କୌତୁକ ଚାଲିଥାଏ। ନକୁଳାକୃତି ଗୁଣ୍ଡୁଚିମୁଷାମାନଙ୍କ କ୍ଷୀପ୍ରଗତିରେ ବୃକ୍ଷାରୋହଣ କେବେ କେବେ ଚମକାଇ ଦିଏ। ସେମାନଙ୍କର ମୋଟା ଲାଙ୍ଗୁଡ଼ ସାମାନ୍ୟ ହଲିଗଲେ କିଛି ସଙ୍କେତ ଦେଲା ଭଳି ମନେ ହୁଏ। ନାମ ଅଜଣା ଫୁଲ ସବୁ ଫୁଟିବା ପରେ ବାସିହେଲେ ଆପେ ଆପେ ଛିଣ୍ଡି ତଳେ ପଡ଼ିଥାନ୍ତି। ଘାସ ଗାଲିଚା ସେମିତି ନିର୍ବିକାର ଭାବେ ଚାହିଁ ରହିଥାଏ ଖୋଲା ଆକାଶକୁ। ଆକାଶ ବି ପ୍ରତିଶୃତିହୀନ, ଚଞ୍ଚଳମତି ପ୍ରେମିକା ଭଳି କେବେ ବିଦ୍ୟୁତଘାତ ଜର୍ଜରିତ ବା କେବେ ମେଘପୂର୍ଣ୍ଣ ଓ ପୁଣି କେବେ ନିର୍ମଳ। ଝିପି ଝିପି ବର୍ଷା ହେବା ଏ ଋତୁରେ ସ୍ୱାଭାବିକ ବୋଲି ଶୁଣିଲୁ। ବର୍ଷା ପରେ ଯେବେ ଖରା ପଡ଼େ ପ୍ରାଣୀଜଗତ ସତେଜ ହୋଇଉଠେ। ଯେଉଁ ପକ୍ଷୀମାନେ ବର୍ଷାବେଳେ ଆତ୍ମଗୋପନ କରିଥାନ୍ତି ସେମାନେ ରାସ୍ତାଧାରରେ ଜମିଥିବା ସାମାନ୍ୟ ବର୍ଷାଜଳରେ ବୁଡ଼ ପକାଇ ମହାକୁମ୍ଭ ପାଳନ କରନ୍ତି। ଗୁଣ୍ଡୁଚିମାନେ ଅତି ଦର୍ପରେ ଖାଦ୍ୟ ଅନ୍ୱେଷଣ ଉଦ୍ଦେଶ୍ୟରେ ଗଛ କୋରଡ଼ ଭିତରୁ ବାହାରି ଆସନ୍ତି ତ ଘାସ ଗାଲିଚା ଭୂମିକମ୍ପ ହେଲା ଭଳି ସାମାନ୍ୟ ଚହଲି ଉଠେ। ଠିକ୍ ସେତିକିବେଳେ ଦୁଇଟି ବିଚିତ୍ରବର୍ଣ୍ଣା ପ୍ରଜାପତି ଉଡ଼ିଆସି ଫୁଲଗଛର ଚାରିପଟେ ଦୁଇ ଘେରା ବୁଲି ପୁଣି ଅଦୃଶ୍ୟ ହୋଇଯାନ୍ତି। ପକ୍ଷୀମାନଙ୍କ ସହିତ ମହୁମାଛିଙ୍କ ଗୁଣୁଗୁଣୁ ମିଳିତ କାକଳୀରେ ସୃଷ୍ଟି ହୁଏ ଅଭିନବ ରାଗ ସଙ୍ଗୀତ ଯାହା ବସନ୍ତ ଋତୁର ସ୍ୱାଗତ ଗୀତିକା ଭଳି ଉପଭୋଗ୍ୟ।

ନ୍ୟାସଭିଲରେ ଆମ ରହଣୀ କାଳରେ ସ୍ଥାନୀୟ ଦର୍ଶନୀୟ ସ୍ଥାନଗୁଡ଼ିକ ଦେଖି ନେବା ଉଚିତ୍ ବୋଲି ଆଦିତ୍ୟ ପ୍ରସ୍ତାବ ଦେଲା। ଟେନିସି ରାଜ୍ୟର ରାଜଧାନୀ ଭାବରେ ଏଠାରେ ବିଧାନ ସୌଧ, ରାଜ୍ୟପାଳଙ୍କ ବାସଗୃହ, ରାଜ୍ୟ ସଂଗ୍ରହାଳୟ, ରାଜ୍ୟ ପାଠାଗାର ଆଦି ରହିଥିଲା। ଏହି ସହରର ଲୋକସଂଖ୍ୟା ମାତ୍ର ଛଅ ଲକ୍ଷ ହେତୁ ଏହାକୁ ଏକ ବୃହତ୍ ସହର କୁହାଯାଇ ପାରିବ ନାହିଁ, ମାତ୍ର ଆମେରିକୀୟ ସହର ବାହାରେ ପ୍ରାକୃତିକ ପରିବେଶରେ ପ୍ରଶସ୍ତ ଜମିରେ ଘର କରି ବାସ କରିବା ପାଇଁ ଅଧିକ ଲୋକ ପସନ୍ଦ କରନ୍ତି। ଏହି କାରଣରୁ ଏ ଦେଶର ସହର, ସହରତଳି ଓ ଗ୍ରାମାଞ୍ଚଳରେ ମଧ୍ୟ ଲୋକମାନଙ୍କୁ ସମାନ ସୁବିଧା ସୁଯୋଗ ମିଳିଥାଏ। ଆମେ ନ୍ୟାସଭିଲରେ ପ୍ରାୟ ତିନି ସପ୍ତାହ ରହିବା ଭିତରେ ଯେଉଁସବୁ ଦର୍ଶନୀୟ ସ୍ଥାନ ବୁଲିଲୁ, ଯାହା ଅନୁଭୂତି ସାଉଁଟିଲୁ ତାହା ଏହିପରି :

### ଗ. ରାଡନୋର ହ୍ରଦ (Radnor Lake, State Park)

ଟେନିସି ରାଜ୍ୟର ଏକ ବିଶୁଦ୍ଧ ଜୈବମଣ୍ଡଳ ନ୍ୟାସଭିଲ ସହରଠାରୁ ମାତ୍ର ୯ ମାଇଲ ଦୂରରେ ଅବସ୍ଥିତ। ପ୍ରାୟ ୧୩୫୦ରୁ ଅଧିକ ଏକର ଜମିରେ ପରିବ୍ୟାପ୍ତ

ଏହି ଅଞ୍ଚଳର ମଧ୍ୟଭାଗରେ ପ୍ରାୟ ୬୦ ଏକର  ପରିମିତ ଏକ ବିରାଟ ହ୍ରଦର ଚତୁର୍ଦ୍ଦିଗରେ ଜଙ୍ଗଲ ଓ ପାହାଡ଼ ରହି ଏହି ଅଞ୍ଚଳର ସୌନ୍ଦର୍ଯ୍ୟ ବଢ଼ାଉଛନ୍ତି। କେତେ ଗୋଟି ପ୍ରାକୃତିକ ଝରଣା ଏହି ହ୍ରଦ ସାଙ୍ଗେ ନିରୋଳା ସଂପର୍କ ରକ୍ଷା କରିଛନ୍ତି। ପଦଚାଳନା, ସାଇକେଲ ଚାଳନା ତଥା ଦୌଡ଼କୁଦ ଆଦି ବାୟାମ ପାଇଁ ତଥା ପ୍ରାକୃତିକ ସୌନ୍ଦର୍ଯ୍ୟ ଉପଭୋଗ କରିବା ପାଇଁ ଏଠାକୁ ବର୍ଷର ସବୁ ସମୟରେ ଲୋକେ ଆସିଥାନ୍ତି। ହ୍ରଦରେ ଅନେକ ପ୍ରକାରର ମାଛ, ହଂସ, ବତକ ଓ ଜଙ୍ଗଲରେ ଠେକୁଆ ହରିଣ ଆଦି ପଶୁଙ୍କ ସହିତ ପ୍ରାୟ ଅନେକ ପ୍ରଜାତିର ପକ୍ଷୀ ଏଠାରେ ରହିଛନ୍ତି। ହ୍ରଦ କୂଳରେ ଲାଗିଥିବା ଏକ ଫଳକରେ ଉଲ୍ଲେଖ ସୂଚନା ଅନୁସାରେ ବାଜ, ପେଚା, କାଠହଣା ସମେତ ବହୁ ପ୍ରଜାତିର ପକ୍ଷୀ ଦେଖାଯାଉଥିବାରୁ ଏହା ପକ୍ଷୀ ନିରୀକ୍ଷକଙ୍କ ପାଇଁ ତୀର୍ଥକ୍ଷେତ୍ର। ଏହି ଅଞ୍ଚଳ ଗୋଟିଏ ଜଙ୍ଗଲ ରକ୍ଷକ ପରିବାରର ହେପାଜତରେ ବହୁ ବର୍ଷ ରହିବା ପରେ ୧୯୭୩ରେ ଟେନିସି ସରକାର ନିଜ ଅଧୀନକୁ ଆଣି ଏହାର ଜୈବ ବିବିଧତାର ସଂରକ୍ଷଣ ତଥା ବିକାଶ ପାଇଁ ବିଭିନ୍ନ ଯୋଜନା ଆରମ୍ଭ କଲେ। ତାହା ଦ୍ୱାରା ବହୁ ବର୍ଷ ଧରି ବେସରକାରୀ ଭାବେ ଏହି ଅଞ୍ଚଳର ସୁରକ୍ଷା ଦିଗରେ କାର୍ଯ୍ୟ କରି ଆସିଥିବା ଶ୍ରୀମତୀ କ୍ୟାରୀ ମ୍ୟାକ୍ ଏଲିଆ (Mrs. Carrie Mc Elyea) ସଂରକ୍ଷଣ କ୍ଷେତ୍ରରେ ୩୩ ବର୍ଷ କାର୍ଯ୍ୟ କରି ୨୦୦୭ରେ ସ୍ୱର୍ଗବାସୀ ହୋଇଥିଲେ। ତାଙ୍କର ଜୀବନାଦର୍ଶ ସମ୍ବଳିତ ପଦେ ମାର୍ମିକ କଥା ଏହିଭଳି ଉଲ୍ଲିଖିତ :- "ଏହି ସ୍ଥାନକୁ ଇଶ୍ୱର ଯେମିତି ଆମକୁ ଦେଇଛନ୍ତି ଆମେ ତାହାର ସେମିତି ରକ୍ଷା କରିବା ଉଚିତ୍। ଜନସାଧାରଣଙ୍କ ନିଷ୍ପାପର ଉଦ୍ୟମ ଦ୍ୱାରା ଏହା କେବଳ ସମ୍ଭବ ହେଇପାରେ।"

ଆମେ ପ୍ରାୟ ତିନି ଚାରି ମାଇଲ ବାଟ ହ୍ରଦ ପାର୍ଶ୍ୱରେ ଥିବା ପାଦଚଲା ରାସ୍ତା ଅତିକ୍ରମ କଲୁ। ବିପରୀତ ପାର୍ଶ୍ୱରେ ଥିବା ଜଙ୍ଗଲ ମଧ୍ୟରୁ ଅସ୍ତଗାମୀ ସୂର୍ଯ୍ୟ କିରଣ ଛାଇ ଆଲୁଅର ଖେଳ ଖେଳୁଥାଏ। ଚଢ଼େଇମାନଙ୍କର ମିଳିତ କଳରବରେ ସେ ଅଞ୍ଚଳ ମୁଖରିତ ହେଉଥାଏ। ସନ୍ଧ୍ୟା ନଇଁ ଆସୁଥିବାରୁ ସେ ପ୍ରାକୃତିକ ପରିବେଶ ଛାଡ଼ି ପ୍ରତ୍ୟାବର୍ତ୍ତନର ଉପକ୍ରମ କଲୁ। ଖବର ନେବାରେ ଜାଣିଲୁ ଯେ ଏହି ଅନନ୍ୟ ଜୈବମଣ୍ଡଳର ସଂରକ୍ଷଣ ପାଇଁ କେବଳ ସରକାରୀ ବିଭାଗ କାହିଁକି ଅନେକ ସାମାଜିକ ସଂଗଠନ ମଧ୍ୟ ବିଭିନ୍ନ ଉପାୟରେ ଉଦ୍ୟମ ଜାରିରଖିଛନ୍ତି। ଜନସଚେତନତା ସୃଷ୍ଟି ସହିତ ଜଙ୍ଗଲ ସୁରକ୍ଷା, ପକ୍ଷୀ ସୁରକ୍ଷା, ହ୍ରଦଜଳର ବିଶୁଦ୍ଧତା ରକ୍ଷା ଆଦି କ୍ଷେତ୍ରରେ ସେମାନେ କାର୍ଯ୍ୟ କରୁଛନ୍ତି। ଜନସାଧାରଣଙ୍କ ସହଯୋଗ ରହିଲେ ସରକାରୀ ଉଦ୍ୟମ ଓ ଲକ୍ଷ୍ୟ ସହଜରେ ହାସଲ ହେଇପାରେ ଏକଥା ଏହି ରାଡନର ଲେକ୍ କ୍ଷେତ୍ରରେ ସ୍ପଷ୍ଟ ପ୍ରତୀୟମାନ ହୁଏ।

### ଘ. ଟେନିସି ରାଜ୍ୟ ସଂଗ୍ରହାଳୟ ଓ ପାଠାଗାର:

ସଂଗ୍ରହାଳୟଗୁଡ଼ିକ ସର୍ବଦା ସଂପୃକ୍ତ ସମାଜର ଦର୍ପଣ ସଦୃଶ କାର୍ଯ୍ୟ କରିଥାଏ। ଏଥିରେ ସଂଗୃହୀତ ସାମଗ୍ରୀ ସମୁହ ସ୍ୱତଃ ଇତିହାସର ପୃଷ୍ଠାକୁ ଅନାବୃତ କରିଥାଏ। ପ୍ରଦର୍ଶିତ ସାମଗ୍ରୀର ପ୍ରାଚୀନତା ତଥା ପ୍ରଦର୍ଶନ ଶୈଳୀ ଉପରେ ସଂଗ୍ରହାଳୟର ଗାମ୍ଭୀର୍ଯ୍ୟ ନିର୍ଭରଶୀଳ।ଏଗୁଡ଼ିକ ପର୍ଯ୍ୟଟକମାନଙ୍କ ପାଇଁ ଆକର୍ଷଣର କେନ୍ଦ୍ରବିନ୍ଦୁ ହୋଇଥାଆନ୍ତି।ଏଥିରେ ପ୍ରଦର୍ଶିତ ସାମଗ୍ରୀଗୁଡ଼ିକ ମାଧ୍ୟମରେ ସଂପୃକ୍ତ ଦେଶ ବା ରାଜ୍ୟର ଐତିହ୍ୟ ବିଶେଷ ଭାବେ ପ୍ରତିଫଳିତ ହୋଇଥାଏ ଯାହା ଦ୍ୱାରା ପର୍ଯ୍ୟଟକମାନେ ଉପକୃତ ହୋଇଥାନ୍ତି।

ନ୍ୟାସଭିଲର ଡାଉନ ଟାଉନରେ ଥିବା ରାଜ୍ୟ ସଂଗ୍ରହାଳୟ ଅତି ବୃହତ୍ ନହେଲେ ମଧ୍ୟ କିଛି କମ୍ ନୁହେଁ। ବିଧାନ ସୌଧର ପ୍ରାଚୀନତା ଏହାର ସ୍ଥାପତ୍ୟରେ ନାହିଁ। ୧୯୩୭ରେ ପ୍ରତିଷ୍ଠିତ ଏକ କ୍ଷୁଦ୍ର ସଂଗ୍ରହାଳୟର ପରିବର୍ଦ୍ଧିତ ସଂସ୍କରଣ ଭାବେ ଏହା ଏକ ନୂତନ ସୌଧରେ ୨୦୧୮ରେ ଆରମ୍ଭ କରାଯାଇଛି। ଏଥିରେ ଥିବା ବିଭିନ୍ନ ଗ୍ୟାଲେରୀରେ ରାଜ୍ୟ ଇତିହାସ ସମ୍ବଳିତ ବିରଳ ବସ୍ତୁମାନ ସଂରକ୍ଷିତ। ଟେନିସି ଟାଇମ ଟନେଲରେ ରାଜ୍ୟର ଇତିହାସ ସମ୍ବନ୍ଧୀୟ ଚିତ୍ର ରହିଛି। ଆଉ ଗୋଟିଏ ଗ୍ୟାଲେରୀରେ ରାଜ୍ୟର ଆଦିମ ଅଧିବାସୀଙ୍କ ବିଷୟରେ ସଚିତ୍ର ତଥ୍ୟ ରହିବା ସଙ୍ଗେ ଅନ୍ୟ ଭାଗରେ ବିଗତ ଦିନରେ ପ୍ରଥମ, ଦ୍ୱିତୀୟ ବିଶ୍ୱଯୁଦ୍ଧ ତଥା ଗୃହଯୁଦ୍ଧ କାଳରେ ଟେନିସିର ଭୂମିକା ବିଷୟକ ତଥ୍ୟ ଏବଂ ବ୍ୟବହୃତ ଅସ୍ତ୍ରଶସ୍ତ୍ରାଦି ସୁନ୍ଦର ଭାବେ ପ୍ରଦର୍ଶିତ ହୋଇଛି। ଗୃହଯୁଦ୍ଧ ପରବର୍ତ୍ତୀ କାଳରେ ରାଜ୍ୟର ସର୍ବାଙ୍ଗୀନ ବିକାଶ ତଥା ପୁନଃଗଠନ ପ୍ରକ୍ରିୟାରେ ଯେଉଁମାନଙ୍କ ଅବଦାନ ରହିଛି ସେମାନଙ୍କ ବିଷୟରେ ସ୍ୱତନ୍ତ୍ର ଭାବେ ତଥ୍ୟ ଉପସ୍ଥାପନ କରାଯାଇଛି। ୧୯୦୦ ମସିହା ପୂର୍ବବର୍ତ୍ତୀ ଓ ପରବର୍ତ୍ତୀ କାଳରେ ରାଜ୍ୟରେ କଳାର ସ୍ଥିତି କିଭଳି ରହିଥିଲା ଓ ତହିଁରେ ବିକାଶର ପ୍ରମାଣିକ ତଥ୍ୟ ମଧ୍ୟ ଅତି ରୁଚିକର ଶୈଳୀରେ ପରିବେଷଣ କରାଯାଇଛି। ଏହି ସଂଗ୍ରହାଳୟରେ ସ୍ଥିତ କ୍ଷୁଦ୍ର ପ୍ରେକ୍ଷାଳୟରେ ଟେନିସି ରାଜ୍ୟର ଇତିହାସ ତଥା ରାଷ୍ଟ୍ରଗଠନରେ ଭୂମିକା ସମ୍ବନ୍ଧୀୟ ଚଳଚିତ୍ର ମଧ୍ୟ ଦେଖିବାର ବ୍ୟବସ୍ଥା ରହିଛି। ସର୍ବୋପରି ପ୍ରାକ୍ତନ ରାଜ୍ୟପାଳଙ୍କ ଦ୍ୱାରା ବ୍ୟବହୃତ ସାମଗ୍ରୀ ପୋଷାକ ଓ ମଟରଗାଡ଼ି ଆଦି ସୁସଜ୍ଜିତ ରହିଛି। ଆହୁରି ଶିଶୁମାନଙ୍କ ବୌଦ୍ଧିକ ବିକାଶ ପାଇଁ ଏକ ସ୍ୱତନ୍ତ୍ର ଗ୍ୟାଲେରୀ ମଧ୍ୟ ରହିଛି ଯେଉଁଠାରେ ଶିଶୁମାନଙ୍କ ପାଇଁ ବିଭିନ୍ନ କାର୍ଯ୍ୟକ୍ରମର ଆୟୋଜନ ସପ୍ତାହାନ୍ତ ଦିନମାନଙ୍କରେ କରାଯାଇଥାଏ। ପୂର୍ବରୁ ଏକ କୋଠିରେ ଚାଲିଥିବା ସଂଗ୍ରହାଳୟ ଏବେ ଏକ ନୂତନ ଗୃହକୁ ସ୍ଥାନାନ୍ତରିତ ହୋଇଛି। ଏଣୁ ଏଥିରେ ଅନେକ ଅତ୍ୟାଧୁନିକ ପଦ୍ଧତିର ଉପଯୋଗ କରାଯାଇଛି।

କେତେଗୋଟି  ବିଭାଗରେ ବିଭାଜିତ ଏହି ସଂଗ୍ରହାଳୟରେ ଅନେକ ପୁରୁଣା ସାମଗ୍ରୀ, ରୁଚିପୂର୍ଣ୍ଣ ଉପାୟରେ ପ୍ରଦର୍ଶିତ। ଗୃହଯୁଦ୍ଧର ବିଭୀଷିକା ଓ ପୁନର୍ଗଠନ, ପରିବର୍ତ୍ତନ ତଥା ଆହ୍ୱାନ, ୧୯୦୦ ପୂର୍ବବର୍ତ୍ତୀ ଓ ପରବର୍ତ୍ତୀ ଟେନିସିରେ କଳାର ବିକାଶ, ଶିଶୁମାନଙ୍କ ପାଇଁ ସ୍ୱତନ୍ତ୍ର ଗ୍ୟାଲେରୀ ସହିତ କେତେଗୋଟି ଅସ୍ଥାୟୀ ବା ସାମୟିକ ପ୍ରଦର୍ଶନ ଗ୍ୟାଲେରୀ ଆଦି ଅନ୍ୟତମ। ଏଥିରେ ତିନିଜଣ ପୂର୍ବତନ ରାଷ୍ଟ୍ରପତିଙ୍କ ସମେତ ଅନେକ ଗଭର୍ଣ୍ଣର, ରାଜନେତା, ପ୍ରଭାବଶାଳୀ ସମ୍ଭ୍ରାନ୍ତ ବ୍ୟକ୍ତିତ୍ୱଙ୍କ ସ୍ମାରକୀ  ସଂରକ୍ଷିତ ରହିଛି। ଏଥିରେ ଖଟପଲଙ୍କ, ପୋଷାକ, ଅସ୍ତ୍ରଶସ୍ତ୍ର, ମଟରଗାଡ଼ିଠାରୁ ଆରମ୍ଭ କରି ଅନେକ ଆସବାବପତ୍ର ମଧ୍ୟ ରହିଛି। ଅନେକ ବିରଳ କଳାତ୍ମକ ସାମଗ୍ରୀ ମଧ୍ୟ ଦେଖିବାକୁ ମିଳେ। ରାଜ୍ୟର ଇତିହାସର ଗାଥା ସମ୍ବଳିତ ଚଳଚ୍ଚିତ୍ର ଏକାଧିକ ସ୍ୱତନ୍ତ୍ର ସ୍ଥାନରେ ଦର୍ଶକଙ୍କ ଉଦ୍ଦେଶ୍ୟରେ ନିୟମିତ ବ୍ୟବଧାନରେ ନିରନ୍ତର ଚାଲିଥାଏ। ଅନେକ ସଂଖ୍ୟକ ତୈଳଚିତ୍ର, ହସ୍ତଶିଳ୍ପ ଓ ଭାସ୍କର୍ଯ୍ୟ ଏଠାରେ ସ୍ୱତନ୍ତ୍ର ଗ୍ୟାଲେରୀମାନଙ୍କରେ ସଂରକ୍ଷିତ।

ଏହି ସଂଗ୍ରହାଳୟରେ ପ୍ରଥମ ବିଶ୍ୱଯୁଦ୍ଧରେ ଟେନିସି ଭୂମିକା ବିଷୟକ ବିଭିନ୍ନ ପ୍ରମାଣିକ ତଥ୍ୟ ସମ୍ବଳିତ ଏକ ଶତବାର୍ଷିକୀ ଗ୍ୟାଲେରୀ ରହିଅଛି। ପ୍ରଥମ ବିଶ୍ୱଯୁଦ୍ଧ (୧୯୧୪-୧୮)ରେ ଟେନିସି ରାଜ୍ୟର ପ୍ରାୟ ଏକ ଲକ୍ଷ ଯୁବକ ସାମିଲ ହେଇଥିଲେ। ସେଥିରେ ଅନେକ ସଫଳତାର ସହିତ ଯୁଦ୍ଧ କରି ଶତ୍ରୁପକ୍ଷର ଅନେକ ସୈନିକଙ୍କୁ ହତ୍ୟା କରିବା ସହିତ ଶତାଧିକ ଜର୍ମାନ ସୈନିକଙ୍କୁ ପଣବନ୍ଦୀ ରଖିବାରେ ସଫଳ ହୋଇଥିଲେ। ଯୁଦ୍ଧ ସରିବା ପରେ ଅନେକଙ୍କୁ ଜାତୀୟ ଓ ଅନ୍ତର୍ଜାତୀୟ ସ୍ତରରେ ସମ୍ମାନିତ କରାଯାଇଥିଲା। ସେହି ବିଜୟର ସ୍ମାରକୀ ସ୍ୱରୂପ ଏହି ଶତବାର୍ଷିକୀ ଗ୍ୟାଲେରୀ ୨୦୧୮ରେ ଜନସାଧାରଣଙ୍କ ପାଇଁ ଉନ୍ମୁକ୍ତ ହୋଇଥିଲା। ସେଥିରେ ସେହି ବୀର ଯୋଦ୍ଧାମାନଙ୍କର ଫଟୋ, ପୋଷାକ, ଅସ୍ତ୍ରଶସ୍ତ୍ର ସମେତ ଲିଖିତ ବିବରଣୀ ପ୍ରଦର୍ଶିତ ହୋଇଅଛି। ଏହି ବିଶ୍ୱଯୁଦ୍ଧରେ ଟେନିସିର ଅବଦାନ ବିଷୟରେ ସବିଶେଷ ତଥ୍ୟ ରାଜ୍ୟ ଅଭିଲେଖାଗାର ଓ ରାଜ୍ୟ ପାଠାଗାରରେ ଗଚ୍ଛିତ ରହିଛି।

ପରବର୍ତ୍ତୀ କାଳରେ ଆମେ ଯେତେ ସଂଗ୍ରହାଳୟ ଦେଖିଛୁ ସେସବୁଗୁଡ଼ିକ ନିଶ୍ଚିତ ଅତୁ୍ୟଚ୍ଚ ପର୍ଯ୍ୟାୟର। ଜଣାଯାଏ ଯେ ଏହି ଦେଶରେ ସଂଗ୍ରହାଳୟ ବା ପାଠାଗାରଗୁଡ଼ିକ କେବଳ ପ୍ରାଚୀନ କଳାତ୍ମକ ସାମଗ୍ରୀ ବା ପୁସ୍ତକ ସମୁହର ସଂଗ୍ରହ, ସଂରକ୍ଷଣ, ପ୍ରଦର୍ଶନ ଆଦିରେ ସୀମିତ ରହିନାହାନ୍ତି। ଏ ସଂସ୍ଥାଗୁଡ଼ିକ ମଧ୍ୟ କ୍ରିୟାଶୀଳ। ଭିନ୍ନ ଭିନ୍ନ ଅବସରରେ ବିଭିନ୍ନ କାର୍ଯ୍ୟକ୍ରମମାନ ଆୟୋଜନ ପୂର୍ବକ ସାଧାରଣ ଜନତାଙ୍କୁ ଆକୃଷ୍ଟ କରିବା ପାଇଁ ସେମାନେ ଚେଷ୍ଟିତ। ସ୍କୁଲ ଛାତ୍ରଛାତ୍ରୀଙ୍କୁ ନିଜ ରାଜ୍ୟର ତଥା ଦେଶର ଐତିହ୍ୟ ସଂସ୍କୃତି ବିଷୟରେ ସଚେତନ କରିବା ପାଇଁ କର୍ତ୍ତୃପକ୍ଷ ପ୍ରଶ୍ନୋତ୍ତରୀ ,

ଚିତ୍ରାଙ୍କନ, ରଚନା ଲିଖନ, ବିତର୍କ ଆଦିର ଆୟୋଜନ କରିଥାନ୍ତି। ଏହାଦ୍ୱାରା ପିଲାଙ୍କ ସହିତ ସେମାନଙ୍କର ଅଭିଭାବକ ମଧ୍ୟ ସେଠାକୁ ଆସନ୍ତି। ସଂଗ୍ରହାଳୟ ଚଳଚଞ୍ଚଳ ଓ ସକ୍ରିୟ ହୁଏ ଏବଂ ଅଧିକ ପଦପାତ ହେବା ଦ୍ୱାରା ସଂସ୍ଥାର ମର୍ଯ୍ୟାଦା ବଢ଼ିଥାଏ। ଏଣୁ ଏସବୁ ସ୍ଥଳରେ ଶିଶୁମାନଙ୍କ ପାଇଁ ସ୍ୱତନ୍ତ୍ର କକ୍ଷର ବ୍ୟବସ୍ଥା ରହିଅଛି।

ଉପରୋକ୍ତ କାର୍ଯ୍ୟକ୍ରମମାନ ଚାଲିଥିବାର ଆମେ ନାସଭିଲ ପବ୍ଲିକ ଲାଇବ୍ରେରୀରେ ମଧ୍ୟ ଲକ୍ଷ୍ୟ କରିଥିଲୁ। ଦିନେ ଅପରାହ୍ଣରେ ଏହି ପବ୍ଲିକ ଲାଇବ୍ରେରୀରେ ଆମେ କେତେ ଘଣ୍ଟା ମାତ୍ର କଟାଇବାର ସୁଯୋଗ ପାଇଥିଲୁ। ନ୍ୟାସଭିଲରେ ଟେନିସି ରାଜ୍ୟ ପାଠାଗାର ଥିବା ବେଳେ ଏକ ପବ୍ଲିକ ଲାଇବ୍ରେରୀ ରହିଅଛି ଯାହା ଏକ ସ୍ୱତନ୍ତ୍ର ସଂସ୍ଥା ଦ୍ୱାରା ପରିଚାଳିତ। ଏକ ପ୍ରଶସ୍ତ ତ୍ରିତଳ ପ୍ରାସାଦରେ ଏହି ପାଠାଗାର ରହିଅଛି। ବିଭିନ୍ନ ବିଭାଗରେ ସୁସଜ୍ଜିତ ବିପୁଳ ସଂଖ୍ୟକ ପୁସ୍ତକ ମଧ୍ୟରୁ କୌଣସି ବହି ଖୋଜିବାକୁ ହେଲେ କଂପ୍ୟୁଟରର ସାହାଯ୍ୟ ନେବାକୁ ହୁଏ। ଏହା ଦ୍ୱାରା ବହି ବିଷୟରେ ସମ୍ୟକ ସୂଚନା ମଧ୍ୟ ମିଳିଥାଏ। ଏଠାରେ ବସି ବହି ପଢ଼ିବା ସହିତ ଇ-ଲାଇବ୍ରେରୀର ସୁବିଧା ମଧ୍ୟ ରହିଛି। ଗବେଷକମାନଙ୍କ ପାଇଁ ସ୍ୱତନ୍ତ୍ର ସୁବିଧା ରହିଛି। ପାଠକମାନଙ୍କ ସାଙ୍ଗରେ ଆସିଥିବା ଶିଶୁଙ୍କର ଖେଳକୌତୁକ ପାଇଁ ଅନେକ ଚିତ୍ରିତ ପୁସ୍ତକ ଶିକ୍ଷଣୀୟ ଖେଳ ସାମଗ୍ରୀ ଗଚ୍ଛିତ ରହିଅଛି। ସଭ୍ୟମାନଙ୍କ ପାଇଁ ଦେୟର ପରିମାଣ ସାଧାରଣ। ଏହି ପାଠାଗାରରେ ଏକ ସ୍ୱତନ୍ତ୍ର ସଭା କକ୍ଷରେ ବିଭିନ୍ନ ଭାଷଣ, ବିତର୍କ ଆଦିର କାର୍ଯ୍ୟକ୍ରମର ଆୟୋଜନ କରାଯାଇଥାଏ।

ପାଠାଗାରର ଅଭିବାଦନ କକ୍ଷ ଦେଖିଲେ ବିସ୍ମିତ ଲାଗେ। ଛାତ, ଚଟାଣ, କାନ୍ଥ, ପାହାଚ ସବୁଗୁଡ଼ିକରେ କଳାତ୍ମକତା ଭରିରହିଛି। ବିଭିନ୍ନ ମାର୍ବଲ ସ୍ଥାପତ୍ୟ, କାଚଚିତ୍ର ଓ ତୈଳଚିତ୍ର ଆଦିରେ ସୁସଜ୍ଜିତ ଏହି ସ୍ଥାନ ଏକ ରାଜପ୍ରାସାଦର ଭ୍ରମ ସୃଷ୍ଟିକରେ। ଆମେ ସେଠାକୁ ଗଲାବେଳେ ଅତି ନଗଣ୍ୟ ପଦପାତ ଅନୁଭବ କଲୁ। କୋଭିଡ ସକାଶେ ପାଠକଙ୍କ ଆଗମନ ଅନେକାଂଶରେ କମିଯାଇଥାଏ। ଅନେକ ଆସନରେ ଦୂରତା ରକ୍ଷା କରି ବସିବାର ବ୍ୟବସ୍ଥା ହୋଇଥାଏ। ସାନିଟାଇଜରରେ ହାତ ଧୋଇବା ଏବଂ ମାସ୍କ ପିନ୍ଧିବା ଉପରେ କର୍ମଚାରୀମାନଙ୍କ ଦ୍ୱାରା ସମସ୍ତଙ୍କୁ ବାରମ୍ବାର କୁହାଯାଉଥାଏ। ପ୍ରଶସ୍ତ ମାର୍ବଲ ପାହାଚ ଦେଇ ଉପର ମହଲାକୁ ଯାଇ କିଛି ମଜାଦାର ଅନୁଭୂତି ପାଇଲୁ। ସେଠାରେ ଏକ ଆର୍ଟ ଗ୍ୟାଲେରୀ ରହିବା ସହିତ ଅଳିନ୍ଦ କାନ୍ଥରେ ଅନେକ ଗୁଡ଼ିଏ ବ୍ୟଙ୍ଗଚିତ୍ରର ବୃହତ୍ ସଂସ୍କରଣ ପ୍ରଦର୍ଶିତ ହୋଇଛି। ନାରୀ ସ୍ୱାଧୀନତା କ୍ଷେତ୍ରରେ ଟେନିସି ରାଜ୍ୟର ଭୂମିକା ବିଷୟରେ ପୂର୍ବରୁ କୁହାଯାଇଛି। ସେହି ବିଧେୟକ ରାଜ୍ୟ ସିନେଟରେ ପାରିତ ହେବା ଅବସରରେ ରାଜ୍ୟରେ

ପୁରୁଷମାନଙ୍କ ମନର ପ୍ରତିକ୍ରିୟାକୁ କିଛି ବ୍ୟଙ୍ଗଚିତ୍ରକାର ଚିତ୍ରଣ କରିଥିଲେ। ସେହି ଚିତ୍ରଗୁଡ଼ିକ ସେହି କାଳର ଖବରକାଗଜରୁ ସଂଗ୍ରହ କରି ଏହିଭଳି ପ୍ରଦର୍ଶିତ କରାଯାଇଛି। ଏଥିରେ ମହିଳାମାନେ ଅତ୍ୟନ୍ତ ସ୍ୱାବଲମ୍ବୀ ହେଲେ ଘରେ ପୁରୁଷମାନଙ୍କ ଦୁରବସ୍ଥା ବିଷୟ ମୁଖ୍ୟତଃ ଅତ୍ୟନ୍ତ କୌତୁକିଆ ଢଙ୍ଗରେ ଚିତ୍ରଣ ହୋଇଛି।

ମୋଟ ଉପରେ ଏହି ଦେଶରେ ସଂଗ୍ରହାଳୟ ଓ ପାଠାଗାରଗୁଡ଼ିକ ଜରିଆରେ କେବଳ ପର୍ଯ୍ୟଟନସ୍ଥଳୀ ତଥା ଜ୍ଞାନ ଆହରଣ କେନ୍ଦ୍ର ଭାବେ କାର୍ଯ୍ୟକରିବା ସହିତ ଆହୁରି ଅଧିକ କିଛି ପ୍ରଦାନ କରିବା ପାଇଁ ପ୍ରୟାସ କରାଯାଇଛି। ଏଗୁଡ଼ିକ ମୁଖ୍ୟତଃ କଳା ସାହିତ୍ୟ, ସଂସ୍କୃତି ଆଦି କ୍ଷେତ୍ରରେ ବିକାଶ ସାଧନ ଦିଗରେ ସଦା ତତ୍ପର, ଏଥିରେ ସନ୍ଦେହ ନାହିଁ।

**ଙ. କ୍ୟାପିଟଲ ସୌଧ :**

ନ୍ୟାସଭିଲ ସହରର କେନ୍ଦ୍ରସ୍ଥଳୀରେ ଏକ କ୍ଷୁଦ୍ର ପାହାଡ଼ ଉପରେ ପ୍ରାୟ ପାଞ୍ଚଏକର ପରିମିତ ସ୍ଥାନରେ ଅବସ୍ଥିତ ଗ୍ରୀକ୍ ସ୍ଥାପତ୍ୟରେ ସମୃଦ୍ଧ ଏକ ପ୍ରାଚୀନ ମନ୍ଦିର ଶୈଳୀରେ ନିର୍ମିତ ଏହି ପ୍ରକାଣ୍ଡ ବିଧାନସୌଧ ଆମେରିକାର ଜାତୀୟ ଐତିହ୍ୟସ୍ଥଳୀର ମାନ୍ୟତା ପାଇଛି। ଏଇ ସୌଧ ବିଶିଷ୍ଟ ସ୍ଥପତି ୱିଲିୟମ ଷ୍ଟ୍ରିକ୍‌ଲାଣ୍ଡଙ୍କ ଦ୍ୱାରା ୧୮୪୫ରୁ ୫୯ ପର୍ଯ୍ୟନ୍ତ ଦୀର୍ଘ ଚଉଦ ବର୍ଷ ଅବଧିରେ ନିର୍ମିତ ହୋଇଥିଲା। ବିରଳ ଗମ୍ବୁଜ

ବିହୀନ ଏହି ସୌଧ ପ୍ରଥମେ ଏକ ରୋମାନ କ୍ୟାଥଲିକ୍ ଚର୍ଚ୍ଚ ଥିଲା । ସୌଧର ଉପରିଭାଗରେ ସ୍ତମ୍ଭ ଉପରେ ରହିଥିବା ବତୀ ଯୋଗୁଁ ଏହା ଏକ ଗୀର୍ଜା ରହିଥିବା କଥା ଦୃଢ଼ୀଭୂତ ହୁଏ । ଏହାର ନିର୍ମାଣରେ ନିକଟରେ ଥିବା ଏକ ଚୂନ ପଥର ଖଣିର ପଥର ମୁଖ୍ୟତଃ ବ୍ୟବହାର କରାଯାଇଛି । ଆଭ୍ୟନ୍ତରରେ କିଛି ଖମ୍ବ ଏକକ ପଥରରେ ନିର୍ମାଣ କରାଯାଇଥିବା ଏହାର ବିଶେଷତ୍ୱ । ନିର୍ମାଣ ପ୍ରକ୍ରିୟାରେ ବୃତ୍ତିଗତ ତଥା ବନ୍ଦୀ ଶ୍ରମିକଙ୍କ ସହ ଅଧିକ ସଂଖ୍ୟକ କ୍ରୀତଦାସମାନେ ଶ୍ରମଦାନ କରିଥିଲେ ବୋଲି ଇତିହାସ କହେ । ଏହି ସୌଧରେ କାଠର ବ୍ୟବହାର କମ୍ କରାଯାଇ ଲୌହଦଣ୍ଡର ବ୍ୟବହାର ଅଧିକ ହୋଇଛି ।

ସୌଧର ଆଭ୍ୟନ୍ତରୀଣ ନକ୍ସା ଅତ୍ୟନ୍ତ ସମ୍ଭ୍ରାନ୍ତ ତଥା ରୁଚିପୂର୍ଣ୍ଣ । ସୁଉଚ୍ଚ ଛାତ ବିଶିଷ୍ଟ ପ୍ରଶସ୍ତ ଅଳିନ୍ଦ ଓ ବିଶାଳ କକ୍ଷମାନ ଆକର୍ଷଣୀୟ ଶୈଳୀରେ ସଜ୍ଜିତ । ପ୍ରତିନିଧି ସଭା ଓ ସିନେଟ ହଲ ବ୍ୟତୀତ ନେତୃବର୍ଗଙ୍କ ଅବସର ବିନୋଦନ ପାଇଁ ଏକ ସ୍ୱତନ୍ତ୍ର କକ୍ଷର ବ୍ୟବସ୍ଥା ରହିଛି । ଉପର ମହଲାରେ ରାଜ୍ୟପାଳଙ୍କ କାର୍ଯ୍ୟାଳୟ ବିଦ୍ୟମାନ । ସୌଧର ସ୍ଥାପତ୍ୟ ଗାମ୍ଭୀର୍ଯ୍ୟପୂର୍ଣ୍ଣ । ଚିତ୍ର ଓ ଭାସ୍କର୍ଯ୍ୟ ଅତି ବ୍ୟବସ୍ଥିତ ଭାବେ ସ୍ଥାନିତ । ଏଥିରେ ଦିବଂଗତ ନେତୃବୃନ୍ଦଙ୍କ ଚିତ୍ର ବା ଆବକ୍ଷ ପ୍ରତିକୃତି ଏବଂ କିଛି ଧାତବ ପ୍ୟାନେଲରେ ଇତିହାସର କିଛି ପ୍ରମୁଖ ଘଟଣାବଳୀ ସ୍ଥାନିତ ହୋଇଅଛି । ରାଜଧାନୀ ନାସଭିଲରେ ଅବସ୍ଥିତ ଏହି ବିଧାନସୌଧ ଆମେରିକାର ଅନ୍ୟ ରାଜ୍ୟରେ ଥିବା ବିଧାନ ସୌଧଗୁଡ଼ିକ ମଧ୍ୟରୁ ଅନ୍ୟତମ । ଦେଶର ସମ୍ବିଧାନ ସଂଶୋଧନ ଭଳି ଗୁରୁତ୍ୱପୂର୍ଣ୍ଣ ଘଟଣା ଅବସରରେ ଏହାର ପ୍ରମୁଖ ଭୂମିକା ରହିଆସିଅଛି । ସଂବିଧାନର ସଂଶୋଧନ ପ୍ରକ୍ରିୟା ହେଉ ବା ମହିଳାମାନଙ୍କ ଭୋଟଦାନ କ୍ଷମତା ହାସଲ ପାଇଁ ଦାବୀ ହେଉ - ଏସବୁ ଘଟଣା ବିଶାଳ ଚିତ୍ର ମାଧ୍ୟମରେ କଳାତ୍ମକ ଶୈଳୀରେ ପରିବେଷଣ କରାଯିବା ଆମେରିକୀୟମାନଙ୍କର କଳାପ୍ରତି ଆଦରର ସୂଚନା ଦିଏ ।

ଟେନିସି ରାଜ୍ୟର ତିନିଜଣ ମହାନ୍ ବ୍ୟକ୍ତି ଆମେରିକାର ରାଷ୍ଟ୍ରପତି ଆସନ ଅଳଙ୍କୃତ କରିବାର ସୌଭାଗ୍ୟ ଅର୍ଜନ କରିଛନ୍ତି । ସେମାନେ ହେଲେ ଆଣ୍ଡ୍ରୁ ଜ୍ୟାକ୍ସନ (୧୮୨୯-୩୭), ଜେମସ୍ କେ ପୋଲ୍କ( ୧୮୪୫-୪୯) ଏବଂ ଆଣ୍ଡ୍ରୁ ଜନସନ(୧୮୬୫-୬୯) । ଏହି ପ୍ରାକ୍ତନ ନେତୃବୃନ୍ଦ ସ୍ୱସ୍ୱ କାର୍ଯ୍ୟକାଳ ମଧ୍ୟରେ ବିଭିନ୍ନ କ୍ଷେତ୍ରରେ ପାରଦର୍ଶିତା ପ୍ରଦର୍ଶନ କରିଛନ୍ତି । ଆଣ୍ଡ୍ରୁ ଜାକ୍ସନ ଏକାଧାରରେ ଜଣେ ଅଧିବକ୍ତା, ସୈନିକ ଓ ରାଷ୍ଟ୍ରନୀତିଜ୍ଞ ଥିଲେ । ସେ ରାଷ୍ଟ୍ରପତି ହେବା ପୂର୍ବରୁ ମାର୍କିନ କଂଗ୍ରେସର ଉଭୟ ଗୃହରେ ସଦସ୍ୟ ରହିଥିଲେ । ଜଣେ ବିସ୍ତାରବାଦୀ ରାଷ୍ଟ୍ରପତି ଭାବେ ଦୁର୍ନୀତିଗ୍ରସ୍ତ ସଂମ୍ଭ୍ରାନ୍ତବାଦ ବିରୁଦ୍ଧରେ ତଥା ସାଧାରଣ ନାଗରିକଙ୍କ ଅଧିକାର ସପକ୍ଷରେ

ସ୍ୱର ଉତ୍ତୋଳନ କରିଥିଲେ। ସେ ମଧ୍ୟ ଟେନିସି ଉଚ୍ଚ ନ୍ୟାୟାଳୟର ବିଚାରପତି ଭାବେ କିଛି କାଳ କାର୍ଯ୍ୟ କରିଥିଲେ। ୧୮୧୫ରେ ଜଣେ ସେନାଧ୍ୟକ୍ଷ ଭାବରେ ବ୍ୟାଟଲ ଅଫ ନିଉ ଓରଲିନ୍‌ସରେ ଯୁଦ୍ଧରେ ଜୟ ଲାଭ କରି ଜାତୀୟ ସ୍ତରରେ ପ୍ରସିଦ୍ଧି ଲାଭ କରିଥିଲେ। ତା'ପରେ ମାର୍କିନ ସେନାର ମୁଖ୍ୟ ଭାବରେ ପ୍ରଥମ ସେମିନାଲ ଯୁଦ୍ଧରେ ବିଜୟ ଲାଭ କରି ସ୍ପେନ ଅଧୀନରେ ଥିବା ଫ୍ଲରିଡା ଅଞ୍ଚଳ  ନିଜ ଦେଶରେ ମିଶାଇ ଥିଲେ ଏବଂ ତା'ପରେ ଫ୍ଲୋରିଡ଼ାର ପ୍ରଥମ ରାଜ୍ୟପାଳ ଭାବେ ଅଭିଷିକ୍ତ ହୋଇଥିଲେ। ଟେନିସି ଇତିହାସରେ ଜାକ୍‌ସନ ଜଣେ ଉଜ୍ଜ୍ୱଳ ଚରିତ୍ରର ସ୍ଥାନ ଅଧିକାର କରିଛନ୍ତି। କ୍ୟାପିଟଲ ସୌଧର ପଶ୍ଚିମପାର୍ଶ୍ୱରେ ତାଙ୍କର ଅଶ୍ୱାରୋହଣ ଅବସ୍ଥାରେ ଏକ ସୁନ୍ଦର ବ୍ରୋଞ୍ଜ ପ୍ରତିକୃତି ସ୍ଥାନିତ ହୋଇଛି। ଅବସର ନେବା ପରେ ମଧ୍ୟ ଜାକସନ

ରାଜନୀତିରେ ସକ୍ରିୟ ଥିଲେ। ଅନ୍ୟତମ ଡେମୋକ୍ରାଟ ଜେମସ୍ କେ.ପୋଲ୍କଙ୍କ ସପକ୍ଷରେ କାର୍ଯ୍ୟକରି ତାଙ୍କୁ ମଧ୍ୟ ଜିତିବାରେ ସାହାଯ୍ୟ କରିଥିଲେ। ଏ ମହାଶୟ ୧୮୩୯-୪୧ ମଧ୍ୟରେ ଟେନିସି ରାଜ୍ୟର ରାଜ୍ୟପାଳ ରହିଥିଲେ ଏବଂ ପରେ ରାଷ୍ଟ୍ରପତି ହୋଇଥିଲେ। ପୋଲ୍କଙ୍କ କାର୍ଯ୍ୟକାଳରେ ଦେଶର ପରିସର ଆହୁରି ବୃଦ୍ଧି ପାଇଥିଲା। ସେତେବେଳେ ମେକ୍ସିକୋ ସହିତ ଏକ ଯୁଦ୍ଧରେ ଆମେରିକାର ବିଜୟ ହୋଇଥିଲା ଏବଂ କିଛି ଅଂଶ ଦେଶରେ ମିଶିଥିଲା। ତା ସହିତ ଟେକ୍ସାସ ରାଜ୍ୟ ମଧ୍ୟ ମାର୍କିନ ସଂସଦୀୟ କ୍ଷେତ୍ରରେ ମିଶିଥିଲା। ୧୮୪୯ରେ ଏହାଙ୍କର ମୃତ୍ୟୁ ହୋଇଥିଲା। ପତ୍ନୀ ସାରାଃ ଚାଇଲଡ୍ରେସଙ୍କ ସହିତ ତାଙ୍କ ସମାଧିପୀଠ ଏହି କ୍ୟାପିଟଲ ସୌଧ ପରିସରରେ ରହିଅଛି।

ଟେନିସି ସଂପର୍କିତ ଅନ୍ୟତମ ପ୍ରାକ୍ତନ ରାଷ୍ଟ୍ରପତି ଆଣ୍ଡ୍ର୍ୟୁ ଜନସନଙ୍କ ବିଷୟରେ ସମ୍ୟକ ଧାରଣା ଦେବା ପୂର୍ବରୁ ଆମେରିକା ଇତିହାସର ପ୍ରସିଦ୍ଧ ଚରିତ୍ର ଆବ୍ରାହାମ ଲିଙ୍କନଙ୍କ ବିଷୟରେ ଦୁଇ ପଦ କୁହାଯାଇପାରେ କାରଣ ଜନସନ୍ , କାର୍ଯ୍ୟକାଳର ଶେଷ ବର୍ଷ ଉପରାଷ୍ଟ୍ରପତି ଥିବା ସହିତ ରାଷ୍ଟ୍ରପତି ଲିଙ୍କନଙ୍କ ମୃତ୍ୟୁ ପରେ ପରବର୍ତ୍ତୀ ରାଷ୍ଟ୍ରପତି ରହିଥିଲେ। ଆବ୍ରାହାମ୍ ଲିଙ୍କନ ଟେନିସି ପଡ଼ୋଶୀ ରାଜ୍ୟ କେଣ୍ଟୁକିରେ ଜନ୍ମଗ୍ରହଣ କରିଥିଲେ ଗୋଟିଏ ଅତ୍ୟନ୍ତ ଦରିଦ୍ର ପରିବାରରେ। ଏକ କାଠ କ୍ୟାବିନରେ ତାଙ୍କର ଶୈଶବ କଟିଥିଲା। ନିଜେ ନିଜେ ପାଠ ପଢ଼ି ସେ ଜଣେ ସଫଳ ଓକିଲ ହେଇଥିଲେ। ହ୍ୱିଗ୍ ପାର୍ଟି ପକ୍ଷରୁ ଇଲିନଇସ୍ ରାଜ୍ୟର ପ୍ରତିନିଧିତ୍ୱ କରିବା ସହିତ ରିପବ୍ଲିକାନ୍ ପାର୍ଟିର ନେତାଭାବେ ୧୮୬୦ରେ ରାଷ୍ଟ୍ରପତି ପଦ ଅଳଙ୍କୃତ କରିଥିଲେ (From log to white house)। ଜଣେ ପ୍ରଭାବଶାଳୀ ରାଷ୍ଟ୍ରବାଦୀ ଭାବରେ ସମସ୍ତଙ୍କ ସମାନ ଅଧିକାର ସହିତ ଗଣତନ୍ତ୍ରର ପ୍ରତିଷ୍ଠା ତଥା କ୍ରୀତଦାସ ପ୍ରଥାର ବିଲୋପ ପାଇଁ ସେ ସଂବିଧାନରେ ତ୍ରୟୋଦଶ ସଂଶୋଧନର ବ୍ୟବସ୍ଥା କରିଥିଲେ। ତାଙ୍କର କାର୍ଯ୍ୟକାଳ ମଧ୍ୟରେ ଦେଶର ଐତିହାସିକ ଗୃହଯୁଦ୍ଧ ଲାଗିଥିଲା। ୧୮୬୪ ଗୃହଯୁଦ୍ଧ ସ୍ତମିତ ହେବା ପରେ ୧୮୬୫ ଅପ୍ରେଲ ତା ୧୪ରେ ୱାସିଂଟନ ଡିସି ସ୍ଥିତ ଫୋର୍ଡସ ଥିଏଟରରେ ବସି ପତ୍ନୀଙ୍କ ସହିତ ଏକ ନାଟକ ଦେଖୁଥିବା ସମୟରେ, ଜଣେ ଆତତାୟୀ ବିପକ୍ଷବାଦୀ ଜନ୍ ୱିକ୍ସ ବୁଥର ଦ୍ୱାରା ଗୁଳିମାଡ଼ରେ ସେ ନିହତ ହୋଇଥିଲେ। ଲିଙ୍କନଙ୍କ ଆତ୍ମଜୀବନୀ ପୁସ୍ତକ 'ଫ୍ରମ୍ ଲଗ୍ କ୍ୟାବିନ ଟୁ ହ୍ୱାଇଟ୍ ହାଉସ'ରେ ତାଙ୍କ ଜୀବନର ସମସ୍ତ ଘଟଣାବଳୀ ବିଷଦ ଭାବେ ବର୍ଣ୍ଣିତ।

ଆବ୍ରାହାମ ଲିଙ୍କନଙ୍କ ଦ୍ୱାରା ଦାସତ୍ୱ ପ୍ରଥାର ବିଲୋପ ପାଇଁ ଆଇନ ପ୍ରଣୟନ ହେବା ପରେ ମଧ୍ୟ ବର୍ଣ୍ଣ ବିଦ୍ୱେଷର ଅନ୍ତ ହୋଇନଥିଲା। ସମସ୍ତଙ୍କୁ ସମାନ ସୁବିଧା

ମିଳୁନଥିଲା । କୃଷ୍ଣକାୟମାନଙ୍କୁ ଅଳିଆ ସଫା କରିବା ଭଳି କୁତ୍ସିତ କାର୍ଯ୍ୟ କରିବା ପାଇଁ ଦିଆଯାଉଥିଲା ଏବଂ ସେମାନଙ୍କୁ ଶ୍ୱେତକାୟଙ୍କ ଅପେକ୍ଷା ଯଥେଷ୍ଟ କମ୍ ପାରିଶ୍ରମିକ ମିଳୁଥିଲା । ଶିକ୍ଷା ସ୍ୱାସ୍ଥ୍ୟ କ୍ଷେତ୍ରରେ ମଧ୍ୟ ସେମାନଙ୍କୁ ଉପେକ୍ଷା କରାଯାଉଥିଲା । ସେମାନଙ୍କ ପାଇଁ ଉଦ୍ଦିଷ୍ଟ ସ୍ୱତନ୍ତ୍ର ଧର୍ମାନୁଷ୍ଠାନକୁ ଶ୍ୱେତାଙ୍ଗମାନେ ଯାଉନଥିଲେ । କୃଷ୍ଣକାୟମାନଙ୍କ ଦୁରବସ୍ଥା ସାମାନ୍ୟ ସୁଧୁରିଥିଲେ ମଧ୍ୟ ସାମାଜିକ ସମାନତା ସେମାନଙ୍କ ପାଇଁ ସ୍ୱପ୍ନ ହୋଇ ରହିଥିଲା । ସେମାନଙ୍କ ଆର୍ଥିକ, ସାମାଜିକ ଅବସ୍ଥା ତଥା ଦୁଃଖଦ ଜୀବନ କାହାଣୀ ଉପରେ ଆଧାରିତ ପ୍ରସିଦ୍ଧ ମାର୍କିନ ଔପନାସିକା ହାରିଏଟ ବିଚର ଷ୍ଟୋ (Harriet Beecher Stow)ଙ୍କ ଦ୍ୱାରା ଲିଖିତ କାଳଜୟୀ ଉପନ୍ୟାସ 'ଟମ୍ କକାଙ୍କ କୁଟୀର' (Uncle Tom's cabin) ବିଷୟରେ ଦୁଇ ପଦ କହିବାକୁ ହେବ । ୧୮୫୭ରେ ଏହି ପୁସ୍ତକ ଦୁଇଟି ଭାଗରେ ପ୍ରକାଶ ପାଇବା ପରେ ସାରା ବିଶ୍ୱରେ ଚହଳ ସୃଷ୍ଟି କରିଥିଲା । ବିଭିନ୍ନ ଭାଷାରେ ଏହାର ଲକ୍ଷ ଲକ୍ଷ କପି ଛପାଯାଇ ସର୍ବାଧିକ ସଂଖ୍ୟକ ପାଠକଙ୍କ ଦ୍ୱାରା ବିପୁଳ ଆଦୃତ ହେବା ସହିତ ସବୁଠାରୁ ଲୋକପ୍ରିୟ ପୁସ୍ତକର ମାନ୍ୟତା ପାଇଥିଲା । ଏହି ପୁସ୍ତକରେ ବର୍ଣ୍ଣିତ ଘଟଣାବଳୀ ଶ୍ୱେତାଙ୍ଗ ମନସ୍ତତ୍ତ୍ୱକୁ ବଦଳାଇ ଦେବାରେ ସହାୟ ହୋଇଥିଲା ଓ କୃଷ୍ଣାଙ୍ଗମାନଙ୍କ ପାଇଁ ସମବେଦନା ସୃଷ୍ଟି କରିବାରେ ସମର୍ଥ ହୋଇଥିଲା । ଫଳତଃ ପରବର୍ତ୍ତୀ କାଳରେ ଆମେରିକାରେ ଗୃହ ଯୁଦ୍ଧର ସୂତ୍ରପାତ ଘଟିଥିଲା । ପ୍ରକାଶନର କିଛି କାଳ ପରେ ଗୃହଯୁଦ୍ଧ ଚାଲିଥିବା କାଳରେ ଯେତେବେଳେ ରାଷ୍ଟ୍ରପତି ଲିଙ୍କନଙ୍କ ସହିତ ଲେଖିକା ଷ୍ଟୋଙ୍କ ସାକ୍ଷାତ ହୋଇଥିଲା, ରାଷ୍ଟ୍ରପତି କହି ପକାଇଲେ- "ତେବେ ଏହି ସେହି କ୍ଷୁଦ୍ରକାୟ ମହିଳା ଯିଏ ଏହି ଯୁଦ୍ଧ ଆରମ୍ଭ କରିଛନ୍ତି !" (So this is the little lady who started this great war) । ସାମାଜିକ ପରିବର୍ତ୍ତନ ଆଣିବା କ୍ଷେତ୍ରରେ ଗୋଟିଏ ଅସାମାନ୍ୟ ସାହିତ୍ୟ କୃତି ଯେ କେତେ ମହତ୍ୱ ରଖେ , ଏହାର ଜଳନ୍ତ ଉଦାହରଣ ଏହି ଉପନ୍ୟାସ ।

ଆବ୍ରାହମ୍ ଲିଙ୍କନଙ୍କ ଆକସ୍ମିକ ନିଧନ ସାରା ବିଶ୍ୱକୁ ସ୍ତମ୍ଭୀଭୂତ କରିଥିଲା । ସଦ୍ୟସ୍ତିମିତ ଗୃହଯୁଦ୍ଧ ଜନିତ ଅସ୍ଥିରତା ସାରା ଆମେରିକାରେ ଲାଗିରହିଥିଲା । ସାମାଜିକ ଅର୍ଥନୈତିକ କ୍ଷେତ୍ରରେ ସଙ୍କଟ ଲାଗି ରହିଥିବା ବେଳେ ଲିଙ୍କନ ସରକାରରେ ସଦ୍ୟ ଅବସ୍ଥାପିତ ଉପସଭାପତି ଆଣ୍ଡ୍ରୁ ଜନସନ୍ ଆଇନତଃ ରାଷ୍ଟ୍ରପତି ଭାବେ ଦାୟିତ୍ୱ ଗ୍ରହଣ କରିଥିଲେ । ତାଙ୍କ ଶାସନ କାଳରେ ଲିଙ୍କନଙ୍କ ଦ୍ୱାରା ପ୍ରଚଳିତ କ୍ରୀତଦାସ ପ୍ରଥାର ବିଲୋପ ତଥା କୃଷ୍ଣକାୟଙ୍କୁ ସମାନ ଅଧିକାର ଦେବା ସମ୍ବନ୍ଧୀୟ ଆଇନକୁ ଗୁରୁତ୍ୱ ଦିଆଯାଇଥିଲା । ଫଳତଃ ପ୍ରାଦେଶିକ ରାଜ୍ୟଗୁଡ଼ିକ ସେ ବାବଦରେ କୋହଳ ନୀତି ଅନୁସରଣ କଲେ । ସେଥିରେ ଅସନ୍ତୋଷର ବାତାବରଣ ଖେଳିଥିଲା । ଲିଙ୍କନଙ୍କ ଆଦର୍ଶର

ରୂପାୟନ ପ୍ରକ୍ରିୟା ବ୍ୟାହତ ହେବାରେ କଂଗ୍ରେସରେ ରାଷ୍ଟ୍ରପତି ଜନସନ୍‌ଙ୍କ ବିରୁଦ୍ଧରେ ମହାଭିଯୋଗ ଆସିଲା ଏବଂ ସେ ୧୮୬୯ରେ ଗାଦିଚ୍ୟୁତ ହେଲେ। ମାତ୍ର ପୁଣି ସେ ୧୮୭୫ରେ ଟେନିସି ସିନେଟକୁ ନିର୍ବାଚିତ ହୋଇଥିଲେ। ଅନେକ ଐତିହାସିକ ତାଙ୍କୁ ଆମେରିକା ଇତିହାସରେ ଜଣେ ନିକୃଷ୍ଟ ରାଷ୍ଟ୍ରପତି ଭାବେ ନାମିତ କରିଛନ୍ତି। ଜଣେ ପ୍ରାକ୍ତନ ରାଷ୍ଟ୍ରପତି ପୁଣି ଥରେ ରାଜ୍ୟର ସିନେଟକୁ ନିର୍ବାଚିତ ହେବାରେ ସେ ଏକ ନ୍ୟୁନ ଉଦାହରଣ ସୃଷ୍ଟି କରିଥିଲେ।

ଟେନିସି ରାଜ୍ୟର ଏହି ଐତିହ୍ୟ ସଂପନ୍ନ ସୌଧ ଏକ ଉଦାହରଣ ମାତ୍ର। ପ୍ରତ୍ୟେକ ରାଜ୍ୟର ରାଜଧାନୀମାନଙ୍କରେ ଏହି ଭଳି ବିଧାନ ସୌଧ ଦେଖିବାକୁ ମିଳେ ଏବଂ ସେଗୁଡ଼ିକ କିଛି ନା କିଛି ଐତିହ୍ୟ ବହନ କରିଥାଏ ମାତ୍ର ଇତିହାସର ଘଟଣାଗୁଡ଼ିକୁ ଆକର୍ଷଣୀୟ ଭାବରେ ଦର୍ଶାଇବା ଏବଂ ସମ୍ମାନ ଦେବାର ପ୍ରକ୍ରିୟା କେତେ ପ୍ରଭାବଶାଳୀ ହେଇପାରେ ତାହା ଦେଖିବାର କଥା। ଆମେରିକାରେ ରାଜ୍ୟର ରାଜଧାନୀଗୁଡ଼ିକ ଅଧିକ ବିକଶିତ ସହର ନହେଇପାରେ ମାତ୍ର ସାମ୍ବିଧାନିକ ବ୍ୟବସ୍ଥାରେ ଏହି ସହରଗୁଡ଼ିକ ପ୍ରଶାସନିକ ଦୃଷ୍ଟିରୁ ଗୁରୁତ୍ୱ ବହନ କରିଥାନ୍ତି। ଉଦାହରଣ ସ୍ୱରୂପ ମିସିଗନ ରାଜ୍ୟର ରାଜଧାନୀ ଲାନ୍‌ସିଂ ହୋଇଥିବା ବେଳେ ଡ୍ରିଟ୍ରଏଟ ଏକ ଶିଳ୍ପ ସମୃଦ୍ଧ ସହର ଭାବେ ବେଶ୍ ଜଣାଶୁଣା। ସେହିଭଳି ନିୟୁର୍କ ଭଳି ସମୃଦ୍ଧ ରାଜ୍ୟର ରାଜଧାନୀ ଆଲବାନୀ ହୋଇଥିବା ବେଳେ ଟେକ୍ସାସ୍ ରାଜଧାନୀ ଅଷ୍ଟିନ୍ ଭଳି ଏକ ଅପେକ୍ଷାକୃତ ଛୋଟ ସହର ଏବଂ ଡ୍ୟାଲାସ୍ ଏକ ବୃହତ୍ ସହର ଭାବେ ପ୍ରସିଦ୍ଧ ଅଟେ। ଇଲିନଇସ୍ ରାଜ୍ୟର ରାଜଧାନୀ ସ୍ପ୍ରିଙ୍ଗଫିଲ୍ଡ ହୋଇଥିବାବେଳେ  ସିକାଗୋ ଏକ ସମୃଦ୍ଧ ସହର ଭାବରେ ଉଭା ହୋଇଛି।

ଟେନିସିର ରାଜନୈତିକ ଇତିହାସରେ ଏକ ମଳିନ ଫର୍ଦ ସଂଯୁକ୍ତ ରହିଛି। ଏହି ରାଜ୍ୟର ମେମ୍‌ଫିସ୍ ସହରରେ ୧୯୬୮ରେ ସାଧାରଣ ଅଧିକାର ସପକ୍ଷବାଦୀ ନେତା ମାର୍ଟିନ ଲୁଥର କିଙ୍ଗ ଜୁନିୟରଙ୍କ ହତ୍ୟା ଘଟଣା ଘଟିଥିଲା। ମିସିସିପି ନଦୀତଟରେ ଅବସ୍ଥିତ ଏହି ସହରରେ କୃଷ୍ଣକାୟଙ୍କ ସଂଖ୍ୟା ଅଧିକ ଥିଲା। ଆମେରିକାରେ ମାନବିକ ଅଧିକାର ଆନ୍ଦୋଳନ କ୍ଷେତ୍ରରେ ଏହି ସ୍ଥାନର ଏକ ଗୁରୁତ୍ୱପୂର୍ଣ୍ଣ ଭୂମିକା ରହିଥିଲା। କୃଷ୍ଣକାୟଙ୍କ ମଜୁରୀ ବୃଦ୍ଧି କରିବା ପାଇଁ ଚାଲିଥିବା ବିକ୍ଷୋଭରେ ଉଦ୍‌ବୋଧନ ଦେବା ପାଇଁ ଆସିଥିବା ଅବସରରେ ଏକ ହୋଟେଲରେ ଥିବା ବେଳେ ତାଙ୍କୁ ଗୁଳିମାରି ହତ୍ୟା କରାଯାଇଥିଲା। ମାର୍ଟିନ ଲୁଥର କିଙ୍ଗ ଜୁନିୟର ଆମେରିକା ଇତିହାସରେ ଜଣେ ଚର୍ଚ୍ଚିତ ବ୍ୟକ୍ତିତ୍ୱ। ମହାତ୍ମା ଗାନ୍ଧୀଙ୍କ ଅହିଂସା ଓ ସତ୍ୟାଗ୍ରହକୁ ସେ ତାଙ୍କର ଏହି ସଂଗ୍ରାମ କ୍ଷେତ୍ରରେ ନିଜ ଆଦର୍ଶ ବୋଲି ଗ୍ରହଣ କରିବା ସହିତ ପ୍ରୟୋଗ ମଧ୍ୟ କରିଥିଲେ।

ଭାରତର ସ୍ୱାଧିନତା ପୂର୍ବବର୍ତ୍ତୀ ଅବସ୍ଥା ଅନୁଧାନ କଲେ ଆମ ଲୋକଙ୍କ ଉପରେ ଇଂରେଜମାନଙ୍କ ଅତ୍ୟାଚାର ଲାଗି ରହିଥିଲା । ଠିକ୍ ସେହିଭଳି ଆମେରିକାରେ ମଧ୍ୟ ଗୌରକାୟଙ୍କ ଦ୍ୱାରା କୃଷ୍ଣକାୟମାନେ ସର୍ବଦା ଅତ୍ୟାଚାରିତ ହେଉଥିଲେ । ନଳା ଓ ଆବର୍ଜନା ସଫା କାର୍ଯ୍ୟରେ ପ୍ରାୟତଃ ନିୟୋଜିତ କଳାଲୋକମାନେ ଅତି କମ୍ ମଜୁରୀ ପାଉଥିଲେ । ସରକାରୀ ଭାବରେ ଦାସତ୍ୱ ପ୍ରଥା ହଟିଯାଇଥିଲେ ମଧ୍ୟ କଳାମାନଙ୍କୁ ଗୋରାମାନେ ନିକୃଷ୍ଟ ଦୃଷ୍ଟିରେ ଦେଖୁଥିଲେ । ସେମାନଙ୍କୁ ଅତି କମ୍ ପ୍ରାପ୍ୟରେ ଚାଷକ୍ଷେତ୍ର, ବାଡ଼ି, ବଗିଚାରେ କାମ କରିବା ପାଇଁ ସୁଯୋଗ ମିଳୁଥିଲା । କିଙ୍ଗ୍ ସର୍ବଦା ସମାଜରେ ଏହି ଦଳିତ ଶ୍ରେଣୀଙ୍କ ଉତ୍ଥାନ ପାଇଁ ଚେଷ୍ଟିତ ଥିଲେ । ସେ କହୁଥିଲେ "ଅନ୍ଧାର କେବେ ଅନ୍ଧାରକୁ ଦୂର କରି ପାରିବ ନାହିଁ । ଆଲୋକ ହିଁ ଅନ୍ଧାରକୁ ଦୂର କରି ପାରିବ । ଘୃଣା କି ଅନାସ୍ଥା ନୁହେଁ । ପ୍ରେମ, ଆଦର ହିଁ ତାହା ସମ୍ଭବ କରିପାରିବ । ପ୍ରେମର ଅମାପ ଶକ୍ତି ରହିଛି, ତାହାକୁ ଅଣଦେଖା କରନାହିଁ । ଥରେ ତା'ର ସଦୁପଯୋଗ କର, ଦେଖିବ ରାସ୍ତା ଉଜ୍ଜ୍ୱଳ ଦିଶିବ ।" ମେମ୍ଫିଂସ ସହରରେ ଏହି ମହାନ ଜନନାୟକଙ୍କ ସ୍ମୃତି ଉଦ୍ଦେଶ୍ୟରେ ଏକ ଜାତୀୟ ମାନବୀୟ ସଂଗ୍ରହାଳୟ ସ୍ଥାପନ କରାଯାଇଛି ।

ଯେକୌଣସି ବିକଶିତ ଦେଶରେ ମଧ୍ୟ ସାମ୍ବିଧାନିକ ତ୍ରୁଟି ସକାଶେ ସମାଜରେ ଏକ ନିର୍ଦ୍ଦିଷ୍ଟ ବର୍ଗର ଲୋକେ ଅବହେଳିତ ହୋଇପାରନ୍ତି । ଶିକ୍ଷାନୀତିର ବିକାଶ ଫଳରେ ଦେଶରେ ମହିଳାମାନଙ୍କ ମଧ୍ୟରେ ସଚେତନତା ବୃଦ୍ଧି ପାଇଥିଲା । ସେମାନେ ସଂଗଠିତ ହୋଇ ଏହି ଅନ୍ୟାୟ ବିରୁଦ୍ଧରେ ସ୍ୱର ଉତ୍ତୋଳନ କଲେ । ସବୁ କ୍ଷେତ୍ରରେ ସମାନତା ଦାବିରେ ଦେଶ ପ୍ରକମ୍ପିତ ହେଲା । ୧୮୭୧ରେ ନାରୀନେତ୍ରୀ ଏଲିଜାବେଥ କ୍ୟାଡ଼ି ଷ୍ଟାଟନ୍ ଓ ସୁଜାନ ବି. ଆଣ୍ଟାନିଙ୍କ ନେତୃତ୍ୱରେ ଜାତୀୟ ମହିଳା ଉତ୍ଥାନ୍ ସଂଘ ଗଠିତ ହୋଇ କଂଗ୍ରେସରେ ଦାବିପତ୍ର ଉପସ୍ଥାପିତ ହେଲା । ଆହୁରି ଅନ୍ୟ ନେତ୍ରୀମାନଙ୍କ ଦ୍ୱାରା ଅନୁରୂପ ଅନୁଷ୍ଠାନ ଗଢ଼ାଯାଇ ଏହି ଆନ୍ଦୋଳନକୁ ତୀବ୍ର କରାଗଲା । ଏଥିରେ ରକ୍ଷଣଶୀଳ ପୁରୁଷମାନେ ମହିଳାମାନଙ୍କୁ ସମାଲୋଚନା କଲେ । ଠିକ୍ ଆମ ଦେଶ ଭଳି ମହିଳାମାନଙ୍କ ସ୍ଥାନ କେବଳ ଗୃହ ମଧ୍ୟରେ ବୋଲି ମନ୍ତବ୍ୟ ଦେଲେ । କିଛି ପରିବାରରେ ସ୍ୱାମୀ-ସ୍ତ୍ରୀ ମଧ୍ୟରେ ବିଦ୍ୱେଷ ଭାବ ଦେଖାଦେଲା । ଦେଶରେ ଲିଙ୍ଗ ବୈଷମ୍ୟ ସୃଷ୍ଟି ହେଲା । ପୁରୁଷମାନେ ମହିଳାମାନଙ୍କୁ ଅଧୀନସ୍ଥ ଭାବେ ଚିତ୍ରଣ କରି ଲେଖାମାନ ପ୍ରକାଶ କଲେ । ବ୍ୟଙ୍ଗ ଚିତ୍ରକାରମାନେ ନାରୀ ସମାନ ଅଧିକାର ପାଇଲେ ପରିବାରରେ ସ୍ୱାମୀମାନଙ୍କ ଅବସ୍ଥା କ'ଣ ହୋଇପାରେ ସେହି ବିଷୟବସ୍ତୁ ଆଧାରିତ ଚିତ୍ରମାନ ସୃଷ୍ଟି କରି ଏହି ଦାବିକୁ ପ୍ରତିହତ କରିବା ପାଇଁ ଚେଷ୍ଟା କଲେ । ସେପଟେ ମହିଳାମାନଙ୍କ

ଆନ୍ଦୋଳନ ଆହୁରି ବ୍ୟାପକ ହେଲା। ସେମାନେ ବିଭିନ୍ନ ସ୍ଥାନରେ ର୍ୟାଲି, ଧାରଣା ଆଦି ଆୟୋଜନ କରି ଏହି ଆନ୍ଦୋଳନକୁ ଆଗେଇନେଲେ। ଆଇନ ଅମାନ୍ୟ କରି ଦଣ୍ଡିତ ହେଲେ। ସପକ୍ଷବାଦୀଙ୍କ ଦ୍ୱାରା ସ୍ଥଳବିଶେଷରେ ନିର୍ଯ୍ୟାତିତ ମଧ୍ୟ ହେଲେ। "ଆମକୁ ମୁକ୍ତିଦିଅ" 'ଆମେ ପୁରୁଷଙ୍କ ହାତରେ ଖେଳନା ହେଇ ରହିବୁ ନାହିଁ। ସାମାଜିକ ସମାନତା ଆମର ଦାବି' ଇତ୍ୟାଦି ଥିଲା ମହିଳା ଆନ୍ଦୋଳନକାରୀଙ୍କ କେତେଗୋଟି ମୁଖ୍ୟ ସ୍ଲୋଗାନ। ଶେଷରେ କଂଗ୍ରେସରେ ବ୍ୟାପକ ଆଲୋଚନା ପରେ ସମ୍ବିଧାନରେ ଏହି ଦାବୀ ସପକ୍ଷରେ ଆବଶ୍ୟକୀୟ ସଂଶୋଧନ ପାଇଁ ସହମତି ଆବଶ୍ୟକ ହୋଇପଡ଼ିଲା। ଏହା ଥିଲା ସମ୍ବିଧାନର ୧୯ତମ ସଂଶୋଧନ।

ବହୁ ଦଶନ୍ଧି ଧରି ଚାଲିଥିବା ଏହି ଆନ୍ଦୋଳନର ସମାପ୍ତି ଘଟିଥିଲା ୧୯୨୦ରେ। ଏହି ସମ୍ବନ୍ଧୀୟ ବିଲଟି ପ୍ରତିନିଧି ସଭାରେ ପାରିତ ହେବା ପରେ ସିନେଟରେ ଗୃହିତ ହେବା ପାଇଁ ଦୁଇ ତୃତୀୟାଂଶ ରାଜ୍ୟର ଅନୁମୋଦନ ଆବଶ୍ୟକ ଥିଲା। ପୂର୍ବରୁ ୩୫ ଗୋଟି ରାଜ୍ୟର ଅନୁମୋଦନ ଆସିବା ପରେ ୩୬ତମ ରାଜ୍ୟ ଭାବେ ଟେନିସିର ସିନେଟ ଏହାକୁ ଅନୁମୋଦନ କରି ଇତିହାସ ସୃଷ୍ଟି କରିଥିଲା। ଏହା ପରେ ମାର୍କିନ ମହିଳାମାନଙ୍କୁ ପୁରୁଷଙ୍କ ସହିତ ସବୁ କ୍ଷେତ୍ରରେ ସମାନ ସୁବିଧା ସୁଯୋଗ ମିଳିପାରିଥିଲା ମାତ୍ର ଏହି ସଂଶୋଧନ ହେବା ବେଳକୁ ଏହି ଆନ୍ଦୋଳନ ଆରମ୍ଭ କରିଥିବା ଅନେକ ଉଦ୍ୟୋକ୍ତାଙ୍କ କାଳ ହୋଇଯାଇଥିଲା।

ଏହି ପରିପ୍ରେକ୍ଷୀରେ ଭାରତରେ ମହିଳା ସଂରକ୍ଷଣ ବିଧେୟକ ବିଷୟରେ ଆଲୋକପାତ କରାଯାଇପାରେ। ଭାରତୀୟ ସମ୍ବିଧାନର ୧୦୮ତମ ସଂଶୋଧନରେ ଗ୍ରାମ ପଞ୍ଚାୟତଠାରୁ ଆରମ୍ଭ କରି ରାଜ୍ୟ ବିଧାନ ସଭା ତଥା ଲୋକସଭା ପର୍ଯ୍ୟନ୍ତ ସବୁଠାରେ ମହିଳାମାନଙ୍କ ପାଇଁ ଏକ ତୃତୀୟାଂଶ ଆସନ ସଂରକ୍ଷଣ ରହିବା କଥା ମାତ୍ର ଏହି ବିଲଟି ୨୦୧୦ରେ ରାଜ୍ୟସଭାରେ ପାରିତ ହେଲା ପରଠାରୁ ଲୋକସଭାରେ ଗୃହୀତ ହେବା ସମ୍ଭବ ହୋଇନାହିଁ। ଆମ ରାଜନେତାମାନେ ମା'ଙ୍କୁ ସମ୍ମାନର କଥା ଭାଷଣରେ କହୁଥିବା ବେଳେ ମହିଳାମାନଙ୍କୁ ସମାନ ଅଧିକାର ଦେବାରେ ପ୍ରକୃତ ପକ୍ଷେ କେତେ ଆଗ୍ରହୀ, ତାହା ସହଜରେ ଅନୁମେୟ। ଆମ ଦେଶରେ ସ୍ୱାଧୀନତାର ୭୫ ବର୍ଷ ପରେ ମଧ୍ୟ ଯଦି ମହିଳାମାନଙ୍କର ପ୍ରକୃତ ବିକାଶ ହୋଇଥାନ୍ତା ତେବେ ସରକାରଙ୍କ ମହିଳା ଓ ଶିଶୁ କଲ୍ୟାଣ ବିଭାଗଟିର ଆଉ ଆବଶ୍ୟକତା ରହିନଥାନ୍ତା।ସୁଖର କଥା ପ୍ରଧାନମନ୍ତ୍ରୀ ନରେନ୍ଦ୍ର ମୋଦୀଙ୍କ ଉଦ୍ୟମରେ ଆମ ଲୋକସଭାରେ ତା ୧୯.୦୯.୨୦୨୩ ଦିନ ସର୍ବସମ୍ମତି କ୍ରମେ ପାରିତ ହୋଇଛି।

ଏକଦା ଆଫ୍ରିକୀୟ ମାର୍କିନମାନଙ୍କ ଦ୍ୱାରା ଅଧ୍ୟୁଷିତ ଟେନିସି ରାଜ୍ୟ ଦେଶର

ଇତିହାସରେ ବିଭିନ୍ନ ସମୟରେ ବିଭିନ୍ନ କାରଣରୁ ଚର୍ଚ୍ଚିତ ହୋଇ ରହିଆସିଛି । ଗତ ମଇ ୨୫ ତାରିଖ ୨୦୨୦ରେ ମିନିଆପୋଲିସ୍‌ରେ କୃଷ୍ଣକାୟ ଜର୍ଜ ଫ୍ଲଏଡ୍ ପୋଲିସର ବର୍ବରତାର ଶିକାର ହୋଇ ମୃତ୍ୟୁବରଣ କରିବା ପରେ ଟେନିସି କ୍ୟାପିଟଲ ପରିସରରେ ଅନେକ ସଂଖ୍ୟାରେ ମାନବବାଦୀ ଜନତା ଏକାଠି ହେଇ ବିକ୍ଷୋଭ ପ୍ରଦର୍ଶନ କରିଥିଲେ ଏବଂ ଜଣେ ବର୍ଣ୍ଣବୈଷମ୍ୟ ସପକ୍ଷବାଦୀ ନେତାଙ୍କ ବ୍ରୋଞ୍ଜ ପ୍ରତିକୃତିକୁ ଭଙ୍ଗାରୁଜା କରି ବିପୁଳ କ୍ଷତି ସାଧନ କରିଥିଲେ ।

**ଚ. ସେଣ୍ଟେନିୟଲ ପାର୍କ ଓ ପାର୍ଥେନନ :**

ମଣିଷ ମାତ୍ରକେ ଆମୋଦ ପ୍ରିୟ । ପାଗ ଯୋଗ ଦେଖି ସେ ସର୍ବଦା ଜୀବନକୁ ଉପଭୋଗ କରିବା ପାଇଁ ସୁଯୋଗ ଖୋଜେ । ଏହା ଛାତ-ତଳିଆ ହୋଇପାରେ ଅଥବା ମୁକ୍ତାକାଶ ତଳେ ମଧ୍ୟ ହୋଇପାରେ । ଖୋଲା ମେଲା ସ୍ଥାନରେ ମୁକ୍ତବାୟୁ ସେବନ, ହସଖୁସି, ନାଚଗୀତ ସୁଆଙ୍ଗ, ଶାରୀରିକ ବ୍ୟାୟାମ, ଜନସଂପର୍କ ଏସବୁ ପାଇଁ ମଣିଷ ସୃଷ୍ଟି କରିଛି ସବୁଜ ବନାନୀ ଘେରା ବିଭିନ୍ନ ବୃକ୍ଷବୀଥୀ ମଣ୍ଡିତ, ପୁଷ୍ପ ଗୁଳ୍ମ ଶୋଭିତ, ଜଳାଶୟ ବେଷ୍ଟିତ, ସୁନ୍ଦର ଉଦ୍ୟାନ । ଏହି ଉଦ୍ୟାନକୁ ମଣିଷ ଯେମିତି ଗଢ଼ିଛି ଯେମିତି ପାଳିଛି ସେ ସେମିତି ତାକୁ ଆନନ୍ଦ ଦେଇଆସିଛି । ଏଇ ମଣିଷର ସଯତ୍ନ ପ୍ରଚେଷ୍ଟାରେ ଟାଙ୍ଗରା ଭୂମି ମଧ୍ୟ ଘନ ଅରଣ୍ୟରେ ପରିବର୍ତ୍ତିତ ହୋଇପାରେ । କେବଳ ଲୋଡ଼ା ପରିବେଶ ସଚେତନତା, ନିଷ୍ଠା ଆଉ ସକାରାତ୍ମକ ଇଚ୍ଛାଶକ୍ତି ।

ନ୍ୟାସଭିଲ ସହରର ପଶ୍ଚିମ ପାର୍ଶ୍ୱରେ ଅବସ୍ଥିତ ସେଣ୍ଟେନିୟଲ ପାର୍କ ଏକ ଐତିହ୍ୟସ୍ଥଳୀ । ଭେଣ୍ଡରବିଲ୍ଟ ବିଶ୍ୱବିଦ୍ୟାଳୟ ପରିସରକୁ ଲାଗି ପ୍ରାୟ ୧୩୬ ଏକର ଭୂମିରେ ଏହି ବିସ୍ତୃତ ଉଦ୍ୟାନ କାୟା ବିସ୍ତାର କରିଅଛି । ପୂର୍ବରୁ କୌଣସି ବ୍ୟକ୍ତିଙ୍କର ବ୍ୟକ୍ତିଗତ ମାଲିକାନାରେ ଚାଷଜମି ଭାବେ ରହିଆସିଥିବା ଏହି ଜମି ଉନବିଂଶ ଶତାବ୍ଦୀର ଶେଷ ଦଶକରେ ଗୃହଯୁଦ୍ଧର ସମାପ୍ତି ଘଟିବା ପରେ ରାଜ୍ୟ ଖାତାକୁ ଆସିଥିଲା । ୧୯୯୭ରେ ଟେନିସି ରାଜ୍ୟ ସଂଯୁକ୍ତ ରାଷ୍ଟ୍ରରେ ମିଶ୍ରଣର ଶତବାର୍ଷିକୀ ପାଳନ

ଅବସରରେ ଏହି ସ୍ଥାନରେ ଏକ ଆନ୍ତର୍ଜାତୀୟ ବୃହତ ପ୍ରଦର୍ଶନୀ ତଥା ମେଳା ଆୟୋଜିତ ହୋଇଥିଲା ଯେଉଁଥିରେ ବିଭିନ୍ନ ସ୍ଥାନରୁ ଲକ୍ଷାଧିକ ଲୋକ ଯୋଗଦେଇଥିଲେ ଏବଂ ତତ୍‌କାଳୀନ ରାଷ୍ଟ୍ରପତି କ୍ଲିଷ୍ଟନ ହ୍ୱାଇଟହାଉସ୍‌ରୁ ସୁଇଚ୍ ଟିପି ଏହାର ଶୁଭାରମ୍ଭ କରିଥିଲେ। ଏହି ମହୋତ୍ସବ ମାସାଧିକ କାଳ ଚାଲିଥିଲା। ଏଥିରେ ଟେନିସି ରାଜ୍ୟର ବିଭିନ୍ନ କ୍ଷେତ୍ରରେ ସଫଳତା, ଜାତି ପ୍ରତି ଅବଦାନ, କଳା ସଂସ୍କୃତିର ବିକାଶ ସମ୍ବନ୍ଧୀୟ ବିପଣୀମାନ ଖୋଲା ଯାଇଥିଲା ଏବଂ ଆଉ ଗୋଟିଏ ଦୃଷ୍ଟାନ୍ତମୂଳକ କାର୍ଯ୍ୟ ମଧ୍ୟ କରାଯାଇଥିଲା ଯାହା ପରବର୍ତ୍ତୀ କାଳରେ ନ୍ୟାସଭିଲକୁ ଏକ ସ୍ୱତନ୍ତ୍ର ପରିଚୟ ଦେବା ସହ ଏହି ସହରକୁ ଦକ୍ଷିଣର ଏଥେନ୍ସ (Athens of South)ର ଆଖ୍ୟା ମିଳିଥିଲା। ଏହାଥିଲା ଏକ ଅସ୍ଥାୟୀ 'ପାର୍ଥେନନ୍' ର ନିର୍ମାଣ। ଏହି ମହୋତ୍ସବ ଅବସରରେ ଉକ୍ତ ପାର୍ଥେନନ୍ ବିପୁଳ ଆଦୃତି ଲାଭ କରିଥିଲା ଏବଂ ପରେ ସ୍ଥାନୀୟ ନେତୃବର୍ଗ ଏହାକୁ ସ୍ଥାୟୀଭାବରେ ନିର୍ମାଣ କରିବା ପାଇଁ ସ୍ଥିର କରିଥିଲେ।

ଆମେ ସେଣ୍ଟିନିୟଲ ପାର୍କ ପହଞ୍ଚିଲା ବେଳକୁ ପ୍ରାୟ ମଧ୍ୟାହ୍ନ। ଅପ୍ରେଲ ମାସ ଶେଷ ସପ୍ତାହରେ ସେଦିନ ବୋଧହୁଏ ଶନିବାର ଥିଲା। ପୂର୍ବଦିନରେ କୋହଲା ପାଗକୁ କାଟି ସାମାନ୍ୟ ଖରା ପଡ଼ିଥିଲା। ଆକାଶ ତଥାପି ଥିଲା ଅନେକାଂଶରେ ଧୂସର। ମୋଟାମୋଟି ସେହି ପାଗ ସ୍ଥାନୀୟ ଲୋକଙ୍କୁ ଭଲ ସୁହାଉଥିଲା ତା' ନହେଲେ ପାର୍କିଂରେ ଏତେ ସଂଖ୍ୟକ ଗାଡ଼ି ରହିଥିଲା ଯେ ଆମକୁ ଜାଗା ଖୋଜିବା ପାଇଁ କିଛି ସମୟ ଲାଗିଗଲା। ଶେଷରେ ଆଦିତ୍ୟ ଆମ ତିନିଜଣଙ୍କୁ ଓହ୍ଲାଇ ଦେଇ କିଛି ଦୂରରେ ଯାଇ ଗାଡ଼ି ରଖି ଆସି ଆମ ସାଙ୍ଗରେ ମିଶିଲା। ଏତେ ବଡ଼ ଅଞ୍ଚଳ ପରିମିତ ସ୍ଥାନରେ ସେଦିନ ଉଲ୍ଲେଖନୀୟ ଗହଳି ରହିଥିଲା। ଆମେ ଏକ ଜଳାଶୟର ଧାରରେ ଥିବା ଦୀର୍ଘ ପାଦଚଲା ରାସ୍ତାରେ ଯାଇ ପାର୍କ ମଧ୍ୟରେ ପ୍ରବେଶ କଲୁ। ବିସ୍ତୀର୍ଣ୍ଣ ପ୍ରାନ୍ତର ମଧ୍ୟରେ ଠାଏଁ ଠାଏଁ ହେଇ ଜନ ସମାଗମ ହୋଇଥାଏ। କିଏ ପରିବାର ସହିତ ଖାଦ୍ୟ ପଦାର୍ଥ ଧରି ଆବଶ୍ୟକୀୟ ସରଞ୍ଜାମ ସହିତ ତଳେ ଚାଦର ପାରି ସମୟକୁ ଉପଭୋଗ କରୁଥାନ୍ତି ତ ପୁଣି କିଏ ବନ୍ଧୁମାନଙ୍କ ସହିତ ଏକାଠି ସମୟ କଟାଇବାକୁ ଆସିଥାନ୍ତି। ଅଧିକାଂଶ ନିଜ ପୋଷା କୁକୁରକୁ ସାଙ୍ଗ ଧରି ଆସିଥାନ୍ତି। ସମସ୍ତେ ହର୍ଷୋଲ୍ଲାସରେ ମସଗୁଲ ହେଇ ପାଗର ମଜା ନେଉଥାନ୍ତି। ନ୍ୟାସଭିଲରେ ଗତ କିଛି ଦିନ କରୋନାର ପ୍ରାଦୁର୍ଭାବ କମିବା ପରେ ଲୋକମାନେ ଘର ଛାଡ଼ି ଆସିବା ଭଳି ସ୍ପଷ୍ଟ ପ୍ରତୀୟମାନ ହେଉଥିଲା। ପିଲାମାନଙ୍କ ପାଇଁ ସେ ପରିବେଶ ଥିଲା ବିଶେଷ ଆନନ୍ଦଦାୟକ। ଖେଳକୁଦ ସହିତ ଉଦ୍ୟାନରେ ଥିବା ଛୋଟ ଗଛ ଡାଳରେ ବସି ହାତରେ କିଛି ଖାଦ୍ୟ ଅବା ଖେଳନାଟିଏ ଧରି ସେମାନେ ମଜା କରୁଥିଲେ। ଅନେକ ସ୍ଥାନରେ ଖାଦ୍ୟ

ପସରା ଖୋଲି ଅନେକ ଏକତ୍ର ଭୋଜନ ମାଧ୍ୟମରେ କିଛି ବିଶେଷ କାର୍ଯ୍ୟକ୍ରମ ଅବା ପାର୍ଟି ଚାଲୁଥିବାର ଜଣାଯାଉଥିଲା। ସବୁଠାରୁ ଉପଭୋଗ୍ୟ ଥିଲା ଜଳାଶୟ ସଲଗ୍ନ ଚଉତରା ଉପରେ ଯନ୍ତ୍ର-ସଙ୍ଗୀତ ସହିତ ଯୁବକ ଯୁବତୀଙ୍କ ସମୂହ ନୃତ୍ୟ। ଜଣେ ଦି'ଜଣ ଯୁବତୀ ଏହାର ସଂଚାଳକ ଥିଲେ ଏବଂ ଅନ୍ୟମାନେ ସମସ୍ତେ ଆଗନ୍ତୁକ। ବୟସ ନିର୍ବିଶେଷରେ ଯେ କେହି ସେ ନୃତ୍ୟରେ ନିଜକୁ କିଛି ସମୟ ପାଇଁ ସାମିଲ କରିପାରୁଥିଲେ। ଏହି କାର୍ଯ୍ୟକ୍ରମ ଘଣ୍ଟା ଘଣ୍ଟା ଧରି ଚାଲିଥାଏ ଏବଂ ଅଧିକାଂଶ ଲୋକ ଏହାର ମଜା ନେଉଥାଆନ୍ତି। ଆଦିତ୍ୟ ଓ ଆୟୁଷି ମଧ୍ୟ କିଛି ସମୟ ପାଇଁ ଏହି ନୃତ୍ୟରେ ଯୋଗ ଦେଲେ ଏବଂ ତା'ପରେ ଆମେ ଆଗକୁ ବଢ଼ିଲୁ। ପାର୍କର ମଧ୍ୟବର୍ତ୍ତୀ ଅଞ୍ଚଳରେ ଦୃଶ୍ୟମାନ ହେଲା ଏକ ପ୍ରସ୍ତର ନିର୍ମିତ ବିରାଟ ସୌଧ। ଏହି ସୌଧର ଚାରିପଟେ

ଥିବା ଦୀର୍ଘସ୍ତମ୍ଭ ଗୁଡ଼ିକ ଏହାକୁ ଏକ ପ୍ରାଚୀନ କୀର୍ତ୍ତିର ରୂପ ଦେଉଥାଏ। ଆମେ ତାହା ନିକଟକୁ ଗଲୁ। ସୌଧର ପାର୍ଶ୍ୱରେ ଜଣେ ମେକ୍ସିକୀୟ ପାରମ୍ପରିକ ପୋଷାକ ପରିହିତ ବ୍ୟକ୍ତି କିଛି ଅଭିନୟ ମାଧ୍ୟମରେ ସୁଆଙ୍ଗ ପ୍ରଦର୍ଶନ କରି ଲୋକଙ୍କ ମନୋରଞ୍ଜନ କରୁଥାଏ। ତା'ର ରଙ୍ଗବେରଙ୍ଗ ବିଚିତ୍ର ପରିଚ୍ଛଦ ତଥା ମସ୍ତକରେ ଲମ୍ବ ଲମ୍ବ ପର ଊର୍ଦ୍ଧ୍ୱମୁଖୀ ହୋଇ ରହିଥାଏ। ଆମେ ଆଉ କାଳବିଳମ୍ବ ନକରି ସୌଧ ଭିତରକୁ ଟିକେଟ କରି ପ୍ରବେଶ କଲୁ। ସବୁଠାରେ କୋଭିଡ୍ ନିୟମ ମାନି ମୁହଁରେ ମାସ୍କ ପିନ୍ଧିବା ଉପରେ ଗୁରୁତ୍ୱ ରହିଥାଏ। ସେଇଟିଥିଲା ନ୍ୟାସଭିଲର ଏକ ପ୍ରମୁଖ ଐତିହ୍ୟସ୍ଥଳୀ 'ପାର୍ଥେନନ'। ଏହି ପାର୍ଥେନନ ବିଷୟରେ ସଂକ୍ଷିପ୍ତ ତଥ୍ୟ ଉପସ୍ଥାପନ କରାଯିବା ଆବଶ୍ୟକ।

ପାର୍ଥେନନ୍ ହେଉଛି ଗ୍ରୀକ୍ ସଂସ୍କୃତିର ଦେବୀ ଏଥେନାଙ୍କ ପ୍ରାର୍ଥନାସ୍ଥଳୀ ବା ମନ୍ଦିର। ପ୍ରାଚୀନ ଗ୍ରୀକ୍ ସାମ୍ରାଜ୍ୟରେ ଏଥେନ୍ସ ସହରରେ ଏହା ଥିଲା କେନ୍ଦ୍ରସ୍ଥଳୀ। ଏହା ମଧ୍ୟରେ ପ୍ରତିଷ୍ଠିତ ଦେବୀ ଏଥେନାଙ୍କ ବିଶାଳ ପ୍ରତିକୃତି ଶୋଭା ପାଉଥିଲା ଏବଂ ଲୋକେ ତାଙ୍କୁ ଭାଗ୍ୟଦେବୀ ବୋଲି ମାନୁଥିଲେ। ପ୍ରକାଶଯୋଗ୍ୟଯେ ଆମେରିକାରେ ୟୁରୋପୀୟ ସଭ୍ୟତାର ପ୍ରଭାବ ବହୁ କ୍ଷେତ୍ରରେ ସ୍ପଷ୍ଟ। ୟୁରୋପୀୟ ଶିଳ୍ପୀମାନଙ୍କ ଦ୍ୱାରା ସୃଷ୍ଟ ଅନେକ କଳାକୃତି ଅଥବା ସେସବୁର ଅବିକଳ ନକଲ ଅନେକ ସ୍ଥାନରେ ପ୍ରଦର୍ଶିତ ତଥା ସଂରକ୍ଷିତ।

ନ୍ୟାସଭିଲର ମିଲେନିୟମ ପାର୍କ ପରିସରର ମୁଖ୍ୟ ଆକର୍ଷଣ ସାଜିଥିବା ପାର୍ଥେନନ୍ ଗ୍ରୀସ୍‌ର ପ୍ରକୃତ ପାର୍ଥେନନ୍‌ର ଅବିକଳ ନକଲ ଥିଲା। ଏହା ୧୮୮୭ରେ ସ୍ଥପତି ୱିଲିୟମ କ୍ରାଫର୍ଡ଼ ସ୍ମିଥ୍‌ଙ୍କ ଦ୍ୱାରା ନିର୍ମିତ ହୋଇଥିଲା ଏବଂ ପରବର୍ତ୍ତୀ କାଳରେ ୧୯୨୫-୩୧ ମଧ୍ୟରେ ସ୍ଥାୟୀ ରୂପ ପ୍ରାପ୍ତ ହେଲା। ସଂପ୍ରତି ଏହା ଏକ କଳା ସଂଗ୍ରହାଳୟର ମାନ୍ୟତା ପାଇଛି ଏବଂ ପ୍ରତ୍ୟହ ବହୁ ଲୋକ ଏହାକୁ ପରିଦର୍ଶନ କରୁଛନ୍ତି। ଚତୁଃପାର୍ଶ୍ୱରେ ସୁଉଚ୍ଚ ବୃତ୍ତାକାର ପ୍ରସ୍ତର ସ୍ତମ୍ଭ ଖଚିତ ଏହି ସୌଧର ମଧ୍ୟଭାଗରେ ଥିବା ସୁପ୍ରଶସ୍ତ କକ୍ଷର ଶେଷ ଭାଗରେ ପ୍ରାୟ ୪୬ ଫୁଟ ଉଚ୍ଚତା ବିଶିଷ୍ଟ ଦେବୀ ଏଥେନାଙ୍କ ପ୍ରତିମୂର୍ତ୍ତି ବିଦ୍ୟମାନ। ପର୍ଯ୍ୟଟକଙ୍କ ପାଇଁ ଆକର୍ଷଣର କେନ୍ଦ୍ରବିନ୍ଦୁ ସାଜିଥିବା ଏହି ବିରଳ ମୂର୍ତ୍ତି ପଶ୍ଚିମ ଗୋଲାର୍ଦ୍ଧର କୌଣସି ସୌଧର ଆଭ୍ୟନ୍ତରରେ ରହିଥିବା ସର୍ବୋଚ୍ଚ କୃତି ଭାବେ କଳା ସମୀକ୍ଷକଙ୍କ ଦ୍ୱାରା ସ୍ୱୀକୃତି ଲାଭ କରିଛି। ମସ୍ତକରେ ପାରମ୍ପରିକ ମୁକୁଟ ଶୋଭା ପାଉଥିବା, ଶରୀରରେ ଗାଉନ ସଦୃଶ ପୋଷାକ ପରିହିତା, ବାମ ହସ୍ତରେ ଏକ ବୃହତ୍ ବୃତ୍ତାକାର ଆଳଙ୍କରିକ ସର୍ପଯୁକ୍ତ ଢାଲ ଭଳି ଦ୍ରବ୍ୟ ତଥା ଅସ୍ତ୍ର ଏବଂ ଦକ୍ଷିଣ ହସ୍ତରେ ଏକ କ୍ଷୁଦ୍ର ପରୀର ପ୍ରତିରୂପ ଭାବେ ଆୟୁଧ ଧାରଣ କରି ଈଷତ୍ ତ୍ରିଭଙ୍ଗୀରେ ଦଣ୍ଡାୟମାନ। ଏହି ମୂର୍ତ୍ତି ଅତ୍ୟନ୍ତ ଆକର୍ଷଣୀୟ ଅଟେ।

ଏକ ସର୍ପର ପ୍ରତିକୃତି ସଂଯୁକ୍ତ ବୃତ୍ତାକାର ଢାଲର ବାହ୍ୟ ପାର୍ଶ୍ୱରେ ଯେଉଁ ହାଲୁକା ଖୋଦନ ସହିତ ଚିତ୍ରଣ ରହିଛି ସେଥିରେ ଗ୍ରୀକ ପୁରାଣର ବର୍ଣ୍ଣିତ ଦେବ ଓ ଦାନବଙ୍କ ଯୁଦ୍ଧ ତଥା ମଧ୍ୟ ଭାଗରେ ଏକ ଗୋଲାକାର ମଣ୍ଡଳ ବିଦ୍ୟମାନ। ଏକ ମସ୍ତକ ଶୋଭିତ ପଦକ ମଧ୍ୟ ଏଥେନାଙ୍କ ବେକର ହାରରେ ରହିଥିବା ଦେଖାଯାଏ। ଦର୍ଶକମାନେ ବିଶାଳ ସୌଧର ଆଭ୍ୟନ୍ତର କକ୍ଷକୁ ପ୍ରବେଶ କଲେ ଏହି ସୁଦୃଶ୍ୟ ମୂର୍ତ୍ତିର ଆକର୍ଷଣୀୟ ରୂପ ଦର୍ଶନରେ ଆତ୍ମହରା ହୁଅନ୍ତି। ଆହୁରି ମୂର୍ତ୍ତିର ସମସ୍ତ ପରିଚ୍ଛଦ, ଆୟୁଧ ଓ ଅଳଙ୍କାରଗୁଡ଼ିକୁ ସୁନା ଚାଦରରେ ଛାଉଣି କରାଯାଇଥିବାରୁ ଏହାର ଉଜ୍ଜ୍ୱଳତା ଦର୍ଶକଙ୍କୁ ବିମୋହିତ କରିଥାଏ। ପ୍ରକୃତ ଏଥେନାଙ୍କ ପ୍ରତିକୃତିର ଅବିକଳ ନକଲ ନ୍ୟାସଭିଲର ଶିଳ୍ପୀ ଲି କ୍ୱିର (Le Quire)ଙ୍କ ଦ୍ୱାରା ଏହାର ନିର୍ମାଣ ୧୮୮୬ରେ ଆରମ୍ଭ ହୋଇ ୧୯୯୦ରେ ଉନ୍ମୋଚିତ ହୋଇଥିଲା।

ଏହି ବିଶାଳ ମୂର୍ତ୍ତି ବିଷୟରେ ଏକ ଫଳକରେ ଉଲ୍ଲିଖିତ ତଥ୍ୟ ଅନୁସାରେ ଏହା ପର୍ଯ୍ୟାୟକ୍ରମେ ବିକଶିତ ହୋଇଅଛି। ଏଥିରେ ଷ୍ଟିଲ, ଆଲୁମିନିୟମ, ସିମେଣ୍ଟ, ଫାଇବର ଗ୍ଲାସ, କାଠ ଆଦି ଉପାଦାନ ବ୍ୟବହୃତ ହୋଇଅଛି। ନିର୍ମାଣ ହେବା ପରେ ବାରବର୍ଷ ଧରି କେବଳ ଶ୍ୱେତବର୍ଣ୍ଣ ଧାରଣ କରି ରହିବା ପରେ ଏଇ ମାତ୍ର ୨୦୦୨ରେ ଏହାର କିଛି ଅଂଶ ଆଠ ପାଉଣ୍ଡ ସୁନାରେ ଛାଉଣୀ ତଥା ଶରୀରକୁ ହାତୀ ଦାନ୍ତ ଭଳି ରଙ୍ଗରେ ଚିତ୍ରଣ କରାଯାଇଛି। ଏହି ବିଶାଳ ମୂର୍ତ୍ତିର ଆପାଦମସ୍ତକ ସୁଶୋଭିତ କଳାତ୍ମକ ଚିତ୍ର, ଗ୍ରୀକ୍ ସଂସ୍କୃତି ବର୍ଣ୍ଣନା ଅନୁସାରେ ଅତ୍ୟନ୍ତ ତାତ୍ପର୍ଯ୍ୟପୂର୍ଣ୍ଣ। ମୂର୍ତ୍ତି ଦଣ୍ଡାୟମାନ ଥିବା ପ୍ରାୟ ୫ ଫୁଟ ଉଚ୍ଚତା ଥିବା ବିଶିଷ୍ଟ ପୀଠର ସମ୍ମୁଖଭାଗରେ ରହିଥିବା ଚରିତ୍ରସବୁ ଗ୍ରୀକ୍ ପୁରାଣ ଅବଲମ୍ବନରେ ନିର୍ମିତ। ଏହିସବୁ କାରଣରୁ ସୌଧର ଗଢ଼ଣ ଓ ଅଳଙ୍କରଣକୁ ଦୃଷ୍ଟିରେ ରଖି ଏହାକୁ 'ଏଥେନସ୍ ଅଫ ସାଉଥ' ବୋଲି ଅଭିହିତ କରିବା ଯୁକ୍ତିଯୁକ୍ତ ମନେ ହୁଏ। ଏହି ନାମକରଣକୁ ଦୃଢ଼ୀକୃତ କରିବା ପାଇଁ ଆହୁରି ଅନେକ କିଛି ଏହା ସହିତ ଯୋଡ଼ାଯାଇଛି। ଏଭଳି ଗୁରୁତ୍ୱପୂର୍ଣ୍ଣ ଐତିହ୍ୟସ୍ଥଳୀର ମୁଖ୍ୟ ଦ୍ୱାର ମଧ୍ୟ ଆଭ୍ୟନ୍ତରରେ ଶୋଭିତ ଏଥେନାଙ୍କ ସୁଉଚ୍ଚ ମୂର୍ତ୍ତି ସହିତ ଖାପ ଖୁଆଇ ୨୪ ଫୁଟ ଦୀର୍ଘ ବିଶିଷ୍ଟ କରାଯାଇଛି। ସଂପୂର୍ଣ୍ଣ ବ୍ରୋଞ୍ଜରେ ନିର୍ମିତ ଏହି କବାଟରେ ଗୋଟିଏ ଫାଳରେ ପ୍ରସ୍ଥ ୬.୫ ଫୁଟ ଓ ଓଜନ ୭.୫ ଟନ ଏବଂ ଏହା ପୃଥିବୀରେ ଏକ ବିରଳ ଉଦାହରଣ ବୋଲି ଦାବୀ କରାଯାଏ। ନ୍ୟାସଭିଲର ସ୍ଥପତି ରସେଲ ହାର୍ଟ (Russel Hart)ଙ୍କ ଦ୍ୱାରା ଡିଜାଇନ କରାଯାଇଥିବା ଏହି କବାଟରେ ମଧ୍ୟ କେତେକ କାରୁକାର୍ଯ୍ୟ ଖୋଦେଇ କରାଯାଇଛି। ସୌଧର ପୂର୍ବ ଓ ପଶ୍ଚିମ ପାର୍ଶ୍ୱରେ ଏହିଭଳି ଦୁଇ ଯୋଡ଼ା କବାଟ ୧୯୩୦ ମସିହାରେ ଲଗାଯାଇଥିଲା। ସମସ୍ତ ବସ୍ତୁର ବିବରଣୀ ସମ୍ବଳିତ ସୂଚନା

ଫଳକ ଦେଖିବାକୁ ମିଳିଲା। ଯେଉଁଥିରୁ ସବିଶେଷ ତଥ୍ୟ ଜାଣିବାରେ ସୁବିଧା ହେଲା।

ପାର୍ଥେନନ୍‌ର ସ୍ଥାପତ୍ୟ ଏବଂ ତହିଁରେ ବିଦ୍ୟମାନ ଭାସ୍କର୍ଯ୍ୟ ସମୂହ ତଥା ଅନ୍ୟାନ୍ୟ କଳାକୃତି ପର୍ଯ୍ୟଟକମାନଙ୍କୁ ଚମକୃତ କରିବା ପାଇଁ ଯଥେଷ୍ଟ। ବିଶାଳ ଉଦ୍ୟାନ ମଧ୍ୟରେ ଏହିଭଳି ଏକ କୀର୍ତ୍ତି ନିଶ୍ଚିତ ଭାବେ ଏହି ସହରର ମର୍ଯ୍ୟାଦା ବଢ଼ାଉଛି। ଆହୁରି ଏହି ଉଦ୍ୟାନ ମଧ୍ୟରେ ଅନେକ କଳାକୃତି ବିକ୍ଷିପ୍ତ ଭାବରେ ରହିଅଛି। ସମଗ୍ର ଉଦ୍ୟାନ ବୁଲି ସେସବୁ  ଦେଖିବା ଆମ ପକ୍ଷେ ସମ୍ଭବପର ନଥିଲା। ପାର୍ଥେନନ୍‌ରେ କିଛି ସମୟ କଟାଇ ଉପର ମହଲାରେ ରହିଥିବା ଆର୍ଟ ଗ୍ୟାଲେରୀ ବୁଲି ଦେଖିବା ପରେ ବାହାରକୁ ଆସିଲୁ। ସେତେବେଳକୁ ପ୍ରାୟ ଅପରାହ୍ଣ। ମଧ୍ୟାହ୍ନ ଭୋଜନ ସମୟ ପ୍ରାୟ ଅତିକ୍ରାନ୍ତ। ପାର୍କରେ ସର୍ବତ୍ର ଲୋକେ ସାଙ୍ଗରେ ଆଣିଥିବା ଖାଦ୍ୟ ବସି ଖାଉଥିବାର ଦେଖି ଆମ ପେଟରେ ଭୋକ ଦ୍ୱିଗୁଣିତ ହେଲା। ଆମେ ସେଭଳି କୌଣସି ପ୍ରସ୍ତୁତି କରିନଥିଲୁ। ହେଲେ ନିକଟରେ ଆମପାଇଁ କିଛି ବି ଭୋଜନ ମିଳିବାର ସାମାନ୍ୟତମ ସମ୍ଭାବନା ନଥିଲା। ଭୋକର ଜ୍ୱାଳା ବେଳକୁ ବେଳ ଅସହ୍ୟ ହେଲା। ପାର୍କର ପ୍ରସ୍ଥାନ ଦ୍ୱାର ନିକଟରେ ଏକ କୃଷ୍ଣକାୟ ଲୋକର ପୋଡ଼ା ଗୋମାଂସର ବିପଣୀରେ ଲୋକମାନେ ଦାନ୍ତ ନିକୁଟି ଖାଉଥିବାର ଦେଖି ଘୃଣା ଲାଗିଲା। ଭାଗ୍ୟ ଭଲ ଆମେ ଆଗରୁ କିଛି ଖାଇନଥିଲୁ ନହେଲେ ବାନ୍ତି ସୁନିଶ୍ଚିତ। ଗୋମାଂସ ପ୍ରସ୍ତୁତ ଖାଦ୍ୟ ଆମେରିକାରେ ସବୁ ସ୍ଥାନରେ ବିକ୍ରିହୁଏ। ଲୋକ ଖାଆନ୍ତି ମାତ୍ର ଏମିତି ଖୋଲା ଖୋଲି ପ୍ରସ୍ତୁତି ଓ ତାହାର ପୋଡ଼ା ଗନ୍ଧ ବିଶେଷ କରି ଆମ ପାଇଁ ଅସହ୍ୟ ଥିଲା। ଆମେ ଇଣ୍ଟନେଟର ସହାୟତାରେ ଅତି ନିକଟ ବୋଲି ପ୍ରାୟ ୩-୪ ମାଇଲ ଦୂରତାରେ ଥିବା ଏକ ଇଟାଲିୟନ ରେଷ୍ଟେରାଁକୁ ଗଲୁ ଯାହାର ରେଟିଂ ଅତି ଉଚ୍ଚକୋଟିର ଥିଲା। ସେ ରେଷ୍ଟୋରାଁର ପିଜା ବହୁତ ସୁସ୍ୱାଦୁ ବୋଲି ମନ୍ତବ୍ୟ ପାଇ ଆମେ ପିଜାର ଆକାର ଦେଖି ଆଚମ୍ଭିତ ହେଲୁ। ପ୍ରାୟ ୧୯" ବ୍ୟାସ ବିଶିଷ୍ଟ ଗୋଲେଇର ପିଜା ଉପରେ ବିଭିନ୍ନ କଟା ପରିବା ଓ ଚିଜ୍ ମିଶି ଆମେ ଚାରିଜଣଙ୍କ କ୍ଷୁଧା ମେଣ୍ଟାଇବାକୁ ବେଶୀ ସମୟ ଲାଗିଲା ନାହିଁ। ସଂପୂର୍ଣ୍ଣ ଖାଇନପାରି ଅର୍ଦ୍ଧାଧିକ ଅଂଶ ପୁଣି ପ୍ୟାକ କରି ଚା ପାନ କରିବା ପାଇଁ ଏକ ଭାରତୀୟ ରେଷ୍ଟୋରାଁ 'ସିତାର'ର ସନ୍ଧାନ କଲୁ। ଆମେରିକାରେ ଉଷ୍ମ ପାନୀୟ ଭାବରେ ବିଶେଷ ଭାବେ କଫି ପ୍ରଚଳିତ। ଯେଉଁଠାରେ ମିଳେ ପ୍ୟାକେଟ ଚା ପାଣିରେ ବୁଡ଼ାଇ ପିଇବାବାକୁ ପଡ଼େ ସେ ଆମକୁ ସୁହାଏ ନାହିଁ। ଆମେ ଭାରତୀୟମାନେ ସିଝା ଚା ପିଇବା ପସନ୍ଦ କରିଥାଉ। 'ସିତାର'ରେ ଚା ସହିତ ପାପଡ଼ ଓ ପକୋଡ଼ା ଖାଇ ବସାକୁ ଫେରିବା ବେଳକୁ ପ୍ରାୟ ସନ୍ଧ୍ୟା ୭ଟା ବାଜି ସାରିଥିଲେ ମଧ୍ୟ ଖରା ପଡ଼ିଥାଏ।

# ଫୋର୍ଡଙ୍କ ସହର

୦୬.୦୫.୨୦୨୧ ଦିନ ମଧ୍ୟାହ୍ନରେ ଡିଟ୍ରଏଟ ବିମାନ ବନ୍ଦରରେ ଡେଲଟା ବିମାନରୁ ସସ୍ତ୍ରୀକ ଓହ୍ଲାଇ ଶିଶିର ଭାଇନାଙ୍କ ନିର୍ଦ୍ଦେଶକ୍ରମେ କେବଳ 'ବ୍ୟାଗେଜ କ୍ଲେମ୍'ର ଫଳକକୁ ଅନୁସରଣ କରି ପ୍ରସ୍ଥାନ ଦ୍ୱାର ପାରିହେବା ପୂର୍ବରୁ ସେ ବାହାରେ ଆମକୁ ଅପେକ୍ଷା କରିଥିବାର ଦେଖିଲୁ। ଆମେରିକାର ସବୁ ବିମାନ ବନ୍ଦର ପରିସରରେ ମୁକ୍ତ ୱାଇଫାଇ ବ୍ୟବସ୍ଥା ଯୋଗେ ହ୍ୱାଟସ୍ ଆପ ମାଧ୍ୟମରେ ଯୋଗାଯୋଗରେ କୌଣସି ଅସୁବିଧା ହୋଇନଥାଏ। ସଂକ୍ଷିପ୍ତ ସମ୍ଭାଷଣାନ୍ତେ ସେ ଆମକୁ ତାଙ୍କ ଧଳା ରଙ୍ଗର BMW କାରରେ ନେଇ ଗଲେ। ତାଙ୍କ ସୁସଜ୍ଜିତ ଘରେ ପହଞ୍ଚି  ଆମ ପାଇଁ ଉଦ୍ଦିଷ୍ଟ କକ୍ଷରେ ବ୍ୟାଗ ରଖି ହାଲୁକା ମଧ୍ୟାହ୍ନ ଭୋଜନ ସାରି ସାଙ୍ଗେ ସାଙ୍ଗେ ସେ ଆମକୁ ଡିଟ୍ରିଏଟ ସହର ବୁଲେଇବା ପାଇଁ ବାହାରିବାକୁ କହିଲେ। ଆମର ଏହି ତିନି ଦିନର ରହଣୀ ପାଇଁ ସେ ଏକ ସୁଚିନ୍ତିତ ଖସଡ଼ା ପ୍ରସ୍ତୁତ କରିଥିଲେ। କହିଲେ ,"ମୁଁ ଚାହେଁ ତୁମେମାନେ ଆମେରିକା ଆସି କେବଳ ବହୁତଳ ପ୍ରାସାଦ ଅପେକ୍ଷା ଏ ଦେଶରେ ଗ୍ରାମାଞ୍ଚଳର ଶୋଭା ମଧ୍ୟ ଦେଖିବା ଉଚିତ୍। ଆମେ ସମ୍ମତ ହେଲୁ। ସେଦିନ ଆମେ ପ୍ରଥମେ ସହରର ଡାଉନ୍ ଟାଉନ୍ ବୁଲିବାକୁ ଗଲୁ। କରୋନାର କୁପ୍ରଭାବ ଯଥେଷ୍ଟ କମିଯାଇଥିଲେ ମଧ୍ୟ ଅନେକ ସ୍ଥାନରେ ଲକ୍‌ଡାଉନ୍ ବଳବତ୍ତର ଥାଏ। ଏକ ଭୂତଳ ପାର୍କିଂରେ ଗାଡ଼ି ରଖି ଚାଲିଲୁ। ସେ ସ୍ଥାନଟି ଥିଲା ଡିଟ୍ରୟଟ ନଦୀର ଉପକୂଳ। ବେଶ୍ ପ୍ରଶସ୍ତ ନଦୀର ଅପରପାର୍ଶ୍ୱରେ କାନାଡ଼ା ଦେଶ। ଦୁଇ ଦେଶର ମାନଚିତ୍ରକୁ ବିଭାଜିତ କରେ ଏହି ନଦୀ। କୋହଲା ପବନ ଦେହ ଥରାଇ ଦେଉଥାଏ। ସେହି ସ୍ଥାନର ଦୃଶ୍ୟ ମୁମ୍ବାଇର ମେରାଇନ ଡ୍ରାଇଭ୍‌ର ଭ୍ରମ ସୃଷ୍ଟି କରୁଥାଏ। କୂଳରେ ଅନେକ ସୁଉଚ୍ଚ ଅଟ୍ଟାଳିକା ମଧ୍ୟରେ ଜି.ଏମ୍ (ଜେନେରାଲ ମୋଟରସ୍)ର କୋଠା 'ରେନାସାଁ ସେଣ୍ଟର'ସବୁଠାରୁ ବଡ଼। ଏହା ମଧ୍ୟରେ ଅନେକ କିଛି ଦର୍ଶନୀୟ ଥିଲେ ମଧ୍ୟ ସେ ସମୟରେ ସବୁଥିଲା

ବନ୍ଦ, ଜନଶୂନ୍ୟ। କରୋନା ହରେଇ ନେଇଛି ଜୀବନର ରସ ରଙ୍ଗ ସର୍ବତ୍ର। ଏହି ଟାୱାର ଉପରେ ଯାନ୍ତ୍ରିକ ଉପାୟରେ ପରିକ୍ରମା କରି ସହରକୁ ଉପଭୋଗ କରିବାର ସୁଯୋଗ ଆମ ପାଇଁ ନଥିଲା। ସେ ସମୟରେ ଜନଗହଳି ଥିଲେ ମଧ୍ୟ ଆମେ ହୁଏତ ସଂକ୍ରମଣ ଭୟରେ ଭିତରକୁ ଯାଇନଥାନ୍ତୁ। ଏକ ଗାଡ଼ିରେ ବସିଥିବା ପୁଲିସମାନଙ୍କୁ ଭାଇନା ପଚାରିବାରୁ କେବଳ ଭେଣ୍ଡର ଆଉ ସୀମିତ ସଂଖ୍ୟକ କର୍ମଚାରୀଙ୍କ ପାଇଁ ଟାୱାର ଭିତରକୁ ପ୍ରବେଶ ଅନୁମତି ରହିଛି ବୋଲି ଜାଣି ସେଠାରୁ ଫେରି ପୁଣି ଗାଡ଼ିରେ ବସି ଆଗକୁ ବଢ଼ିଲୁ।

ତା'ପରେ ଆମେ ଏକ ବିରାଟ ହଲ୍ ନିକଟରେ ପହଞ୍ଚିଲୁ। ପ୍ରାୟ ନଅଲକ୍ଷ ବର୍ଗଫୁଟ ପରିମିତ ଏହି ହଲରେ ପ୍ରତିବର୍ଷ ଜୁନ୍‌ମାସରେ ଏକ ବିଶ୍ୱସ୍ତରୀୟ ମୋଟର ଯାନ ପ୍ରଦର୍ଶନୀ ଅନୁଷ୍ଠିତ ହୁଏ ଯେଉଁଥିରେ ବିଭିନ୍ନ ଦେଶର ଶତାଧିକ ମୋଟର ନିର୍ମାତା ଭାଗ ନିଅନ୍ତି। ଏଥି ସହିତ ମୋଟର ଯାନ ସମ୍ବନ୍ଧୀୟ ଅନେକ କାର୍ଯ୍ୟକ୍ରମ ମଧ୍ୟ ଆୟୋଜିତ ହୋଇଥାଏ।  ସେତେବେଳେ  ସାରା ଅଞ୍ଚଳ ଏକ ପ୍ରକାର ଉତ୍ସବ ମୁଖର ହୋଇଉଠେ। କହିବା ବାହୁଲ୍ୟ ଯେ ଡିଟ୍ରଏଟ ସାରା ବିଶ୍ୱରେ 'ମୋଟର ସିଟି' ନାମରେ ପରିଚିତ। ଏହି ନାମକରଣ ପଛରେ ରହିଛି ପ୍ରଥମ ମୋଟର ଯାନ ନିର୍ମାତା ହେନେରି ଫୋର୍ଡଙ୍କ ଯାନ୍ତ୍ରିକ ଦକ୍ଷତା ସହିତ ବ୍ୟବସାୟିକ ବିଚକ୍ଷଣତା। ତାଙ୍କର ଶୈଳ୍ପିକ ଅଧ୍ୟବସାୟ ବଳରେ ମୋଟର ଯାନ ଉତ୍ପାଦନ  କ୍ଷେତ୍ରରେ ଅନେକ ବିବର୍ତ୍ତନ ସମ୍ଭବ ହୋଇପାରିଛି ଏବଂ ସେଥିପାଇଁ ଏହି ସହର ପ୍ରସିଦ୍ଧି ଲାଭ କରିଛି।

୧୮୬୩ରେ ଜନ୍ମିତ ହେନେରି ଫୋର୍ଡ ମାତ୍ର ୧୫ ବର୍ଷ ବୟସରେ ଏକ ବାଷ୍ପ ଚାଳିତ ଇଞ୍ଜିନ ନିର୍ମାଣ କରିବାରେ ସଫଳ ହୋଇଥିଲେ। ୧୮୮୩ରେ ଏକକ ସିଲିଣ୍ଡର ବିଶିଷ୍ଟ ଇଞ୍ଜିନ ତିଆରି କରିବା ପରେ ୧୮୮୬ରେ ଚାରିଗୋଟି ସାଇକେଲ ଚକ ସଂଯୁକ୍ତ କରି ଏକ ଯାନ ପ୍ରସ୍ତୁତ କଲେ ଯାହା ପ୍ରଥମ କାର୍ ଭାବେ ଜଣା। ସେ ପ୍ରଥମେ ଏକ କମ୍ପାନୀରେ ଚାକିରୀ କରୁଥିଲେ ଏବଂ ସେଥିରୁ ଇସ୍ତଫା ଦେଇ ୧୮୮୮ରେ ଡିଟ୍ରଏଟ ମୋଟର କମ୍ପାନୀ ପ୍ରତିଷ୍ଠା କଲେ।ବହୁ ଘାତପ୍ରତିଘାତ ସହ୍ୟ କରିବା ପରେ ୧୯୦୩ରେ ମାତ୍ର ବାରଜଣ ଭାଗୁଆଳିଙ୍କଠାରୁ ୨୮୦୦୦ ଡଲାର ସଂଗ୍ରହ କରି ଆରମ୍ଭ କଲେ 'ଫୋର୍ଡ ମୋର୍ଟସ୍' ଯାହା ୧୯୪୭ରେ ତାଙ୍କର ମୃତ୍ୟୁ ପରେ ମଧ୍ୟ ପରପୀଢ଼ିମାନଙ୍କ ଦ୍ୱାରା ସୁପରିଚାଳିତ ହୋଇ ଆସୁଅଛି। ତେବେ ମୋଟର ଯାନ ନିର୍ମାଣ କ୍ଷେତ୍ରରେ ଶୀର୍ଷସ୍ଥାନରେ ରହିବା ପରେ ଫୋର୍ଡ କମ୍ପାନୀର ସଫଳତାରେ ଆକୃଷ୍ଟ ହୋଇ ଅନ୍ୟ ନିର୍ମାତାମାନେ ମଧ୍ୟ ଏହି ସହରରେ ତାଙ୍କର ଶିଳ୍ପ ପ୍ରତିଷ୍ଠା କରିବା ପାଇଁ ଉତ୍ସାହିତ ହୋଇଛନ୍ତି। କ୍ରମେ ୨୦୦୯ରେ ଜେନେରାଲ ମୋଟରର୍ସ ଓ

୧୯୨୫ରେ କ୍ରାଇସଲର୍ ପ୍ରଭୃତି କମ୍ପାନୀ ପ୍ରତିଷ୍ଠା ହୋଇ ଡିଟ୍ରଏଟକୁ ବିଶ୍ୱ 'ଅଟୋ କ୍ୟାପିଟାଲ'ରେ ପରିଣତ କରିବାରେ ସକ୍ଷମ ହୋଇଛନ୍ତି। ଏହା ଦ୍ୱାରା ବସ୍ତୁତଃ ଅନେକଗୁଡ଼ିଏ ନିମ୍ନମୁଖୀ ଆନୁଷଙ୍ଗିକ ଶିଳ୍ପ ମଧ୍ୟ ଗଢ଼ିଉଠି ସହସ୍ରାଧିକ ନିଯୁକ୍ତି ସୃଷ୍ଟି କରିଛି। କ୍ରମେ ଜର୍ମାନୀ ଓ ଜାପାନ ଭଳି ଦେଶରୁ ମୋଟର ଯାନ କ୍ଷେତ୍ରରେ ଅଗ୍ରଣୀ କମ୍ପାନୀମାନେ ଆସି ଏଠାରେ ଏହି ଶିଳ୍ପର ଭିତ୍ତିଭୂମିକୁ ଆହୁରି ସୁଦୃଢ଼ କରିଛନ୍ତି। ବ୍ୟବସାୟିକ ପ୍ରତିଦ୍ୱନ୍ଦିତା ବୃଦ୍ଧି ପାଇଥିଲେ ମଧ୍ୟ ସାମଗ୍ରିକ ଭାବରେ ଏହି କ୍ଷେତ୍ରରେ ବିକାଶ ଘଟିଛି।

ପ୍ରବାଦ ପୁରୁଷ ହେନେରୀ ଫୋର୍ଡ ଜଣେ ଦୂର ଦୃଷ୍ଟିସମ୍ପନ୍ନ ସଫଳ ଶିଳ୍ପପତି। ତାଙ୍କର ସାମାଜିକ ଉତ୍ତର ଦାୟିତ୍ୱ ମଧ୍ୟ ଅଧିକ ଥିଲା। ଏଠାରେ ତାଙ୍କ ନାମରେ କଲେଜ ଡାକ୍ତରଖାନା ଆଦି ଦେଖିବାକୁ ମିଳେ। ଶିକ୍ଷା ଓ ଗବେଷଣା କ୍ଷେତ୍ରରେ କାର୍ଯ୍ୟ କରୁଥିବା ବିଶ୍ୱସ୍ତରୀୟ ଅନୁଷ୍ଠାନ ଫୋର୍ଡ ଫାଉଣ୍ଡେସନ ମଧ୍ୟ ତାଙ୍କ ଦ୍ୱାରା ପ୍ରତିଷ୍ଠିତ। ସେ କେତେଗୋଟି ପୁସ୍ତକ ମଧ୍ୟ ରଚନା କରିଥିଲେ। ସେଥି ମଧ୍ୟରୁ 'My Life & Work (1922)', 'Today & Tomorrow(1926)', 'Moving Forward (1930)' ଆଦି ଅନ୍ୟତମ। ସାରାଜୀବନ ତାଙ୍କର ବନ୍ଧୁ ଭାବେ ରହିଥିବା ପ୍ରସିଦ୍ଧ ବୈଜ୍ଞାନିକ ଥମାସ୍ ଏଡ଼ିସନଙ୍କ ଉପରେ ମଧ୍ୟ ସେ 'Edison, as I know him(1930)' ନାମରେ ଅନ୍ୟ ଏକ ପୁସ୍ତକ ପ୍ରକାଶ କରିଥିଲେ। ସର୍ବୋପରି ତାଙ୍କ ଦ୍ୱାରା ପ୍ରତିଷ୍ଠିତ 'ହେନେରୀ ଫୋର୍ଡ ମ୍ୟୁଜିୟମ ଅଫ ଆମେରିକାନ୍ ଇନୋଭେସନ' ଦେଶବିଦେଶରୁ ଅନେକ ଦର୍ଶକଙ୍କୁ ଆକୃଷ୍ଟ କରିଥାଏ। ଏଥିରେ ଶତାଧିକ ମଡେଲର ମୋଟର ଯାନ ସହିତ ଫୋର୍ଡଙ୍କ ଦ୍ୱାରା ନିର୍ମିତ ପ୍ରଥମ କାର , ଇଞ୍ଜିନ, ପୁରାତନ ଯନ୍ତ୍ରାଂଶ ପ୍ରଦର୍ଶିତ ହୋଇଛି। ଡିଟ୍ରଏଟରେ ଅଟୋମୋବାଇଲ କ୍ଷେତ୍ରରେ ଯେଉଁ 'ହଲ୍ ଅଫ ଫେମ୍' ପ୍ରତିଷ୍ଠିତ ହେଇଛି ତହିଁରେ ହେନେରି ଫୋର୍ଡ, ଇଜି ଟୋୟୋଟା, ୱାଲଟର ପି.କ୍ରାଇସଲର, ସୋଚିରେ ହୋଣ୍ଡା ପ୍ରଭୃତି ବିଶ୍ୱବିଖ୍ୟାତ ମୋଟରେ ନିର୍ମାତାଙ୍କ ନାମ ଓ ତଥ୍ୟ ସ୍ଥାନ ପାଇଛି। ଡିଟ୍ରଏଟ ସହରରେ ଫୋର୍ଡ ପରିବାରଙ୍କ ବାସସ୍ଥାନ 'ଫୋର୍ଡ ମ୍ୟାନସନ' ମଧ୍ୟ ଏକ ଦର୍ଶନୀୟ ସ୍ଥାନ।

ଆମେ ସେ ସ୍ଥାନ ଛାଡ଼ି ପଛକୁ ଫେରି ବେଲି ଆଇଲ୍ (Belle Isle) ନାମକ କ୍ଷୁଦ୍ର ଦ୍ୱୀପ ଭିତରକୁ ଯିବାକୁ ବାହାରିଲୁ। ଅଦୂରରେ ଆମେରିକା ଓ କାନାଡ଼ା ଦୁଇ ଦେଶକୁ ଯୋଗ କରୁଥିବା ଝୁଲନ୍ତା ପୋଲ ଦୃଶ୍ୟମାନ ହେଉଥାଏ। ଆମେରିକାରୁ ତ୍ୱରିତ ଭିସା ନେଇ କାନାଡ଼ା ଯାଇହୁଏ ବୋଲି ମୁଁ ପୂର୍ବରୁ ଶୁଣିଥିଲି। ସେ ବିଷୟରେ ଆମର ଯେମିତି ଜାଣିବାକୁ ଇଚ୍ଛାଥାଏ, ଶିଶିର ଭାଇନାଙ୍କ ମଧ୍ୟ ସୂଚନା ପ୍ରଦାନ

କରିବାରେ ପ୍ରବଳ ଆଗ୍ରହ ଥାଏ। ସେ ଯଥା ସମୟରେ ସଠିକ୍ ସୂଚନା ପ୍ରଦାନ କରି ଆମକୁ କୃତଜ୍ଞ କରନ୍ତି। ସେ କହିଲେ, ସେ ବ୍ୟବସ୍ଥା ବନ୍ଦ ହେଇଗଲାଣି। ଏବେ ଏ ଦେଶର ନାଗରିକ ସହଜରେ ଯାଇପାରୁଥିଲେ ମଧ୍ୟ ଅନ୍ୟ ଦେଶରୁ ଆସୁଥିବା ଲୋକେ ଭିସା ପାଇଁ ଆବେଦନ କରିବାକୁ ହେଉଛି। ଯାହାର ଆମେରିକା ଭିସା ରହିଥିବ ସେ କ୍ଷେତ୍ରରେ ସହଜ ହେବ। ସେ ଅନେକ ଥର ପୂର୍ବରୁ ଟରୋଣ୍ଟ ସହରକୁ ନିର୍ଦ୍ୱନ୍ଦ୍ୱରେ ଯାଇ ସେଠାରୁ ନିର୍ଦ୍ଦିଷ୍ଟ କୌଣସି ପଞ୍ଜାବୀ ଲୋକ କରିଥିବା ମିଠା ଦୋକାନରୁ ବୁନ୍ଦି ଆଣି ପାର୍ଟିରେ ବନ୍ଧୁମାନଙ୍କୁ ପରଷିଛନ୍ତି ବୋଲି କହିଲେ ମାତ୍ର ଆମ ପାଇଁ ସେ ସୁଯୋଗ ନଥିଲା। କାରଣ ସଂକ୍ରମଣ ପାଇଁ ସୀମାନ୍ତ ଅଞ୍ଚଳରେ ଉଭୟ ଦେଶକୁ ପ୍ରବେଶ ଉପରେ ପ୍ରତିବନ୍ଧକ ଲାଗିଥିଲା।

ନଈକୂଳିଆ ରାସ୍ତାରେ ସ୍ୱାଭାବିକ ଭାବେ ପବନର ଗତି ଥିଲା ତୀବ୍ର। ମେଘୁଆ ପାଗ ସାଙ୍ଗକୁ ଥଣ୍ଡା ପବନ ମିଶି ଏହି ଶୀତ ପ୍ରଧାନ ଦେଶର ଗରିମାକୁ ଆହୁରି ଉଜ୍ଜଳ କରୁଥାନ୍ତି। ପବନର ବଳ ପାଇ ଜଳରାଶିର ଉଦ୍ଦାମତା ବଢ଼ିଥାଏ। ସେଥିରେ ଛୋଟ ଲହଡ଼ି ସୃଷ୍ଟି ହୋଇ ଜଳବିନ୍ଦୁର ବିଚ୍ଛୁରଣ ଘଟି ପରିବେଶକୁ ଆହୁରି ଶୀତଳ କରୁଥାଏ। ଆମେ ମ୍ୟାକ ଆର୍ଥର ବ୍ରିଜ ଅତିକ୍ରମ କରି ବେଲି ଦ୍ୱୀପ ଭିତରକୁ ପ୍ରବେଶ କଲୁ। ନଦୀ ଗର୍ଭରେ ଦୁଇ ଭୁଖଣ୍ଡରୁ ବିଚ୍ଛିନ୍ନ ଏହି ଦ୍ୱୀପର ଦୈର୍ଘ୍ୟ ପ୍ରାୟ ଅଢ଼େଇ ମାଇଲ। ଏକଦା ଏହା କାନାଡା ଅଧୀନରେ ରହିଥିଲା। ଜଳପଥରେ ଅପେକ୍ଷାକୃତ କମ୍ ବ୍ୟବଧାନରେ ଥିବାରୁ ଏବଂ ଏହି ଦ୍ୱୀପର ପ୍ରାକୃତିକ ପରିବେଶର ଆକର୍ଷଣରେ ଆକର୍ଷିତ ହେଇ ଆମେରିକା ସରକାର ଏହାକୁ ନିଜ କବ୍‌ଜାରେ ରଖିଛନ୍ତି। ଏହି ବିବାଦୀୟ ଭୂଖଣ୍ଡ ବା ଦ୍ୱୀପ ପାଇଁ ଅନ୍ତର୍ଜାତୀୟ ଅଦାଲତରେ ମାମଲା ରହିଥିଲେ ମଧ୍ୟ ଆମେରିକୀୟମାନେ ଏହାକୁ ଉପଭୋଗ କରୁଛନ୍ତି। ବିଳାସପ୍ରିୟ ମାର୍କିନ ଜାତି ଜୀବନକୁ ଉପଭୋଗ କରିବା ପାଇଁ ଅନେକ ବ୍ୟୟବହୁଳ ଉପାୟ ଆପଣେଇଥାନ୍ତି। ଆମ ଦେଶରେ ଆମେମାନେ ଯେମିତି ଭ୍ରମଣ ପାଇଁ ବା ବଣଭୋଜୀ କରିବା ପାଇଁ ସାଧାରଣତଃ ଶୀତଦିନକୁ ଅପେକ୍ଷା କରିଥାଉ ଏବଂ ପାର୍ବତ୍ୟାଞ୍ଚଳକୁ ବୁଲିବା ପାଇଁ ଗ୍ରୀଷ୍ମ ଋତୁକୁ ପସନ୍ଦ କରିଥାଉ ଠିକ୍ ସେହିପରି ଆମେରିକାରେ ଲୋକେ ଗ୍ରୀଷ୍ମଋତୁକୁ ପସନ୍ଦ କରିଥାନ୍ତି। ଜୁନ୍‌ଠାରୁ ସେପ୍ଟେମ୍ବର ମାସ ଭିତରେ ବିଭିନ୍ନ ସ୍ଥାନକୁ ଯାଇ ସମୟ କଟାଇଥାନ୍ତି। ସାମାନ୍ୟ ଖରା ପଡ଼ିଲେ ମନ ଉଚ୍ଚାଟିତ ହୁଏ, ସେମାନେ ଘର ଛାଡ଼ି ବାହାରକୁ ବାହାରି ପଡ଼ନ୍ତି। ନଚେତ୍ ଶୀତ ଋତୁରେ ବିଯୁକ୍ତ ଶୂନ୍ୟ ଡିଗ୍ରୀ ତାପମାତ୍ରାରେ ଘରୁ ବାହାରିବା ଅସମ୍ଭବ ହୋଇପଡ଼େ।

ଇଣ୍ଟରନେଟରେ ଅଗାମୀ ଦିନର ତାପମାତ୍ରା ବିଷୟରେ ସୂଚନା ପାଇ ସେମାନେ ଭ୍ରମଣର ଯୋଜନା ତ୍ୱରିତ କରିଥାନ୍ତି। ବିଶେଷକରି ସପ୍ତାହାନ୍ତ ଶେଷ

ଦିନଗୁଡ଼ିକ ସେମାନେ ଯେଭଳି ଉପଭୋଗ କରିବା ପାଇଁ ସୁଖ ମଣନ୍ତି। ଅନ୍ୟ ଦିନମାନଙ୍କରେ  ବୃତ୍ତିଗତ ଚାପରେ ମନୋରଞ୍ଜନର ବିଶେଷ ସୁବିଧା ସେମାନଙ୍କ ପ୍ରାପ୍ତ ହୋଇନଥାଏ।

ବେଲି ଦ୍ୱୀପର ସୌନ୍ଦର୍ଯ୍ୟ ଥିଲା ଅନନ୍ୟ। ସ୍ଥାନୀୟ ପ୍ରଶାସନର ଉଦ୍ୟମରେ ଏଠାରେ ପ୍ରଶସ୍ତ ରାସ୍ତା, ଜଳ ଫୁଆରା, ବୃକ୍ଷରୋପଣ, ତୃଣ ଆଚ୍ଛାଦନ ଆଦି ସହିତ ସୌନ୍ଦର୍ଯ୍ୟକରଣ ପାଇଁ ଅନେକ ଉପାୟ କରାଯାଇଥିଲା। ସବୁ ବ୍ୟବସ୍ଥା ଅସହାୟ ଭାବେ ଉପଭୋକ୍ତାମାନଙ୍କୁ ଯେମିତି ଅପେକ୍ଷା କରୁଥିଲା। ସାଧାରଣ ଲୋକେ ସରକାରୀ ବାରଣ ହଟିବା ପାଇଁ ଅପେକ୍ଷା କରିଥିଲେ ମାତ୍ର ୨୦୨୦ ବର୍ଷର ଭୟାବହତା ମନରୁ

ସଂପୂର୍ଣ୍ଣ ଲିଭିନଥିଲା। ପ୍ରାୟ ସବୁ ଲୋକେ ବାହାରକୁ ବାହାରିଲେ ମୁହଁରେ ତୁଣ୍ଡି ବାନ୍ଧୁଥିଲେ ଓ ଧାଡ଼ିରେ ଛିଡ଼ା ହେଲାବେଳେ ସାମାଜିକ ଦୂରତା ରଖୁଥିଲେ।

ଏହି ଦ୍ୱୀପ ଉପକୂଳରେ ଆମେ କିଛି ବତକ, ଏମୁ, ଟର୍କି ଓ ଆହୁରି ଅନେକ ମାଛଖିଆ ପକ୍ଷୀ ଦେଖିବାକୁ ପାଇଲୁ। ମାର୍କିନ ବତକଙ୍କ ରଙ୍ଗ ଓ ଗଢ଼ଣ ସ୍ୱତନ୍ତ୍ର। ଏ ପ୍ରଜାତିର ବତକଙ୍କର ବେକ ଲମ୍ବା ଓ ମୟୁର ଭଳି ନୀଳ ଓ ସବୁଜ ରଙ୍ଗ ଛାତି ପର୍ଯ୍ୟନ୍ତ ଥାଏ। ଆମେ କିଛି ସମୟ ଗାଡ଼ିରୁ ଓହ୍ଲାଇ ପକ୍ଷୀମାନଙ୍କ ସହିତ ଦ୍ୱୀପର ଅପରପାର୍ଶ୍ୱରେ ଥିବା ରେନେସାଁ ସେଣ୍ଟର ତଥା ଅନ୍ୟ ଅଟ୍ଟାଳିକା ସମୂହର ଦୃଶ୍ୟ ଉପଭୋଗ କଲୁ। ତା'ପରେ ସେଠାରୁ ଫେରି ନଦୀ କୂଳ ରାସ୍ତାରେ ଆସିବାବେଳେ ରାସ୍ତାରେ ଦୁଇ ପାର୍ଶ୍ୱରେ ରହିଥିବା ସମ୍ଭ୍ରାନ୍ତ ବାସଗୃହଗୁଡ଼ିକ ପ୍ରତି ଦୃଷ୍ଟିପାତ କଲୁ। ଭାଇନାଙ୍କ ସୂଚନା ଅନୁସାରେ ଏଗୁଡ଼ିକ ବିଶିଷ୍ଟ ଶିଳ୍ପପତି ତଥା ଧନାଢ୍ୟ ବ୍ୟକ୍ତିଙ୍କ ବାସଗୃହ। ତା ମଧ୍ୟରେ ଫୋର୍ଡ ମ୍ୟାନସନ ମଧ୍ୟ ଥିଲା। ତା'ପରେ ଆସିଲା 'ଦ ଗ୍ରେଟ ୟାଟ୍ କ୍ଲବ' (The Great Yatch Club)। ନଦୀ ଉପକୂଳରେ ଶହ ଶହ ସଂଖ୍ୟାରେ ବିଭିନ୍ନ ଆକାରର ଛୋଟ ବଡ଼ ନୌକା ସବୁ ରହିଥାଏ।

ଏହି ସୌଖୀନ ଡଙ୍ଗାଗୁଡ଼ିକ ନୌକାଚାଳନା ପ୍ରତିଯୋଗିତାର ବ୍ୟବହୃତ ଏବଂ ଅନ୍ୟ ସମୟରେ ଭାସମାନ ଅବସ୍ଥାରେ ମନୋରଞ୍ଜନର ପ୍ରମୁଖ ମାଧ୍ୟମ ହୋଇଥାଏ। ଏହି ନୌକା ମୁଖ୍ୟତଃ ଦୁଇ ପ୍ରକାରର। ପ୍ରଥମ ପ୍ରକାରର ନୌକା ଯନ୍ତ୍ରଚାଳିତ ହୋଇଥିବାବେଳେ ଦ୍ୱିତୀୟ ପ୍ରକାର ନୌକା ପ୍ରାକୃତିକ ଉପାୟରେ ଚାଳନା କରାଯାଏ ଯଥା ପବନର ଗତିକୁ ଲକ୍ଷ୍ୟ କରି ଏକାଧିକ ତଲେଇ ବାନ୍ଧି ତା'କୁ କୌଶଳକ୍ରମେ ଗତିଶୀଳ କରି ଆୟତ କରିବାରେ ଅନେକ ଦକ୍ଷତା, ସାହସ ଓ ଅନୁଭୂତିର ଆବଶ୍ୟକତା ରହିଥାଏ। ଏହି ଦ୍ୱିତୀୟ ପ୍ରକାରର ୟାଟଗୁଡ଼ିକ କ୍ରୟ କରିବା ଯେମିତି ବ୍ୟୟ ବହୁଳ ତାହାର ରକ୍ଷଣାବେକ୍ଷଣ ସେମିତି ବ୍ୟୟସାପେକ୍ଷ। ଯନ୍ତ୍ରଚାଳିତ ଡଙ୍ଗା ଅନେକ ଶସ୍ତା ଦାମରେ ମିଳିଥାଏ। ୟାଟ ପରିଚାଳନା ଶିକ୍ଷା କରିବା ପାଇଁ ପ୍ରଶିକ୍ଷକଙ୍କ ଆବଶ୍ୟକତା ପଡ଼ିଥାଏ। ୟାଟ କ୍ଲବର ସଦସ୍ୟମାନେ ଚାହିଁଲେ ଏମାନେ ତାଙ୍କୁ ପ୍ରଶିକ୍ଷଣ ଦେଇଥାନ୍ତି। ୟାଟ ଚାଳନା ପାଇଁ ଉଚ୍ଚମୂଲ୍ୟର ବୀମା ମଧ୍ୟ କରିବା ଜରୁରୀ।

ନିଜସ୍ୱ ଡଙ୍ଗା ରଖିବା ଆଭିଜାତ୍ୟର ପ୍ରତୀକ। କିଛି ରୁଚିବନ୍ତ ଧନୀଙ୍କଙ୍କ ବିଳାସର ସାମଗ୍ରୀ। କ୍ଷୁଦ୍ରାକାର ଡଙ୍ଗାଗୁଡ଼ିକୁ ନିଜ କାର ପଛରେ ଏକ ସ୍ୱତନ୍ତ୍ର ଟ୍ରଲିରେ ଲଦି ସ୍ଥାନାନ୍ତର କରାଯାଇପାରେ। ପୁଣି ସମୟ ସୁବିଧା ଦେଖି ଚଳାଇବା ପାଇଁ ଇଚ୍ଛା ହେଲେ ନଦୀକୂଳକୁ ଆଣି ବ୍ୟବହାର କରାଯାଇପାରେ। କାରଣ ନଦୀକୂଳରେ ଡଙ୍ଗା

ରଖିବା ପାଇଁ ଅଧିକ ଭଡ଼ା ଦେବାକୁ ପଡ଼େ। ତେଣୁ ପ୍ରାୟ ଲୋକଙ୍କ ବାସଗୃହ ପରିପାର୍ଶ୍ୱରେ ପ୍ରଶସ୍ତ ଖାଲିଜାଗା ରହିଥିବାରୁ ଡଙ୍ଗା ନେଇ ରଖିବା ସୁବିଧା ହେଇଥାଏ। ଶିଶିର ଭାଇନା ପୂର୍ବରୁ ଏକ ଡଙ୍ଗା ରଖିଥିଲେ ମାତ୍ର ବିଶେଷ ବ୍ୟବହାରରେ ନଆସିବାରୁ ସେଇଟିକୁ ହସ୍ତାନ୍ତର କରିଦେଲେ।

ଆମେ ସେତେବେଳେ ନଦୀ ପୃଷ୍ଠରେ ଅଳ୍ପ କେତୋଟି ଡଙ୍ଗା ଭାସୁଥିବାର ଦେଖିଲୁ। ସେ ସ୍ଥାନରେ ନଦୀର ପ୍ରସ୍ଥ ଏତେ ଅଧିକ ଯେ ତାହା ସାଗରର ଭ୍ରମ ସୃଷ୍ଟି କରୁଥାଏ। ସାତଟା ବାଜିସାରିଥିଲେ ମଧ୍ୟ ରାତ୍ରି ତ ଦୂର କଥା ସନ୍ଧ୍ୟାର ସଙ୍କେତ ମାତ୍ର ନଥାଏ। ଏଠାରେ ନ'ଟା ପରେ ରାତି ହୁଏ ମାତ୍ର ନ'ଅ ଘଣ୍ଟା ପାଇଁ। ସକାଳ ଛ'ଟାରେ ଯଥାରୀତି ସୂର୍ଯ୍ୟ ଉଏଁ। ଧୂସର ଆକାଶର ପ୍ରଚ୍ଛଦରେ ଭାସମାନ ତଲେଇଟଣା ନୌକା କେତୋଟି ଏକ ଅପୂର୍ବ କଳାତ୍ମକ ଦୃଶ୍ୟ ସୃଷ୍ଟି କରୁଥାଏ।

ତା'ପରେ ଆମେ ଆସିଲୁ ଜଣେ ଓଡ଼ିଆ ଭଦ୍ର ମହିଳାଙ୍କ ଘରକୁ। ସେ ହେଲେ କଟକ ସହରର ଝିଅ, ଶୁଭନାମ ତିଲୁ, ତାଙ୍କ ସ୍ୱାମୀ ଆନ୍ଧ୍ରପ୍ରଦେଶର ଲୋକ, ନାମ ନରେନ। ତାଙ୍କ ଘରେ ପଶୁ ପଶୁ ମୁଁ ପ୍ରଥମେ ଦେଖିଲି ସ୍ୱାମୀ ହରିହରାନନ୍ଦ ଗିରି ଏବଂ ପରମହଂସ ପ୍ରଜ୍ଞାନାନନ୍ଦଙ୍କ ଫଟୋ। ତିଲୁ ଓ ନରେନ୍ କ୍ରିୟା ଯୋଗର ଶୃଙ୍ଖଳାରେ ଦୀକ୍ଷିତ ହୋଇସାରିଥିଲେ। ଦୁହେଁ ବହୁତ ମେଳାପୀ। ଅନେକ ବର୍ଷ ହେଲା ଡିଟ୍ରଏଟ୍ର ବାସିନ୍ଦା। ନରେନ୍‌ବାବୁ ଜେନେରାଲ ମୋଟରସ୍ କମ୍ପାନୀରେ ଅଟୋମୋବାଇଲ ଡିଜାଇନର ଭାବରେ କାର୍ଯ୍ୟରତ। ସେତେବେଳେ ସ୍ୱାମୀ ପ୍ରଜ୍ଞାନାନନ୍ଦ ଶିକାଗୋରେ ଥିଲେ। ତା ପରଦିନ ତାଙ୍କ ପ୍ରବଚନ କାର୍ଯ୍ୟକ୍ରମରେ ଯୋଗଦେବା ପାଇଁ ତିଲୁ ଓ ନରେନ୍ ବାବୁ ଶିକାଗୋ ଯିବାର ଥିଲା। ଆମେ ତାଙ୍କ ଘରେ ବରା ଓ ମଟର ଘୁଗୁନି ଜଳଖିଆ ଖାଇ ଫେରି ଆସିଲୁ। ଓଡ଼ିଆ ଖାଦ୍ୟର ସ୍ୱାଦ ଆମକୁ ଆନନ୍ଦିତ କଲା। ସେମାନଙ୍କର ବିବାହ ମଧ୍ୟ ସ୍ୱାମୀ ପ୍ରଜ୍ଞାନନନ୍ଦଙ୍କ ଦ୍ୱାରା ପ୍ରଯୋଜିତ ବୋଲି ଜାଣିଲୁ।

ପରଦିନ ସକାଳୁ ଭାଇନାଙ୍କ ସଙ୍ଗେ ପ୍ରଥମେ ପରାଶକ୍ତି ମନ୍ଦିର ଗଲୁ। ସେ ମନ୍ଦିର ଦକ୍ଷିଣ ଭାରତୀୟଙ୍କ ଦ୍ୱାରା ନିର୍ମିତ ହୋଇଛି। ମନ୍ଦିରର ପୁନଃନିର୍ମାଣ କାର୍ଯ୍ୟ ଦୁଇ ବର୍ଷ ହେଲା ଚାଲିଛି ବୋଲି ବୁଝିଲୁ। ସେଠାକୁ ଶିଶିର ଭାଇନା ଓ ଭାଉଜଙ୍କ ଯିବା କିଛି ନୂଆ ନୁହେଁ। ସେଠାରେ ପୂଜିତ ଶ୍ରୀଜଗନ୍ନାଥ ଚତୁର୍ଦ୍ଧାମୂର୍ତ୍ତିଙ୍କ ବିଗ୍ରହ ୨୦୧୮ରେ ମୋ ଦ୍ୱାରା ପ୍ରେରିତ

ହୋଇଥିଲା। ଭାଇନା ସେ ପ୍ରକ୍ରିୟାରେ ମୁଖ୍ୟ ସଂଯୋଜକ ରହିଥିଲେ। ଏବେ ମନ୍ଦିରରେ ପୂଜିତ ସମସ୍ତ ବିଗ୍ରହ ଏକ ଅସ୍ଥାୟୀ ଗୃହରେ ପୂଜା ପାଉଛନ୍ତି। ସେଥିରେ ରହିଥିବା ଦାକ୍ଷିଣାତ୍ୟ ଶୈଳୀର ନୃସିଂହ ମୂର୍ତ୍ତି ଓ ଏକ ଧାତବ ଶ୍ରୀଯନ୍ତ୍ର ଉଲ୍ଲେଖନୀୟ। ଦେବୀ

ପରାଶକ୍ତି ମୁଖ୍ୟ ଅଧିଷ୍ଠାତ୍ରୀ ଭାବେ ପୂଜିତା। ମନ୍ଦିରର ଗୋପୁରମ ନିର୍ମାଣ କାର୍ଯ୍ୟ ଚାଲିଥାଏ। ମନ୍ଦିର ସଂଲଗ୍ନ ଦୁଇ ପାର୍ଶ୍ୱରେ ବୃହତ ଘର ସବୁ ଭକ୍ତମାନଙ୍କ ଦ୍ୱାରା ସାମାଜିକ ଉତ୍ସବ ପାଳନ ପାଇଁ ଉଦ୍ଦିଷ୍ଟ। ପ୍ରଶସ୍ତ ପରିସରରେ ଅନେକ ଖୋଲା ସ୍ଥାନ ରହିଛି। ଏଠାରେ ରଥଯାତ୍ରା ଅନୁଷ୍ଠିତ ହୁଏ। ଯାତ୍ରା ସରିବା ପରେ ରଥ ଖୋଲାଯାଇ ଗୋଦାମ ଘରେ ସଂରକ୍ଷିତ ରଖାଯାଏ। ଯାତ୍ରା ଦିନ ଓଡ଼ିଆ ଲୋକଙ୍କର ବହୁଳ ସମାଗମ ହୋଇଥାଏ। ଭାଇନାଙ୍କ ଜଣେ ପରିଚିତ ପୂଜକ ଆମର ନାମ ଗୋତ୍ର ବୁଝି ଶ୍ରୀଜଗନ୍ନାଥଙ୍କ ପାଖରେ ଆମ ପାଇଁ ପୂଜା କଲେ। ଆମ ହାତରେ କିଛି ଫଳ ପ୍ରସାଦ ଓ ତୁଳସୀ ଦେଲେ। ଆମେ ମହାପ୍ରଭୁଙ୍କୁ ମୁଣ୍ଡିଆ ମାରି ସେ ସ୍ଥାନରୁ ଫେରିଲୁ।

ଆମେରିକାରେ ଏହିଭଳି ଅନେକ ସ୍ଥାନରେ ଚତୁର୍ଦ୍ଧାମୂର୍ତ୍ତି ହିନ୍ଦୁ ମନ୍ଦିରମାନଙ୍କରେ ଅନ୍ୟ ଦେବଦେବୀଙ୍କ ସହିତ ପୂଜା ପାଉଛନ୍ତି। ମାତ୍ର ଦୁଃଖର ବିଷୟ କୌଣସିଠାରେ ଏପର୍ଯ୍ୟନ୍ତ ଶ୍ରୀଜଗନ୍ନାଥଙ୍କ ନାମରେ ସ୍ୱତନ୍ତ୍ର ମନ୍ଦିରଟିଏ ନିର୍ମାଣ ହୋଇପାରିନାହିଁ। ପ୍ରାୟ ସେସବୁ ସ୍ଥାନରେ ନିୟମିତ ରଥଯାତ୍ରା ପାଳିତ ହେଇ ଆସୁଛି। ଆହୁରି ଇସ୍‌କନ୍ କେନ୍ଦ୍ରମାନଙ୍କ ମଧ୍ୟରେ ଅନେକ ସ୍ଥାନରେ ମଧ୍ୟ ମହାପ୍ରଭୁ ପୂଜା ପାଇ ରଥଯାତ୍ରା ବହୁ ଆଡ଼ମ୍ବରରେ ପାଳନ କରାଯାଉଛି। ରାଜରାସ୍ତାରେ ରଥଯାତ୍ରା ଉତ୍ସବ ପାଳନ ଦ୍ୱାରା ମହାପ୍ରଭୁଙ୍କ ମହିମା ବହୁଗୁଣିତ ହେଉଥିବାର ଜଣାଯାଏ। ଅଧିକରୁ ଅଧିକ ସଂଖ୍ୟକ ଭକ୍ତ ମହାପ୍ରଭୁଙ୍କ ପ୍ରତି ଆକୃଷ୍ଟ ହେବା ସହିତ ପ୍ରଭାବିତ ହୋଇଥାନ୍ତି।

ତା'ପରେ ଆମେ ନିକଟବର୍ତ୍ତୀ ଟ୍ରୟ କାଉଣ୍ଟିରେ ଥିବା ଭାରତୀୟ ମନ୍ଦିରକୁ ଗଲୁ। ସେତେବେଳେ କୋଭିଡ଼୍ ପ୍ରଭାବରେ ମନ୍ଦିର ଖୋଲିବାର ସମୟ ସୀମିତ ରହିଥିଲା। ସକାଳୁ ସଂକ୍ଷିପ୍ତ ପୂଜାର୍ଚ୍ଚନା ପରେ ମନ୍ଦିର ଭକ୍ତଙ୍କ ପାଇଁ ବନ୍ଦ ରହିଥିଲା। ସେଠାରେ ମଧ୍ୟ ଶ୍ରୀଜଗନ୍ନାଥଙ୍କ ଚତୁର୍ଦ୍ଧାମୂର୍ତ୍ତି ଅନ୍ୟ ଦେବଦେବୀଙ୍କ ସହିତ ପୂଜା ପାଉଥିବାର ଶୁଣିଲୁ। ମନ୍ଦିରର ବାହ୍ୟ ଦୃଶ୍ୟ  କେବଳ ଦେଖିବା ପରେ ସେଠାରୁ ଫେରିଆସିଲୁ। ଫେରିବା ରାସ୍ତାରେ ଏକ ଆବାସିକ ସ୍କୁଲର ପାର୍ଶ୍ୱଦେଇ ଆସିଲୁ। ସ୍କୁଲର ଦୃଶ୍ୟ ଏକ କ୍ଷୁଦ୍ର ସହର ଭଳି ମନେ ହେଲା। ଅନେକଗୁଡ଼ିଏ କୋଠାବାଡ଼ି ସହିତ ଖେଳ ପଡ଼ିଆ, ଗଲ୍‌ଫ କୋର୍ସ ଓ ସନ୍ତରଣ ପୋଖରୀ ଆଦି ଦ୍ୱାରା ପରିବେଷ୍ଟିତ ଏହି ଅଞ୍ଚଳ ଏକ ଘରୋଇ ସ୍କୁଲ ଥିଲା। ଆମ ଦେଶରେ ଘରୋଇ ସ୍କୁଲକୁ ପବ୍ଲିକ ସ୍କୁଲ କୁହାଯାଉଥିବା ବେଳେ ଏ ଦେଶରେ ତା'ର ବିପରୀତ। ଏଠାରେ ପବ୍ଲିକ ସ୍କୁଲର ଅର୍ଥ ସରକାରୀ ସ୍କୁଲ। ଏହି ସରକାରୀ ସ୍କୁଲଗୁଡ଼ିକର ମାନ ଆମ ଦେଶ ଭଳି ନୁହେଁ। ଏଗୁଡ଼ିକ କୌଣସି ଗୁଣରେ କମ୍ ନୁହେଁ। ଏଠାରେ ଛାତ୍ରଛାତ୍ରୀଙ୍କ ଅଧ୍ୟୟନ, ଖେଳକୁଦ ଓ ଅନ୍ୟାନ୍ୟ ପ୍ରତିଭାର ବିକାଶ ପାଇଁ ପର୍ଯ୍ୟାପ୍ତ ସୁବିଧା ଯୋଗାଇ ଦିଆଯାଏ। ଦ୍ୱାଦଶ

ଶ୍ରେଣୀ ପର୍ଯ୍ୟନ୍ତ ପିଲାମାନଙ୍କୁ କୌଣସି ଦେୟ ଦେବାକୁ ପଡ଼େ ନାହିଁ। ପିଲାଙ୍କ ପାଠପଢ଼ା ତଥା ଅନ୍ୟାନ୍ୟ ଅଭ୍ୟାସ ଜାରି ରଖିବା ପାଇଁ ସମସ୍ତ ଖର୍ଚ୍ଚ ସରକାର ବହନ କରିଥାନ୍ତି। ଦ୍ୱାଦଶ ଶ୍ରେଣୀ ଉତ୍ତୀର୍ଣ୍ଣ ହେବାକୁ ଗ୍ରାଜୁଏସନ୍ ବୋଲି କୁହାଯାଏ। ଭାଇନାଙ୍କ ଦୁଇ ସନ୍ତାନ ସରକାରୀ ସ୍କୁଲରେ ପଢ଼ିଥିଲେ ବୋଲି ସେ ପ୍ରକାଶ କଲେ। ପୁଅ ଉଚ୍ଚ ବେତନଭୋଗୀ ବୃତ୍ତିଧାରୀ ହୋଇ ଥିବା ବେଳେ ଝିଅ ନିକି ଡାକ୍ତରୀ ପଢ଼ିଛି। ଦ୍ୱାଦଶ ଶ୍ରେଣୀରୁ ଗ୍ରାଜୁଏଟ ହେବା ପରେ ପିଲାମାନେ ଯେଉଁ ଉଚ୍ଚଶିକ୍ଷା ଗ୍ରହଣ କରନ୍ତି ସେଥିପାଇଁ ବିପୁଳ ଅର୍ଥ ବ୍ୟୟ କରିବାକୁ ହୋଇଥାଏ। ମାତ୍ର ପ୍ରାଇଭେଟ ସ୍କୁଲରେ ଦ୍ୱାଦଶ ଶ୍ରେଣୀ ପର୍ଯ୍ୟନ୍ତ ବହୁ ଦେୟ ଦେବାକୁ ହୋଇଥାଏ। ଏହାର ଅନ୍ୟତମ କାରଣ ଏଠାର

ଆରାମଦାୟକ ରହଣି ବ୍ୟବସ୍ଥା। ଏହି ଘରୋଇ ସ୍କୁଲକୁ କୌଣସି ପ୍ରକାର ସରକାରୀ ସାହାଯ୍ୟ ମିଳିନଥାଏ। ଏଣୁ ଧନିକ ଶ୍ରେଣୀ ପରିବାରର ପିଲା ଏହିଭଳି ସ୍କୁଲରେ ରହି ପାଠ ପଢ଼ିଥାନ୍ତି। ଆମ ଦେଶରେ ମଧ୍ୟ ସେହି ଜାତୀୟ ବ୍ୟବସ୍ଥା ରହିଛି ମାତ୍ର ଦ୍ୱାଦଶ ଶ୍ରେଣୀ ଯାଏଁ ନିଶୁଳ୍କ ପାଠପଢ଼ା ବ୍ୟବସ୍ଥା ରହିନାହିଁ। ମାଧ୍ୟମିକ ଶିକ୍ଷା କେଉଁ ପ୍ରଦେଶରେ କେଉଁ ଶ୍ରେଣୀ ଯାଏଁ ଦେୟମୁକ୍ତ, ସେଥିରେ ଭିନ୍ନତା ରହିଅଛି।

ଆମେ ଘରକୁ ଫେରି ମଧ୍ୟାହ୍ନ ଭୋଜନ ପରେ କ୍ରୀଷ୍ଣା ଭାଉଜ ଆମକୁ ତାଙ୍କ ଘରଠାରୁ ମାତ୍ର ତିନି ମାଇଲ ଦୂରରେ ଥିବା ସମରସେଟ୍ ମଲ୍‌କୁ ବୁଲି ଦେଖିବା ପାଇଁ ନେଇଗଲେ। ମିସିଗାନ ରାଜ୍ୟର ପ୍ରଥମ ଦଶଟି ପ୍ରଖ୍ୟାତ ମଲ୍ ମଧ୍ୟରେ ଏହା ପରିଗଣିତ। ଭାରତ ତଥା ବିଦେଶରୁ ନାମୀଦାମୀ ଲୋକ ଆସିଲେ ଏହି ମଲ୍‌ରେ କିଣାକିଣି କରିବାକୁ ପସନ୍ଦ କରନ୍ତି। ନିକଟରେ ଚିତ୍ରତାରକା କରିନା କପୁର ଆମେରିକା ଗସ୍ତ କାଳରେ ଏହି ମଲ୍‌ରେ କିଛି ସମୟ କଟାଇଥିଲେ ବୋଲି ଭାଉଜ ସୂଚନା ଦେଲେ। ସେ ବୃହତ୍ ମଲ୍‌ଟି ଉତ୍ତର ଦକ୍ଷିଣ ହୋଇ ଦୁଇ ଭାଗରେ ବିଭକ୍ତ। ଦୁଇ ଭାଗକୁ ସଂଯୁକ୍ତ କରିବା ପାଇଁ ପ୍ରାୟ ତିନିଶହ ମିଟର ଲମ୍ବ ଏକ ସେତୁ, ତଳେ ରାସ୍ତାକୁ ଅତିକ୍ରମ କରି ନିର୍ମାଣ କରାଯାଇଛି। ସେଥିରେ ଚଳମାନ ରାସ୍ତା (ସ୍କାଇଓ୍ୱାକ୍ )ଖଞ୍ଜାଯାଇଛି।

ଆମେ ସେ ସ୍କାଇଓ୍ୱାକ୍ ସାହାଯ୍ୟରେ ମଲର୍ ଅପରପାର୍ଶ୍ୱକୁ ଯାଉଥିବା ବେଳେ ଭାଉଜ ଚାଲିଚାଲି ଯାଉଥିଲେ। ତାଙ୍କ ପଦଚାଳନାର କ୍ଷିପ୍ରତା ପ୍ରଣିଧାନଯୋଗ୍ୟ। ଷାଠିଏ ପର ବୟସରେ ସେ ପ୍ରତ୍ୟହ ଦୁଇ ତିନି ମାଇଲ ଚାଲିବା ଅଭ୍ୟାସ ରଖନ୍ତି। ତା ସହିତ ନିଜ ବୃତ୍ତି, ଘରକାମ, ବଗିଚା କାମ, ବଜାର ସଉଦା, ଠାକୁର ପୂଜା, ଘରସଜ୍ଜା ସବୁ କାମ ଠିକ୍ ଭାବେ କରନ୍ତି। ତାଙ୍କ ବିଷୟରେ ଦୁଇପଦ କହିବା ଉଚିତ୍ ହେବ। କଟକରୁ ଆଇନ ପଢ଼ିସାରିବା ପରେ ତାଙ୍କର ବିବାହ ହୋଇଥିଲା। ଶିଶିର ଭାଇନା କଲିକତାରେ ଏକ ବେସରକାରୀ ସଂସ୍ଥାରେ ଚାକିରୀ କଲାବେଳେ ସେ କଲିକତା ହାଇକୋର୍ଟରେ ଜନୈକ ବରିଷ୍ଠ ଓକିଲଙ୍କ ଅଧୀନରେ ଆଇନ ବ୍ୟବସାୟରେ ସହଯୋଗୀ ଭାବେ ଦଶବର୍ଷ କାମ କରିଛନ୍ତି। କ୍ରିଷ୍ଣା ଭାଉଜ ସେହି ବେଳର ଏକ ଅନୁଭୂତି ଯାହା କହୁଥିଲେ ଏହି ପ୍ରକାର: ଏକ ଅପରାଧିକ ମାମଲାରେ ବାଦୀ ପକ୍ଷରୁ ଲଢୁଥିବା ବେଳେ ଅପରପକ୍ଷରେ ବରିଷ୍ଠ ଓକିଲ ତଥା ପୂର୍ବତନ ଆଇନ ମନ୍ତ୍ରୀ ଅଶୋକ ସେନ ଉଭା ହୋଇଥିଲେ। ଦୋଷୀକୁ ଜାମିନ ପ୍ରଦାନ କରିବା ପାଇଁ ସେ ଦାବୀ କଲାବେଳେ ମାନ୍ୟବର ସୁପ୍ରିମକୋର୍ଟ ଦେଇଥିବା ଏକ ପୁରୁଣା ରାୟ ବିଷୟ ଉଲ୍ଲେଖ କରି ନିଜ ମହକିଲ ସପକ୍ଷରେ ରାୟ ଆଣିବାକୁ ଭାଉଜ ସମର୍ଥ ହୋଇଥିଲେ। ଫଳତଃ ଅଶୋକ ସେନ୍ ହାର ମାନିଥିଲେ। ଏହି ଖବର ହାଇକୋର୍ଟ ପରିସରରେ ଚର୍ଚ୍ଚାର ବିଷୟ

ହୋଇଥିଲା ଏବଂ କ୍ରିଷ୍ଟା ଭାଉଜଙ୍କୁ ଗଣମାଧ୍ୟମର ସାମନା କରିବାକୁ ପଡ଼ିଥିଲା । ସେଦିନ କୋର୍ଟରେ ନିଜର ସିନିୟରଙ୍କ ଅନୁପସ୍ଥିତିରେ ଏହି ସଫଳତା ତାଙ୍କୁ ଅନେକ ସୁନାମ ଆଣିଦେଇଥିଲା ମାତ୍ର ତା'ର କିଛି ଦିନ ପରେ ସେମାନେ ସପରିବାର ଆମେରିକା ଚାଲିଗଲେ । ଆମେରିକାରେ ସେ ଯାଇ ପ୍ରଥମେ ଯେଉଁ ଆଟର୍ଣ୍ଣି (ଓକିଲ)ଙ୍କ ସଂସ୍ଥାରେ ସହକାରୀ ଭାବରେ କାର୍ଯ୍ୟ ଆରମ୍ଭ କରିଥିଲେ ଏବେ ଦୀର୍ଘ ବାଇଶି ବର୍ଷ ପରେ ମଧ୍ୟ ସେହି ସଂସ୍ଥାରେ ବରିଷ୍ଠ ସହଯୋଗୀ ଭାବରେ କାର୍ଯ୍ୟ କରୁଛନ୍ତି । ତାଙ୍କ ସଂସ୍ଥା ମୁଖ୍ୟତଃ ନାଗରିକତ୍ୱ, ଭିସା, ପରଦେଶ ଗମନ ତଥା ଦେଶାନ୍ତର (Immigration) ସମ୍ବନ୍ଧୀୟ ମାମଲାରେ ଆଇନ ସହାୟତା ଯୋଗାଇଥାଏ । ଏଠାରେ କାର୍ଯ୍ୟ କରିବା ଅବସରରେ ବହୁ ଭାରତୀୟଙ୍କୁ ଏହି ବିଷୟକ ସମସ୍ୟା ସମାଧାନ କରିବା ଦିଗରେ ସହଯୋଗ କରିଛନ୍ତି ଏବଂ ସେମାନଙ୍କଠାରୁ ସମସ୍ୟା ଶୁଣିବା ବେଳେ ଆମେରିକାରେ ତିଷ୍ଠି ରହିବା ପାଇଁ ଭାରତୀୟମାନଙ୍କର ସଂଗ୍ରାମର ଲୋମଟାଙ୍କୁରା କାହାଣୀ ସେ ଆମକୁ କହିଛନ୍ତି ।

ସମରସେଟ୍ ମଲରେ କେବଳ ଆମେରିକା କାହିଁକି ସାରା ପୃଥିବୀର ନାମୀଦାମୀ କମ୍ପାନୀର ପ୍ରାୟ ଦେଢ଼ଶହରୁ ଅଧିକ ବିପଣୀ ରହିଛି । ଏଠାରେ ମୁଖ୍ୟତଃ ମର୍ଯ୍ୟାଦାଯୁକ୍ତ ମାର୍କା ବା ବ୍ରାଣ୍ଡର ପୋଷାକ ପରିଚ୍ଛଦ, ଜୋତା, ଅତର, ପ୍ରସାଧନ ସାମଗ୍ରୀ ସହିତ ମୋବାଇଲ ଓ କଂପ୍ୟୁଟର ଆଦି ବୈଦ୍ୟୁତିକ ସାମଗ୍ରୀ ତଥା ଅନ୍ୟାନ୍ୟ ବିଳାସପୂର୍ଣ୍ଣ ଉପହାର ମଧ୍ୟ ମିଳିଥାଏ । ମଲର ଆଭ୍ୟନ୍ତରୀଣ ସାଜସଜ୍ଜା ଯେମିତି ଝଲମଲ, ବିପଣୀଗୁଡ଼ିକର ପ୍ରଦର୍ଶିତ ସାମଗ୍ରୀର ଦର ମଧ୍ୟ ସେହିପରି ଉଚ୍ଚତର । ଗ୍ରାହକମାନଙ୍କ ପାଇଁ ଏଠାରେ ଯୋଗାଇ ଦିଆଯାଇଛି ଅନେକ ସୁବିଧା ଯାହା ସମୟ କାଟିବାକୁ ସୁଯୋଗ ସୃଷ୍ଟି କରେ । ମଲ୍ ମଧ୍ୟରେ ଅନେକଗୁଡ଼ିଏ ଖଜୁରୀ ଗଛର ସଂସ୍ଥାପନ ଏବଂ ଜଳ ଫୁଆରା ସଲଗ୍ନ ନାରୀ ମୂର୍ତ୍ତିମାନ ଏହାର ଆଭ୍ୟନ୍ତରରେ ସୌନ୍ଦର୍ଯ୍ୟ ବୃଦ୍ଧି ନିମନ୍ତେ ଯଥେଷ୍ଟ ସହାୟ ହୁଅନ୍ତି । ମଲ୍‌ର ଉପର ସ୍ତରରେ ରହିଛି ପର୍ଯ୍ୟାପ୍ତ ପ୍ରକାରର ଖାଦ୍ୟ ପାନୀୟ ମିଳୁଥିବା ଫୁଡ଼କୋର୍ଟ ।

ଆମେ କେବଳ ମଲ୍‌ର ଆଭ୍ୟନ୍ତରୀଣ ପରିପାଟୀ ଦେଖି ସେଠାରୁ ଫେରିଆସିଲୁ । ଆମର ସେହିଦିନ ଅପରାହ୍ଣରେ ଦୀର୍ଘ ତିନିଘଣ୍ଟା ସଡକପଥରେ ଯାତ୍ରା କରି ଲେକ୍ ହ୍ୟୁରନ ସମୀପବର୍ତ୍ତୀ ଏକ କ୍ଷୁଦ୍ର ସହର ପୋର୍ଟ ଅଷ୍ଟିନ୍‌କୁ ଯିବାର ଥିଲା । ଶିଶିର ଭାଇନା ତାଙ୍କର ଜଣେ ପୂର୍ବତନ ସହକର୍ମୀ ଦିଲ୍ଲୀର ସୁଶୀଲ ଭିଜ୍‌ଙ୍କ ଅନୁରୋଧ କ୍ରମେ ଆମେ ସବୁ ସେଠାକୁ ଯାଇ ଗୋଟିଏ ରାତି କଟାଇ ଆସିବା ଭଳି ଯୋଜନା କରିଥିଲେ । ସୁଶୀଲ ଏକ ଡାକ୍ତରଖାନାର ଫାର୍ମାସୀ ବିଭାଗର ମୁଖ୍ୟ ଥିଲେ ଯେଉଁଠି ଭାଇନା ମଧ୍ୟ ଡାକ୍ତର ଭାବରେ କାର୍ଯ୍ୟରତ ଥିଲେ । ସେତିକିବେଳୁ ଉଭୟ ଘନିଷ୍ଠ ସମ୍ପର୍କୀୟ ହୋଇ ରହିଛନ୍ତି ।

ସୁଶୀଲଜୀ ପୋର୍ଟ ଅଷ୍ଟିନରେ ହ୍ରଦକୂଳରେ ଏକ ଘର ରଖିଛନ୍ତି । ସେହିଟିକୁ ସେ ଗ୍ରୀଷ୍ମାବକାଶ ଗୃହ ଭାବେ ବ୍ୟବହାର କରନ୍ତି । ଜୁନ୍ ଜୁଲାଇ ମାସରେ ପରିବାର ସହ ସେଠାକୁ ଯାଇ କିଛିଦିନ କଟାନ୍ତି । ଆମେ ଯାତ୍ରା ଆରମ୍ଭ କଲାବେଳକୁ ସମୟ ଅପରାହ୍ଣ ଚାରିଟା ପାଖାପାଖି । ଇଣ୍ଟନେଟରେ ଜିପିଏସ୍ ଅନୁସାରେ ୨୨୪ ମାଇଲ ରାସ୍ତା ପ୍ରାୟ ତିନି ଘଣ୍ଟା ଲାଗିବ ବୋଲି ସୂଚନା ମିଳିଲା । ସେଠାରେ ତାପମାତ୍ରା ମଧ୍ୟ ଚିନ୍ତାଜନକ ଥିବାରୁ ଆମେ ଶୀତବସ୍ତ୍ର ନେଇଥିଲୁ । ଗାଡ଼ି ସହର ଅତିକ୍ରମ କରି ସ୍ଥିର ବେଗରେ କଣ୍ଟ୍ରିସାଇଡ୍ ଦେଇ ଗଡ଼ିଚାଲିଲା । ରାସ୍ତାର ଦୁଇ ପାର୍ଶ୍ୱରେ ଚାଷଜମି । ଫଳ ବଗିଚା ମଝିରେ କା ଭାଁ କେତୋଟି ନିରୋଳା ଘର, ଗାଈ ଘୋଡ଼ା ଗଧ ପ୍ରଭୃତି ଦୃଷ୍ଟିଗୋଚର ହେଉଥିଲେ । ଦୂରତା ରକ୍ଷା କରି ଯେଉଁ ଜନବସତି ପଡୁଥିଲା ତାକୁ ସେଠାରେ ଗ୍ରାମ କୁହାଯାଉଥିଲେ ମଧ୍ୟ ତାହା ଆମର ମଧ୍ୟମ ଧରଣର ସହରଠାରୁ କୌଣସି ଗୁଣରେ କମ୍ ନଥିଲା । ପ୍ରଶସ୍ତ ରାସ୍ତାର ଦୁଇପାର୍ଶ୍ୱରେ ସୁନ୍ଦର ଘର, ସ୍କୁଲ, କଲେଜ ଡାକ୍ତରଖାନା, ଛୋଟ ମୋଟେଲ, ଗ୍ୟାସ ଷ୍ଟେସନ ଇତ୍ୟାଦି ରହିଥିଲା । ଆମେରିକାରେ ବହୁ ଲୋକ ଏହିଭଳି ସ୍ଥାନରେ ବସବାସ କରିବା ପାଇଁ ପସନ୍ଦ କରନ୍ତି । ସହରର କୋଳାହଳଠାରୁ ଦୂରରେ ଶାନ୍ତିପ୍ରିୟ ଲୋକମାନେ ରହିବାକୁ ଭଲ ପାଆନ୍ତି । ଗାଡ଼ି ଗଡ଼ିଚାଲିଥାଏ ଆଗକୁ । ଗୋଟିଏ ସ୍ଥାନରେ କେବଳ କିଛି ସମୟ ରହି ହାତରେ କଫି ଗ୍ଲାସ ଧରି ଗାଡ଼ିରେ ବସିଲୁ । ରାସ୍ତାରେ ଅନେକ ସମୟ ବର୍ଷା ହେବାରୁ ଗାଡ଼ିର ଗତି କମ୍ କରିବାକୁ ପଡ଼ିଲା । ଶିଶିର ଭାଇନା ଗାଡ଼ି ଚାଳନା କରିବା ସହିତ ଆମେରିକାରେ ରାଜରାସ୍ତାରେ ପୋଲିସମାନଙ୍କର ଆଧିପତ୍ୟ ବିଷୟ କହୁଥାନ୍ତି । ଗାଡ଼ି ଚାଳନାର ନିୟମ ସାମାନ୍ୟ ଉଲଘଂନ କଲେ ପୋଲିସ ଇଣ୍ଟରନେଟ୍ ମାଧ୍ୟମରେ ଜାଣିପାରି ସଙ୍ଗେ ସଙ୍ଗେ ପିଛା କରି ଆସି କାର୍ଯ୍ୟାନୁଷ୍ଠାନ ଆରମ୍ଭ କରିଦିଏ ଯେଉଁଥିରୁ ତ୍ରାହି ପାଇବା ପ୍ରାୟତଃ ଅସମ୍ଭବ । ତ୍ୱରିତ ଆର୍ଥିକ ଦଣ୍ଡରୁ ମୁକ୍ତି ପାଇବା ପାଇଁ କୋର୍ଟ କଚେରୀକୁ ଯାଇ ଚେଷ୍ଟା କରିବା ପାଇଁ ଲୋକଙ୍କ ପାଖରେ ସମୟ ବା ଆଗ୍ରହ ନଥାଏ । ଏଣୁ ଜରିମାନା ଦେବାକୁ ପଡ଼େ ଏବଂ ଗାଡ଼ି ଚାଳନା ବେଳେ ସଚେତନ ହେବାକୁ ହୁଏ । ଅନେକ ସମୟରେ ପୁଲିସ ଭାଇ ଭୁଲ ପର୍ଯ୍ୟବେକ୍ଷଣ କରି ମଧ୍ୟ ବେଆଇନ ଭାବେ ଜରିମାନା କଷି ଥାଆନ୍ତି । ସେଭଳି ଏକ ଘଟଣାରେ ସମ୍ମୁଖୀନ ହୋଇ ନିଜ ଓକିଲ ବୁଦ୍ଧି ଖଟାଇ କେମିତି ଦଣ୍ଡରୁ ମୁକୁଳିଥିଲେ ସେ କଥା କ୍ରିଷ୍ଣା ଭାଉଜ ବର୍ଣ୍ଣନା କରୁଥାନ୍ତି । ସେ ଆହୁରି ତାଙ୍କ ବୃତ୍ତିର ସେ ସାମନା କରିଥିବା କିଛି ଭାରତୀୟଙ୍କ ଦୁର୍ଦ୍ଦଶାର କଥା କହୁଥିଲେ । କେମିତି ଜଣେ ଓଡ଼ିଆ ଯୁବକକୁ ତା'ର ନବବିବାହିତା ଅତି ଚତୁର ଓ ଉଗ୍ର ସ୍ୱଭାବର ଓଡ଼ିଆ ସ୍ତ୍ରୀ ଦ୍ୱାରା ନିର୍ଯ୍ୟାତିତ ହେଇ ଜେଲ ଯିବାକୁ ପଡ଼ିଥିଲା । ଦୁଷ୍ଟା ନାରୀ ଜଣକ ନିଜ ହାତକୁ ଭଙ୍ଗା ପ୍ଲେଟରେ କାଟିବା ପରେ ସେ ସ୍ୱାମୀଙ୍କ ଦ୍ୱାରା ନିର୍ଯ୍ୟାତିତା ବୋଲି ଅଭିଯୋଗ

କରିଥିଲେ ଆଉ ଦୁଇ ଜଣଙ୍କ ଯୁଗ୍ମ ଆକାଉଣ୍ଟରେ ଥିବା ସମସ୍ତ ଅର୍ଥ ଗାଏବ କରିଦେଇଥିଲେ। ଆମେରିକାରେ ଆଇନ ବ୍ୟବସ୍ଥାର ପ୍ରୟୋଗ ଅତ୍ୟନ୍ତ କଡ଼ାକଡ଼ି। ଦୋଷ ନଥାଇ ମଧ୍ୟ ଭୁଲ ତଥ୍ୟ ପ୍ରଦାନ କରି ଯେକୌଣସି ଲୋକକୁ ହଇରାଣ କରାଯାଇପାରେ। ଖଳ ସ୍ୱଭାବର ଲୋକ ସବୁ ଯୁଗରେ ସବୁ ସ୍ଥାନରେ ଥାଆନ୍ତି। ସେମାନଙ୍କ ମସ୍ତିଷ୍କ ନକରାତ୍ମକ ଦିଗରେ ସର୍ବଦା କାମ କରୁଥାଏ। ଭାଗ୍ୟକୁ ସେହି ଯୁବକ ଜଣକ ପୂର୍ବରୁ ଥରେ ନିଜ ସ୍ତ୍ରୀ ଗାଳିଗୁଲଜ କରୁଥିବା ବେଳେ ମୋବାଇଲ ଫୋନରେ ରେକର୍ଡିଂ କରି ରଖିଥିଲା ଏବଂ ସେହି ରେକର୍ଡିଂକୁ ପ୍ରମାଣ ଆକାରରେ ଦର୍ଶାଇବା ପରେ ଜଣେ ବନ୍ଧୁଙ୍କ ଜାମିନ ବଳରେ ଜେଲରୁ ମୁକୁଳିଥିଲା।

ବିସ୍ତୃତ ପ୍ରାନ୍ତର ମଧ୍ୟରେ ଗଡ଼ିଚାଲିଥିଲା ଲାମ୍ବର ମାର୍କା ବିଳାସପୂର୍ଣ୍ଣ କାର ଆମ ଚାରିଜଣଙ୍କୁ ନେଇ। ଭାଇନା ଡ୍ରାଇଭ କଲେ ପୂରା ରାସ୍ତା। ଆକାଶ ତଥାପି ମେଘାଚ୍ଛନ୍ନ। ପୁଣି ବର୍ଷା ହେବାର ସମ୍ଭାବନା। ଏହି ପ୍ରତିକୂଳ ପାଗ ସକାଶେ ଆମକୁ କିଛି ଅଧିକ ସମୟ ଲାଗିପାରେ ବୋଲି ଭାଇନା ପ୍ରକାଶ କଲେ। ପାର୍ଶ୍ୱରେ ଅଙ୍ଗୁର ବଗିଚା ଓ ଦେଶୀୟ ୱାଇନେରୀର ଫଳକ କେତେକ ସ୍ଥାନରେ ଦେଖିଲୁ। ଶୀତ ପ୍ରଧାନ ଦେଶରେ ଅଙ୍ଗୁରକୁ ପ୍ରକ୍ରିୟାକରଣ କରି ମଦ୍ୟ ପ୍ରସ୍ତୁତ କରିବା ଏକ ସ୍ୱୀକୃତିପ୍ରାପ୍ତ କୃଷିଭିତ୍ତିକ ଶିଳ୍ପ। ଆମ ଦେଶରେ ତାହା ବେଆଇନ ଭାବେ ଗାଁ ଗହଳିରେ ଚାଲୁଥିବା ବେଳେ ଅବକାରୀ ପୁଲିସ ଚଢ଼ଉ କରି ମାଟିତଳେ ପୋତା ଯାଇଥିବା ପୋଚକୁ କେମିତି ନଷ୍ଟ କରି କୃତିତ୍ୱ ଅର୍ଜନ କରନ୍ତି ସେହି ବିଷୟ ଆଲୋଚନା କଲୁ ମାତ୍ର ସେହି କର୍ମ ଏ ଦେଶରେ ଆଇନ ସମ୍ମତ ତଥା ସ୍ୱୀକୃତିପ୍ରାପ୍ତ। ଭାଉଜ ଆହୁରି କହୁଥିଲେ ଅନ୍ୟ ଏକ କାହାଣୀ। ଆମେରିକାରେ କୋଡ଼ିଏ ବର୍ଷରୁ ଉର୍ଦ୍ଧ୍ୱକାଳ ଗୋଟିଏ କ୍ଷେତ୍ରରେ କାମ କରିବା ଫଳରେ ସେ ଅନେକ ଅନୁଭୂତି ସାଉଁଟି ରଖିଛନ୍ତି।

ପୂର୍ବତନ ରାଷ୍ଟ୍ରପତି ରୋନାଲ୍ଡ ରିଗାନଙ୍କ ଶାସନକାଳରେ ଦେଶର କୃଷିକ୍ଷେତ୍ରକୁ ଅଗ୍ରାଧିକାର ଦେବା ପାଇଁ ଅନ୍ୟ ଦେଶରୁ ଲୋକଙ୍କୁ କୃଷି ଶ୍ରମିକ ହିସାବରେ ଆଣିବା ପାଇଁ ଭିସା ପ୍ରଦାନ କରାଗଲା। ଆମେରିକାରେ ରହୁଥିବା ଭାରତୀୟ ମୁଖ୍ୟତଃ ପଞ୍ଜାବୀମାନେ ଏହି କୋହଳ ନୀତିର ସୁଯୋଗ ନେଇ ନିଜ ଗ୍ରାମରୁ ଅନେକ ସଂପର୍କୀୟ ତଥା ଜଣାଶୁଣା ଲୋକଙ୍କୁ ନେଇଗଲେ। ବିଶ୍ୱର ବହୁ ବିକାଶଶୀଳ ଦେଶର ଲୋକେ ଡଲାର ଅର୍ଜନର ମୋହରେ ଆମେରିକା ଯିବାପାଇଁ ଉତ୍ସାହିତ ହୋଇଥାନ୍ତି। ସେ ଦେଶରେ ଅର୍ଥ ଉପାର୍ଜନର ପର୍ଯ୍ୟାପ୍ତ ସୁଯୋଗ ମଧ୍ୟ ରହିଅଛି। ଆମ ଦେଶରୁ ସେହି ସମୟରେ ବହୁ ଅଶିକ୍ଷିତ, ଅର୍ଦ୍ଧଶିକ୍ଷିତ ଲୋକ ଦେଶାନ୍ତରିତ ହୋଇଥିଲେ। ସେହିଭଳି ଏକ ଶିଖ ଦମ୍ପତ୍ତିଙ୍କ କଥା ଆମେ ଶୁଣୁଥିଲୁ। ସେଠି କିଛି ଦିନ କାମ କରିବା ପରେ

କୃଷିକ୍ଷେତ୍ର ଛାଡ଼ି ସେମାନେ ଅନ୍ୟତ୍ର କାମ କଲେ। ଏଣେ ଜନ୍ମଭୂମିରେ ରହିଥିବା ପରିବାର ଜମିବାଡ଼ିର ଦେଖାରଖା କରିବାକୁ ପଡ଼ିବାରୁ ପୁରୁଷଜଣଙ୍କୁ ଫେରିଆସିବାକୁ ହେଲା। ଗ୍ରାମରେ ଦୁଇଟି ପିଲାଙ୍କୁ ଭାଇମାନଙ୍କ ପାଖରେ ଛାଡ଼ି ରୋଜଗାର ଆଶାରେ ଚାଲିଯାଇଥିଲେ। ପୁରୁଷଜଣଙ୍କ ଫେରି ଆସିବା ପରେ ମହିଳା ଏକାକୀ ହୋଇଗଲେ। ସେମିତି ଶିକ୍ଷାଦୀକ୍ଷା ତାଙ୍କର ନଥିଲା। କେବଳ ଠାର ବା ଅନ୍ୟ ଲୋକଙ୍କ ସହାୟତାରେ ଚଳେଇନେଲେ। ବାରମ୍ବାର ଭାଉଜଙ୍କ ଦପ୍ତରକୁ ଆସି ସ୍ୱାମୀଙ୍କୁ ପୁନର୍ବାର ଆଣିବା ପାଇଁ ବ୍ୟବସ୍ଥା କରିବା ପାଇଁ କହୁଥିଲେ ମାତ୍ର ସେତେବେଳେକୁ ଭିସା ଆଇନ କଡ଼ାକଡ଼ି ହେଇସାରିଥିଲା। ଶିଖ ମହିଳାଙ୍କ ଅଦମ୍ୟ ସାହସ ଓ ଆତ୍ମବିଶ୍ୱାସ ବଳରେ ସେ ସେଠାରେ ଏକା ରହିଥିଲେ। ଶିଖମାନେ ସାଧାରଣତଃ କର୍ମଠ, ସେମାନେ ଯେକୌଣସି କାମକୁ ଆଦରି ନିଅନ୍ତି ଅତି ସହଜରେ। ପୁଣି ଆମେରିକାରେ ସବୁ ପ୍ରକାର କର୍ମକୁ ଉଚିତ ସମ୍ମାନ ସହିତ ଉଚିତ୍ ପାରିଶ୍ରମିକ ମିଳିଥାଏ। ମହିଳାଙ୍କ ସୌଭାଗ୍ୟକ୍ରମେ ଗୋଟିଏ ଘରେ ପାରିବାରିକ ସହାୟିକା ଭାବରେ କାମ ମିଳିଗଲା। ସେ ନିଷ୍ଠାର ସହ ସମସ୍ତ କାମ କରି ପରିବାରର ବିଶ୍ୱାସଭାଜନ ହେଲେ। କ୍ରମେ କାମଚଳା ଇଂଲିଶ ଭାଷା କହିପାରିଲେ ଏବଂ ନିଜର ସ୍ଥିତି ଦୃଢ଼ କରିପାରିଲେ ମାତ୍ର ତାଙ୍କ ସ୍ୱାମୀଙ୍କୁ ପୁଣି ଫେରିବା ସୁଯୋଗ ମିଳିନଥିଲା। ଦିନେ ସେ ଭାଉଜଙ୍କ ପାଖକୁ ଆସି କାନ୍ଦିବାକୁ ଲାଗିଲେ କହିଲେ ଗ୍ରାମରେ ତାଙ୍କ ସ୍ୱାମୀ ଆଉ ଜଣେ ମହିଳାଙ୍କ ସହିତ ସଂପର୍କ ରଖିଲେଣି ବୋଲି କୌଣସି ସୂତ୍ରରୁ ଖବର ପାଇଲେ କିନ୍ତୁ ତାଙ୍କର ଆମେରିକା ମୋହ ଏତେ ବେଶୀ ବଢ଼ିସାରିଥିଲା ଯେ ସେ ଆଉ ଭାରତ ଫେରିବାକୁ ଚାହୁଁ ନଥିଲେ। ସୁଖ ସ୍ୱାଚ୍ଛନ୍ଦ୍ୟର ଜୀବନ ପ୍ରବାହ ଛାଡ଼ି ଗ୍ରାମ୍ୟଜୀବନକୁ ପୁଣି ଆସିବା ଆଉ ତାଙ୍କ ପାଇଁ ସମ୍ଭବ ନଥିଲା। ଭାଉଜ ତାଙ୍କୁ ବୁଝାବୁଝି କରି ଛାଡ଼ିଲେ, କହିଲେ ସ୍ୱାମୀଙ୍କ କଥା ଛାଡ଼ ଏବେ ତୁମ ପିଲା ଯଦି ବଡ଼ ହେଇ ଭଲ ପାଠଶାଠ ପଢ଼ି ଯୋଗ୍ୟ ହେବେ ତେବେ ସେମାନଙ୍କୁ ଏ ଦେଶକୁ ଆଣିବା ପାଇଁ ଚେଷ୍ଟା କର।

ସେତେବେଳକୁ ଆମେ ପୋର୍ଟ ଅଷ୍ଟିନର ନିକଟବର୍ତ୍ତୀ ହେଇ ସାରିଥିଲୁ। ଭାଉଜ ସାଙ୍ଗରେ ଆଣିଥିବା ସ୍ନାକ୍ସ ଓ ଚକୋଲେଟ ଇତ୍ୟାଦି ଖାଇ ଉପରୋକ୍ତ କାହାଣୀମାନ ଶୁଣି ଶୁଣି ରାସ୍ତା ଅତିକ୍ରମ କରିବାରେ ବିଶେଷ ପଥଶ୍ରାନ୍ତ ଅନୁଭବ ହେଲା ନାହିଁ। ଜିପିଏସ୍‌ରେ ସୁଶୀଲଜୀଙ୍କ ଗ୍ୟାରେଜର ସଟର ଉଠିବା ଦେଖି ଆମେ ସେହି ଘର ବୋଲି ନିଶ୍ଚୟ କଲୁ। ସେ ଆମକୁ ଅପେକ୍ଷା କରି ଗ୍ୟାରେଜ ପାଖରେ ଛିଡ଼ା ହେଇଥିଲେ।

# ପୋର୍ଟ ଅଷ୍ଟିନ

ମିସିଗାନ ରାଜ୍ୟର ଉତ୍ତର ପୂର୍ବରେ ଲେକ୍ ହ୍ୟୁରନ କୂଳରେ ଏକ ଘୁମନ୍ତ କ୍ଷୁଦ୍ର ଗ୍ରାମ୍ୟ ସହର, ପୋର୍ଟ ଅଷ୍ଟିନ। ଆୟତନ ମାତ୍ର ଦୁଇ ବର୍ଗ ମାଇଲ, ସ୍ଥାୟୀ ବାସିନ୍ଦା ଏକ ହଜାରରୁ କିଛି କମ୍। ମାନଚିତ୍ରରେ ଆମର ବାମହାତର ପାପୁଲିର ଉପର ଭାଗକୁ ଦେଖିଲେ ବୁଢ଼ା ଆଙ୍ଗୁଠିର ଅଗ୍ରଭାଗରେ ଏହି ଜନପଦଟି ଅବସ୍ଥିତ। ଏକ ଋତୁଭିତ୍ତିକ ପର୍ଯ୍ୟଟନସ୍ଥଳୀ। ଅନେକ ସୌଖୀନ ପରିବାରର ସାମୟିକ ଅବକାଶର ସ୍ଥାନ। ଏଠାରେ ରହିଛି କେତୋଟି ମୋଟେଲ, ଛୋଟ ବ୍ୟବସାୟିକ ପ୍ରତିଷ୍ଠାନ, ରେସ୍ତୋଁରା ଓ ପାନଶାଳା ଇତ୍ୟାଦି। ଶୀତଦିନେ ଏ ସହର ବରଫାବୃତ ହୋଇ ରୁହେ। ପ୍ରବଳ ଥଣ୍ଡା ଯୋଗୁଁ ଏଠାକୁ ଲୋକେ ଆସିବାକୁ ପସନ୍ଦ କରନ୍ତି ନାହିଁ। ଖରାଦିନେ ଗହଳି ବଢ଼େ। ଲୋକେ ଆସି ଏ ସ୍ଥାନରେ ସୌନ୍ଦର୍ଯ୍ୟ ଉପଭୋଗ କରନ୍ତି। ଆମେ ଏଠାକୁ ମଇ ମାସ ସାତ ତାରିଖରେ ଗୋଟିଏ ରାତି ପାଇଁ ଯାଇଥିଲୁ। ସହର ଭିତରକୁ ପ୍ରବେଶ କଲା ବେଳକୁ ଦେଖିଲୁ ସବୁଆଡ଼ ଶୂନଶାନ। କାଁ ଭାଁ ଗୋଟିଏ ଗାଡ଼ି ରାସ୍ତାରେ ଯାଉଛି ଓ ଅଳ୍ପ କେତୋଟି ଘରେ ବତୀ ଜଳୁଛି। ଗାଡ଼ିରୁ ଓହ୍ଲାଇ ପ୍ରବଳ ଥଣ୍ଡା ଅନୁଭବ କଲୁ। ରାସ୍ତାର ଦୁଇ ପାର୍ଶ୍ୱରେ ବୃକ୍ଷରାଜିର ଗହଳରୁ ଘରସବୁ ଏକ ସ୍ୱପ୍ନିଳ ଦୃଶ୍ୟ ଭଳି ମନେ ହେଉଥାଏ।

ସେତେବେଳକୁ ଆଠଟା ବାଜିଥିଲେ ମଧ୍ୟରାତି ହେବାକୁ ଆହୁରି କିଛି ସମୟ ବାକି ଥାଏ। ସୁଶୀଲଜୀଙ୍କ ସହିତ  ପରିଚୟ ପରେ ତାଙ୍କ ଘରକୁ ପ୍ରବେଶ କଲୁ। ପ୍ରଶସ୍ତ ବୈଠକଖାନାରେ ଆମକୁ ଅପେକ୍ଷା କରିଥିଲେ ତାଙ୍କ ସହଧର୍ମିଣୀ କୁନି, ସାନ୍ଧ୍ୟକାଳୀନ ଜଳଯୋଗର ବର୍ଣ୍ଣାଢ଼୍ୟ ଆୟୋଜନ ସହିତ। ମୁଁ ପ୍ରଥମେ ଘରଟିକୁ ଦେଖିବାକୁ ଯାଇ ଘରର ପଛପାଖକୁ ଗଲି। କାଚ ଦ୍ୱାର ଖୋଲି ଦେଖିଲା ବେଳକୁ ଲାଗିଲା ଘରଟି ସତେ ଅବା ସଂପୂର୍ଣ୍ଣ ଜଳଭାଗରେ ରହିଛି ଅଥବା ହ୍ରଦର କିଛି ଅଂଶ ଘର ଆଡ଼କୁ ମାଡ଼ି ଆସିଛି। ତାହା ହିଁ ଥିଲା ପ୍ରକୃତ ସ୍ଥିତି। ବିଶାଳ ହ୍ରଦର କ୍ଷୁଦ୍ରାଂଶ

ଯେଉଁଠାରେ ଭୁଭାଗକୁ ପଶି ଆସିଥିଲା ସେ ଅଂଶକୁ ଘେରି ରହିଥିବା କେତେଟୋଟି ଘର ମଧ୍ୟରୁ ସେଇ ଘରଟି ଥିଲା ଗୋଟିଏ। କେତୋଟି ମାତ୍ର ପାହାଚ ଦେଇ ଘରୁ ଓହ୍ଲାଇ ନିଜସ୍ୱ ଡଙ୍ଗାରେ ବସି ନୌକା ବିହାର କରିବା ପାଇଁ ସୁଯୋଗ ରହିଥିଲା। ଆକାଶର ରଙ୍ଗ ଥିଲା ଧୂସର। ଆକାଶରୁ ଜଳଭାଗ ଅଲଗା ହେଇ ଅସ୍ପଷ୍ଟ ଦିଗ୍‌ବଳୟଟିଏ ସୃଷ୍ଟି କରୁଥିଲା। ତା ସହିତ ସିନେମାରେ ସୁଟିଙ୍ଗ ପାଇଁ ଖଞ୍ଜା ଗଲାଭଳି ଘରଗୁଡ଼ିକ ମିଶି ଏକ ଅପୂର୍ବ ଦୃଶ୍ୟ ଦୃଷ୍ଟିଗୋଚର ହେଉଥିଲା। ଲାଗୁଥିଲା କିଏ ଜଣେ ପୋଖତ ଶିଳ୍ପୀ ଯେମିତି ଜଳରଙ୍ଗରେ ଏକ ଛବି ଆଙ୍କିଦେଇଛି। ହ୍ରଦଆଡୁ ଲଗାତାର ଆସୁଥିବା କୋହଲା ପବନକୁ ସାମନା କରିବା ଆଉ ବେଶୀ ସମୟ ପାଇଁ ସମ୍ଭବ ହେଲା ନାହିଁ। ମୁଁ କାଚ ଦ୍ୱାର ବନ୍ଦ କରି ଭିତରକୁ ଆସିଲି। ଆମେ ସବୁ ଜଳଖିଆ ଓ କଫି ଖାଇବା ପରେ ସୁଶୀଲଜୀଙ୍କ ଗାଡ଼ିରେ ହ୍ରଦ କୂଳକୁ ବୁଲିବାକୁ ବାହାରିଲୁ। ପ୍ରବଳ ଅଣ୍ଡାପାଗ ଆମକୁ ଗାଡ଼ିରୁ ବାହାରିବାକୁ ସୁଯୋଗ ଦେଲା ନାହିଁ। କେବଳ ଗାଡ଼ିରେ ବସି ସେ ସହରର ମୁଖ୍ୟ ଭାଗ ବୁଲି ଦେଖିଲୁ। ପ୍ରଶସ୍ତ ଜନଶୂନ୍ୟ ରାସ୍ତା, ବୃକ୍ଷ ପରିବେଷ୍ଟିତ ଘର ସବୁ ମଧ୍ୟରୁ କେତୋଟି ମାତ୍ର ଘରେ ବତୀ ଜଳୁଥାଏ। ଆଉ ସବୁ ଘର ନିଷ୍ପ୍ରାଣ ଭାବରେ ଚାହିଁ ରହିଥାନ୍ତି ଆଗନ୍ତୁକଙ୍କୁ ଅପେକ୍ଷା କରି ମାତ୍ର ତାହା ନିକଟ ଭବିଷ୍ୟତରେ ବୋଧହୁଏ ସମ୍ଭବ ନୁହେଁ ବୋଲି ମଧ୍ୟ ଜାଣିଥାନ୍ତି ସେମାନେ। ଗଛ ସବୁ ସତେଜ ଥାଏ। ଘାସ ଗାଲିଚା ଘେରା ଶିଶୁ ଉଦ୍ୟାନରେ ଅନେକ ଆଧୁନିକ ଖେଳ ସାମଗ୍ରୀ। ହ୍ରଦ କୂଳେ ଲୋକମାନେ ବସିବା ପାଇଁ ଧାତବ ଆସନ ସବୁ  ରହିଅଛି। ସେଠାରୁ ଥାଏ ହ୍ରଦ ଭିତରକୁ ଯିବା ପାଇଁ ଜେଟିର ରାସ୍ତା। ଧୂମ୍ରାଭ ପରିବେଶରେ ସବୁ ଲାଗୁଥାଏ ସ୍ୱପ୍ନିଳ। ସେଠାକୁ ଆମେ କାଲି ସକାଳୁ ଯିବା ବୋଲି ପ୍ରସ୍ତାବ ଦେଇଥିଲେ ସୁଶୀଲଜୀ। ଘେରାଏ ବୁଲି ଆମେ ଘରକୁ ଫେରିବା ବେଳକୁ ସହର ପ୍ରାୟ ସୁପ୍ତ। ଗୋଟିଏ ଅଭିଜାତ ଘରକୁ ଦେଖାଇ ସୁଶୀଲଜୀ କହିଲେ ଏଠି ଜଣେ ଯୁବଡାକ୍ତର ରୁହନ୍ତି। ତାଙ୍କ ନିଜର ଗୋଟିଏ ଛୋଟ ବିମାନ ଅଛି। ସେ ଜଣେ ଭଲ ସର୍ଜନ। କାମ କରିବା ପାଇଁ ସେହି ବିମାନରେ ଡିଟ୍ରଏଟ ଯିବା ଆସିବା କରନ୍ତି। ତାଙ୍କୁ ଥରେ ଡାକି ନେଇଥିଲେ ସାଙ୍ଗରେ ଯେ ଏତେ ଛୋଟ ବିମାନରେ ଉଡ଼ିବା ସମୟରେ ଭୟ ଲାଗିଲା। ଏଣୁ ତା'ପରେ ସେ ଡାକିଲେ ମଧ୍ୟ ସେ ବିଭିନ୍ନ ଆଳ ଦେଖାଇ ଆଡ଼େଇ ଯାଉଛନ୍ତି।

ଘରକୁ ଫେରି ରାତ୍ରିଭୋଜନ ସାରି ବିଶ୍ରାମ ପାଇଁ ଉଚିତ୍ ବ୍ୟବସ୍ଥା ରହିଥିଲା। ସୁଶୀଲଜୀ ଓ ପତ୍ନୀ ପୂର୍ବରୁ ଆସି ସବୁ ଆୟୋଜନ କରିଥିଲେ। ମୋର ସେଦିନ ଏକାଦଶୀ ଥିବାରୁ ବିନା ପିଆଜ ରସୁଣରେ ଭୋଜନ ପ୍ରସ୍ତୁତ ହୋଇଥିଲା। ଦିଲ୍ଲୀର ମୂଳ ବାସିନ୍ଦା ଏହି ଦମ୍ପତି ଆତିଥେୟତାରେ କୌଣସି କାର୍ପଣ୍ୟ କରିନାହାନ୍ତି। ପରଦିନ

ଆମେ ସକାଳୁ ଉଠି ନିତ୍ୟକର୍ମ ସାରି ବୁଲିବାକୁ ବାହାରିଲୁ । ମୁଁ ଓ ପ୍ରବାସିନୀ ସାଙ୍ଗରେ ନେଇଥିବା ଜାକେଟ ସେଠାକାର ଥଣ୍ଡା ସମ୍ଭାଳିବା ପାଇଁ ଯଥେଷ୍ଟ ନଥିଲା । ଏଣୁ ସୁଶୀଲଜୀ ଆଉ ଗୋଟିଏ ଲେଖାଁ ଗରମ ଜାକେଟ ଆମକୁ ଦେଲେ । ସମସ୍ତେ ଚାଲିଚାଲି ପ୍ରଥମେ ପୂର୍ବରାତିରେ ଦେଖିଥିବା ଜେଟି ଆଡ଼କୁ ଗଲୁ । କୂଳରେ ପ୍ରାୟ ଏକ ମାଇଲ ଯାଏଁ ପାଣି ଉପରେ ଲମ୍ବିଯାଇଛି ଏହି ଅଣଓସାରିଆ ସେତୁ ଭଳି ରାସ୍ତା । ମାଛଧରା ବା ଯାତ୍ରୀବାହି ବଡ଼ ଡଙ୍ଗା ସବୁ କୂଳକୁ ଆସିପାରେ ନାହିଁ । ସେଥିପାଇଁ ଏଭଳି ବ୍ୟବସ୍ଥା । ଆମେ ପାଣି ଉପରେ ଅନେକ ବାଟ ଯାଇ ଜଳଭାଗରେ ପବନର ଦୌରାତ୍ମ୍ୟ ଉପଭୋଗ କଲୁ । ପବନର ବେଗ ସହିତ ତାଳଦେଇ ଜଳରାଶିର ନୃତ୍ୟ ଓ ସେଥିରୁ ବିଚ୍ଛୁରିତ ଜଳକଣାରେ ଦେହର ଅଧାଭାଗ ଓଦା ହେବାଯାଏ ସେଠାରେ ରହିଲୁ । ପାଣି ଭିତରୁ ସ୍ଥଳଭାଗର ଦୃଶ୍ୟ ଅପୂର୍ବ ଲାଗିବା ସ୍ୱାଭାବିକ । ଏହା ସବୁ ସ୍ଥାନରେ ଘଟିଥାଏ । ଚିଲିକା ହ୍ରଦରେ ନୌକା ବିହାର ବେଳର ଦୃଶ୍ୟ ସେତେବେଳେ ମନେ ପଡୁଥାଏ । ମାତ୍ର ଏଠାରେ ସ୍ଥଳଭାଗ ଅନେକ ସୁସଜ୍ଜିତ ଦେଖାଯାଉଥିଲା । ଅଦୂରରେ ବତୀଘର ସହିତ ଖଣ୍ଡିତ ପାହାଡ଼ର ଦୃଶ୍ୟ ଅତୀବ ମନୋରମ । ଆମେ ସେଠାରୁ ଫେରି ସେହି କ୍ଷୁଦ୍ର ସହରର ଅନ୍ୟ ଏକ ଅଂଶରେ ଚାଲି ଚାଲି ଫେରିଲୁ । ଯା ହେଉ ସକାଳୁ କିଛି ଲୋକଙ୍କୁ ରାସ୍ତାରେ ଦେଖିବାକୁ ପାଇଲୁ । କେହି କେହି ପୂର୍ବରୁ ଆସି ରାତ୍ରିଯାପନ କରି ଫେରିବାକୁ ତତ୍ପର ଥିଲେ । ଗୋଟେ ଦୁଇଟା ରେଷ୍ଟୁରାଣ୍ଟ ଓ ଫାର୍ମାସୀ ଖୋଲିଥିଲା । ଗୋଟେ ଜାଗାରେ କିଛି ଜାଳେଣି କାଠଗୋଛା ରଖାଯାଇଥିଲା ମାତ୍ର କେହି ବିକ୍ରେତା ନଥିଲେ । ପାଖରେ ଏକ କାଠ ଖୁଣ୍ଟିରେ ଏକ ଡବାବାକ୍ସ ରହିଥିଲା । ଥଣ୍ଡାରୁ ରକ୍ଷା ପାଇବା ପାଇଁ ନିଆଁ ଜଳାଇ ସେକି ହେବା ପାଇଁ ଯିଏ କାଠ ନେବେ ସେ ପଇସା ସେହି ଡବାରେ ରଖି ଚାଲିଯିବେ । ଏଭଳି ସାଧୁ ବ୍ୟବସ୍ଥା ଆମ ଦେଶରେ ସମ୍ଭବ ହେବ କି ନାହିଁ ତାହା ଚିନ୍ତାର ବିଷୟ ।

ପ୍ରାତଃ ଭ୍ରମଣ ସାରି ଆମେ ସୁଶୀଲଜୀଙ୍କ ଘରକୁ ଫେରି ନିତ୍ୟ କର୍ମସାରି ପ୍ରାତଃ ଭୋଜନରେ ପୁଣି ଏକାଠି ହେଲୁ । ବହୁତ ପ୍ରକାରର ଖାଦ୍ୟ ଫଳ ଚା କଫି ସବୁ ସେମାନେ ସଜାଡ଼ି ରଖିଥିଲେ । ଆଲୁ ପରଟା, ଦହି, ବ୍ରେଡ,ଓମଲେଟ ପ୍ୟାଷ୍ଟ୍ରି, ଡ୍ରାଏ ଫ୍ରୁଟସ୍ ଇତ୍ୟାଦି । ଭୋଜନ ଉପରାନ୍ତ ଆମେ ଫେରିବାକୁ ତତ୍ପର ହେଲୁ । ଶିଶିର ଭାଇନା ଫେରିବା ବେଳକୁ ଲେକ୍ ହ୍ୟୁରନର କୂଳେ କୂଳେ ଯେଉଁ ରାସ୍ତା ଅଛି ସେହି ରାସ୍ତାରେ ଯିବା ପାଇଁ ଆଗରୁ ସ୍ଥିର କରିଥିଲେ । ଆମେ ସୁଶୀଲଜୀ ଓ ତାଙ୍କ ସହଧର୍ମୀଣୀଙ୍କଠାରୁ ଉଷ୍ମ ବିଦାୟ ନେଇ ପୋର୍ଟ ଅଷ୍ଟିନ ଛାଡ଼ିଲୁ । ସାମାନ୍ୟ ଖରା ପଡ଼ି ଚତୁଃର୍ଦ୍ଦିଗର ଚମକ ଉପଭୋଗ କଲୁ ଯାହା ଗତରାତିର ଦୃଶ୍ୟଠାରୁ ଥିଲା ସଂପୂର୍ଣ୍ଣ

ଭିନ୍ନ। ସହର ଛାଡ଼ିବା ପରେ ଆରମ୍ଭ ହେଲା ହ୍ୟୁରନ ହ୍ରଦର ଉପକୂଳ ରାସ୍ତା। ଗାଡ଼ିର ବାମ ପାର୍ଶ୍ୱରେ ବିସ୍ତୃତ ଜଳଭାଗ ଅନେକ ସମୟ ଧରି ଦୃଶ୍ୟମାନ ହେଲା। ଜଳଭାଗ ପାର୍ଶ୍ୱ ଦେଇ ଗତି କରିବା ଅନେକ ଉପଭୋଗ୍ୟ ହୋଇଥାଏ। ମିସିଗନକୁ ହ୍ରଦର ରାଜ୍ୟ ବୋଲି କୁହାଯାଏ। ଏହି ରାଜ୍ୟରେ ହ୍ୟୁରନ, ଓଣ୍ଟାରିଓ, ମିସିଗନ, ଏରି ଓ ସୁପିରିୟର ଏହିଭଳି ପାଞ୍ଚଗୋଟି ହ୍ରଦ ରହିଛି। ଏହି ହ୍ରଦଗୁଡ଼ିକ ସମଷ୍ଟିଗତ ଭାବେ ରାଜ୍ୟର ବିପୁଳ ଅଂଶ ଅଧିକାର କରିଛନ୍ତି।

ପ୍ରାୟ ଦୁଇଘଣ୍ଟା କାର୍‌ରେ ଆସିବା ପରେ ଆମେ ପୋର୍ଟ ହ୍ୟୁରନ ନାମକ ଏକ ଛୋଟ ସହରରେ ପହଞ୍ଚିଲୁ। ଏହା ଆମେରିକାର ଏକ ସୀମାନ୍ତ ସହର, କାନାଡ଼ା ସୀମାର ନିକଟବର୍ତ୍ତୀ। ଆମେରିକୀୟ ଭାଷାରେ ଏହାକୁ ଛୋଟ ସହର କୁହାଯାଇଥିଲେ ମଧ୍ୟ ଏହି ସହର ପାରି ହେବାକୁ ପ୍ରାୟ ଅଧ ଘଣ୍ଟାଏ ସମୟ ଲାଗିଲା। ସେଠାରୁ ଅନ୍ୟ ରାସ୍ତା ଧରି ଡିଟ୍ରଏଟ ଫେରିଲୁ। ସେଦିନ ଭାଇନା ଘରକୁ ଆସି ଭାଉଜଙ୍କୁ ଛାଡ଼ି ଆମକୁ ନେଇ ପୁଣି ଆନାର୍‌ବର ଯିବାର ଥିଲା। ସେଥିପାଇଁ ସେ ତତ୍ପର ଥିଲେ ଆଉ ରାସ୍ତାରେ କୌଣସି ସ୍ଥାନରେ ରହି ସମୟ ନଷ୍ଟ ନକରି ଫେରି ଆସିବାକୁ ହେଲା। ଡିଟ୍ରଏଟ୍‌ରେ ଆମ ଭାଣେଜୀ ପ୍ରୀତିର ସଂପର୍କୀୟ ସ୍ୱର୍ଗତଃ ଡାକ୍ତର ଶ୍ରୀନିବାସ ମହାପାତ୍ରଙ୍କ ପତ୍ନୀ ଚନ୍ଦନା ଆମକୁ ତାଙ୍କ ଘରେ ମଧ୍ୟାହ୍ନ ଭୋଜନ ସହିତ ଆନାର୍‌ବର ବୁଲେଇବାର କାର୍ଯ୍ୟକ୍ରମ ପୂର୍ବରୁ ସ୍ଥିର କରାଯାଇଥିଲା। ସେହି ଅନୁସାରେ ଆମେ ଡିଟ୍ରଏଟଠାରୁ ପୁଣି ପ୍ରାୟ ଏକ ଘଣ୍ଟାର ରାସ୍ତା ଅତିକ୍ରମ କରି ଅପରାହ୍ନ ଦୁଇଟା ବେଳକୁ ତାଙ୍କ ଘରେ ପହଞ୍ଚିଲୁ। ରାସ୍ତାରେ ଭାଇନା ଆମକୁ ଆନାର୍‌ବରର ଭୌଗଳିକ ସ୍ଥିତି ଓ ଇତିହାସ ବିଷୟରେ ସୂଚନା ଦେଇଥିଲେ।

# ବିଦ୍ୟାନଗରୀ ଆନାର୍‌ବର

ମିସିଗନ୍ ରାଜ୍ୟରେ ଶିକ୍ଷା, କଳା ଓ ସଂସ୍କୃତି କ୍ଷେତ୍ରରେ ଅନ୍ୟତମ ସମୃଦ୍ଧ ସହର ଆନାର୍‌ବର। ଡିଟ୍ରଏଟ ସହରର ପ୍ରାୟ ସତୁରୀ ମାଇଲ ପଶ୍ଚିମରେ ଏହି ସହର ଅବସ୍ଥିତ। ସ୍ୱନାମଧନ୍ୟ ଶିକ୍ଷାନୁଷ୍ଠାନ 'ୟୁନିଭରସିଟି ଅଫ ମିସିଗନ' ପାଇଁ ପ୍ରସିଦ୍ଧ ଏହି ସହର। ଏକ ବୃହତ୍ ଶିକ୍ଷାନୁଷ୍ଠାନକୁ ନେଇ ବିକଶିତ ସହରର ଉଦାହରଣ ବିରଳ ନୁହେଁ ତେବେ ଆନାର୍‌ବରରେ କିଛି ବୈଶିଷ୍ଟ୍ୟ ଦେଖିବାକୁ ମିଳେ। ଏହି ବିଶ୍ୱବିଦ୍ୟାଳୟ ଅଧୀନରେ ରହିଛି ଏକ ଉନ୍ନତ ମେଡ଼ିକାଲ କଲେଜ ତଥା ଡାକ୍ତରଖାନା ଯାହାର କର୍ମଚାରୀଙ୍କ ସଂଖ୍ୟା ପ୍ରାୟ ବାର ହଜାର ଏବଂ ସମଗ୍ର ବିଶ୍ୱବିଦ୍ୟାଳୟର କର୍ମଚାରୀଙ୍କ ସଂଖ୍ୟା ପ୍ରାୟ ତିରିଶ ହଜାର। ପାଖାପାଖି ଦେଢ଼ଲକ୍ଷ ଜନସଂଖ୍ୟା ବିଶିଷ୍ଟ ଏହି ସହରର ଅର୍ଥନୀତି ମୁଖ୍ୟତଃ ବିଶ୍ୱବିଦ୍ୟାଳୟ ଦ୍ୱାରା ପରିଚାଳିତ। ୧୮୩୭ରେ ପ୍ରତିଷ୍ଠିତ ଏହି ବିଶ୍ୱବିଦ୍ୟାଳୟ ଡିଟ୍ରଏଟରୁ ଏଠାକୁ ଉଠିଆସିବା ପରେ ଅଧିକ ବିକାଶ ଲାଭ କରିଥିଲା ଏବଂ ୧୮୫୧ରେ ଆନାର୍‌ବରକୁ ସହର ମାନ୍ୟତା ମିଳିଥିଲା। ଛୟାଳିଶ ହଜାର ଛାତ୍ରଙ୍କୁ ନେବାର କ୍ଷମତା ରଖିଥିବା ଏହି ବିଶ୍ୱବିଦ୍ୟାଳୟରେ ଡାକ୍ତରୀ ଚିକିତ୍ସା ଓ ଗବେଷଣା କ୍ଷେତ୍ରରେ ସୁନାମ ସାରା ବିଶ୍ୱରେ ରହିଅଛି। ବିଭିନ୍ନ ଦେଶରୁ ଛାତ୍ରଛାତ୍ରୀମାନେ ଏଠାକୁ ମୁଖ୍ୟତଃ ଗବେଷଣା ଉଦ୍ଦେଶ୍ୟରେ ଆସିଥାନ୍ତି। ୭୮୦ ଏକର ସ୍ଥାନରେ ପ୍ରାୟ ୫୮୦ ଗୋଟି ଅଟ୍ଟାଳିକାରେ ଏହି ବିଶ୍ୱବିଦ୍ୟାଳୟର ବିଭିନ୍ନ ସ୍ଥାପତ୍ୟ, ବାଣିଜ୍ୟ, ଭେଷଜ, ଆଇନ, ଔଷଧ, ଜନସ୍ୱାସ୍ଥ୍ୟ ଓ ସମାଜସେବା ଇତ୍ୟାଦି ବିଭାଗର ଡିଗ୍ରୀ ପାଠ୍ୟକ୍ରମ ପ୍ରଚଳିତ। ଆମେରିକାର ବହୁ ପ୍ରତିଷ୍ଠିତ ବୈଜ୍ଞାନିକ, ଡାକ୍ତର, ପ୍ରଶାସକ, ରାଜନେତା ଏହି ବିଶ୍ୱବିଦ୍ୟାଳୟର ପ୍ରାକ୍ତନ ଛାତ୍ର ବୋଲି ଜଣାଯାଏ। ଶିକ୍ଷାକ୍ଷେତ୍ରରେ ଐତିହ୍ୟ ସଂପନ୍ନ ଏହି ବିଶ୍ୱବିଦ୍ୟାଳୟର ଦେଶ ବିଦେଶରେ ଖ୍ୟାତି ରହିଛି।

ଏହି ଶିକ୍ଷାସର୍ବସ୍ୱ ସହରର ଅନେକ ଗୁଡ଼ିଏ ସଂଗ୍ରହାଳୟ ଓ ଗ୍ୟାଲେରୀ

ସହରର ସାଂସ୍କୃତିକ ବୈଭବ ପ୍ରମାଣିତ କରିଥାଏ। କଳାଶିକ୍ଷା, କଳାଚର୍ଚ୍ଚା ସହିତ ସଙ୍ଗୀତ ନୃତ୍ୟ ଓ ଅଭିନୟ କ୍ଷେତ୍ରରେ ମଧ୍ୟ ଏଠାରେ ଅନେକ ସୁଯୋଗ ରହିଅଛି। ସଂଗ୍ରହାଳୟ ମଧ୍ୟରେ ୟୁନିଭରସିଟି ଅଫ ମିସିଗନ ମ୍ୟୁଜିୟମ, ମ୍ୟୁଜିୟମ ଅଫ ନାଚୁରାଲ ହିଷ୍ଟ୍ରି ଓ ପୃଥକ ଭାବେ ଏହି ବିଶ୍ୱବିଦ୍ୟାଳୟ ଅଧୀନରେ ଥିବା କଳା ସଂଗ୍ରହାଳୟ ଓ ପ୍ରତ୍ନତତ୍ତ୍ୱ ସଂଗ୍ରହାଳୟ ଇତ୍ୟାଦିର ପ୍ରସିଦ୍ଧି ରହିଛି। ଏହି କଳା ସଂଗ୍ରହାଳୟରେ ସାରା ବିଶ୍ୱର ବିଭିନ୍ନ ଦେଶରୁ ସଂଗୃହିତ ଅନେକ କଳାତ୍ମକ ସାମଗ୍ରୀ ସଂରକ୍ଷିତ। ଚିତ୍ରକଳା ଭାସ୍କର୍ଯ୍ୟର ଉତ୍କୃଷ୍ଟ ନମୁନା ସବୁ ଦେଖିବାକୁ ଅନେକ ପର୍ଯ୍ୟଟକଙ୍କ ଆଗମନ ଏଠାକୁ ହୋଇଥାଏ। ଏହାଛଡ଼ା ଅନେକ ସ୍ୱନାମଧନ୍ୟ ଭାସ୍କରଙ୍କ ଦ୍ୱାରା ସର୍ଜିତ କେତେଗୋଟି ଭାସ୍କର୍ଯ୍ୟ ମଧ୍ୟ ରାସ୍ତାଧାରରେ ଅଥବା ସଂଗ୍ରହାଳୟର ପ୍ରବେଶ ପଥରେ ପ୍ରଦର୍ଶିତ। ଆନାର୍‌ବର ଅନ୍ୟ ବିଶେଷ ପରିଚୟ ହେଲା ବିଗତ ଭିଏତ୍‌ନାମ ଯୁଦ୍ଧ ସମୟରେ ଆମେରିକା ବହୁ ବର୍ଷ କାଳ ଯୁଦ୍ଧରେ ଲିପ୍ତ ରହି ବିପୁଳ କ୍ଷତି ସହିବା ଅବସରରେ ଏହି ସହରର କିଛି ବାମପନ୍ଥୀ ବୁଦ୍ଧିଜୀବୀ ତୁରନ୍ତ ସେହି ଯୁଦ୍ଧ ବନ୍ଦ କରିବା ପାଇଁ ଆହ୍ୱାନ ଦେଇଥିଲେ ମାତ୍ର ସ୍ୱାଭିମାନୀ ମାର୍କିନ ସରକାର ପକ୍ଷରେ ତାହା ହଠାତ୍ ସମ୍ଭବ ନଥିଲା। ଅବଶ୍ୟ ପରବର୍ତ୍ତୀ କାଳରେ ସନ୍ଧି ମାଧ୍ୟମରେ ପରାଜୟ ସ୍ୱୀକାର ନକରି ଯୁଦ୍ଧର ଅବସାନ ଘଟିଥିଲା। ଏହିଭଳି ବାମବାଦୀ ଚିନ୍ତାଧାରା ସଂପନ୍ନ ବୁଦ୍ଧିଜିବୀଙ୍କର ଆମ ଦେଶରେ ମଧ୍ୟ ଅଭାବ ନାହିଁ। ଅନ୍ୟ ଦେଶର ସ୍ୱାର୍ଥରକ୍ଷା ପାଇଁ ସେମାନେ ନିଜ ଦେଶର ଅସ୍ମିତାକୁ ମଧ୍ୟ ଭୁଲିଯାଇଥାନ୍ତି। ନୂଆଦିଲ୍ଲୀର ଜେଏନ୍‌ୟୁରେ କାଶ୍ମୀର ପ୍ରସଙ୍ଗରେ 'ଆଜାଦୀ' ଡାକ ଦେବା ଲୋକେ ତିବ୍ବତ୍‌ର ସ୍ୱାଧୀନତା ବିଷୟରେ ମୌନବ୍ରତ ଆଚରଣ କରନ୍ତି। ଆଦିବାସୀଙ୍କ ନ୍ୟାର୍ଯ୍ୟ ଅଧିକାର ଦାବି କରୁଥିବା ବେଳେ ଧର୍ମାନ୍ତରୀକରଣ ପ୍ରସଙ୍ଗରୁ ଆଡ଼େଇଯାଆନ୍ତି।

ଆନ୍‌ଆରବର ଅନ୍ୟ ଏକ ପରିଚୟ ହେଲା ଦେଶର ନିଶା ପ୍ରଦାୟକ ଗୁଲ୍ମ ଗଞ୍ଜେଇର ଉନ୍ମୁକ୍ତ ବ୍ୟବସାୟ ସପକ୍ଷରେ ଏଠାରେ କିଛି ସ୍ଥାନୀୟ ଲୋକ ପ୍ରଥମେ ଖୋଲାଖୋଲି ଦାବୀ କରି ସଫଳ ହେଲେ। ଏହି ସହରରେ ରହୁଥିବା ଅଧିକ ସଂଖ୍ୟକ ଶିଳ୍ପୀ କଳାକାରଙ୍କର ଏହା ପସନ୍ଦର ନିଶାଦ୍ରବ୍ୟ ହୋଇଥିବା ଜଣାଯାଏ। ଆମେରିକାର ଅନେକ ଗୁଡ଼ିଏ ରାଜ୍ୟରେ ବ୍ୟବସାୟିକ ବିଜ୍ଞାପନ ମାଧ୍ୟମରେ ଭାଙ୍ଗ ଗଞ୍ଜେଇ ବିକ୍ରି କରାଯାଇଥାଏ। ନ୍ୟାସଭିଲ ରାସ୍ତାପାର୍ଶ୍ୱରେ ମଧ୍ୟ 'ଉଚ୍ଚମାନର ଗଞ୍ଜେଇ ଏଠାରେ ମିଳେ' ବୋଲି ବିଜ୍ଞାପନ ଆମେ ଦେଖି ଆଶ୍ଚର୍ଯ୍ୟ ହେଇଥିଲୁ। ନିଶା ସେବନ ଏ ଦେଶରେ ଲୋକଙ୍କର ବ୍ୟକ୍ତିଗତ ବ୍ୟପାର। ସରକାର ଏଥିରେ ହସ୍ତକ୍ଷେପ କରନ୍ତି ନାହିଁ। ସେହି ସକାଶେ ଛାତ୍ର ସମାଜରେ ଅନେକ ବିଭିନ୍ନ ଡ୍ରଗସ୍ ସେବନରେ ଲିପ୍ତ ହୋଇ ନିଜ

ଭବିଷ୍ୟତ ଅନ୍ଧକାର ମଧ୍ୟକୁ ଠେଲିଦିଅନ୍ତି। ଆମ ଦେଶ ମଧ୍ୟ ସେଥିରେ ପଛରେ ନାହିଁ ତେବେ  ନିଶାଖୋରଙ୍କ ଯୁକ୍ତି ଗଞ୍ଜେଇକୁ ଏକ ଆୟୁର୍ବେଦୀୟ ଔଷଧ ରୂପେ ବ୍ୟବହାର କରାଯାଇପାରେ ଯାହାର କୌଣସି ପାର୍ଶ୍ୱ ପ୍ରତିକ୍ରିୟା ନାହିଁ। ଆମ ଦେଶରେ ଅନେକ ସ୍ଥାନରେ ଭାଙ୍ଗର ପ୍ରଚଳନ ରହିଛି। ଗୋଟିଏ ଗଛର ପତ୍ର ଭାଙ୍ଗ ହେଲେ ତାହାର ମଞ୍ଜି ଓ ଜଟା ଗଞ୍ଜେଇ ରୂପେ ବ୍ୟବହାର ହୁଏ। ଆମ ପୁରୀ ସହରରେ ଭାଙ୍ଗର ପ୍ରଚଳନ ଅତି ପ୍ରାଚୀନ। ଏହାକୁ ଏକ ପାରମ୍ପରିକ ନିଶା ଭାବେ ଗ୍ରହଣ କରାଯାଇଛି, ତା'ସହିତ

ଧର୍ମୀୟ ଭାବରେ ମହାଦେବଙ୍କୁ ଲାଗି କରାଇ ସେବନ କରାଯାଏ। ତ୍ରିନାଥ ମେଳାରେ ଗଞ୍ଜେଇ ଭୋଗ ଲଗାଇବା ପରେ ତା'ର ସାମୁହିକ ସଦ୍‌ବ୍ୟବହାର କରାଯାଏ। ମୋତେ ଆଶ୍ଚର୍ଯ୍ୟ ଲାଗେ ପୁରୀରେ ଅନେକ ସମୟରେ ଭାଙ୍ଗ ଓ ବଟା ଭାଙ୍ଗ ଜବତ କରାଯାଇ ବିକ୍ରେତାଙ୍କୁ ଗିରଫ କରାଯାଏ। ରାଜ୍ୟର ବିଭିନ୍ନ ସ୍ଥାନରେ ବସ୍ତା ବସ୍ତା ଗଞ୍ଜେଇ ଜବତ ହେଇ ପୋଡ଼ି ଦିଆଯାଏ ମାତ୍ର ତା'ପରେ ଦର ବଢ଼େ ସିନା ବ୍ୟବହାର କମେ ନାହିଁ। ଅନ୍ୟ ପକ୍ଷରେ ବିଦେଶୀ ମଦ କାରବାରରୁ ବିପୁଳ ରାଜସ୍ୱ ଆଦାୟ ହେଉଥିବାରୁ ଏହାକୁ ପରୋକ୍ଷରେ ପ୍ରୋତ୍ସାହିତ କରାଯାଏ। କିନ୍ତୁ ଭାଙ୍ଗ ଓ ଗଞ୍ଜେଇ ବ୍ୟବସାୟ ପାଇଁ ସେଭଳି ବ୍ୟବସ୍ଥିତ ନିୟମ ରହିନାହିଁ।

ଆମେ ଚନ୍ଦନା ମହାପାତ୍ରଙ୍କ ଘରେ ଯଥା ସମୟରେ ପହଞ୍ଚିଲୁ। ବେଶ୍ ବଡ଼ ଘରେ ଏକାକୀ ସେ ଅନେକ ବର୍ଷ ହେଲା ରହୁଛନ୍ତି। ପତି ଡାଃ ଶ୍ରୀନିବାସ ମହାପାତ୍ରଙ୍କ ସ୍ୱର୍ଗବାସ ହେଲା ପରେ ଦୁଇ ପୁଅ ନିଜ ନିଜ ବୃତ୍ତିରେ ବାହାରେ ରୁହନ୍ତି। ଏବେ ଚନ୍ଦନା ଏକାକୀ ଏହି ବଡ଼ ଘରେ ରହୁଛନ୍ତି। ଏମିତି ଏକାନ୍ତ ଜୀବନ କଟାଇବାର ଅନୁଭୂତି ତାଙ୍କ କଥାରେ ବାରି ହେଇ ପଡୁଥିଲା। ସ୍ୱର୍ଗତଃ ଶ୍ରୀନିବାସଙ୍କ ଉତ୍ସାହ ଓ ପ୍ରେରଣା ବଳରେ ସେ ଜୀବନଯାତ୍ରାରେ ସଫଳ ହୋଇପାରିଲେ ବୋଲି କହି ବାରମ୍ବାର ତାଙ୍କୁ ମନେ ପକାଉଥିଲେ। କିଛିଦିନ ତଳେ ପତିଙ୍କ ସ୍ମୃତି ବିଜଡ଼ିତ ଏହି ଘର ବିକ୍ରୟ ଚିନ୍ତାରୁ ନିବୃ ହୋଇ ପୁଣି ଏହି ଘରର ନବୀକରଣ କାମ ଆରମ୍ଭ କରିଛନ୍ତି। ଏକାକୀତ୍ୱର ନିରବ ସଙ୍ଗୀତ ସହିତ ସେ ଏବେ ଅଭ୍ୟସ୍ତ। ଟିଭି ମୋବାଇଲରୁ ମନ ଛାଡ଼ିଗଲେ ନିଶବ୍ଦରେ ତାଙ୍କୁ ଅନେକ ସମୟ କାଟିବାକୁ ହୁଏ। ତେବେ ଏକ ସ୍ୱେଚ୍ଛାସେବୀ ଅନୁଷ୍ଠାନ ସହିତ ସେ ଜଡ଼ିତ ରହି କିଛି ବରିଷ୍ଠ ନାଗରିକଙ୍କ ନିକଟରେ ଖାଦ୍ୟ ପହଞ୍ଚାଇବା ଭଳି ମହତ୍ କାମ ହାତକୁ ନିଅନ୍ତି ଆଉ ସେମାନଙ୍କ ସହିତ କିଛି ସମୟ କାଟନ୍ତି। ତାଙ୍କର ସାଂସ୍କୃତିକ କ୍ଷେତ୍ରରେ ରୁଚି ରହିଛି। ଡା. ଶ୍ରୀନିବାସ ଶାସ୍ତ୍ରୀୟ ସଙ୍ଗୀତର ଗୁଣଗ୍ରାହୀ ଥିଲେ। ପ୍ରାଚୀନ ରାଗ ସଙ୍ଗୀତର ଜଣେ ବିଦଗ୍ଧ ଶ୍ରୋତା ଥିବା ସହିତ ସଙ୍ଗୀତ ଶାସ୍ତ୍ରର ବ୍ୟାକରଣ ଉପରେ ଅଧ୍ୟୟନ କରିଥିଲେ। ତାଙ୍କ ପାଖରେ ଶତାଧିକ ଗାୟକ ଓ ବାଦକଙ୍କ କୃତି ଡିଜିଟାଲ ଭାବରେ ରହିଥିଲା। ସେ ଘରର ପ୍ରବେଶ ଦ୍ୱାର ସମ୍ମୁଖରେ ରହିଥିବା ଓଡ଼ିଆ ଶିଳ୍ପୀଙ୍କ ଦ୍ୱାରା ନୀଳ ପଥରରେ ନିର୍ମିତ ସରସ୍ୱତୀଙ୍କ ମୂର୍ତ୍ତି ସେମାନଙ୍କର ସଙ୍ଗୀତ ପ୍ରତି ଅନୁରାଗର ସୂଚନା ଦେଇଥାଏ।

ଚନ୍ଦନା, ପୁରୀର ସ୍ୱନାମଧନ୍ୟ ଡାକ୍ତର ଶଶିଭୂଷଣ ରଥଙ୍କ ଜ୍ୟେଷ୍ଠା କନ୍ୟା। ଶ୍ରୀନିବାସଙ୍କ ଘର ମଧ୍ୟ ପୁରୀରେ। ସେମାନେ ପାଞ୍ଚ ଭାଇ, ସମସ୍ତେ ପରିବାର ସହିତ ଆମେରିକାରେ ରୁହନ୍ତି। ଶ୍ରୀନିବାସ ସ୍ଥାନୀୟ ମେଡ଼ିକାଲ କଲେଜରେ ସାଇକିଆଟ୍ରିଷ୍ଟ

ଭାବେ କାର୍ଯ୍ୟ କରୁଥିଲେ। ୨୦୧୦ରେ ତାଙ୍କର ହୃଦ୍‌ଘାତରେ ଦେହାନ୍ତ ହେଲା। ତାଙ୍କ ପ୍ରେରଣାରେ ଚନ୍ଦନା ଅନେକ ସାଂସ୍କୃତିକ ଅନୁଷ୍ଠାନ ସହିତ ସକ୍ରିୟ ଥିଲେ। ଆନ୍‌ଆରବରରେ ନୃତ୍ୟ ସଙ୍ଗୀତ କଳା ଆଦିର ଯଥେଷ୍ଟ ଆଦର ରହିଛି। ସେ ନିଜସ୍ୱ ଉଦ୍ୟମରେ ଓଡ଼ିଶୀ ନୃତ୍ୟର ପ୍ରସିଦ୍ଧ ଗୁରୁ କେଳୁଚରଣ ମହାପାତ୍ର ଓ ସଂଗୀତଜ୍ଞ ପ୍ରଫୁଲ୍ଲ କରଙ୍କୁ ନେଇ କାର୍ଯ୍ୟକ୍ରମମାନ ଆୟୋଜନ କରିଥିଲେ। ରସଗ୍ରାହୀ ଶ୍ରୋତା ଆଖପାଖର ସହରମାନଙ୍କରୁ ବିଶେଷ କରି ଓଡ଼ିଆ ଲୋକମାନେ ଆସି କାର୍ଯ୍ୟକ୍ରମକୁ ସଫଳ କରିଥିଲେ। ସେସବୁ କଥା ଏବେ ତାଙ୍କ ପାଇଁ ସ୍ମୃତି ହେଇରହିଛି। ବଡ଼ପୁଅର ବିବାହ ସରିଛି। ସେ ନିଜ ପରିବାର ସହ ଅନ୍ୟ ଏକ ସହରରେ ରହେ। କ୍ୱଚିତ୍ ଚନ୍ଦନାଙ୍କ ପାଖକୁ ଆସେ। ଫୋନରେ ଭଲମନ୍ଦ ବୁଝେ। ସାନ ପୁଅ ମାତ୍ର ଏକ ଘଣ୍ଟା ଦୂରରେ ଏକ ସହରରେ ରୁହେ। ସେ ଏକ ମାର୍କିନ ଝିଅ ସହିତ ବିବାହ କରିବାକୁ ଠିକ୍ କରିଛି। ବିବାହ ଉତ୍ସବର ଆୟୋଜନ  ସେମାନଙ୍କ ରୁଚି ଅନୁସାରେ ହେବ। ଚନ୍ଦନା ସେଥିରେ ମାତ୍ର କେତୋଟି ଦିନ ପାଇଁ ସାମିଲ ହେବେ। ନିକଟରେ 'ମଦରସ୍ ଡେ' ଦିନ ସାନପୁଅର ଡାକରାରେ ଚନ୍ଦନା ତା' ପାଖକୁ ଯାଇଥିଲେ। ପୁଅର ଭାବୀ ଶ୍ୱଶୁରଙ୍କୁ ମଧ୍ୟ ଡକାଯାଇଥିଲା। ଏକ ହୋଟେଲରେ ସେମାନେ ଏକତ୍ର ଭୋଜନ କଲା ପରେ ଚନ୍ଦନା ଫେରି ଆସିଲେ ନିଜସ୍ୱ ନୀଡ଼କୁ, ପୁଣି ସେହି ଏକାକୀତ୍ୱର ପ୍ରିୟ ଉପତ୍ୟକାକୁ।

ଏସବୁ କଥା କହିବାର ତାତ୍ପର୍ଯ୍ୟ ହେଲା ଆମେରିକାରେ ପାରିବାରିକ ସଂସ୍କୃତିରେ ପରିଣତ ବୟସରେ ମଣିଷ ଏକାକୀ ଏବଂ ଅସହାୟ ହେଇପଡ଼େ ଯାହାର କିଛି ବିକଳ୍ପ ନଥାଏ। ସକଳ ପ୍ରାଚୁର୍ଯ୍ୟ ମଧ୍ୟରେ ଜୀବନ ହୋଇପଡେ ଦୁର୍ବିସହ। ଅନେକ ଲୋକ ନିଜ ସଞ୍ଚିତ ଅର୍ଥକୁ ବିଭିନ୍ନ ଉଦ୍ଦେଶ୍ୟରେ ଦାନ ଦେବାପାଇଁ ଇଚ୍ଛାପତ୍ର ବହୁ ପୂର୍ବରୁ ପ୍ରସ୍ତୁତ କରିଥାନ୍ତି। ସ୍ୱଇଚ୍ଛାରେ ଜରାନିବାସରେ ଶେଷଜୀବନ କଟାଇବାକୁ ପସନ୍ଦ କରନ୍ତି। ପିଲାମାନେ ବଡ଼ ହେଲାପରେ ଅତ୍ୟଧିକ ସ୍ୱାଧୀନଚେତା ହୋଇପଡ଼ନ୍ତି। ସେମାନଙ୍କ ପାଖରେ ପିତାମାତାଙ୍କ କଥା ବୁଝିବାରେ କୌଣସି ଆବେଗ ପରିଲକ୍ଷିତ ହୁଏ ନାହିଁ। ଆମ ଦେଶରେ ପାରିବାରିକ ସଂସ୍କୃତିର ନିବିଡ଼ତା, କର୍ତ୍ତବ୍ୟବୋଧ ଓ ଆବେଗ ଏଠାରେ ନଥାଏ। ସବୁ ଔପଚାରିକତା। ସନ୍ତାନମାନେ ଏତେ ଆତ୍ମନିର୍ଭର ହୋଇପଡ଼ନ୍ତି ଯେ ସେମାନେ ପିତାମାତାଙ୍କ ସମ୍ପତ୍ତିକୁ ମଧ୍ୟ ପ୍ରତ୍ୟାଖ୍ୟାନ କରିବା ଦେଖାଯାଏ। ସେମାନେ ବୃତ୍ତିସର୍ବସ୍ୱ ଜୀବନ ଅତିବାହିତ କରିବା ସହିତ ନିଜସ୍ୱ ସମ୍ବଳ ବୃଦ୍ଧି ତଥା ସମୃଦ୍ଧି ଉପରେ ଗୁରୁତ୍ୱ ଦିଅନ୍ତି। ଆମେରିକୀୟମାନଙ୍କର ପାରିବାରିକ ଜୀବନ ଐଶ୍ୱର୍ଯ୍ୟମୟ ହୋଇପାରେ ମାତ୍ର ପରିଣତ ବୟସରେ ଅସହାୟବୋଧର ଗ୍ଲାନି ଟିକକ ନିଶ୍ଚିତ ଭାବେ କୋଉଠି ନା କୋଉଠି ଲୁଚି ରହିଥାଏ।

ଆମ ପାଇଁ ମଧ୍ୟାହ୍ନ ଭୋଜନ ପ୍ରସ୍ତୁତ ହୋଇସାରିଥିଲା। ଭାତ, ସାଲମନ ମାଛ ଭଜା ସହିତ ମାର୍କିନ ସାଲାଡ଼ ଏବଂ ୱାଇନ୍‌ର ସମାହାର ଆମ ପାଇଁ ଥିଲା 'ଯେ ଦେଶେ ଯାଇ ସେ ଫଳ ଖାଇ' ନ୍ୟାୟରେ ଉପଭୋଗ୍ୟ। ସାଲମନ ମାଛ ସ୍ୱାଦିଷ୍ଟ, ତାକୁ ବହୁ ପ୍ରକାରରେ ରନ୍ଧାଯାଇପାରେ ମାତ୍ର ତା'ର ଭଜାଟି ବେଶ୍ ଭଲ ଲାଗେ। ଭୋଜନ ପରେ ଭାଇନା ତାଙ୍କ ଘରେ ବିଶ୍ରାମ ନେଲେ। ଚନ୍ଦନା ଆମ ଦୁଇଜଣଙ୍କୁ ତାଙ୍କ କାରରେ ସହର ବୁଲାଇବାକୁ ନେଇଗଲେ।

ଆନଆରବର୍ ସହରର ମୁଖ୍ୟ ଆକର୍ଷଣ ହେଉଛି ମିସିଗନ ବିଶ୍ୱବିଦ୍ୟାଳୟ। ସେଠାକୁ ଯିବା ରାସ୍ତାରେ ପାର୍ଶ୍ୱରେ ପଡ଼ିଲା ଏକ ଦୀର୍ଘ ଅଟ୍ଟାଳିକା ଯାହାର ଦୁଇ ପାର୍ଶ୍ୱରେ କିଛି ଅଂଶ ଦୁଇଟି ନାତ୍ୟୁଚ୍ଚ ପାହାଡ଼ରେ ପୋତି ହେଲା ଭଳି ଲାଗୁଥିଲା। ଚନ୍ଦନାଙ୍କ ସୂଚନା ଅନୁସାରେ ଫ୍ରାଙ୍କ ଲୟଡ଼ ରାଇଟ ନାମକ ଜଣେ ସ୍ଥପତିଙ୍କ ଦ୍ୱାରା ଏହି ବୈଚିତ୍ର୍ୟମୟ କୀର୍ତ୍ତିଟି ନିର୍ମାଣ କରାଯାଇଥିଲା ଯାହାର ପାଞ୍ଚଟି ମହଲା ଭୂତଳରେ ରହିଛି। ଉପରକୁ କେବଳ ଅଳ୍ପ କିଛି ଭାଗ ଦେଖାଯାଉଛି। ଡୋମିନୋ ପିଜା କମ୍ପାନୀର ଏହା ମୁଖ୍ୟାଳୟ ଥିଲା। ସେ କମ୍ପାନୀ ଏବେ ଅନ୍ୟ ରାଜ୍ୟକୁ ଉଠିଯାଇଛି। ଆମେରିକାରେ ଏହିପରି ପଳାୟନ ଘଟଣା ପ୍ରାୟତଃ ବଡ଼ କମ୍ପାନୀମାନଙ୍କ କ୍ଷେତ୍ରରେ ଦେଖାଯାଇଥାଏ। ସଂପୃକ୍ତ ରାଜ୍ୟର ଟିକସ ବ୍ୟବସ୍ଥା, ଅନ୍ୟାନ୍ୟ ସୁବିଧା ତଥା ବ୍ୟବସାୟିକ ଅଭିବୃଦ୍ଧି ଦୃଷ୍ଟିରୁ ସେମାନେ ସ୍ଥାନ ପରିବର୍ତ୍ତନକୁ ବିଚାର କରନ୍ତି। ସେଠାରୁ ଆଉ କିଛି ବାଟ ଆଗକୁ ଯିବାରେ ଏକ ବିଶାଳ ଖୁଆଡ଼ ମଧ୍ୟରେ ଅନେକ ଗୁଡ଼ିଏ ବାଇସନ ବା ଅରଣା ମଇଁଷୀ ଚରୁଥିବାର ଦେଖିଲୁ। ଅତି ପାଖରୁ ନହେଲେ ମଧ୍ୟ ଦୂରରୁ ସେହି ପ୍ରଜାତିକୁ ଚିହ୍ନିପାରିଲୁ। ସେମାନଙ୍କ ପାଇଁ ସେ ଖୁଆଡ଼ ଅଭୟାରଣ୍ୟ ଭଳି ଥିଲା। ବାଇସନ୍ ତୃଣଭୋଜୀ ହେଲେ ମଧ୍ୟ ଲଢ଼େଇପ୍ରିୟ। ବିଶେଷ କରି ନଦୀକୂଳିଆ ଅଞ୍ଚଳରେ ଏହି ପ୍ରଜାତିର ପଶୁ ଦଳବଦ୍ଧ ହୋଇ ରହିଥାନ୍ତି।

ଆମେ ମିସିଗନ ବିଶ୍ୱବିଦ୍ୟାଳୟର ମୁଖ୍ୟାଂଶ ଆୟୁର୍ବିଜ୍ଞାନ ସଂସ୍ଥା ଓ ଗବେଷଣା କେନ୍ଦ୍ରର ପାର୍ଶ୍ୱ ଦେଇଗଲୁ। ଆମେରିକାରେ ଶିକ୍ଷା, ସ୍ୱାସ୍ଥ୍ୟ ଓ ଗବେଷଣା, ଏହି ତିନୋଟି ବିଷୟକୁ ଯଥେଷ୍ଟ ପ୍ରାଧାନ୍ୟ ଦିଆଯାଉଛି ଏବଂ ତାହା ହିଁ ଏ ଦେଶର ବିକାଶର ମାନଦଣ୍ଡ। ସେଥିପାଇଁ ଅନେକ ସ୍ଥାନରେ ବିଶ୍ୱବିଦ୍ୟାଳୟକୁ ନେଇ ଗୋଟିଏ ଗୋଟିଏ ବୃହତ୍ ସହର ବିକଶିତ ହୋଇପାରିଛି। ମିସିଗନ ବିଶ୍ୱବିଦ୍ୟାଳୟରେ ରହିଛି ଅନେକ ବିଭାଗ। ଆୟୁର୍ବିଜ୍ଞାନ ସହିତ କଳା, ବିଜ୍ଞାନ, ଆଇନ, ବାଣିଜ୍ୟ, ସ୍ଥାପତ୍ୟ, ଚାରୁକଳା ଇତ୍ୟାଦି ମଧ୍ୟ ଉନ୍ନତ ମାନର। ବିଶ୍ୱବିଦ୍ୟାଳୟ ସଂଲଗ୍ନ ଅଞ୍ଚଳ ଡାଉନଟାଉନରେ ଦୋକାନ ବଜାର ହୋଟେଲ ରେସ୍ତୋରାଁ ଆଦି ରହିଛି। ଆମେ

ପାର୍କିଂ ପାଇଁ ଉଦ୍ଦିଷ୍ଟ ସ୍ଥାନରେ ଗାଡ଼ି ରଖି ଚାଲିଲୁ। ଗୋଟିଏ ଅଣଓସାରିଆ ଅଳିନ୍ଦ ଭଳି ରାସ୍ତା ଅତିକ୍ରମ କଲାବେଳେ ତା'ର ଦୁଇପାର୍ଶ୍ୱରେ ଅନେକ ଗୁଡ଼ିଏ ପୁରାତନ ବସ୍ତୁ ଓ ହସ୍ତଶିଳ୍ପ ବିପଣୀ ରହିଥିବା ଦେଖିଲୁ। ଅନେକ ପ୍ରକାରର କଳାତ୍ମକ ସାମଗ୍ରୀ ସେଥିରେ ପ୍ରଦର୍ଶିତ ହୋଇଥିଲା। ତା' ସହିତ ରହିଥିବା ଏକ କଫି କାଉଣ୍ଟରରୁ କଫି ପିଇବାକୁ ମନସ୍ଥ କରି ସେଠାକୁ ଗଲୁ ମାତ୍ର ତାହା ସମୟ ସାପେକ୍ଷ ହୋଇଥିବାରୁ ସେଠାରେ ନରହି ଆଗକୁ ଯାଇ ପହଞ୍ଚିଲୁ 'ବିଶ୍ୱବିଦ୍ୟାଳୟ ଚାରୁକଳା ଓ କାରୁକଳା ସଂଗ୍ରହାଳୟ'(UMMA) ସମ୍ମୁଖରେ। ସେ ବିରାଟ ପ୍ରାସାଦର ଦ୍ୱାରଦେଶରେ ରହିଛି ଏକ ଅନନ୍ୟ ସ୍ଥାପତ୍ୟ ଯାହା ମୋତେ ଖୁବ୍ ଆକର୍ଷିତ କରିଥିଲା। 'ବିହାଇଣ୍ଡ ଦ ଓ୍ୱାଲ୍ସ' ନାମକ ପ୍ରାୟ ୨୫ ଫୁଟ ଉଚ୍ଚତାର ପଲିଷ୍ଟର ରେଜିନ ଓ ମାର୍ବଲ ଗୁଣ୍ଡରେ ନିର୍ମିତ ଏହି କୃତିଟିରେ ଏକ କମ୍ ବୟସ୍କ ଝିଅ ନିଜ ଦୁଇ ହାତରେ ମୁହଁକୁ ଘୋଡ଼ାଇ ରଖିବାର ଭଙ୍ଗୀ ରୂପାୟିତ ହୋଇଥିଲା। ସ୍ପେନୀୟ ସ୍ଥପତି ଜୁମେ ପ୍ଲେନ୍‌ସା' (Jaume Plensa)ଙ୍କ ଦ୍ୱାରା ନିର୍ମିତ ଏହି କୃତି ୨୦୧୯ରେ ନିୟୁର୍କ ସମେତ ବିଭିନ୍ନ ସ୍ଥାନରେ ପ୍ରଦର୍ଶିତ ହୋଇ ଚର୍ଚ୍ଚିତ ହୋଇଥିଲା। ଆମର ଇଶ୍ୱରଦତ୍ତ ଦୁଇ ହାତ ଅନେକ ସମୟରେ ପ୍ରାଚୀର ଭଳି କାମ କରିଥାଏ। ଏହି ଦୁଇ ହାତ ଦ୍ୱାରା ଚକ୍ଷୁକୁ ଘୋଡ଼ାଇ ଆମ ଚତୁଃପାର୍ଶ୍ୱରେ ଘଟୁଥିବା ଘଟଣାକୁ ପ୍ରତ୍ୟକ୍ଷ କରିବାରୁ ଆମେ ବଞ୍ଚିତ ହେଉ।" ଏହା ଥିଲା ଏହି କାଳଜୟୀ ଭାସ୍କର୍ଯ୍ୟର ନିର୍ମାଣ ପଛର ବାର୍ତ୍ତା। ଏହି ବିରଳ କୃତିଟିକୁ କ୍ରୟ କରି ଦୁଇଜଣ କଳାପ୍ରେମୀ ସଂଗ୍ରହାଳୟକୁ ଦାନ କରିଥିଲେ ଯାହା ସଂଗ୍ରହାଳୟର ପ୍ରବେଶ ପଥରେ ରଖାଯାଇ ସମସ୍ତଙ୍କ ଦୃଷ୍ଟି ଆକର୍ଷଣ କରୁଅଛି। ଅନ୍ୟ କଳା ସମୀକ୍ଷକଙ୍କ ଦ୍ୱାରା ଏହି ଭାସ୍କର୍ଯ୍ୟର ଭିନ୍ନ ପରିଭାଷା ପ୍ରକାଶ ପାଇଛି। କୃତିଟିରେ ଶ୍ୱେତବର୍ଣ୍ଣଙ୍କୁ ନେଇ ସେମାନେ ଦେଶରେ ରହିଥିବା ବର୍ଣ୍ଣବିଦ୍ୱେଷକୁ ଆକ୍ଷେପ କରିବାକୁ ପଛାଇ ନାହାନ୍ତି। ସେମାନଙ୍କ ଦ୍ୱାରା କୃଷ୍ଣକାୟମାନଙ୍କ ପ୍ରତି ହେଉଥିବା ହୀନ ବ୍ୟବହାରକୁ ଶ୍ୱେତାଙ୍ଗମାନେ ଅଣଦେଖା କରୁଥିବା ଭଳି ଅର୍ଥ ମଧ୍ୟ ବାହାର କରାଯାଇଛି। ସଂଗ୍ରହାଳୟ ପ୍ରାସାଦର ପଶ୍ଚାତ୍‌ଭାଗରେ ରହିଛି ତିନିଗୋଟି ଧାତବ ଭାସ୍କର୍ଯ୍ୟ। ପ୍ରାୟ ପାଞ୍ଚ ଫୁଟ ଉଚ୍ଚତା ବିଶିଷ୍ଟ ଏହି ମସ୍ତକବିହୀନ ଭାସ୍କର୍ଯ୍ୟଗୁଡ଼ିକ ବିଭିନ୍ନ ଅସ୍ତ୍ରଶସ୍ତ୍ରରେ ସଜ୍ଜିତ ଯୁଦ୍ଧ ଫେରନ୍ତା ସୈନିକଙ୍କ ପ୍ରତିରୂପ। ଏସିଆର ଭିଏତନାମ୍ ସହିତ ଦୀର୍ଘଯୁଦ୍ଧରେ ବହୁ ମାର୍କିନ ସୈନ୍ୟ ମୃତାହତ ହୋଇଥିଲେ। ସେଥିରେ ଆମେରିକା ଅଧିକ କ୍ଷତିଗ୍ରସ୍ତ ହୋଇଥିଲା। ଏଣୁ ଯୁଦ୍ଧରୁ ତୁରନ୍ତ ଓହରି ଆସିବା ପାଇଁ ଆମେରିକାରେ ବୁଦ୍ଧିଜିବୀମାନେ ନିଜ ନିଜ ଭାଷାରେ ସ୍ୱର ଉଠାଇଥିଲେ। ଯୁଦ୍ଧରେ ଆମେରିକାର ଦୀର୍ଘ ଅସାର୍ଥକ ସଂପୃକ୍ତିର ପ୍ରତିବାଦ ସ୍ୱରୂପ ମାର୍କିନ ସୈନ୍ୟଙ୍କ ପରାଜୟ

ତଥା ପ୍ରାଣହାନିକୁ ସାଙ୍କେତିକ ଭାବରେ ବର୍ଣ୍ଣନା କରିବାକୁ ଯାଇ କେହି ଭାସ୍କର୍ଯ୍ୟ ଶିଳ୍ପୀ ଏହିଭଳି ମସ୍ତକବିହୀନ ଭାସ୍କର୍ଯ୍ୟ କେତୋଟି ସୃଷ୍ଟି କରିଥିଲେ।

ମିସିଗନ ବିଶ୍ୱବିଦ୍ୟାଳୟ ପରିସରରେ ଆଉ କେତୋଟି ମୁକ୍ତାକାଶ ଭାସ୍କର୍ଯ୍ୟ ମଧ୍ୟ ପ୍ରଦର୍ଶିତ ହୋଇଥିବାର ଦେଖାଯାଏ। ସେଥିମଧ୍ୟରୁ ସ୍ଥପତି ମାର୍କଡି ସୁଭୋରୋଙ୍କ ନିର୍ମିତ 'ଶାଙ୍ଗ୍' ଓ 'ଓରିଆନ' ଦୁଇଟି ସାର୍ବଜନୀକ କଳା ବା Public art ଭାବେ ସ୍ୱୀକୃତ ଏବଂ ବହୁ ଚର୍ଚ୍ଚିତ। ଦୁଇଟିଯାକ କୃତି କେତେଗୋଟି ଇସ୍ପାତ ଦଣ୍ଡର ସଂଯୋଜନାରେ ଉର୍ଦ୍ଧ୍ୱମୁଖୀ ଭାବେ ସ୍ଥାପନ କରାଯାଇଛି। 'ଶାଙ୍ଗ୍' ୨୫ ଫୁଟ ଉଚ୍ଚତା, ୧୯ ଫୁଟ ଓସାର ଓ ୮ ଫୁଟ ଗଭୀରତା ବିଶିଷ୍ଟ କୃତିରେ ଦୋଳି ଭଳି ବ୍ୟବସ୍ଥା ରହିଛି। ଏହି କୃତି ପ୍ରଥମେ ସଂଗ୍ରହାଳୟର ଦ୍ୱାରଦେଶରେ ସ୍ଥାପନା କରାଯାଇଥିଲା। ନିକଟରେ ତାକୁ ସ୍ଥାନାନ୍ତରିତ କରାଯାଇ ସେଠାରେ 'ବିହାଇଣ୍ଡ ଦ ୱାଲସ୍'କୁ ରଖାଯାଇଛି। 'ଓରିଅନ୍' ମଧ୍ୟ ସେହି ୫୩ ଫୁଟ ଉଚ୍ଚତାର ତିନିଗୋଟି ଚତୁଷ୍କୋଣ ବିଶିଷ୍ଟ ଇସ୍ପାତ ଦଣ୍ଡକୁ ଖଞ୍ଜି ଏକ ବୃତ୍ତାକାର ପ୍ଲେଟ ମିଶ୍ରଣରେ ନିର୍ମିତ। ଉଜ୍ଜ୍ୱଳ ଲାଲ ରଙ୍ଗର ଦୁଇଟିଯାକ କୃତିର ପରିଭାଷା ଉଦ୍ଭଟ ହୋଇଥିଲେ ମଧ୍ୟ ଆକର୍ଷଣୀୟ।

ଆମେ ତା'ପରେ ବିଶ୍ୱବିଦ୍ୟାଳୟର ସେଣ୍ଟ୍ରାଲ ହଲ ଓ ସେଣ୍ଟର ଫର୍ ପରଫର୍ମିଙ୍ଗ ଆର୍ଟ ଇତ୍ୟାଦି ଦେଖିବା ପରେ ଫେରିଆସିଲୁ। ସେହି ହଲରେ ୨୦୦୨ରେ ଗୁରୁ କେଳୁଚରଣ ମହାପାତ୍ରଙ୍କ ନୃତ୍ୟ କାର୍ଯ୍ୟକ୍ରମ ପରିବେଷିତ ହୋଇଥିଲା। ଫେରିବା ବାଟରେ ଆଇନ ମହାବିଦ୍ୟାଳୟ ଦେଇ ଆସିଲୁ। ଏହି ମହାବିଦ୍ୟାଳୟ ପ୍ରକାଣ୍ଡ ଅଟ୍ଟାଳିକାର ଶୈଳୀ ତଥା ଛାତ୍ରଛାତ୍ରୀଙ୍କ ପରିପାଟୀ ଉଭୟ ବ୍ରିଟିଶ ସଂସ୍କୃତି ଦ୍ୱାରା ପ୍ରଭାବିତ। ବ୍ରିଟିଶମାନଙ୍କ ଦ୍ୱାରା ଏହି କଲେଜ ସ୍ଥାପନା କରାଯାଇଥିଲା ଯାହା ପରେ ମିସିଗନ ବିଶ୍ୱବିଦ୍ୟାଳୟ ଅଧୀନକୁ ଯାଇଥିଲା। ଆମେରିକାର ଅନେକ ଖ୍ୟାତିସଂପନ୍ନ ଆଟର୍ଣ୍ଣି ଏହି ମହାବିଦ୍ୟାଳୟର ପୁରାତନ ଛାତ୍ର। ଆଇନ ଶିକ୍ଷାରେ ଏହି କଲେଜର ସୁନାମ ରହିଛି।

ଚନ୍ଦନାଙ୍କ ଘରକୁ ଫେରିଲୁ। ଶିଶିର ଭାଇନା ଅପେକ୍ଷା କରିଥିଲେ। ଆମେ ଚା'ପାନ କରିବା ସହିତ ତାଙ୍କ ଘରର ପଛପଟ ବୁଲି ଦେଖିଲୁ। ଜଣେ ନିଃସଙ୍ଗ ମହିଳା ନିଜ ପ୍ରଚେଷ୍ଟାରେ ଯାହା ଯେମିତି ପୂର୍ବ ସୌନ୍ଦର୍ଯ୍ୟ ବଜାୟ ରଖିବାରେ ସଫଳ ହୋଇଛନ୍ତି। ତା'ପରେ ଆମେ ଡିଟ୍ରଏଟ ଫେରିଆସିଲୁ।

ମଇ ୯ ତାରିଖ ଦିନ ଆମେ ନ୍ୟାସଭିଲ ଫେରି ଆସିବାର କଥା। ସକାଳୁ ନିତ୍ୟକର୍ମ ସାରି ସେ ଘରର ବ୍ୟାକୟାର୍ଡ ବୁଲିବାକୁ କାଚ ଦ୍ୱାର ଆଢ଼େଇ ବାହାରକୁ ଗଲୁ। ଗୃହ ସଂଲଗ୍ନ ବିରାଟ ଅଞ୍ଚଳ ଘାସର ସବୁଜ ଆସ୍ତରଣର ଶେଷରେ କେତେଗୋଟି

ଗଛର ଧାଡ଼ି ଓ କିଛି ବୁଦା ରହିଛି । ଦୂରରୁ ସେ ବୁଦା ମୂଳେ ଠେକୁଆମାନେ ବିଚରଣ କରୁଥିବା ପୂର୍ବଦିନ ଦେଖିଥିଲୁ । ରାତିରେ ଓ ଭୋରରେ ହରିଣମାନେ ଘାସ ଖାଇବାକୁ ଆସନ୍ତି ବୋଲି ଭାଉଜ କହୁଥିଲେ । ଘର ପାଖରେ ଥିବା ଯାଗାରେ ଅନେକ ଫୁଲଗଛ ଭାଉଜଙ୍କ ଯତ୍ନରେ ବଢ଼ିଥିଲା । ଆହୁରି ଟମାଟୋ ବାଇଗଣ ସହିତ କିଛି ଶାଗର ଛୋଟ ପଟାଳି ମଧ୍ୟ ସେ ସୃଷ୍ଟି କରିଥିଲେ । ସମୟ ମିଳିଲେ ସେ ଏହିସବୁ କାମରେ ନିଜକୁ ନିୟୋଜିତ କରିଥାନ୍ତି । ଘରର ଦୁଇ ପାର୍ଶ୍ୱରେ ରହିଥିବା ଅନ୍ୟ ଘରର ସାଜସଜ୍ଜା ସାମାନ୍ୟ ଭିନ୍ନ ହେଲେ ମଧ୍ୟ ବ୍ୟବଧାନ ପ୍ରଶସ୍ତ । ସମସ୍ତଙ୍କର ଘର ପଛରେ ଘାସ ପଡ଼ିଆ । ଜଣେ ଆସି ନିୟମିତ ମେସିନ ସାହାଯ୍ୟରେ ବଢ଼ନ୍ତା ଘାସ କାଟି ଚାଲିଯାଏ । ଘରମାନଙ୍କ ମଧ୍ୟରେ ପାଚେରୀ ରହିନାହିଁ, ରହିବା ଆବଶ୍ୟକ ନାହିଁ । ଯାଗାର ପ୍ରାଚୁର୍ଯ୍ୟରେ ପାଚେରୀର ସ୍ଥାନ ନାହିଁ । ପାଚେରୀ ନଥିବାରୁ ପାଖାପାଖି ତିନିଚାରୋଟି ଘରର ପଛରେ ରହିଥିବା ଘାସ ଗାଲିଚାର ସମିଶ୍ରଣରେ ସୃଷ୍ଟି ହୋଇଥିବା ଅଞ୍ଚଳକୁ ଦେଖିଲେ ଏକ କ୍ଷୁଦ୍ର ଗଲ୍‌ଫ କୋର୍ସ ଭଳି ମନେହୁଏ । ନିଜ ଜାଗାର ପାଚେରୀ ନଥିବା କଥାରୁ ମୋର ପୁରୀରେ ଦୁଇଟି ଘର ମଧ୍ୟରେ ରହିଥିବା ମାତ୍ର ପାଞ୍ଚ ଇଞ୍ଚର ବାଡ଼କୁ ନେଇ ଭାଗ ନଛିଣ୍ଡିବାରୁ କୋର୍ଟ କଚେରୀ ଯିବା ପର୍ଯ୍ୟନ୍ତ କଥା ମନେ ପଡ଼ିଲା ।

ଜଳଖିଆରେ ସେଦିନ ଭାଉଜ ଚକୁଳି ପିଠା ସହିତ ଆହୁରି ଅନେକ କିଛି ପରଷିଲେ । ଖାଇଲା ବେଳେ ଭାଇନା କହୁଥିଲେ ସେମାନେ ତାଙ୍କ ସେହି ଘରର ପଛରେ ଥିବା ଲନ୍‌ରେ ବନ୍ଧୁମାନଙ୍କ ପାଇଁ ପାର୍ଟିର ଆୟୋଜନ କରିଥାନ୍ତି ଆଉ ଅତିଥିମାନେ ପରିବେଶକୁ ଖୁବ୍ ପସନ୍ଦ କରନ୍ତି । ପ୍ରାତଃଭୋଜନ ସାରି ଆମେ ବିମାନବନ୍ଦର ଯିବାପାଇଁ କିଛି ସମୟ ବାକି ଥାଏ । ଭାଉଜ ଆମକୁ ଘରର ଭୂତଳ ମହଲା ଦେଖାଇବାକୁ ନେଇଗଲେ । ଉପର ଦୁଇ ମହଲା ଭଳି ସେ ମହଲାରେ ସାଜସଜ୍ଜା ଅନୁରୂପ । ସେଥିରେ ଏକ କୋଣରେ ବ୍ୟାୟାମ ଉପକରଣ ରଖାଯାଇ ଏକ କ୍ଷୁଦ୍ର ଜିମ୍ ରହିଛି । ଆଉ ଏକ ସ୍ଥାନରେ କିଛି ବାଦ୍ୟଯନ୍ତ୍ର । ଚଟାଣରେ ସଂପୂର୍ଣ୍ଣ ଗାଲିଚା ବିଛାଯାଇଥିବା ବେଳେ ଅନ୍ୟ ଏକ କୋଣରେ ଅଧିକ ଲୋକ ଭୋଜନ କରିବା ପାଇଁ ଚଉକି ବାସନକୁସନ ଆଦି ଗଚ୍ଛିତ ରହିଛି । ଶୁଣିଲୁ ବାହାରେ ଅତ୍ୟଧିକ ଥଣ୍ଡା ପଡ଼ିଲା ବେଳେ ଏହିଠାରେ ପାର୍ଟି ଇତ୍ୟାଦି କରାଯାଏ । ପିଲାମାନେ ବିଶେଷ କରି ଏହି ଭୂତଳ ମହଲାର ବ୍ୟବହାର କରିବା ପାଇଁ ପସନ୍ଦ କରନ୍ତି । ସେଥିପାଇଁ ଏହାକୁ ସ୍ୱତନ୍ତ୍ର ଭାବେ ସଜାଯାଇଛି । ସମଗ୍ର ଘରଟି କେନ୍ଦ୍ରୀୟ ଭାବେ ବାତାନୁକୂଳିତ ହୋଇଥିବା ବେଳେ କବାଟ ଝରକା ବନ୍ଦ ଥିଲେ ମଧ୍ୟ ଗରମ ଅନୁଭୂତ ହୁଏନାହିଁ । ଏଣୁ ଏହି ଭୂତଳ ମହଲା ମଧ୍ୟ ସମଭାବେ ଉପଭୋଗ୍ୟ ।

ଭାଇନା ଭାଉଜ ଉଭୟ ଆମକୁ ଏୟାରପୋର୍ଟରେ ଛାଡ଼ିବା ପାଇଁ ଆସିଥିଲେ। ଭାଉଜ ଆମ ପାଇଁ ସଜାଡ଼ି ରଖିଥିବା ଉପହାର ଦେବାକୁ ଭୁଲିନଥିଲେ। ସେ ଦୁଇଜଣଙ୍କ ସହୃଦୟତା ଭୁଲିବାର ନୁହେଁ। ସେମାନଙ୍କର ଆତ୍ମୀୟତାଭରା ସହଯୋଗରେ ତିନୋଟି ଦିନ କଟାଇବା ପରେ କୃତଜ୍ଞତାରେ ଆମ ମନ ଭାରି ହେଇଗଲା। ବିଶେଷକରି ସେମାନଙ୍କର ଉତ୍ତମ ବ୍ୟବହାର, ଯତ୍ନଶୀଳ ଗୁଣ ସମୟାନୁବର୍ତ୍ତିତାରେ ଆମେ ବିଶେଷ ପ୍ରଭାବିତ ହେଲୁ। ଭାଇନା ଓ ଭାଉଜଙ୍କୁ ପ୍ରଣାମ ଜଣାଇ ବିମାନବନ୍ଦର ଭିତରକୁ ଗଲୁ।

ଡେଲଟା ଏୟାରଲାଇନସ୍‌ର ସେ ବିମାନରେ ଡ୍ରିଟ୍ରଏଟରୁ ନ୍ୟାସଭିଲ ପ୍ରାୟ ଦୁଇଘଣ୍ଟାର ଉଡ଼ାଣ ମଧ୍ୟରେ ଆକାଶ ମାର୍ଗରୁ କାଚ ଝରକା ଦେଇ ଭୂପୃଷ୍ଠର କେତୋଟି ଚିତ୍ର ଉତ୍ତୋଳନ କରିବା ପାଇଁ ଆଗ୍ରହୀ ହୋଇଉଠିଲି। ଭୂପୃଷ୍ଠରେ କିଛି ବିଚିତ୍ର ନକ୍‌ସା ମୋତେ ଆକର୍ଷିତ କଲା। ଭୂଭାଗରେ ଏକ ବିରାଟ ଅଞ୍ଚଳରେ ଅନେକ ଜ୍ୟାମିତିକ କ୍ଷେତ୍ର ତଥା ବୃତ୍ତର ନକ୍‌ସା ସ୍ପଷ୍ଟ ଦେଖାଯାଉଥାଏ। ଏହି ଜ୍ୟାମିତିକ କ୍ଷେତ୍ରଗୁଡ଼ିକର ରଙ୍ଗ ମଧ୍ୟ ପରସ୍ପର ଭିନ୍ନ ଥାଏ। ଆମେରିକାର ମାନଚିତ୍ରରେ ରାଜ୍ୟଗୁଡ଼ିକର ବିଭାଗୀକରଣରେ ଅନେକ ସରଳରେଖା ଦେଖିବାକୁ ମିଳେ। କେତୋଟି ରାଜ୍ୟ ପ୍ରାୟତଃ ଏକ ଆୟତକାର କ୍ଷେତ୍ରରେ ଅଙ୍କିତ ହୋଇଥିବାର ଦେଖାଯାଏ ଆମ ଦେଶର ମାନଚିତ୍ରରେ ରାଜ୍ୟମାନଙ୍କର ସୀମାନ୍ତ ଧାର ଅଙ୍କାବଙ୍କା ହୋଇଥିବା ବେଳେ ଆମେରିକାର ମାନଚିତ୍ରରେ ପ୍ରାୟତଃ ସରଳରେଖା ଦେଖିବାକୁ ମିଳେ। ଆମ ଦେଶରେ ବହୁ ପୂର୍ବରୁ ବିକ୍ଷିପ୍ତଭାବେ ବିପୁଳ ଜନବସତି ରହିଥିଲା। ଏଣୁ ଭାଷା ସଂସ୍କୃତି ସହିତ ପ୍ରାଚୀନ ଦେଶୀୟ ରାଜ୍ୟଗୁଡ଼ିକ ଆଧାରରେ ରାଜ୍ୟଗୁଡ଼ିକର ବିଭାଜନ କରାଯାଇଛି। ମାତ୍ର ଆମେରିକାର ଇତିହାସରେ ରାଜ୍ୟ ବିଭାଜନ ଏତେ ପ୍ରାଚୀନ ନୁହେଁ। ବିସ୍ତୃତ ଭୂଭାଗ ରହିଥିବା ବେଳେ ଜନସଂଖ୍ୟା କମ୍। ପ୍ରକାଶଯୋଗ୍ୟ ଯେ ଭାରତର ଭୂଅଞ୍ଚଳ ଆମେରିକାର ପ୍ରାୟ ଏକ ତୃତୀୟାଶଂ ହୋଇଥିବା ବେଳେ ଜନସଂଖ୍ୟା କ୍ଷେତ୍ରରେ ଠିକ୍ ଓଲଟା ଅର୍ଥାତ୍ ଆମ ଜନସଂଖ୍ୟାର ଏକ ତୃତୀୟାଂଶ। ଆମ ଦେଶରେ ଚାଷଜମି ଅନେକଟା କ୍ଷୁଦ୍ରାକାର ମାତ୍ର ଆମେରିକାରେ ଗୋଟିଏ ଗୋଟିଏ ବୃହତ୍ କ୍ଷେତ୍ରରେ ହିଡ଼ ନଥାଏ। ଫଳତଃ ବିଭିନ୍ନ ଯନ୍ତ୍ର ସାହାଯ୍ୟରେ ସୁବିଧାରେ ଚାଷକାର୍ଯ୍ୟ କରାଯାଏ।

ଆକାଶ ମାର୍ଗରୁ ମୁଁ ଦେଖିଥିବା ଜ୍ୟାମିତିକ କ୍ଷେତ୍ର କିନ୍ତୁ ଚାଷଜମି ହୋଇ ନପାରେ। ତେବେ କେହି ଜମି ମାଲିକ ଅଥବା ସରକାରୀ ବିଭାଗ ଜମିକୁ ଏଭଳି ଚିହ୍ନିତ କରି ଖାଲି ରଖିବା ପଛରେ ଉଦ୍ଦେଶ୍ୟ କ'ଣ ଥାଇପାରେ ସେ ବିଷୟରେ ଜାଣିବା ପାଇଁ ମୁଁ ଆଗ୍ରହୀ।

ଆମେ ନ୍ୟାସଭିଲରେ ପହଞ୍ଚିଲା ବେଳକୁ ପ୍ରାୟ ଅପରାହ୍ଣ। ଆଦିତ୍ୟ ଆମକୁ

ବିମାନବନ୍ଦରରୁ ପୁଣି ସେହି ନିଲୀ'ସ୍ ବେଷ୍ଟର ସାମୟିକ ଆବାସକୁ ନେଇଗଲା। ପ୍ରଚଣ୍ଡ ବର୍ଷାରେ ରାସ୍ତା ଅତିକ୍ରମ କରିବାକୁ କିଛି ଅଧିକ ସମୟ ଲାଗିଲା। ସେ ଦିନର ବର୍ଷା ଆମେ ଆମେରିକା ରହଣୀ କାଳରେ ଦେଖିଥିବା ଅନେକ ଦିନର ବର୍ଷା ଭିତରେ ସର୍ବାପେକ୍ଷା ତୀବ୍ର ତଥା ମନେ ରଖିବା ଭଳି ଥିଲା। ଆସିଲା ବେଳେ ରାସ୍ତା ପାର୍ଶ୍ୱରେ ଏକ ପ୍ରକାଣ୍ଡ ଅଞ୍ଚଳରେ ସମାନ ବ୍ୟବଧାନ ରକ୍ଷାକରି ଗୋଟିଏ ଗୋଟିଏ କ୍ଷୁଦ୍ର ସ୍ମୃତିସ୍ତମ୍ଭ ପ୍ରାୟ ଶହ ଶହ ସଂଖ୍ୟାରେ ଦେଖିଲୁ। ସେଥିରୁ ଅନେକଥିରେ ଫୁଲ ରଖାଯାଇଥାଏ। ସେଗୁଡ଼ିକ ବିଗତ ଭିଏତନାମ ଯୁଦ୍ଧରେ ଶହୀଦ ହୋଇଥିବା ସୈନିକମାନଙ୍କର ସ୍ମୃତିସ୍ତମ୍ଭ ବୋଲି ଜାଣିଲୁ। ମୃତ ସୈନିକମାନଙ୍କୁ ଶ୍ରଦ୍ଧାଞ୍ଜଳି ଜଣାଇବା ପାଇଁ ସରକାରଙ୍କ ପକ୍ଷରୁ ଏହିଭଳି ବ୍ୟବସ୍ଥା କରାଯାଇଛି। ଘରେ ପହଞ୍ଚିଲା ବେଳକୁ ବର୍ଷା ପ୍ରାୟ କମି ଆସିଥିଲା। ବିଳମ୍ବିତ ମଧ୍ୟାହ୍ନ ଭୋଜନ ପାଇଁ ଆୟୁଷୀ ତଥାପି ଆମକୁ ଅପେକ୍ଷା କରିଥିଲା।

# ପୁନଶ୍ଚ ନ୍ୟାସଭିଲ

**କ. ଆରିଙ୍ଗଟନ ଭାଇନୟାର୍ଡ :**

ବିଗତ ସତୁରୀ ଦଶକରେ ଓଡ଼ିଆ ସାହିତ୍ୟରେ ଚହଳ ସୃଷ୍ଟି କରିଥିବା ବାରିଷ୍ଟର ଗୋବିନ୍ଦ ଦାସଙ୍କ ଲୋକପ୍ରିୟ ଉପନ୍ୟାସ 'ଅମାବାସ୍ୟାର ଚନ୍ଦ୍ର'ର ପ୍ରଥମ କେତୋଟି ଧାଡ଼ି ସ୍ମରଣ କରାଯାଇପାରେ। ତାହା ଥିଲା , "ଅଙ୍ଗୁର ଖାଅ ସ୍ୱାସ୍ଥ୍ୟ ପକ୍ଷେ ହିତକାରକ, ଅଙ୍ଗୁରକୁ ସିଦ୍ଧକରି ପାନ କର ତାହା ସମାଜ ଆଖିରେ ମଦ...", ଏହି ଆପ୍ତବାକ୍ୟ ପାଠକମାନଙ୍କର ପସନ୍ଦଯୋଗ୍ୟ ମାତ୍ର ଆମେରିକାରେ ଏହି ଅଙ୍ଗୁର ବଗିଚା ପରିସରରେ ଗଣପାନ ବ୍ୟବସ୍ଥା ନିଜ ଅନୁଭୂତିକୁ ଆଣିବା ପରେ ଯେ ବୁଝିବାକୁ ହେବ "ଅଙ୍ଗୁର ସିଦ୍ଧ କରି ପାନକର, ତାହା ସ୍ୱାସ୍ଥ୍ୟ ପକ୍ଷେ ହିତକର"। ଏ ଦେଶରେ ୱାଇନର ପ୍ରଚଳନ ଏତେ ବେଶୀ ଯେ କାହା ଘରେ ଯଦି ପ୍ରାତଃଭୋଜନ ସହିତ ୱାଇନ ପରଷାଯାଏ ତେବେ ସେଥିରେ କିଛି ବିସ୍ମିତ ହେବାର ନାହିଁ। ଆମେରିକାର ମାଟି ପାଣି ପବନରେ ଅଙ୍ଗୁର ଏକ ସମୃଦ୍ଧ ଚାଷ। ଅତ୍ୟଧିକ ଫସଲ ଉତ୍ପନ୍ନ ସହିତ ତହିଁରେ ପ୍ରକ୍ରିୟାକୃତ ପାନୀୟର ବହୁଳ ବ୍ୟବହାରର ଅଭ୍ୟାସ ଅତ୍ୟନ୍ତ ଲୋକାଦୃତ। ଏହି ପାନୀୟ ଲୋକଙ୍କୁ ସତେଜ ରଖେ କର୍ମଠ କରେ ବୋଲି ବିଶ୍ୱାସ। ଧନୀ ଗରିବ ନିର୍ବିଶେଷରେ ସମସ୍ତେ ଏହି ପାନୀୟକୁ ସାଧାରଣ ଭାବେ ଆପଣେଇଛନ୍ତି। ଗ୍ରାମାଞ୍ଚଳରେ ୱାଇନେରି ବା ଅଙ୍ଗୁର ପ୍ରକ୍ରିୟାକରଣ କେନ୍ଦ୍ର ଏକ କୁଟୀର ଶିଳ୍ପ ବୋଲି କହିଲେ ଅତ୍ୟୁକ୍ତି ହେବନାହିଁ। ସ୍ଥଳବିଶେଷରେ ତାହା ବୃହତ୍ ଶିଳ୍ପରେ ପରିଣତ ହେଇଛି। ଅନେକ ମାର୍କା ସମ୍ବଳିତ ଅନେକ ପ୍ରକାରର ସ୍ୱାଦଯୁକ୍ତ ୱାଇନ ପ୍ରସ୍ତୁତ ହେଇ ଉପଭୋକ୍ତାଙ୍କୁ ଆକର୍ଷିତ କରାଯାଏ। ଶୁଣାଯାଏ ୱାଇନ୍‌ର ସ୍ୱାଦ ଚାଖି ତାହାର ମାନ ବଜାରରେ ସ୍ଥିର କରିବା ଏକ ସ୍ୱତନ୍ତ୍ର ବୃତ୍ତି ଭାବେ ଗୃହୀତ। ୱାଇନର ମହତ୍ତ୍ୱ ଏତେ ବେଶୀ ଯେ ଯେକୌଣସି ଉତ୍ସବରେ ଏହାର ଆଦର ସର୍ବଦା ରହିଥାଏ। ସାମାନ୍ୟ ଜନ୍ମୋତ୍ସବ, ବନ୍ଧୁମିଳନଠାରୁ ଆରମ୍ଭ

କରି  ବ୍ୟବସାୟିକ ସଭା ସମିତିରେ ଏହି ପାନୀୟର ପ୍ରଚଳନ ସାଧାରଣ। ଏହା ବିନୁ ସବୁ ନିରର୍ଥକ। ଆମ ଦେଶ ଭଳି ଚା ସରବତ ପଣା ଇତ୍ୟାଦି ସେ ଦେଶରେ ଯେକୌଣସି ସ୍ଥାନ କାଳ ପାତ୍ର ନିର୍ବିଶେଷରେ ୱାଇନର ଉପଯୋଗ ସର୍ବବ୍ୟାପୀ। ଘରେ ବାହାରେ ବିପଣୀରେ ହୋଟେଲ ବା ରେସ୍ତୋରାଁରେ ଏହାକୁ ସ୍ୱତନ୍ତ୍ର ମର୍ଯ୍ୟାଦା ପ୍ରଦାନ କରାଯାଇଛି।

ଆମ ପୋର୍ଟ ଅଷ୍ଟିନ ଗସ୍ତ କାଳରେ ଆମେ ସହର ବାହାରେ ଗ୍ରାମାଞ୍ଚଳରେ ଅନେକ ୱାଇନେରୀର ସ୍ଥିତି ବିଷୟରେ ଅବଗତ ଥିଲୁ ମାତ୍ର ଗୋଟିଏ ଭାଇନୟାର୍ଡକୁ ଗସ୍ତ କରି ସେଠାକାର ଆନୁଭୂତି ସାଉଁଟିବାର ସୁଯୋଗ ପାଇନଥିଲୁ। ୱାଇନେରୀଗୁଡ଼ିକ ସାଧାରଣତଃ ଅଙ୍ଗୁର ବଗିଚା ସଂଲଗ୍ନ ରହିବା ସହିତ ବ୍ୟବସାୟିକ ଦୃଷ୍ଟିରୁ ଗ୍ରାହକକୁ ଆକୃଷ୍ଟ କରିବା ପାଇଁ ସେଠାରେ ବିକ୍ରୟ ତଥା ପ୍ରସ୍ତୁତି ପ୍ରଣାଳୀ ପ୍ରତ୍ୟକ୍ଷ କରିବା ପାଇଁ ବ୍ୟବସ୍ଥା ରହିଥାଏ। ଆହୁରି ବିଭିନ୍ନ ପ୍ରକାରର ୱାଇନ ଚାଖିବା ପାଇଁ ମଧ୍ୟ ସୁଯୋଗ ରହିଥାଏ। ଜନ ସମାବେଶ ବଢ଼େ, ସେ ପରିବେଶରେ ଗହଳି ଜମେ ତା ସହିତ ଅନ୍ୟାନ୍ୟ ମନୋରଞ୍ଜନର ମାଧ୍ୟମ ମଧ୍ୟ ବିକଶିତ ହୋଇଥାଏ।

ଟେନିସି ରାଜ୍ୟର ରାଜଧାନୀ ନ୍ୟାସଭିଲଠାରୁ ୬୫ ମାଇଲ ଦୂର ଫ୍ରାଙ୍କଲିନ କାଉଣ୍ଟିରେ ଅବସ୍ଥିତ, ପ୍ରାୟ ୬୫ ଏକର ଢାଲୁଆ ଜମିରେ ଆରିଙ୍ଗଟନ ଭାଇନୟାର୍ଡର

ପରିବେଶ ଅତ୍ୟନ୍ତ ମାର୍ମିକ। ଏଥିରେ ମାତ୍ର ୧୬ ଏକରରେ ଅଙ୍ଗୁର ଚାଷ କରାଯାଇଛି। ସ୍ଥାନୀୟ ଦେଶୀୟ ସଂଗୀତ କଳାକାର କିକ୍ସ ବ୍ରୁକ୍ସ (Kix Brooks)ଙ୍କ ସହିତ ଅନ୍ୟ ଦୁଇଜଣଙ୍କ ଦ୍ୱାରା ପ୍ରତିଷ୍ଠିତ ଏହି ପ୍ରାକୃତିକ ଉଦ୍ୟୋଗ ବହୁ ଉପଭୋକ୍ତାଙ୍କୁ ଆକର୍ଷିତ କରିଥାଏ। ୱାଇନ ପ୍ରତି ରହିଥିବା ମାନସିକ ଦୂର୍ବଳତାକୁ ଚରିତାର୍ଥ କରିବା ପାଇଁ ଅର୍ଥାତ ପରିବାର ବା ବନ୍ଧୁମାନଙ୍କ ଗହଣରେ କିଛି ସମୟ ପ୍ରାକୃତିକ ପରିବେଶରେ କଟାଇବା ପାଇଁ ଏଠାକୁ ଲୋକେ ଯୋଜନାବଦ୍ଧ ଭାବରେ ଆସିଥାଆନ୍ତି। ସାଙ୍ଗରେ ଥାଏ ସମସ୍ତ ପ୍ରକାର ଆବଶ୍ୟକୀୟ ସରଞ୍ଜାମ ଅର୍ଥାତ୍ ସତରଞ୍ଜି ବା ଭଙ୍ଗା ହେଇ ପାରୁଥିବା ଚଉକି ଓ ଟେବୁଲ, ଖାଦ୍ୟସାମଗ୍ରୀ, ବାସନ, ଫଳଝୁଡ଼ି, ପିଇବା ପାଣି ଏବଂ ଶିଶୁ ସାଙ୍ଗରେ ଥିଲେ ଦୋଳି ଓ ପୋଷାକୁକୁର ଥିଲେ ତା'ର ଖାଦ୍ୟ ଇତ୍ୟାଦି ଯାହା ବାକି ରହିଥାଏ ତାହା କେବଳ ୱାଇନ ଓ ମନ ପସନ୍ଦର ସ୍ନାକ୍ସ ଯାହା ସେଠାରେ ଉପଲବ୍ଧ।

ସେଦିନ ଥାଏ ସପ୍ତାହାନ୍ତର ଗୋଟିଏ ଦିନ, ଶନିବାର। ଆମେରିକୀୟମାନଙ୍କର ମନୋରଞ୍ଜନ ପାଇଁ ଉଦ୍ଦିଷ୍ଟ ଦିନ। ଆମେ ଭାଇନୟାର୍ଡରେ ପହଞ୍ଚିବା ବେଳକୁ ମଧ୍ୟାହ୍ନ ପ୍ରାୟ। ସେତେବେଳକୁ ଶହ ଶହ ସଂଖ୍ୟାରେ କାର ଲଗାଇ ଲୋକମାନେ ଜମାହେଇ ସାରିଥାନ୍ତି। ଆମେ ପ୍ରଥମେ ଗାଡ଼ିରୁ ଓହ୍ଲାଇ ଚତୁର୍ଦ୍ଦିଗକୁ ବିହଙ୍ଗାବଲୋକନ କଲୁ। ବସନ୍ତ ଋତୁର ଆଗମନ ସ୍ପଷ୍ଟ ବାରିହେଇ ପଡୁଥାଏ। ଢାଲୁଆ ପ୍ରାନ୍ତର ସୁବିସ୍ତୃତ ଭାବେ ପ୍ରସରି ଯାଇଛି ଦିଗ୍‌ବଳୟ ପର୍ଯ୍ୟନ୍ତ। ମଝିରେ ମଝିରେ ବୃକ୍ଷରାଜି ଗୁଡ଼ିକ ସଜେଇ ହେଇ ସେ ସବୁଜ ଉପତ୍ୟକାର ଅଳଙ୍କାର ସଦୃଶ ପ୍ରତ୍ୟୟ ହେଉଥାଏ। ଅଦୂରରେ ଦିଶୁଥାଏ ଧାଡ଼ି ଧାଡ଼ି ହୋଇ ଅଙ୍ଗୁର ଗଛର ମାଳ। ପାଗ ଥାଏ ଅନେକ ଅନୁକୂଳ। ଖରାର ଉଷ୍ମତା ପବନର ଶୀତଳତାକୁ ପ୍ରତିହତ କରବା ପାଇଁ ବାରମ୍ବାର ବୃଥା ଚେଷ୍ଟା କରୁଥାଏ। ଉଚ୍ଚାଙ୍ଗ ଧ୍ୱନିଯୁକ୍ତ ସଂଗୀତର ମୂର୍ଚ୍ଛନାରେ ପ୍ରକମ୍ପିତ ହେଉଥାଏ ସାରା ଉପତ୍ୟକା। ଆମେ ଉପରକୁ ଉଠି କିଛି ବୃକ୍ଷର ଆବରଣ ଅତିକ୍ରମ କରି ସେହି ସଂଗୀତର ପ୍ରତିଧ୍ୱନିକୁ ଅନୁସରଣ କରି ପହଞ୍ଚିଲୁ ଏକ ଅପେକ୍ଷାକୃତ ପ୍ରଶସ୍ତ ସମତଳ ଭୂମି ଯେଉଁଠାରେ ସେହି ଜୀବନ୍ତ ସଂଗୀତର ପରିବେଷଣ ସହିତ କେତେଗୁଡ଼ିଏ ବୃହତ୍ ଛତା ତଳେ ବସିବାର ବ୍ୟବସ୍ଥା ରହିଥିଲା ମାତ୍ର ସବୁ ଛତାଗୁଡ଼ିକ ସେତେବେଳକୁ ଲୋକଙ୍କ ଦ୍ୱାରା ଅଧିକୃତ ହୋଇସାରିଥିଲା। ସଂଗୀତ ମଞ୍ଚର ନିକଟରେ ଥିବା ବିପଣୀରେ ପ୍ରାୟ ପଚାଶ ସରିକି ଲୋକ ଧାଡ଼ିରେ ଛିଡ଼ା ହେଇ ୱାଇନ କିଣିବା ପାଇଁ ଅପେକ୍ଷା କରିଥାନ୍ତି। ଏଣେ ଟେବୁଲଗୁଡ଼ିକରେ ପରିବାର ସହିତ ଖାଦ୍ୟପାନୀୟର ପସରା ମେଲାଇ ସଂଗୀତ ସହିତ ପାନୀୟର ମଜା ନେବାରେ ଅନ୍ୟମାନେ ମସଗୁଲ। ସେଠାରେ

ଚାଲିଥିବା ଏହି ପ୍ରାକ୍-ବାସନ୍ତିକ ମହୋତ୍ସବର ଉଚ୍ଛକିତ ଅନଳରେ ଅବିଳମ୍ବେ ଝାସ ଦେବା ପାଇଁ ଆମେ ତତ୍ପର ହେଲୁ। ନିକଟରେ ଏକ ପରିବାର ଅନ୍ୟତ୍ର ଉଠିଯିବା ପାଇଁ ବ୍ୟବସ୍ଥା କଲାବେଳକୁ ଆମେ ସେ ସ୍ଥାନଟି ଅକ୍ତିଆର କରିନେଲୁ। ସେଠାରେ ଆମେ ସାଙ୍ଗରେ ନେଇଥିବା ସ୍ନାକ୍ସ ଓ ଜଳ ସମ୍ବଳିତ ବ୍ୟାଗ ରଖି ଦୁଇଜଣ ବସିଲୁ। ଅନ୍ୟ ଦୁଇଜଣ ଯାଇ ୱାଇନ କିଣିବା ପାଇଁ ଧାଡ଼ିରେ ଛିଡ଼ା ହେଇ ପଡ଼ିଲୁ ସତେ ଯେମିତି ତାହା ହିଁ ଥିଲା ସେ ସ୍ଥାନକୁ ଯିବାର ଏକମାତ୍ର ଉଦ୍ଦେଶ୍ୟ। ମଞ୍ଚରୁ ସଂଗୀତ ପରିବେଷଣ ଅବାରିତ ଚାଲିଥାଏ। ମୁଁ ସେ ପାନୀୟ ବିପଣୀ ଭିତରକୁ ଯାଇ ସ୍ଥିତି ଅନୁଧ୍ୟାନ କଲି। ସଂସ୍ଥାର ୱେବସାଇଟରେ ରହିଥିବା ବିଜ୍ଞାପନ ଅନୁସାରେ ପୁରସ୍କାର ପ୍ରାପ୍ତ ବାରଗୋଟି ସ୍ୱାଦର ମଦ୍ୟ ମଧ୍ୟରୁ ପ୍ରାୟ ନଅଗୋଟି ମହଜୁଦ ଥିଲା। ସେହି ୧୨ ପ୍ରକାର ସହିତ ଆହୁରି ଅନେକ ପ୍ରକାର ୱାଇନର ବିବରଣୀ ସମ୍ବଳିତ ଫଳକ ଦେଖିବାକୁ ମିଳିଲା। ପୁରା ବୋତଲ ବ୍ୟତିତ ଏକ ଟ୍ରେରେ ଅନେକ ପ୍ରକାରର ସ୍ୱାଦର ୱାଇନ ଚାଖିବା ପାଇଁ ଛୋଟ ଛଅଗୋଟି ଗ୍ଲାସରେ ମଧ୍ୟ ସେବନର ସୁଯୋଗ ମିଳୁଥିଲା,ଅବଶ୍ୟ ଛଅ ଡଲାର ବିନିମୟରେ। ପ୍ରାୟ ଅଧଘଣ୍ଟାରୁ ଅଧିକ କାଳ ଧାଡ଼ିରେ ଅପେକ୍ଷା କରିବା ପରେ ଆମେ ଆଦିତ୍ୟର ପସନ୍ଦ ଅନୁସାରେ ଦୁଇଟି ବୋତଲ କିଣି ସେଠାରୁ ଆମ ଟେବୁଲ ପାଖକୁ ଚାଲିଆସିଲୁ। ପତ୍ନୀଙ୍କ ପସନ୍ଦ ଅନୁସାରେ ତାଙ୍କ ପାଇଁ କିଛି ସ୍ୱାଦଯୁକ୍ତ ସଦ୍ୟ ଫଳରସ ଅଣାଗଲା। ଆମେ କିଛି ସମୟ ସେଠାରେ ଉପଭୋଗ କରି ଲକ୍ଷ୍ୟ କଲୁ ଅନେକ ଲୋକ ଗଛର ବୁଦା ମଧ୍ୟ ଦେଇ କୁଆଡ଼େ ଯା'ଆସ କରୁଛନ୍ତି। ଆମେ ମଧ୍ୟ ସେ ସ୍ଥାନ ଛାଡ଼ି ଏକ ନାତିଦୀର୍ଘ ନାତିଘଞ୍ଚ ଜଙ୍ଗଲିଆ ରାସ୍ତା ଦେଇ ପହଞ୍ଚିଲୁ ଅନ୍ୟ ଏକ ଉପତ୍ୟକାରେ। ପ୍ରକୃତରେ ସେ ୱାଇନୟାର୍ଡର ପରିସର ଏତେ ପରିବ୍ୟାପ୍ତ ଯେ ଜନଗହଳିକୁ ଲକ୍ଷ୍ୟରଖି କର୍ତ୍ତୃପକ୍ଷ ତାହାକୁ ସପ୍ତାହାନ୍ତ ଦିବସରେ ଦୁଇଭାଗରେ ବିଭକ୍ତ କରିଛନ୍ତି। ଏହି ଭାଗଟିର ପ୍ରାକୃତିକ ଦୃଶ୍ୟରେ ଭିନ୍ନତା ରହିଥିଲା। ଏହା ଏକ ଢାଲୁଆ ଅଞ୍ଚଳର  ମଧ୍ୟ ଭାଗରେ ହେଇଥିବାରୁ ଗଡ଼ାଣିରେ ଅନେକ ସଂଖ୍ୟାରେ ମନ୍ଦା ମନ୍ଦା ହେଇ ଜନ ସମାଗମ ହେଲାଭଳି ଦିଶୁଥାଏ। ଏଠାରେ ବସିବା ପାଇଁ କୌଣସି ବ୍ୟବସ୍ଥା ନପାଇ ଅନ୍ୟମାନଙ୍କୁ ଅନୁକରଣ କରି ଆମେ ମଧ୍ୟ ଏକ ଛାଇ ସ୍ଥାନ ଦେଖି ଘାସ ଉପରେ ଆମର ଆସ୍ଥାନ ଜମେଇ ନେଲୁ। ଏଠାରେ ମଧ୍ୟ ଲାଇଭ୍ ମ୍ୟୁଜିକ୍ ଚାଲିଥାଏ ଆଉ ଆଗନ୍ତୁକମାନଙ୍କୁ ମଞ୍ଚକୁ ଯାଇ ଗାଇବାର ସୁଯୋଗ ମିଳୁଥାଏ। ଉପର ଆଡ଼କୁ ରହିଥାଏ ଏକ ରେସ୍ତୋଁରା ଯହିଁରେ ମିଳିଥାଏ ସାଣ୍ଡୱିଚ, ସସେଜ, ବିଭିନ୍ନ ପ୍ରକାରର ସାଲାଡ଼, ବର୍ଗର, ହଟଡଗ୍ ଇତ୍ୟାଦି ଆହୁରି ଅନେକ କିଛି ଖାଦ୍ୟଦ୍ରବ୍ୟ। ବାତାବରଣ ଥାଏ ପ୍ରାୟତଃ ଶୃଙ୍ଖଳା ମାତ୍ର ଆନନ୍ଦଦାୟକ। ଅଦୂରରେ ରହିଥାଏ ୱାଇନେରିଜ୍ ସେଡ୍

ଭଳି ପ୍ରସ୍ତୁତିଶାଳା ମାତ୍ର ସେ ଦିଗକୁ କାହାର ଯିବା ପାଇଁ ଆଗ୍ରହ ନଥାଏ। ସମସ୍ତେ ବିକ୍ରୟ କେନ୍ଦ୍ର ରହିଥିବା ସ୍ଥାନର ଆଖପାଖରେ ଭିଡ଼ ଜମାଇଥାଆନ୍ତି। ପିଲାମାନଙ୍କ ପାଇଁ ଖେଳକୁଦ କରିବା ପାଇଁ ପ୍ରଶସ୍ତ ସ୍ଥାନ। ତା' ଭିତରେ ଜନ୍ମଦିନ ପାଳନର ଆୟୋଜନ। ସାଙ୍ଗରେ ଜନ୍ମଦିନ କେକ୍, ବେଲୁନ, ଫୁଲତୋଡ଼ା, ଟୋପି ଇତ୍ୟାଦି ଆଣି ଜନ୍ମଦିନ ପାଳିବା ପାଇଁ କିଛି ପରିବାରଙ୍କ ପାଇଁ ପ୍ରକୃଷ୍ଟ ସ୍ଥାନ। ଆହୁରି ହୁଏ ବିବାହୋତ୍ସବ। ଆମେ ଦେଖିବା ଭିତରେ କେତେ ହଳ ବର କନ୍ୟା ବିବାହ ଉତ୍ସବ ପାଇଁ ଉଦ୍ଦିଷ୍ଟ ସୁଟ ଓ ଗାଉନ ପିନ୍ଧି ହାତରେ ଫୁଲତୋଡ଼ା ଧରି ଆସିଲେ ଆଉ ସାଙ୍ଗରେ ଆସିଥିବା ବନ୍ଧୁମାନଙ୍କ ସହିତ ବିବାହୋତ୍ସବ ପାଳନ କଲେ। ସମସ୍ତଙ୍କ ହାତରେ ୱାଇନଭର୍ତ୍ତି ଗିଲାସ, ସମସ୍ତେ ନୃତ୍ୟରତ, ମସ୍‌ଗୁଲ। କି ଆନନ୍ଦ! ଏହା କେବଳ ପରିବେଶର ପ୍ରଭାବରେ ହୋଇପାରେ ସିନା।

ଆମେ ରେସ୍ତୋରାଁରୁ କିଛି ସାଣ୍ଡୱିଚ୍ କିଣିଆଣି ତା'ସହିତ ବଳକା ଥିବା ପାନୀୟତକର ସଦୁପଯୋଗ କଲୁ। ସେତେବେଳକୁ ଛାଇଲେଉଟାଣି ବେଳ। ବହୁ ପୂର୍ବରୁ ଆସିଥିବା ଲୋକଙ୍କର ଘର ବାହୁଡ଼ା ଆରମ୍ଭ ହେଉଥାଏ। ଆମେ ମଧ୍ୟ ପ୍ରତ୍ୟାବର୍ତ୍ତନ ବାଟ ଖୋଜିଲୁ। ଫେରିବାବେଳକୁ ଦେଖିଲୁ ୱାଇନ କାଉଣ୍ଟର ନିକଟରେ ଲମ୍ବା ଧାଡ଼ିରେ ଧୈର୍ଯ୍ୟର ସହ ଲୋକେ ଛିଡ଼ା ହେଇଛନ୍ତି। ଆହୁରି ଅନେକ ମଧ୍ୟ ସେତେବେଳକୁ ଆସି ସେଦିନର ସାନ୍ଧ୍ୟ ଆସରରେ ସାମିଲ ହେବା ପାଇଁ ଚେଷ୍ଟିତ। ଆମ ଗାଡ଼ି ପାଖରୁ ଥରେ ସେ ଇଲାକାକୁ ପୁଣି ଥରେ ଦେଖିନେଲୁ। କ୍ଷୁଦ୍ର ପାହାଡ଼ଟି ଯେମିତି ବୃକ୍ଷଲତା ସହିତ କେତେ ଯେ ଲୋକଙ୍କୁ କୋଳରେ ଧରି ହର୍ଷୋଲ୍ଲାସ ପ୍ରଦାନ କରିବା ପାଇଁ ଖୋଲା ଆକାଶ ତଳେ ନିଜକୁ ସଜାଇ ରଖିଛି। ସବୁ ସେହି ଖଟାମିଠା ମିଶ୍ରିତ ଫଳ ଅଙ୍ଗୁର ରସର ଯାଦୁକରୀ ଆକର୍ଷଣ ଭଳି ମନେ ହେଲା।

**ଖ. ଡାଉନ ଟାଉନ :-**

ନାସଭିଲରେ ରହିବା ଭିତରେ ଆମେ ଏକାଧିକ ବାର ଡାଉନ ଟାଉନରେ କିଛି ଘଣ୍ଟା ଲେଖାଏଁ କଟାଇଥିଲୁ। ମନୋରଞ୍ଜନ ପ୍ରିୟ ମଣିଷଙ୍କ ପାଇଁ ସେ ସ୍ଥାନରେ ଏକ ଅଦ୍ଭୁତ ଆକର୍ଷଣ ରହିଛି ନିଶ୍ଚୟ। ମୁଖ୍ୟରାସ୍ତା ଓ ତତ୍‌ସଲଗ୍ନ ରାସ୍ତାମାନଙ୍କରେ ରହିଛି ଅନେକ ରେସ୍ତୋରାଁ, ପାନଶାଳା ଓ ସେଥିରେ ସଂଗୀତ ପରିବେଷଣର ବ୍ୟବସ୍ଥା। କେତେଗୋଟି ବୃହତ୍ ପ୍ରେକ୍ଷାଳୟରେ ମଧ୍ୟ ପାନୀୟ ଓ ସଂଗୀତର ଆସର ଯାହା ଶତାଧିକ ଦର୍ଶକଙ୍କୁ ସେବା ଯୋଗାଇବାରେ ସମର୍ଥ। ପ୍ରଶସ୍ତ ମଞ୍ଚରେ ଅର୍କେଷ୍ଟ୍ରା ତଥା ମଞ୍ଚ ସମ୍ମୁଖରେ ସଂଗୀତର ତାଳେ ତାଳେ ଗଣନୃତ୍ୟ ବେଶ ଉପଭୋଗ୍ୟ। ଅନେକ କୋଠାର ଛାତ

ଉପର ମୁକ୍ତାକାଶ ପାନଶାଳା ଆହୁରି ଆକର୍ଷଣୀୟ। ବିଭିନ୍ନ ପ୍ରକାର ପାନୀୟ ସଜାଡ଼ି ଯୋଗାଇବାରେ ପରିଚାରିକାମାନେ ଆଦୌ କାର୍ପଣ୍ୟ କରନ୍ତି ନାହିଁ। ଅତିଥିମାନଙ୍କ ଉତ୍ତମ ଚର୍ଚ୍ଚା ତଥା ମନୋରଞ୍ଜନ ଏକାନ୍ତ କାମ୍ୟ ସେମାନଙ୍କର। ବାଲକୋନୀରେ ବସି ହାତରେ ପାନପାତ୍ର ଧରି ଅତିଥିମାନେ ତଳେ ରାଜରାସ୍ତାରେ ଚାଲିଥିବା ଆନନ୍ଦ ଉତ୍ସବ ଉପଭୋଗ କରିବାରେ ପୂର୍ଣ୍ଣ ସୁଯୋଗ ଲାଭ କରନ୍ତି। ରାସ୍ତାରେ ଚାଲିଥାଏ ବିଭିନ୍ନ ପ୍ରକାର ବାହାନର ଭ୍ରାମ୍ୟମାଣ ମନୋରଞ୍ଜନ ବ୍ୟବସ୍ଥା। ଖୋଲା ଯାନମାନଙ୍କରେ ଆଲୋକ, ଯନ୍ତ୍ର ସଂଗୀତ ସହିତ ପାନୀୟ ଯୋଗାଣର ସୁବିଧା ପ୍ରାପ୍ତ ହୋଇ ଯୁବକଯୁବତୀମାନେ ଦଳଗତ ଭାବେ ନୃତ୍ୟରତ ଅବସ୍ଥାରେ ସାରା ଡାଉନଟାଉନ ଘୁରି ବୁଲନ୍ତି। ଏହା ସେହିମାନଙ୍କ ଅପେକ୍ଷା ଦେଖଣାହାରୀଙ୍କ ମନ ଅଧିକ ରଞ୍ଜିତ କରିଥାଏ। ବିବାହର ଅବ୍ୟବହିତ ପୂର୍ବରୁ ସାଧାରଣତଃ ଯୁବତୀମାନେ ନିଜର ଆତ୍ମୀୟ ବାନ୍ଧବୀମାନଙ୍କୁ ନେଇ ଏହିଭଳି ପାର୍ଟିର ଆୟୋଜନ କରିଥାଆନ୍ତି। ଏହି ସୁବିଧା ଯୋଗାଇଦେବା ପାଇଁ ସ୍ୱତନ୍ତ୍ର ସଂସ୍ଥାମାନ ରହିଅଛି। ଏହି ସେବାରେ ବିଭିନ୍ନ ପ୍ରକାର ଯାନ ଯଥା ବସ୍, ଟ୍ରକ ଏପରିକି ପରିତ୍ୟକ୍ତ ଦମକଳ ଓ ସେନାରେ ପୂର୍ବ ବ୍ୟବହୃତ ଗାଡ଼ି ମଧ୍ୟ ଦେଖିବାକୁ ମିଳେ। ଆହୁରି କିଛି ଲୋକ ଟାଙ୍ଗା ବା ଘୋଡ଼ା ଟଣା ଗାଡ଼ିରେ ସସ୍ତ୍ରୀକ ବା ସପରିବାର ବସି ପଇଁତରା ମାରୁଥିବାର ଦେଖାଯାଏ। ପୁନଶ୍ଚ ଏକ ଅଜବ ପ୍ରକାରର ଯାନ ମଧ୍ୟ ଦେଖାଯାଏ। ସେଥିରେ ବିନା ଯାନ୍ତ୍ରିକ ବ୍ୟବସ୍ଥାରେ ସମସ୍ତ ଯାତ୍ରୀ

ଏକ ସଙ୍ଗେ ପ୍ୟାଡେଲ ମାରି ଯାନଟିକୁ ଚଳାଇଥା'ନ୍ତି। ଜଣେ ଚାଳକଙ୍କ ହାତରେ କେବଳ ଷ୍ଟିୟରିଂ ଓ ବ୍ରେକ୍ ରହିଥାଏ। କେହି କେହି ଚଟୁଳ ବେଶଧାରୀ ବହୁରୂପୀ ବିଭିନ୍ନ ସୁଆଙ୍ଗ ପ୍ରଦର୍ଶନରେ ବ୍ୟସ୍ତ ଥାଆନ୍ତି। ତା' ସହିତ କେହି କେହି ଉପେକ୍ଷିତ କଳାକାର ଏକ କ୍ଲାରିଓନେଟ୍ ବଜାଇ ରାସ୍ତା ଧାରରେ ଲୋକଙ୍କୁ ଆକୃଷ୍ଟ କରିବା ସହିତ ଗୁଜୁରାଣ ମେଣ୍ଟାଇବାର ପ୍ରଚେଷ୍ଟାରେ ଥାଆନ୍ତି। ରାସ୍ତା ଧାରରେ ଚାଲିଥାଆନ୍ତି ବୟସ ନିର୍ବିଶେଷରେ ଅସଂଖ୍ୟ ଦେଖଣାହାରି ମଣିଷ। ଆକର୍ଷକ ବେଶପୋଷାକ ପରିଧାନ ସହିତ ସେମାନେ ଖୋଜି ବୁଲନ୍ତି ନିଜ ପସନ୍ଦର ସ୍ଥାନ କିଛି ସମୟ ବସି ଉପଭୋଗ କରିବା ପାଇଁ। ସପ୍ତାହାନ୍ତ ଦିନର ସନ୍ଧ୍ୟାରେ ରେସ୍ତୋରାଁମାନଙ୍କରେ ପ୍ରବଳ ଜନସମାଗମ ମଧ୍ୟରେ ଘଣ୍ଟା ଘଣ୍ଟା ଅପେକ୍ଷା କରିବାକୁ ପଡ଼େ ଆସନଟିଏ ପାଇବା ପାଇଁ। ପୋଲିସ୍‌ର ସତର୍କ ଦୃଷ୍ଟି ଥାଏ ଲୋକଙ୍କ ଉପରେ। ଅଠର ବର୍ଷ ବୟସରୁ କମ୍ ପିଲାଙ୍କ ପାଇଁ ପାନଶାଳରେ ପ୍ରବେଶ ଅନୁମତି ମିଳେ ନାହିଁ। ସେମାନେ କେବଳ ଇଲେକ୍ଟ୍ରିକ ବାଇକ୍ ସାହାଯ୍ୟରେ କ୍ଷିପ୍ରଗତିରେ ଚକ୍କର କାଟୁଥିବାର ଦେଖାଯାଏ। ଏସବୁ ସହିତ ପ୍ରଶସ୍ତ ରାଜପଥର ଶେଷରେ ବହିଯାଉଥିବା କ୍ୟୁମ୍ବରଲ୍ୟାଣ୍ଡ ନଦୀ ବକ୍ଷରେ ଯଦି

କ୍ରୁଜ ବା ସୌଖିନ ପାଣିଜାହାଜଟିଏ ଆଲୋକମାଳାରେ ସୁସଜ୍ଜିତ ହୋଇ ଭାସିଯାଏ ତାହା ଆହୁରି ମନୋରମ ଦୃଶ୍ୟ ସୃଷ୍ଟି କରେ। ପ୍ରକାଶ୍ୟଯୋଗ୍ୟ ଯେ କ୍ରୁଜରେ ମଧ୍ୟ ସବୁ ପ୍ରକାରର ମନୋରଞ୍ଜନର ବ୍ୟବସ୍ଥା ରହିଥାଏ ଏବଂ ବିଳାସପୂର୍ଣ୍ଣ ଜଳଯାତ୍ରାର ସୁଯୋଗ ମିଳିଥାଏ। ଡାଉନଟାଉନର ଗହଳଚହଳରେ ବୀତସ୍ପୃହ କିଛି ଲୋକ ଯାଇ ନଦୀ ତୀରରେ ଥିବା ଖୋଲା ସ୍ଥାନରେ ମଧ୍ୟ ସମୟ କଟାଇବାର ଦେଖାଯାଏ। ଏହିଭଳି ମନୋରଞ୍ଜନର ଅଫୁରନ୍ତ ସୁଯୋଗ ଯୋଗାଇଦେଇଥିବା ନ୍ୟାସଭିଲ ସହର ଏକ ସଂଗୀତ-ପର୍ଯ୍ୟଟନ ସହର ଭାବେ ପ୍ରତିଷ୍ଠିତ ହୋଇପାରିଛି।

**ଗ.ଦେଶୀୟ ସଂଗୀତ : –** (Country music)

ଆମେରିକାରେ ଦେଶୀୟ ସଂଗୀତର ଲୋକପ୍ରିୟତା ବିଂଶ ଶତାବ୍ଦୀର ଦ୍ୱିତୀୟ ଦଶକରେ ବେଶ ପ୍ରସାରିତ ହୋଇଥିଲା। ଦାକ୍ଷିଣାତ୍ୟର ରାଜ୍ୟଗୁଡ଼ିକର ପାର୍ବତ୍ୟାଞ୍ଚଳରେ ବସବାସ କରୁଥିବା ଜନଜାତି ସମୂହ, ଆଫ୍ରିକୀୟ ନିଗ୍ରୋ, ପଶୁପାଳକ, କୃଷିଜୀବୀମାନଙ୍କ କଣ୍ଠରେ ସ୍ୱତଃସ୍ଫୁର୍ତ୍ତ ଭାବେ ଫୁଟି ଉଠୁଥିବା ପାରମ୍ପରିକ ଗୀତର ଝଙ୍କାରରୁ ଏହାର ଉତ୍ପତ୍ତି।  ସୀମିତ ଉପକରଣରେ ଭିନ୍ନଭିନ୍ନ ତାଳରେ ତାଙ୍କର ବାଦନ ସହିତ ସାଧାରଣ ମଣିଷର ମନର ଭାଷାକୁ ଗୀତାକାରରେ ଗାଇବା ଅଭ୍ୟାସର ଆଧାରରେ ଏହି ସଂଗୀତ ସମୃଦ୍ଧ। ତେବେ ବେଞ୍ଜୋ ଓ ବିଭିନ୍ନ ଗିଟାର ସହିତ ମଧ୍ୟ ଏହା ଗାନ କରାଯାଇଥାଏ। ୧୯୨୦ରେ ଟେନିସି ରାଜ୍ୟର ବ୍ରିଷ୍ଟଲଠାରେ ଏହା ବିଧିବଦ୍ଧ ଭାବରେ ମଞ୍ଚରେ ପରିବେଷଣ କରାଯାଇଥିଲା ଏବଂ ସେଥିପାଇଁ ଏହି ସ୍ଥାନକୁ ଦେଶୀୟ ସଂଗୀତର ଜନ୍ମସ୍ଥାନର  ଆଖ୍ୟା  ଦିଆଯାଇଛି।

ଦେଶୀୟ ସଂଗୀତରେ ଅନେକ ଗୁଡ଼ିଏ ଘରାନା ରହିଅଛି। କିଛି ସଂଗୀତଜ୍ଞ ପରେ ସେଥିରେ ଆଉ କିଛି ସ୍ୱର ଯୋଗକରି ନୂଆ ଶୈଳୀରେ ଗାନକରି ଶ୍ରୋତାମାନଙ୍କୁ ଚମକୃତ କରିଛନ୍ତି। ପ୍ରଥମେ ରେଡ଼ିଓ ଓ ଟେଲିଭିଜନରେ ବ୍ୟାପକ ପ୍ରଚାର ଫଳରେ ଦେଶୀୟ ସଙ୍ଗୀତକୁ ପ୍ରୋତ୍ସାହନ ମିଳିଛି। ମୁକ୍ତ ଚିନ୍ତନର ଦେଶରେ ଲୋକମାନେ ସର୍ବଦା ପରିବର୍ତ୍ତନକୁ ଆଦର କରିଥାନ୍ତି। ନୂଆ ସ୍ୱରରେ ନୂଆ ଗୀତ ଶୁଣି ସେମାନଙ୍କୁ ଆହୁରି ଆଗକୁ ବଢ଼ିବା ପାଇଁ ସର୍ବଦା ପ୍ରୋତ୍ସାହିତ କରିଥାନ୍ତି। ଟେନିସି ରାଜ୍ୟର ମେମ୍ଫିସ ଜନ୍ମିତ ପ୍ରଖ୍ୟାତ ଗାୟକ ଏଲଭିସ୍ ପ୍ରିସଲେ (Elvis Presley) ଏହି ଦେଶୀୟ ସଙ୍ଗୀତ ଆଧାରରେ ଗୀତ ଗାଇ ବିପୁଳ ଲୋକପ୍ରିୟତା ହାସଲ କରିଥିଲେ। ପ୍ରିସଲେଙ୍କ ସମ୍ପର୍କରେ କିଛି କୌତୁକପ୍ରଦ ଘଟଣା ଉଲ୍ଲେଖ କରାଯାଇପାରେ। ପ୍ରିସେଲଙ୍କ ପାଇଁ ଲୋକେ ପାଗଳ ହୋଇପଡୁଥିଲେ। ଗହଳିରୁ ଖସିବା ପାଇଁ ତାଙ୍କୁ ଏକାଧିକ ଥର ହୋଟେଲ

ଛାଡ଼ି ଚାଲିଯିବାକୁ ପଡ଼ିଥିଲା । ତାଙ୍କ ଗିଟାର ବାଦନ ଓ ଗାନ ଶୈଳୀ ପାଇଁ ତାଙ୍କୁ "Guitar Flailing Emissary of the Devil" କୁହାଯାଉଥିଲା ।

ଉଲ୍ଲେଖଯୋଗ୍ୟ ଯେ ଟେନିସି ରାଜ୍ୟର କ୍ୟାପିଟଲ ବା ବିଧାନସୌଧ ପରିସରରେ ଏକ ପ୍ରସ୍ତର ଫଳକରେ ଦେଶୀୟ ସଙ୍ଗୀତର ବିଭିନ୍ନ ଘରାନାଗୁଡ଼ିକର ନାମ ଉଲ୍ଲେଖ ଅଛି । ଏଗୁଡ଼ିକ ହେଲା ବ୍ଲୁ'ଗ୍ରାସ, ଗୋସପେଲ, ବ୍ଲ୍ୟୁଜ, ଜାଜ୍, କ୍ଲାସିକାଲ, ଫୋକ୍ , କଣ୍ଟ୍ରି ଓ ରକ୍ । ଏଥିରୁ ଜଣାଯାଏ ଯେ ସଙ୍ଗୀତକୁ ସରକାରୀ ସ୍ତରରେ କିପରି ଗ୍ରହଣ କରାଯାଇଛି । ଏଥି ମଧ୍ୟରୁ ମାତ୍ର କେତେଗୋଟି ଘରାନାର ଅଭ୍ୟାସ ଜାରି ରହିଛି ଏବଂ ଡାଉନ୍‌ଟାଉନ୍‌ରେ ବିଭିନ୍ନ ସ୍ଥାନରେ ମଧ୍ୟ ସେଗୁଡ଼ିକର ଉପସ୍ଥାପନା ଦେଖିବାକୁ ମିଳେ । ମାତ୍ର ସବୁ ଘରାନାଗୁଡ଼ିକ ବିଷୟରେ 'ମ୍ୟୁଜିକ ହଲ ଅଫ ଫେମ୍'ରେ ବିଶଦ ତଥ୍ୟ ରହିଅଛି ।

ଧାରାରେ ପରିବର୍ତ୍ତନ ନହେଲେ କଳାର ଆଦୃତି କମିଯାଏ ଏକଥା ଆମେରିକାର ଏହି କଣ୍ଟ୍ରି ମ୍ୟୁଜିକ୍‌ର ଇତିହାସକୁ ଅନୁଧ୍ୟାନ କଲେ ଜଣାଯାଏ । ଏବେ ଆମ ଦେଶରେ ସଙ୍ଗୀତ ବିଷୟରେ ସାମାନ୍ୟ ଚର୍ଚ୍ଚା କରାଯାଉ । ଶାସ୍ତ୍ରୀୟ ସଙ୍ଗୀତରେ

ମଧ୍ୟ ନୂତନ ଧାରାରେ ପ୍ରୟୋଗ ଦେଖିବାକୁ ମିଳିଥାଏ। ଓସ୍ତାଦମାନଙ୍କ ଦ୍ୱାରା ଅନେକ ନୂଆ ରାଗ ସୃଷ୍ଟି ହେବାର ନଜିର ଅଛି। ଆମର ଓଡ଼ିଶୀ ସଙ୍ଗୀତରେ ମଧ୍ୟ ତାହା ଦେଖାଯାଏ। ଶାସ୍ତ୍ରୀୟ ସାମ୍ରାଜ୍ଞୀ ସ୍ୱର୍ଗତଃ ସୁନନ୍ଦା ପଟ୍ଟନାୟକ ଓ ପଣ୍ଡିତ ଦାମୋଦର ହୋତା ପ୍ରଭୃତି ଗୁରୁମାନେ କେତେଗୋଟି ନୂଆ ରାଗ ସୃଷ୍ଟି କରିଯାଇଛନ୍ତି। ମାତ୍ର ଅନେକ ରକ୍ଷଣଶୀଳ ଲୋକ ଏହି ପ୍ରକାର ପରିବର୍ତ୍ତନକୁ ପସନ୍ଦ କରନ୍ତିନାହିଁ। ସେଥିପାଇଁ ଆମ ରାଜ୍ୟରେ ଥିବା ଅସଂଖ୍ୟ ଛାନ୍ଦ, ଚମ୍ପୁ, ଚଉପଦୀ, ଭଜନ, ଜଣାଣ, ପୋଇ,କାନ୍ଦଣା ଆଦି ପାରମ୍ପରିକ ଗୀତ ଆବଶ୍ୟକ ମତେ ପ୍ରସାର ଲାଭ କରିପାରୁନାହିଁ। ପ୍ରକାଶଯୋଗ୍ୟ ଯେ କିଛି ଦିନ ତଳେ ମୁମ୍ବାଇର କୋକ୍ ଷ୍ଟୁଡ଼ିଓରେ ଓଡ଼ିଆ ଶିଳ୍ପୀ ସୋନା ମହାପାତ୍ର 'ରଙ୍ଗବତୀ' ଗୀତର ସ୍ୱରରେ ଏବଂ 'ଆହେ ନୀଳଶଇଳ' ଜଣାଣର ଗୋଟିଏ ଶବ୍ଦରେ ସାମାନ୍ୟ ପରିବର୍ତ୍ତନ ଆଣି ଗାଇବାରୁ ବିପୁଳ ସମାଲୋଚନାର ସମ୍ମୁଖୀନ ହୋଇଥିଲେ।

**ଘ. ଶ୍ୱାନ ଉଦ୍ୟାନ :-**

ଶ୍ୱାନ ଉଦ୍ୟାନ ବିଷୟରେ କହିବା ପୂର୍ବରୁ ମାର୍କିନମାନଙ୍କର ଶ୍ୱାନ ପାଳନ ଅଭ୍ୟାସ ବିଷୟରେ କିଛି ଦୃଷ୍ଟିପାତ କରାଯାଇପାରେ। ଏକାକୀ ରହୁଥିବା ଅବା ପରିବାର ସହିତ ରହୁଥିବା ଲୋକଙ୍କ ଘରେ ପାଖ ମଣିଷଙ୍କ ଅପେକ୍ଷା ପୋଷା କୁକୁର ଅଧିକ ଆତ୍ମୀୟତା ଲାଭ କରିଥିବା ଦେଖାଯାଏ। ଏକାକୀ ନିସଙ୍ଗ ଜୀବନଯାପନ କରୁଥିବା ମହିଳା ବା ପୁରୁଷଙ୍କ ପାଇଁ ତ ସେ ଏକ ମାତ୍ର ଜୀବନସଙ୍ଗୀ ଭାବେ ସକଳ ସେବା ପରିଚର୍ଯ୍ୟାର ଅଧିକାରୀ। ସହଜେ କୁକୁର ଜାତିର ପୋଷା ମାନିବା ଏକ ଜନ୍ମଜାତ ଗୁଣ। ସ୍ନେହ ଆଦର ପାଇଁ ସେ ମଧ୍ୟ ମାଲିକ ବା ମାଲିକାଣୀକୁ ଆନନ୍ଦ ଦେବାରେ କାର୍ପଣ୍ୟ କରେ ନାହିଁ। ସେଥିପାଇଁ ପୋଷା କୁକୁର ଅଗ୍ରାଧିକାର ଭିତ୍ତିର ସବୁ ପ୍ରକାର ଯତ୍ନ ପାଇଥାଏ। ସ୍ୱତନ୍ତ୍ର ବ୍ୟଞ୍ଜନ, ଡାକ୍ତରୀ ଚିକିତ୍ସା, ବୀମାଠାରୁ ଆରମ୍ଭ କରି ଦାନ୍ତଘଷା, ଗାଧୁଆ ଓ ନଖକଟା ପର୍ଯ୍ୟନ୍ତ ସମସ୍ତ ସେବା ପାଇଁ ଅଧିକୃତ ସଂସ୍ଥା ଉପରେ ପାଳକମାନେ ନିର୍ଭରଶୀଳ। ଆବଶ୍ୟକସ୍ଥଳେ ବୃତ୍ତିରୁ ବିରାମନେଇ ମଧ୍ୟ ପୋଷା କୁକୁରକୁ ଏହି ସେବା ଯୋଗାଇ ଦେବା ପାଇଁ ପାଳକ ବା ପାଳିକାମାନେ ତତ୍ପର ଥାଆନ୍ତି। ପୋଷା କୁକୁର ପାଳନରେ ନାମ ମାତ୍ର ଅବହେଳା ସରକାରଙ୍କ ଦୃଷ୍ଟିରେ ଏକ ଅପରାଧ ବୋଲି ଧରାଯାଏ। ଏ ଦେଶରେ ମଣିଷ ଭଳି ପୋଷାଜନ୍ତୁମାନଙ୍କର ମଧ୍ୟ ସବୁ କ୍ଷେତ୍ରରେ ସମାନ ଅଧିକାର ରହିଛି। କୁକୁର ପ୍ରଜନନ କେନ୍ଦ୍ର ଦ୍ୱାରା ଆଗ୍ରହୀ ବ୍ୟକ୍ତିମାନଙ୍କୁ ବିଭିନ୍ନ କିସମର କୁକୁର ମଧ୍ୟରୁ ନିଜ ପସନ୍ଦ ମୁତାବକ ପ୍ରଜାତିର କୁକୁର ଯୋଗାଇ ଦିଆଯାଏ। କୁହାଯାଏ ଯେ ଆମେରିକାରେ ପ୍ରାୟ ଶତାଧିକ ପ୍ରଜାତିର କୁକୁର ରହିଛନ୍ତି। ପୃଥିବୀର

ପ୍ରାୟ ସମସ୍ତ ଦେଶରୁ ଆମଦାନୀ ହୋଇଥିବା ପ୍ରଜାତିର କୁକୁର ଏହି ଦେଶରେ ଦେଖାଯାନ୍ତି। କୁକୁର ପାଳନ ବିଷୟକ ସମସ୍ତ ବିଧି ବ୍ୟବସ୍ଥା ବିଷୟରେ ସେବା କେନ୍ଦ୍ରମାନଙ୍କ ଦ୍ୱାରା ପାଳକମାନଙ୍କୁ ଅବଗତ କରାଇଦିଆଯାଏ।

ଆମ ଦେଶରେ କୁକୁର ପାଳନକୁ ଏକ ଆଭିଜାତ୍ୟର ନିଦର୍ଶନ ଭାବେ ଗଣାଯାଏ। ଧନୀ ଗରିବ ନିର୍ବିଶେଷରେ ବିଭିନ୍ନ ପ୍ରଜାତିର କୁକୁର ପାଳିବାକୁ ଲୋକେ ପସନ୍ଦ କରନ୍ତି ମାତ୍ର ଦାମୀ କୁକୁର ସବୁ ଧନିକ ଶ୍ରେଣୀଙ୍କ ପାଖରେ ରହିଥିବା ଦେଖାଯାଏ। ଆମ ସଂସ୍କୃତିରେ ଗୋପାଳନ ଏକ ଧର୍ମୀୟଭାବ ସଂପନ୍ନ ଅଭ୍ୟାସ ହୋଇଥିବା ବେଳେ ଆଧୁନିକ ସମାଜରେ ଲୋକେ ଗୋମାତାକୁ ଛାଡ଼ି କୁକୁର ପାଳନ ପ୍ରତି ଅଧିକ ଆକୃଷ୍ଟ ହେଉଥିବାର ଦେଖାଯାଏ। କବିବର ରାଧାନାଥଙ୍କ ଶ୍ୱାନପ୍ରେମୀଙ୍କ ପ୍ରତି ଏକ ତାଚ୍ଛଲ୍ୟପୂର୍ଣ୍ଣ ପଂକ୍ତି ଅନୁସାରେ 'ଭବ ବୈତରଣୀ ହେବେ ପରା ପାରି, ସେହି କୁକୁରର ହୋଇ ପୁଚ୍ଛଧାରୀ'।

ସମାଜରେ ଲୋକଙ୍କ ଚାହାଣୀ ଚଳଣୀ ଚମକ, ସ୍ଥାନ, କାଳ, ପାତ୍ର ଅନୁସାରେ ବିକଶିତ ହୋଇଥାଏ। ଆମେରିକାରେ ଲୋକେ ପୋଷାଜନ୍ତୁଙ୍କ ଯତ୍ନ ନେବାରେ ଯେତିକି ଅର୍ଥ, ଶ୍ରମ ଓ ସମୟ ବ୍ୟୟ କରିଥାନ୍ତି ତାହା ସେମାନଙ୍କର ଦୁର୍ବଳତା କହିଲେ ଭୁଲ ହେବନାହିଁ। ପରିଣତ ବୟସରେ ପୋଷାକୁକୁରର ନାମରେ ବିପୁଳ ସମ୍ପତ୍ତି ଟେକିଦେବା ଭଳି ଲୋକ ମଧ୍ୟ ସେ ସମାଜରେ କିଛି ବିରଳ ନୁହଁନ୍ତି।

କୁକୁରର ସେବା ଯତ୍ନ ନେବା ଅବସରରେ କୁକୁରକୁ ବୁଲାଇବା ମଧ୍ୟ ଏକ ପର୍ଯ୍ୟାୟ ଅଟେ। ସେଥିପାଇଁ ସେମାନଙ୍କୁ ରାସ୍ତାରେ ବୁଲାଇବା ବଦଳରେ କୁକୁରଙ୍କ ପାଇଁ ଉଦ୍ଦିଷ୍ଟ ସ୍ୱତନ୍ତ୍ର ଉଦ୍ୟାନକୁ ନେଇ ଯିବାକୁ ହୁଏ। ସବୁ ସହରରେ ପ୍ରାୟ ଏଭଳି ସ୍ୱତନ୍ତ୍ର ଉଦ୍ୟାନ ରହିଥିବାର ଦେଖାଯାଏ। ଏହି ଉଦ୍ୟାନଠାରୁ ବିଶେଷ ଦୂରରେ ରହୁଥିବା ଲୋକମାନେ ସାଧାରଣ ଉଦ୍ୟାନକୁ ମଧ୍ୟ ସାଙ୍ଗରେ କୁକୁରକୁ ଘେନିଯାଆନ୍ତି। ପାର୍କରେ ବୁଲୁଥିବା ଅବସ୍ଥାରେ ଜନ୍ତୁଟି ମଳତ୍ୟାଗ କଲେ ତାକୁ ପାଳକଙ୍କୁ ପୋଛି ସଫାକରି ଅଳିଆଦାନୀରେ ପକାଇବାକୁ ହୁଏ। ଏହା ଏକ ସୌଜନ୍ୟମୂଳକ ଅଭ୍ୟାସ। ଶ୍ୱାନ ଉଦ୍ୟାନରେ ସେଥିପାଇଁ ସ୍ୱତନ୍ତ୍ର ବ୍ୟବସ୍ଥା ଅଛି। ବାଡ଼ଘେରା ଉଦ୍ୟାନ ମଧ୍ୟରେ କୁକୁରଙ୍କୁ ଦଉଡ଼େଇବା, ସେମାନଙ୍କ ସହ ଖେଳିବା ପାଇଁ ସୁବିଧା ରହିଥାଏ। ଆମେ ନ୍ୟାସଭିଲରେ ଆଦିତ୍ୟ ପାଖରେ ରହୁଥିବା ବେଳେ ଅନତିଦୂରରେ ଏକ ଶ୍ୱାନ ଉଦ୍ୟାନ ରହିଥିବା ଦେଖିଲୁ। ପ୍ରତିଦିନ ଅପରାହ୍ଣରେ ସେଠାକୁ ଅନେକ ଲୋକ ପୋଷା କୁକୁରଙ୍କୁ ସାଙ୍ଗରେ ଆଣି ଆସି ସେମାନଙ୍କୁ କିଛି ସମୟ ଫୂର୍ତ୍ତିରେ କଟାଇବା ପାଇଁ ନିଜର ବହୁମୂଲ୍ୟ ସମୟ ବ୍ୟୟିତ କରିଥାନ୍ତି ତେବେ ସେଠାକାର ବ୍ୟବସ୍ଥା ଦେଖି ସେ ଦେଶର କୁକୁର

ପାଳନ ସଂସ୍କୃତି ଉପରେ କିଛି ଧାରଣା ହାସଲ କରିବାରେ ସକ୍ଷମ ହେଲୁ। ପରେ ଡ୍ୟାଲାସରେ ପ୍ରୀତି ପାଖରେ ରହିଲା ବେଳେ ସେମାନଙ୍କ ଘରେ ରହିଥିବା ଦୁଇଗୋଟି ଖର୍ବାକୃତି କୁକୁର ଯାହାଙ୍କର ନାମ ଲଡୁ ଓ ବର୍ଫି, ସେମାନଙ୍କର ଖାଦ୍ୟ ପେୟ ତଥା ସୌଖୀନ ଅଭ୍ୟାସ ବିଷୟରେ ଅବଗତ ହେଲୁ। ପ୍ରକାଶଯୋଗ୍ୟ ଯେ ଏହି ଦୁଇ ଜନ୍ତୁ, କୁକୁର ଖାଦ୍ୟ ପେଡ଼ିଗ୍ରି ସହିତ କେବଳ ତନ୍ଦୁର ଚିକେନର ଛୋଟ ଟୁକୁଡ଼ା ଖାଇବାକୁ ପସନ୍ଦ କରନ୍ତି ଓ ମାଲିକାଣୀ ସହିତ ଏକ ଶଯ୍ୟାରେ ଶୟନ କରନ୍ତି।

କୁକୁର ପାଳନ ମାର୍କିନମାନଙ୍କର ଜୀବନଚର୍ଯ୍ୟାର ଏକ ପ୍ରମୁଖ ଅଂଶ ବିଶେଷ ବୋଲି କୁହାଯାଇପାରେ। କେବଳ କୁକୁର କାହିଁକି ସବୁ ଜନ୍ତୁଙ୍କ ପାଇଁ ମଧ୍ୟ ସେମାନଙ୍କଠାରେ ଦୟାଭାବ ତଥା ଦୁର୍ବଳତା ରହିଥିବାର ଦେଖାଯାଏ। ଅନେକ ଆମେରୀକୀୟ ବ୍ୟକ୍ତି ବହୁ କିସମର ବିରାଡ଼ି ମଧ୍ୟ ପୋଷିଥାଆନ୍ତି। ଅନେକ ଘରେ ଲୋକେ ସୁନ୍ଦର ହୃଷ୍ଟପୁଷ୍ଟ ବିରାଡ଼ି ମଧ୍ୟ ରଖିଥାଆନ୍ତି ଏବଂ ସେମାନଙ୍କୁ ସ୍ନେହ ଶ୍ରଦ୍ଧାରେ ଲାଳନପାଳନ କରିଥାଆନ୍ତି। ଆମେ ନ୍ୟୁୟର୍କରେ ତିନିଦିନ ରହିଥିବା ବେଳେ ସେ ଘର ପଛପାଖରେ ଜଣଙ୍କ ଘରେ ପାଞ୍ଚଗୋଟି ବିଭିନ୍ନ ରଙ୍ଗର ବିରାଡ଼ି ରହିଥିବାର ଦେଖିଲୁ। ବିରାଡ଼ିମାନେ ବାହାରେ ବୁଲାବୁଲି କରୁଥିବା ବେଳେ ମାଲିକାଣୀ ଘର ଭିତରେ ରହି ତାଳି ମାରିଲେ ସବୁ ବିରାଡ଼ି ଝରକା ବାଟେ ଲମ୍ଫ ପ୍ରଦାନ କରି ସଙ୍ଗେ ସଙ୍ଗେ ଘର ଭିତରକୁ ପଶିଯାଆନ୍ତି। ନ୍ୟାସଭିଲରେ ଆଦିତ୍ୟ ଘର ପାଖରେ ଅନେକ ପୋଷା ବିରାଡ଼ି ବୁଲାବୁଲି କରୁଥାଆନ୍ତି। ଆମେ ଥରେ ନଦୀକୂଳକୁ ବୁଲିବାକୁ ଯିବାବେଳେ ଏକ ବୁଦା ମୂଳରୁ ଏକ ସଙ୍ଗେ ଗୁଡ଼ିଏ ବିରାଡ଼ି ବାହାରି ଆସି ଲାଙ୍ଗୁଡ଼ ହଲାଇଲେ ଖାଦ୍ୟ ଆଶାରେ। ଆଦିତ୍ୟ ଯାଇ ସେମାନଙ୍କ ସାଙ୍ଗେ ମିଶିବା ପରେ ହୁଏତ ଆମ ପାଖରେ ସେମାନଙ୍କ ପାଇଁ କିଛି ଖାଦ୍ୟ ଦ୍ରବ୍ୟ ନଥିବା ଜାଣିପାରି ସେମାନେ ପୁଣି ସେ ବୁଦା ଭିତରକୁ ଫେରିଗଲେ। କେହି ପୋଷା ବିଲେଇଙ୍କୁ ଆଣି ସେହି ଜନଶୂନ୍ୟ ସ୍ଥାନରେ ଛାଡ଼ିଦେଇ ଯାଇଥାଇ ପାରେ ବୋଲି ଆମେ ଅନୁମାନ କଲୁ କାରଣ ଆଖପାଖରେ କୌଣସି ଘର ବା ବସତି ନଥିଲା। ଆଦିତ୍ୟ ମଧ୍ୟ ପୂର୍ବରୁ ଏକ ବିରାଡ଼ି ଆଣି କିଛି ଦିନ ପୋଷିଥିଲା। ପରେ ତାକୁ ପୁଣି ସେହି ପୋଷା ଜନ୍ତୁମାନଙ୍କ ବ୍ୟାଙ୍କ (Pet bank)କୁ ଫେରାଇ ଦେଇଥିଲା। ସେମିତି ବ୍ୟବସ୍ଥା ମଧ୍ୟ ସେ ଦେଶରେ ରହିଛି। ଆଦିତ୍ୟ ଓ ଆୟୁଷି ଦୁଇଜଣଙ୍କଠାରେ ବିରାଡ଼ିମାନଙ୍କ ପ୍ରତି ପ୍ରେମ ଭାବ ରହିଅଛି। ରାସ୍ତାରେ ଯାଉଥିବା ସମୟରେ ବିରାଡ଼ିଟିଏ ଦେଖିଲେ ସେମାନେ ଯାଇ ତାକୁ ଟିକେ ଆଉଁସି ଦେବାରେ ଖୁସି ପାଆନ୍ତି।

ମାର୍କିନ ଲୋକଙ୍କର ପଶୁପ୍ରୀତି ମଧ୍ୟ ବିଶେଷ ସମୃଦ୍ଧ। ମୁଁ ଜଣେ ଭଦ୍ରମହିଳାଙ୍କୁ

ଜାଣେ, ସେ ଭାରତର ଗୁଜୁରାଟର କଚ୍ଛ ଅଞ୍ଚଳରେ ରୁଗ୍ଣ ଓଟ ଏବଂ ମହାରାଷ୍ଟ୍ର ବିଦର୍ଭ ଅଞ୍ଚଳରେ ରୁଗ୍ଣ ଗଧମାନଙ୍କ ଚିକିତ୍ସା ଓ ରକ୍ଷଣାବେକ୍ଷଣ ପାଇଁ ବିପୁଳ ଅର୍ଥଦାନ କରିଥିଲେ। ଆଉ ଜଣେ ବ୍ୟକ୍ତି ଆଫ୍ରିକାରେ ଜିରାଫମାନଙ୍କ ବଂଶ ବୃଦ୍ଧି ପାଇଁ ବହୁ ଅର୍ଥ ଖର୍ଚ୍ଚକରି ବ୍ୟାପକ ଯୋଜନା କରିଥିଲେ। ତା'ଛଡ଼ା ଅନେକ ଧନାଢ଼୍ୟ ବ୍ୟକ୍ତି (ଆମ ଦେଶରେ ମଧ୍ୟ) ଚିଡ଼ିଆଖାନାର ଅନୁରୋଧ କ୍ରମେ ନିଜ ପସନ୍ଦର ପଶୁଙ୍କୁ ପୋଷ୍ୟ ଭାବେ ଗ୍ରହଣ କରିଥାନ୍ତି ?

**ଙ. ପ୍ରେମ ବୃତ୍ତ :- (Love circle)**

ନ୍ୟାସଭିଲ ସହରର ଭୁଗୋଳ ମୁଖ୍ୟତଃ ସମତଳ ହୋଇଥିଲେ ହେଁ ତା ମଧ୍ୟରେ ରହିଛି ଏକ ମୁଣ୍ଡିଆ। ସୁନ୍ଦର ବୃକ୍ଷଲତାରେ ଚତୁଃପାର୍ଶ୍ୱ ସଜେଇ ହେଇ ସେ ମୁଣ୍ଡିଆ ଶୀର୍ଷରେ ସୃଷ୍ଟି କରାଯାଇଛି ଏକ ପ୍ରଶସ୍ତ ଗୋଲାକାର ସମତଳ ଯାହାର ନାମ ତାତ୍ପର୍ଯ୍ୟପୂର୍ଣ୍ଣ ଭାବେ ରଖାଯାଇଛି ଲଭ୍ ସର୍କଲ। ହୁଏତ ସ୍ଥାନୀୟ ପ୍ରେମୀଯୁଗଳଙ୍କ ପାଇଁ ଏକାନ୍ତ ସୁରକ୍ଷିତ ସ୍ଥାନ ମଧ୍ୟ ହୋଇପାରେ। ମୋଟର ଯାନ ସବୁ ଉପରକୁ ଯାଇ ପାର୍କିଂର ସୁବିଧା ରହିଅଛି ତେବେ ସେଠାରୁ ପ୍ରାୟ ପଚିଶ ଫୁଟ ଉଚ୍ଚକୁ ପାହାଚ ଚଢ଼ିଗଲେ ଶୀର୍ଷରେ ସେ ସମତଳ ଘାସ ଗାଲଚାରେ ପହଞ୍ଚିବାକୁ ହୁଏ। ଆମେ ସେଠାରୁ କୌଣସି ଏକ କାର୍ଯ୍ୟ ଦିବସର ସନ୍ଧ୍ୟାବେଳେ ଯାଇଥିଲୁ। ପ୍ରଥମେ ବିସ୍ତୃତ ଘାସ ଗାଲିଚାରେ ଏକ ପ୍ରକାର ପରିକ୍ରମା କରି ଚତୁର୍ଦ୍ଦିଗର ଦୃଶ୍ୟ ଦେଖିନେଲୁ। ଏହି ସ୍ଥାନରୁ ସହରର ଦୃଶ୍ୟ ଅତ୍ୟନ୍ତ ମନୋରମ। ଡାଉନ୍ ଟାଉନର ସୁଉଚ୍ଚ ଅଟ୍ଟାଳିକା, ମାରିୟଟ ହୋଟେଲ, ବିଧାନସୌଧ ସହିତ ଏକ ପାଖରେ ଚଳନ୍ତା ଟ୍ରେନ ଏବଂ କ୍ୟୁମ୍ବରଲାଣ୍ଡ ନଦୀର ଧାର ସବୁ ଦୃଶ୍ୟମାନ। ଆମେ ସେହି ତୃଣ ପଟଳରେ ଏକ ସ୍ଥାନରେ ବସିଲୁ। ସେତେବେଳକୁ ସେ ସ୍ଥାନରେ ଅନେକ ପରିବାର ପୋଷା କୁକୁର ସହିତ ଚାଦର ବିଛାଇ କିଛି ଖାଦ୍ୟ ପାନୀୟ ଧରି ବସି ସନ୍ଧ୍ୟାକାଳୀନ ପରିବେଶକୁ ଉପଭୋଗ କରୁଥାଆନ୍ତି। ଛୋଟ ପିଲାଙ୍କ ପାଇଁ ମୁକ୍ତାକାଶ ତଳେ ଖେଳକୁଦ କରିବା ପାଇଁ ପ୍ରକୃଷ୍ଟ ସ୍ଥାନ। କିଛି ପ୍ରେମୀ ଯୁଗଳ ଖୋଲାଖୋଲି ଭାବରେ କୋଳାକୋଳି ହେଇ ସେଲ୍‌ଫି ନେବାବେଳର ଦୃଶ୍ୟ ସେ ସ୍ଥାନର ନାମକରଣର ମହତ୍ତ୍ୱ ରଖିବା ଭଳି ଅନୁଭବ ହେଉଥାଏ। ସତେ ଯେମିତି ସେମାନଙ୍କ ପାଇଁ ଉଦ୍ଦିଷ୍ଟ ସ୍ଥାନରେ ଆମେ ସବୁ ଅନଧିକାର ପ୍ରବେଶ କରିଛୁ। ସେତେବେଳକୁ ସୂର୍ଯ୍ୟାସ୍ତର ସମୟ। ଯେକୌଣସି ଉଚ୍ଚସ୍ଥାନରୁ ସୂର୍ଯ୍ୟାସ୍ତର ଦୃଶ୍ୟ ସ୍ୱାଭାବିକ ଭାବେ ଉପଭୋଗ୍ୟ। ଧିରେ ଧିରେ କୋଠାବାଡ଼ିରେ ଥିବା ଝରକାଗୁଡ଼ିକ ଆଲୋକିତ ହେଇ ଅପୂର୍ବ ଦୃଶ୍ୟ ସୃଷ୍ଟି କରୁଥିଲେ। ସେତେବେଳକୁ ମଧ୍ୟ କିଛି ମହିଳା

ସେଠାରେ ଥିବା ପାର୍କିଂରୁ ଶୀର୍ଷ ମଧ୍ୟରେ ପ୍ରାୟ ତିରିଶିଗୋଟି ପାହାଚକୁ ବାରମ୍ବାର କ୍ଷିପ୍ରଗତିରେ ଚଢ଼ି ପୁଣି ଓହ୍ଲାଇ ନିଜର ବ୍ୟାୟାମ ଅଭ୍ୟାସ ଜାହିର କରିବାରେ ବ୍ୟସ୍ତଥିଲେ । ଆଉ କିଛି ଲୋକ ମଧ୍ୟ ପାଦଚଲା ରାସ୍ତାରେ ଚାଲିବା ଅଭ୍ୟାସ କରୁଥିଲେ । ଆମେ ପୁଣି ଥରେ ସେ ସମତଳ ଭୂମିରେ ବୁଲି ସହରରେ ଦୃଶ୍ୟ ଉପରେ ପୁନର୍ବାର ଦୃଷ୍ଟି ପକାଇବା ପରେ ସଂପୂର୍ଣ୍ଣ ଅନ୍ଧକାର ଆସିବା ପୂର୍ବରୁ ପ୍ରତ୍ୟାବର୍ତ୍ତନ କଲୁ । ତଥାପି ଲଭ ସର୍କଲ ଥାଏ ଲୋକାରଣ୍ୟ । ଅନେକ ସେତେବେଳକୁ ମଧ୍ୟ ସେ ସ୍ଥାନକୁ ଆସୁଥିବାର ଦେଖିଲୁ । ଉତ୍ତମ ପରିବେଶରେ ସମୟ କଟାଇବାକୁ କିଏ ବା ନଚାହେ !

### ଚ. ହର୍ମିଟେଜ୍ ହୋଟେଲ (Hermitage Hotel) -

ନ୍ୟାସଭିଲର ଡାଉନ୍‌ଟାଉନ୍‌ର କେନ୍ଦ୍ରରେ ରହିଛି ୧୮୧୦ରେ ପ୍ରତିଷ୍ଠିତ ସ୍ୱନାମଧନ୍ୟ ଐତିହ୍ୟସଂପନ୍ନ ହର୍ମିଟେଜ୍ ହୋଟେଲ। କେତେଜଣ ସ୍ଥାନୀୟ ଉଦ୍ୟୋଗୀଙ୍କ ଦ୍ୱାରା ମିଳିତ ଭାବେ ବିକଶିତ ଏହି ହୋଟେଲର ଇଟାଲୀୟ ରେନାସାଁ ଶୈଳୀରେ ସୁଗଠିତ। ଭବ୍ୟ ପ୍ରବେଶପଥ ଦେଇ ଭିତରକୁ ଯାଇ ପହଞ୍ଚିବାକୁ ହୁଏ ଏକ ପ୍ରକାଣ୍ଡ ଲବିରେ, ଯେଉଁଠାରେ ଆଖି ଝଲସି ଯାଉଥିବା ସାଜସଜ୍ଜା ସହିତ ବିଳାସପୂର୍ଣ୍ଣ ଆସବାବପତ୍ର ଓ ବଛାବଛା ଉପକରଣ ରୁଚିପୂର୍ଣ୍ଣ ଶୈଳୀରେ ସୁସଜ୍ଜିତ। କାରୁକାର୍ଯ୍ୟପୂର୍ଣ୍ଣ ବାଙ୍କ ଖିଲାଣଗୁଡ଼ିକର ସୁନାରଙ୍ଗରେ ଚିତ୍ରଣ, ଚିତ୍ରିତ କାଚ ଖଚିତ ଦ୍ୱାର ଓ ଝରକା, ଓକ୍ କାଠର ଚଟାଣ ଉପରେ ମଖମଲି ଗାଲିଚା ସହିତ ସୁଉଚ୍ଚ ଛାତରୁ ଝୁଲି ଆସିଥିବା ଏକାଧିକ ସହସ୍ରବତୀ ସମୃଦ୍ଧ ଝାଡ଼ ବା ସାଣ୍ଡେଲିୟର ସେ ଅଭ୍ୟର୍ଥନା କକ୍ଷ ବା ବୈଠକଖାନାର ଗାମ୍ଭୀର୍ଯ୍ୟକୁ ବହୁଗୁଣିତ କରିଥାଏ। ବିଳାସପୂର୍ଣ୍ଣ ଆସନ ବ୍ୟବସ୍ଥା ସହିତ ପରିଚାରକମାନଙ୍କ ସୌଜନ୍ୟତାର ତୁଳନା ନାହିଁ।

ଆଦିତ୍ୟ ଦ୍ୱାରା ସଂଗୃହୀତ ପ୍ରାକ୍ ସୂଚନା ଅନୁସାରେ ଆମେ ଏକ ଅପରାହ୍ଣରେ ସେଠାକୁ ବୁଲିବାକୁ ଯାଇଥିଲୁ। ହୋଟଲର ମାଲିକାନା ଏକାଧିକବାର ବଦଳିଥିଲେ ମଧ୍ୟ ସ୍ଥାପତ୍ୟ, କାରୁକାର୍ଯ୍ୟ ତଥା ଆଭ୍ୟନ୍ତରୀଣ ସାଜସଜ୍ଜା ଅପରିବର୍ତ୍ତିତ ରହିଛି ଏବଂ ପରିଚର୍ଯ୍ୟା କ୍ଷେତ୍ରରେ ଅତୀତ ସୁନାମ ବଜାୟ ରହିଛି। ଏହାର ନାମକରଣ ଦିବଂଗତ ରାଷ୍ଟ୍ରପତି ଆଣ୍ଡ୍ରୁ ଜାକସନ୍‌ଙ୍କ ବାସଗୃହର ନାମ ଅନୁସାରେ କରାଯାଇଥିଲା ଯାହା ଏବେ ଏକ ସଂଗ୍ରହାଳୟରେ ପରିଣତ ହୋଇଛି। ହୋଟେଲ ପ୍ରତିଷ୍ଠା ହେଲାବେଳେ ଏଥିରେ ରହଣୀ ବାବଦ ଦେୟ ଦିନକ ପାଇଁ ଦୁଇ ଡଲାର ଧାର୍ଯ୍ୟ କରାଯାଇଥିଲା ଯାହା ଏବେ ଆଠଶହ ଡଲାର। ହର୍ମିଟେଜ୍ ସହିତ ଯୋଡ଼ି ହେଇଛି ଅନେକ ଘଟଣା। ୧୯୨୦ରେ ଟେନିସି ୩୬ତମ ରାଜ୍ୟ ଭାବେ ସମ୍ବିଧାନରେ ୧୯ତମ ସଂଶୋଧନ ଗୃହିତ ହେଲା ହେଲା ଯାହା ଦେଶରେ ମହିଳାମାନଙ୍କ ଭାଗ୍ୟ ବଦଳାଇ ଦେଇଥିଲା। ସେତେବେଳେ ଏହି ସଂଶୋଧନର ସମର୍ଥକ ଓ ବିରୋଧୀ ଉଭୟ ଗୋଷ୍ଠୀର ମନ୍ତ୍ରଣାର କେନ୍ଦ୍ର ଥିଲା ଏହି ହୋଟେଲ। ଅନେକ ତର୍କ ବିତର୍କରେ ରାଜନେତା, ରାଷ୍ଟ୍ରବାଦୀ, ସାମାଜିକ କର୍ମୀ ଏହିଠାରେ ଏକତ୍ରିତ ହେଇ କାର୍ଯ୍ୟପନ୍ଥା ନିର୍ଦ୍ଧାରଣ କରୁଥିଲେ। ଅତୀତରେ ଅନେକ ରାଷ୍ଟ୍ରପତି ରାଜ୍ୟପାଳ, ଅନ୍ୟ ଦେଶର ନେତୃବର୍ଗ, ସ୍ୱନାମଧନ୍ୟ ଖେଳାଳୀ, ଚିତ୍ରତାରକା, କଳାକାର, ଗାୟକ ସମସ୍ତେ ନ୍ୟାସଭିଲ ଗସ୍ତରେ ଆସିଲେ ଏହି ହୋଟେଲରେ ରହିବାକୁ ପସନ୍ଦ କରନ୍ତି। ରାଷ୍ଟ୍ରପତି କେନେଡ଼ି ଓ ରିଚାର୍ଡ ନିକ୍ସନ୍‌ଙ୍କ ଏହା ଏକ ପ୍ରିୟ ହୋଟେଲ ଥିଲା।

ଦେଶର ଐତିହ୍ୟ ସଂପନ୍ନ ହୋଟେଲ ତାଲିକାରେ ହର୍ମିଟେଜ୍ ହୋଟେଲର ନାମ ବହୁ ପୂର୍ବରୁ ସ୍ଥାନ ପାଇଛି। ଆହୁରି ସର୍ବାଦୃତ ଜନପ୍ରିୟ ପର୍ଯ୍ୟଟନସ୍ଥଳୀ ଭାବରେ ମଧ୍ୟ ବହୁ ସମ୍ମାନ ତଥା ପୁରସ୍କାରର ଅଧିକାରୀ ଏହି ହୋଟେଲ। ଏହାର ଖ୍ୟାତି ଦେଶ ବିଦେଶରେ ବ୍ୟାପିବା ଦ୍ୱାରା ଅନେକ ପର୍ଯ୍ୟଟକ ତଥା ଉଚ୍ଚ ବର୍ଗର ଲୋକେ ଏହି ହୋଟେଲରେ ରାତ୍ରିଯାପନ କରି ଏହାର ଆତିଥ୍ୟ ପ୍ରତ୍ୟକ୍ଷ କରିବା ପାଇଁ ପସନ୍ଦ କରନ୍ତି। ନ୍ୟାସଭିଲକୁ ସଙ୍ଗୀତ ସହର ଭାବେ ବିକଶିତ କରିବାରେ ଏହି ହୋଟେଲର ବଳିଷ୍ଠ ସହଯୋଗ ରହିଛି। ଏଥିରେ ଥିବା ସ୍ୱତନ୍ତ୍ର କକ୍ଷରେ ନିୟମିତ ଅର୍କେଷ୍ଟ୍ରାର ଝଙ୍କାର ପ୍ରତିଧ୍ୱନିତ ହୋଇଥାଏ। ଏକ ନିର୍ଦ୍ଦିଷ୍ଟ ସଙ୍ଗୀତଗ୍ରୁପ ଅନେକ ବର୍ଷ ଧରି ଏଠାରେ ସଙ୍ଗୀତ ପରିବେଷଣ କରି ପର୍ଯ୍ୟଟକଙ୍କଠାରୁ ପ୍ରଶଂସା ଲାଭ କରିଛନ୍ତି। ଏଠାରେ ଥିବା ରେସ୍ତୋରାଁ, ପାନଶାଳା ଓ ବଲ୍‌ରୁମରେ ପୃଥକ ଭାବେ ଆବଶ୍ୟକସ୍ଥଳେ ସଙ୍ଗୀତ ପରିବେଷଣର

ବ୍ୟବସ୍ଥା କରାଯାଇଥାଏ। ନବବିବାହିତମାନଙ୍କ ମଧୁଚନ୍ଦ୍ରିକା ପାଇଁ ଏକ ପ୍ରଥମ ପସନ୍ଦର ସ୍ଥାନ ଭାବେ ଏହି ହୋଟେଲ ପରିଗଣିତ। ସେମାନଙ୍କ ପାଇଁ ଏଠାରେ ସମସ୍ତ ସୁଖ ସ୍ୱାଛନ୍ଦ୍ୟ ଯୋଗାଇ ଦିଆଯାଇଥାଏ।

ଆମେ ସେଦିନ ସେଠାରେ ଅଳ୍ପ ସମୟ କଟାଇବା ଅବସରରେ ଆଭ୍ୟନ୍ତରୀଣ ଚାକଚକ୍ୟ ଦେଖି ଅଭିଭୂତ ହୋଇଥିଲୁ। ଜଣେ ମିଷ୍ଟଭାଷୀ ଯୁବତୀ ସହାୟିକାଙ୍କୁ ଆମର ଗ୍ରୁପ ଫଟୋ ନେବା ପାଇଁ ଅନୁରୋଧ କରିବାରେ ସେ ଅକୁଣ୍ଠିତ ଭାବରେ ସହଯୋଗ କଲେ। ଆମେ ଗ୍ରାହକ ନହେଲେ ମଧ୍ୟ ସେଠାକୁ ଯିବା କେହି ଅନଧିକାର ପ୍ରବେଶ ବୋଲି ଭାବୁନଥିଲେ। ଆମ ଦେଶ ଭଳି ପ୍ରବେଶ ପଥରେ ଦରୁଆନ ବା ସୁରକ୍ଷା କର୍ମୀ ରହିନଥିଲେ। ବୋଧହୁଏ ଦରୱାନୀ ପରମ୍ପରା ସେ ଦେଶରେ ଚଳେ ନାହିଁ। ଅତୀତରେ ମୁମ୍ବାଇର ଇଣ୍ଡିଆଗେଟ ନିକଟରେ ଥିବା ତାଜ ହୋଟେଲ ଲବିରେ ଏକ ଭାରତନାଟ୍ୟମ୍ ନୃତ୍ୟ ଉପଭୋଗ କରିବାର ସୁଯୋଗ ମୋତେ ମିଳିଥିଲା। ସେଠାରେ ଚାକଚକ୍ୟ ଅତ୍ୟନ୍ତ ଉଚ୍ଚକୋଟୀର ହୋଇଥିଲେ ମଧ୍ୟ ହର୍ମିଟେଜ୍‌ର ଚମକ ଥିଲା ଅନନ୍ୟ ଓ ଆକର୍ଷକ। ଆମ ଦେଶରେ ଉଚ୍ଚମାନର ବିଳାସପୂର୍ଣ୍ଣ ହୋଟେଲ ଯେ ତାହା ନୁହେଁ। ରାଜସ୍ଥାନର ଜୟପୁର ଓ ଉଦୟପୁରରେ ରହିଥିବା ଏକାଧିକ ହୋଟେଲରେ ରୂପାନ୍ତରିତ ରାଜପ୍ରସାଦମାନ ବହୁ ଦେଶୀ ବିଦେଶୀଙ୍କୁ ଆକୃଷ୍ଟ କରିଥାଏ।

ଅନ୍ୟ ଏକ ଅପରାହ୍ନରେ ମ୍ୟାରିଅଟ ଗୋଷ୍ଠୀର ଏକ ହୋଟେଲର ନଅ ମହଲା ଛାତ ଉପରେ ମୁକ୍ତାକାଶ ରେସ୍ତୋରାଁରେ କେଇ ଘଣ୍ଟା କଟାଇବା ଅବସରରେ ଖାଦ୍ୟ ପାନୀୟର ମଜା ନେବା ସହିତ ଟେବୁଲ ମଝିରେ ଜଳୁଥିବା ବାଷ୍ପଚାଳିତ ଅଗ୍ନି ସ୍ଫୁରଣ ମଧ୍ୟ ଉପଭୋଗ କରିଥିଲୁ। ସହରର ଦୃଶ୍ୟ ଥିଲା ବେଶ୍ ମନୋରମ।

# ସେତୁର ସହର ପିଟ୍ସବର୍ଗ

ଦୁଇଟି ନଦୀର ମିଶ୍ରଣରେ ଆଉ ଗୋଟିଏ ନଦୀ ସୃଷ୍ଟି ହେଇଥିବ ଏବଂ ସେହି ସଙ୍ଗମ ସ୍ଥଳକୁ କେନ୍ଦ୍ର କରି ଗଢ଼ିଉଠିଥିବ ଏକ ସହର, ଏମିତି ଉଦାହରଣ ଭାରତରେ ବିରଳ ନୁହେଁ। ହିମାଳୟରୁ ଅଥବା ଅନ୍ୟ ପାର୍ବତ୍ୟାଞ୍ଚଳରୁ ବାହାରିଥିବା ଅନେକ ନଦୀରୁ ଶାଖାନଦୀମାନ ବାହାରି ପୁଣି ଆଉ ଗୋଟିଏ ସ୍ଥାନରେ ତା'ର ପୁନର୍ମିଳନ ମଧ୍ୟ ଘଟିଛି। ସେଥିରୁ ସୃଷ୍ଟି ହେଇଛି ଅନେକ ଉପତ୍ୟକା, ତ୍ରିକୋଣ ଭୂମି ଏବଂ ପାର୍ଶ୍ୱବର୍ତ୍ତୀ ଅନେକ ଛୋଟ ବଡ଼ ସହର। ଭୌଗୋଳିକ ସ୍ଥିତି ଅନୁସାରେ ପ୍ରାକୃତିକ ସୌନ୍ଦର୍ଯ୍ୟ ବଜାୟ ରହିଛି ମାତ୍ର ସଂଲଗ୍ନ ଅଞ୍ଚଳରେ ବିକାଶ ନିର୍ଭର କରିଛି ସରକାର ତଥା ସଂପୃକ୍ତ ଅଧିବାସୀଙ୍କ ଉଦ୍ୟମ ଉପରେ। ଉତ୍ତର ପୂର୍ବାଞ୍ଚଳରେ ସାତ ଭଉଣୀଙ୍କ ରାଜ୍ୟରେ କେବଳ ପାହାଡ଼କୁ ନେଇ ଗଢ଼ିଉଠିଛି ସହର ହେଲେ ବିପୁଳ ସରକାରୀ ପ୍ରୋତ୍ସାହନ ସତ୍ତ୍ୱେ ଏଠାକାର ବିକାଶର ମାନ କ'ଣ? ଲୋକଙ୍କର ମୁଣ୍ଡପିଛା ଆୟ ଓ ଜୀବନଶୈଳୀ କେତେ ଉନ୍ନତ ତାହା ବିଚାର୍ଯ୍ୟ!

ଆମେରିକାର ପେନ୍‌ସିଲଭାନିଆ ରାଜ୍ୟର ପଶ୍ଚିମ ସୀମାନ୍ତରେ ଥିବା ସହର ପିଟ୍ସବର୍ଗ। ଆଲିଂଘେନି ଓ ମନୋଙ୍ଗାହେଲା (Allengheny & Monongahela)ନଦୀ ଦୁଇ ମିଶି ସୃଷ୍ଟି ହୋଇଛି ଓହିଓ ନଦୀ। ଏହି ମିଳନସ୍ଥଳକୁ କେନ୍ଦ୍ର କରି ଏହି ସହରର ସୃଷ୍ଟି। ସହର ମଧ୍ୟରେ ରହିଛି ମାଉଣ୍ଟ ୱାସିଙ୍ଗଟନ ନାମକ ପାହାଡ଼। ୧୭୫୮ରେ ଜର୍ଜ ୱାସିଙ୍ଗଟନ ଓ ଜେନେରାଲ ଜନ୍ ଫର୍ବୋସଙ୍କ ଦ୍ୱାରା ପ୍ରତିଷ୍ଠିତ ସହର ଏବେ ଦେଶର ଅନ୍ୟତମ ବିକଶିତ ସହର ଭାବେ ଉଭାହେଇଛି। ଏହି ସହର ମଧ୍ୟରେ ତିନିଗୋଟି ନଦୀ ପ୍ରବାହିତ ହୋଇଥିବାରୁ ଅନେକଗୁଡ଼ିଏ ସେତୁ ରହିବା ସ୍ୱାଭାବିକ। ଏହି ସେତୁଗୁଡ଼ିକର ସଂଖ୍ୟା ୪୪୬ ହୋଇଥିବାରୁ ଏହାକୁ ସେତୁର ସହର ବୋଲି କୁହାଯାଇଛି। ନିକଟରେ ଥିବା ବିସ୍ତୃତ ପାର୍ବତ୍ୟାଞ୍ଚଳରେ ଗଚ୍ଛିତ ଖଣିଜ ସମ୍ପଦର

ବିନିଯୋଗରେ ଏହି ସହରକୁ ନେଇ ଇସ୍ପାତ, ଆଲୁମିନିୟମ ପ୍ରଭୃତି ଧାତୁଭିତ୍ତିକ ଶିଳ୍ପ ତଥା ତତ୍‌ସଲଗ୍ନ ବ୍ୟବସାୟ ବିକଶିତ ହୋଇଛି। ବିଂଶ ଶତାବ୍ଦୀର ଅଷ୍ଟମ ଓ ନବମ ଦଶକରେ ପିଟ୍‌ସବର୍ଗ ଅର୍ଥନୀତିରେ ନିମ୍ନୁର୍କର ତଳକୁ ରହିଥିଲା। ପରବର୍ତ୍ତୀ କାଳରେ ବିଭିନ୍ନ କାରଣରୁ ସେଥିରେ ପତନ ଘଟିଥିଲା। ପୁଣି ଏକବିଂଶ ଶତାବ୍ଦୀର ପ୍ରାରମ୍ଭରୁ ପ୍ରଯୁକ୍ତି ବିଦ୍ୟାର ବିକାଶକ୍ଷେତ୍ରରେ କାର୍ଯ୍ୟରତ ବିଶ୍ୱର ପ୍ରାୟ ଅନେକ ନାମୀଦାମୀ କମ୍ପାନୀମାନଙ୍କର ପ୍ରମୁଖ କାର୍ଯ୍ୟାଳୟ ଏହି ସହରରେ ରହିଅଛି।

ସଫ୍ଟୱେର ଜ୍ଞାନକୌଶଳ, ସାଇବର ସୁରକ୍ଷା, ରୋବଟିକସ୍, ଶକ୍ତି ଗବେଷଣା ତଥା ପାରମାଣିକ ବିଜ୍ଞାନ ଆଦି କ୍ଷେତ୍ରରେ ଏହି ସହରରେ  ଅନେକ ସଂସ୍ଥାରେ ବିପୁଳ କର୍ମଯୋଗାଣ ସମ୍ଭବ ହୋଇଛି। ପ୍ରାୟ ୯୮ଗୋଟି ବିଶ୍ୱବିଦ୍ୟାଳୟ ଓ ମହାବିଦ୍ୟାଳୟ ମଧ୍ୟରୁ ଅନେକ ଗୁଡ଼ିକରେ ଗବେଷଣାକୁ ପ୍ରାଧାନ୍ୟ ଦିଆଯାଇଛି। ଅତୀତରେ ବିପୁଳ ଖଣି ଓ ଶିଳ୍ପଜନିତ ବିକାଶ ପର୍ବରେ ପ୍ରତିଷ୍ଠିତ ବିଶ୍ୱବିଦ୍ୟାଳୟ, ସ୍ୱାସ୍ଥ୍ୟସେବା ତଥା ଗବେଷଣା କେନ୍ଦ୍ର, ସଂଗ୍ରହାଳୟଗୁଡ଼ିକ ଏବେ ଏହି ସହରରେ ମୁଖ୍ୟ ଆକର୍ଷଣ ହୋଇ ରହିଛି। ପ୍ରାୟ ୩୦ରୁ ଅଧିକ ନଭଶ୍ଚୁମ୍ବୀ ଅଟ୍ଟାଳିକା ଅନେକ ଆହୁରି ଅଧିକ ସୁଉଚ୍ଚ କୋଠାବାଡ଼ି ସମୃଦ୍ଧ  ଏହି ବିକଶିତ ସହର ଆମେରିକୀୟ ନଗର ପରିକଳ୍ପନା ଶୈଳୀରେ ଏକ ଉନ୍ନତ ଉଦାହରଣ।

ନ୍ୟାସଭିଲରୁ ପିଟସ୍‌ବର୍ଗ ଯିବା ପାଇଁ ସିଧାସଳଖ ବିମାନ ବିଳମ୍ବରେ ମିଳୁଥିବାରୁ ଆମେ ନର୍ଥକାରୋଲିନାରେ ଅନ୍ୟ ଏକ  ବିମାନ ବଦଳକରି ଗନ୍ତବ୍ୟସ୍ଥଳରେ ପ୍ରାୟ ଦିନ ଗୋଟାଏ ବେଳେ ପହଞ୍ଚିଲୁ। ପିଟସ୍‌ବର୍ଗରେ ଆଦିତ୍ୟର ଅନ୍ତରଙ୍ଗ ବନ୍ଧୁ ଅଭିଷେକ ଓ ତା'ର ନବବିବାହିତ ପତ୍ନୀ ପୂର୍ବା ଏଇ ମାତ୍ର କେତୋଟି ମାସ ହେଲା ରହୁଛନ୍ତି। ଅଭିଷେକ ତାମିଲନାଡୁର କୋଇମ୍ବାଟୁର ସହର ଏବଂ ପୂର୍ବା ନୂଆଦିଲ୍ଲୀରୁ ଯାଇ ଉଭୟ ବଫେଲୋ ବିଶ୍ୱବିଦ୍ୟାଳୟରେ ଗବେଷଣା କରୁଥିଲେ। ୨୦୨୦ରେ ଦୁହିଁଙ୍କ ବିବାହ ଏହି ପିଟସ୍‌ବର୍ଗ ସହରରେ ହୋଇଥିଲା। ବିବାହୋତ୍ସବରେ ଆଦିତ୍ୟ ମଧ୍ୟ  ଯୋଗଦେଇଥିଲା।

ଅଭିଷେକ ଆମକୁ ବିମାନ ବନ୍ଦରରୁ ପାଛୋଟି ନେବା ପରେ ସେମାନଙ୍କ ଘରେ ମଧ୍ୟାହ୍ନ ଭୋଜନ ସାରି ଆମେ ସହର ବୁଲି ବାହାରିଲୁ। ଆମେ ପହଞ୍ଚିବା ଖବର ପାଇ ପୂର୍ବା ସହଳ ଅଫିସ୍‌ରୁ ଆସିଯାଇଥିଲା। ଆମେ ଛଅଜଣ ଦୁଇଟି କାରରେ ପ୍ରଥମେ ପ୍ରମୁଖ ପର୍ଯ୍ୟଟନସ୍ଥଳୀ ପଏଣ୍ଟ ଷ୍ଟେଟ୍ ପାର୍କକୁ ଗଲୁ। ସହରର ଡାଉନ ଟାଉନ ବା ମୁଖ୍ୟସ୍ଥଳରେ ପ୍ରାୟ ୩୬ ଏକର ଅଞ୍ଚଳରେ ଆଲିଘେନି ଓ ମନୋଙ୍ଗାହେଲା ନଦୀର ସଙ୍ଗମ ସ୍ଥଳ ଯେଉଁଠାରୁ ଓହିଓ ନଦୀର ଉତ୍ପନ୍ନ ହୋଇଅଛି ତାହାର ତ୍ରିକୋଣ ଭୂମିରେ

ଏହି ଆକର୍ଷଣୀୟ ଉଦ୍ୟାନଟି ବିକଶିତ ହୋଇଅଛି । ଚତୁଃପାର୍ଶ୍ୱରେ ଗଗନଚୁମ୍ବୀ ଅଟ୍ଟାଳିକା ପରିବେଷ୍ଟନୀରେ ଏହି ଉଦ୍ୟାନର ଏକ ପାଖରେ ସୁଉଚ୍ଚ ଜଳଫୁଆରା ଜୀବନ୍ତ ରହିଥାଏ । ସେହି ଜଳ ଫୁଆରାରେ ଅସ୍ତମିତରେ ସୂର୍ଯ୍ୟଙ୍କ କିରଣ ପଡ଼ି ଏକ ବିଚିତ୍ର ଦୃଶ୍ୟ ସୃଷ୍ଟିକରେ । ବିଶାଳ ଉଦ୍ୟାନ ମଧ୍ୟରେ ଲୋକମାନେ ଚାଲିବା, ଦୌଡ଼ିବା, ସାଇକେଲ ଚାଳନା, ସ୍କେଟିଂ ପ୍ରଭୃତି ବ୍ୟାୟାମ ତଥା ମନୋରଞ୍ଜନ ପାଇଁ ସୁଯୋଗ ରହିଛି । ବୋଧହୁଏ କୋଭିଡ଼ର ପ୍ରଭାବ ସକାଶେ ସେଦିନ ପାର୍କରେ ଏତେ ଗହଳି ନଥିଲା । ଆମେ ସେଠାରେ କିଛି ସମୟ କଟାଇ ଏକ ପାହାଡ଼ ଉପରେ ଥିବା ପଏଣ୍ଟ ଅଫ ଭିଉ ପାର୍କକୁ ଗଲୁ । ପାହାଡ଼ଟିର ନାମ ମାଉଣ୍ଟ ୱାସିଙ୍ଗଟନ, ପାହାଡ଼ ଉପରେ ରାସ୍ତାର ଏକ ପାର୍ଶ୍ୱରେ ବର୍ଣ୍ଣାଢ଼୍ୟ ହର୍ମ୍ୟ, ସୁନ୍ଦର ଗୀର୍ଜା ଆଦି ରହିଥିବା ବେଳେ ଅପର ପାର୍ଶ୍ୱରେ ଗୋଟିଏ ଗୋଟିଏ ନିର୍ଦ୍ଦିଷ୍ଟ ନିରାପଦ ସ୍ଥାନରେ ଲୋକମାନଙ୍କର ଗହଳି ଲାଗିରହିଥାଏ । ସେ ସ୍ଥାନରୁ ସହରର ଦୃଶ୍ୟ ଉପଭୋଗ କରିବା ପାଇଁ ସୁଯୋଗ ସୃଷ୍ଟି କରାଯାଇଛି । ଅତ୍ୟନ୍ତ ମନୋରମ ସେ ଦୃଶ୍ୟ । ନଦୀଗୁଡ଼ିକ ଉପରେ ଅନେକ ପ୍ରକାରର ସଂଖ୍ୟାଧିକ ସେତୁ ସହ ସୁଉଚ୍ଚ ଅଟ୍ଟାଳିକାଗୁଡ଼ିକର ଦିଗ୍‌ବଳୟ ପର୍ଯ୍ୟନ୍ତ ପ୍ରସାରିତ ଦୃଶ୍ୟ ବେଶ୍ ଉପଭୋଗ୍ୟ ଥିଲା । ରାସ୍ତାର ଅପର ପାର୍ଶ୍ୱରେ 'ମେରି ଅଫ ମାଉଣ୍ଟ ଚର୍ଚ୍ଚ'ର ଆକର୍ଷଣୀୟ ସ୍ଥାପତ୍ୟ ସେ ଅଞ୍ଚଳର ଶୋଭାବର୍ଦ୍ଧନ କରିଥାଏ । ସେଠାରୁ ଆମେ ଆହୁରି ଉପରକୁ ଯାଇ ଏକ ସ୍ଥାନରେ ରାସ୍ତା ଧାରରେ ଦୁଇଟି କୃଷ୍ଣବର୍ଣ୍ଣର ମୂର୍ତ୍ତି ରହିଥିବାର ଦେଖି ସେଠାରେ ଓହ୍ଲାଇଲୁ । ମୂର୍ତ୍ତିଯୁଗଳର ଗୋଟିଏ ପାର୍ଶ୍ୱରେ ରାସ୍ତା ଥିବାବେଳେ ବାହ୍ୟ ପାର୍ଶ୍ୱରେ ବାଡ଼ ଦିଆଯାଇ ଲୋକଙ୍କ ବୁଲିବା ପାଇଁ ସୁବିଧା ରହିଥିଲା । ଭାସ୍କର୍ଯ୍ୟଟି ଥିଲା ବ୍ରୋଞ୍ଜ  ନିର୍ମିତ ପ୍ରାକ୍ତନ ରାଷ୍ଟ୍ରପତି ଜର୍ଜ ୱାସିଙ୍ଗଟନ ଓ ସେନେକା ଆଦିବାସୀ ସଂପ୍ରଦାୟର ମୁଖ୍ୟ ଗୁୟାସୁତଙ୍କର । ଏହା ଏକ ଐତିହାସିକ କୃତି । ୧୭୭୦ରେ ଜର୍ଜ ୱାସିଙ୍ଗଟନ୍ ଲୋହିତମାନଙ୍କ ସହିତ ସଂଗ୍ରାମ ପରେ ଉଭୟ ପକ୍ଷ ଅସ୍ତ୍ର ବିରତି ନେଇ ମୁହାଁମୁହିଁ ଆଲୋଚନା କରିଥିଲେ । ଉଦ୍ଦେଶ୍ୟ ଥିଲା ଓହିଓ ନଦୀର ଅବବାହିକାରେ ଭବିଷ୍ୟତରେ ବସତି ସ୍ଥାପନ ସମ୍ଭାବନାକୁ ସଫଳ ରୂପ ଦେବା । ସେତେବେଳେ ସେହି ଅଞ୍ଚଳରେ ଲୋହିତମାନଙ୍କର ପ୍ରାଚୀନ ବସତି ରହିଥିଲା । ସେମାନଙ୍କ ସହମତିରେ ବିକାଶ କାର୍ଯ୍ୟ ତ୍ୱରାନ୍ୱିତ କରିବା ସରକାରଙ୍କ ଲକ୍ଷ୍ୟ ରହିଥିଲା । ସେହି ଘଟଣାକୁ ସ୍ମରଣୀୟ କରିବା ପାଇଁ ବିଶିଷ୍ଟ ଭାସ୍କର ଏହି କୃତିଟିକୁ ସୃଷ୍ଟି କରିଥିଲେ ଏବଂ ତାହା ୨୦୦୬ରେ ସର୍ବସାଧାରଣଙ୍କ ଉଦ୍ଦେଶ୍ୟରେ ଅର୍ପିତ ହୋଇଥିଲା । ଏଥିରେ ଉଭୟ ଚରିତ୍ର ଗୋଡ଼ ଭାଙ୍ଗି ସାମ୍ନା ସାମ୍ନି ବସି କିଛି ଉଷ୍ମ ଆଲୋଚନାରେ ବ୍ୟସ୍ତ ଥିବା ଦର୍ଶାଯାଇଛି ।

ଏହି ଦୁଇ ମୂର୍ତ୍ତି ଆମେରିକାର କଳଙ୍କିତ ଇତିହାସ ବିଷୟରେ ନିରବରେ

ଅନେକ କିଛି କହିଥାଏ। ବିଗତ ଅଷ୍ଟାଦଶ ଶତାବ୍ଦୀରେ ଶାସକମାନଙ୍କର ଲୋହିତମାନଙ୍କଠୁ ବିଭିନ୍ନ କ୍ଷେତ୍ରରେ ସହମତି ଆଣିବା ପ୍ରକ୍ରିୟା ବିଭିନ୍ନ ରାଜ୍ୟରେ ଭିନ୍ନ ଭିନ୍ନ ଉପାୟରେ  ଚାଲିଥିଲା। ପ୍ରଥମେ ଚାକଚକ୍ୟ ଦେଖାଇ ପ୍ରଲୋଭିତ କଲା ପରେ ଆଲୋଚନା ପର୍ଯ୍ୟାୟକୁ ଆସୁଥିଲା। ସେଥିରେ ସଫଳ ନହେଲେ ଭିନ୍ନ ଭିନ୍ନ ଉପାୟରେ ଚାପ ପ୍ରୟୋଗ, ବଳ ପ୍ରୟୋଗ ମାଧ୍ୟମରେ ଲୋହିତମାନଙ୍କୁ ତାଙ୍କର ଭିଟା ମାଟି ପରିତ୍ୟାଗ କରିବା ପାଇଁ ବାଧ୍ୟ କରାଯାଉଥିଲା। ଅନେକ କ୍ଷେତ୍ରରେ ସେମାନଙ୍କୁ ଶ୍ରମ ଭିତ୍ତିକ କାମ ତଥା କୃଷି ଓ ଖଣି ପ୍ରଭୃତିରେ କର୍ମଯୋଗାଣ ପାଇଁ ସୁଯୋଗ ଦିଆଯାଉଥିଲା। ସେଥିରେ ବିଫଳ ହେଲେ ଯୁଦ୍ଧଭଳି ଅବସ୍ଥା ସୃଷ୍ଟି ହେଉଥିଲା। ଯୁଦ୍ଧରେ ଲୋହିତମାନଙ୍କର ଧନୁତୀର ୟୁରୋପୀୟମାନଙ୍କର ଆଗ୍ନେୟାସ୍ତ୍ର ଆଗରେ ହାର ମାନିବା ସ୍ୱାଭାବିକ। ଫଳତଃ ଲୋହିତମାନେ ନିଜ ବସତି ଛାଡ଼ି ନିରାପଦ ସ୍ଥାନକୁ ପଳାୟନ କରୁଥିଲେ ଅଥବା ବଶତା ସ୍ୱୀକାର କରୁଥିଲେ। ଧୀରେ ଧୀରେ ସେହିସବୁ ପ୍ରାଚୀନ ସଂସ୍କୃତିର ଔଜ୍ଜଲ୍ୟ କ୍ଷୀଣ ହେବାକୁ ଲାଗିଲା ଏବଂ ଗୋରାମାନଙ୍କର ଅଭିନବ ସଭ୍ୟତାର ତେଜ ବ୍ୟାପକ ହେଲା।

ମାଉଣ୍ଟ ୱାସିଙ୍ଗଟନରୁ ଆକାଶର ଏକ ପାଖରୁ ଅସ୍ତମିତ ସୂର୍ଯ୍ୟର ଲୋହିତ ଆଭା ଓ ଅପର ପାର୍ଶ୍ୱରେ ସହରର ବିସ୍ତୃତ ଆଲୋକମାଳାର ଦୃଶ୍ୟ ଅବଗାହନ କରି ଆମେ ସହରର ପ୍ରମୁଖ ରାସ୍ତା ଦେଇ ଫେରିଲୁ। ସ୍ୱନାମଧନ୍ୟ ପିଟ୍‌ସବର୍ଗ ବିଶ୍ୱବିଦ୍ୟାଳୟର ଏକକ ସ୍ୱତନ୍ତ୍ର ଅଟ୍ଟାଳିକା ସହିତ ଆଉ କେତୋଟି ଶିକ୍ଷାନୁଷ୍ଠାନ, ଗବେଷଣା କେନ୍ଦ୍ର, ଡାକ୍ତରଖାନା, ସଂଗ୍ରହାଳୟଗୁଡ଼ିକର ବାହ୍ୟଦୃଶ୍ୟ କେବଳ ଦେଖିପାରିଲୁ। ତା ମଧ୍ୟରେ କାର୍ନେଗୀ ମ୍ୟୁଜିୟମ ଅଫ ନାଚୁରାଲ ହିଷ୍ଟ୍ରି ଥିଲା ମୁଖ୍ୟ। ଏହି ପରିସରରେ ପ୍ରତିଷ୍ଠାତାଙ୍କ ନାମରେ ଏକ କଳା ସଂଗ୍ରହାଳୟ ମଧ୍ୟ ରହିଛି। ସୌଧର ବାହ୍ୟ ଅଳଙ୍କରଣ ଦେଖିଲେ ଯେକେହି ଏହାର ପ୍ରତିଷ୍ଠାତାଙ୍କ ବିଷୟରେ ଜାଣିବାକୁ ଚାହିଁବ। ପ୍ରବେଶ ପଥଠାରୁ ଆରମ୍ଭ କରି ସମସ୍ତ ସ୍ତମ୍ଭ ଓ ସୁଉଚ୍ଚ ଛାତର ତୀଖ ପର୍ଯ୍ୟନ୍ତ ସର୍ବତ୍ର ୟୁରୋପୀୟ ଭାସ୍କର୍ଯ୍ୟ କଳାର ମହାର୍ଘ ଅଧିଷ୍ଠାନରୁ ଆଭ୍ୟନ୍ତରୀଣ ବ୍ୟବସ୍ଥାର ଆକଳନ କରିହୁଏ। ତେବେ ଏ କାର୍ନେଗୀ ନାମକ ବ୍ୟକ୍ତି ଜଣକ କିଏ ?

ବିଟ୍ରେନର ସ୍କଟଲାଣ୍ଡ ଜନ୍ମିତ ଆଣ୍ଡ୍ରିଉ କାର୍ନେଗୀ ଉନବିଂଶ ଶତାବ୍ଦୀର ମଧ୍ୟ ଭାଗରେ ନିଜ ଭାଗ୍ୟ ଅନ୍ୱେଷଣରେ ଆମେରିକା ଆସିଥିଲେ। ପ୍ରଥମେ ଚାକିରୀ ଓ ପରେ ଇସ୍ପାତ ଶିଳ୍ପରେ ମନୋନିବେଶ କରି ୧୮୭୦ରେ ଆମେରିକାରେ ପ୍ରଥମ ଇସ୍ପାତ କାରଖାନା ପ୍ରତିଷ୍ଠା କଲେ। ସମୟ କ୍ରମେ ଇସ୍ପାତ ଉତ୍ପାଦନରେ ଆଧୁନିକ କୌଶଳ ପ୍ରୟୋଗ କରି ବ୍ରିଟେନକୁ ମଧ୍ୟ ପଛରେ ପକାଇ ଦେଇଥିଲେ ଓ ଆମେରିକାର ସର୍ବାଧିକ ଧନୀ ତଥା ଆୟକାରୀ ଭାବେ ପ୍ରତିଷ୍ଠା ଅର୍ଜନ କରିଥିଲେ। ଏହାଙ୍କର ଜୀବଦ୍ଦଶାରେ ଅର୍ଜିତ ବିପୁଳ ଧନରାଶି ବ୍ୟୟକରି ଯେଉଁ କେତେଗୋଟି ଶିକ୍ଷାନୁଷ୍ଠାନ ଓ ସଂଗ୍ରହାଳୟ ଆଦି ପ୍ରତିଷ୍ଠା କରିଯାଇଛନ୍ତି ସେଗୁଡ଼ିକ ଆଦର୍ଶସ୍ଥାନୀୟ। ଆମେରିକା ସହିତ ସେ ତାଙ୍କର ଜନ୍ମସ୍ଥାନ ସ୍କଟଲାଣ୍ଡରେ ସେହିଭଳି ଅନୁଷ୍ଠାନ ମଧ୍ୟ ପ୍ରତିଷ୍ଠା କରିଥିଲେ। ଅଧିକ ଅର୍ଥ ଆୟ କରିବା କିଛି ବ୍ୟକ୍ତିଙ୍କ ଦ୍ୱାରା ସମ୍ଭବ ହୋଇପାରେ ମାତ୍ର ଅର୍ଜିତ ଅର୍ଥ ବ୍ୟୟ କରି କିଛି ସ୍ମରଣୀୟ କାର୍ଯ୍ୟ କରିବା ପାଇଁ ଅଳ୍ପ କିଛି ବ୍ୟକ୍ତି ଆଗ୍ରହ ପ୍ରକାଶ କରିଥାଆନ୍ତି।

ପିଟସ୍‌ବର୍ଗ ସହର ବିକଶିତ ଆମେରିକାର ଏକ ପ୍ରତୀକ ମାତ୍ର। ଏହିଭଳି ତି ରାଜ୍ୟରେ ଅନେକ ସହର ରହିଛି। ଶିଳ୍ପ ବ୍ୟବସାୟ ଶିକ୍ଷା ସ୍ୱାସ୍ଥ୍ୟ ସବୁ କ୍ଷେତ୍ରରେ ଅଗ୍ରଣୀ ଏସବୁ ସହର। ତା ସହିତ କିଛି ବିଶେଷତା ମଧ୍ୟ ଥାଇ ପାରେ ପ୍ରତ୍ୟେକ ସହରରେ। ଆମେ କେତେଗୋଟି ସେତୁ ପାର ହୋଇ ଛନ୍ଦାଛନ୍ଦି ରାସ୍ତାରେ ଯାଇ ଘରେ ପହଞ୍ଚିଲୁ। ପରଦିନ ଆମର ବଫେଲୋ ଓ ନାଏଗ୍ରା ଜଳପ୍ରପାତ ଦେଖିବାକୁ ଯିବାର ଥିଲା। ଆମ ସାଙ୍ଗରେ ଯିବାପାଇଁ ଆଦିତ୍ୟ ଓ ଅଭିଷେକଙ୍କ ଅନ୍ୟତମ ବନ୍ଧୁ

ରୁହାନ ଅନ୍ୟ ଏକ ସହରରୁ ଆସିଥିଲା। ସେ କେରଳରେ ଜନ୍ମିତ, ବଫେଲୋ ବିଶ୍ୱବିଦ୍ୟାଳୟରେ ପିଏଚଡ଼ି କରିଛି। ଆମ ସାତଜଣଙ୍କ ପାଇଁ ଏକ ବଡ଼ଗାଡ଼ି ରାତି ବାରଟା ପରେ ପରଦିନ ପାଇଁ ଭଡ଼ାରେ ଆଣିବା ପାଇଁ ବ୍ୟବସ୍ଥା ହୋଇଥିଲା। ତାହା କାର୍ଯ୍ୟକାରୀ ହେଲା, ଚାରିଜଣ କାର ନେଇଗଲେ ସେ ଖୁଆଡ଼କୁ , ପୂର୍ବ ପଞ୍ଜୀକୃତ ଗାଡ଼ିଟି ଯେମିତି ସେମାନଙ୍କୁ ଅପେକ୍ଷା  କରି ରହିଥିଲା। ଦୁଇଜଣ ସେ ଗାଡ଼ିରେ ଆସିଲେ ଏବଂ ଅନ୍ୟ ଦୁଇଜଣ ଛୋଟ ଗାଡ଼ିଟି ଚଳାଇ ଘରକୁ ଫେରିଲେ। ମଣିଷର ସ୍ୱାଚ୍ଛନ୍ଦ୍ୟ ପାଇଁ ସବୁ ବ୍ୟବସ୍ଥା, ଉର୍ବର ମସ୍ତିଷ୍କ ସଂପନ୍ନ ବ୍ୟକ୍ତିଙ୍କଠାରୁ ଆରମ୍ଭ ହୋଇଥାଏ।

# ନାଏଗ୍ରା

ପୃଥିବୀପୃଷ୍ଠରେ ପ୍ରାକୃତିକ ବିସ୍ମୟର ସର୍ଜନା କେତୋଟି ସ୍ଥାନରେ ଯଦି ହୋଇଥାଏ ତେବେ ନାଏଗ୍ରା ସେଥି ମଧ୍ୟରୁ ଅନ୍ୟତମ। ନଦନଦୀ ସହସ୍ର ସଂଖ୍ୟାରେ ବହୁଛି। ତା'ର ଜଳଧାରା ଉଚ୍ଚରୁ ଜଳଧାରା ନିମ୍ନଦେଶକୁ ଗଡ଼ିଯାଇ ଶେଷରେ ସମୁଦ୍ରରେ ମିଶିବା କଥା। ଗତିପଥରେ ଭୂମି ସାମାନ୍ୟ ଢାଲୁ ହେବା ପରିବର୍ତ୍ତେ ଯଦି କେଉଁଠାରେ ହଠାତ୍ ଅଧିକ ଢାଲୁ ହୋଇଯାଏ ତେବେ ସେହି ବ୍ୟବଧାନର ଉଚ୍ଚତାକୁ ନେଇ ପ୍ରପାତ ସୃଷ୍ଟି ହୋଇଥାଏ। ସେହି ସ୍ଥାନରେ ନଦୀର ଶଯ୍ୟା ଯେତେ ପ୍ରଶସ୍ତ ଏବଂ ଭୂମିର ସ୍ତରର ବ୍ୟବଧାନ ଯେତେ ଅଧିକ ପ୍ରପାତ ତଦନୁସାରେ ପ୍ରଖର ତଥା ଆକର୍ଷଣୀୟ। ଏହି ଭୌଗଳିକ ପ୍ରକ୍ରିୟାର ଚରମ ଦୃଷ୍ଟାନ୍ତ ହେଉଛି ନିୟୁର୍କ ରାଜ୍ୟର ପୂର୍ବରେ ଅବସ୍ଥିତ ନାଏଗ୍ରା ପ୍ରପାତ। ଏହାର ଭୌଗଳିକ ସ୍ଥିତି ବିଚିତ୍ର। ତିନିଗୋଟି ପ୍ରଶସ୍ତ ପ୍ରପାତ ମଧ୍ୟରୁ ଦୁଇଟି ରହିଛି ଆମେରିକା ପାର୍ଶ୍ୱରେ ଏବଂ ଆଉ ଗୋଟିଏ କାନାଡ଼ା ପାର୍ଶ୍ୱରେ। ନାଏଗ୍ରା ନଦୀର ମଧ୍ୟ ଭାଗରେ ଦୁଇଦେଶରେ ମାନଚିତ୍ରର ସୀମାନ୍ତ ରେଖା ସାହାଯ୍ୟରେ ପୃଥକ କରାଯାଇଛି। ଆମେରିକା ପଟେ ନାଏଗ୍ରା ସହର ଓ କାନାଡ଼ା ପଟେ ଟରଣ୍ଟୋ ସହର ରହିଛି। ଦୁଇ ଦେଶକୁ ସଂଯୁକ୍ତ କରିଛି ଏକ ସୁଉଚ୍ଚ ଦୀର୍ଘ ସେତୁ। ସେତୁର ମଧ୍ୟ ଭାଗରେ ଉଡୁଛି ତିନୋଟି ପତାକା। ଆମେରିକା ଓ କାନାଡ଼ାର ଜାତୀୟ ପତାକା ରହିଥିଲାବେଳେ ମଝିରେ ମିଳିତ ଜାତିସଂଘର ପତାକା ମଧ୍ୟ ରହି ଏହି ଅଞ୍ଚଳର ବୈଶ୍ୱିକ ମର୍ଯ୍ୟାଦା ବୃଦ୍ଧି କରିଛି। ମଣିଷ ଅଙ୍କିତ କୃତ୍ରିମ ସୀମାରେଖାର ଅର୍ଥହୀନ ମହତ୍ତ୍ୱକୁ ଅବିଚଳିତ ଭାବେ ଅଗ୍ରାହ୍ୟ କରି ଅଦମ୍ୟ ଜଳପ୍ରବାହ ଜାରି ରଖିଛି ଚିରସ୍ରୋତା ନଦୀ ନାଏଗ୍ରା। ଯେଉଁଠି ନଦୀର ପତନ ପ୍ରାୟ ୧୬୦ ଫୁଟ ତଳକୁ ଖସିଯାଇଛି ସେଇଠି ସୃଷ୍ଟି ହେଇଛି ଏହି ଉତ୍ତୁଙ୍ଗ ପ୍ରପାତ। ନଦୀର ପ୍ରସ୍ଥ ଏତେ ଅଧିକ ଯେ ମଝିରେ ହେଇଛି ଦୁଇଟି ଦ୍ୱୀପ ଯାହା ବସ୍ତୁତଃ ସମଗ୍ର ପ୍ରପାତକୁ ତିନିଭାଗରେ ବିଭକ୍ତ କରେ। ଆମେରିକା

ପାର୍ଶ୍ୱର ଦ୍ୱୀପର ନାମ ଛାଗଳ ଦ୍ୱୀପ (Goat Island)। ପ୍ରଥମ ପ୍ରପାତର ନାମ ଆମେରିକାନ୍ ପ୍ରପାତ ଏବଂ ଛାଗଳ ଦ୍ୱୀପର ପରେ ସୃଷ୍ଟି ହେଇଥିବା ଆରଟିର ନାମ ନବବଧୂ ଅବଗୁଣ୍ଠନ ପ୍ରପାତ(Bridal Veil Falls) ଓ ତା'ର ଅପରପାର୍ଶ୍ୱରେ କାନାଡ଼ାର ଅର୍ଦ୍ଧଚନ୍ଦ୍ରାକୃତି ବା ଅଶ୍ୱଖୁରାକୃତି ପ୍ରପାତ(Horse Shoe Falls), ଉଚ୍ଚତା ପ୍ରାୟ ୧୭୦ ଫୁଟ ଓ ତଟଦେଶର ଓସାର ପ୍ରାୟ ୨୫୦୦ ଫୁଟ। ଏହି ବାଟେ ନଦୀଜଳର ମୁଖ୍ୟ ଅଂଶ ପ୍ରବାହିତ ହୋଇ ବିଶେଷ ଆକର୍ଷଣ ସୃଷ୍ଟି କରେ। ତିନୋଟିଯାକ ପ୍ରପାତ ଦର୍ଶନ କଲେ ଲାଗେ ଯେମିତି ପୃଥିବୀର ଏହି ଅଞ୍ଚଳରେ ଚମତ୍କାରିତା ଓ ସୌନ୍ଦର୍ଯ୍ୟର ହାଟ ଖୋଲିଦେଇଛି ପ୍ରକୃତି। ସେ ଦୃଶ୍ୟରୁ ଆଖି ଫେରାଇ ଆଣିହୁଏନି ସହଜରେ। ଦର୍ଶକ ଆଶ୍ଚର୍ଯ୍ୟଚକିତ ହେଇ ପ୍ରକୃତି ଆଗରେ ମଥାନତ କରିବା ପାଇଁ ବାଧ୍ୟ ହୁଏ। ନଦୀର ଜଳ ସେମିତି ଦେଇ ମାଧ୍ୟମରେ ବହିଚାଲିଥାଏ ସୁଉଚ୍ଚ ଶୁଭ୍ର-ତୁଷାର-ଚୂର୍ଣ୍ଣ ବିଚ୍ଛୁରିତ ଏକ ସୁଦୀର୍ଘ ପ୍ରାଚୀର ସୃଷ୍ଟିକରି ଓଣ୍ଟାରିଓ ହ୍ରଦରେ ପତିତ ହେଇ ଶେଷରେ ଆଟଲାଣ୍ଟିକ୍ ମହାସାଗରରେ ମିଶିବା ପର୍ଯ୍ୟନ୍ତ।

ଶିଶିର ଭାଇନା ଡିଟ୍ରିଏଟ୍‌ରେ କହୁଥିଲେ ଯେ କାନାଡ଼ା ପାର୍ଶ୍ୱରୁ ନାଏଗ୍ରାକୁ ଅଧିକ ଭଲ ଭାବରେ ଉପଭୋଗ କରିହୁଏ କିନ୍ତୁ ଆମ ପାଇଁ ସେ ସୁଯୋଗ ନଥିଲା। ଦିନଥିଲା ଆମେରିକା ଭିସାରେ ନିର୍ଦ୍ୱନ୍ଦ୍ୱରେ କାନାଡ଼ା ଭିତରକୁ ଯାଇ ହେଉଥିଲା।

ଏବେ ସବୁ କଡ଼ାକଡ଼ି । ସ୍ୱତନ୍ତ୍ର ଭିସା ନହେଲେ ଯାଇ ହେଉନାହିଁ । ନିୟୁର୍କରେ ୯.୧୧.୯୯ ବିଶ୍ୱ ବାଣିଜ୍ୟ କେନ୍ଦ୍ର ଉପରେ ଆତଙ୍କବାଦୀ ଆକ୍ରମଣ ପରେ ସବୁ ସ୍ଥାନରେ ସୁରକ୍ଷା କଡ଼ାକଡ଼ି ହୋଇଅଛି ।

ସେଦିନ ସକାଳୁ ନିତ୍ୟକର୍ମ ସାରି ଆମେ ସାତଜଣ ଖାଦ୍ୟ ପାନୀୟ ଆଦି ସରଞ୍ଜାମ ଯୋଗାଡ଼ କରି ଗାଡ଼ିରେ ବସିଲା ବେଳକୁ ସମୟ ପାଖାପାଖି ସାଢ଼େ ଆଠଟା । ଶୀଘ୍ର ବାହାରିବା ପାଇଁ ପୂର୍ବରୁ ପରସ୍ପରକୁ ସତର୍କ କରିଥିଲେ ମଧ୍ୟ ତାହା ହିଁ ଥିଲା ସ୍ୱାଭାବିକ । ପିଟ୍ସବର୍ଗରୁ ନାଏଗ୍ରା ପ୍ରାୟ ୨୫୦ ମାଇଲ । ପ୍ରଥମେ ପ୍ରାୟ ୧୫୦ ମାଇଲ ରାସ୍ତା ଆଦିତ୍ୟ ଗାଡ଼ି ଚଳାଇଲା । ବେଗ ହାରାହାରି ଘଣ୍ଟା ପ୍ରତି ୭୫ ମାଇଲ । ସହର ଛାଡ଼ି ଆନ୍ତରାଜ୍ୟ ହାଇଓ୍ୱେ ଧରିବା ପାଇଁ କିଛି ସମୟ ଲାଗିଥିଲା । ତା'ପରେ ଆରମ୍ଭ ହେଲା ପ୍ରାକୃତିକ ସୌନ୍ଦର୍ଯ୍ୟ ଘେରା ବିସ୍ତୃତ ଅଞ୍ଚଳ । ସବୁଜ ତୃଣ ଆଚ୍ଛାଦିତ ଭୂମିରେ ଲାଗୁଥାଏ ସୁନ୍ଦର କଳାତ୍ମକ ଗଛଗୁଡ଼ିକ ଯୋଜନାବଦ୍ଧ ଭାବରେ କିଏ ଖଞ୍ଜି ଦେଇଛି । ଅଧିକାଂଶ ସ୍ଥାନରେ ରାସ୍ତାର ଦୁଇ ପାର୍ଶ୍ୱରେ ଘନ ଜଙ୍ଗଲ । ବିଜ୍ଞାପନମାନଙ୍କରେ ବାରମ୍ବାର ସତର୍କତାର ସହିତ ଗାଡ଼ି ଚଳାଇବା ପାଇଁ ସୂଚନା ଦୃଶ୍ୟ ହେଉଥାଏ । ସେଥିରେ ଲେଖାଥାଏ ଯେ ହଠାତ୍ କେଉଁଠାରେ ବି ହରିଣମାନେ ରାସ୍ତା ଉପରକୁ ଆସିଯାଇ ପାରନ୍ତି । ଚାଳକଙ୍କ ଅସାବଧାନତା ସକାଶେ ସେମାନଙ୍କର ଜୀବନ ବିପନ୍ନ ହୋଇପାରେ ମାତ୍ର ରାସ୍ତାରେ ସେଭଳି କିଛି ଘଟିନଥିଲା । ଆମେ ରାସ୍ତାରେ କିଛି ସମୟ ଅଟକି କଫି ପିଇ ପୁଣି ଆଗେଇଲୁ । ବଫେଲୋ ସହର ଅତିକ୍ରମ କଲାବେଳକୁ ପ୍ରାୟ ବାରଟା ବାଜି ସାରିଥିଲା । ବଫାଲୋ, ଆଦିତ୍ୟ ଓ ତା'ର ସାଙ୍ଗମାନଙ୍କ ପାଇଁ ଅନ୍ତରଙ୍ଗ ସହର ଥିଲା । ସେମାନେ ଦୀର୍ଘ ଚାରି ବର୍ଷ ସେଠାରେ କଟାଇ ସମସ୍ତେ ପିଏଚଡ଼ି ହାସଲ କରିସାରିଥିଲେ । ଆମେରିକାର ପୂର୍ବାଞ୍ଚଳରେ ବଫାଲୋ ଏକ ଐତିହ୍ୟସଂପନ୍ନ ସହର । ନାଏଗ୍ରା ଯିବାକୁ ହେଲେ ଏହି ସହର ଦେଇ ଯିବାକୁ ହୁଏ । ଦୂରତ୍ୱ ମାତ୍ର ୨୫ ମାଇଲ । ଆମେ ସେଠାରେ ନ ରହି ସିଧା ନାଏଗ୍ରାରେ ଯାଇ ପହଞ୍ଚିଲୁ । ଫେରିବା ବେଳେ ବଫେଲୋ ବିଶ୍ୱବିଦ୍ୟାଳୟ ଦେଖି ଫେରିବାର ଯୋଜନା କରାଗଲା । ଏମାନେ ସମସ୍ତେ ଗବେଷଣା ସମୟରେ ବାରମ୍ବାର ନାଏଗ୍ରା ଯାଇ ବୁଲିଆସିଛନ୍ତି । ଏବେ କେବଳ ଆମ ତିନିଜଣଙ୍କ ପାଇଁ ଅତି ଆଗ୍ରହର ସହିତ ଆମ ସହିତ ଯାଉଥିଲେ । ଆମେ ଯାଇ ପ୍ରଥମେ ମଧ୍ୟାହ୍ନ ଭୋଜନ ପାଇଁ ଏକ ଭାରତୀୟ ରେଷ୍ଟୋରାଁରେ ପହଞ୍ଚିଲୁ । ସେଠାକୁ ଯିବାର ମୁଖ୍ୟ ଆକର୍ଷଣ ଥିଲା ସେଠାରେ ଦଶ ଡଲାର ବିନିମୟରେ ବୁଫେ ଶୈଳୀରେ ଭାରତୀୟ ଖାଦ୍ୟ ମିଳେ । କାନ୍ଥରେ ଚିତ୍ର ଓ ସାଜସଜ୍ଜା ଦେଖି ମାଲିକ ନିଶ୍ଚୟ ପଞ୍ଜାବୀ ହୋଇଥିବେ ବୋଲି ମୋର ଅନୁମାନ ସଠିକ୍ ସାବ୍ୟସ୍ତ ହେଲା । ସେଦିନ ମୋର

ସୋମବାର ଥିଲା ବୋଲି ମୁଁ ସାଙ୍ଗରେ ନେଇଥିବା ଜଳଖିଆ ସହିତ ଲସି ମାଗାଇ ପିଇଲି। ବାକି ସମସ୍ତେ ଭୁରିଭୋଜନରେ ସ୍ୱାଆପ୍ୟାୟିତ ହେଲେ। ଖାଦ୍ୟର ରଙ୍ଗ ଓ ବାସ୍ନା ଉଭୟ ଭାରତୀୟ ଥିଲା। ସେ ରେଷ୍ଟୋରାଁରେ ଭାରତୀୟମାନଙ୍କ ଚହଳି ଲାଗିରହିଥିଲା। ସମସ୍ତେ ପ୍ରାୟ ଅଳ୍ପବୟସ୍କ ଥିଲେ। ଭୋଜନ ପରେ ଆମେ ନାଏଗ୍ରା ଯିବାକୁ ବାହାରିଲୁ।

ପରିଛନ୍ନ ତଥା ସୁସଜ୍ଜିତ ପ୍ରବେଶ ଅଞ୍ଚଳ ଅତିକ୍ରମ କରି ଆମେ ଯଥା ସ୍ଥାନରେ ପହଞ୍ଚିଲୁ। ଭୂମିଧାରରେ ଦୀର୍ଘ ଧାତବ ପାଚେରୀ ପାଖରେ ଛିଡ଼ା ହେଇ ଲୋକଙ୍କ ସାଙ୍ଗରେ ନାଏଗ୍ରା ପାର୍ଶ୍ୱଦୃଶ୍ୟ କେବଳ ଅବଲୋକନ କଲୁ। ବହୁ ଦୂରରୁ ନଦୀଜଳ ସ୍ୱଚ୍ଛ ଶୁଭ୍ର ରଙ୍ଗରେ ଉଚ୍ଚାଙ୍ଗ ଗତିରେ ବହି ଆସି ସହସା ନିମ୍ନପତିତ ହେଇ ପ୍ରକାଣ୍ଡ ଜଳାଶୟରେ ମିଶିଯାଉଥିଲା। ସମୁଦ୍ରର ଲହଡ଼ି ଭଳି ସେହି ଜଳଧାର, ପ୍ରଶସ୍ତ କାୟା ମେଲି ଜୀବନ୍ତ ରହିଛି। ଏହି ନୈସର୍ଗିକ ଲୀଳା କେଉଁ ଅନନ୍ତ କାଳରୁ ରଚିଆସୁଛି ପ୍ରକୃତି। ସେହି ଅବିରତ ଜଳୀୟ ପ୍ରକ୍ରିୟା ଦ୍ୱାରା ସୃଷ୍ଟ ମଧୁର ଗୁଞ୍ଜନରେ ପ୍ରକମ୍ପିତ ହେଉଛି ଗଗନ ପବନ ଚତୁର୍ଦ୍ଦିଗ। ବାଣ୍ଟିଚାଲିଛି ଐଶ୍ୱରୀୟ ଐଶ୍ୱର୍ଯ୍ୟର ସାରସ୍ୱତ ବିଭୂତି। ମନରେ ଇର୍ଷାଭାବ ଆସିଲା, ପୃଥିବୀର ଏହି ଭୂଖଣ୍ଡ ପ୍ରତି ପ୍ରକୃତି ମାତା କେତେ ସଦୟ ସତେ ! ଯେତେ ଦେଖିଲେ ବି ମନ ଛାଡୁନଥିଲା, ଆଖି ଫେରାଇବାକୁ ଇଚ୍ଛା ହେଉ ନଥିଲା। ଆଦିତ୍ୟର ଡାକରେ ଆମେ ସେ ସ୍ଥାନ ଛାଡ଼ି ନାଏଗ୍ରାର ଅସଲ ବିଭବ 'ମେଡ଼ ଅଫ ଦି ମିଷ୍ଟ' (Maid of the Mist) ନାମରେ ଚାଲିଥିବା ଜଳ ବିହାର କରିବାକୁ ବାହାରିଲୁ। ଆଗରୁ ଅନ୍‌ଲାଇନ ଟିକେଟ ନିଆଯାଇଥିଲା। ଜଣକୁ ପଚିଶ ଡଲାର। ପ୍ରପାତର ସମପତନରୁ ନିମ୍ନରେ ହ୍ରଦର ଜଳପତନ ପର୍ଯ୍ୟନ୍ତ ଖସିବା ପାଇଁ ସୁବ୍ୟବସ୍ଥା କରାଯାଇଛି। କେତେଗୋଟି ଲିଫ୍ଟ ଯାତ୍ରୀମାନଙ୍କୁ ନେଇ ତଳ ଉପର ଯାତ୍ରା କରୁଛି। ଲୋକମାନଙ୍କର ଅସୁବିଧା ନହେବା ପାଇଁ କର୍ମଚାରୀମାନେ ତତ୍ପର ରହିଛନ୍ତି। ଶୃଙ୍ଖଳିତ ଭାବରେ ଲୋକମାନେ ତଳକୁ ଯାଇ ନିର୍ଦ୍ୱନ୍ଦରେ ଏହି ଅନନ୍ୟ ନୌକା ବିହାରରେ ସାମିଲ ହେଉଛନ୍ତି। ନାଏଗ୍ରାକୁ ମନଭରି ଉପଭୋଗ କରି ତୃପ୍ତ ହେଉଛନ୍ତି।

ଆମେ ପ୍ରାୟ ଅଧଘଣ୍ଟାଏ ଧାଡ଼ିରେ ଛିଡ଼ା ହେବା ପରେ ଲିଫ୍ଟରେ ପାଳି ପଡ଼ିଲା। ତଳକୁ ଯାଇ ଜେଟି ପର୍ଯ୍ୟନ୍ତ ଯିବା ବାଟରେ ଜଣେ କର୍ମଚାରୀ ସମସ୍ତଙ୍କୁ ଅଣବୁଣା ଅଣପ୍ଲାଷ୍ଟିକ୍ ବସ୍ତୁରେ ନିର୍ମିତ ବର୍ଷାତି ଦେଲେ। ସମସ୍ତଙ୍କୁ ସେଇ ଗାଉନ ପିନ୍ଧି ଯିବାକୁ ହୁଏ। ମୁଣ୍ଡର ଅର୍ଦ୍ଧେକ ଘୋଡ଼ାଇବା ପାଇଁ ସେଥିରେ ଟୋପି ଭଳି ବ୍ୟବସ୍ଥା ଥାଏ। ପ୍ରକାଣ୍ଡ ଦ୍ୱିସ୍ତର ବିଶିଷ୍ଟ ଯନ୍ତ୍ରଚାଳିତ ଜଳଯାନ ଆରୋହଣ କଲୁ। ଆରମ୍ଭ ହେଲା ଯାତ୍ରା,ପ୍ରପାତ ଆଡ଼କୁ। ହ୍ରଦର ଏକ ପାର୍ଶ୍ୱରୁ ଯାଇ ପ୍ରପାତର ନିକଟବର୍ତ୍ତୀ ହେବାରେ

ଯାତ୍ରୀମାନେ ଅଧିକ ଉତ୍ସାହିତ ହୁଅନ୍ତି। ଯୁବାମାନେ ଉପର ମହଲାରେ ଖୋଲାରେ ରହି ସେମାନଙ୍କ ମିଶ୍ରିତ ଆନନ୍ଦସୂଚକ କୋଳାହଳ ଓ ଧ୍ୱନିରେ ପ୍ରପାତର ଗୁରୁଗମ୍ଭୀର ତାନର ଗାମ୍ଭୀର୍ଯ୍ୟ କିଛିକାଂଶରେ ପ୍ରତିହତ ହେଉଥାଏ ଏବଂ ଚତୁର୍ଦ୍ଦିଗରେ ଥିବା ଉଚ୍ଚସ୍ଥାନରେ ପ୍ରତିଧ୍ୱନିତ ହେଉଥାଏ। ପ୍ରପାତର ଜଳପ୍ରବାହ ଜନିତ ବିସ୍ତୃତ ଧବଳ ପ୍ରାଚୀର ଆଡୁ ଛିଟକି ଆସୁଥିବା ତୁଷାର ସଦୃଶ୍ୟ ଶୀତଳ ଜଳବିନ୍ଦୁର ସ୍ପର୍ଶ ଯୁବଗୋଷ୍ଠୀଙ୍କୁ ଉଚ୍ଚାଟିତ କରାଇବା ପାଇଁ ଯଥେଷ୍ଟ ଥିଲା। ଜଳଯାନ  ଯେତେ ନିକଟବର୍ତ୍ତୀ ହେଉଥାଏ ପ୍ରପାତର ଗର୍ଜନ ସହିତ ଲୋକଙ୍କର କୋଳହଳ ଚିତ୍କାର ସେତେ ତୀବ୍ର ହେଉଥାଏ। ଶେଷରେ କାନାଡ଼ା ପାର୍ଶ୍ୱରେ ଥିବା ଅଶ୍ୱପାଦ ପ୍ରପାତ(Horse Shoe Fall) ଯାହା ପ୍ରାୟ ଅର୍ଦ୍ଧଗୋଲାକାର ଭାବେ ରହିଛି। ତା'ର ପାଖକୁ ଯିବାଟା ହେଉଛି ଯାତ୍ରାର ଅନ୍ତିମ ପର୍ଯ୍ୟାୟ। ତୀବ୍ର ଜଳକଣା ସିଞ୍ଚନରେ ଆଂଶିକ ଓଦା ହେଲେ ମଧ୍ୟ କେହି ବ୍ୟସ୍ତ ହୁଅନ୍ତିନି। ସେଠାରେ ପ୍ରପାତର ଭୀମକାନ୍ତ ଧୂମାଭ ରୂପ ତଥା ଜଳ ପତନଜନିତ ଉଗ୍ର ପ୍ରକ୍ରିୟାର ମିଶ୍ରଣରେ ଯାତ୍ରୀମାନେ ପାଇଥାନ୍ତି ଏକ ଦିବ୍ୟ ଅନୁଭୂତି। ପ୍ରକୃତିର ବୈଚିତ୍ର୍ୟମୟ ଅଖଣ୍ଡ ତାଣ୍ଡବ ଲୀଳାରେ ସର୍ବେ ବିମୋହିତ ହୁଅନ୍ତି। ପୁଣି ଜଳଯାନ ଫେରିଆସେ କୂଳକୁ। ଲୋକେ ଅବିସ୍ମରଣୀୟ ଅନୁଭୂତି ନେଇ ଘରକୁ ଫେରନ୍ତି।

ଏହି ଅନନ୍ୟ ଜଳଯାତ୍ରା Maid of the Mistକୁ ପ୍ରଫେସର ହୃଦାନନ୍ଦ ରାୟ ତାଙ୍କ ଭ୍ରମଣ କାହାଣୀରେ ଯଥାର୍ଥରେ 'କୁହେଳି କନ୍ୟା' ବୋଲି ନାମକରଣ କରିଛନ୍ତି। ଇଂରାଜୀରେ ଏହି ନାମକରଣ ପ୍ରଚ୍ଛଦରେ ଏକ କରୁଣ କିମ୍ବଦନ୍ତୀ ରହିଛି। ପୂର୍ବକାଳରେ ଏହି ଅଞ୍ଚଳରେ ଓଙ୍ଗିଆରା(Ongiara) ଜାତିର ଲୋକମାନେ ବାସ କରୁଥିଲେ। ପରମ୍ପରା ଅନୁସାରେ ସେମାନେ ପ୍ରତିବର୍ଷ ତାଙ୍କ ଗୋଷ୍ଠୀର ଜଣେ ସୁନ୍ଦରୀ ତରୁଣୀକୁ ନାଏଗ୍ରା ପ୍ରପାତରେ ଏକ ଫୁଲ, ଫଳଭରା ଶ୍ୱେତବର୍ଣ୍ଣ ନୌକାରେ ବସାଇ ଭସାଇ ଦେଉଥିଲେ। ବର୍ଷେ 'ଲୋଲାଓ୍ୱାଲା' ନାମ୍ନୀ ତରୁଣୀର ପାଳି ପଡ଼ିଲା। ପିତା 'ଇଗଲ ଆଇ' ନିଜର ଅତି ଆପଣାର କନ୍ୟାକୁ ବସାଇ ନୌକାକୁ ଭସାଇ ଦେବାରେ ଶୋକ ଜର୍ଜରିତ ହେଇ ଭାଙ୍ଗିପଡ଼ିଲେ। ପ୍ରପାତର କରାଳ ସ୍ରୋତରେ କନ୍ୟା ସହିତ ନୌକାଟି ବୁଡ଼ି ଯାଉଥିବାବେଳେ  ଅସହାୟ ପିତା ଭଗ୍ନ ହୃଦୟରେ ପ୍ରପାତ ଗର୍ଭରେ ଆତ୍ମବିସର୍ଜନ କରିଦେଲେ। ଏହି ହୃଦୟ ବିଦାରକ ଘଟଣା ସକାଶେ ସଂପୃକ୍ତ ଗୋଷ୍ଠୀର ଲୋକଙ୍କ ମଧ୍ୟରେ ସଚେତନତା ଜାଗିଉଠିଲା। କ୍ରମେ ଏହି କ୍ରୁର ପରମ୍ପରାର ଅବସାନ ଘଟିଲା। ଲୋଲାଓ୍ୱାଲା ଥିଲା ତାହାର ଅନ୍ତିମ ଅର୍ପିତା। ତା'ର ସ୍ମୃତିରେ ଏହି 'କୁହେଳି କନ୍ୟା' ଜଳଯାତ୍ରା ପ୍ରଚଳିତ।

ନାଏଗ୍ରା ନିକଟରେ ଥିବା ସହର ଏହି ନାମରେ ୧୮୯୧ରେ ସ୍ଥାପିତ

ହୋଇଛି। ଅନେକ ଛୋଟ ବଡ଼ ହୋଟେଲ, ମୋଟେଲ ଓ ରେସ୍ତୋରାଁ ଆଦି ସବୁ ବର୍ଗର ପର୍ଯ୍ୟଟକମାନଙ୍କ ସୁବିଧା ପାଇଁ ଏହି ସହରରେ ରହିଛି। ବହୁ ଦମ୍ପତ୍ତି ବିବାହ ପରେ ଏଠାରେ କିଛି ଦିନ କଟାଇବାକୁ ଆସୁଥିବାରୁ ଏହାକୁ 'ହନିମୁନ କ୍ୟାପିଟାଲ'ର ଆଖ୍ୟା ଦିଆଯାଇଛି। ଖରାଦିନେ ପ୍ରପାତ ନିର୍ଗତ କୁହେଳିରେ ପ୍ରତିଫଳିତ ଇନ୍ଦ୍ରଧନୁ ପର୍ଯ୍ୟଟକମାନଙ୍କ ପାଇଁ ବେଶ ଆକର୍ଷଣୀୟ ହୋଇଥିବାରୁ ଏହାକୁ 'ଇନ୍ଦ୍ରଧନୁର ଦେଶ' (Rainbow country) ବୋଲି ମଧ୍ୟ କୁହାଯାଏ। ଏଠାକାର ଜଳବାୟୁ ଓ ପରିବେଶ ଉତ୍ତମ ତଥା ଆନନ୍ଦଦାୟକ। ବହୁ ଲୋକ ପରିବାର ସହ ଆସି ଏଠାରେ କିଛି ଦିନ ରହିବାକୁ ଖୁସି ମଣନ୍ତି। ସେଥିପାଇଁ ପୃଥିବୀର ପର୍ଯ୍ୟଟନ ମାନଚିତ୍ରରେ ଏହା ଏକ ସ୍ୱତନ୍ତ୍ର ସ୍ଥାନ ଅଧିକାର କରିଛି।

ଚିରସ୍ରୋତା ନଦୀ, ସୁଉଚ୍ଚ ପ୍ରପାତ ରହିଥିବାରୁ ଏଠାରେ ଆମେରିକାର ସର୍ବପ୍ରାଚୀନ ସର୍ବବୃହତ୍ ଜଳବିଦ୍ୟୁତ କେନ୍ଦ୍ର ରହିଛି। ଏହା ନାଏଗ୍ରାର ଅନ୍ୟତମ ବୈଷୟିକ ବିଭବ। ୧୮୫୭ରେ ଯୁଗୋସ୍ଲାଭିଆ ଜନ୍ମିତ ବୈଜ୍ଞାନିକ ତଥା ଇଞ୍ଜିନିୟର ନିକୋଲାସ୍ ଟେସଲାଙ୍କ ଦ୍ୱାରା ଉଦ୍ଭାବିତ ଯନ୍ତ୍ର ସମୂହର ଆଧୁନିକୀକରଣ କରାଯାଇଛି। ଦେଶର ବିଦ୍ୟୁତ ଉତ୍ପାଦନ କ୍ଷେତ୍ରରେ ଟେସଲାଙ୍କ ଅବଦାନକୁ ସମ୍ମାନ ଜଣାଇ ତାଙ୍କର ଏକ ବୃହତ୍ ଉପବେଶନ ମୁଦ୍ରାର ପ୍ରତିକୃତି ଏହିଠାରେ ସ୍ଥାପନ କରାଯାଇଛି। ଲୋକେ ଏହି ପ୍ରତିକୃତିର କୋଳରେ ବସି ଫଟୋ ଉଠାଉଥିବା ଏକ ସାଧାରଣ ଦୃଶ୍ୟ।

# ବଫେଲୋ

ଆମେ ସେଠାରୁ ବାହାରି ୟୁନିଭରସିଟି ଅଫ୍ ବଫେଲୋରେ ପହଞ୍ଚିଲା ବେଳକୁ ସନ୍ଧ୍ୟା ସାତଟା ପ୍ରାୟ । ରାତି ହେବାକୁ ତଥାପି ସମୟ ବାକି ଥାଏ । ଆଦିତ୍ୟ ଓ ତା'ର ବନ୍ଧୁମାନେ କ୍ୟାମ୍ପସରେ ପହଞ୍ଚି ଖୁସିରେ ଆତ୍ମହରା ହେଇପଡ଼ିଲେ । ଦୀର୍ଘ ଚାରିବର୍ଷରୁ ଅଧିକ କାଳ ସେମାନେ ଏହିଠାରେ କଟାଇ ଥିବାର ଅନେକ ସ୍ମୃତିର ସାମୂହିକ ରୋମନ୍ଥନ ଆରମ୍ଭ ହେଲା । କିଏ କେଉଁଠାରେ ରହୁଥିଲେ, କେମିତି କେତେବେଳେ ମିଶୁଥିଲେ ସବୁ ଆମ ଆଗରେ ବଖାଣିଲେ । କ୍ୟାଣ୍ଟିନ ଯାଇ ସମସ୍ତେ କଫି ପିଇ ପ୍ରତ୍ୟାବର୍ତ୍ତନ ପାଇଁ ତତ୍ପର ହେଲୁ । ବଫେଲୋ ସହର ଛାଡ଼ିବା ବେଳକୁ ରାତି ଆଠଟା ବାଜି ସାରିଥିଲା । କେବଳ ଲାବରେଟରି, ହଲ୍ ଓ ବିଶ୍ୱବିଦ୍ୟାଳୟର ପ୍ରତୀକ ଏକ ଅରଣା ମଇଁଷିର ରଙ୍ଗିନ ପ୍ରତିକୃତି ପାଖରେ ଫଟୋ ଉଠାଇ ଚାଲି ଆସିଲୁ ।

ବଫେଲୋ ବିଶ୍ୱବିଦ୍ୟାଳୟ ନିୟୁର୍କ ରାଜ୍ୟର ଅନ୍ୟତମ ସ୍ୱନାମଧନ୍ୟ ଶିକ୍ଷା ତଥା ଗବେଷଣା କେନ୍ଦ୍ର । ୧୮୪୬ରେ ପ୍ରତିଷ୍ଠିତ ହେଇଥିଲା ଏକ ଘରୋଇ ଡାକ୍ତରୀ କଲେଜ ଭାବରେ । ପରେ ୧୮୬୧ରେ ରାଜ୍ୟ ବିଶ୍ୱବିଦ୍ୟାଳୟ ଶୃଙ୍ଖଳା ସହିତ ମିଶିଥିଲା । ଏବେ ଏହା ଅଧୀନରେ ୧୩ ଗୋଟି ମହାବିଦ୍ୟାଳୟରେ ୩୨୦୦୦ରୁ ଉର୍ଦ୍ଧ୍ୱ ସଂଖ୍ୟକ ଛାତ୍ର ଓ ଗବେଷକ କାର୍ଯ୍ୟରତ ଅଛନ୍ତି । ଫେରିବା ବେଳକୁ ଗୁହାନ ଅଧିକ ରାସ୍ତା ଗାଡ଼ି ଚଳାଇଲା । ଗଲା ବେଳର ଉତ୍ସାହ ଆଉ ନଥିଲା । ସମସ୍ତେ ପ୍ରାୟ କ୍ଲାନ୍ତ ଥିଲେ । ଅନ୍ତାକ୍ଷରୀରେ ଗୀତ ପଦେ ମନେ ପକାଇବାକୁ ଆଗ୍ରହ ନଥିଲା । ରାସ୍ତାରେ ଏକ ଯାଗାରେ ଅଳ୍ପ କିଛି ସମୟ ମାତ୍ର ରହି ପିଟସ୍‌ବର୍ଗରେ ଆସି ଘରେ ପହଞ୍ଚିଲା ବେଳକୁ ରାତି ପ୍ରାୟ ବାରଟା ବାଜିଥିଲା । ତା'ପର ଦିନ ସକାଳେ ଛ'ଟାରେ ଆମେ ଟ୍ରେନ ଯୋଗେ ନ୍ୟୁୟର୍କ ଯିବାର କାର୍ଯ୍ୟକ୍ରମ ଥିବାରୁ ସେହି ରାତିରେ ଜିନିଷପତ୍ର ସଜାଡ଼ି ଅଳ୍ପ ସମୟ ବିଶ୍ରାମ ନେଲୁ । ସକାଳୁ ଉଠିଲା ବେଳକୁ ଅଭିଷେକ ଆଗରୁ ଉଠି

ଆମ ପାଇଁ ସାଗୁଦାନା ଖେଚୁଡ଼ି ରାନ୍ଧିବା ଦେଖି ସେମାନଙ୍କର ଆପଣାପଣର ତାରିଫ କଲୁ। ପୂର୍ବା ମଧ୍ୟ ଉଠି ଆମ ପାଇଁ ଖାଦ୍ୟ ଓ ରୋଷେଇ ପାଇଁ ସଉଦା ମଧ୍ୟ ସଜାଡ଼ି ଦେବା ପାଇଁ ତତ୍ପର ହେଲା। ସେମାନେ ଆମକୁ ଗାଡ଼ିରେ ନେଇ ଯଥା ସମୟରେ ଟ୍ରେନ ପାଖରେ ପହଞ୍ଚାଇ ବିଦାୟ ଦେଲେ। ସେମାନଙ୍କର ଆତିଥେୟତା ଓ ଆନ୍ତରିକତା ଭୁଲିବାର ନୁହେଁ। ଯେତେ ପ୍ରଶଂସା କଲେ ମଧ୍ୟ କମ୍ ହେବ। ସେମାନେ ଦୀର୍ଘାୟୁ ହୁଅନ୍ତୁ, ଏତିକି କାମନା।

# ଐଶ୍ୱର୍ଯ୍ୟମୟୀ ନ୍ୟୁୟର୍କ

ଆମେରିକାରେ ରେଳସେବା ବିଭିନ୍ନ ଘରୋଇ କମ୍ପାନୀ ଦ୍ୱାରା ପରିଚାଳିତ । ରେଳ ଡବାଗୁଡ଼ିକରେ ଆସନ ବ୍ୟବସ୍ଥାରେ ଯାତ୍ରୀମାନଙ୍କ ସ୍ୱାଚ୍ଛନ୍ଦ୍ୟ ପାଇଁ ଅଧିକ ଦୃଷ୍ଟି ଦିଆଯାଏ । ଆସନଗୁଡ଼ିକୁ ଏମିତି ଖଞ୍ଜାଯାଇପାରେ ଯେ ଜଣେ ଯାତ୍ରୀ ଯେମିତି ଆରାମରେ ଶୋଇ ପାରିବ । ଆଭ୍ୟନ୍ତର ପ୍ରଶସ୍ତ ତଥା ପରିଚ୍ଛନ୍ନ । କରୋନାର ପରକାଳରେ ଡବାଗୁଡ଼ିକ ଜୀବାଣୁମୁକ୍ତ କରାଯାଇ ଅଧିକ ନିରାପଦ କରାଯାଇଛି । ଶୌଚାଳୟ ମଧ୍ୟ ପରିଷ୍କାର ଓ ସୁବିଧାଜନକ । ରେଳର ଗତି ଆମ ଦେଶର ରେଳଗାଡ଼ିର ଗତି ଅପେକ୍ଷା ଅଧିକ ନୁହେଁ । ଭାରତର ରେଳ ବ୍ୟବସ୍ଥା ବିଶାଳ ମାତ୍ର ଆମେରିକାର ଉଡ଼ାଜାହାଜ ବ୍ୟବସ୍ଥା ବହୁତ ବଡ଼ । ମାର୍କିନ ସରକାର ରେଳରେ ଯାତ୍ରୀ ପରିବହନ ଉପରେ ସେଭଳି ଗୁରୁତ୍ୱ ଦେବା ଭଳି ମନେ ହୁଏନି ।

ସେଦିନ ରେଳରେ ବହୁତ କମ୍ ଯାତ୍ରୀ ରହିଥିଲେ । ଫିଲାଡେଲଫିଆରେ କିଛି ଲୋକ ଚଢ଼ିଲେ । ଆମେ ସାଙ୍ଗରେ ଆଣିଥିବା ଖାଦ୍ୟ ଖାଇ କିଛି ସମୟ ବିଶ୍ରାମ ନେଲୁ । ବିସ୍ତୃତ ପାର୍ବତ୍ୟାଞ୍ଚଳ , ନଦୀ ହ୍ରଦ ଜଙ୍ଗଲ ଦେଇ ଶେଷରେ ଆମେ ନ୍ୟୁୟର୍କର 'ଟାଇମ୍ ସ୍କୋୟାର' ଷ୍ଟେସନରେ ଓହ୍ଲାଇଲୁ । ଆଦିତ୍ୟର ପ୍ରସ୍ତାବ ଅନୁସାରେ ଆମେ ସେହି ସନ୍ଧ୍ୟାରେ ଟାଇମ ସ୍କୋୟାର ବୁଲିବା ପରେ ଏଆରବିଏନ୍‌ବି ଜରିଆରେ କୁଇନ୍ସ ଅଞ୍ଚଳରେ ଆରକ୍ଷିତ ଘରକୁ ଯିବାର କଥା । ସେ ଘରକୁ ଯାଇ ବ୍ୟାଗ ରଖି ପୁଣି ବୁଲିବା ପାଇଁ ଆସିବାରେ ଯେଉଁ ସମୟ ଲାଗିବ, ତାକୁ ବଞ୍ଚାଇବାକୁ ହେଲେ ଆଗ ବୁଲାବୁଲି କରିସାରି ବସାଘରକୁ ଯିବାପାଇଁ ଠିକ୍ ହେଲା । କେବଳ ସମସ୍ୟା ଥିଲା ଆମର ଜିନିଷପତ୍ର । ସେଗୁଡ଼ିକୁ ଧରି ବୁଲିବା ମଧ୍ୟ ସମ୍ଭବ ନଥିଲା । ମୋର ସେତେବେଳକୁ ପାଦର ଖଞ୍ଜାରେ ଯନ୍ତ୍ରଣା ସକାଶେ ବେଶୀ ବାଟ ଚାଲିବା ସମ୍ଭବ ନଥିଲା । ଏଣୁ ସ୍ଥିର କରାଗଲା ଯେ ଟାଇମ ସ୍କୋୟାର ଯାଇ ସେଠି କୌଣସି ରେସ୍ତୋରାଁରେ କିଛି ଖାଇବା

ସମୟରେ ଜିନିଷ ରଖି ଦୁଇଜଣ କରି ପାଳିକରି ଯାଇ ବୁଲିଆସିବା। ତାହା ହିଁ ହେଲା। ଟ୍ୟାକ୍ସି ଡାକି ଆମେ ଆମେରିକୀୟଙ୍କ ଭାଷାରେ 'ବିଶ୍ୱର ହୃଦୟ' ଭାବରେ ପରିଚିତ, କୋଟି ଜନତାଙ୍କ ସ୍ପନ୍ଦିତ ସ୍ଥାନ 'ଟାଇମ ସ୍କୋୟାର'ରେ ଓହ୍ଲାଇଲୁ। ଗଗନଚୁମ୍ବୀ ଅଟ୍ଟାଳିକାମାନଙ୍କର ବିଭିନ୍ନ ମହଲାର ଆଲୁଅ ସବୁ ଧିରେ ଧିରେ ସେହି ସ୍ପନ୍ଦନକୁ ଉଜ୍ଜୀବିତ କରି ରଖୁଥିଲା।

ପ୍ରଥମେ ନ୍ୟୁୟର୍କ ସହର ବିଷୟରେ ଦି'ପଦ କୁହାଯାଇପାରେ। ବିଶ୍ୱର ସହରୀଜୀବନରେ ସର୍ବୋଚ୍ଚମାନ ହାସଲ କରିଛି ଏହି ସହର। ଏହାର ନାମ ହିଁ ଏହାର ପରିଚୟ। ବିକଶିତ ବାଣିଜ୍ୟ କେନ୍ଦ୍ର ସହିତ କଳା ସାହିତ୍ୟ ସଂସ୍କୃତି ଶିକ୍ଷା ମନୋରଞ୍ଜନ ସବୁଥିରେ ଏହି ସହର ବୈଶ୍ୱିକ ସ୍ତରରେ ଶୀର୍ଷରେ ରହିଆସିଅଛି। ସହରୀକରଣର ସର୍ବୋତ୍କୃଷ୍ଟ ନମୁନା ଭାବରେ ପୂର୍ବରୁ ପଶ୍ଚିମକୁ ଲମ୍ବିଥିବା ଆଭିନ୍ୟୁଗୁଡ଼ିକୁ ଉତ୍ତରରୁ ଦକ୍ଷିଣକୁ ଲମ୍ବିଥିବା ଶତାଧିକ ଷ୍ଟ୍ରିଟ୍‌ସବୁ ଗୋଟିଏ ଗୋଟିଏ ଛକରେ ପରସ୍ପରକୁ ଛେଦ କରି ସୃଷ୍ଟି ହୋଇଛି ବିଶାଳ ମ୍ୟାନହାଟାନ୍ ଅଞ୍ଚଳ। ଏହା ବୃହତ୍ ନ୍ୟୁୟର୍କର ପ୍ରମୁଖ ଭାଗ। ଏହା ବ୍ୟତିତ ବ୍ରୁକଲିନ୍‌ସ ଓ ହଡ଼ସନ୍ ନଦୀ ଅତିକ୍ରମ କରି ଗଲେ କୁଇନ୍‌ସ ଅଞ୍ଚଳ। କେବଳ ବ୍ରଡୱେ ବ୍ୟତିତ ଅନ୍ୟରାସ୍ତା ଗୁଡ଼ିକ ଯେତେ ଚଉଡ଼ା ହେଲେ ଏବଂ ଯାନଚାଳନା ଏକ ତରଫା ହେଲେ ମଧ୍ୟ ଉପରକୁ ଚାହିଁଲେ ମାଡ଼ି ମାଡ଼ି ପଡ଼େ। କୌଣସି ଛକରେ ଛିଡ଼ାହୋଇ ଚାରିଦିଗକୁ ଯାଇଥିବା ରାସ୍ତାର କୋଠାଗୁଡ଼ିକୁ ଦେଖିଲେ ଲାଗେ ପ୍ରକୃତ ଦେବଶିଳ୍ପୀ ସତେ ଅବା ଓହ୍ଲାଇ ଆସି ଏହି କୋଠାଗୁଡ଼ିକୁ ଯଥାସ୍ଥାନରେ ସଳଖ ଭାବରେ ଖଞ୍ଜି ଦେଇଛନ୍ତି। ସେଗୁଡ଼ିକ ଗଗନଭେଦୀ। ଅସଂଖ୍ୟ କୋଠି କୋଠି କାଚ ଝରକାରୁ ଝଲମଲ ଆଲୁଅ ଅତ୍ୟନ୍ତ ଚିତ୍ତାକର୍ଷକ। କୋଠାଗୁଡ଼ିକର ନିମ୍ନ ଦେଶ କେତେ ଭାବରେ ସଜା ହେଇଛି। ପ୍ରବେଶପଥ ବିଚିତ୍ର ଶୈଳୀରେ ରଙ୍ଗାୟିତ। ଶହ ଶହ ସଂଖ୍ୟାରେ ରହିଥିବା ନଭଶ୍ଚୁମ୍ବୀ ଅଟ୍ଟାଳିକାମାନ ବୋଧହୁଏ ନ୍ୟୁୟର୍କର ମୁଖ୍ୟ ଆକର୍ଷଣ। ପ୍ରାୟ ସବୁ କୋଠାର ତଳ ମହଲାଗୁଡ଼ିକରେ ବ୍ୟବସାୟ ପ୍ରତିଷ୍ଠାନ ବା ବୃହତ୍ ବିପଣୀ ସବୁ ଖୋଲାଥାଏ। କେତେ କଳାତ୍ମକତାର ସହିତ ସଜ୍ଜିତ ହୋଇଛି ସବୁ କିଛି। ରାସ୍ତାରେ ନିରବରେ ଚାଲିଥାଏ ଯାନମାନଙ୍କର ଲମ୍ବା ଧାଡ଼ି। ବୈଦ୍ୟୁତିକ ସିଗନାଲର ନିର୍ଦ୍ଦେଶରେ ନିୟନ୍ତ୍ରିତ ଯାତୟାତ। ଦୈବାତ୍ ମଣିଷଟିଏ ସାମନାକୁ ଅତିକ୍ରମ କରୁଥିଲେ ଗାଡ଼ିଟିଏ ଅଟକିଯାଏ। ଆମ ଦେଶ ଭଳି ଗାଡ଼ିମାନଙ୍କର କର୍କଶ ମଧୁର ହର୍ଣ୍ଣର ଆୱାଜ ମୁଖରିତ ହୁଏନାହିଁ ରାସ୍ତା ଅଥଚ ଗାଡ଼ି ସଂଖ୍ୟା ପଦଚାରୀଙ୍କଠାରୁ ପ୍ରାୟ ଅଧିକ।

**କ. ଟାଇମ ସ୍କୋୟାର :-**

ଟାଇମ ସ୍କୋୟାର, ମ୍ୟାନହାଟାନ ମିଡ଼ଟାଉନର ପର୍ଯ୍ୟଟନସ୍ଥଳୀ ତଥା ମନୋରଞ୍ଜନ କେନ୍ଦ୍ର। ବ୍ରଡୱେ ଓ ସପ୍ତମ ଆଭିନ୍ୟୁର ସଙ୍ଗମସ୍ଥଳ। ପୃଥିବୀର 'କ୍ରସ୍‌ରୋଡ୍‌' ବୋଲି କୁହାଯାଏ ଏହାକୁ। ଅତି ଶ୍ରଦ୍ଧାରେ 'ବିଶ୍ୱର ହୃଦୟ' ବୋଲି ମଧ୍ୟ କୁହାଯାଏ। ମନୋରଞ୍ଜନ  ଶିଳ୍ପର କେନ୍ଦ୍ର ଭାବରେ ଅନେକ ଚଳଚ୍ଚିତ୍ର, ନାଟକାଦି ସଂସ୍ଥାର କାର୍ଯ୍ୟାଳୟ ଏହିଠାରେ ରହିଛି। ୧୯୧୪ରେ 'ନ୍ୟୁୟର୍କ ଟାଇମ୍ସ'ର ମୁଖ୍ୟଦପ୍ତର ଏଠାକୁ ଆସିବାପରେ ଏହି ଅଞ୍ଚଳର ନାମକରଣ ହୋଇଥିଲା। ପ୍ରସିଦ୍ଧ ବ୍ରଡ଼ୱେ ଥିଏଟର ଏହିଠାରେ ରହିଛି। ସେତେବେଳେ ଏଠାରେ ବହୁ ସିନେମା ଗୃହ, ପ୍ରେକ୍ଷାଳୟ ଓ ବହୁ ଦାମୀ ହୋଟେଲ ଗଢ଼ିଉଠିଥିଲା। କ୍ରମେ ଜୁଆ ଓ ବେଶ୍ୟା ବୃତ୍ତିର ପେଣ୍ଠସ୍ଥଳ ଭାବେ ପରିଗଣିତ ହେଲା। ପାନଶାଳା ଓ ଯୌନକେନ୍ଦ୍ରଗୁଡ଼ିକର ସଂଖ୍ୟା ବୃଦ୍ଧିପାଇଲା। ଅସୌଜନ୍ୟ ପ୍ରଦର୍ଶନ କାର୍ଯ୍ୟକ୍ରମ, ପ୍ରାପ୍ତ ବୟସ୍କଙ୍କ ଚଳଚ୍ଚିତ୍ର ଆଦିର ପ୍ରଚଳନ ଫଳରେ ଅନେକ ଅସାମାଜିକଙ୍କ ଆଡ୍ଡା ହେବା ଦ୍ୱାରା ଧର୍ଷଣ, ହତ୍ୟା ଆଦି ଘଟିଲା। ବିଂଶ ଶତାବ୍ଦୀର ଶେଷ ଦଶକ ପର୍ଯ୍ୟନ୍ତ ଏହି ଅପଖ୍ୟାତି ବଳବତ୍ତର ରହିଥିଲା। ୧୯୯୬ରେ ସରକାର ତଥା ସ୍ଥାନୀୟ ଲୋକଙ୍କ ସହଯୋଗରେ 'ଟାଇମସ୍କୋୟାର ଆଲିଆନ୍ସ' ଗଠନ ହୋଇ ଏହିସବୁ ନକରାତ୍ମକ କାର୍ଯ୍ୟର ନିୟନ୍ତ୍ରଣ ଆରମ୍ଭ ହେଲା ଏବଂ ପୁଲିସ ସହାୟତାରେ ସବୁକିଛି ଶୃଙ୍ଖଳିତ ହେଲା। ଏବେ ନ୍ୟୁୟର୍କ ଟାଇମସ୍ କାର୍ଯ୍ୟାଳୟ ଅନ୍ୟତ୍ର ଚାଲିଯାଇଛି ମାତ୍ର ଟାଇମସ୍ ସ୍କୋୟାରର ଏକ ଭିନ୍ନ ପରିଚୟ ସୃଷ୍ଟି ହେଇଛି। ଏହି ଅଞ୍ଚଳରେ ସର୍ବାଧିକ ବୃହଦାକାର ବୈଦ୍ୟୁତିକ ବିଜ୍ଞାପନ ବୋର୍ଡମାନ କୋଠାମାନଙ୍କରେ ଲଗାଯାଇଥିବାର ଦେଖାଯାଏ। ସନ୍ଧ୍ୟା ପରେ ଏଗୁଡ଼ିକର ଉଜ୍ଜ୍ୱଳ ଆଲୋକର ସମାହାରରେ ରାସ୍ତାମାନଙ୍କର ଚିତ୍ର ବଦଳିଯାଏ। ଏହି ବିଜ୍ଞାପନର ଆକାର ବଢ଼ାଇବା ପାଇଁ ପ୍ରତିଯୋଗିତା ଚାଲିଛି ବିଜ୍ଞାପନ କମ୍ପାନୀମାନଙ୍କ ଭିତରେ। ସଂପ୍ରତି ସର୍ବାଧିକ ୧୮୦୦୦ ବର୍ଗଫୁଟର ବୋର୍ଡ ଏହି ଅଞ୍ଚଳରେ ରେକର୍ଡ଼ ସୃଷ୍ଟି କରିଛି ଯାହା ଦୁଇ ମାଇଲ ପୂର୍ବରୁ ସ୍ପଷ୍ଟ ଭାବେ ଦେଖାଯାଏ।

ନୂଆ ବର୍ଷ ପାଳନ ଅବସରରେ ଏଠାରେ ବିପୁଳ ଜନସମାଗମ ହୁଏ। ୩୧ ଡିସେମ୍ବର ମଧ୍ୟ ରାତ୍ରିରେ ଏଠାରେ ଏକ ବିରଳ ପେଣ୍ଡୁ ପତନ (Ball Drop) କାର୍ଯ୍ୟକ୍ରମ ଆୟୋଜିତ ହୋଇଥାଏ। ଏଥିରେ ଏକ ସୁଉଚ୍ଚ କୋଠାର ଶୀର୍ଷରୁ ଏକ ବୃହଦ୍‌କାୟ ସୁସଜ୍ଜିତ ପେଣ୍ଡୁକୁ ତଳକୁ ଖସାଇ ଦିଆଯାଏ। ସେଇଟି ଧିରେ ଧିରେ ଆସି ଠିକ ରାତି ବାରଟା ବେଳକୁ ନିମ୍ନଦେଶ ଛୁଇଁଥାଏ। ସହସ୍ର ସଂଖ୍ୟାରେ ସମବେତ ଲୋକେ ଏହି କାର୍ଯ୍ୟକ୍ରମକୁ ଆନନ୍ଦ ଉଲ୍ଲାସରେ ଉପଭୋଗ କରଥାନ୍ତି। ଆତସବାଜିର ବହୁଳତା ଆହୁରି

ଉପଭୋଗ୍ୟ ହୁଏ । ପ୍ରାୟ ପରଦିନ ସକାଳ ପର୍ଯ୍ୟନ୍ତ ଗହଳି ଲାଗିରହିଥାଏ । ଏହି ପେଣ୍ଡୁ ପତନ କାର୍ଯ୍ୟକ୍ରମ ୧୯୦୭ରେ ଆରମ୍ଭ ହୋଇଥିଲା ଯାହା କ୍ରମେ ଏକ ପରମ୍ପରାରେ ପରିଣତ ହେଲା ।

ସବୁ ସହରରେ ଏହିଭଳି ଗୋଟିଏ ସ୍ଥାନ ରହିଥାଏ ଯେଉଁଠି ଅଧିକ ସଂଖ୍ୟକ ଜନତା ଏକତ୍ରିତ ହୋଇ ଭାବାବେଗ ପ୍ରକାଶ କରିଥାନ୍ତି । ସୁଖରେ ହେଉ ବା ଦୁଃଖରେ ହେଉ ଏହି ସ୍ଥାନଟି କିଛି ସାଧାରଣ ଉଦ୍ଦେଶ୍ୟରେ ବ୍ୟବହାର କରାଯାଇଥାଏ । ଟାଇମ

ସ୍କୋୟାର ମଧ୍ୟ ଅଙ୍ଗେ ନିଭେଇଛି ସେହିଭଳି କିଛି କଥା। ୧୯୪୨-୪୩ରେ ୨ୟ ବିଶ୍ୱଯୁଦ୍ଧ ବେଳେ ନୂଆବର୍ଷ ପେଣ୍ଡୁପତନ କେବଳ ବନ୍ଦ ହୋଇନଥିଲା, ସେଠାରେ ସମବେତ ଜନତା ସଂପୂର୍ଣ୍ଣ ନିରବତା ଅବଲମ୍ବନରେ ଦୁଃଖ ସଂଗୀତ ଗାନ କରିଥିଲେ। ରାଷ୍ଟ୍ରପତି ଜନ୍ କେନେଡ଼ିଙ୍କ ନିଧନରେ ମ୍ରିୟମାଣ ଜନତା ଏକତ୍ରିତ ହୋଇ ଶ୍ରଦ୍ଧାଞ୍ଜଳି ଅର୍ପଣ କରିଥିଲେ। ପୁଣି ତା୬ ଅଗଷ୍ଟ ୧୯୪୫ ଦିନ ଜାପାନର ହିରୋସିମା ଓ ନାଗାସାକିରେ ଆମେରିକା ପକ୍ଷରୁ ପରମାଣୁ ବୋମା ନିକ୍ଷେପ ପରେ ତା୦୮ ଅଗଷ୍ଟ ୧୯୪୫ ଦିନ ଜାପାନର ନିସର୍ତ୍ତ ଆତ୍ମସମର୍ପଣ ପରେ ବିଶ୍ୱଯୁଦ୍ଧର ଅବସାନକୁ ସ୍ୱାଗତ ଜଣାଇ ଏକ ସ୍ୱତନ୍ତ୍ର ଉତ୍ସବରେ ବହୁଲୋକ ସମବେତ ହୋଇଥିଲେ। ଅନ୍ୟ ଉତ୍ସବ ଦିନମାନଙ୍କରେ ଯଥା ଭାଲେଣ୍ଟାଇନ, ହାଲୋଓ୍ୱିନ ଦିବସ ଆଦିରେ ମଧ୍ୟ ଏହିଠାରେ ଅନେକ ଲୋକ ଏକତ୍ରିତ ହୁଅନ୍ତି। ଜଣାଯାଏ ୨୦୦୦ ନୂଆବର୍ଷ ଦିନ ଏଠାରେ ୨୦ ନିୟୁତ ଲୋକ ଏକାଠି ହୋଇଥିଲେ। ଠିକ୍ ସେହିବେଳକୁ ତା ୧୧ ସେପ୍ଟେମ୍ବର ୧୯୯୯ର ଆତ୍ମଘାତୀ ଆକ୍ରମଣ ପରେ ସୁରକ୍ଷା ବ୍ୟବସ୍ଥା ଅତ୍ୟନ୍ତ କଡ଼ାକଡ଼ି ପରେ ମଧ୍ୟ ଏହି ବିପୁଳ ସଂଖ୍ୟକ ଲୋକ ଜମାହୋଇ ନୂଆବର୍ଷକୁ ସ୍ୱାଗତ କରିଥିଲେ।

ଆମେ ଟାଇମସ୍ ସ୍କୋୟାରରେ ପହଞ୍ଚି ଇଣ୍ଟରନେଟର ତଥ୍ୟ ଅନୁସାରେ 'ଓଲିଭ୍ ଗାର୍ଡନ'କୁ ଆବିଷ୍କାର କଲୁ। ଏହି ଇଟାଲୀୟ ରେସ୍ତୋରାଁର ତଳ ମହଲା ହିଁ କେବଳ ଅତିଥିମାନଙ୍କର ଅଭ୍ୟର୍ଥନା ପାଇଁ ଉଦ୍ଦିଷ୍ଟ। ଅତିଥିମାନଙ୍କର ପ୍ରବେଶ, ଆମ ଶ୍ରୀମନ୍ଦିରରେ ଭକ୍ତଙ୍କ ସାହାଣ ମେଲା ଭଳି ନୁହେଁ। ପ୍ରବେଶ ପାଇଁ ଅଭ୍ୟର୍ଥନା ଦାୟିତ୍ୱରେ ଥିବା ମହିଳାଙ୍କ ପାଖରେ ଏକ ଫର୍ମ ଭରିବାକୁ ପଡ଼େ। ରେସ୍ତୋରାଁରେ ଆସନ ଖାଲିହେଲେ କ୍ରମ ଅନୁସାରେ ଏକ ଟୋକନ ମିଳେ। ସେହି ନିୟମରେ ଆମକୁ କିଛି ସମୟ ଅପେକ୍ଷା କରିବା ପରେ ତୃତୀୟ ମହଲାରେ ସ୍ଥାନ ମିଳିଲା। ସେକଥା ଆଦିତ୍ୟକୁ ଫୋନ ମାଧ୍ୟମରେ ଜଣାଇ ଦିଆଗଲା। ଆମେ ଟୋକନ ସହିତ ଆମର ବ୍ୟାଗପତ୍ର ଧରି ଲିଫ୍ଟରେ ଯାଇ ଆମ ପାଇଁ ସଂରକ୍ଷିତ ସ୍ଥାନରେ ପହଞ୍ଚିଲୁ। ଉଦ୍ଦେଶ୍ୟ କିଛି ଭୋଜନ କରିବା ସହିତ ଦୁଇ ଜଣ ଲେଖା ପାଳି କରି ବାହାରକୁ ଯାଇ ଟାଇମସ୍ ସ୍କୋୟାର ବୁଲି ଆସିବା। ତାହା ହିଁ ହେଲା। ଆମେ ସୁପ, ବ୍ରେଡ ଷ୍ଟିକ୍, ସ୍ପଗେଟି ଓ ସାଲାଡ଼ ଇତ୍ୟାଦି ବରାଦ କଲୁ। ସେହି ଅବସରରେ ରେସ୍ତୋରାଁର ଆଭ୍ୟନ୍ତରୀଣ ଚାକଚକ୍ୟ ଓ ନିଷ୍ଠାପର ସହାୟକମାନଙ୍କର ସେବାଶୈଳୀ ଅନୁଧ୍ୟାନ କଲୁ। ଏହି ଭୋଜନ ବିପଣୀର ଏକ ଆଭିଜାତ୍ୟ ଥିଲାଭଳି ମନେହୁଏ। ରେନାସାଁ ନାମକ ସୌଧରେ ଅବସ୍ଥିତ ଏହି ରେସ୍ତୋରାଁ ଏକ ବୃହତ୍ ଗୋଷ୍ଠୀର ଅଂଶବିଶେଷ ଯାହାର ଶତାଧିକ ସଂଖ୍ୟାରେ ରେସ୍ତୋରାଁ ଆମେରିକାର ବିଭିନ୍ନ ସହର ତଥା ବିଦେଶରେ ରହିଛି। ମାର୍କିନ ଓ ଇଟାଲିୟନ୍

ଖାଦ୍ୟ ପରିବେଷଣରେ ଏମାନଙ୍କ ଯଥେଷ୍ଟ ଖ୍ୟାତି ରହିଛି। ନିୟୁର୍କର ଏହି ଅଞ୍ଚଳରେ ଅବଶ୍ୟ ଏହିପରି ଖ୍ୟାତିସଂପନ୍ନ ଅନେକ ରେଷ୍ଟୋରାଁମାନ ରହିଛି। ଆମ ବରାଦି ଖାଦ୍ୟେ ଟେବୁଲକୁ ଆସିବା ପୂର୍ବରୁ ମୁଁ ଓ ପ୍ରବାସିନୀ, ଆଦିତ୍ୟ ସହିତ ବୁଲିବାକୁ ଗଲୁ। ଆୟୁଷି ସାମାନ ପାଖରେ ଏକୁଟିଆ ବସିରହିଲା। ବାହାରେ ଆମେ ବ୍ରଡ୍‌ୱେର ମଧ୍ୟଭାଗକୁ ଯାଇ ସବୁ ଦିଗକୁ ଅବଲୋକନ କଲୁ। କୋଠାମାନଙ୍କରେ ଲାଗିଥିବା ଉଜ୍ଜ୍ୱଳ ରଙ୍ଗିନ ଆଲୁଅ ସମ୍ବଳିତ ଚଳମାନ ବିଜ୍ଞାପନର ଅପୂର୍ବ ଦୃଶ୍ୟରେ ଝଲସୁଥାଏ ଟାଇମ୍ ସ୍କୋୟାର। ବିଜ୍ଞାପନ ଜଗତରେ ପ୍ରତିଯୋଗିତା କ୍ରମେ ସଂକ୍ରାମକ ହୋଇଯାଇଛି। ଗୋଟିଏ ୨୫ ମହଲା କୋଠାର ସଂପୂର୍ଣ୍ଣ ଗୋଟିଏ ପାର୍ଶ୍ୱରେ ବିରାଟ ବୈଦ୍ୟୁତିକ ଫଳକ କାହିଁ କେତେ ଦୂରରୁ ଦୃଶ୍ୟ ହେଉଛି। ତାହା ପୁଣି ଆନିମେଟେଡ୍ ଶୈଳୀରେ ଦର୍ଶକଙ୍କ ଆଖି ଟାଣି ନେଉଛି।

ଟାଇମସ୍କୋୟାରର ମୁଖ୍ୟ ଅଂଶରେ କେବଳ ପଦଚାରୀମାନଙ୍କୁ ଦେଖାଯାଏ। ଯାନବାହନ ଚଳାଚଳ ପୂର୍ବ ଓ ପର ଛକରୁ ଦିଗ ବଦଳ କରାଯାଇଥାଏ। ଏ ଅଞ୍ଚଳରେ ଫ୍ୟାସନ କେନ୍ଦ୍ର, ପ୍ରେକ୍ଷାଳୟ, ପାନଶାଳା ଓ ଭୋଜନଗୃହ ଅଧିକ ସଂଖ୍ୟାରେ ରହିଛି। ଏଣୁ ଲୋକେ ପରିବାର ସହିତ ନିର୍ଦ୍ୱନ୍ଦରେ ବିଚରଣ କରି ସ୍ଥାନଟିକୁ ଉପଭୋଗ କରୁଥାଆନ୍ତି।ପଥପ୍ରାନ୍ତ କଳାକାରମାନେ କେତେ ରଙ୍ଗର କଳାକୌଶଳ ଦେଖାଇ ଉପାର୍ଜନ କରିବା ପାଇଁ ତାଙ୍କ କାମ ଚଳାଇଥାନ୍ତି। କିଏ ଗିଟାର ବଜାଉଛି ତ କିଏ କେତେଗୁଡ଼ିଏ ପେଣ୍ଡୁ ଧରି ଏକା ସଙ୍ଗେ ଖେଳୁଛି। ପୁଲିସମାନଙ୍କର ସନ୍ଦିଗ୍ଧ ଦୃଷ୍ଟି ରହିଛି ସାରା ଅଞ୍ଚଳ ଉପରେ। ଆମେ ଦେଖିଲୁ ଜଣେ ମଦ୍ୟପ ଖୋଲା ଦେହରେ ରାସ୍ତା ମଝିରେ ପାଟିତୁଣ୍ଡ କରୁଛି, ତାକୁ କେତେଜଣ ପୁଲିସ ଘେରିରହିଛନ୍ତି। ଆମେ ତାର ନିକଟତର ହେବାରୁ ଜାଣିଲୁ ଯେ ସେ ଗୃହଶୂନ୍ୟ। ପୁଲିସମାନେ ତାକୁ ସେଲ୍ଟର ହୋମକୁ ନେଇଯାଇଥିବେ ଅବା ସେମିତି ଛାଡ଼ି ଚାଲିଯାଇଥିବେ। ଧନଶାଳୀ ଦେଶରେ ସର୍ବହରା ମଧ୍ୟ ରହିବା କିଛି ବିଚିତ୍ର ନୁହେଁ। ମଣିଷର ସାମାଜିକ ସ୍ଥିତି ଦେଶର ଆଭିଜାତ୍ୟ ନୁହେଁ ବରଂ ନିଜ ଭାଗ୍ୟ ଉପରେ ନିର୍ଭରଶୀଳ। ଆମେରିକାର ଅନେକ ସହରରେ ଏହି ପ୍ରକାରର ବାସହୀନ ସର୍ବହରାମାନଙ୍କୁ ଦେଖିବାକୁ ମିଳିଥାଏ। ଯାହାହେଉ, ଏହି ପ୍ରାଚୁର୍ଯ୍ୟ ଭିତରେ ସେମାନେ ମଧ୍ୟ ବଞ୍ଚି ରହିଛନ୍ତି ଆଉ ରାଜରାସ୍ତାର ମଝିରେ ଛିଡ଼ା ହେଇ କହିପାରୁଛନ୍ତି ଯେ 'ମୁଁ ବାସହୀନ, ମୋ ପାଇଁ କିଛି ବ୍ୟବସ୍ଥା କର'

ଆମେ ଚାଲିଚାଲି ଗୋଟିଏ ରାସ୍ତାପାର୍ଶ୍ୱରେ ସ୍ଥାପିତ ଏକ ପ୍ରତିକୃତି ନିକଟରେ ପହଞ୍ଚିଲୁ, ପ୍ରତିକୃତିରେ ସ୍ଥାନିତ ବ୍ୟକ୍ତି ଜଣକ ନିଶ୍ଚୟ ଜଣେ କଳାକାର ବୋଲି ଲାଗୁଥିଲା।

ଫଳକରେ ଲେଖାଥିଲା 'ଜନ ଏମ୍ ଲୋହାନ୍' ଓ ସେଥିରେ ବ୍ରଡୱେକୁ କୃତଜ୍ଞତା ପ୍ରକାଶ ପାଇଥିଲା। ପରେ ଜଣାଗଲା ଯେ ଲୋହାନ ୧୯୪୬ରେ ଦେହତ୍ୟାଗ କରିବା ପୂର୍ବରୁ ଏହି ଅଞ୍ଚଳରେ ମନୋରଞ୍ଜନ ଶିଳ୍ପ ସହିତ ବହୁ ବର୍ଷ ଧରି ସକ୍ରିୟ ଭାବେ ସଂପୃକ୍ତ ଥିଲେ। ସେ ଏକାଧାରରେ ଜଣେ ଗୀତିକାର, ସ୍ୱରକାର, ସଂଗୀତଜ୍ଞ ଓ ଅଭିନେତା ଭାବେ ସୁପରିଚିତ ଥିଲେ। ଆମେ କେତୋଟି ଫଟୋ ଉଠାଇ ରେଷ୍ଟୋରାଁକୁ ଫେରିଲୁ। ଟେବୁଲକୁ ଖାଦ୍ୟ ଆସିଯାଇଥିଲା, ଭୋଜନ ପରେ ଆଦିତ୍ୟ ପୁଣି ଆୟୁଷିକୁ ନେଇ ବୁଲିବାକୁ ଗଲା ଆଉ ଆମେ ଦୁଇଜଣ ବସି କଫି ପିଇଲୁ। ସେମାନେ ଫେରିବା ପରେ ବ୍ୟାଗପତ୍ର ଧରି ଟ୍ୟାକ୍ସି ଯୋଗେ  କୁଇନ୍ସ ଅଞ୍ଚଳରେ ଆମର ଆରକ୍ଷିତ ଏଆରବିଏନ୍‌ବି ଘର ଅଭିମୁଖେ ବାହାରିଲୁ। ଫେରିବା ବେଳେ ଟାଇମସ୍କୋୟାରର ସେହି ଅଞ୍ଚଳର ଚାକଚକ୍ୟ ଦେଖି ଦେଖି ମ୍ୟାନହାଟନ ଅଞ୍ଚଳରୁ ବାହାରକୁ ଗଲୁ। ହଡ୍‌ସନ ନଦୀର ସେତୁ ଉପରେ ଗଲାବେଳେ କଲିକତାର ହାଓଡ଼ା ବ୍ରିଜ ଅଥବା ଦିଲ୍ଲୀର ଯମୁନା ବ୍ରିଜ କଥା ମନେ ପଡ଼ିଯାଏ। ଅଟ୍ଟାଳିକାମୟ ନ୍ୟୁୟର୍କ ସହର ମଧ୍ୟରେ ଏହି ନଦୀ ପ୍ରବାହିତ ହୋଇ ନିକଟରେ ଆଟ୍‌ଲାଣ୍ଟିକ୍ ମହାସାଗରରେ ମିଶିଛି। ନଦୀ ବେଶ୍ ପ୍ରଶସ୍ତ, ଏହା ଉପରେ ଅନେକଗୁଡ଼ିଏ ସେତୁ ସହରକୁ ବିଭାଜିତ କରିଛି।

କୁଇନସ୍‌ର ଆଷ୍ଟୋରିଆ ଅଞ୍ଚଳରେ ଆମ ପାଇଁ ଆରକ୍ଷିତ ଘର ଖୋଜି ସେଠାରେ ପହଞ୍ଚିଲୁ। ଘର ମାଲିକ ଦେଇଥିବା ନମ୍ବର ଦ୍ୱାରା ତାଲା ଖୋଲି ଘରକୁ ପଶିଲୁ। ନ୍ୟାସଭିଲର ଏଆରବିଏନବି ଭଳି ସୁବିଧା ନଥିଲେ ମଧ୍ୟ ନ୍ୟୁୟର୍କ ସହରରେ ତାହା ହିଁ ଥିଲା ଯଥେଷ୍ଟ। ନ୍ୟାସଭିଲର ଘରଟି ଥିଲା କଣ୍ଡୋମୋନିୟମ, ଦୁଇ ତାଲା ବିଶିଷ୍ଟ ଆପାର୍ଟମେଣ୍ଟ। ଏଠାରେ କୌଣସିମତେ ଦୁଇଟି କୋଠରୀ ପ୍ରସ୍ତୁତ କରି ଆଗନ୍ତୁକମାନଙ୍କୁ ଯଥାସମ୍ଭବ ସୁବିଧା ଯୋଗାଇ ଆକର୍ଷିତ କରିବା ପାଇଁ ମାଲିକ ଚେଷ୍ଟା କରିଛନ୍ତି। ଆମେ ସେଠାରେ ତିନୋଟି ରାତି କଟାଇବାର ମାନସିକ ପ୍ରସ୍ତୁତି କରିନେଲୁ। ସେଥିରେ ଗୋଟିଏ କୋଠରୀ ଠିକ୍ ଥିଲାବେଳେ ଅନ୍ୟଟି ବୈଠକଖାନାରେ ଡ୍ରୟାର ଖଟ ବିଛାଇ ଶୋଇବାର ବ୍ୟବସ୍ଥା ଥିଲା। ପାଖରେ ଏକ ଛୋଟ ପ୍ୟାଣ୍ଟ୍ରି ଆଉ ଗୋଟିଏ ଶୌଚାଳୟ।

ସେ ଘରେ ଆଦିତ୍ୟ ଓ ଆୟୁଷିଙ୍କ ମୁଖ୍ୟ ଆକର୍ଷଣ ଥିଲା ପଛ ପାଖରେ ଅନ୍ୟ ଏକ ଗୃହରେ ଜଣେ ମହିଳା ପାଳିଥିବା ଅନେକଗୁଡ଼ିଏ ବିରାଡ଼ି। ଧଳା କଳା ଆଦି ରଙ୍ଗର ହୃଷ୍ଟପୃଷ୍ଟ ପାଞ୍ଚ ସାତୋଟି ବିରାଡ଼ି ଆସି ବାହାରେ ଡ଼ିଆଁ ମାରିଲେ ଦେଖିବାକୁ ଭଲ ଲାଗେ। ପୁଣି ମାଲିକାଣୀର ଡାକରେ ଭୋଜନ ଆଶାରେ କୁଦା ମାରି ସେମାନେ ଭିତରକୁ ଚାଲିଯାଆନ୍ତି।

ପିଲାମାନେ ଆମ ଦି'ଜଣଙ୍କ ପାଇଁ କିଛି ଖାଦ୍ୟ କୌଣସି ରେଷ୍ଟୋରାଁରୁ ଆଣି ଦେଇ ପୁଣି ବୁଲିବାକୁ ଗଲେ। ନ୍ୟୁୟର୍କ ଭଳି ସହରକୁ ଆସି ନବୁଲିବା ଭୁଲ ହେବ ବୋଲି କହିଗଲେ। ଆମେ ବିଶ୍ରାମ ନେଲୁ।

**ଖ. ଷ୍ଟାଚ୍ୟୁ ଅଫ୍ ଲିବର୍ଟି -**

ତା ୧୭.୦୫. ୨୧ ଦିନଟି ମୋର ସର୍ବଦା ମନେ ରହିବ। ସେହିଦିନ ନ୍ୟୁୟର୍କ ରହଣି ସମୟରେ ଆମେ 'ଷ୍ଟାଚ୍ୟୁ ଅଫ୍ ଲିବର୍ଟି' ଦେଖିବା ପାଇଁ ଯାଇଥିଲୁ। ସହର ଉପକୂଳରୁ ଫେରି ସାହାଯ୍ୟରେ ଆଟଲାଣ୍ଟିକ୍ ସାଗର ମଧ୍ୟରେ କିଛି ସମୟ ଗଲେ ଏକ ଏଲିସ୍ ନାମକ ଟାପୁରେ ସ୍ଥାପିତ ଏହି ବିରଳ ମୂର୍ତ୍ତି ଦେଖି ହେବ। ଆମେରିକାରେ ଏହା ଏକ ପ୍ରମୁଖ ପର୍ଯ୍ୟଟନସ୍ଥଳୀ। ଏହାର ବିକାଶ ପାଇଁ ମାର୍କିନ ସରକାର ବିଶେଷ ଧ୍ୟାନ ଦେଇଛନ୍ତି। ଏହି ଐତିହ୍ୟ ସଂପନ୍ନ କୀର୍ତ୍ତିଟି ଆମେରିକାର ଜାତୀୟ ପ୍ରତୀକ ଭାବେ ସ୍ୱୀକୃତି ଲାଭ କରିଛି। ୧୫୧ ଫୁଟ ଉଚ୍ଚତା ବିଶିଷ୍ଟ ଗାଉନ ପରିହିତା ଏକ ଭବ୍ୟ ନାରୀ ମୂର୍ତ୍ତି ବାମ ହାତରେ ଏକ ବହି ଓ ଉତ୍ତୋଳିତ ଦକ୍ଷିଣ ହାତରେ ଏକ ଜ୍ୱଳନ୍ତ ମଶାଲ। ମସ୍ତକରେ ଏକ ମୁକୁଟ। ଏହା ବିଶ୍ୱର ବହୁ ଚର୍ଚ୍ଚିତ ବିରଳ ସ୍ଥାପତ୍ୟ ଭାବରେ ତଥା ଏହି ଦ୍ୱୀପ ବିଶ୍ୱ ଐତିହ୍ୟସ୍ଥଳୀ ଭାବରେ ୧୯୮୪ରେ UNESCO ଦ୍ୱାରା ତାଲିକାଭୁକ୍ତ ହୋଇଛି। ନିମ୍ନରେ ଦ୍ୱିସ୍ତର ବିଶିଷ୍ଟ ପ୍ରସ୍ତର ପିଷ୍ଟକୁ ମିଶାଇ ସଂପୂର୍ଣ୍ଣ ଉଚ୍ଚତା ୩୦୫ ଫୁଟ। ମୂର୍ତ୍ତିର ମୁଖମଣ୍ଡଳରେ ନାସାର ଲମ୍ବ ୪ ଫୁଟ ୬ ଇଞ୍ଚ। ଏଥିରୁ ମୂର୍ତ୍ତିର ବିଶାଳତା ସହଜରେ ଅନୁମେୟ। ମୂର୍ତ୍ତି ନିର୍ମାଣରେ ତମ୍ବା ୨୭.୨୨ ଟନ୍ ଏବଂ ଆଭ୍ୟନ୍ତରିଣ ଢାଞ୍ଚାରେ ୧୧୩.୪ ଟନ୍ ଇସ୍ପାତ ଲାଗିଅଛି।

ଦେଶରେ ଗୃହଯୁଦ୍ଧର ଅବସାନ ପରେ ତା୦୪.୦୭.୧୭୭୬ରେ ଆମେରିକା ସ୍ୱାଧୀନ ହୋଇଥିଲା। ସେତେବେଳେ ଫ୍ରାନ୍ସରେ ରାଜତନ୍ତ୍ରର ପ୍ରଭାବ ରହିଥିଲା। ଆମେରିକା ସ୍ୱାଧୀନ ହେବାରେ ଫରାସୀ ସରକାର ଉତ୍ସାହିତ ହୋଇ ମାର୍କିନ ଦେଶର ଜନସାଧାରଣଙ୍କ ଉଦ୍ଦେଶ୍ୟରେ ଦୁଇ ଦେଶର ବନ୍ଧୁତାକୁ ସମ୍ମାନ ଜଣାଇ ଏକ ଅନନ୍ୟ ସାଧାରଣ ଉପହାର ଦେବା ପାଇଁ ଚିନ୍ତା କଲେ। ବହୁ ପରୀକ୍ଷା ନିରୀକ୍ଷା ପରେ ଆମେରିକା ସମ୍ବିଧାନର ମୁଖ୍ୟ ଆଧାର 'ମୁକ୍ତି' ବା Libertyକୁ କଳା ମାଧ୍ୟମରେ ପ୍ରତିଫଳିତ କରି ଏକ ବୃହଦାକାର ସ୍ଥାପତ୍ୟ ନିର୍ମାଣ କରିବା ପାଇଁ ସ୍ୱନାମଧନ୍ୟ ଫରାସୀ ସ୍ଥପତି Fredric Auguste Barthaldiଙ୍କୁ ଦାୟିତ୍ୱ ଦିଆଗଲା। ସେ ପ୍ରସ୍ତାବିତ ମୂର୍ତ୍ତିର ଏକ ଛୋଟ ମଡେଲ ପ୍ରଥମେ ପ୍ରସ୍ତୁତ କଲେ ଏବଂ କିଛି ସଂଶୋଧନ ପରେ ସରକାରଙ୍କ ଅନୁମୋଦନ କ୍ରମେ ନିର୍ମାଣ କାର୍ଯ୍ୟ ଆରମ୍ଭ କରାଗଲା। ବହୁ ବାଧାବିଘ୍ନ,

ନକ୍ସା ପରିବର୍ତ୍ତନ , ସମାଲୋଚନା ଓ ଆର୍ଥିକ ଅଭାବ ମଧ୍ୟରେ ପ୍ରାୟ ଆଠ ବର୍ଷ ମଧ୍ୟରେ ମୂର୍ତ୍ତି ନିର୍ମାଣ କାମ ସରିଲା । 'ମୁକ୍ତି'ର ବାର୍ତ୍ତା ବହନ କରୁଥିବା ଭାବଭଙ୍ଗୀ ମୁଦ୍ରା ବେଶ ସମ୍ବଳିତ ଦିବ୍ୟ ନାରୀ ମୂର୍ତ୍ତିର ବିଶାଳ ରୂପର ଚୂଡ଼ାନ୍ତ ଯୋଜନା ପ୍ରସ୍ତୁତ ହେବା ପାଇଁ ବହୁ ମାନସ ମନ୍ଥନ କରାଯାଇଥିଲା । ଶେଷରେ ଇଜିପ୍ଟ ତଥା ଗ୍ରୀସର ଦେବୀ ଇସିସ୍, ରୋମୀୟ ସଂସ୍କୃତିର ମୁକ୍ତିର ଦେବୀ କଲୋମ୍ବିଆ ଏବଂ ଖ୍ରୀଷ୍ଟିଆନ ଧର୍ମର ଭର୍ଜିନ ମେରୀଙ୍କ ରୂପର ସମ୍ମନ୍ୱୟରେ ଏହି ନକ୍ସା କାର୍ଯ୍ୟକାରୀ ହେଲା ।

'ଷ୍ଟାଚ୍ୟୁ ଅଫ ଲିବର୍ଟି' ନାମକ ୧୫୧ ଫୁଟ ଉଚ୍ଚତା ବିଶିଷ୍ଟ ମୂର୍ତ୍ତିର ବିଭିନ୍ନ ଅଂଶ ୨.୪ ଇଞ୍ଚ ମୋଟ ତମ୍ବା ଚାଦରକୁ ନିଆଁରେ ଗରମ କରି ନକ୍ସା ଅନୁସାରେ ବଡ଼ କାଠ ହାତୁଡ଼ିରେ ପିଟିପିଟି ପ୍ରସ୍ତୁତ କରିବା କାମ ସ୍ଥପତି ବାରଥାଲଡ଼ି ଫ୍ରାନ୍ସରେ ଥିବା ତାଙ୍କର କର୍ମଶାଳାରେ ନିଜ ତତ୍ତ୍ୱାବଧାନରେ କରାଇଥିଲେ । ଫ୍ରାନ୍ସର ପ୍ରସିଦ୍ଧ ଏଇଫିଲ ଟାୱାରର ସ୍ଥପତି ଗୁସ୍ତଭ (Gustav Eiffel) ଏହାର ଆଭ୍ୟନ୍ତରୀଣ ଲୌହ ଢାଞ୍ଚାର ନକ୍ସା ପ୍ରସ୍ତୁତ କରିଥିଲେ ଯେଉଁଥିରେ ଭିତର ପାର୍ଶ୍ୱରେ ମୂର୍ତ୍ତି ଅବୟବର ଅଂଶ ବିଶେଷ ଦୃଢ଼ ଭାବରେ ଖଞ୍ଜାଯାଇ ବାହ୍ୟ ରୂପ ଅକ୍ଷୁଣ୍ଣ ରହିପାରିବ । ମୂର୍ତ୍ତିର କିଛି ଅଂଶ ଢଳେଇ ମାଧ୍ୟମରେ କରାଯାଇଥିଲା । ଶେଷରେ କାମ ସଂପୂର୍ଣ୍ଣ ହୋଇ ପରୀକ୍ଷାମୂଳକ ଭାବେ ଖଞ୍ଜାଯାଇ ପ୍ରଦର୍ଶିତ ହେଲା ପରେ ଫରାସୀ ସରକାରଙ୍କ ଦ୍ୱାରା ଅନୁମୋଦିତ ହୋଇ ପୁନର୍ବାର ମୂର୍ତ୍ତିର ଦେହାଂଶଗୁଡ଼ିକୁ ଖୋଲାଯାଇ ଜାହାଜ ଦ୍ୱାରା ତା ୧୭.୦୬.୧୮୮୫ ରେ ଆମେରିକାରେ ପହଞ୍ଚିଥିଲା । ଜାହାଜଟି ନ୍ୟୁୟର୍କ ଉପକୂଳରେ ଲାଗିଲା ପରେ ସହସ୍ରାଧିକ ଉତ୍ସାହୀ ଜନତା ଏକତ୍ରିତ ହେଇ ଏହାର ସ୍ୱାଗତ କରିଥିଲେ । ସେତେବେଳେ ଗୃହଯୁଦ୍ଧର ପରବର୍ତ୍ତୀ ଅବସ୍ଥାରେ ଦେଶର ଆର୍ଥିକ ଅବସ୍ଥା ଭଲ ନଥିଲା । ସେଥିରେ ଏହି ବିଶାଳ ମୂର୍ତ୍ତି ସଠିକ୍ ଭାବରେ ସ୍ଥାପନ କରିବା ପାଇଁ ଆବଶ୍ୟକୀୟ ବିପୁଳ ସମ୍ବଳ ବରାଦ କରିବା ତତ୍କାଳୀନ ମାର୍କିନ ସରକାର ଦ୍ୱାରା ସମ୍ଭବ ହେଲା ନାହିଁ । ସେଥିପାଇଁ ଜନସାଧାରଣଙ୍କଠାରୁ ସାହାଯ୍ୟ ମଗାଗଲା । ମାତ୍ର ତା'ର ସୁଫଳ ଆଶାଜନକ ହେଲା ନାହିଁ । ଆହୁରି ମୂର୍ତ୍ତି ସ୍ଥାପନ କରିବା ପାଇଁ ନିମ୍ନ ପିଷ୍ଟର ନକ୍ସା ପ୍ରସ୍ତୁତ ଓ ତା'ର ଚୂଡ଼ାନ୍ତ ନିଷ୍ପତ୍ତି ପାଇଁ ସମୟ ଲାଗିଲା । ମୂର୍ତ୍ତିର ରୂପ ସେତେବେଳକୁ ଗଣମାଧ୍ୟମରେ ପ୍ରସାରିତ ହେଇଯାଇଥିଲା । ଏହାକୁ ନେଇ ଦେଶରେ ଚର୍ଚ୍ଚା ଆରମ୍ଭ ହେଇଗଲା । ଅନେକ ବାଦ ବିସମ୍ବାଦ ଲାଗିଲା । ଏଭଳି ଉପହାର ସ୍ୱୀକାର କରିଥିବାରୁ ବିରୋଧୀମାନଙ୍କ ସମାଲୋଚନାର ଶିକାର ହେଲେ ତତ୍କାଳୀନ ରାଷ୍ଟ୍ରପତି ଗ୍ରୋଭର କ୍ଲୀଭଲାଣ୍ଡ (Grover Cleveland ) । ପରିଶେଷରେ ତା ୨୮.୧୦.୧୮୮୬ରେ ଏକ ଭବ୍ୟ ସମାରୋହରେ ମୂର୍ତ୍ତିଟି ସ୍ଥାପନ କରାଯାଇ

ଜାତି ଉଦ୍ଦେଶ୍ୟରେ ଉତ୍ସର୍ଗ କରାଗଲା। ତା'ପରଠାରୁ ଏହି ମୂର୍ତ୍ତି ଆମେରିକାର ପ୍ରତୀକ ଭାବେ ଗୃହୀତ ହେଇପାରିଛି। ବିଶାଳତା ବ୍ୟତୀତ ମୂର୍ତ୍ତିର ବିଶେଷତ୍ୱ ହେଉଛି ଏହାର ଆଭ୍ୟନ୍ତରରେ ଲାଗିଥିବା ଲିଫ୍ଟ ସାହାଯ୍ୟରେ ମୂର୍ତ୍ତିର ମସ୍ତକ ଉପରେ ଥିବା ମୁକୁଟ ତଥା ମଶାଲ ପର୍ଯ୍ୟନ୍ତ ମଧ୍ୟ ଯାଇହୁଏ। ଆଗ୍ରହୀ ପର୍ଯ୍ୟଟକମାନଙ୍କୁ ନିୟନ୍ତ୍ରିତ କରି କର୍ତ୍ତୃପକ୍ଷ ଉପର ପର୍ଯ୍ୟନ୍ତ ଯିବାପାଇଁ ଅନୁମତି ଦେଉଥିଲେ। ଅନେକ ସମୟରେ ମରାମତି ଆଦି କାରଣରୁ ଏହି ସୁବିଧା ବନ୍ଦ ରହିଥାଏ। ଏବେ ଆମେ ଗଲା ବେଳକୁ ମଧ୍ୟ ସେହି

କାରଣରୁ ଏବଂ କୋଭିଡ୍ ସଂକ୍ରମଣ ସଂପୂର୍ଣ୍ଣ କମିନଥିବାରୁ ବନ୍ଦ ରହିଥିଲା। ଏପରିକି ମୂର୍ତ୍ତିର ପିଷ୍ଟ ପର୍ଯ୍ୟନ୍ତ ମଧ୍ୟ ଯିବା ପାଇଁ ଅନୁମତି ନଥିଲା। କେବଳ ଲୌହ ଜାଲି ପାଚେରୀର ବାହାରୁ ଯାହା ଦେଖିବା ସମ୍ଭବ ହେଲା। ସାମୁଦ୍ରିକ ପବନର ସଂସ୍ପର୍ଶରେ ଆସି ମୂର୍ତ୍ତିର ରଙ୍ଗ ସବୁଜ ହେଇଯାଇଛି। ସେହି ପ୍ରାକୃତିକ ରଙ୍ଗରେ ରଖିବାକୁ ଉଚିତ ମଣିଛନ୍ତି ସରକାର। ଏଲିସ୍ ଦ୍ୱୀପରେ ସ୍ଥାପିତ ଏହି ବିଶ୍ୱସ୍ତରୀୟ ବିରଳ କୀର୍ତ୍ତିର ଶତବାର୍ଷିକୀ ୧୯୮୭ରେ ପାଳନ କରାଯାଇଥିଲା। ସମାରୋହର ପ୍ରସ୍ତୁତି ପର୍ବରେ ମୂର୍ତ୍ତିର ବ୍ୟାପକ ମରାମତି କରାଯାଇ ରାଷ୍ଟ୍ରପତି ରୋନାଲ୍ଡ ରିଗାନ୍‌ଙ୍କ ଦ୍ୱାରା ଜାତି ଉଦ୍ଦେଶ୍ୟରେ ପୁନଃନିବେଦିତ ହୋଇଥିଲା। ସେତେବେଳେ ରାଷ୍ଟ୍ରପତିଙ୍କ ପତ୍ନୀ ନାନ୍‌ସୀ ମୂର୍ତ୍ତିର ଶୀର୍ଷରେ ଥିବା ମଶାଲର ଫାଙ୍କରୁ ଦୃଶ୍ୟମାନ ହେବା ବିଶ୍ୱ ଗଣମାଧ୍ୟମରେ ପ୍ରସାରିତ ହୋଇଥିଲା। ରାଷ୍ଟ୍ରପତି ରିଗାନ୍ ଉକ୍ତ ସମାରୋହରେ ପ୍ରଦତ୍ତ ଭାଷଣରେ କହିଥିଲେ; " We are the keeper of the flame of liberty, we hold it high for the world to see" ଏହି ଉକ୍ତିରୁ ଏହି ମୂର୍ତ୍ତିକୁ ନେଇ ଆମେରିକାର ସ୍ୱାଭିମାନ ବିଷୟ ଅନୁମାନ କରାଯାଇପାରେ। ପ୍ରକୃତରେ ଆଗନ୍ତୁକମାନଙ୍କ ଦ୍ୱାରା ବିକଶିତ ଏହି ଗଣତାନ୍ତ୍ରିକ ରାଷ୍ଟ୍ରରେ ନାଗରିକମାନଙ୍କର ମୁକ୍ତ ଜୀବନଶୈଳୀର ସଗୌରବ ପ୍ରତୀକ ଭାବେ ଦଣ୍ଡାୟମାନ ଏହି ବିରଳ ସ୍ଥାପତ୍ୟଟି ପାଇଁ ସମସ୍ତ ଆମେରିକୀୟ ନାଗରିକ ଗର୍ବ କରିବା ସ୍ୱାଭାବିକ।

ସର୍ବାଧିକ ଉଚ୍ଚତା ବିଶିଷ୍ଟ ମୂର୍ତ୍ତି ଭାବରେ ୧୩୬ ବର୍ଷ ଧରି ବିଶ୍ୱରେ ଆଖ୍ୟାୟିତ ହେବା ପରେ ଏବେ ସେହି ଗୌରବ ପ୍ରତିହତ ହୋଇଛି। ଆମ ଦେଶରେ ଗୁଜୁରାଟର ବରୋଦା ନିକଟରେ ନର୍ମଦା ନଦୀ ତଟରେ ସର୍ଦାର ସରୋବର ସାମନାରେ ସର୍ଦାର ବଲ୍ଲଭଭାଇ ପଟେଲଙ୍କ ଧାତବ ମୂର୍ତ୍ତି ପ୍ରତିଷ୍ଠିତ ହେବା ପରେ ଏହା ବିଶ୍ୱର ସବୁଠାରୁ ଉଚ୍ଚ ମୂର୍ତ୍ତିର ମାନ୍ୟତା ଲାଭ କରିଛି। ୧୯୦ ଫୁଟ ଉଚ୍ଚର ପିଷ୍ଟଭୂମି ଉପରେ ୧୮୨ ମିଟର ବା ୫୯୭ ଫୁଟ ଉଚ୍ଚତାର ମୂର୍ତ୍ତିର ନାମ ' ଷ୍ଟାଚ୍ୟୁ ଅଫ୍ ୟୁନିଟି' ରଖାଯାଇଛି। ସ୍ୱାଧୀନତା ପରବର୍ତ୍ତୀ କାଳରେ ୭୦୦ ଦେଶୀୟ ରାଜ୍ୟର ସମିଶ୍ରଣ କରିବାରେ ସର୍ଦ୍ଦାର ପଟେଲଙ୍କ ଯେଉଁ ସୁଦକ୍ଷ ଭୂମିକା ରହିଥିଲା ସେଥିପାଇଁ ସେହି ପ୍ରଭାବଶାଳୀ ବ୍ୟକ୍ତିତ୍ୱକୁ ସମ୍ମାନ ଜଣାଇ ଭାରତ ସରକାର ଏହି ବିରଳ କୀର୍ତ୍ତି ସ୍ଥାପନ କରି ଅଗଣିତ ପର୍ଯ୍ୟଟକଙ୍କ ଦୃଷ୍ଟି ଆକର୍ଷଣ କରିବାରେ ସଫଳ ହୋଇଛନ୍ତି। ଏଥିପାଇଁ ଏକତାର ଭାବ ସୃଷ୍ଟି କରିବା ପାଇଁ ଦେଶର ବିଭିନ୍ନ ପ୍ରାନ୍ତରୁ ଜନସାଧାରଣଙ୍କଠାରୁ ଧାତବ ଖଣ୍ଡ ସଂଗୃହୀତ ହୋଇଥିଲା। ସର୍ଦ୍ଦାର ପଟେଲ ୧୪୩ତମ ଜନ୍ମଦିବସରେ ତା ୩୧.୧୦.୨୦୧୮ରେ ଏହି ଅଭିନବ କୀର୍ତ୍ତିର ଲୋକାର୍ପଣ ପ୍ରଧାନମନ୍ତ୍ରୀ ନରେନ୍ଦ୍ର ମୋଦିଜୀଙ୍କ ଦ୍ୱାରା କରାଯାଇଥିଲା।

ଅଟ୍ଟାଳିକାର ଅରଣ୍ୟ ସମୃଦ୍ଧ ଉପକୂଳ ଛାଡ଼ି ଜଳଯାନ ଶତାଧିକ ଯାତ୍ରୀଙ୍କୁ ନେଇ ଆଟଲାଣ୍ଟିକ ସାଗରରେ ଏଲିସ୍ ଦ୍ୱୀପ ଅଭିମୁଖେ ତା'ର ସଂକ୍ଷିପ୍ତ ଯାତ୍ରା ଆରମ୍ଭ କଲା। ଜଳଯାନରେ ଦୂରତ୍ୱ ବଢୁଥାଏ ନିୟୁର୍କ ସହର ଉପକଣ୍ଠର ଦୃଶ୍ୟ ଅଧିକରୁ ଅଧିକ ଆକର୍ଷଣୀୟ ମନେ ହେଉଥାଏ। ସମୁଦ୍ର ଭିତରୁ ଏମିତି ସବୁ ସହର ସୁନ୍ଦର ଦେଖାଯାଉଥିବ ନିଶ୍ଚୟ। ବମ୍ବେର ଇଣ୍ଡିଆ ଗେଟଠାରୁ ଫେରିଲେ ଏଲିଫାଣ୍ଟା କେଭସ୍ ଗଲେ ଉପକୂଳର ଦୃଶ୍ୟ ସେଇଭଳି ଦେଖାଯାଏ। ଆମ ପୁରୀ ସମୁଦ୍ର ଭିତରୁ ହୋଟେଲ କୋଠାଗୁଡ଼ିକ ଏତେ ଉଚ୍ଚର ନହେଲେ ମଧ୍ୟ ଫଟୋରେ ଭଲ ଦେଖାଯାଏ। ଦର୍ଶନର ଦିଗ ବଦଳିଲେ ଦୃଶ୍ୟପଟ ବଦଳିଯାଏ। ସେମିତି ଲାଗୁଥିଲା କେହି ଦିବ୍ୟଶକ୍ତି ସତେ ଯେମିତି ଅନେକଗୁଡ଼ିଏ ସୁଉଚ୍ଚ କୋଠାର ବିଭିନ୍ନ ମଡେଲଗୁଡ଼ିକ ଖୁନ୍ଦାଖୁନ୍ଦି କରି ଖଞ୍ଜିଦେଇଛି। କିଏ ବା ସାମାନ୍ୟ ଛୋଟ ମାତ୍ର ନକ୍ସାରେ ସୁନ୍ଦର, ଆଉ କିଏ ଅଯଥାରେ ଏତେ ଉଚ୍ଚତାକୁ ଲମ୍ବିଯାଇଛି। ଯେମିତି ସ୍ୱର୍ଗକୁ ଛୁଇଁଯିବ !

ଜଳଯାନ ଏଲିସ୍ ଦ୍ୱୀପର କୂଳରେ ଲାଗିଲା। ଏହି ଦ୍ୱୀପକୁ ଲିବର୍ଟି ଆଇଲାଣ୍ଡ ମଧ୍ୟ କୁହାଯାଏ। ଅଦୂରରେ ଷ୍ଟାଚ୍ୟୁ ଅଫ ଲିବର୍ଟିର ପାର୍ଶ୍ୱଚିତ୍ର ଦୃଷ୍ଟି ପଥାରୂଢ଼ ହୁଏ। ସେ ପର୍ଯ୍ୟନ୍ତ ପ୍ରାୟ ଅଧାମାଇଲ ବାଟ ଚାଲିବାକୁ ପଡ଼େ। ତିନି ପାର୍ଶ୍ୱରେ ସମୁଦ୍ର ଏବଂ ଏକ ପାର୍ଶ୍ୱ ଦିଗ୍‌ବଳୟରେ ନ୍ୟୁୟର୍କ ସହରର ସୂକ୍ଷ୍ମଚିତ୍ର। ଆମେ ମୂର୍ତ୍ତି ପାଖରେ ପହଞ୍ଚି ପ୍ରାୟ ଶହେଫୁଟ ଦୂରରେ ଲାଗିଥିବା ଧାତବ ଜାଲିବାଡ଼ ବାହାରୁ ଯାହା ଦେଖିପାରିଲୁ। ବିଶ୍ୱର ସର୍ବାଧିକ ଆଦୃତ ସ୍ଥାପତ୍ୟର ବିରଳ ନିଦର୍ଶନକୁ ଚାକ୍ଷୁଷ କରି ଅଭିଭୂତ ହେଲୁ। ଏହି ସେହି ଐତିହ୍ୟ କୀର୍ତ୍ତି ଯାହାର ଚିତ୍ର ସର୍ବତ୍ର ମୁଦ୍ରିତ। ପୋଷାକ, ପରିଚ୍ଛଦ, ଟୋପି, ମୁଣି, ଉପହାର ସ୍ମାରକୀ ସବୁଥିରେ ବିଦ୍ୟମାନ। ଯାହାର ରୂପ ଭଙ୍ଗୀ ମାଧୁର୍ଯ୍ୟ ସବୁ ଆକର୍ଷିତ କରିଛି ଅସଂଖ୍ୟ ପର୍ଯ୍ୟଟକଙ୍କୁ, ଯାହାର ନିର୍ମାଣ ଶୈଳୀ ଜ୍ୱଳନ୍ତ ମଶାଲର ଅଗ୍ନିଶିଖା କେତେକ ମନରେ ମୁକ୍ତିର ଅଭୀପ୍ସା ଜାଗ୍ରତ କରାଇବା ପାଇଁ ସକ୍ଷମ ହୋଇଛି।

ବିଭିନ୍ନ ପାର୍ଶ୍ୱରୁ ମୁକ୍ତିର ବାର୍ତ୍ତାବାହିକା ଏହି ଅନନ୍ୟ ଦେବୀ ମୂର୍ତ୍ତିଙ୍କ ସନ୍ଦର୍ଶନରେ ଆପ୍ୟାୟିତ ହେଇ ସେଠାରୁ ପ୍ରତ୍ୟାବର୍ତ୍ତନ କଲୁ। ସେ ସ୍ଥାନ ଛାଡ଼ିବା ପୂର୍ବରୁ ମୂର୍ତ୍ତି ସମ୍ମୁଖରେ ଆଉ ଥରେ ତା'ର ମୁଖମଣ୍ଡଳରେ ଦୃଷ୍ଟି ନିକ୍ଷେପ କଲୁ। ରୋମାନ ଶୈଳୀର ଗଢ଼ଣରେ ଆଖି ନାକ ପାଟି ସବୁ ଅତ୍ୟନ୍ତ କମନୀୟ। ଏତେ ଦୂରରୁ ଦୃଷ୍ଟିଗୋଚର ହେଲେ ମଧ୍ୟ ମୂର୍ତ୍ତିର ବିଶାଳତା କାରଣରୁ ମୁଖମଣ୍ଡଳରେ ଏକ ପ୍ରେରଣାଦାୟୀ ପ୍ରଶାନ୍ତି ଭାବ ବାରି ହେଇପଡ଼େ। ସଳଖଭାବରେ ଦଣ୍ଡାୟମାନ ହୋଇ ସୁବର୍ଣ୍ଣପ୍ରସ୍ତ ଆବୃତ ଅଗ୍ନିଶିଖା ସମ୍ବଳିତ ମଶାଲଟି ଡାହାଣ ହାତରେ ଟେକି ଧରି ଏକ ଲୟରେ ଦିଗ୍‌ବଳୟ

ଆଡ଼କୁ ନିର୍ଲିପ୍ତ ଭାବରେ ଚାହିଁ ରହିଛନ୍ତି ଏହି ଦିବ୍ୟ ନାରୀ ମୂର୍ତ୍ତି। ଯାହାଙ୍କ ତୋଳାରେ ଖଚିତ ହୀରାଖଣ୍ଡ ସବୁ କେବଳ ଦୂରବୀକ୍ଷଣ ଯନ୍ତ୍ର ଦ୍ୱାରା ଦେଖାଯିବା ସମ୍ଭବ।

ଫେରିବା ପଥରେ ଲାଗିଥିବା ଫଳକଗୁଡ଼ିକରେ ଏହି ବିଶାଳ ମୂର୍ତ୍ତି ନିର୍ମାଣ ପଛର କାହାଣୀ ବର୍ଣ୍ଣିତ ହୋଇଥିବାର ଦେଖିଲୁ। ମୂର୍ତ୍ତି ନିର୍ମାଣର ପର୍ଯ୍ୟାୟକ୍ରମର ଚିତ୍ର ଏହି ଫଳକଗୁଡ଼ିକ ପର୍ଯ୍ୟଟକମାନଙ୍କ ପାଇଁ ବେଶ୍ ଉପାଦେୟ। ଆମ ଦେଶରେ ପର୍ଯ୍ୟଟକ ସ୍ଥଳୀରେ ଗାଇଡ଼୍‌ମାନଙ୍କର ପ୍ରାଦୁର୍ଭାବ ସେଠାରେ ଦେଖିବାକୁ ମିଳିନଥିଲା। ମୂର୍ତ୍ତି ପରିସରରେ ଠିକ୍ ପଛକୁ ଏକ ଧାଡ଼ିରେ ପାଞ୍ଚଗୋଟି ପ୍ରାୟ ତିନିଫୁଟ ଉଚ୍ଚତା ବିଶିଷ୍ଟ ବ୍ରୋଞ୍ଜ ନିର୍ମିତ ଆଧୁନିକ ପ୍ରତିକୃତି ଦେଖିଲୁ। ଏସବୁ ନିର୍ମାଣ ସହିତ ସଂପୃକ୍ତ ସ୍ଥପତି ଯନ୍ତ୍ରୀ ତଥା ଭାରପ୍ରାପ୍ତ ଅଧିକାରୀଙ୍କର ଥିଲା ବୋଲି ଜାଣିଲୁ।

ସେଠାରୁ ଆସି ମୁକ୍ତାକାଶ ରେସ୍ତୋରାଁ ଓ ସ୍ମାରକୀ ବିପଣୀରେ କିଛି ସମୟ କଟାଇଲୁ। ବିପଣୀ ମଧ୍ୟରୁ ବହୁ ପ୍ରକାରର ଉପହାର, ଅଭିନନ୍ଦନ ପତ୍ର, ପୁସ୍ତକ,ପୋଷାକ ସବୁଥିରେ ମୁକ୍ତିର ଦେବୀଙ୍କ ମୂର୍ତ୍ତିର ଚିତ୍ର ରହିଥାଏ। ବିଶେଷକରି ମୂର୍ତ୍ତିର ଛୋଟ ବଡ଼ ବିଭିନ୍ନ ଆକାରର ପ୍ରତିକୃର୍ତ୍ତି ବହୁ ସଂଖ୍ୟାରେ ରହିଥାଏ।

ବିପଣୀ ସଂଲଗ୍ନ ଅଞ୍ଚଳରେ କେତୋଟି ଗଛ ତଳେ ବସି ଜଳପାନ କରିବାର ସୁବିଧା ଅଛି। ଆମେ ସାଣ୍ଡୱିଚ ଓ କଫି ଆଦି ମଗାଇ ତା ସହିତ ଆମ ପାଖରେ ଥିବା କିଛି ଫଳ ଖାଇବା ବେଳକୁ ସି ଗଲ୍‌ମାନେ ଉଡ଼ିଆସି ଟେବୁଲ ଉପରୁ ଖାଦ୍ୟ ଝାମ୍ପିନେବା ଉପଭୋଗ କଲୁ। ସାମନାରେ ଏହି ସାମୁଦ୍ରିକ ପକ୍ଷୀମାନଙ୍କୁ ଖାଦ୍ୟ ନଦେବା ପାଇଁ ପରାମର୍ଶ ଫଳକ ଦେଖିବା ବେଳକୁ ଗୋଟିଏ ପକ୍ଷୀ କ୍ଷିପ୍ରତାର ସହ ଆସି ଆମ ଟେବୁଲରୁ ପୁଳାଏ ଖାଦ୍ୟ ନେଇ ଉଡ଼ିଗଲା। ତେବେ ସେମାନଙ୍କୁ ଖାଦ୍ୟ ନଦେବା ପାଇଁ ଏ ପରାମର୍ଶ ଫଳକ କାହିଁକି ? ସାଧାରଣତଃ ମାର୍କିନମାନେ ପଶୁପକ୍ଷୀଙ୍କ ପାଇଁ ବେଶି ଦରଦୀ ବୋଲି ମୋ ଧାରଣା। ପ୍ରକୃତ କଥାଟି ହେଉଛି ବେଳେବେଳେ ଏହି ପକ୍ଷୀମାନଙ୍କର ଉତ୍ପାତ ଏତେ ତୀବ୍ର ହୁଏ ଯେ ସେଥିରେ ପର୍ଯ୍ୟଟକମାନେ ଅତିଷ୍ଠ ହେଇପଡ଼ନ୍ତି।

ଫେରନ୍ତା ପଥରେ ଆସିବା ବେଳରେ ବିପରୀତ ଅବସ୍ଥା। ଏଲିସ ଆଇଲାଣ୍ଡର ପଶ୍ଚାତ୍‌ଭାଗରେ ଥିବା ଜେଟିରୁ ଜଳଯାନ ବାହାରି ଅର୍ଦ୍ଧଗୋଲାକାର ଗତିରେ ପ୍ରଥମେ ନ୍ୟୁୟର୍କ ଅଭିମୁଖେ ଫେରିବା ବେଳେ ପାର୍ଶ୍ୱରେ ଷ୍ଟାଚ୍ୟୁ ଅଫ ଲିବର୍ଟିର ଦିଗ ଅନୁସାରେ ପରିବର୍ତ୍ତିତ ଦୃଶ୍ୟର ଅନୁଭୂତି ଅବିସ୍ମରଣୀୟ। ଆମେ ଯେତିକି ଦୂରକୁ ଯାଉଥାଉ ଅଟ୍ଟାଳିକାମାଳିନୀ ନ୍ୟୁୟର୍କ ସହର ସେତିକି ନିକଟତର ହେଉଥାଏ ଏବଂ ପଛରେ ସେଇ ସ୍ମରଣୀୟ ସ୍ଥାପତ୍ୟ କୀର୍ତ୍ତି ଆମଠାରୁ ଦୂରେଇ ଯାଉଥାଏ। ଠିକ୍ କ୍ୟାମେରା ଲେନ୍ସରେ ଜୁମ୍ ଇନ୍ ଜୁମ୍ ଆଉଟ ପ୍ରକ୍ରିୟା ଭଳି।

ଜଳଯାନରୁ ଓହ୍ଲାଇ ବାହାରକୁ ଆସିଲୁ। ଉଦ୍ୟାନ ଭଳି ପ୍ରତ୍ୟୟ ହେଉଥିବା ବେଳାଭୂମିରେ ପର୍ଯ୍ୟଟକମାନଙ୍କ ମନୋରଞ୍ଜନ ପାଇଁ ପଥପ୍ରାନ୍ତ କଳାକାରମାନଙ୍କର କେତେ ଫନ୍ଦିଫିକର, କୌଶଳ ପ୍ରଦର୍ଶନ। କିଛି କୃଷ୍ଣକାୟ ଯୁବକ ଯନ୍ତ୍ରସଙ୍ଗୀତ ସହିତ ଆକର୍ଷଣୀୟ ଅଙ୍ଗଚାଳନା,କ୍ରୀଡ଼ାକୌଶଳ (Acrobatics)ଦେଖାଉଥାନ୍ତି। ମନୋରଞ୍ଜନ ପ୍ରତିବଦଳରେ କିଛି ଅର୍ଥଭିକ୍ଷାର ବିକଳ୍ପ ଉପାୟ। ତେବେ କୌଶଳଗୁଡ଼ିକ ବହୁ ଅଧ୍ୟବସାୟର ଫଳ ବୋଲି ଲାଗୁଥିଲା। ସେଠାରୁ ଆସିଲାବେଳକୁ ବୃକ୍ଷଲତା ଶୋଭିତ ଅଞ୍ଚଳର ଏକ ପାର୍ଶ୍ୱରେ ଏକ ବିଶାଳ ଇଗଲର ପ୍ରତିକୃତି ଦେଖିଲୁ। ଆମେରିକାର ଜାତୀୟ ପକ୍ଷୀ ଇଗଲ। କଳାରଙ୍ଗର ବ୍ରୋଞ୍ଜ ନିର୍ମିତ ଏହି ଭାସ୍କର୍ଯ୍ୟଟି ଦୁଇ ପକ୍ଷ ଉପରକୁ ମେଲି ଉଡ଼ନ୍ତା ଅବସ୍ଥାରୁ ଭୂମି ସ୍ପର୍ଶ କରିବାର ଭଙ୍ଗୀ ଅତି ଆକର୍ଷଣୀୟ। ଦ୍ୱିତୀୟ ବିଶ୍ୱଯୁଦ୍ଧରେ ସାମୁଦ୍ରିକ ଆକ୍ରମଣର ଶିକାର ହୋଇ ମୃତ୍ୟୁବରଣ କରିଥିବା ସୈନିକଙ୍କ ସ୍ମୃତିରେ ଏହି କଳାକୃତିଟି ରାଷ୍ଟ୍ରପତି ଜନ୍ ଏଫ କେନେଡ଼ିଙ୍କ ଦ୍ୱାରା ଉନ୍ମୋଚିତ ହୋଇଥିଲା। ଇଗଲଠାରୁ ମୁହଁ ଫେରାଇ ରାସ୍ତା ଆଡ଼କୁ ଆସିଲା ବେଳକୁ ଆଉ ଏକ ତାତ୍ପର୍ଯ୍ୟପୂର୍ଣ୍ଣ ଭାସ୍କର୍ଯ୍ୟ ପାଖରେ ଆପଣାଛାଏଁ ଅଟକି ଯିବାକୁ ହେଲା। ଏହା ନିର୍ଦ୍ଦିଷ୍ଟ ଭାବରେ କୌଣସି ବସ୍ତୁ ବା ବ୍ୟକ୍ତିର ପ୍ରତିକୃତି ନଥିଲା। ଏହା ଥିଲା ପ୍ରାୟ ଆଠଜଣ ବିଭିନ୍ନ ପୋଷାକରେ ଥିବା ଭିନ୍ନ ଭିନ୍ନ ରୂପର ମଣିଷଙ୍କ ମାଡ଼ି ଚାଲିବାର ଦୃଶ୍ୟ। ପ୍ରଥମ ଜଣକ ଆଣ୍ଠୁମାଡ଼ି ବସିଯାଇଛି। ଜଣେ ମହିଳା ଛାତିରେ ଏକ କଅଁଳ ଶିଶୁକୁ ଜାବୁଡ଼ି ଧରିଛି। ଅନ୍ୟ ଜଣେ ଦାଢ଼ିଆ ଲୋକ ଟୋପି ପିନ୍ଧି ବାମଛାତିରେ ଡାହାଣ ପାପୁଲି ରଖି ଅନ୍ୟ ହାତରେ ଏକ ଆଟାଚି ଭଳି ବ୍ୟାଗ ଧରିଛି। ଏହି ମୁଦ୍ରା ସମ୍ଭବତଃ ଶରଣାପନ୍ନ ମୁଦ୍ରା ହେବା ଭଳି ମନେହୁଏ। ଅନ୍ୟ କେତୋଟି ଚରିତ୍ର ବିପନ୍ନ, ଆତଙ୍କିତ ଭାବେ ହାତ ଟେକି ନିଜର ଅସହାୟତା ପ୍ରକାଶ କରୁଥିବା ସ୍ପଷ୍ଟ ମନେ ହୁଏ। ବ୍ରୋଞ୍ଜ ନିର୍ମିତ ଏହି କୃତିର ନାମ 'ଦ ଇମିଗ୍ରାଣ୍ଟସ୍'। ଆଗନ୍ତୁକମାନଙ୍କ ଦେଶର ଇତିହାସ ବର୍ଣ୍ଣିତ ଏକ ଅଧ୍ୟାୟର ଉପଯୁକ୍ତ ପରିପ୍ରକାଶ। ଭାସ୍କର୍ଯ୍ୟ ମଧ୍ୟ ସଠିକ୍ ସ୍ଥାନରେ ସ୍ଥାପନା କରାଯାଇଛି ଯେଉଁ ବାଟ ଦେଇ ହଜାର ହଜାର ଆଗନ୍ତୁକ ଏ ଦେଶକୁ ଆସିଥିଲେ। ବିଭିନ୍ନ ଦେଶରୁ ଆଗନ୍ତୁକମାନଙ୍କ ଏହି ସାମଗ୍ରିକ ରୂପ ଏଥିରେ ସାଙ୍କେତିକ ଭାବରେ ଚିତ୍ରିତ ହୋଇ ଇତିହାସର ପୃଷ୍ଠାକୁ ଉଜ୍ଜୀବିତ କରୁଛି। ପ୍ରସିଦ୍ଧ ଭାସ୍କର ସାମୁଏଲ ରୁଡ଼ିନଙ୍କ ଦ୍ୱାରା ନିର୍ମିତ ଏହି କୃତି ୧୯୭୦ରେ ସ୍ଥାପନ ହୋଇଥିଲା।

'ଦ ଇମିଗ୍ରାଣ୍ଟସ୍' ଭାସ୍କର୍ଯ୍ୟର ଅନତିଦୂରରେ ଅନ୍ୟ ଏକ ଭାସ୍କର୍ଯ୍ୟ ଦେଖିବାକୁ ମିଳିଲା। ଏଥିରେ ଉପରେ ସାଞ୍ଜୁ ଭଳି ପୋଷାକ ସହିତ ଏକ ଚାଦର ପରିହିତ ପୁରୁଷର ପ୍ରତିକୃତିର ତଳେ ଏକ ହାତରେ ତରବାରୀ ଓ ବାମହାତରେ ମଶାଲ ଧରିଥିବା

ପୂର୍ଣ୍ଣାବୟବ ଭବ୍ୟ ନାରୀ ମୂର୍ତ୍ତି ବିଦ୍ୟମାନ। ଉଭୟ ବ୍ରୋଞ୍ଜ ନିର୍ମିତ ମୂର୍ତ୍ତିର ଉଚ୍ଚତା ୨୦ ଫୁଟରୁ ଅଧିକ ହେବ। ନିମ୍ନରେ ଥିବା ଗ୍ରାନାଇଟ ପିଷ୍ଟରେ ଉଲ୍ଲିଖିତ ନାମରୁ ଜାଣିଲୁ ସେ ଇଟାଲୀୟ ଆବିଷ୍କାରକ ଗୋଭାନି ଦା ଭିରାଜାନା(Giovanni Da Verrazzana) ଯିଏ ୧୫୨୪ରେ ଫ୍ରାନ୍ସରେ ତତ୍‌କାଳୀନ ରଜା କିଙ୍ଗ୍ ଫ୍ରାନସିସ୍ ପ୍ରଥମଙ୍କ ପକ୍ଷରୁ ଆଟଲାଣ୍ଟିକ୍ ସାଗର ପାର ହୋଇ ପ୍ରଥମ ୟୁରୋପୀୟ ଭାବରେ ନ୍ୟୁୟର୍କ ଉପକୂଳରେ ପହଞ୍ଚିଲେ ଯେଉଁ ଅଞ୍ଚଳକୁ ବର୍ତ୍ତମାନ 'ବ୍ୟାଟେରୀ' କୁହାଯାଇଛି। ଭାସ୍କର୍ଯ୍ୟରେ ସ୍ଥାନିତ ଏହି ନାରୀ ମୂର୍ତ୍ତି ଆବିଷ୍କାରର ପ୍ରତୀକଧର୍ମୀ ଆଭାସ ଭାବରେ ଏଥିରେ ସଂଯୁକ୍ତ କରାଯାଇଛି। 'ବ୍ୟାଟେରୀ' ନାମରେ ପରିଚିତ, ସହରର ଉପକଣ୍ଠରେ ଥିବା ଏହି ଅଞ୍ଚଳର ବିସ୍ତୃତ ପ୍ରାକୃତିକ ପରିବେଶ ମଧ୍ୟରେ ଅନେକ ଗୁଡ଼ିଏ ଭାସ୍କର୍ଯ୍ୟ ଶୋଭାବର୍ଦ୍ଧନ କରୁଅଛି। କଳାଭାସ୍କର୍ଯ୍ୟ ମାଧ୍ୟମରେ ସ୍ମାରକୀ ସୃଷ୍ଟି କରି ଐତିହ୍ୟକୁ ଜୀବିତ କରି ରଖିବାରେ ମାର୍କିନମାନଙ୍କ ରୁଚି ଓ ଉଦ୍ୟମ ପ୍ରଶଂସନୀୟ।

ଏହା ପରେ ଆମ ଯୋଜନାରେ ଇମ୍ପିରିଆଲ ଷ୍ଟେଟ୍ ବିଲିଡ଼ିଂ ଯିବାର ଥିଲା ମାତ୍ର ଇଣ୍ଟନେଟରେ ସେ ସୌଧ ସେଦିନ ପର୍ଯ୍ୟଟକମାନଙ୍କ ପାଇଁ ବନ୍ଦ ରହିଥିବାର ସୂଚନା ମିଳିବାରୁ ସେ ଅଦ୍ୟାବଧି ସର୍ବୋଚ୍ଚ ଅଟ୍ଟାଳିକାରୁ ନିୟୁର୍କ ସହର ଦେଖିବାର ସୁଯୋଗ ହରାଇଲୁ। ଯୋଜନା ବଦଳାଇ କ୍ୟାବ ନେଇ ୱାଲର୍ଡ଼ ଟ୍ରେଡ଼ ସେଣ୍ଟରର ଧ୍ୱଂସସ୍ଥଳୀ ଦେଖିବାକୁ ଗଲୁ। କିଛି ଦୂରରେ ନିୟମ ମୁତାବକ କ୍ୟାବ୍ ଛାଡ଼ି ଚାଲିଚାଲି ଯାଇ ପ୍ରବେଶ ପଥରେ ପହଞ୍ଚି  ଭିତରକୁ ପ୍ରବେଶ ସମୟ ଅତିବାହିତ ହୋଇସାରିଛି ଜାଣି ନିରାଶ ନହୋଇ ଅନୁଚ୍ଚ ବାଡ଼ ବାହାରୁ ଯାହା ଦେଖିଲୁ ସେଥିରେ ସନ୍ତୁଷ୍ଟ ରହିଲୁ।

୨୦୦୧ ମସିହା ସେପ୍ଟେମ୍ବର ମାସ ୧୧ ତାରିଖ ଦିନ ସକାଳେ ଇସ୍‌ଲାମୀୟ ଆତଙ୍କବାଦୀ ସଂଗଠନ 'ଅଲ କାଏଦା' ଦ୍ୱାରା ଏହି ନିୟୁର୍କ ସହରରେ ଯେଉଁ ସଂଗଠିତ ବହୁମୁଖୀ ଆକ୍ରମଣ କରାଯାଇଥିଲା ତାହା ବିଶ୍ୱ ଇତିହାସରେ ଏକ ଧୂସର ପୃଷ୍ଠା ହୋଇ ରହିଛି ଆଉ ରହିଥିବ ମଧ୍ୟ। ଆମେରିକା ଭଳି ଶକ୍ତିଶାଳୀ ଦେଶରେ ଯୋଜନାବଦ୍ଧ ଭାବରେ କରାଯାଇଥିବା ଏହି କଳା ତାଣ୍ଡବଲୀଳାର କୌଣସି ପୂର୍ବାଭାସ ମାର୍କିନ ଗୁଇନ୍ଦା ସଂସ୍ଥା ପାଇପାରିନଥିବା କଥା ସବୁଠାରୁ ଅଧିକ ଚର୍ଚ୍ଚାର ବିଷୟ ଥିଲା। ଏଥିରେ ୱାଲର୍ଡ ଟ୍ରେଡ଼ ସେଣ୍ଟରର ଦୁଇଟି ଟାୱାର ସମେତ ପ୍ରତିରକ୍ଷା ବିଭାଗର ମୁଖ୍ୟାଳୟ ପେଣ୍ଟାଗନ ତଥା ଅନ୍ୟ କେତୋଟି ସ୍ଥାନରେ ମାତ୍ର ଏକ ଘଣ୍ଟା ମଧ୍ୟରେ ବିମାନ ଆକ୍ରମଣ କରାଯାଇଥିଲା। ଆକ୍ରମଣ ଏତେ ତୀବ୍ର ଥିଲା ଯେ ବିଶାଳ କୋଠା ଦୁଇଟିରୁ ସମସ୍ତ କର୍ମଚାରୀ ବାହାରକୁ ବାହାରି ପାରିନଥିଲେ। କିଛି ସମୟ ପରେ ଏହି ସୁଉଚ୍ଚ ଅଟ୍ଟାଳିକା ଦ୍ୱୟ ଭୂତଳଶାୟୀ ହେବା ମଧ୍ୟ ଦୂରଦର୍ଶନ ମାଧ୍ୟମରେ ସାରା ବିଶ୍ୱବାସୀ

ଦେଖିପାରିଥିଲେ। ସମୁଦାୟ ୧୯୬୬ ଜଣ ଏଥିରେ ପ୍ରାଣ ହରାଇଥିଲେ। ଘଟଣାର ପ୍ରଭାବରେ ସାରା ବିଶ୍ୱ ସ୍ତବ୍ଧ ହେଇ ଯାଇଥିଲା ଏବଂ ମାର୍କିନମାନେ ନିଜ ଜୀବନକୁ ନିରାପଦ ନମଣି ବେଶ ଆତଙ୍କିତ ହେଇପଡ଼ିଥିଲେ। ରାଷ୍ଟ୍ରପତି ଜର୍ଜ ବୁଶ ଜୁନିୟରଙ୍କ ଶାସନ କାଳରେ ଏହି ଘଟଣା ପ୍ରଶାସନକୁ ଦେଶର ସୁରକ୍ଷା କ୍ଷେତ୍ରରେ ଅଧିକ କଠୋର ହେବା ପାଇଁ ବାଧ କରିଥିଲା। ବିଶେଷକରି ଇସ୍‌ଲାମୀୟ ନାଗରିକ ଓ ଆଗନ୍ତୁକମାନଙ୍କୁ ଏହି କଠୋରତାର ଶିକାର ହେବାକୁ ପଡ଼ିଥିଲା। ଏହି କୋଠା ଦୁଇଟି ମାଟିରେ ମିଶିବାପରେ ସେହିଠାରେ ଆଉ ନୂତନ କୋଠା ନିର୍ମାଣ ହୋଇନାହିଁ। ସେହି ଲୋମହର୍ଷଣକାରୀ ଆକ୍ରମଣରେ ମୃତ ବ୍ୟକ୍ତିଙ୍କୁ ବିଶ୍ୱର ସମସ୍ତ ନାଗରିକ ଶ୍ରଦ୍ଧାଞ୍ଜଳି ଦେବା ଉଦ୍ଦେଶ୍ୟରେ ଏହି ଶୂନ୍ୟସ୍ଥାନରେ ଗର୍ତ୍ତ ସୃଷ୍ଟି କରାଯାଇ ନିମ୍ନଗାମୀ ଜଳଫୁଆରା ସୃଷ୍ଟି କରାଯାଇଛି। ଝରଝର ନାଦରେ ଏହି ଜଳପ୍ରପାତ ପ୍ରତୀକାତ୍ମକ ଭାବରେ ଆତ୍ମଚିନ୍ତନ ଓ ଆତ୍ମସମୀକ୍ଷଣର ସୁଯୋଗ ଦେବାଭଳି ମନେ ହୁଏ। ପାରିପାର୍ଶ୍ୱିକ ସ୍ଥିତି ଦେଖିଲେ ଆଶ୍ଚର୍ଯ୍ୟ ଲାଗେ ଯେ ସେହି ଅଞ୍ଚଳରେ ଅନେକଗୁଡ଼ିଏ ଅତ୍ୟୁଚ୍ଚ କୋଠାମାନଙ୍କ ମଧ୍ୟରେ ଏହି ଦୁଇ କୋଠାକୁ ଉଡ଼ାଜାହାଜ ଦ୍ୱାରା ଆଘାତ କରିବା ନିଶ୍ଚୟ ଏକ ବହୁ କାଳର ସୁଦୂରପ୍ରସାରୀ ଯୋଜନା!

ଏହି ଅଭିନବ ସ୍ମୃତିସ୍ଥଳ ସହିତ ମାର୍କିନ ସରକାର ଏକ ସଂଗ୍ରହାଳୟ ନିର୍ମାଣ କରିଛନ୍ତି। ତା'ର ନାମ ୯/୧୧ ସଂଗ୍ରହାଳୟ। ସେଥିରେ ସେହି ଘଟଣା ପରେ ଜନ୍ମିତ ଦେଶର ଶିଶୁମାନଙ୍କୁ ଆତଙ୍କବାଦ ନିରୋଧ ବିଷୟରେ ସଚେତନ କରାଇବା ପାଇଁ ବିଭିନ୍ନ କାର୍ଯ୍ୟକ୍ରମ ସହିତ ସେଦିନର ଆକ୍ରମଣ ଓ ତା'ର ପ୍ରଭାବ ବିଷୟରେ ଚିତ୍ର ଓ ଚଳଚ୍ଚିତ୍ର ଆଦି ପ୍ରଦର୍ଶନ କରାଯାଉଛି।

ଆମେ ସେଠାରୁ ଫେରି ଏକ ବିରାଟ ମଲ୍ ମଧ ଦେଇ ଭୂତଳ ରେଳ ଷ୍ଟେସନକୁ ଆସି ମେଟ୍ରୋ ସହକାରେ ବସାଘରକୁ ଫେରିଆସିଲୁ। ସନ୍ଧ୍ୟା ହେଇ ଆସୁଥିଲା।

## ଗ. ମ୍ୟୁଜିୟମ ଅଫ ମଡ଼ର୍ଣ୍ଣ ଆର୍ଟ -

ଆମ ରହଣୀର ତୃତୀୟ ଦିନ ସକାଳୁ ଜଳଯୋଗ ସାରି ବୁଲିବାହାରିଲୁ। ନ୍ୟୁୟର୍କ ସହରରେ ଥିବା ଅନେକ ମ୍ୟୁଜିୟମ ମଧ୍ୟରେ ମେଟ୍ରୋପଲିଟାନ ମ୍ୟୁଜିୟମ ଅଫ ଆର୍ଟ, ନ୍ୟାଚୁରାଲ ହିଷ୍ଟ୍ରି ମ୍ୟୁଜିୟମ ଓ ମ୍ୟୁଜିୟମ ଅଫ ମଡ଼ର୍ଣ୍ଣ ଆର୍ଟ ପ୍ରଭୃତିକୁ ଆଗ ଧାଡ଼ିର ବୋଲି ଧରାଯାଏ। ପ୍ରଥମ ଦୁଇଟି ସେଦିନ ଖୋଲା ନଥିବାର ସୂଚନା ପାଇ ଆମେ ମ୍ୟାନହାଟନର ୫୩ ନଂ ଷ୍ଟ୍ରିଟରେ ଥିବା ମ୍ୟୁଜିୟମ ଅଫ ମଡ଼ର୍ଣ୍ଣ ଆର୍ଟରେ

ପହଞ୍ଚିଲୁ। ଏହାକୁ ସଂକ୍ଷେପରେ MoMA କୁହାଯାଏ। ୧୯୨୯ରେ ପ୍ରଥମେ ଜଣେ କଳାପ୍ରେମୀ ତଥା ସଂଗ୍ରାହକ ମହିଳାଙ୍କ ଦ୍ୱାରା ଏକ କ୍ଷୁଦ୍ର ଗ୍ୟାଲେରୀ ଭାବରେ ପ୍ରତିଷ୍ଠିତ ଏହି ସଂଗ୍ରହାଳୟ ଏବେ ବିରାଟ କାୟା ମେଲି ଏକ ବହୁତଳ ବିଶିଷ୍ଟ ଅଟ୍ଟାଳିକାରେ ପରିବ୍ୟାପ୍ତ ହୋଇଛି। ଚାରୁକଳା ଓ କାରୁକଳା କ୍ଷେତ୍ରରେ ଉତ୍କର୍ଷ ସକାଶେ ସାରା ବିଶ୍ୱରେ ଆଧୁନିକ କଳା କ୍ଷେତ୍ରରେ ଅନ୍ୟତମ ବୋଲି ସ୍ୱୀକୃତି ଲାଭ କରିଛି ଏହି ସଂଗ୍ରହାଳୟ। ବିଗତ ୧୬୦ ବର୍ଷ ମଧ୍ୟରେ ଆଧୁନିକ କଳାର ସମସାମୟିକ ବିବର୍ତ୍ତନଧର୍ମୀ ସମସ୍ତ ବିକଶିତ ବିଭବର ଭବ୍ୟ ଉତ୍କୃଷ୍ଟ ନମୁନା ସବୁ ଏଠାରେ ସଂରକ୍ଷିତ ତଥା ପ୍ରଦର୍ଶିତ। ଅଙ୍କନ, ଚିତ୍ରକଳା, ସ୍ଥାପତ୍ୟ, ଭାସ୍କର୍ଯ୍ୟ, ଡ଼ିଜାଇନ, ଫଟୋଗ୍ରାଫି, ମୁଦ୍ରଣକଳା ସମ୍ବନ୍ଧୀୟ ସହସ୍ରାଧିକ ବିରଳ କୃତି ସହିତ ଅନେକ ପୁସ୍ତକ, ଚଳଚ୍ଚିତ୍ର ପ୍ରଦର୍ଶନ ପ୍ରଭୃତି ପାଇଁ ସ୍ୱତନ୍ତ୍ର ବିଭାଗ ରହିଅଛି। ଅନେକ ଦେଶର କଳାତ୍ମକ ସାମଗ୍ରୀର ରୁଚିପୂର୍ଣ୍ଣ ପ୍ରଦର୍ଶନ ପର୍ଯ୍ୟଟକମାନଙ୍କୁ ବାନ୍ଧିରଖେ। ଏସିଆ ମହାଦେଶର ଭାରତ, ନେପାଳ, ଶ୍ରୀଲଙ୍କା ଓ ଆଫଗାନିସ୍ତାନ ଆଦି ଦେଶରୁ ସଂଗୃହୀତ ପ୍ରାଚୀନ କଳାତ୍ମକ ସାମଗ୍ରୀ ମଧ୍ୟରେ ଓଡ଼ିଶାର ଏକ ଅନନ୍ୟ ନିଖୁଣ ଗଣେଶ ମୂର୍ତ୍ତି ଦେଖି ଆଚମ୍ବିତ ହେଲି। କେଉଁ ମନ୍ଦିରରୁ କିଏ ଉଠାଇ ନେଇ ସେଠାରେ ରଖି ଦେଲାଭଳି ମନେ ହେଲା। ତାହା ବି ନହେଇଥିବ କାହିଁକି ! ଆମ ଦେଶରେ ମୂର୍ତ୍ତି ତସ୍କରଙ୍କ ଅଭାବ ନାହିଁ। ଧନୀ ଦେଶର ସଂଗ୍ରହାଳୟର ସଞ୍ଚାଳକ ଗୋଷ୍ଠୀ ବିଭିନ୍ନ ଦେଶର ଆର୍ଟିକ୍ କ୍ରୟ କରିବାରେ ବିପୁଳ ଧନ ରାଶି ବ୍ୟୟ କରିଥାଆନ୍ତି। ସେମାନେ କଳାର ମୂଲ୍ୟ ବୁଝନ୍ତି ଏବଂ କଳା କ୍ରୟ କରିବାକୁ ଏକ ବିନିଯୋଗ ବା ଇନଭେଷ୍ଟମେଣ୍ଟବୋଲି ମଣିଥାନ୍ତି। ଏ ସବୁ ସାମଗ୍ରୀର ନିୟମିତ ପରିବର୍ତ୍ତିତ ବଜାର ଦର ନିରୂପଣ କରିବାରେ ସେମାନେ ସିଦ୍ଧହସ୍ତ। ସେଥିପାଇଁ ବିଭିନ୍ନ ଦେଶରେ ଥିବା କଳା ମ୍ୟୁଜିୟମଗୁଡ଼ିକ ଭିତରେ ସଦ୍‌ଭାବ ରକ୍ଷା କରିବା ପାଇଁ ଅନେକ ବ୍ୟବସ୍ଥା ଯଥା କଳାକୃତିଗୁଡ଼ିକର ମୂଲ୍ୟଭିତ୍ତିକ ପ୍ରତିବଦଳ (exchange), ସାମୟିକ ପ୍ରତିବଦଳ, କ୍ରୟ, ବିକ୍ରୟ, ସ୍ୱଳ୍ପ ଅବଧିର ପ୍ରଦର୍ଶନ ଇତ୍ୟାଦି ଆୟୋଜନ କରାଯାଇଥାଏ।

ୟୁରୋପୀୟ ଚିତ୍ରକଳା ଗ୍ୟାଲେରୀର ଆକର୍ଷଣ ନିଆରା। ଏଥିରେ ରେନାଁସା ଯୁଗର ପ୍ରଖ୍ୟାତ ଚିତ୍ରକାରମାନଙ୍କର ଅନେକ ବିରଳ ଚିତ୍ରକୃତି ସ୍ଥାନିତ। ଚିତ୍ରଗୁଡ଼ିକରେ ବ୍ୟବହୃତ ରଙ୍ଗର ଔଜ୍ଜ୍ୱଲ୍ୟ ଦୃଷ୍ଟିରୁ ସେଗୁଡ଼ିକ ଏତେ ପୁରୁଣା ନହୋଇ ଅବିକଳ ନକଲ ହୋଇଥାଇପାରେ ବୋଲି ମନେହୁଏ। କଳାଜଗତରେ ଏହି ଅବିକଳ ନକଲର ଏକ ସମାନ୍ତରାଳ ବଜାର ରହିଛି। ଏହି ପ୍ରକ୍ରିୟାରେ ମଧ୍ୟ ଅନେକ କୁଶଳୀ ଶିଳ୍ପୀ ନିୟୋଜିତ ରହିଛନ୍ତି। ଯେକୌଣସି ପ୍ରତିଷ୍ଠିତ ଶିଳ୍ପୀଙ୍କର ଯେକୌଣସି ଚର୍ଚ୍ଚିତ ଚିତ୍ରର ନକଲ କମ୍

ଦରରେ ପ୍ରସ୍ତୁତ କରି ବିକ୍ରି କରାଯାଉଛି । ମୂଲ୍ୟରେ ଆକାଶ ପାତାଳ ପ୍ରଭେଦ । ମୂଳଚିତ୍ର ଲକ୍ଷ ହିସାବରେ ହେଲେ ନକଲ ସେତିକି ହଜାରରେ ମିଳିପାରେ । ଭାରତରେ ରାଜା ରବି ବର୍ମାଙ୍କ ଚିତ୍ରର ନକଲ କରି ବିକ୍ରି କରିବା ପାଇଁ ଶିଳ୍ପୀ ମଧ୍ୟ ରହିଛନ୍ତି । ଏହି ନକଲ ଚିତ୍ରଗୁଡ଼ିକ ମଧ୍ୟ ବ୍ୟବସାୟିକ ନିଲାମ ସଂସ୍ଥା ଜରିଆରେ କ୍ରୟବିକ୍ରୟ କରାଯାଇପାରୁଛି ।

ମ୍ୟୁଜିୟମର ଅଧିକ ଅଂଶ ଆଧୁନିକ କଳା ପାଇଁ ସମର୍ପିତ । ଏଥିରେ ବିଂଶ ଶତାବ୍ଦୀର ଆଧୁନିକ ଚିତ୍ରକଳା  କ୍ଷେତ୍ରରେ ବିପ୍ଳବ ସୃଷ୍ଟିକାରୀ ଶିଳ୍ପୀମାନଙ୍କର ପ୍ରସିଦ୍ଧ କୃତି ସବୁ ପ୍ରଦର୍ଶିତ । ଅନେକ ଚିତ୍ର ମଧ୍ୟରୁ କେତେଗୋଟି ଅତି ଜଣାଶୁଣା ଚିତ୍ର ବିଷୟରେ ସୂଚନା ଦିଆଯାଇପାରେ । ୧୮୫୩ରେ ନେଦରଲାଣ୍ଡରେ ଜନ୍ମିତ ଶିଳ୍ପୀ Vincent William Van Gogh ୧୮୯୦ରେ ଫ୍ରାନ୍ସର ଏକ ମାନସିକ ରୋଗୀଙ୍କ ପାଇଁ ଉଦ୍ଦିଷ୍ଟ ଆରୋଗ୍ୟ ଗୃହରେ ଶେଷ ନିଶ୍ୱାସ ତ୍ୟାଗ କରିଥିଲେ । ମୃତ୍ୟୁର ମାତ୍ର ଏକ ବର୍ଷ ପୂର୍ବରୁ ସେ ରହୁଥିବା ଗୃହର ଝରକା ମଧ୍ୟ ଦେଇ ମଧ୍ୟରାତ୍ରୀର ତାରାଙ୍କିତ ଆକାଶର ଦୃଶ୍ୟରେ ଅନୁପ୍ରାଣିତ ହୋଇ ଯେଉଁ ଚିତ୍ରଟି ଆଙ୍କିଥିଲେ ତା'ର ନାମ 'The Starry Night' । ସେ ସମଗ୍ର ଜୀବନକାଳ ମଧ୍ୟରେ ଆଙ୍କିଥିବା ପ୍ରାୟ ଦୁଇହଜାର ଗୋଟି ଚିତ୍ର ମଧ୍ୟରୁ ଶେଷ ଶେଷ ଜୀବନରେ ପ୍ରାୟ ୮୬୦ ଖଣ୍ଡି ତୈଳଚିତ୍ର ଅଙ୍କନ କରିଥିଲେ । କଳା ସମୀକ୍ଷକଙ୍କ ମତରେ ଶିଳ୍ପୀ ଭାଙ୍ଗଘ୍ ଚିତ୍ରକଳାରେ ଉଭଟ ବାସ୍ତବବାଦ, ଅତିବାସ୍ତବବାଦ, ପ୍ରତୀକବାଦ ଇତ୍ୟାଦି ସମସ୍ତ ଆଧୁନିକବାଦର ପ୍ରୟୋଗରେ ଚିତ୍ରକର୍ମ ସଂପନ୍ନ କରିଛନ୍ତି । MoMA ଗ୍ୟାଲେରୀରେ ତାଙ୍କର ଏହି ତାରାଅଙ୍କିତ । ଆକାଶ ଚିତ୍ର ସହିତ ଅନ୍ୟ କେତେଗୋଟି ଚିତ୍ର ଦେଖିବାକୁ ମିଳେ ।

୧୮୮୧ରେ ସ୍ପେନ ଜନ୍ମିତ Pablo Ruiz Picasso କଳା ଜଗତରେ ଘନବାଦ ବା Cubismର ପ୍ରବର୍ତ୍ତକ ଭାବେ ବେଶ୍ ଜଣାଶୁଣା । ଆଧୁନିକ ଚିତ୍ରକଳା କ୍ଷେତ୍ରରେ ସେ ପ୍ରଭାବଶାଳୀ ପରିବର୍ତ୍ତନ ଆଣିଥିବା କୁହାଯାଏ । ସେ ଏକାଧାରରେ

ଜଣେ ଚିତ୍ରକର, ସ୍ଥପତି, ମୁଦ୍ରାକର, ସେରାମିକ ଶିଳ୍ପୀ ତଥା ମଞ୍ଚସଜାରେ କୁଶଳୀ ଥିଲେ। ସେ ଜୀବନକାଳ ମଧ୍ୟରେ ୫୦୦୦ରୁ ଅଧିକ ଚିତ୍ର ଅଙ୍କନ କରିଥିଲେ। ୧୯୩୭ରେ ସ୍ପେନର ଏକ ସହର ଗୁର୍ଣ୍ଣିକାରେ ଜର୍ମାନମାନଙ୍କ ଦ୍ୱାରା ବୋମାମାଡ଼ ପରର ବିଭୀଷିକା, ତାଙ୍କ ଦ୍ୱାରା ଚିତ୍ରରେ କଳାତ୍ମକ ଶୈଳୀରେ ପରିବେଷିତ ହୋଇ ବିଶ୍ୱସ୍ତରରେ ଆଦୃତି ଲାଭ କରିଛି। ଏହି ଚିତ୍ରଟିର ନାମ ମଧ୍ୟ ସେହି ସହର ଅନୁସାରେ Guernica ରଖାଯାଇଛି। ପାବ୍ଲୋ ପିକାସୋଙ୍କ କାମଗୁଡ଼ିକ ସାରା ପୃଥିବୀର ବିଭିନ୍ନ ସଂଗ୍ରହାଳୟରେ ସଂରକ୍ଷିତ। ସେଥି ମଧ୍ୟରୁ ସ୍ପେନ ଓ ଆମେରିକାରେ ଅଧିକ ସଂଖ୍ୟକ ଚିତ୍ର ରହିଅଛି। MoMAରେ ପ୍ରଦର୍ଶିତ ତାଙ୍କର କେତେ ଖଣ୍ଡି ଚିତ୍ର ମଧ୍ୟରୁ ୧୦୯୭ରେ ଅଙ୍କିତ Les Demoiselles d' Avignon ଚିତ୍ରଟି ବେଶ୍ ଚର୍ଚ୍ଚିତ। ଏହି ଚିତ୍ରରେ ସ୍ପେନର ବାର୍ସେଲୋନା ସହରର ଏକ ଗଣିକାଳୟରେ କିଛି ଉଲଗ୍ନ ଗଣିକାମାନଙ୍କ ଚିତ୍ରଣ ବହୁ ବାଦବିବାଦ ସୃଷ୍ଟି କରିଥିଲା। ଏହା ସହିତ ତାଙ୍କର Girl before a mirror, Boy leading a horse , Two nudes , Girl with Mandolin ଆଦି ଚିତ୍ର ମଧ୍ୟ ଦେଖିବାକୁ ମିଳେ। ଗ୍ୟାଲେରୀରେ ଆହୁରି ଅନେକ ସ୍ୱନାମଧନ୍ୟ ଚିତ୍ରକାରଙ୍କର କୃତି ସ୍ଥାନ ପାଇଛି। Claude Monetଙ୍କର Reflections of Clouds on the Sea, The Japanese Footbridge, ୧୯୧୦ରେ Henri Rousseaଙ୍କ ଦ୍ୱାରା ଅଙ୍କିତ The Dream, ୧୯୨୮ Rene Magritteଙ୍କ ଦ୍ୱାରା ଅଙ୍କିତ 'The lovers', ପ୍ରସିଦ୍ଧ ଚିତ୍ରକାର Salvador Daliଙ୍କ ଦ୍ୱାରା ୧୯୩୧ରେ ଅଙ୍କିତ 'The Persistence of Memory' ପ୍ରଭୃତି ଶତାଧିକ ସୁନିର୍ବାଚିତ କୃତି ସ୍ଥାନ ପାଇଛି।

ଏହି ସଂଗ୍ରହାଳୟଟିରେ ସଂରକ୍ଷିତ ସ୍ଥାପତ୍ୟ ଓ ଭାସ୍କର୍ଯ୍ୟକୁ ବହୁ ଭାଗରେ ବିଭକ୍ତ କରାଯାଇପାରେ। ଅତି ପ୍ରାଚୀନ, ପ୍ରାଚୀନ, ସମସାମୟିକ ତଥା ଅଭିନବ। ସଂଗୃହୀତ ଅତି ପ୍ରାଚୀନ କଳାକୃତିଗୁଡ଼ିକୁ ଦେଖିଲେ ଲାଗେ ଯେପରି ଆମେରିକା ତା'ର ଧନ ବଳରେ ଅନ୍ୟ ଦେଶଗୁଡ଼ିକର ଐତିହ୍ୟକୁ କରାଗ୍ରତ କରିବା ପାଇଁ ପ୍ରୟାସ କରିଛି। ୟୁରୋପ ସମେତ ପ୍ରାଚ୍ୟ, ମଧ୍ୟପ୍ରାଚ୍ୟ ତଥା ଆଫ୍ରିକା ଆଦି ଦେଶ ସେଥିରୁ ବାଦ ଯାଇନାହାନ୍ତି। ସବୁ ଦେଶରୁ ବିରଳ କଳାକୃତି ସବୁ ବିଭିନ୍ନ ଉପାୟରେ ଚାଲାଣ ହେଇ ବେପାରୀମାନଙ୍କ ଦ୍ୱାରା ଧନାଢ୍ୟ ସଂଗ୍ରାହକ ଅଥବା ସଂଗ୍ରହାଳୟମାନଙ୍କରେ ପହଞ୍ଚିଥାଏ। ଚୀନ ଓ ଜାପାନ ପ୍ରଭୃତି କଳା ସମୃଦ୍ଧ ଦେଶର ଅନେକ ସୂକ୍ଷ୍ମ କାରୁକାର୍ଯ୍ୟ ମଣ୍ଡିତ କୃତି ଏଠାରେ ଦେଖାଯାଏ। ଏହା ସହିତ ନୂତନ ଧାରା ସମୃଦ୍ଧ ଅନେକ 'ଅଧିଷ୍ଠାନ କଳା' (Installation)ର ଅଭିନବ ଶୈଳୀ ଦର୍ଶକମାନଙ୍କୁ ଆକୃଷ୍ଟ କରେ। ଏଗୁଡ଼ିକ ପ୍ରମାଣିତ କରେ ଯେ କଳାପିପାସୁମାନଙ୍କ ରୁଚି ଯେମିତି ବଦଳିଥାଏ

ସ୍ରଷ୍ଟାମାନଙ୍କ ଚିନ୍ତା ଓ କଳ୍ପନା ମଧ୍ୟ ସେମିତି ବଦଳିଥାଏ। କଳା ସ୍ରଷ୍ଟା ସର୍ବଦା କିଛି ନୂତନ ଦିଗନ୍ତର ଅନ୍ୱେଷଣରେ କେଉଁ ଅନାବିଷ୍କୃତ ଦ୍ୱୀପରେ କେତେବେଳେ ଯାଇ ପହଞ୍ଚିଯାଏ ତା' ସେ ନିଜେ ବି ଜାଣିନଥାଏ। ସୃଜନଶୀଳତାର ସ୍ଫୁରଣ ଘଟେ ଏବଂ ଆଉ କିଛି ନୂତନତା ପ୍ରକାଶ ପାଏ। କଳାକ୍ଷେତ୍ରରେ ବିବର୍ତ୍ତନକୁ ଅନୁଶୀଳନ କଲେ ଏହି ତଥ୍ୟ ସାମନାକୁ ଆସେ। କଳା ସମୁଦ୍ରର ନୂତନତାର ଢେଉ ଅହରହ କୂଳ ଲଙ୍ଘିବାକୁ ଚେଷ୍ଟା କରୁଥାଏ। କେତେବେଳେ ତାହା ଆବୃତ ବା ଅନାବୃତ ହୋଇପାରେ ପୁଣି କେତେବେଳେ ଆଦୃତ ଅଥବା ଅନାଦୃତ।

ବଡ଼ ସହରରେ ଥିବା ସଂଗ୍ରହାଳୟରେ କେବଳ ଦେଶବିଦେଶର କଳାତ୍ମକ ବସ୍ତୁ ସମୂହର ସଂରକ୍ଷଣ ତଥା ପ୍ରଦର୍ଶନ ହୋଇନଥାଏ, ତା'ଠାରୁ ଆହୁରି ଅଧିକ ସୁଯୋଗ କଳାର ବିକାଶ ପାଇଁ ସୃଷ୍ଟି ହୋଇଥାଏ। ସାଧାରଣ ଲୋକଙ୍କ ମଧ୍ୟରେ କଳା ଚେତନାର ଜାଗୃତି ଆଣିବାପାଇଁ ମଧ୍ୟ ବିଭିନ୍ନ ଉପାୟରେ ପ୍ରୟାସ କରାଯାଇଥାଏ। ଏକ ପ୍ରକୋଷ୍ଠରେ ଇଜେଲ୍‌ରେ ପେପର ସିଟ୍ ଲାଗିଛି। ଟେବୁଲରେ ଚିତ୍ରକର୍ମ ପାଇଁ ଆବଶ୍ୟକୀୟ ସମସ୍ତ ଜିନିଷ ରଖାଯାଇଛି। ଯେ କେହି ଆଗନ୍ତୁକ ଚିତ୍ରଟିଏ କରିବା ପାଇଁ ଚାହିଁବ ସେ ନିର୍ଦ୍ୱନ୍ଦ୍ୱରେ ବସି କରିପାରିବ। ସେଥିପାଇଁ ଯେକୌଣସି ସହାୟତା ଚାହିବ ତାହା ମିଳିପାରିବ। ଏଭଳି ବ୍ୟବସ୍ଥା ଦେଖି ଅଭିଭୂତ ହେଲି। ଭାରତରେ ଅନେକ ମ୍ୟୁଜିୟମ ମୁଁ ବୁଲିଛି। ସେସବୁରେ ଏକକ ପ୍ରଦର୍ଶନୀ ପାଇଁ ସ୍ୱତନ୍ତ୍ର ଗ୍ୟାଲେରୀ, କଳା ବିଷୟକ ଚର୍ଚ୍ଚା ଆଲୋଚନା ପାଇଁ ବ୍ୟବସ୍ଥା, କଳାକ୍ଷେତ୍ରରେ ଗବେଷଣା ପାଇଁ ସୁଯୋଗ ଇତ୍ୟାଦି ବ୍ୟବସ୍ଥା ରହିଛି ମାତ୍ର MoMA କର୍ତ୍ତୃପକ୍ଷ ଆହୁରି କିଛି ପାଦ ଆଗେଇ ଯାଇଛନ୍ତି ବୋଲି ମନେ ହୁଏ। ଏହା ସେ ଦେଶର ନାଗରିକଙ୍କର କଳାପ୍ରୀତିର ବିଶେଷ ପ୍ରମାଣ ଦିଏ।

MoMAର ସୃଜନାତ୍ମକ ବିଭାଗରେ ରହିଥିବା ବସ୍ତୁଗୁଡ଼ିକ ଦେଖିଲେ କଳାର ପରିବ୍ୟାପ୍ତ ପରିସରର ଅନୁଭବ ହୁଏ। କିଛି ସାଧାରଣ ବିଜ୍ଞାନପ୍ରସୂତ ନିୟମ ଭିତ୍ତିରେ ମଧ୍ୟ ସୁନ୍ଦର କଳା ସୃଷ୍ଟି କରାଯାଇପାରେ ତାହା କେତୋଟି କୃତିରେ ପ୍ରମାଣିତ। ଉଦାହରଣ ସ୍ୱରୂପ ନିକିତିର ଦୁଇ ପାର୍ଶ୍ୱର ଭାରାସାମ୍ୟ ରକ୍ଷାକରି ସମତୁଲ କରିବା ନିୟମ ଆଧାରରେ କେତେଗୋଟି ଚିତ୍ତାକର୍ଷକ କୃତି ଦେଖିବାକୁ ମିଳିଲା। ଅତି ସାଧାରଣ ଲାଗୁଥିବା କଳାତ୍ମକ ବସ୍ତୁର ଅସାଧାରଣ ଶୈଳୀରେ ପରିବେଷଣ କରାଯାଇ ଦର୍ଶକଙ୍କୁ ଚମତ୍କୃତ କରିବା, ଏହି ସଂଗ୍ରହାଳୟର ବିଶେଷତ୍ୱ।

ଶେଷରେ MoMAର କଳାତ୍ମକ କାଠ ଖୋଦେଇ କଳାର ଏକ ଏକକ ପ୍ରଦର୍ଶନୀ ଦେଖି ଆମେ ଫେରିଲୁ। ସେଠାରୁ ଚଉଡ଼ା ରାସ୍ତାକୁ ଆସି ନିକଟରେ ସେଣ୍ଟ ଯୋଶେଫ ଗୀର୍ଜାକୁ ବୁଲିବାକୁ ଗଲୁ।

**ଘ. ସେଣ୍ଟ ଯୋସେଫ ଗୀର୍ଜା -**

ମାତ୍ର କେତେ ମିନିଟ ଚାଲି ଚାଲି ଯାଇ ପହଞ୍ଚିଲା ବେଳକୁ ଗୀର୍ଜାର ଦ୍ୱାର ବନ୍ଦ ହେବାକୁ ଯାଉଛି। ପୁଣି ଯାଇ ଖୋଲିବ ସାନ୍ଧ୍ୟକାଳୀନ ପ୍ରାର୍ଥନା ବେଳକୁ। ଆମେ ଯାଇ ଜଣେ କର୍ମଚାରୀକୁ ଅନୁରୋଧ କରି କିଛି ସମୟ ପ୍ରାର୍ଥନା କରିବାକୁ ଚାହୁଁଛୁ ବୋଲି ଜଣାଇ ଅନୁରୋଧ କରିବାରେ ସେ କିଛି ସମୟ ମାତ୍ର ଖୋଲି ରଖିବାକୁ ରାଜି ହେଲେ। ଆମେ ଭିତରକୁ ଯାଇ ବସିଲୁ। ଅଖଣ୍ଡ ନିରବତା ମଧ୍ୟରେ ବିରାଟ ପ୍ରାର୍ଥନା ଗୃହର ଦ୍ୱାର ଝରକାରେ ଲାଗିଥିବା ରଙ୍ଗିନ କାଚଗୁଡ଼ିକର କଳାତ୍ମକ ଦୃଶ୍ୟ ସହିତ ଛାତରୁ ଝୁଲିଥିବା ସୁନ୍ଦର ଝାଡ଼ବତୀର ଦୃଶ୍ୟ ବେଶ ଚମତ୍କାର ଥିଲା। ସମ୍ମୁଖରେ ବିଭିନ୍ନ ସାଜସଜା ମଧ୍ୟରେ ପ୍ରଭୁ ଯୀଶୁଙ୍କର ଭବ୍ୟ ମୂର୍ତ୍ତିର ଦୁଇ ପାର୍ଶ୍ୱରେ ଧର୍ମଯାଜକଙ୍କର ପୋଡ଼ିୟମ। ଆଲୋକ ଲିଭିଯାଇଥିଲେ ମଧ୍ୟ ସେହି କାଚ ଗବାକ୍ଷଦେଇ ଯେତିକି ପରୋକ୍ଷ ଆଲୋକ ଆସୁଥିଲା ସେଥିରେ ଚର୍ଚ୍ଚର ଆଭ୍ୟନ୍ତରୀଣ ପରିବେଶ ଅଧିକ ଦିବ୍ୟ ଅନୁଭୂତ ହେଉଥିଲା। ଏକ ଫଳକରେ ଲିଖିତ ତଥ୍ୟ ଅନୁସାରେ ଏହି ଗୀର୍ଜା ଅଷ୍ଟାଦଶ ଶତାବ୍ଦୀର ବୋଲି ଜାଣିଲୁ।

ମୋ ବିଶ୍ୱାସରେ ସବୁ ଧର୍ମବିଶ୍ୱାସର ଲକ୍ଷ୍ୟ ଏକ ମାତ୍ର ମାର୍ଗ ଅନେକ। ଇଶ୍ୱରଙ୍କ ସ୍ଥିତିକୁ ସମସ୍ତେ ସ୍ୱୀକାର କରିଛନ୍ତି। କେବଳ ଇଶ୍ୱରଙ୍କ ରୂପ କାହାପାଇଁ କୃଷ୍ଣ କାହା ପାଇଁ ଖ୍ରୀଷ୍ଟ ବା ଆଉ କାହାପାଇଁ ଶୂନ୍ୟ। ଖ୍ରୀଷ୍ଟ ଧର୍ମରେ ପ୍ରଭୁ ଯୀଶୁଙ୍କ ଦ୍ୱାରା ପ୍ରଦତ୍ତ ନୀତିବାଣୀରେ ଯୋସେଫଙ୍କ ବିଷୟରେ କୁହାଯାଇଛି। ସେ ମଦର ମେରୀଙ୍କ ସ୍ୱାମୀ ତଥା ଯୀଶୁଙ୍କ ପିତା ଥିଲେ ବୋଲି ଉଲ୍ଲେଖ ଅଛି। ଯୋସେଫ ଦୃଢ଼ ଇଶ୍ୱର

ବିଶ୍ୱାସୀ ଥିଲେ ଏବଂ ଗୋସେପେଲ୍‌ରେ ବର୍ଣ୍ଣିତ ବାଣୀ ଲୋକଙ୍କ ପାଖରେ ପହଞ୍ଚାଇବାରେ ଚେଷ୍ଟା କରିଥିଲେ । ସେଣ୍ଟ ଯୋଶେଫଙ୍କ ନାମରେ ସାରା ବିଶ୍ୱରେ ଅନେକ କ୍ୟାଥଲିକ ଗୀର୍ଜା ଘରମାନ ରହିଛି ।

ଖ୍ରୀଷ୍ଟିଆନ ଧର୍ମ ଆମ ସନାତନ ଧର୍ମ ଭଳି ବହୁ ଭାଗରେ ବିଭକ୍ତ । ପ୍ରଥମ ଶତାବ୍ଦୀରେ ଯୀଶୁଙ୍କ ଜନ୍ମ ତଥା କ୍ରୁଶବିଦ୍ଧ ହେବା ପରଠାରୁ ସାରା ବିଶ୍ୱରେ ଏହି ଧର୍ମ କାୟା ବିସ୍ତାର କରିଛି । ଷୋଡ଼ଶ ଶତାବ୍ଦୀରେ ଆମେରିକାକୁ ଆଗନ୍ତୁକମାନଙ୍କ ମଧ୍ୟରେ

ୟୁରୋପର ବିଭିନ୍ନ ଦେଶରୁ ଅଧିକ ସଂଖ୍ୟକ ଲୋକ ଆସିଥିଲେ। ସେମାନଙ୍କ ସଂଖ୍ୟାରେ ଶହ ଶହ ସଂଖ୍ୟାରେ ପାଦ୍ରୀମାନେ ଆସି ବିଭିନ୍ନ ସ୍ଥାନରେ ରହି ମୁଖ୍ୟତଃ ପ୍ରଥମେ ଲୋହିତ ଓ ପରେ ନିଗ୍ରୋମାନଙ୍କ ମଧ୍ୟରେ ଖ୍ରୀଷ୍ଟିଆନ ଧର୍ମ ପ୍ରଚାର କରି ସେମାନଙ୍କୁ ଦୀକ୍ଷିତ କରାଇଥିଲେ। କ୍ରମେ ଖ୍ରୀଷ୍ଟିଆନ ଧର୍ମ ଆମେରିକାର ପ୍ରମୁଖ ଧର୍ମର ସ୍ୱୀକୃତି ପାଇଲା। ଏହି ଧର୍ମ ମୁଖ୍ୟତଃ ତିନି ଭାଗରେ ବିଭକ୍ତ। କ୍ୟାଥେଲିକ୍‌ଙ୍କ ସଂଖ୍ୟା ବେଶୀ ଏବଂ ଚର୍ଚ୍ଚ ସଂଖ୍ୟା ମଧ୍ୟ ଅଧିକ। ପୋପ୍ ଏମାନଙ୍କ ବିଶ୍ୱମୁଖ୍ୟ ଭାବେ ଇଟାଲୀର ଭାଟିକାନ ସିଟିରେ ରହି ନିୟନ୍ତ୍ରଣ କରିଥାନ୍ତି। ମଣିଷ ଗୋଷ୍ଠୀ ସର୍ବଦା ବିଭାଜିତ ହୋଇ ବଞ୍ଚିବାକୁ ଚାହେଁ ଏଭଳି ଧାରଣା ଯେକୌଣସି ଧର୍ମକୁ ଅନୁଧ୍ୟାନ କଲେ ଆସିପାରେ।

ଆମେରିକା ଆସି ମନ୍ଦିର ବୁଲିବା ସହିତ ଗୋଟିଏ ଚର୍ଚ୍ଚରେ କିଛି ସମୟ ନିରବରେ କଟାଇବା ମୋ ପାଇଁ ଏକ ନିଆରା ଅନୁଭୂତି ଥିଲା। ପ୍ରାର୍ଥନା ସମୟରେ ରହିଥିଲେ ହୁଏତ ଆଉ କିଛି ଭିନ୍ନ ଉପଲବ୍ଧି ହୋଇଥାନ୍ତା !

ଗୀର୍ଜାରୁ ବାହାରି ଆମେ ସେଣ୍ଟ୍ରାଲ ପାର୍କ ବୁଲିବାକୁ କ୍ୟାବ ନେଇ ଗଲୁ।

**ଙ. ସେଣ୍ଟ୍ରାଲ ପାର୍କ :-**

ସେଣ୍ଟ୍ରାଲ ପାର୍କର ନିକଟରେ ରହିଛି ମେଟ୍ରୋପଲିଟାନ ମ୍ୟୁଜିୟମ ଅଫ ଆର୍ଟ। ଏହାକୁ ସଂକ୍ଷେପରେ MET ବୋଲି କୁହାଯାଏ। ବାହ୍ୟ ଦୃଶ୍ୟ ସହିତ ପ୍ରବେଶପଥ ଅତ୍ୟନ୍ତ ସୁଦୃଶ୍ୟ। ସେଦିନ କୌଣସି କାରଣରୁ ବନ୍ଦ ଥିବାରୁ ଭିତରକୁ ଯିବାର ସୁଯୋଗ ନଥିଲା। METରେ କିଛି ତାଳପତ୍ର ପୋଥି ସଂରକ୍ଷିତ ବୋଲି ମୁଁ ତଥ୍ୟ ସଂଗ୍ରହ କରିଥିଲି। ମୋର ଏକ ଗବେଷଣା କାର୍ଯ୍ୟ ପାଇଁ ସେଠାରେ ତାଳପତ୍ର ପୋଥି ଥିବାର ତଥ୍ୟ ପ୍ରତ୍ୟକ୍ଷ କରିବାକୁ ଥିବା ଆଶା ମଉଳିଗଲା। ଆମେ ସେଇ ନିକଟରେ ଥିବା ଏକ ଶିଶୁ ଉଦ୍ୟାନରେ କିଛି ସମୟ କଟାଇଲୁ। ପିଲାମାନେ ସ୍କୁଲରୁ ଫେରିବା ପରେ ମାଆମାନେ ସେମାନଙ୍କୁ ଏହି ଉଦ୍ୟାନକୁ ନେଇ ଆସନ୍ତି। ସେମାନେ ଏଠାରେ ଜଳଖିଆ ଖାଇ କିଛି ସମୟ ଖେଳକୁଦ କଲାପରେ ଘରକୁ ଫେରନ୍ତି। ଏହି ଉଦ୍ୟାନର ପ୍ରବେଶ ପଥରେ ଥିବା ଫାଟକରେ ଧାତବ ନିର୍ମିତ କେତେଗୁଡ଼ିଏ ପଶୁପକ୍ଷୀଙ୍କ ଚିତ୍ର ଶିଶୁମାନଙ୍କ ପାଇଁ ବେଶ ଆକର୍ଷକ। ଗୋଟିଏ ପିଲା ସେହିସବୁ ମୂର୍ତ୍ତିଗୁଡ଼ିକୁ ଦେଖି କିଛି ଅଙ୍କନ କରୁଥିବାର ଦେଖିଲୁ। ସ୍କୁଲ ବ୍ୟାଗଟିମାନ ମାଆମାନଙ୍କ ପାଖରେ ରଖିଦେଇ ପିଲାମାନେ ବେଶ ଆନନ୍ଦର ସହ ଖେଳୁଥିଲେ। ବୋଧହୁଏ ବହୁତଳ ବିଶିଷ୍ଟ ଆପାର୍ଟମେଣ୍ଟରେ ଏହି ସୁବିଧା ରହିନଥିବାରୁ ପିଲାମାନଙ୍କୁ ଏମିତି କିଛି ସ୍ଥାନକୁ ନେବାକୁ ହୁଏ।

ସେଣ୍ଟ୍ରାଲ ପାର୍କ ନ୍ୟୁୟର୍କ ସହରରେ ସବୁଠାରୁ ବୃହତ ଜୈବ କ୍ଷେତ୍ରଗୁଡ଼ିକ

ଭିତରେ ଅନ୍ୟତମ। ୮୪୩ ଏକର ଭୂମି ପରିମିତ ଅଞ୍ଚଳରେ ଏହି ସହରାଞ୍ଚଳ ଉଦ୍ୟାନ ଜୈବ ବିବିଧତା ବଜାୟ ରଖିବାରେ ଅଗ୍ରଣୀ ଭୂମିକା ନେଇଛି। ମ୍ୟାନହାଟନର ପୂର୍ବରୁ ପଶ୍ଚିମ ସୀମା ଛୁଇଁଥିବା ବିସ୍ତୃତ ଅଞ୍ଚଳରେ ଜଞ୍ଜାଳମୟ ଜୀବନଚର୍ଯ୍ୟାରୁ ସାମୟିକ ନିଷ୍କୃତି ପାଇବା ପାଇଁ ଉତ୍ତମ ସ୍ଥାନ, ଏହି ଉଦ୍ୟାନ। ଗଛବୃଛ ସବୁଜିମା ଘେରା ଉଦ୍ୟାନରେ ବିଭିନ୍ନ ଖେଳ, ବ୍ୟାୟାମ, କସରତ ଆଦି ଅଭ୍ୟାସ ପାଇଁ ପର୍ଯ୍ୟାପ୍ତ ସୁବିଧା ରହିଅଛି। ତା'ମଧ୍ୟରେ କେତେଗୋଟି କ୍ଷୁଦ୍ର ଜଳାଶୟ ଏକ ଚିଡ଼ିଆଖାନା, ଜଳପାନ କେନ୍ଦ୍ର ଓ ଶୌଚାଳୟ ଆଦି ରହିଛି। ଅନ୍ୟାନ୍ୟ ଯାନବାହନର ପ୍ରବେଶ ରହିନଥିବାରୁ କେବଳ ସାଇକେଲ ଓ ସ୍କେଟସ୍ ଇତ୍ୟାଦି ଚାଳନା ପାଇଁ ଅନେକ ସୁଯୋଗ ରହିଛି। ବିସ୍ତୃତ ଘାସ ଗାଲିଚା ସହିତ ଅନେକ ଛୋଟ ବଡ଼ ଖେଳପଡ଼ିଆ ମଧ୍ୟ ଦେଖିଲୁ। ଆମେ ଏକ ଗଛ ଛାଇରେ କିଛି ସମୟ ବସି ଫେରିଆସିଲୁ।

ସେଣ୍ଟ୍ରାଲ ପାର୍କରୁ ଫେରିବା ସମୟରେ ଫାଟକ ପାଖରେ ଅଟକିଲୁ। ଏକ ତିନିଚକିଆ ମଟର ରିକ୍ସାରେ ଜଣେ ମଧ୍ୟ ବୟସ୍କ କେତେ ପ୍ରକାରର ଆସବାବପତ୍ର ଲଦି ତା' ମଝିରେ ନିଜେ ବସି ପଛକୁ ବେକଭାଙ୍ଗି ଢୁଲେଇ ପଡ଼ିବା ଦୃଶ୍ୟ ଦେଖିଲୁ। ସେ ଜଣେ ଗୃହହୀନ ବୋଲି ଆଦିତ୍ୟଠାରୁ ଜାଣିଲୁ। ପୂର୍ବରୁ ନ୍ୟାସଭିଲରେ ଏଭଳି କିଛି ଲୋକଙ୍କୁ ଫୁଟପାଥରେ ବସି ବିଭିନ୍ନ ଉପାୟରେ ଭିକ୍ଷାମାଗିବା ଦେଖିଥିଲୁ। ଏଠି ଏଭଳି ଲୋକଙ୍କ କଥା କିଛି ଅଲଗା ଥିଲା। ଏ ତିନିଚକିଆ ଯାନଟି ତାଙ୍କର ଭ୍ରାମ୍ୟମାଣ ଗୃହସଦୃଶ। ରିକ୍ସାର ଉପରେ ଛତା ଟାଣିଦେଇ ଜଣେ ଖରା କାକରରୁ ରକ୍ଷା ପାଇଯାଇପାରେ। ହାତ ପାତି ନମାଗିଲେ ମଧ୍ୟ ଏକ କ୍ଷୁଦ୍ର ଫଳକରେ 'ମୁଁ ବାସହୀନ' ବୋଲି ଲେଖିଦେଲେ, ସେତିକି ଯଥେଷ୍ଟ। ସେହି ରାସ୍ତାରେ ଯିବାଆସିବା ଲୋକେ କିଛି ଅର୍ଥ ବା ଖାଦ୍ୟ ଦେଇଯାଆନ୍ତି। ବ୍ୟକ୍ତିଟି ମୁଣ୍ଡରେ ଟୋପୀ, ଦେହରେ ଜ୍ୟାକେଟ୍ ଓ ପାଦରେ ଜୋତା ମୋଜା ପିନ୍ଧି କେବଳ ବସିଥାଏ ଅଥବା ଘୁମଉଥାଏ।

ଆମ ଦେଶରେ ବିଶେଷକରି ତୀର୍ଥସ୍ଥାନମାନଙ୍କରେ ବା ଯାତ୍ରା ଉତ୍ସବମାନଙ୍କରେ କେତେ ପ୍ରକାର ଭିକାରୀ ଦେଖାଯାଆନ୍ତି। ସେମାନେ ଯେତେ କରୁଣ ଅପର୍ଚ୍ଛନିଆ ଦେଖାଯାଆନ୍ତି, ସେତେ ଅଧିକ ଭିକ୍ଷା ଆଦାୟ ହୁଏ। ଆହୁରି କେତେ ହାତ ଗୋଡ଼ରେ କନା ଗୁଡେଇ ଲୋକଙ୍କ ଅନୁକମ୍ପା ପାଇବା ପାଇଁ କେତେ ଫନ୍ଦିଫିକର କରନ୍ତି। କଣ୍ଟାରେ ଶୋଇବା, ମାଟିରେ ମୁଣ୍ଡ ପୋତିବା, ନିଆଁ ଗିଳିବା ପ୍ରଭୃତି କେତେ କୌଶଳ ରହିଛି। ଆହୁରି ପ୍ରକୃତ ଶାରୀରିକ ବିକଳ ଅବସ୍ଥାକୁ ମଧ୍ୟ ଅଧିକ ଜଘନ୍ୟ ଭାବେ ଦେଖାଇ ଭିକ୍ଷା ମାଗିବା ମଧ୍ୟ ଦେଖାଯାଏ। ଏହିସବୁ ପ୍ରକାର ଭିକ୍ଷାବୃତ୍ତିରେ ଆମ ନେତ୍ର ଅଭ୍ୟସ୍ତ ଥିଲାବେଳେ ଏଭଳି ସମ୍ଭ୍ରାନ୍ତ ଭିକାରୀଜଣକୁ ଦେଖି ଲାଗିଲା ଏହି

ଐଶ୍ୱର୍ଯ୍ୟଶାଳୀ ନଗରୀର ଚାକଚକ୍ୟ ମଧ୍ୟରେ ଏହା ଏକ ପ୍ରକାରର କଳଙ୍କ। ଏମାନଙ୍କ ପାଇଁ ସରକାରୀ ଆଶ୍ରୟସ୍ଥଳୀର ବ୍ୟବସ୍ଥା ଥିଲେ ମଧ୍ୟ ଏମାନେ ସେଠାରେ ରହିବା ପାଇଁ ସରକାରୀ ନିୟମ ଅନୁସାରେ ଯୋଗ୍ୟ ହୋଇନଥାନ୍ତି। କେତେକ ଏମିତି ସାହରୀ ଯାଯାବର ଭାବରେ ଜୀବନ ବିତାଇବାକୁ ପସନ୍ଦ କରନ୍ତି। ଏମିତି ବଡ଼ ସହରମାନଙ୍କରେ ଅନେକ ଲୋକ ରହିଛନ୍ତି। ଯେତେ ବଡ଼ ସହର ସେତେ ବଡ଼ ଗୁମର।

**ଚ. ବିଦାୟ ନ୍ୟୁୟର୍କ**

ପରଦିନ ଆମର ନ୍ୟୁୟର୍କ ଛାଡ଼ି ନ୍ୟାସଭିଲ ଫେରି ଆସିବାର କଥା। ଆମର ଟିକେଟ ଲା ଗୁଆର୍ଡିଆ(La Guardia) ବିମାନ ବନ୍ଦରରୁ ଅପରାହ୍ଣ ଚାରିଟାରେ ଥାଏ। ପୂର୍ବରୁ ନ୍ୟୁଜର୍ସିରେ ବହୁ ବର୍ଷ ହେଲା ରହୁଥିବା ମୀରା ପ୍ରଧାନ ଓ ତା'ର ମା' ଜ୍ୟୋତ୍ସ୍ନା ମହାନ୍ତିଙ୍କ ସହିତ ଯୋଗାଯୋଗ ହୋଇଥିଲା। ଜ୍ୟୋସ୍ନା ଅପା ଆମ ସାହିର ଝିଅ ସ୍ୱର୍ଗତଃ ଦେବେନ୍ଦ୍ରନାଥ ମହାନ୍ତିଙ୍କ ପତ୍ନୀ। ଦେବଭାଇ ଜଣେ ବରିଷ୍ଠ ସାମ୍ବାଦିକ ତଥା 'ରାଷ୍ଟ୍ରଦୀପ'ର ସମ୍ପାଦକ ଭାବରେ କଟକରେ ବହୁବର୍ଷ କାର୍ଯ୍ୟ କରିଥିଲେ। ପ୍ରାୟ ଦଶବର୍ଷ ତଳେ ତାଙ୍କର ସେହି ଆମେରିକାରେ ଦେହାନ୍ତ ହେଲା। ଜଣେ ବାସ୍ତବବାଦୀ, ପରୋପକାରୀ, ବନ୍ଧୁବତ୍ସଳ ଲୋକ ଭାବରେ ଦେବଭାଇ ବେଶ୍ ଜଣାଶୁଣାଥିଲେ। ତାଙ୍କ ପରିବାର ସହିତ ଆମର ଘରୋଇ ସଂପର୍କ ବହୁ ପୁରୁଣା। ସେମାନଙ୍କୁ ତାଙ୍କ ଘରେ ସାକ୍ଷାତ କରି ଭୋଜନ କରିବାର ଆମନ୍ତ୍ରଣ ସେଦିନ ଆମେ ରକ୍ଷା କରିବା ପାଇଁ ସମର୍ଥ ହେଲୁନାହିଁ। ପ୍ରଥମତଃ ମୋର ପାଦର ଯନ୍ତ୍ରଣା ସକାଶେ ବେଶୀ ବାଟ ଚାଲିବା ସମ୍ଭବ ନଥିଲା। ଆହୁରି ନ୍ୟୁଜର୍ସି ଯାଇ ପୁଣି ଫେରି ଉଡ଼ାଜାହାଜ ଧରିବା, ଏକ ବିପଦପୂର୍ଣ୍ଣ ନିର୍ଣ୍ଣୟ ଥିଲା। ପୂର୍ବ ନିର୍ଦ୍ଧାରଣ ଅନୁସାରେ ସକାଳେ ଏଆରବିଏନବି ଘର ଛାଡ଼ିଦେଇ ଆମେ କେଉଁଠାରେ ସମୟ କଟାଇବାକୁ ଚିନ୍ତାକରି ନିକଟସ୍ଥ ଜ୍ୟାକସନ ହିଲ୍ସରେ କେତୋଟି ହିନ୍ଦୁ ମନ୍ଦିର ରହିଛି ଯେଉଁଠାରେ ଶ୍ରୀଜଗନ୍ନାଥ ପୂଜିତ ହୁଅନ୍ତି ବୋଲି ସନ୍ଧାନ କଲୁ। କ୍ୟାବ ନେଇ ପ୍ରଥମେ ଗୋଟିଏ ମନ୍ଦିର ଯାଇ ତା'ର ପ୍ରବେଶ ପଥ ପାଇଲୁ ନାହିଁ। ତା'ପରେ ଅନ୍ୟ ଏକ କାଳୀ ମନ୍ଦିରର ସନ୍ଧାନ ପାଇ ସେଠାକୁ ଗଲୁ। ଜଣେ ବଙ୍ଗାଳୀ ବ୍ୟବସାୟୀଙ୍କ ଦ୍ୱାରା ପ୍ରତିଷ୍ଠିତ ଏହି ମନ୍ଦିରର ମୁଖ୍ୟ ପୂଜକ ମାଇତି ମହାଶୟ ଉପସ୍ଥିତ ଥିଲେ। ମନ୍ଦିରରେ ସକାଳର ପୂଜା ଇତ୍ୟାଦି ଶେଷ ହୋଇଥିଲା। ଏକ ବଡ଼ କକ୍ଷରେ ସାମ୍ନା ପାର୍ଶ୍ୱର କାନ୍ଥକୁ ଲାଗି ଧାଡ଼ିରେ ଅନେକ ଦେବଦେବୀଙ୍କ ବିଗ୍ରହ ସୁନ୍ଦର ଭାବେ ସଜ୍ଜିତ ହୋଇ ପୂଜା ପାଉଛନ୍ତି। ତହିଁରେ ମୁଖ୍ୟ ଦେବୀ ଭାବରେ ମା'କାଳୀଙ୍କର ଅପେକ୍ଷାକୃତ ବଡ଼ ଆକୃତିର ମୂର୍ତ୍ତି ରହିଛନ୍ତି। ତାଙ୍କ ସହିତ ଶ୍ରୀଜଗନ୍ନାଥ ଚତୁର୍ଦ୍ଧାମୂର୍ତ୍ତି, ଗଣେଶ, ଶିବ, ଲକ୍ଷ୍ମୀଙ୍କ ସହିତ ରାମକୃଷ୍ଣ ଓ ମା'

ସାରଦାଙ୍କ ମୂର୍ତ୍ତି ରହିଛି । ମନ୍ଦିରରେ ଦୁର୍ଗାପୂଜା ଓ ରଥଯାତ୍ରା ବଡ଼ ପର୍ବ । ଏକ ଖଞ୍ଜା ରଥ ପ୍ରତିବର୍ଷ ସଜଡ଼ା ଯାଇ ବିଗ୍ରହମାନଙ୍କୁ ବସାଇ ପାଖ ରାସ୍ତାରେ ଟଣାଯାଏ । ମାଇତି ମହାଶୟଙ୍କଠାରୁ ମନ୍ଦିରର ପ୍ରତିଷ୍ଠା ଓ ପରିଚାଳନା ବିଷୟରେ କିଛି ଖବର ମିଳିଲା । ମୁଖ୍ୟତଃ ସେହି ଅଞ୍ଚଳରେ ରହୁଥିବା ବଙ୍ଗାଳୀମାନଙ୍କର ଏହି ମନ୍ଦିର ସହିତ ସଂପୃକ୍ତି ରହିଛି । ଜଣେ ସହାୟିକା ଆଣି ସଦ୍ୟ ଫଳ ଭୋଗ ଦେଲେ । ଆମେ ମନ୍ଦିରରୁ ଆସି ଏକ ଭାରତୀୟ ରେସ୍ତୋରାଁରେ ପଶିଲୁ ।

ଏହି ଜାକ୍‌ସନ ହିଲ୍ସ ଅଞ୍ଚଳ ନ୍ୟୁୟର୍କର ଏକ କ୍ଷୁଦ୍ର ଭାରତର ଭ୍ରମ ସୃଷ୍ଟି କରେ । ଅନେକ ଭାରତୀୟ ଏହି ଅଞ୍ଚଳରେ ବସବାସ କରି ଆନନ୍ଦରେ ଅଛନ୍ତି । ଅନେକ ମଟର ଗ୍ୟାରେଜ ସହ ବିଭିନ୍ନ ବିପଣୀ ଖୋଲିଛନ୍ତି । ଭାରତୀୟ ଖାଦ୍ୟ ମିଳୁଥିବା ଅନେକ ହୋଟେଲ ଓ ରେସ୍ତୋରାଁ ସହିତ ପାନ ଦୋକାନ ମଧ୍ୟ ରହିଛି । ମିଠା ଦୋକାନରେ ରସଗୋଲା, ସନ୍ଦେଶ ମିଳୁଛି, ରେସ୍ତୋରାଁରେ ଦୋଷା ଇଡ଼ଲି ଆଦି ମିଳୁଛି । ଆହୁରି ରାଜସ୍ଥାନ ଷ୍ଟଲରେ ଭୁଜିଆ ମିଳୁଛି ଏବଂ କେଉଁଠାରେ ପୁଣି ହାଇଦ୍ରାବାଦି ବିରିୟାନୀର ବୋର୍ଡ଼ ଲାଗିଛି । ଏକ ସୁସଜ୍ଜିତ ପାନ ଦୋକାନକୁ ଯାଇ ଜାଣିଲି ସେ ହାଇଦ୍ରାବାଦର, ନାମ ରାଜା । ଖଣ୍ଡିଏ ପାନ ଏକ ଡଲାରରେ ଆଣିଲି ଏବଂ ତାକୁ ଚାରି ଟୁକୁଡ଼ା କରି ଉଡ଼ାଜାହାଜ ଚଢ଼ିବା ପୂର୍ବରୁ ଖାଇ ସାରିଲି । ଆମେ ସେ ରେସ୍ତୋରାଁରେ ବସି ଗତ ତିନି ଦିନ ଧରି ଭାରତୀୟ ଖାଦ୍ୟ ଖାଇନଥିବାରୁ କିଛି ପସନ୍ଦଯୋଗ୍ୟ ଖାଦ୍ୟ ମଗାଇ ମଧ୍ୟାହ୍ନ ଭୋଜନ ସାରିଲୁ । ସେଠାରୁ ସଠିକ୍ ସମୟରେ La Guardia ବିମାନ ବନ୍ଦରକୁ ଯାଇ ନ୍ୟାସଭିଲ ଫେରିବା ପାଇଁ ବିମାନ ଧରିବା କଥା । ବିମାନ ବନ୍ଦରରେ ପ୍ରସ୍ଥାନ ଦ୍ୱାର ପର୍ଯ୍ୟନ୍ତ ଦୀର୍ଘ ପଥ ଚାଲିବାରେ କଷ୍ଟ ହେବାରୁ ମୁଁ ହ୍ୱିଲଚେୟାରରେ ବସିଲି । ଆଦିତ୍ୟ ମୋତେ ନେଇ ବିମାନ ଦ୍ୱାରଦେଶରେ ପହଞ୍ଚାଇଲା । ନ୍ୟାସଭିଲରେ ଓହ୍ଲାଇବା ପରେ ମଧ୍ୟ ବିମାନ ଦ୍ୱାର ନିକଟରେ ରହିଥିବା ହ୍ୱିଲ ଚେୟାରରେ ବସିଲି । ଆଦିତ୍ୟ ତା'ର ବ୍ୟାଗ ବାହାର କରି ଆସିବାରେ ସାମାନ୍ୟ ବିଳମ୍ବ ହେବାରୁ ଅନ୍ୟ ଯାତ୍ରୀମାନେ ଯିବାରେ କୌଣସି ଅସୁବିଧା ନହେବା ପାଇଁ ନିଜେ ପାଇଲଟ କକ୍‌ପିଟରୁ ବାହାରି ଆସି ମୁଁ ବସିଥିବା ହ୍ୱିଲ ଚେୟାରକୁ ଠେଲି ଆଣି ଲାଉଞ୍ଜରେ ପହଞ୍ଚାଇ ଦେଲେ । ମୁଁ କୃତଜ୍ଞତା ଜଣାଇଲି, ସେ ସ୍ମିତ ହସଟିଏ ସହିତ ଫେରିଗଲେ । ଆମ ଦେଶରେ କୌଣସି ବିମାନବନ୍ଦରରେ ନିଜେ ପାଇଲଟ ଏହିଭଳି ସେବା ଦେବା ପାଇଁ ଆଗ୍ରହୀ ହେବେ କି ? କିଏ ଜାଣେ ।

# ଡ୍ୟାଲାସ୍ ଯାତ୍ରା (ଟେକ୍ସାସ)

ଟେକ୍ସାସ ଆମେରିକାର ଦକ୍ଷିଣାଞ୍ଚଳର ପ୍ରମୁଖ ରାଜ୍ୟ। ଏହାର ଆୟତନ ଆଲାସ୍କା ପରେ ଦ୍ୱିତୀୟ ସ୍ଥାନରେ ଏବଂ ଜନସଂଖ୍ୟାରେ ଦେଶରେ ପ୍ରଥମ। ଅର୍ଥନୈତିକ ଦୃଷ୍ଟିରୁ କାଲିଫର୍ଣ୍ଣିଆ ପରେ ମୁଖ୍ୟ ଦ୍ୱିତୀୟ ସ୍ଥାନରେ ରହିଛି ଏହି ଟେକ୍ସାସ୍। ଅଷ୍ଟିନ ଏହାର ରାଜଧାନୀ ଏବଂ ହ୍ୟୁଷ୍ଟନ ଓ ଡ୍ୟାଲାସ ବୃହତ ସହର। ଡ୍ୟାଲାସ ସହିତ ଫୋର୍ଟୱର୍ଥ ନାମକ ସହର ମିଶି ଏକ ବୃହତ ସହରାଞ୍ଚଳ ସୃଷ୍ଟି ହେଇଛି। ବିଶ୍ୱର ଅନ୍ୟତମ ବ୍ୟସ୍ତବହୁଳ ବିମାନ ବନ୍ଦରର ନାମ ଡ୍ୟାଲାସ ଫୋର୍ଟୱର୍ଥ(DFW)। ପୂର୍ବ ନିର୍ଦ୍ଧାରିତ ଗସ୍ତକ୍ରମ ଅନୁସାରେ ଆମେ ସପରିବାର ଚାରିଜଣ ତା୨୬ ମଇ୨୦୨୧ ସକାଳେ ନ୍ୟାସଭିଲରୁ ଡ଼ିଏଫଡ଼ବ୍ଲ୍ୟୁ ଉଦ୍ଦେଶ୍ୟରେ ବିମାନ ଯାତ୍ରା ଆରମ୍ଭ କଲୁ। ପ୍ରାୟ ତିନି ଘଣ୍ଟାର ଉଡ଼ାଣ ପରେ ଅବତରଣ କରି ବଡ଼ ଭାଣିଜୀ ପ୍ରୀତି ସାଙ୍ଗରେ ତା ଘରକୁ ଯାଇ ପହଞ୍ଚିଲୁ। ପ୍ରୀତିର ଘର ଫୋର୍ଟୱର୍ଥ ଅଞ୍ଚଳରେ ଏକ ଅଭିଜାତ ବସତିରେ। ପ୍ରାୟ ଏକ ଘଣ୍ଟା ଗାଡ଼ିରେ ଯାଇ ତା' ଘରେ ପହଞ୍ଚିଲା ବେଳକୁ ମଧ୍ୟାହ୍ନ। ଚାବି ଖୋଲି ଭିତରକୁ ଯିବାରେ ପ୍ରଥମେ ଆମକୁ କଳା ଓ ଧଳା ରଙ୍ଗର ଦୁଇଟି ଖର୍ବକାୟ କୁକୁର ସେମାନଙ୍କ ମଧୁର ସ୍ୱରରେ ସ୍ୱାଗତ ଜଣାଇଲେ। ନୂଆ ମଣିଷମାନଙ୍କୁ ଦେଖି ବଡ଼ ଆଖି କରି ଚାହିଁଲେ। ସେମାନଙ୍କ ନାମ ଥିଲା କୌତୁକପ୍ରଦ - ଲଡ୍ଡୁ ଓ ବର୍ଫି। ସେମାନେ ମେକ୍ସିକୋର ଏକ ପ୍ରଜାତିର କୁକୁର ବୋଲି ଜାଣିଲୁ, ପ୍ରୀତି ଓ ତା'ର ସ୍ୱାମୀ ଇନ୍ଦର ବଦେଶାଙ୍କର ଅତି ପ୍ରିୟ। ।

ବିଳମ୍ବିତ ମଧ୍ୟାହ୍ନ ଭୋଜନରେ ପ୍ରୀତି ବହୁ ପ୍ରକାରର ଓଡ଼ିଆ ଖାଦ୍ୟ ରାନ୍ଧି ରଖିବା ପରେ ଆମକୁ ବିମାନବନ୍ଦରରୁ ଆଣିବା ପାଇଁ ଯାଇଥିଲା। ମାଛ ତରକାରୀ, ଶାଗ ଭଜା, ଆଳୁ ଚଟଣୀ ଇତ୍ୟାଦି ଭୋଜନ କରି ଆମେ କିଛି ସମୟ ବିଶ୍ରାମ ନେଲୁ। ପ୍ରୀତିର ଘରର ଉପର ମହଲାରେ ଆମମାନଙ୍କ ପାଇଁ ତିନିଗୋଟି ସୁସଜ୍ଜିତ

କୋଠରୀ ରହିଥିଲା । ତା'ଛଡ଼ା ବୈଠକଖାନା ଭଳି ଏକ ସ୍ଥାନ ଯେଉଁଠାରେ ପ୍ରାୟ ଆଠଜଣ ବସିବା ପାଇଁ ସୋଫା ସହିତ ଏକ ଘଷାମୋଡ଼ା ଯନ୍ତ୍ର ଖଚିତ ଆସନ ଏବଂ ଏକ ପାର୍ଶ୍ୱ କାନ୍ଥରେ ୭୨ ଇଞ୍ଚ ଆକାରର ଟିଭି ଲାଗିଛି । ତଳ ମହଲାରେ ସାଜସଜା ଅଧିକ ବିଳାସପୂର୍ଣ୍ଣ । ତଳେ ପ୍ରଶସ୍ତ ଅଭ୍ୟର୍ଥନା କକ୍ଷ, ଶୋଇବା ଘର, ରୋଷେଇ, ଭୋଜନ ଓ ଭଣ୍ଡାର ଘର ଇତ୍ୟାଦି ଥାଇ ଉତ୍ତମ ବ୍ୟବସ୍ଥା । ଗ୍ୟାରେଜରେ ଦୁଇଟି ଗାଡ଼ି ଖୁସିରେ ରହିପାରେ । ଘର ସାମ୍ନା ଓ ପଶ୍ଚାତ୍‌ରେ କ୍ଷୁଦ୍ର ବଗିଚା ରହିଛି । ଘରଟିକୁ ଏହାର ପୂର୍ବତନ ମାଲିକ ଯିଏ କି ଜଣେ ବାସଗୃହ ବ୍ୟବସାୟୀ ସିଏ ନିଜସ୍ୱ ରୁଚି ଅନୁସାରେ ସଠିକ୍ ଭାବରେ ନିର୍ମାଣ କରିଥିଲେ । କୌଣସି କାରଣରୁ ବିକ୍ରିକରି ଅନ୍ୟତ୍ର ଚାଲିଗଲେ । ଆମେରିକାରେ ଲୋକେ ଗାଡ଼ି , ବାସଗୃହ ଓ ସ୍ୱାମୀ/ସ୍ତ୍ରୀ ଏସବୁ ପୋଷାକ ଭଳି ବଦଳାଇବାରେ ଅଭ୍ୟସ୍ତ । ଏହି ରୋଗ ଅନେକାଂଶରେ ଆମ ଦେଶରେ ମଧ୍ୟ ଉଚ୍ଚ ବର୍ଗଙ୍କ ଭିତରେ ଦେଖାଯାଏ । ଧୀରେ ଧୀରେ ମଧ୍ୟମ ବର୍ଗଙ୍କ ଭିତରେ ସଂକ୍ରମିତ ହେଉଛି ।

ସନ୍ଧ୍ୟା ପରେ ପ୍ରୀତି ଆମକୁ ପାଖାପାଖି ଅଞ୍ଚଳ ବୁଲାଇବାକୁ ନେଇଗଲା । ତା'ର କାରରେ ମଧ୍ୟ ଇନ୍ଧନ ଭରିବାର ଥିଲା । ଆମେ ଯାଇ ପହଞ୍ଚିଲୁ ଏକ ବିଶାଳ ଫ୍ୟୁଏଲ ଷ୍ଟେସନରେ । ଜାଣିଲୁ ସେଇଟି କୁଆଡ଼େ ଏତେ ବୃହତ୍ ଯେ ଏକ ସମୟରେ ଏକଶତ ଯାନରେ ଇନ୍ଧନ ଭରିବାର ସୁବିଧା ଦେଇପାରେ । ଆମେରିକାରେ ପେଟ୍ରୋଲକୁ ଗ୍ୟାସୋଲିନ୍ କୁହାଯାଏ । ଫ୍ୟୁଏଲ ଷ୍ଟେଦନର ଛାତ ତଳେ ନିତ୍ୟ ବ୍ୟବହାର୍ଯ୍ୟ ଜିନିଷର ଗୋଟିଏ ବୃହତ୍ ବଜାର । ଭୋଜନ, ପରିଧାନ, ଉପହାର ତଥା ଆସବାବପତ୍ରର ବିପୁଳ ସମାବେଶ । ସେଠାରେ ଆମେ କିଛି କିଣାକିଣି ମଧ୍ୟ କଲୁ । ଆମେରିକାରେ ଏହି ଭଳି ବିପଣୀ ସବୁ ଫୁଏଲ ଷ୍ଟେସନ ସହିତ ରହିବା ବୋଧେ ସରକାରୀ ନିୟମ । ସଡ଼କ ପଥରେ ଯାତ୍ରାର ବହୁଳ ପ୍ରଚଳନ ପାଇଁ ଏହା ଆବଶ୍ୟକ । ତା'ସହିତ ରହିଥାଏ ସ୍ୱଚ୍ଛତା ଦୃଷ୍ଟିରୁ ସୁପରିଚାଳିତ ଶୌଚାଳୟ । ଯାହା ଆମ ଭାଷାରେ ବାଥରୁମ ବା ଟଏଲେଟ ତାହା ବିବର୍ତ୍ତିତ ହୋଇ ୱାସରୁମ ବା ରେଷ୍ଟରୁମ ଭାବେ ପରିଚିତ ହୋଇଛି । ପ୍ରୀତିର କହିବା ଅନୁସାରେ ସେହିଠାରେ ରହିଥିବା ୱାସରୁମ କାଳେ ଆମେରିକାର ସର୍ବବୃହତ୍ । ଏହା ଶୁଣି ମୋର ଆଗ୍ରହ ବଢ଼ିଗଲା । ମୁଁ ଭିତରକୁ ଗଲି । ପ୍ରକୃତରେ ତା'ର ଆଭ୍ୟନ୍ତର ଦେଖି ଅବାକ୍ ହେଲି । ଏକ କ୍ଷୁଦ୍ର ଫଳକରେ ଏକ ସମୟରେ ଏକଶତରୁ ଉର୍ଦ୍ଧ୍ୱ ଅତିଥିଙ୍କୁ ଶୌଚାଦି ସୁବିଧା ଯୋଗାଇବା ପାଇଁ ବ୍ୟବସ୍ଥା ରହିଛି ବୋଲି ଲେଖା ଅଛି । ବିଭିନ୍ନ କର୍ମ ପାଇଁ ବିଭାଜିତ ପ୍ରଶସ୍ତ ସ୍ଥାନରେ ଅତ୍ୟାଧୁନିକ ଉପକରଣ ଖଞ୍ଜାଯାଇଛି । କାନ୍ଥମାନଙ୍କରେ ବିଭିନ୍ନ ଚିତ୍ର ଓ ଫୁଲ ଲଗାଯାଇ ଶୋଭାବର୍ଦ୍ଧନ କରାଯାଇଛି । ସର୍ବତ୍ର ରୁଚିଶୀଳତାର ପୂର୍ଣ୍ଣ ପରିପ୍ରକାଶ । ମୁଁ ଭିତରେ କେତୋଟି ଫଟୋ ନେବା ସହ ଏକ

କ୍ଷୁଦ୍ର ଭିଡ଼ିଓ ମଧ୍ୟ ଉତ୍ସାହିତ ହେଇ ନେଲି। ମୁଁ ସେ ଶୌଚାଳୟ ଭିତରେ ମାତ୍ର କେତେ ମିନିଟ ରହିଲା ଭିତରେ ଜଣେ ହେଲେ କେହି ଉପଭୋକ୍ତା ନଜରକୁ ଆସିନଥିଲେ ଯଦିଓ ବାହାରେ ଅନେକ ଲୋକ ଓ କିଛି ଗାଡ଼ି ମଧ୍ୟ ରହିଥିଲା।

ପରଦିନ ଖରାବେଳେ ପ୍ରୀତି ସାଙ୍ଗରେ ଆମେ ଦି'ଜଣ ବାହାରିଲୁ। ଘରେ ଆଦିତ୍ୟ ଓ ଆୟୁଷି ରହି ସେମାନଙ୍କ ଅଫିସ କାମ କଲେ। ଆମେ କେତୋଟି ମନ୍ଦିରକୁ ଯିବାର କାର୍ଯ୍ୟକ୍ରମ ଥିବାର ଶୁଣି ସେମାନେ ଆଗ୍ରହ ପ୍ରକାଶ କଲେନାହିଁ। ଅନ୍ୟ କୌଣସି ସ୍ଥାନ ହୋଇଥିଲେ ବାହାରିଥା'ନ୍ତେ! ବୟସ ବଢ଼ିଲେ ହୁଏତ ବଦଳିବ! ଆଦିତ୍ୟ ପ୍ରତ୍ୟହ କିଛି ସମୟ ଧ୍ୟାନ କରେ। ନିୟମିତ ବ୍ୟାୟାମ କରେ। ଫୁଟବଲ ତା'ର ଅଭ୍ୟାସଗତ ପ୍ରିୟ ଖେଳ। ସ୍ୱିମିଙ୍ଗପୁଲରେ ପହଁରେ ମାତ୍ର ମନ୍ଦିର ଯିବାପାଇଁ ଆଗ୍ରହ ନଥାଏ। ଆଧ୍ୟାତ୍ମ୍ୟ ଆଧାରିତ ବହୁ ବହି ପଢ଼ିଲେ ମଧ୍ୟ ସେସବୁର ବିଶେଷ ପ୍ରଭାବ ରହିନାହିଁ।

ପ୍ରଥମେ ପ୍ରୀତିର ଲ୍ୟାଣ୍ଡରୋଭରର ଲାଗିଲା ଶ୍ରୀକୃପାଳୁଜୀ ମହାରାଜଙ୍କ ଦ୍ୱାରା ପ୍ରତିଷ୍ଠିତ ରାଧାକୃଷ୍ଣ ମନ୍ଦିର ପରିସରରେ। କୋଲିନ୍ କାଉଣ୍ଟିର ଲେନ୍ ଅଞ୍ଚଳରେ ଥିବା ଏହି ମନ୍ଦିର ସଦ୍ୟ ନିର୍ମିତ ହୋଇଛି। ଆହୁରି କାମ ଚାଲିଛି। ଆଭ୍ୟନ୍ତରର ଚାକ୍ୟଚକ୍ୟ ବେଶ୍ ଭଲ। ରାଧାକୃଷ୍ଣଙ୍କ ଭବ୍ୟ ମୂର୍ତ୍ତି ମୁଖ୍ୟ ବିଗ୍ରହ ଭାବେ ପୂଜା ପାଉଥିଲେ ମଧ୍ୟ ମହାପ୍ରଭୁ ଶ୍ରୀଜଗନ୍ନାଥଙ୍କୁ ଭୁଲି ନାହାନ୍ତି ଉଦ୍ୟୋକ୍ତାମାନେ। ଆମେରିକାରେ କୃପାଳୁଜୀଙ୍କର ଅନେକ ଅନୁଗାମୀ ଭକ୍ତ ରହିଛନ୍ତି। ମହାରାଜଙ୍କ ପରେ ତାଙ୍କର ଯୋଗ୍ୟ ଶିଷ୍ୟ ଶ୍ରୀ ମୁକୁନ୍ଦାନନ୍ଦଜୀ ସଂସ୍ଥାର ମୁଖ୍ୟ ଭାବରେ ଅଧିଷ୍ଠିତ। ମୁକୁନ୍ଦାନନ୍ଦଙ୍କ ଭଗବତ ଆଲୋଚନା ରୁଚିକର। ଇସ୍କନର ସମକକ୍ଷ ନହେଲେ ମଧ୍ୟ ଭାରତୀୟ ସଂସ୍ଥା ଭାବେ ସନାତନ ବିଚାରଧାରାର ପ୍ରସାର କ୍ଷେତ୍ରରେ ଏହି ସଂସ୍ଥାର ପ୍ରସିଦ୍ଧି ରହିଛି। କେବଳ ଧର୍ମ କାହିଁକି ଆମ କଳା ସଂସ୍କୃତିର ସହିତ ସମାଜସେବା ମଧ୍ୟ ଏହି ସଂସ୍ଥାର କାର୍ଯ୍ୟାବଳୀ ଅନ୍ତର୍ଗତ। ଭିତରେ ଦର୍ଶନ କରି ବାହାରକୁ ଫେରି ଦେଖିଲେ ଏକ ପାର୍ଶ୍ୱରେ ମୁଗୁନି ପଥର ନିର୍ମିତ ବୃହଦାକାର ଶିବଲିଙ୍ଗ ଓ ଅପର ପାର୍ଶ୍ୱରେ ଥିବା ଏକ ପ୍ରସାଦ ବିପଣୀ। ଆମେ ସେଠାରେ କିଛି କିଣି ଭୋଜନ କଲୁ। ପୋହା, ଢ଼ୋକଲା, ବରଫିର ସ୍ୱାଦ ରୁଚିକର ଥିଲା।

ତା'ପରେ ଆମେ ଗଲୁ ପ୍ଲାନୋ ଅଞ୍ଚଳର ରଘୁନାଥ ମନ୍ଦିର। ମନ୍ଦିର ବନ୍ଦଥିବାରୁ ଦର୍ଶନ ହୋଇପାରିଲାନି। ବାହାରେ ଏକ ବ୍ୟାନରରେ ଚଳିତ ବର୍ଷ ନିର୍ଦ୍ଧାରିତ ତାରିଖରେ ଶ୍ରୀଜଗନ୍ନାଥ ମହାପ୍ରଭୁଙ୍କ ରଥଯାତ୍ରା ଅନୁଷ୍ଠିତ ହେବ ବୋଲି ସୂଚନା ରହିଥିଲା। ସେଥିପାଇଁ ସାହାଯ୍ୟ ସହଯୋଗ କରିବାକୁ ନିବେଦନ କରାଯାଇଥିଲା। ପୂର୍ବବର୍ଷ କୋଭିଡ଼୍ ସକାଶେ ରଥଯାତ୍ରା ବନ୍ଦ ରହିଥିଲା। ତା'ପରେ ଆମେ ଉତ୍ତର ଭାରତୀୟଙ୍କ ଦ୍ୱାରା ପ୍ରତିଷ୍ଠିତ ଶ୍ରୀରାମ ମନ୍ଦିରକୁ ଗଲୁ। ଶ୍ରୀରାମ, ଲକ୍ଷ୍ମଣ, ସୀତା ଓ ହନୁମାନଙ୍କ ମୂର୍ତ୍ତି ଦର୍ଶନ କଲୁ। ପୂଜକ ଆମକୁ ଫଳପ୍ରସାଦ ଦେଲେ। ସେଠାରେ ସଦ୍ୟ ଏକ ବିବାହ ଉତ୍ସବ ସଂପନ୍ନ ହୋଇଥିବାରୁ ସାମାନ୍ୟ ଗହଳି ଥିଲା। ଆମେ ସେଠାରୁ ଡି.ଏଫ୍.ଡବଲ୍ୟୁ ହିନ୍ଦୁ ମନ୍ଦିରକୁ ଗଲୁ। ସନ୍ଧ୍ୟା ପୂର୍ବରୁ ମନ୍ଦିର ଖୋଲିଲା। ଏହା ସେ ଅଞ୍ଚଳରେ ବୃହତ୍ ତଥା ପୁରୁଣା ମନ୍ଦିର। ଭାରତରେ ବହୁ ଆଞ୍ଚଳିକ ଦେବଦେବୀ ଏଠାରେ ପୂଜା ପାଉଥିବାରୁ ଏହାକୁ ଏକତା ମନ୍ଦିର କୁହାଯାଏ। ପ୍ରକାଣ୍ଡ ଉପାସନାସ୍ଥଳୀର କାନ୍ଥକୁ ଲାଗି ସ୍ୱତନ୍ତ୍ରଭାବେ ରାମସୀତା, ରାମକୃଷ୍ଣ, ଲକ୍ଷ୍ମୀନାରାୟଣ, ଗଣେଶ, ହନୁମାନ, ଜଗଦମ୍ବା, ମା'ଭବାନୀ ପ୍ରଭୃତିଙ୍କ ମାର୍ବଲ ମୂର୍ତ୍ତି ରହିଛନ୍ତି। ଅଧିକ ଭକ୍ତ ସମାଗମ ପାଇଁ ବ୍ୟବସ୍ଥା ରହିଛି। କୋଭିଡ଼୍ ନିୟମ କୋହଳ ହୋଇଥିଲେ ମଧ୍ୟ ହାତ ଧୋଇବା ଓ ଦୂରତା ରକ୍ଷା କରିବାକୁ ପରାମର୍ଶ ଦିଆଯାଇଛି। ହଲ୍ ପାର୍ଶ୍ୱରେ ଏକ ସ୍ୱତନ୍ତ୍ର କୋଠରୀରେ ଆମ ଚତୁର୍ଦ୍ଧାମୂର୍ତ୍ତି ପୂଜା ପାଉଛନ୍ତି। ପ୍ରାୟ ଦୁଇଫୁଟ ଉଚ୍ଚ ବିଗ୍ରହଙ୍କୁ ଆମ ପାଇଁ ପୂଜା

ଉଦ୍ଦେଶ୍ୟରେ ପ୍ରଥମେ କିଛି ପ୍ରଣାମୀ ଦେବାକୁ ହେଲା। ଜଣେ ପୂଜକ ଥାଳିରେ କିଛି ପୂଜା ସାମଗ୍ରୀ ନେଇ ଆମର ନାମଗୋତ୍ର ଇତ୍ୟାଦି ପଚାରି ବିଷ୍ଣୁ ଆରାଧନା ଉଦ୍ଦେଶ୍ୟରେ ବିଭିନ୍ନ ଶ୍ଳୋକ ଗାଇ ଫୁଲ ଚନ୍ଦନ ଦୀପ, ଧୂପ ଇତ୍ୟାଦି ସହିତ ପୂଜା କଲେ। ଏହି ମନ୍ଦିରରେ ମଧ୍ୟ ରଥଯାତ୍ରା ହୁଏ। ଯାତ୍ରାର ବିଭିନ୍ନ ଅଂଶ ପାଇଁ ସ୍ଥାନୀୟ ଭକ୍ତମାନେ ସ୍ୱତନ୍ତ୍ର ଭାବେ ଆର୍ଥିକ ସହଯୋଗ ଦେଇଥାନ୍ତି ଅର୍ଥାତ୍ କିଏ ରଥର ମରାମତି ବାବଦ ଖର୍ଚ୍ଚ ଦିଏ ତ କିଏ ଦୁଇଶହ ଜଣଙ୍କ ପାଇଁ ପ୍ରସାଦର ଖର୍ଚ୍ଚ ବହନ କରିଥାଏ।

ଘରକୁ ଫେରିବା ବେଳକୁ ଅନ୍ୟ ଏକ ଦେବୀ ମନ୍ଦିରରେ ସନ୍ଧ୍ୟା ଆଳତୀ ଦେଖି ଫେରିବାର ଥିଲା। ମାତ୍ର ସାମାନ୍ୟ ବିଳମ୍ବ ହେଇଥିବାରୁ ସେଥିରୁ ବଞ୍ଚିତ ହେଲୁ।

ପରଦିନ ଘରକୁ ଫେରିଲେ ଇନ୍ଦର ବଦେସା। ତାଙ୍କର ନିଜସ୍ୱ ପରିବହନ ସଂସ୍ଥାର ତିନୋଟି ଟ୍ରକ ରହିଛି। ନୂଆ ଅଠର ଚକିଆ କେନ୍‌ୱର୍ଥ ଟ୍ରକର ଦାମ ଏକ ଲକ୍ଷ ସତୁରୀ ହଜାର ଡଲାର। ଦୁଇଜଣ ଭିଏତନାମୀ ଚାଳକ ରହିଛନ୍ତି। ସେମାନଙ୍କ ମଧ୍ୟରୁ ଜଣେ କେହି ଛୁଟିରେ ରହିଲେ ଇନ୍ଦରଙ୍କୁ ଟ୍ରକ ନେଇ ଯିବାକୁ ପଡ଼େ। ପଣ୍ୟ ଯୋଗାଉଥିବା ସଂସ୍ଥା ସହିତ ଚୁକ୍ତି ଅନୁସାରେ ସେବା ବ୍ୟାହତ ହୁଏନାହିଁ। ସେ ପ୍ରାୟତଃ ଡାଲାସ୍‌ରୁ କାଲିଫର୍ଣ୍ଣିଆ ଯାଆନ୍ତି। ଥରେ ଯାଇ ପୁଣି ଲୋଡ୍ ନେଇ ଫେରିବା ପାଇଁ ପାଞ୍ଚରୁ ଛଅ ଦିନ ଲାଗିଥାଏ। ଟ୍ରକର କ୍ୟାବିନ ଭିତରେ ବିଶ୍ରାମ ନେବା ପାଇଁ ଆରାମଦାୟକ ସରଞ୍ଜାମ ରହିଛି। ଶୀତତାପ ନିୟନ୍ତ୍ରିତ ବ୍ୟବସ୍ଥା ସହିତ ଥଣ୍ଡା ପାନୀୟ

ରଖିବା ପାଇଁ ଛୋଟ ଫ୍ରିଜଟିଏ ରହିଛି। ଭାରତ ଭଳି ପଞ୍ଜାବୀମାନେ ସେ ଦେଶରେ ମଧ୍ୟ ମାଲ ପରିବହନ କ୍ଷେତ୍ରରେ ଆଗରେ ରହିଛନ୍ତି। ସେଠାରେ କୌଣସି କର୍ମକୁ ନ୍ୟୁନ ଭାବରେ ଦେଖାଯାଏନାହିଁ। ସବୁ କର୍ମକୁ ସମ ଦୃଷ୍ଟିରେ ଦେଖାଯାଏ। କୋଭିଡ୍ କାଳରେ ଭଲ ବ୍ୟବସାୟ ହୋଇଥିବା ବିଷୟ ଇନ୍ଦରଜୀ ପ୍ରକାଶ କରନ୍ତି। ତାଙ୍କ ଜନ୍ମସ୍ଥାନ ପଞ୍ଜାବର ଗୁରୁଦାସପୁର ଜିଲ୍ଲାରେ। କୋଡ଼ିଏ ବର୍ଷ ବୟସରେ ଦୁବାଇ ଯାଇ କିଛି କାମ କରୁଥିଲେ। ସେଠାର ମାଲିକ କୌଣସି କାମ ପାଇଁ ତାଙ୍କୁ ଆମେରିକା ପଠାଇଥିଲେ। ସେ ସେଠାକୁ ଯାଇ ରହୁରହୁ ରହିଗଲେ। ଅନେକ ବର୍ଷ ପରେ ନାଗରିକ ହେଲେ। ଜଣେ ମାର୍କିନ ମହିଳାଙ୍କୁ ବାହା ହେଇ ଦୁଇଟି ପୁତ୍ର ସନ୍ତାନ ଜନ୍ମ ହେବାର କିଛି ବର୍ଷ ପରେ ବିବାହ ବିଛେଦ ହେଲା। ପିଲାମାନେ ଏବେ କର୍ମଜୀବୀ। ବିବାହ ବିଛେଦର କାରଣ ହେଲା ସେ ମହିଳାଙ୍କ ନିୟମିତ ଡ୍ରଗସ୍ ସେବନ ଓ ମନମୁଖୀ ଚଳଣୀ।

ପ୍ରୀତିର ଜୀବନ କୌଣସି ଉପନ୍ୟାସର କାହାଣୀଠାରୁ କମ୍ ନୁହେଁ। ପୁରୀର ଏକ ସମ୍ଭ୍ରାନ୍ତ ପରିବାରର ପାଞ୍ଚଭାଇ ମଧ୍ୟରୁ ସର୍ବକନିଷ୍ଠ ଶିବଶଙ୍କର ମହାପାତ୍ରଙ୍କ ସହିତ ତା'ର ବିବାହ ହୁଏ ୧୯୯୦ରେ। ଉପର ତିନିଭାଇ ସେତେବେଳେ ଆମେରିକାରେ ରହୁଥିଲେ। ୧୯୯୧ରେ ସେମାନଙ୍କର ଏକ ପୁତ୍ର ସନ୍ତାନ ଅମିତ୍ ଜନ୍ମ ନେଇଥିଲା। ମିସିଗନ ରାଜ୍ୟର ଆନ୍‌ଆରବର ସହରରେ ମାନସିକ ଡାକ୍ତର ଭାବେ କାର୍ଯ୍ୟ କରୁଥିଲେ ଦ୍ୱିତୀୟ ଭାଇ ଶ୍ରୀନିବାସ ମହାପାତ୍ର। ସେ ଏବେ ଦିବଙ୍ଗତ। ଆମ ଡିଟ୍ରଏଟ ଗସ୍ତବେଳେ ତାଙ୍କ ପତ୍ନୀ ଚନ୍ଦନାଙ୍କ ସାକ୍ଷାତ କରିବା କଥା ପୂର୍ବରୁ ଉଲ୍ଲେଖ ହୋଇଛି। ଶ୍ରୀନିବାସଙ୍କ ପ୍ରୋତ୍ସାହନରେ ପ୍ରୀତି ଓ ଶିବଶଙ୍କର ଶିଶୁପୁତ୍ରକୁ ସାଙ୍ଗରେ ନେଇ ଉଜ୍ଜଳ ଭବିଷ୍ୟତ ଆଶା ନେଇ ଆମେରିକା ଚାଲିଯାଇଥିଲେ। ପ୍ରଥମେ ତାଙ୍କ ଘରେ କିଛି ମାସ କଟାଇବା ପରେ କାମଧନ୍ଦା ଅନ୍ୱେଷଣ କରି ନୂଆ ଜୀବନ ଆରମ୍ଭ କଲେ। ଶିବଶଙ୍କର ପ୍ରିଣ୍ଟିଂ ଟେକ୍ନୋଲଜିରେ ଡିପ୍ଲୋମା କରିଥିଲେ। ପ୍ରୀତି କିଛି କାମ କରିବା ସହିତ ନର୍ସିଂ ଓ କମ୍ପ୍ୟୁଟର ଚାଳନା ଆଦିରେ ପାଠ ପଢ଼ି କାମ ପାଇଗଲା। ସେମାନେ ସ୍ୱତନ୍ତ୍ର ଘର ନେଇ ରହିଲେ। ଶିବଶଙ୍କରଙ୍କ ପୂର୍ବରୁ ହୃଦ୍‌ରୋଗ ଜନିତ ସମସ୍ୟା ରହିଥିଲା। ବିବାହ ପୂର୍ବରୁ ବଡ଼ଭାଇ ଲଣ୍ଡନରେ ଥିଲାବେଳେ ସେ ସେଠାରୁ ଚିକିତ୍ସିତ ହୋଇ ଆସିଥିଲେ। ଆମେରିକାରେ ପୁଣି ସେଇ ସମସ୍ୟା ବାହାରିଲା। ଆନ୍‌ଆରବରେ ସେମାନେ ପ୍ରାୟ ବାରବର୍ଷ ରହିବା ପରେ ଭଲ କାମ ଆଶାରେ ଟେକ୍ସାସ୍ ଚାଲିଯାଇଥିଲେ। ଅମିତ୍ ସେଠାରେ ପାଠ ପଢ଼ିଲା। ସେମାନଙ୍କୁ ଗ୍ରୀନ କାର୍ଡ଼ ମିଳି ସାରିଥିବାରୁ ସ୍ୱାସ୍ଥ୍ୟବୀମା ଜରିଆରେ ଶିବଶଙ୍କରଙ୍କର ଓପନହାର୍ଟ ସର୍ଜରୀ କରାଯାଇଥିଲା। ଅସ୍ତ୍ରପୋଚାର ସଫଳ

ହୋଇଥିଲେ ମଧ୍ୟ ତା'ପରେ ତାଙ୍କ କାର୍ଯ୍ୟଦକ୍ଷତା କମିଯାଇଥିଲା ଏବଂ ମାନସିକ ବିକୃତି ଦେଖାଗଲା। ସେ ସମୟରେ ପ୍ରୀତି ଅଦମ୍ୟ ଧୈର୍ଯ୍ୟ ଓ ଆତ୍ମବିଶ୍ୱାସର ସହିତ ନିଜ ବୃତ୍ତି ଓ ଘରର ପରିଚାଳନା କରିଥିଲା। ସ୍ୱାମୀଙ୍କ ବିକୃତି ବଢ଼ିଚାଲିଲା ଏବଂ କ୍ରମେ ତାହା ଉଗ୍ର ସ୍ୱଭାବରେ ପରିଣତ ହୋଇଥିଲା। ବିନା କାରଣରେ ସ୍ତ୍ରୀ ଉପରେ ଅତ୍ୟାଚାର, ଘରେ ଭଙ୍ଗାରୁଜା ଇତ୍ୟାଦି ହେଉଥିଲା। ପ୍ରୀତି କାମକୁ ଯାଇଥିବା ସମୟରେ ନିଜେ କିଛି ରୋଷେଇ କରି ଖାଇବା ପରେ ଚୁଲି ବନ୍ଦ କରିବାକୁ ସେ ଭୁଲିଯାଉଥିଲେ। ସେଥିରେ କେତେଥର ଘରେ ନିଆଁ ଲାଗିଲା ଭଳି ସମସ୍ୟା ମଧ୍ୟ ହୋଇଥିଲା। ଲଗାତାର ଘରେ ରହି ବିରକ୍ତିଭାବ ବଢ଼ିଚାଲିଥିଲା ମାତ୍ର ପ୍ରୀତି ଘର ଚଳାଇବା ପାଇଁ ଦୁଇଟା ଚାକିରୀ ଏକ ସଙ୍ଗେ କରିବାକୁ ବାଧ୍ୟ ହେଉଥିଲା। ସପ୍ତାହାନ୍ତରେ ସ୍ୱାମୀ ଓ ପୁଅକୁ କୁଆଡ଼େ ବୁଲାଇବା ପାଇଁ ନେଲେ ବାହାରେ ମଧ୍ୟ ବିକୃତି ବାହାରୁଥିଲା।

ହୃଦ୍‌ରୋଗଜନିତ ଅସ୍ତ୍ରୋପଚାର ପରେ ଆବଶ୍ୟକୀୟ ଯତ୍ନର ଅଭାବ ରହିଥିଲା। ସେଥିପାଇଁ ତାଙ୍କୁ ବାରମ୍ବାର ଡାକ୍ତରଖାନା ନେଇ ଡାକ୍ତରୀ ପରାମର୍ଶ ସହିତ ଚିକିତ୍ସାର ଆବଶ୍ୟକତା ପଡୁଥିଲା। ସମସ୍ୟା ବଢ଼ିଚାଲିଲା। ସ୍ୱାମୀଙ୍କର ଉପଦ୍ରବ କମୁନଥିଲା କି ତାଙ୍କର ଉଗ୍ର ଆଚରଣରେ କିଛି ପରିବର୍ତ୍ତନ ହେଉନଥିଲା। ସେ ସମୟ ପ୍ରୀତି ପାଇଁ ବିଷମ ଥିଲା। କାମକୁ ଗଲାବେଳେ ଛୋଟ ପୁଅକୁ ସ୍ୱାମୀଙ୍କ ପାଖରେ ଛାଡ଼ି ଯିବା ପାଇଁ ଭୟ ଲାଗୁଥିଲା। କାମରୁ ଫେରିବା ପରେ ଅଯଥାରେ ଅଶାନ୍ତି ହେଉଥିଲା। ବଡ଼ଭାଇ ଶ୍ରୀନିବାସଙ୍କ ପରାମର୍ଶ କ୍ରମେ ଶିବଶଙ୍କରଙ୍କୁ ନର୍ସିଂ ହୋମରେ ଛାଡ଼ିବା ପାଇଁ ଉଦ୍ୟମ ଆରମ୍ଭ ହେଲା। ସରକାରୀ ନିୟମ ଅନୁସାରେ ଏଭଳି ରୋଗୀ ନର୍ସିଂ ହୋମରେ ରହିବା ପାଇଁ ଯେଉଁଭଳି ବୀମାଭୁକ୍ତ ହେବା ଆବଶ୍ୟକ ତାହା ଏମାନଙ୍କ ପାଖରେ ନଥିଲା। ସ୍ତ୍ରୀର ଆୟ ରହିଥିବାରୁ ସ୍ୱାମୀ ପାଇଁ ସମସ୍ତ ଖର୍ଚ୍ଚ ବହନ କରିବା ସରକାରୀ ଆଇନରେ ଥିଲା। ଏହି ସମସ୍ୟାକୁ ଟାଳିବା ପାଇଁ ଏକ ମାତ୍ର ବାଟ ଥିଲା ଛାଡ଼ପତ୍ର। ଡା.ଶ୍ରୀନିବାସଙ୍କ ପରାମର୍ଶ କ୍ରମେ ତାହା ହିଁ ହେଲା ଏବଂ ତା'ପରଠାରୁ ଶିବଶଙ୍କର ନର୍ସିଂହୋମରେ ରହୁଛନ୍ତି। ମଝିରେ ମଝିରେ ହୃଦ୍ ସମସ୍ୟା ବାହାରୁଛି। ପ୍ରୀତି ଓ ପୁଅ ଅମିତ୍ ଖବର ପାଇଲେ ତାଙ୍କୁ ଦେଖା କରିଆସନ୍ତି। ଅମିତ୍ ଗ୍ରାଜୁଏସନ ପରେ କିଛି ବୃତ୍ତିରେ ନିୟୋଜିତ ଅଛି। ଆମେରିକାରେ ଚଳଣି ଅନୁସାରେ ପିଲା ବଡ଼ ହେଲେ ବାହାରେ ରହନ୍ତି। ସେ ମଧ୍ୟ ବାହାରେ ରହିବା ଦ୍ୱାରା ପ୍ରୀତି ସଂପୂର୍ଣ୍ଣ ଏକାକୀ ଜୀବନ କାଟିଲା। କେବଳ ଆତ୍ମବିଶ୍ୱାସକୁ ଦୃଢ଼ କରି ଜୀବନପଥରେ ଆଗେଇଲା।

ସେହିବେଳରେ ଏହି ଇନ୍ଦର ବଦେସାଙ୍କ ସହିତ ସଂପର୍କ ହେଲା। ଦୁହେଁ ଛାଡ଼ପତ୍ରର ଭୁକ୍ତଭୋଗୀ ହୋଇଥିବାରୁ ଏକ ପ୍ରକାର ମାନସିକତାରେ ସମାନତା ରହିଥିଲା। ଉଭୟେ ଉଭୟଙ୍କ ପ୍ରତି ଯତ୍ନବାନ ହେଲେ। କ୍ରମେ ଏକାଠି ରହିବାକୁ ଆରମ୍ଭ କଲେ ଏବଂ ପରେ ଆଇନତଃ ବିବାହ କଲେ। ଏବେ ଇନ୍ଦରଙ୍କର ଦୁଇ ପୁଅ ଆଲେକ୍ସ ଓ ହାର୍ଡ଼ିସନ ଏବଂ ପ୍ରୀତିର ପୁଅ ଅମିତ ମଧ୍ୟ ଏମାନଙ୍କ ଘରେ କେବେ କେବେ ଏକାଠି ହୁଅନ୍ତି। ବାପା ମା' ସମସ୍ତଙ୍କୁ ସ୍ନେହ ଶ୍ରଦ୍ଧା କରନ୍ତି। ଉପହାର ଦିଆନିଆ ହୁଏ। ଖ୍ରୀଷ୍ଟମାସ, ଥ୍ୟାଙ୍କସ୍ ଗିଭିଂ ଭଳି ଛୁଟିଦିନରେ ଏକାଠି ହେଇ ଖୁସି ମନାନ୍ତି। ଜୀବନ ସମସ୍ତଙ୍କ ପାଇଁ ଇନ୍ଦ୍ରଧନୁ ଭଳି ରଙ୍ଗମୟ ଏହା ସମସ୍ତେ ବୁଝି ପାରିଛନ୍ତି। ଇନ୍ଦର ବାଦେସା ଜଣେ ଖୋଲା ହୃଦୟର ମଣିଷ। ଘରେ ଥିବାବେଳେ ପ୍ରୀତିକୁ ଘରକାମରେ ସହଯୋଗ କରନ୍ତି। କୁକୁରମାନଙ୍କ ଯତ୍ନ ନିଅନ୍ତି। ଦୀର୍ଘଦିନ ବିଦେଶରେ ରହିଲେ ମଧ୍ୟ ଭାରତ ତଥା ବିଶେଷ କରି ପଞ୍ଜାବର ରାଜନୀତି, ସଂସ୍କୃତିରେ ରୁଚି ରଖନ୍ତି। ପଞ୍ଜାବୀ ଗାୟକମାନଙ୍କର ଦେଶୀ ସଂଗୀତର ସେ ଜଣେ ସ୍ତାବକ। ୟୁଟ୍ୟୁବରୁ

ଗୀତସବୁ ଉଦ୍ଧାର କରି ଆମ ଫ୍ୟାମିଲି ଗ୍ରୁପରେ ପୋଷ୍ଟ କରନ୍ତି। ଆମେମାନେ ତାଙ୍କ ଘରକୁ ଆସିବୁ ବୋଲି ସେ ଅଧିକ ଉତ୍ସାହିତ ହୋଇ ବିଶେଷକରି ମୋ ପାଇଁ କେତେ ପ୍ରକାରର ଦାମୀ ପାନୀୟ ଆଣି ରଖିଥିଲେ। ସେଗୁଡ଼ିକର ନାମ ଜଣାନଥିଲେ ମଧ୍ୟ ବୋତଲର ଆକାର ପ୍ରକାରରୁ ସେଗୁଡ଼ିକ ବେଶ ସମ୍ଭ୍ରାନ୍ତ ଲାଗୁଥିଲା। ସେଥିମଧ୍ୟରୁ ସେ ଅଗ୍ରାଧିକାର ଭିତ୍ତିରେ ମେକ୍ସିକୀୟ ଟକ୍ୱିଲା ବୋତଲଟି ବାହାର କରି ମୋତେ ପ୍ରଥମ ରାତିରେ ଆପ୍ୟାୟିତ କଲେ। ମୋର ମଦ୍ୟରୁଚି ଅଭ୍ୟାସଗତ ନୁହେଁ ସୌଖୀନ ଓ ସାମୟିକ। ସେ ଆହୁରି ଗୋଟେ ବାର୍‌ବେକ୍ୟୁ ସେଟ୍ ଆଣି ରଖିଥିଲେ। ଆମେ ଥିବାବେଳେ ତାହା ପ୍ରଥମ କରି ବ୍ୟବହାର ହେଲା। ଚିକେନ,ପନିର, ପରିବା ଆଦି ଗ୍ରୀଲ କରି ଦୁହେଁ ଆମକୁ ପରଷିଲେ। ପ୍ରୀତି ଘରେ ଆମ ରହିଥିବା କେତୋଟି ଦିନ ବେଶ ଖୁସିରେ କଟିଲା। ପ୍ରବାସିନୀଙ୍କ ହାତ ରନ୍ଧା ଖାଦ୍ୟ ଖାଇ ଇନ୍ଦରଜୀ ବେଶ୍ ପ୍ରଶଂସା କଲେ ଆଉ ତା' ସଙ୍ଗେ ସଙ୍ଗେ ମୁଁ ମୋ ସହଧର୍ମିଣୀଙ୍କୁ କାମରେ ସହଯୋଗ କରୁନଥିବାରୁ ମୋତେ ମଧ୍ୟ ତାଙ୍କଠାରୁ ମଧୁର ତାଗିଦ୍ ଶୁଣିବାକୁ ମିଳିଲା।

ଦିନେ ଇନ୍ଦରଜୀ ମୋତେ ଡ୍ୟାଲାସର ଡାଉନ୍ ଟାଉନ ବୁଲାଇବାକୁ ନେଇଗଲେ। ସୁଉଚ୍ଚ ଅଟ୍ଟାଳିକାର ଅରଣ୍ୟ ମଧ୍ୟରେ ଆମେ ଯାଇ ପହଞ୍ଚିଲୁ ଏକ ଫାଙ୍କା

ସ୍ଥାନରେ । ସେଇଟି ଥିଲା ଆମେରିକାର ପଞ୍ଚତ୍ରିଶଂତମ ରାଷ୍ଟ୍ରପତି ଜନ୍ ଏଫ୍ କେନେଡ଼ିଙ୍କ ସ୍ମାରକୀ। କେନେଡ଼ି ଥିଲେ ଦେଶର ଅନ୍ୟତମ ଯୁବ ରାଷ୍ଟ୍ରପତି। ୧୯୬୩ ମସିହା ନଭେମ୍ବର ୨୨ ତାରିଖରେ ପତ୍ନୀ ଜାକ୍ୱିଲିନଙ୍କ ସହିତ ଟେକ୍ସାସ ଗସ୍ତ କାଳରେ ଏକ କାର୍ଯ୍ୟକ୍ରମରେ ଯୋଗଦେବା ପାଇଁ ଏକ ଖୋଲା ଲ୍ୟୁମୋସିନରେ ବସି ଦୁଇ ପାର୍ଶ୍ୱରେ ଜନତାଙ୍କ ଅଭିବାଦନ ଗ୍ରହଣ କରି ଯାଉଥିବା ବେଳେ ପାଶ୍ୱବର୍ତ୍ତୀ କୋଠାର ଷଷ୍ଠ ମହଲାରୁ ଜଣେ ଆତତାୟୀର  ଗୁଳିରେ ତାଙ୍କ ନିଧନ ହୋଇଥିଲା। ୨୪ ବର୍ଷୀୟ ଲି ହାର୍ଭି ଓସ୍ୱାଲଡ଼ ନାମକ ଜଣେ ନାବିକ ଥିଲେ ସେହି ଆତତାୟୀ। ନିକଟସ୍ଥ ଡାକ୍ତରଖାନାରେ ଜନ୍ କେନେଡ଼ି ମୃତ ବୋଲି ଘୋଷିତ ଖବରରେ ସାରା ବିଶ୍ୱ ସ୍ତମ୍ଭୀଭୂତ ହୋଇଯାଇଥିଲା। ଗୁଳି ତାଙ୍କ ଗଳା ବିଦ୍ଧ ହୋଇ ପୁଂଜ ବାହାରି ପଡ଼ିଥିଲା। ସାଙ୍ଗରେ ଥିଲେ ତତ୍କାଳୀନ  ଉପରାଷ୍ଟ୍ରପତି ଲିଣ୍ଡନ ବି ଜନସନ। ସଙ୍ଗେ ସଙ୍ଗେ ତାଙ୍କ ମରଶରୀରକୁ ରାଷ୍ଟ୍ରପତିଙ୍କ ପାଇଁ ଉଦ୍ଦିଷ୍ଟ ବିମାନ ଏଆରଫୋର୍ସ୧ରେ ୱାସିଙ୍ଗଟନ ଅଣାଯାଇଥିଲା ଏବଂ ଦେଶର ସୁରକ୍ଷା ଦୃଷ୍ଟିରୁ ତଥା ସାମ୍ବିଧାନିକ ନିୟମ ଅନୁସାରେ ଆକାଶମାର୍ଗରେ ବିଚାରପତି ସାରା ଟି.ହ୍ୟୁଜଙ୍କ ଦ୍ୱାରା ଲିଣ୍ଡନ ବି. ଜନସନ୍ଙ୍କୁ ଦେଶର ୩୬ତମ ରାଷ୍ଟ୍ରପତି ଭାବେ ଶପଥପାଠ କରାଯାଇଥିଲା। ରାଷ୍ଟ୍ରମୁଖ୍ୟ ପଦବୀରେ ଅଭିଷିକ୍ତ ହେଲାପରେ ଜନସନ୍, ସୁପ୍ରିମକୋର୍ଟର ମୁଖ୍ୟ ବିରାରପତି ଅର୍ଲ ୱାରେନଙ୍କ ଅଧକ୍ଷତାରେ ଏକ ତଦନ୍ତ କମିଶନ ବସାଇଥିଲେ ମାତ୍ର ସେତେବେଳକୁ ଆତତାୟୀ ଓସ୍ୱାଲଡ଼,ଜ୍ୟାକ ରୁବି ନାମକ ଅନ୍ୟ ଜଣେ କୁଖ୍ୟାତ ଅପରାଧି ଦ୍ୱାରା ନିହତ ହୋଇସାରିଥିଲେ।

ତଦନ୍ତ କମିଶନ ରିପୋର୍ଟରେ କେନେଡ଼ି ନିଧନ ପାଇଁ ମୃତ ଓସ୍ୱାଲଡ଼ଙ୍କୁ ଦାୟୀ କରାଯାଇଥିଲେ ମଧ୍ୟ ନିର୍ଦ୍ଦିଷ୍ଟ ଭାବେ କୌଣସି କାରଣ ଦର୍ଶାଯାଇନଥିଲା। ତେବେ ଘାତକ ଜଣେ ବାମପନ୍ଥୀ ଥିଲା ଓ ଆମେରିକର ବୈଦେଶିକ ନୀତି ଏହା ପଛର ଏକ କାରଣ ହୋଇପାରେ। ସେତେବେଳେ ରୁଷ ସହିତ ଆମେରିକାର ତିକ୍ତ ସଂପର୍କ ରହିଥିଲା। ପଡ଼ୋଶୀ ଶତ୍ରୁ ରାଷ୍ଟ୍ର କ୍ୟୁବାକୁ ରୁଷ କ୍ଷେପଣାସ୍ତ୍ର ଯୋଗାଣ ବିରୁଦ୍ଧରେ ଆମେରିକାର ସାମରିକ ପଦକ୍ଷେପ, କ୍ୟୁବା ରାଷ୍ଟ୍ରପତି ଫିଡ଼େଲ କାଷ୍ଟ୍ରୋଙ୍କୁ ହତ୍ୟା କରିବା ପାଇଁ ଗୁପ୍ତଚର ସଂସ୍ଥା ସି.ଆଇ.ଏ ଦ୍ୱାରା ଉଦ୍ୟମ ତଥା ସର୍ବୋପରି ଭିଏତନାମ ଯୁଦ୍ଧକୁ ଅଧିକ ଶକ୍ତି ଯୋଗାଇବା ପାଇଁ ନିର୍ଣ୍ଣୟ ପ୍ରଭୃତିରୁ ଉଦ୍‌ବୃତ୍ତ ସମନ୍ୱିତ କାରଣ ବିଷୟ ଉଲ୍ଲେଖ  କରାଯାଇପାରେ।

କେନେଡ଼ିଙ୍କ ପ୍ରତି ଦେଶବାସୀଙ୍କ ଗଭୀର ସମବେଦନା ପ୍ରକଟିତ ହୋଇଥିଲା। ତାଙ୍କ ମୃତ୍ୟୁର ପରବର୍ତ୍ତୀ କାଳରେ ଦେଶର କେତେଗୋଟି ବିମାନ ବନ୍ଦର, ଡାକ୍ତରଖାନା, ଗବେଷଣା ପ୍ରତିଷ୍ଠାନ ଓ ପାଠାଗାର ଇତ୍ୟାଦି ତାଙ୍କ ନାମରେ ଉତ୍ସର୍ଗ କରାଯାଇଥିଲା।

ଡ୍ୟାଲାସରେ ତାଙ୍କ ନିଧନ ହେଇଥିବାରୁ ସ୍ଥାନୀୟ କେନେଡ଼ି ପ୍ରେମୀମାନଙ୍କ ଆର୍ଥିକ ଅନୁଦାନରେ ସେହି ନିଧନସ୍ଥଳୀରେ ଏକ ଅନନ୍ୟ ସ୍ମାରକୀ ୧୯୭୦ରେ ପ୍ରତିଷ୍ଠା ହେଇଛି। ପ୍ରସିଦ୍ଧ ସ୍ଥପତି ଫିଲିପ ଜନସନଙ୍କ ଅଭିନବ ପରିକଳ୍ପନା ସମୃଦ୍ଧ ଏହି ସ୍ମାରକୀ ୫୦ ଫୁଟରେ ୫୦ ଫୁଟର ଏକ ବର୍ଗାକାର ମୁକ୍ତାକାଶ କୋଠରୀ ଯାହାର ୩୦ ଫୁଟ ଉଚ୍ଚତା ବିଶିଷ୍ଟ ସିମେଣ୍ଟ କଂକ୍ରିଟର ପାଚେରୀର ଏକକ ସବୁ ୯ ଗୋଟି କଲମ ବା ପାଦିରେ ଭୂମିଠାରୁ ୨୯ ଇଞ୍ଚ ବ୍ୟବଧାନରେ ଠିଆ ହୋଇଛି। ସେ କୋଠରୀ ଭିତରକୁ ଯିବାପାଇଁ ପରସ୍ପରକୁ ସାମନା କରୁଥିବା ଦୁଇଟି ସଂକୀର୍ଣ୍ଣ ଫାଙ୍କ ପ୍ରବେଶ ଓ ନିର୍ଗମନ ପଥ ଭାବରେ ବ୍ୟବହୃତ। କୋଠରୀ ମଧ୍ୟଭାଗରେ ଚଟାଣରେ ଏକ ଗ୍ରାନାଇଟ ଫଳକରେ ଏଫ.କେନେଡ଼ିଙ୍କ ଉଦ୍ଦେଶ୍ୟରେ ଶ୍ରଦ୍ଧାଞ୍ଜଳି ସ୍ୱର୍ଣ୍ଣାକ୍ଷରରେ ଲିପିବଦ୍ଧ ରହିଛି। ରାତ୍ରିକାଳରେ ଆଠଗୋଟି ପାଦିରେ ଆଲୋକ ଖଞ୍ଜାଯାଇଥିବାରୁ ସ୍ଥାପତ୍ୟଟି ଭୂମିଠାରୁ ଉର୍ଦ୍ଧ୍ୱରେ ଶୂନ୍ୟରେ ରହିଥିବା ଭଳି ମନେ ହୁଏ। ସ୍ଥପତିଙ୍କ ପରିକଳ୍ପନାର ବ୍ୟାଖ୍ୟା ମଧ୍ୟ ଅଭିନବ ଶୈଳୀରେ କରାଯାଇଛି। ଛାତ ବିହୀନ ଉକ୍ତ ସ୍ମାରକୀର ଉନ୍ମୁକ୍ତ ମଧ୍ୟଭାଗର

ଚୁମ୍ବକୀୟ ଶକ୍ତିର ବିକିରଣରେ ସ୍ୱର୍ଗତଃ କେନେଡ଼ିଙ୍କ ମୁକ୍ତ ଚିନ୍ତନ ତଥା ପ୍ରଭାବଶାଳୀ ବ୍ୟକ୍ତିତ୍ୱର ଔଜ୍ଜ୍ୱଲ୍ୟ ପ୍ରତିଫଳିତ । ନିକଟରେ ଏକ ପ୍ରାଚୀନ ଶୈଳୀର ସୌଧରେ କେନେଡ଼ି ସ୍ମାରକୀ ସଂଗ୍ରହାଳୟ ଅବସ୍ଥିତ । ସେଦିନ ତାହା ବନ୍ଦ ଥିବାରୁ ଦେଖିବାରୁ ବଞ୍ଚିତ ହୋଇ ଡ୍ୟାଲାସ ମ୍ୟୁଜିୟମ ଅଫ ଆର୍ଟକୁ ଗଲୁ ।

ଜିପିଏସ୍ ସୂଚନା ଆଧାରରେ ଆମେ ଯେଉଁଠି ଚାଲିଚାଲି ଯାଇ ପହଞ୍ଚିଲୁ ତାହା ଥିଲା ମ୍ୟୁଜିୟମର ପଶ୍ଚାତ୍‌ପାର୍ଶ୍ୱ । ଜଣେ କର୍ମଚାରୀ ଆଗେଇ ଆସି ଆମକୁ ସାମ୍ନା ବାଟେ ଭିତରକୁ ଆସିବା ପାଇଁ ଇସାରା ଦେଲେ । ପୁଣି ପ୍ରାୟ ଅଧ ମାଇଲ ବାଟ ଚାଲିବାକୁ ହେଲା । ଭିତରକୁ ଯାଇ ମୋ ସାଙ୍ଗରେ ଗୋଟେ ଦି'ଟା ଗ୍ୟାଲେରୀ ବୁଲିବା ପରେ ଇନ୍ଦରଜୀ ମତେ ଏକା ଛାଡ଼ିଦେଇ ଆମ ଗାଡ଼ିଟି ଦୂରରେ ଥିବାରୁ ସେ ଆଣି ମ୍ୟୁଜିୟମ ପାର୍କିଂରେ ରଖି ମୋତେ ଅପେକ୍ଷା କରିବେ ବୋଲି କହିଗଲେ । ମୁଁ ପୁଣି ଏକା ବୁଲିବାକୁ ଆରମ୍ଭ କଲି ।

ଡ୍ୟାଲାସ ମ୍ୟୁଜିୟମର ବ୍ୟବସ୍ଥା ଶୃଙ୍ଖଳିତ, ଚମତ୍କାର । ଚାରିମହଲା ବିଶିଷ୍ଟ ଏହି ସଂଗ୍ରହାଳୟକୁ ୪ଗୋଟି ସ୍ତରରେ ବିଭାଜିତ କରାଯାଇଛି । ପ୍ରଥମ ସ୍ତରରେ ସମସାମୟିକ କଳା, ଭାସ୍କର୍ଯ୍ୟ, ଉପବନ, ସ୍ୱତନ୍ତ୍ର ପ୍ରଦର୍ଶନୀ, ସୃଜନଶୀଳ ସଂପର୍କ ସ୍ଥାପନ କେନ୍ଦ୍ର , କାର୍ଯ୍ୟାଳୟ, ପଠନ ଗୃହ, ଚା'ପାନ କେନ୍ଦ୍ର, ସ୍ମରଣିକା ବିପଣୀ ଆଦି ରହିଥିବା ବେଳେ ଦ୍ୱିତୀୟ ସ୍ତରରେ ପ୍ରାଚୀନ ଗ୍ରୀକ୍ ଓ ରୋମାନ କଳା, ୧୭-୧୮ଶ' ଶତାବ୍ଦୀରୁ ଆରମ୍ଭ କରି ବିଂଶ ଶତାବ୍ଦୀର ୟୁରୋପୀୟ କଳା ସାମଗ୍ରୀ ସବୁ ପ୍ରଦର୍ଶିତ ହୋଇଛି । ସେହିପରି ତୃତୀୟ ସ୍ତରରେ ଆଫ୍ରିକା ଓ ଇଜିପ୍ଟର ବହୁ ପ୍ରାଚୀନ କଳା ସମ୍ପର୍କିତ ବସ୍ତୁ, ଏସିଆ ମହାଦେଶର ଚୀନ, ଜାପାନ ଓ ଭାରତ ପ୍ରଭୃତି ଦେଶର ବିରଳ କଳାକୃତି ତଥା ଭୂମଧ୍ୟ ସାଗରୀୟ ଦ୍ୱୀପପୁଞ୍ଜର ଶିଳ୍ପକଳା ରହିବା ସହିତ ଚତୁର୍ଥ ସ୍ତରରେ ପ୍ରାଚୀନ ଆମେରିକା ଯଥା ଦକ୍ଷିଣ ଆମେରିକାର ମେକ୍ସିକୋ ଓ ପେରୁର ଆଦିମ ଅଧିବାସୀଙ୍କ ଦ୍ୱାରା ପ୍ରସ୍ତୁତ ଓ ବ୍ୟବହୃତ ବିଭିନ୍ନ ସାମଗ୍ରୀର ନମୁନା ପ୍ରଦର୍ଶିତ । ପ୍ରଦର୍ଶିତ କଳାତ୍ମକ ସାମଗ୍ରୀଗୁଡ଼ିକ ସମନ୍ୱିତ ଭାବରେ ବୈଶ୍ୱିକ ସଭ୍ୟତାର ପ୍ରାଚୀନ ସାଂସ୍କୃତିକ ବିଭବକୁ ଧାରଣ କରିଛି । ରୁଚିପୂର୍ଣ୍ଣ ପ୍ରଦର୍ଶନଶୈଳୀ, କଳାକୃତିଗୁଡ଼ିକର ମହାନତା ବଢ଼ାଉଛି । ସଂଲଗ୍ନ ଫଳକରେ ଉଲ୍ଲିଖିତ ବିବରଣୀ କୃତିର ବୈଶିଷ୍ଟ୍ୟକୁ ଉଦ୍‌ଘୋଷିତ କରୁଅଛି । ଉଦାହରଣ ସ୍ୱରୂପ ମାର୍ବଲ ନିର୍ମିତ କେତେଗୋଟି ସୁଶୋଭିତ ପ୍ୟାନେଲରେ ତଥା ମୂର୍ତ୍ତି ନିକଟରେ ପ୍ରାଚୀନ ରୋମ ସାମ୍ରାଜ୍ୟର ପ୍ରତିଷ୍ଠା ତଥା ଶାସକମାନଙ୍କର ଦେଶ ଜୟ ଆଦି କୀର୍ତ୍ତି ବିଷୟରେ ଉଲ୍ଲିଖିତ ଫଳକ ରହିଛି । ଅନ୍ୟ ଏକ କକ୍ଷରେ ଆଫ୍ରିକା ମହାଦେଶର କେଉଁ ଅନାମଧେୟ ଆଦିବାସୀ ସଂପ୍ରଦାୟ ମୁଖ୍ୟଙ୍କ

ଆପାଦମସ୍ତକ ସୂଚୀଶିଳ୍ପ ସମୃଦ୍ଧ ରଙ୍ଗବେରଙ୍ଗ ପୋଷାକର ବ୍ୟବହାରଜନିତ ଉଦ୍ଦେଶ୍ୟ, ବ୍ୟବହୃତ ଉପକରଣ ତଥା ଆବଶ୍ୟକତା ବିଷୟରେ ଅବଗତ କରାଯାଇଛି। ଭାରତରୁ ଆନୀତ ମୁଗୁନି ପଥରର ଚମତ୍କାର ଆସୀନ ଗଣପତି ଓ ମହେଞ୍ଜୋଦରୋ ଚିତ୍ରକଳା ଓ ବ୍ରୋଞ୍ଜ ନିର୍ମିତ ନଟରାଜ ମୂର୍ତ୍ତିରେ ମଧ୍ୟ ଯଥାର୍ଥ ସୂଚନା ଦିଆଯାଇଛି।

ଏହି ସଂଗ୍ରହାଳୟରେ ଅନ୍ୟ ଏକ ଆକର୍ଷଣ ଥିଲା- ଏକ ସମର୍ପିତ କକ୍ଷରେ ଆଗନ୍ତୁକମାନଙ୍କ ପାଇଁ ଚିତ୍ର ବା ଅଙ୍କନ ମାଧ୍ୟମରେ ସହସା ନିଜ ଭାବ ପ୍ରକାଶ କରିବା ପାଇଁ ସୁଯୋଗ। ପ୍ରଶସ୍ତ କକ୍ଷରେ ଚିତ୍ରାଙ୍କନ ପାଇଁ ଆବଶ୍ୟକୀୟ ସମସ୍ତ ଉପକରଣ ମଧ୍ୟ ସଜାଇ ରଖାଯାଇଛି। ଏକାଧିକ ଗ୍ୟାଲେରୀ, ଏକକ ପ୍ରଦର୍ଶନୀ ପାଇଁ ଉଦ୍ଦିଷ୍ଟ।

ଶିଳ୍ପୀମାନେ ନିଜର କଳାକୃତି ଏକ ନିର୍ଦ୍ଦିଷ୍ଟ ଅବଧି ମଧ୍ୟରେ ପ୍ରଦର୍ଶନ କରିପାରନ୍ତି। ସେହି କାଳରେ ଏକ ଗ୍ୟାଲେରୀରେ ପ୍ରଦର୍ଶିତ ସ୍ଥାପତ୍ୟ କିଛି ଉନ୍ନତ ଶିଳ୍ପୀମାନସ ପ୍ରସୂତ ଅଭିନବ ଶୈଳୀର ଥିଲା। ଏକ ବୃହତ ଶିଳାଖଣ୍ଡରେ ପ୍ରାକୃତିକ ଅବକ୍ଷୟକୁ ଅକ୍ଷୁଣ୍ଣ ରଖି କୃତ୍ରିମ ଉପାୟରେ କିଛି ଜ୍ୟାମିତିକ ନକ୍ସା ଉତ୍କୀର୍ଣ୍ଣ କରାଯାଇ ଆକର୍ଷିତ କରୁଥିଲା।

ଆମେରିକାରେ ରହଣି କାଳରେ ମାତ୍ର କେତେଗୋଟି ସଂଗ୍ରହାଳୟ ବୁଲି ଦେଖିବା ପରେ ଧାରଣା ହୁଏ ଯେ ଏଗୁଡ଼ିକ ଯେପରି ବିଶ୍ୱ ଐତିହ୍ୟର ପ୍ରାମାଣିକ କେନ୍ଦ୍ର ତଥା ଏ ଦେଶର ଅଧୀକୃତ କଳା ଐଶ୍ୱର୍ଯ୍ୟର ଜୀବନ୍ତ ପ୍ରତୀକ। ଗଚ୍ଛିତ ବିରଳ କଳାକୃତିଗୁଡ଼ିକୁ ସିଦ୍ଧ ବା ଅସିଦ୍ଧ ଉପାୟରେ କ୍ରୟ କରାଯାଇ ରଖାଯାଇଛି। ସମାଜରେ ଧନୀକ ଗୋଷ୍ଠୀ କଳାପ୍ରତି ସର୍ବଦା ଆକୃଷ୍ଟ ଥାଆନ୍ତି। ସେମାନେ ଉଚ୍ଚ ମୂଲ୍ୟ ବିନିମୟରେ ବିରଳ ସାମଗ୍ରୀକୁ ସଂଗ୍ରହ କରନ୍ତି ଅର୍ଥାତ୍ ସେଥିରେ ବିନିଯୋଗ କରନ୍ତି। ଆକର୍ଷଣ କମିଗଲେ ସେସବୁକୁ ବିଭିନ୍ନ ସଂଗ୍ରହାଳୟକୁ ବିକ୍ରି କରିଦିଅନ୍ତି ଅଥବା ଉପହାର ସୂତ୍ରରେ ଦେଇ ପୁଣି ନୂଆ ସାମଗ୍ରୀ କ୍ରୟ କରନ୍ତି। କଳାବସ୍ତୁର ବଜାରରେ କ୍ରୟ ବିକ୍ରୟ ଲାଗିରହେ। ସେଥିପାଇଁ ନିଲାମ ଗୃହମାନ ପ୍ରତିଷ୍ଠା ହୋଇଛି। ଆନ୍ତର୍ଜାତୀୟ କ୍ଷେତ୍ରରେ ଚୋରା ବେପାରୀମାନଙ୍କ ପ୍ରଚ୍ଛନ୍ନ ଭୂମିକା ରହିଛି। ସଂଗ୍ରହାଳୟଗୁଡ଼ିକର ପରିଚାଳନାରେ ସ୍ୱଚ୍ଛତା ରଖାଯାଇଛି। ବିଭିନ୍ନ ସୂତ୍ରରୁ ପ୍ରାପ୍ତ ଅନୁଦାନ, ଉପହାର ଗ୍ରହଣ ଆଦି ବିଷୟରେ ସଂଗ୍ରହାଳୟ ପକ୍ଷରୁ ପ୍ରକାଶିତ ମୁଖପତ୍ର ଓ ୱେବସାଇଟରେ ପ୍ରକାଶ କରାଯାଏ। ସଂଗ୍ରହାଳୟଗୁଡ଼ିକ ମଧ୍ୟରେ କଳାକୃତି ବିନିମୟ ପ୍ରଥା ରହିଅଛି। ଏହା ଆନ୍ତର୍ଜାତୀୟ ସ୍ତରରେ ମଧ୍ୟ କାର୍ଯ୍ୟକାରୀ ହେଉଛି। ଅନ୍ୟ ଦେଶର ସଂଗ୍ରହାଳୟରେ ଥିବା ସାମଗ୍ରୀ ଅଣାଯାଇ ନିର୍ଦ୍ଦିଷ୍ଟ ଅବଧିରେ ପ୍ରଦର୍ଶିତ କରାଯାଇପାରୁଛି। ଆହୁରି କଳା ଓ ସଂସ୍କୃତି ସମ୍ବନ୍ଧୀୟ ଚର୍ଚ୍ଚା ଆଲୋଚନା କରାଯାଉଛି। ମୋଟ ଉପରେ ସଂଗ୍ରହାଳୟଗୁଡ଼ିକ କେବଳ କଳାକୃତି ସଂରକ୍ଷଣଠାରୁ ଉର୍ଦ୍ଧ୍ୱରେ ରହି ସମର୍ପିତ ସାଂସ୍କୃତିକ କେନ୍ଦ୍ର ଭାବରେ କାର୍ଯ୍ୟକରୁଛନ୍ତି। ସୂଚନାଯୋଗ୍ୟ ଯେ ବିଗତ ଅଶୀ ଦଶକରେ ଆମେରିକାରେ 'ଭାରତ ସାଂସ୍କୃତିକ ମହୋତ୍ସବ' ପାଳନ ଅବସରରେ ଆମ ଦେଶର କେତେକ ସଂଗ୍ରହାଳୟରୁ ବିରଳ କଳାକୃତିମାନ ନିଆଯାଇ ସେଠାରେ କେତେଗୋଟି ସଂଗ୍ରହାଳୟରେ ପ୍ରଦର୍ଶିତ ହୋଇଥିଲା। ମାତ୍ର ଉତ୍ସବ ସରିବା ପରେ ମଧ୍ୟ ସେଥିରୁ କିଛି ପ୍ରାଚୀନ କଳାକୃତି ଆଉ ଦେଶକୁ ଫେରି ନଥିବା ନେଇ ଗଣମାଧ୍ୟମରେ ଚାଞ୍ଚଲ୍ୟକର ଖବର ପ୍ରକାଶ ପାଇଥିଲା।

ସେଦିନ ଘରକୁ ଫେରିବା ବେଳକୁ 'ଷ୍ଟାରବକ୍ସ' ଗୋଷ୍ଠୀର ଏକ ଟେକ୍-ଆୱେ ରେସ୍ତୋରାଁରୁ ବର୍ଗର ଆଉ କୋକ୍ ଆଣିଲୁ। କାଉଣ୍ଟରରେ ପହଞ୍ଚିବା ପୂର୍ବରୁ

ଏକ ସ୍ଥାନରେ ଖଚିତ ଫୋନରେ ଅର୍ଡର ଦେବାକୁ ହୁଏ। ତା'ପରେ ଯାଇ କାଉଣ୍ଟରରୁ ଅର୍ଡର କରିଥିବା ସାମଗ୍ରୀ ସଂଗ୍ରହ କରି ଆଗକୁ ଯିବାକୁ ପଡ଼େ। ଆଗରେ ଆଉ କାହାର ଗାଡ଼ିଥିଲେ ଅପେକ୍ଷା କରିବାକୁ ହୁଏ। ଗାଡ଼ିରୁ ଓହ୍ଲାଇବା ଅନାବଶ୍ୟକ। ମୋବାଇଲ ମାଧ୍ୟମରେ ମୂଲ୍ୟ ପଇଠ ହେଇଯାଏ। ଗାଡ଼ି ଭିତରେ ଥାଇ ଚାଲୁଥିବା ଅବସ୍ଥାରେ ଖାଇବା ଚାଳକଙ୍କ ପାଇଁ କିଛିଟା ଅସୁବିଧା ଲାଗେ। ବର୍ଗରରେ ଗୋଲ ପାଉଁରୁଟି ଭିତରେ ଚିକେନ କଟଲେଟ ସହିତ ବିଭିନ୍ନ ପରିବା ଓ ପତ୍ରର ସାଲାଡ଼ ସହିତ ଚାହିଦା ଅନୁସାରେ ଛେନା ବା ଲହୁଣୀ ରହିଥାଏ ଯାହା ସାଧାରଣତଃ ଖାଦ୍ୟ ପଦାର୍ଥକୁ ସୁସ୍ୱାଦୁ କରିଥାଏ। ବର୍ଗରଟି ସମ୍ପୂର୍ଣ୍ଣ ଖାଇ ଶେଷ କରିବା ମୋ ପକ୍ଷେ ସମ୍ଭବ ହେଲାନାହିଁ। ତା'ସାଙ୍ଗରେ ନିଜର ଅପସନ୍ଦ ସତ୍ତ୍ୱେ ମୃଦୁପାନୀୟ କୋକ୍ ବି ସାରିବାକୁ ହେଲା। ସେଠି ଲୋକମାନେ ସମୟର ମୂଲ୍ୟ ଆମଠାରୁ ଅଧିକ ବୁଝନ୍ତି। ଗାଡ଼ିରେ ଯାଉଥିବା ବେଳେ ଏହିଭଳି କିଛି ଗିଳିଦେଇ ସମୟ ବଞ୍ଚାଇବାକୁ ଉଚିତ ମଣନ୍ତି। ଆମ ଭଳି ବସିଉଠି ଭୋଜନ କରି ହେଉଡ଼ି ମାରିବା ପାଇଁ ଅପେକ୍ଷା କରନ୍ତି ନାହିଁ। ନିରନ୍ତର ଧାବମାନ ସମୟ ସହିତ ତାଳ ଦେଇ ମଣିଷ ଧାଉଁଛି। ସେଥିରେ ବିରାମ ନାହିଁ। ସେଦିନ ଘରେ ପହଞ୍ଚିବା ବେଳକୁ ସନ୍ଧ୍ୟା ଆଗତ ପ୍ରାୟ।

# ପଶ୍ଚିମ ଯାତ୍ରା

୨୯.୦୫.୨୦୨୧ :- ଡ଼ି.ଏଫ.ଡବ୍ଲ୍ୟୁ ବିମାନ ବନ୍ଦରରୁ ଫ୍ରଣ୍ଟିଅର ଏଆରଲାଇନ୍ସର ଏକ ବିମାନରେ ଲାସ୍ ଭେଗାସ୍ ଅଭିମୁଖେ ଯାତ୍ରା ଆରମ୍ଭ କଲୁ ଆମେ ଛଅ ଜଣ। ପୂର୍ବରୁ ପ୍ରୀତି ଏକ ସପ୍ତାହ ବ୍ୟାପୀ ଗସ୍ତର ଏକ ବିସ୍ତୃତ ଯୋଜନା ପ୍ରସ୍ତୁତ କରି ସେହି ଅନୁସାରେ ଯାତାୟାତ ଓ ରହଣୀ ପାଇଁ ସମସ୍ତ ଆରକ୍ଷଣ କରିଥିଲା। ବିମାନ ଭିତରେ ଯାତ୍ରୀମାନଙ୍କର ଉତ୍ସାହ ଓ ଉଦ୍ଦୀପନା ଦେଖି ସେମାନଙ୍କ ଯାତ୍ରାର ଉଦ୍ଦେଶ୍ୟ ଯେ ନିରୋଳା ମନୋରଞ୍ଜନ ଏହା ସ୍ପଷ୍ଟ ବାରି ହେଇପଡୁଥିଲା। ଦେଶର ଉତ୍ତର ପଶ୍ଚିମ ଭାଗରେ ଥିବା ମରୁରାଜ୍ୟ ନାଭାଡ଼ାରେ ଅବସ୍ଥିତ ଲାସ୍‌ଭେଗାସ୍, ବିଶ୍ୱର ପର୍ଯ୍ୟଟନ ମାନଚିତ୍ରରେ ପ୍ରମୁଖ ମନୋରଞ୍ଜନ ସ୍ଥଳର ମାନ୍ୟତା ପାଇଛି। ପ୍ରାୟ ଅଢ଼େଇ ଘଣ୍ଟାର ଉଡ଼ାଣ ଅବଧି ମଧ୍ୟରେ ବିମାନର ଗବାକ୍ଷ ବାଟେ ଭୂପୃଷ୍ଠରେ ପ୍ରାୟତଃ କୌଣସି ସହରାଞ୍ଚଳ ଦୃଷ୍ଟିଗୋଚର ହୋଇନଥିଲା। କେବଳ ସୁଉଚ୍ଚ ପାହାଡ଼ ଶ୍ରେଣୀ, ସ୍ୱଳ୍ପ ବୃକ୍ଷରାଜି ସହିତ ବିସ୍ତୀର୍ଣ୍ଣ ଶୁଷ୍କ ମରୁ ଅଞ୍ଚଳ ଉପରେ ବିମାନଟି ଉଡୁଥିଲା। ଅବଶ୍ୟ କେତେଗୋଟି ଜଳଧାରା, ଜଳାଶୟ ଓ କ୍ଷୁଦ୍ର ଜନପଦ ମଧ୍ୟ ଦୃଷ୍ଟିରେ ପଡୁଥିଲା। ଆସନ୍ନ ଅବତରଣ ବିଷୟ ଘୋଷଣା ହେବାରେ ଅନେକ ଯାତ୍ରୀ କୁହାଟ ମାରି ଖୁସି ପ୍ରକଟ କଲେ। ଆମ୍ଭେମାନେ ଓହ୍ଲାଇ ପୂର୍ବରୁ ଆରକ୍ଷିତ କାର ଆଣିବା ପାଇଁ ଗାଡ଼ି ଭଡ଼ା ଦେଉଥିବା କମ୍ପାନୀ (Fox Car Rental) ଦପ୍ତରକୁ ଗଲୁ।  ସେଠାରେ ଆବଶ୍ୟକୀୟ ଦପ୍ତରୀୟ କାମ ସରିବା ପରେ ଆମକୁ ଗାଡ଼ିର ଚାବି ମିଳିଲା। ଆମେ ସେ ଗାଡ଼ି ନେଇ ପାଞ୍ଚଦିନ ପରେ ଫେରିବା ବେଳକୁ ଅକ୍ଷୁଣ୍ଣ ଫେରାଇବା ପାଇଁ ଏକ ଚୁକ୍ତିପତ୍ର ତଥା ବୀମା ଆଦି କରିବାକୁ ପଡ଼ିଲା। ବାହାରେ ଯାହା ଖରାତେଜ ଆମ ପଶ୍ଚିମ ଓଡ଼ିଶାରେ ମେ ମାସର ତାପଠାରୁ କିଛି କମ୍ ନୁହେଁ। ରାଜସ୍ଥାନ ବା ଗୁଜୁରାଟର କୌଣସି ଏକ ମରୁ ସହରରେ ପହଞ୍ଚିବା ଭଳି ଲାଗୁଥାଏ। ଦପ୍ତର ସଂଲଗ୍ନ ବିରାଟ ଖୁଆଡ଼ ମଧ୍ୟରେ ଶତାଧିକ ବିଭିନ୍ନ ପ୍ରକାରର ଗାଡ଼ିସବୁ ସାମୟିକ ମାଲିକଙ୍କ ଅପେକ୍ଷାରେ ରହିଥାନ୍ତି। ଆମପାଇଁ ଉଦ୍ଦିଷ୍ଟ ଟୟଟା ଗାଡ଼ି ଧରି ଆମେ ସହର ଆଡ଼କୁ ଗଲୁ।

# ଲାସ୍ ଭେଗାସ୍

ଆମେରିକୀୟଙ୍କ ତୁଣ୍ଡରେ ଏ ସହରର ଶ୍ରଦ୍ଧାନାମ 'ଭେଗାସ୍'। ଦୀର୍ଘ ଅତୀତରେ ମୋଜାଭେ (Mojave) ନାମକ ଜନଜାତି ସଂପ୍ରଦାୟର ଲୋକେ ବାସ କରୁଥିବା ଶୁଷ୍କ ମରୁଅଞ୍ଚଳରେ କାଳକ୍ରମେ ଗଢ଼ିଉଠିଛି ଏହି ସହର ଏହି ମାତ୍ର ୧୯୦୫ରେ। ମରୁଭୂମି ଭିତରେ ମଧ୍ୟ ସୁନ୍ଦର ଐଶ୍ୱର୍ଯ୍ୟଶାଳୀ ସହର ସୃଷ୍ଟି ହେଇପାରେ, ତାହା ଦେଖିଲେ ଆଶ୍ଚର୍ଯ୍ୟ ଲାଗେ। ୧୯୧୧ରେ ସହରକୁ ମାର୍କିନ ସରକାରଙ୍କ ସ୍ୱୀକୃତି ମିଳେ। ତା'ପରେ ଦ୍ରୁତ ବିକାଶର ପର୍ବ ଆରମ୍ଭ ହୁଏ। ପର୍ଯ୍ୟଟନ ଓ ମନୋରଞ୍ଜନ ଏହାର ମୁଖ୍ୟ ଅର୍ଥନୈତିକ ଉତ୍ସ। ଶତାଧିକ ଉଚ୍ଚ ତାରକାସଂପନ୍ନ ହୋଟେଲରେ ଅଭିମଣ୍ଡିତ ଲାସ୍‌ଭେଗାସ୍। କ୍ୟାସିନୋ ଏ ସହରର ମୁଖ୍ୟ ଆକର୍ଷଣ। ରଙ୍ଗୀନ ନୈଶ ଜୀବନ ଉପଭୋଗ କରିବା ପାଇଁ ଏଠି ପ୍ରତ୍ୟେକ ରାତିରେ ରାଜରାସ୍ତାରେ ଦେଖାଯାଏ ଆମ ରଥଯାତ୍ରା ସମାନ ଜନଗହଳି। ଦିଗନ୍ତବ୍ୟାପୀ ହୋଟେଲ ସମୂହର ସାଜସଜ୍ଜା ସହ ରଙ୍ଗବେରଙ୍ଗ ଆଲୁଅରେ ଝଲସି ଉଠେ ପରିବେଶ। ରାତି ଆସିବା ମାତ୍ରକେ ଆଲୋକମାଳାର ପ୍ରାଚୁର୍ଯ୍ୟରେ ସହରର ରଙ୍ଗ ବଦଳିଯାଏ। ସୁପ୍ତ ବିପଣୀସବୁ ଜାଗ୍ରତ ହେଇଉଠନ୍ତି। ଲାଗେ, ସତେ ଯେମିତି ସାରା ମାନବ ଜାତି ଏହି ଭୂଖଣ୍ଡରେ ତା'ର ଜୀବନକୁ ତିଳ ତିଳ କରି ଉପଭୋଗ କରିବା ପାଇଁ ବିପୁଳ ଆୟୋଜନ କରିଛି।

ଚାକଚକ୍ୟରେ ଝଲମଲ ହୋଟେଲ ସମୂହ ତଥା ପଥପ୍ରାନ୍ତରେ ଲୋକଙ୍କ ମନୋରଞ୍ଜନ ପାଇଁ ନାନାବିଧ ଖୋରାକ ବ୍ୟବସ୍ଥା କରାଯାଇଛି ଏହି ନଗରୀରେ। ମାଇକ୍ରୋସଫ୍ଟର ପ୍ରତିଷ୍ଠାତା ବିଲ୍ ଗେଟସ୍‌ଙ୍କ ଉକ୍ତି- 'ଅର୍ଥ ଉପାର୍ଜନ ସମସ୍ୟା ନୁହେଁ ବରଂ ଖର୍ଚ୍ଚ କରିବା ସମସ୍ୟା ହୋଇପାରେ' ଯଥାର୍ଥ ପ୍ରତିପାଦିତ ହୋଇଛି ଏହିଠାରେ। ଆଗନ୍ତୁକ ପର୍ଯ୍ୟଟକଙ୍କୁ ଆବଶ୍ୟକ ଅନୁସାରେ ସବୁପ୍ରକାର ସୁବିଧା ସୁଯୋଗ ଯୋଗାଇଦେବା ପାଇଁ ଏ ସହର ସଦା ତତ୍ପର। ଭଳିକି ଭଳି ପାନଶାଳା, ନୃତ୍ୟ,

ସଙ୍ଗୀତ, ମଞ୍ଚାଭିନୟ, ସାରା ପୃଥିବୀରେ ପ୍ରଚଳିତ ବିଭିନ୍ନ ଖାଦ୍ୟ ସମ୍ଭାରର ଭୋଜନାଳୟ ସହିତ ସଂଗ୍ରହାଳୟ ତଥା ଅଭିନବ ଶୈଳୀର ଆର୍ଟ ଗ୍ୟାଲେରୀମାନ ଏଠାରେ ବିଦ୍ୟମାନ। ମଣିଷର ମନୋରଞ୍ଜନ ପାଇଁ ଆଧୁନିକ ଜ୍ଞାନକୌଶଳ ପ୍ରବର୍ତ୍ତିତ ଯଥାସମ୍ଭବ ଉପାୟ ପ୍ରୟୋଗ କରାଯାଇଛି ଏହି ସହରରେ। ସର୍ବାଗ୍ରେ ରହିଛି କ୍ୟାସିନୋ ବା ଯାନ୍ତ୍ରିକ ଜୁଆ ଖେଳ। ୧୯୩୧ରେ ନାଭାଡ଼ା ସରକାରଙ୍କ ଦ୍ୱାରା ପର୍ଯ୍ୟଟନ ଶିଳ୍ପକୁ ପ୍ରୋତ୍ସାହନ ଦେବା ପାଇଁ 'କ୍ୟାସିନୋ'କୁ ଅନୁମୋଦନ ମିଳିବା ପରେ ଟଙ୍କାର ଏହି ଖେଳକୁ ଲୋକାଭିମୁଖୀ କରାଇବାକୁ ଔଦ୍ୟୋଗିକ ପ୍ରଯତ୍ନ କରାଯାଇଛି। ବିଜ୍ଞାନୀମାନେ ନିଜର ବୁଦ୍ଧି ଜ୍ଞାନ ଖଟାଇ ଶହ ଶହ ପ୍ରକାରର ଯନ୍ତ୍ର ଓ ଉପାୟ ସୃଷ୍ଟି କରିଛନ୍ତି। ଟଙ୍କାକୁ ନେଇ ଖେଳ ଖେଳିବାରେ ନିଗୂଢ଼ ଦୁର୍ବଳତାକୁ ଚରିତାର୍ଥ କରିବା ପାଇଁ ଏଠାକୁ ଛୁଟି ଆସନ୍ତି ବିପୁଳ ସଂଖ୍ୟକ ଲୋକ। ଖେଳ ମାଧ୍ୟମରେ ଅର୍ଥ ଜିତିବାର ମୋହ ସେମାନଙ୍କୁ ଉତ୍ତେଜିତ କରେ। କେହି କେହି ଜିତନ୍ତି ମଧ୍ୟ। ଜୁଆ ଖେଳରେ ହାରନ୍ତି ବେଶି ଜିତନ୍ତି କମ୍ ଲୋକ କାରଣ ଯିଏ ଖେଳର ଆୟୋଜକ ସେ କେବେ ହାରେ ନାହିଁ। ଖେଳାଳୀଙ୍କ ସେହି ସାମୟିକ ଉତ୍ତେଜନାକୁ ମନୋରଞ୍ଜନ କୁହାଯାଇପାରେ।

ପର୍ଯ୍ୟଟକଙ୍କୁ ଆକୃଷ୍ଟ କରିବା ପାଇଁ ଲାସ୍‌ଭେଗାସ୍‌ର ହୋଟେଲମାନଙ୍କ ଭିତରେ ଚାଲିଛି ଅଦମ୍ୟ ପ୍ରତିଯୋଗିତା। ସାରା ବିଶ୍ୱର ସମସ୍ତ ବୃହତ୍ ହୋଟେଲ ଗୋଷ୍ଠୀର ଉପସ୍ଥିତି ଏହିଠାରେ ରହିଛି। ସବୁ ବଡ଼ ଆକାରର ହୋଟେଲର ବାହ୍ୟଦୃଶ୍ୟରେ ଅଭିନବ ସ୍ଥାପତ୍ୟିକ ଉପସ୍ଥାପନା ଶୈଳୀ ପ୍ରୟୋଗ କରାଯାଇଛି। ଆଭ୍ୟନ୍ତରୀଣ ଚାକଚକ୍ୟରେ ସର୍ବଦା ନୂତନତା ତଥା ବିପୁଳ କଳାତ୍ମକତା ପ୍ରଦର୍ଶନ କରାଯାଇଛି। ଅନେକ ସଂଖ୍ୟାରେ ଉଚ୍ଚ ତାରକା ସଂପନ୍ନ ହୋଟେଲମାନ ଏହିଠାରେ ଗଢ଼ିଉଠିଛି। ଏସବୁଥିରେ ପ୍ରବେଶ ପଥ, ପରିପାର୍ଶ୍ୱ, ଅଭ୍ୟର୍ଥନା କକ୍ଷ ଆଦିରେ ବିଷୟଭିତ୍ତିକ ସ୍ଥାପତ୍ୟ ସାହାଯ୍ୟରେ ସାଜସଜ୍ଜା କରାଯାଇଛି। ଉଦାହରଣ ସ୍ୱରୂପ ସିଜାରର୍ସ ହୋଟେଲରେ ବହୁଳ ଭାବରେ ଇତିହାସର କିମ୍ବଦନ୍ତୀ ପୁରୁଷ ଜୁଲିୟସ୍ ସିଜର ତଥା ତାଙ୍କ ସଂପର୍କିତ ରୋମାନ ଶୈଳୀରେ ନିର୍ମିତ ଅନେକ ଭାସ୍କର୍ଯ୍ୟମାନ ଖଞ୍ଜାଯାଇଛି। 'ନ୍ୟୁୟର୍କ ନ୍ୟୁୟର୍କ' ନାମକ ହୋଟେଲରେ 'ଷ୍ଟାଚ୍ୟୁ ଅଫ ଲିବର୍ଟି' ଏବଂ ପ୍ୟାରିସ୍ ନାମକ ହୋଟେଲରେ ପ୍ରସିଦ୍ଧ 'ଆଇଫଲ୍ ଟାୱାର'ର ଅପେକ୍ଷାକୃତ କ୍ଷୁଦ୍ର ନମୁନା ସମୂହ ସୃଷ୍ଟି କରାଯାଇ ସ୍ଥାପନ କରାଯାଇଛି ଯାହା ସେସବୁ ହୋଟେଲର ଆକର୍ଷଣ ବଢ଼ାଇବା ସହିତ ଦୃଢ଼ ସ୍ଥିତି ଜାହିର କରୁଛି। ଏମିତି ଅନେକ ଉଦାହରଣ ରହିଅଛି। ବିଶେଷ କରି ସ୍ଥାପତ୍ୟ ଓ ଭାସ୍କର୍ଯ୍ୟର ଚରମ ପ୍ରଦର୍ଶନ ହୋଇଅଛି ଏହି ସହରରେ। ହୋଟେଲର ଆଭ୍ୟନ୍ତର ହେଉ ଅଥବା ପଥପ୍ରାନ୍ତ, ସବୁଠାରେ କଳାତ୍ମକତାର ସ୍ପର୍ଶ ରହିଛି। ଅଧିକାଂଶ

ହୋଟେଲରେ କ୍ୟାସିନୋ ବ୍ୟବସ୍ଥା ଆଗନ୍ତୁକମାନଙ୍କ ପାଇଁ ମୁଖ୍ୟ ଆକର୍ଷଣ ବୋଲି ଜଣାଯାଏ । ଯେତେ ବଡ଼ ହୋଟେଲ, ସେତେ ବଡ଼ ଜୁଆଖେଳର ବ୍ୟବସ୍ଥା । ଜୁଆଖେଳ ସହିତ ମଦ୍ୟପାନ, ସମ୍ଭୋଗ ଆଦି । ଏହିସବୁ କାରଣରୁ ଏହି ପ୍ରଖ୍ୟାତ ସହରକୁ ଏକଦା ପାପର ସହର (Sin City)ର ଆଖ୍ୟା ଦିଆଯାଇଥିଲା । ବୁଦ୍ଧିଜୀବୀଙ୍କ ମତରେ ତା ହୁଏତ ଯଥାର୍ଥ ହୋଇପାରେ ।

କିଛି ସମୟର ଡ୍ରାଇଭ ପରେ ଆମେ ପୂର୍ବ ସଂରକ୍ଷିତ ମ୍ୟାରିୟଟ ସୁଇଟସ୍‌ରେ ପହଞ୍ଚିଲୁ । ବେଶ ପ୍ରଶସ୍ତ ନାତିଗହଳ ରାସ୍ତାର ଦୁଇ ପାର୍ଶ୍ୱରେ କେତେ ଯାଗାରେ ଖଜୁରି

ଗଛ ରହି ମରୁଭୂମିର ପରିଚିତି ସାବ୍ୟସ୍ତ କରୁଥାଏ। ବାଲି ସ୍ତୁପ ଉପରେ ଧାତବ ପ୍ଲେଟକୁ କାଟି ବିଭିନ୍ନ ଜନ୍ତୁ, ଗଛ ଇତ୍ୟାଦିର ରୂପ ବିଶିଷ୍ଟ ଅଭିନବ ସ୍ଥାପତ୍ୟ ସଜା ଯାଇଥାଏ। ସେଥିରେ ମେଣ୍ଢା, ଓଟ, ମଇଁଷି ଓ ଜିରାଫ ଆଦି ଜନ୍ତୁମାନଙ୍କ ରୂପ ପ୍ରକାଶ ପାଇ ପରିବେଶ ସହିତ ବେଶ ଖାପ ଖାଉଥାଏ। ଏହି ଧରଣର ଶିଳ୍ପ ନଭାଡ଼ା, ଆରିଜୋନା ରାଜ୍ୟର ଜନଜାତିମାନଙ୍କ ଦ୍ୱାରା ପ୍ରସ୍ତୁତ ଶିଳ୍ପର ଅବଲମ୍ବନରେ ପରିସ୍ଫୁଜିତ ବୋଲି ଜାଣିଲି। ସହରାଞ୍ଚଳରେ ଏଗୁଡ଼ିକର ବ୍ୟାପକ ମୁକ୍ତାକାଶ ସଂସ୍ଥାପନ କରାଯାଇଛି। ଅବତରଣ ପରେ ବିମାନ ବନ୍ଦର ପରିସରରେ ମଧ୍ୟ ସେହିଭଳି କଟ୍ ଆଉଟ୍ ଶିଳ୍ପକଳା କେତୋଟି ଦେଖିଥିଲି।

ମାରିଅଟ୍ ସୁଇଟସ୍‌ରେ ତିନିଗୋଟି ପ୍ରକୋଷ୍ଠରେ ଛଅ ଜଣଙ୍କ ପାଇ ରହିବା ପାଇଁ ସୁବିଧା ଥିଲା। ଘରଟି ଡ୍ୟୁପ୍ଲେକ୍ସ ଭଳି ଥିଲା। ପ୍ୟାଣ୍ଟ୍ରିରେ ପ୍ରୀତି ଘରୁ ଆଣିଥିବା ସଉଦା ବ୍ୟବହାର କରି କିଛି ଚଟାପଟ ଜଳଖିଆ ତିଆରି କରି, ଖାଇ ସାରିବା ପରେ ବୁଲିବାକୁ ବାହାରିଲୁ। ଲାସ୍ ଭେଗାସ୍‌ରେ ପ୍ରସିଦ୍ଧ ଚିତ୍ରକାର ଭାଙ୍ଗୋଗ୍‌ଙ୍କ ଚିତ୍ରଗୁଡ଼ିକର ଏକ ଡିଜିଟାଲ ଗ୍ୟାଲେରୀ ଉନ୍ମୋଚିତ ହେବା କଥା ମୁଁ ପୂର୍ବରୁ ଗଣମାଧ୍ୟମ ଜରିଆରେ ଜାଣିଥିଲି। ମୁଁ ପ୍ରଥମେ ସେଇଟିକୁ ଦେଖିବାକୁ ଯିବା ପାଇଁ ପ୍ରସ୍ତାବ ଦେଲି। ଇଣ୍ଟରନେଟ୍‌ରେ ସେ ଗ୍ୟାଲେରୀର ସ୍ଥିତି ଅନୁସନ୍ଧାନ କରି ଅଦୂରରେ ଥିବା ପାର୍କିଂସ୍ଥଳରେ ଗାଡ଼ି ରଖି ଯାଇ ଜାଣିଲୁ ସେଦିନ ଗ୍ୟାଲେରୀ ବନ୍ଦ। କେବଳ ସମ୍ମୁଖରେ କିଛି ସାଇନେଜ୍‌ର ଝଲକ ଦେଖି ଆଉ ଏକ ପ୍ରେକ୍ଷାଳୟରେ ପହଞ୍ଚିଲୁ। ସେଠାରେ ଏକ କମେଡ଼ି କାର୍ଯ୍ୟକ୍ରମର କିଛି ଅଂଶ ଦେଖି ନିକଟରେ ଏକ ଦର୍ପଣ ସୁଡ଼ଙ୍ଗ ଭଳି କୌତୁକ ଦର୍ଶନୀ ଉପଭୋଗ କଲୁ। ସେଥିରେ ଥିବା ବିଭିନ୍ନ ବାଗରେ ଖଞ୍ଜାଯାଇଥିବ ଦର୍ପଣରେ ପ୍ରତିବିମ୍ବ ଦେଖି ଲୋକେ ଆମୋଦିତ ହୁଅନ୍ତି ଯଦିଓ ସେଥିରେ ଅନ୍ତର୍ଭୁକ୍ତ ଉତ୍ତଳ ଓ ଅବତଳ ଦର୍ପଣରେ ନିଜ ମୁହଁ ବିକୃତ ଦେଖାଯାଏ। ଭିତରକୁ ଜଣ ଜଣ କରି ଲୋକଙ୍କୁ ଛଡ଼ାଯାଏ। ମାତ୍ର ଦଶ ବା ପନ୍ଦର ସେକେଣ୍ଡର ରୋମାଞ୍ଚକର ଅନୁଭୂତି ଆହରଣ କରିବା ପାଇଁ ଲୋକେ ପାଗଳ। ନିକଟରେ ଉଚ୍ଚାଙ୍ଗ ସଙ୍ଗୀତ ସହିତ ଯୁବକ ଯୁବତୀଙ୍କ ନାଚ ଆରମ୍ଭ ହୋଇଯାଇଥାଏ। କ୍ଷୀଣ ସଂକ୍ଷିପ୍ତ ପୋଷାକରେ ନାଚୁଥିବା ଯୁବତୀମାନଙ୍କ କଥା ନ କହିଲେ ଭଲ। ମନୋରଞ୍ଜନର ଏହି ସହରରେ ଦେହ ପ୍ରଦର୍ଶନର ଯେପରି ପ୍ରତିଯୋଗିତା ଚାଲିଛି। ନାଚରେ ଅନୁସୃତ ଭଙ୍ଗୀ ମଧ୍ୟ କୋଣାର୍କ ବା ଖଜୁରାହ ମନ୍ଦିର କାନ୍ଥରେ ଥିବା ବନ୍ଧ ମୂର୍ତ୍ତିଠାରୁ କୌଣସି ଗୁଣରେ କମ୍ ନୁହେଁ। ସେଠାରେ ବେଶି ସମୟ ନରହି ଆମେ ଏକ ଅତିକାୟ ହୋଟେଲରେ ଥିବା କ୍ୟାସିନୋ ଲାଉଞ୍ଜ ଭିତରକୁ ଗଲୁ। ସେଠାରେ ଶତାଧିକ ଏକକ ଖେଳ ସ୍ଲଟ ମେସିନମାନ ରହିଥାଏ। ଉଜ୍ଜ୍ୱଳ

ରଙ୍ଗବେରଙ୍ଗ ଏକକ ଯନ୍ତ୍ରଗୁଡ଼ିକରେ ଜଣେ ବା ଦୁଇଜଣ ଖେଳିପାରିବେ। ଆଗରେ ଆରାମଦାୟକ ଘୁର୍ଣ୍ଣାୟମାନ ଆସନ। କାଉଣ୍ଟରରୁ ଟୋକନ ଆଣି ପ୍ରଥମେ ଇନ୍ଦରଜୀ ଖେଳ ଆରମ୍ଭ କଲେ ଆଉ ନଅ ଡଲାର ଜିତିଗଲେ। ପିଲାମାନେ ବି ଉତ୍ସାହିତ ହେଇ ଖେଳିଲେ। କେତେ ପ୍ରକାରର ଖେଳ, ନଖେଳିଲେ ବୁଝି ହୁଏନା। ମୁଁ ମଧ୍ୟ ମାତ୍ର କେତୋଟି ମିନିଟ କ୍ୟାସିନୋରେ ମାତ୍ର ପାଞ୍ଚ ଡଲାର ହରାଇ ଏକ ଅନୁଭୂତି ସାଉଁଟିଲି। ବେଶୀ ଖେଳିଲେ ଅଧିକ ବିପଦ। ପଇସା ଖେଳ ଏକ ନିଶା। ସେଥିରୁ ନିବୃତ୍ତ ହେବାକୁ

ସମସ୍ତଙ୍କୁ ବୁଝାଇ ଆଗକୁ ବଢ଼ିଲୁ। ଏକ ପାଦଚଲା ସେତୁ ସାହାଯ୍ୟରେ ରାସ୍ତା ଅତିକ୍ରମ କରି 'ଷ୍ଟ୍ରିପ୍'କୁ ଗଲୁ। ସେହି ପୋଲ ଉପରୁ ରାସ୍ତାର ଦୁଇଭାଗର ଆଡ଼ମ୍ବରପୂର୍ଣ୍ଣ ଚମତ୍କାରିତା ଦେଖି ଚକିତ ହେଲୁ।

'ଷ୍ଟ୍ରିପ୍' ହେଉଛି ଏହି ସହରର ମୁଖ୍ୟ ରାସ୍ତା, ମନୋରଞ୍ଜନର ପେଣ୍ଠସ୍ଥଳୀ ଯହିଁର ଦୁଇ ପାର୍ଶ୍ୱରେ ଅତି ସମ୍ଭ୍ରାନ୍ତ ହୋଟେଲଗୁଡ଼ିକର ମହାର୍ଘ ସ୍ଥିତି। ରାସ୍ତାର ଏକ ପାର୍ଶ୍ୱରେ ସମାନ୍ତରାଳ ଭାବରେ ଥିବା ଦୀର୍ଘ ଜଳାଶୟରେ 'ଆକ୍ୱାଡାନ୍ସ' ଅତ୍ୟନ୍ତ ମନୋମୁଗ୍ଧକର। ବିପୁଳ ସଂଖ୍ୟକ ଜଳ ଫୁଆରାରୁ ଊର୍ଦ୍ଧ୍ୱମୁଖ ପ୍ରସ୍ରବଣଗୁଡ଼ିକ ଆଲୋକମାଳା ଓ ସଙ୍ଗୀତର ତାଳେ ତାଳେ ସକ୍ରିୟ ହୋଇ ପୁଣି ନିଷ୍କ୍ରିୟ ହେଇଯାଉଛନ୍ତି। ଅପର ପକ୍ଷରେ ନାଟ୍ୟଙ୍କ କୃତ୍ରିମ ପ୍ରପାତଟି ମଧ୍ୟ ବିଭିନ୍ନ ଆଲୋକରେ ସୁସଜ୍ଜିତ। ପାର୍ଶ୍ୱର ପାଦଚଲା ରାସ୍ତାରେ ଜନସମୂହ ଏହି ଦୃଶ୍ୟ ଉପଭୋଗ କରୁଥାଆନ୍ତି। ଆମ ଦେଶରେ ଏହିଭଳି କାର୍ଯ୍ୟକ୍ରମ ରହିଛି। ମହୀଶୁରର ବୃନ୍ଦାବନ ଗାର୍ଡେନ ତଥା ଦିଲ୍ଲୀ, ନଏଡ଼ାରେ ସ୍ୱାମୀନାରାୟଣ ମନ୍ଦିର ପରିସରରେ ଥିବା ଅନୁରୂପ ସଙ୍ଗୀତିକ ଜଳ ଫୁଆରା ପ୍ରଭୃତି ଅନ୍ୟତମ।

ସେଠାରୁ ଯାଇ ଆମେ ପ୍ରସିଦ୍ଧ ସିଜର୍ସ ପ୍ୟାଲେସର ପ୍ରବେଶ ପଥରେ ପହଞ୍ଚିଲୁ। ଚତୁର୍ଦ୍ଦିଗରେ ଜନଗହଳି। ରାସ୍ତାରେ ଗାଡ଼ିମାନଙ୍କ ଗହଳି,  ରାସ୍ତା ପାର୍ଶ୍ୱରେ ବାଡ଼ବନ୍ଦୀ ପାଦଚଲା ରାସ୍ତା ଲୋକମାନଙ୍କ ପାଇଁ। କ୍ୟାସିନୋ ପାଇଁ ସବୁ ହୋଟେଲରେ ପ୍ରବେଶ ପଥ ଉନ୍ମୁକ୍ତ। ଲୋକେ ଦଳ ଦଳ ହେଇ ଭିତରକୁ ଯାଉଛନ୍ତି ତ କେତେ ପୁଣି ବାହାରୁଛନ୍ତି। କାହା ହାତରେ ପାନୀୟ ତ କାହା ହାତରେ ସିଗାରେଟ ପୁଣି ଆଉ କାହା ହାତ ସଙ୍ଗିନୀର କାନ୍ଧରେ।

ସିଜାରର୍ସ ପ୍ୟାଲେସ ହୋଟେଲର ଐତିହ୍ୟ ରହିଛି।ଏହି ହୋଟେଲ ଗ୍ରୀକ୍ ବୀର ଜୁଲିୟସ ସିଜରଙ୍କ ନାମରେ ସମର୍ପିତ। ଉତ୍ତମ ସେବା, କଳାତ୍ମକ ପରିପାଟି ପାଇଁ ଏହାର ସୁନାମ ରହିଛି। ୟୁରୋପୀୟ ସଂସ୍କୃତିର ପ୍ରତିଫଳନ ଘଟିଛି ସର୍ବତ୍ର। ଲାସ୍ ଭେଗାସ୍‌ରେ ଗଢ଼ିଉଠିଥିବା ପୁରାତନ ହୋଟେଲ ମଧ୍ୟରେ ଏହା ଅନ୍ୟତମ। ଷ୍ଟ୍ରିପ୍‌ରେ ଏକ ପ୍ରମୁଖ ସ୍ଥାନରେ ଏହି ବିଶାଳ ହୋଟେଲର ସ୍ଥିତି ଏହାର ପରିଚୟ ସୃଷ୍ଟି କରିଛି, ପର୍ଯ୍ୟଟକମାନଙ୍କର ପ୍ରମୁଖ ଆକର୍ଷଣ ପାଲଟିଛି। ଏଠି ନରହିବା ଲୋକ ମଧ୍ୟ ଏହା ମଧ୍ୟକୁ ବୁଲିବାକୁ ଯାଆନ୍ତି। ଏହି ହୋଟେଲରେ ଅନେକ ଗୁଡ଼ିଏ ଚଳଚ୍ଚିତ୍ରର ଚିତ୍ର ଉତ୍ତୋଳିତ ହେଇ ଏହାକୁ ଆହୁରି ଦର୍ଶନୀୟ କରିଛି। ମୁଖ୍ୟ ପ୍ରବେଶ ପଥ କେବଳ ଅନ୍ତେବାସୀଙ୍କ ପାଇଁ ଉଦ୍ଦିଷ୍ଟ। ଅନ୍ୟ ଦ୍ୱାର ଦେଇ କ୍ୟାସିନୋ ତଥା ଖାଦ୍ୟାଞ୍ଚଳ ଆଦିକୁ ଯିବାକୁ ହୁଏ। ବାହାରେ ଓ ଭିତରେ ରୋମାନ ଶୈଳୀର

ଭାସ୍କର୍ଯ୍ୟଗୁଡ଼ିକର ବିପୁଳ ସମାବେଶ। ବିଶାଳ ଅଭ୍ୟର୍ଥନା କକ୍ଷର କାନ୍ଥରେ ସୁଦୃଶ୍ୟ ରୋମୀୟ ଚିତ୍ରାବଳୀ ସହିତ କେନ୍ଦ୍ରରେ ମାର୍ବଲର ନାରୀମୂର୍ତ୍ତି, ଚଟାଣରେ ପର୍ଶିଆନ ଗାଲିଚା ଆଉ ଛାତରୁ ଝୁଲନ୍ତା ସହସ୍ର ବତୀର ଝାଡ଼ - ଏସବୁ ସାଙ୍ଗରେ ଆଲୋକସଜ୍ଜାର ସମୀକରଣ ଦର୍ଶନୀୟ। ଅଧିକାଂଶ ଲୋକ କେବଳ ଫଟୋ ଉଠାଇବାରେ ବ୍ୟସ୍ତ। ଫଟୋ ଉଠାଇବା ପାଇଁ ଗୋଟିଏ ଗୋଟିଏ ମୂର୍ତ୍ତି ବା ଚିତ୍ର ପାଖରେ ଧାଡ଼ି ବାନ୍ଧି ଲୋକେ ଅପେକ୍ଷା କରି ରହୁଛନ୍ତି। ସେ ପ୍ରକୋଷ୍ଠରୁ କ୍ୟାସିନୋ ଆଡ଼କୁ ଯିବା ଅଳିନ୍ଦକୁ ମଧ୍ୟ ସେହିଭଳି ସଜାଯାଇଛି। ଆଭ୍ୟନ୍ତରୀଣ ଅଭିଜାତ ସାଜସଜ୍ଜା ଉପଭୋଗ କରିବା ପାଇଁ ଏଠାକୁ ଲୋକଙ୍କ ସୁଅ ଛୁଟିବା ଯଥାର୍ଥ ବୋଲି ଜଣାଯାଏ। ଆମେ କ୍ୟାସିନୋ ଭିତରର ଜନାକୀର୍ଣ୍ଣ ଅବସ୍ଥା ଦେଖି ବାହାରେ କେବଳ କେତୋଟି ଫଟୋ ବିଭିନ୍ନ ସ୍ଥାନରେ ଉଠାଇ ଚାଲିଆସିଲୁ। ସେଠାରେ ପୂର୍ବ ହୋଟେଲ ଅପେକ୍ଷା କ୍ୟାସିନୋର ରୂପରେଖ ଅଧିକ ସମ୍ଭ୍ରାନ୍ତ ମନେ ହେଉଥିଲା। ଏକକ ସହିତ ଅନେକ ଗୁଡ଼ିଏ ଟେବୁଲରେ ବିଭିନ୍ନ ସାମୂହିକ ଖେଳ ଖେଳିବାକୁ ଲୋକେ ଘେରି ରହିଥିଲେ।

ଆମେ ବାହାରକୁ ଆସି ଏକ ପଥପ୍ରାନ୍ତ ଗୁମୁଟ ପୁଞ୍ଜରେ ପହଞ୍ଚିଲୁ। ସେଠାରେ ସ୍ୱଳ୍ପ ଖାଦ୍ୟ ଓ ପାନୀୟର ସୁଲଭ ବିପଣନର ବ୍ୟବସ୍ଥା ଥିଲା। ସେଠାରୁ ଷ୍ଟ୍ରିପର ପ୍ରମୁଖ ଅଂଶର ଦୃଶ୍ୟ ଆକର୍ଷଣୀୟ। ଇନ୍ଦରଜୀ ରକ୍ତବର୍ଣ୍ଣର ପାନୀୟ ଥିବା ଏକ ହୁକା ଭଳି ପ୍ଲାଷ୍ଟିକ ପାତ୍ର ଧରାଇଦେଲେ। କହିଲେ- ଇଏ ହେଲା ମାର୍ଗାରେଟା। ଭେଗାସର ଲୋକପ୍ରିୟ ପାନୀୟ। ଆଲକୋହଲ୍‌ର ପରିମାଣ ନଗଣ୍ୟ। ଏଠାକୁ ଆସି ଏହି ପାନୀୟ ନ ଚାଖିଲେ, ଆସିବା ନିରର୍ଥକ। ତାଙ୍କର ଦୀକ୍ଷାନ୍ତ ଉପକ୍ରମ ଶୁଣି ପାତ୍ରଟି ଧରିଲି। ପାତ୍ରଟି ଏକ ଦେଶୀୟ ବାଦ୍ୟଯନ୍ତ୍ର ଆକୃତିର। ରାସ୍ତାରେ ଚାଲୁଥିବା ବେଳେ ଅନେକ ଲୋକ ଏହିଭଳି ଧରିଥାନ୍ତି। ପାନୀୟଟି ମଧୁର, ସାମାନ୍ୟ ନିଶାଯୁକ୍ତ। ଆମେ ପୁଣି କିଛି ବାଟ ଚାଲିଲୁ। ଏଭଳି ସହରରେ ପାଦଚଲାର ବିକଳ୍ପ ନାହିଁ। ଗାଡ଼ି ରହିଥିବା ସ୍ଥାନ ମାଇଲିଏ ଦୂରରେ, ନ ଚାଲିଲେ କିଛି ବି ଦେଖିବା ସମ୍ଭବ ନୁହେଁ। ଜନଗହଳିକୁ ଆୟତ କରିବାକୁ ଯାଇ ନିଷ୍ଠୁର ଟ୍ରାଫିକ ବ୍ୟବସ୍ଥା। ଆମେ ଅନ୍ୟ ଏକ ହୋଟେଲ ଭିତରକୁ ଯାଇ ତା'ର ଫୁଡକୋର୍ଟରେ ଏକ ରେଷ୍ଟୋରାଁରେ ଚାଇନିଜ ଖାଦ୍ୟ ବରାଦ କରି ଖାଇବା ପାଇଁ ପ୍ରାୟ ଏକ ଘଣ୍ଟା ସମୟ ଲାଗିଗଲା। ରାତ୍ର ଭୋଜନ ପରେ ହୋଟେଲକୁ ଫେରି ବିଶ୍ରାମ ନେଲୁ। ପରଦିନ ଆମର ପୃଥିବୀ ପୃଷ୍ଠରେ ଅନ୍ୟତମ ପ୍ରାକୃତିକ ବିସ୍ମୟ ତଥା ପ୍ରସିଦ୍ଧ ଗିରିଗହ୍ୱର ଗ୍ରାଣ୍ଡ କାନ୍ୟନ ଯିବାର ଥିଲା।

ସେଦିନ ସକାଳୁ ଉଠି ସେହି ହୋଟେଲ ପରିସରରେ ବୁଲାବୁଲି କଲୁ। ମାରିୟଟ ହୋଟେଲ ଅଟ୍ଟାଳିକାର ଅନତି ଦୂରରେ ଆମେ ରହୁଥିବା ସୁଇଟସ୍‌ଗୁଡ଼ିକ

ଅବସ୍ଥିତ। ପରିସର ମଧ୍ୟରେ ସ୍ନାନ ପୁଷ୍କରିଣୀ ରହିଛି। ବୁଢ଼ା ପାଣିରେ ଗାଧେଇବା ଆଦିତ୍ୟର ପସନ୍ଦ। ମୋର ମଧ୍ୟ ଆଗ୍ରହ କିଛି କମ୍ ନୁହେଁ। ଆମେ ଦି'ଜଣ ଯାଇ ସ୍ୱିମିଙ୍ଗ ପୁଲରେ କିଛି ସମୟ ଗାଧେଇଲୁ। ତଟରେ ଥିବା ଆସନରେ ଗୋଡ଼ ଲମ୍ବାଇ ସକାଳର ଖରା ଉପଭୋଗ କଲୁ। ଏ ଅଞ୍ଚଳରେ ପାଗ ଶୁଖିଲା ଥାଏ। ଦେଶର ଅନ୍ୟ ଭାଗ ଭଳି ଥଣ୍ଡା ଆଦୌ ନଥାଏ। ମରୁଭୂମିର ସହରରେ ବର୍ଷା ଓ ଥଣ୍ଡାପାଗ ବିରଳ। ବିଶାଳ ଦେଶର ଜଳବାୟୁ ଓ ପାଣିପାଗରେ ବୈଚିତ୍ର ଦେଖାଯାଏ। ପୁଲ୍ ଭିତରେ ଅଳ୍ପ ସଂଖ୍ୟକ ଲୋକେ ଗାଧଉଥାନ୍ତି। ଗୋଟିଏ ସ୍ନାନରତ ଦମ୍ପତ୍ତି ପୋଖରୀକୁ ନିଜର ଶୟନକକ୍ଷ ଭଳି ବ୍ୟବହାର କରି ବିଭିନ୍ନ ଲଜ୍ଜାଜନକ ମୁଦ୍ରାରେ ଉପଭୋଗ କରୁଥାନ୍ତି। ସର୍ବସାଧାରଣ ସ୍ଥାନରେ ମଧ୍ୟ ଏଭଳି ଆଚରଣ ସେମାନଙ୍କର ବ୍ୟକ୍ତି ସ୍ୱାଧିନତାର ଚରମ ନିଦର୍ଶନ ଯାହାକୁ ସେମାନେ କଦାପି ହାତଛଡ଼ା କରିବାକୁ ଚାହାନ୍ତି ନାହିଁ। ଏଭଳି ଅନେକ ନମୁନା ମୁଁ ପୂର୍ବ ରାତିରେ ପଥପ୍ରାନ୍ତରେ ପ୍ରତ୍ୟୟ କରିସାରିଥିଲି।

ଆମେ ରୁମକୁ ଫେରି ପ୍ରାତଃ ଭୋଜନ ସାରି ଦୀର୍ଘଯାତ୍ରାରେ ବାହାରିବାର ଉପକ୍ରମ କଲୁ। ଭେଗାସ୍‌ରୁ ଗ୍ରାଣ୍ଡକାନ୍ୟନ ଦୂରତା ପ୍ରାୟ ୨୭୦ ମାଇଲ। ଏକାଧାରରେ ଗାଡ଼ି ଚାଳନା କରି ଯାଇ ହୁଏନା। ରାସ୍ତାରେ ଭୋଜନ ଆଦି କରି ବା ଆଉ କିଛି ଦର୍ଶନୀୟ ସ୍ଥାନ ବୁଲି ଯିବା କଥା। ପ୍ରାୟ ସକାଳ ଦଶଟାରେ ଲାସ୍ ଭେଗାସ୍ ଛାଡ଼ିଲୁ। ଆମ ଭ୍ରମଣ ସାରଣୀ ଅନୁସାରେ ଆମେ ଏଠାରୁ ଗ୍ରାଣ୍ଡ କାନ୍ୟନରେ ଦୁଇ ରାତି ରହି ସେଠାରୁ କାଲିଫର୍ଣ୍ଣିଆ ଯିବା ରାସ୍ତାରେ ହାଭାସୁ ହ୍ରଦ କୂଳରେ ଗୋଟିଏ ରାତି କଟାଇବା କଥା। କାଲିଫର୍ଣ୍ଣିଆରେ ଦୁଇରାତି କଟାଇ ଏହି ଭେଗାସ୍‌କୁ ଫେରି ଏଠାରେ ଶେଷ ରାତିଟି କଟାଇ ପରଦିନ ଡ୍ୟାଲାସ୍ ଫେରିବାର ଯୋଜନା ପ୍ରୀତି ଦ୍ୱାରା କରାଯାଇଥିଲା ଏବଂ ତାହା ସଫଳ ହୋଇଥିଲା।

# ହୁଭର ଡ୍ୟାମ

ଲାସ୍ ଭେଗାସ୍ ସହରରୁ ଆନ୍ତରାଜ୍ୟ ରାଜପଥ ନଂ ୧ ୧ରେ ମାତ୍ର ୩୭ ମାଇଲ ଯିବା ପରେ ଆସେ ଏକଦା ବିଶ୍ୱର ଉଚ୍ଚତମ ନଦୀବନ୍ଧ ବୋଲାଉଥିବା 'ହୁଭର ଡ୍ୟାମ'। ଚିରସ୍ରୋତା ସୁଦୀର୍ଘ କଲୋରାଡ଼ ନଦୀ ଉପରେ ଏହି ବହୁମୁଖୀ ବିଶାଳ ବନ୍ଧ ୧୯୩୧ରୁ ୧୯୩୫ ମଧ୍ୟରେ ନିର୍ମିତ ହୋଇ ତତ୍‌କାଳୀନ ରାଷ୍ଟ୍ରପତି ଫ୍ରାଙ୍କଲିନ ରୁଜଭେଲ୍ଟଙ୍କ ଦ୍ୱାରା ଲୋକାର୍ପିତ ହୋଇଥିଲା। ନେଭାଡ଼ା ଓ ଆରିଜୋନା ରାଜ୍ୟର ସୀମାନ୍ତରେ ଦୁର୍ଗମ ତଥା କଙ୍କରିଳ ଗିରିଗହ୍ୱର ମଧ୍ୟରେ National Bureau of Reclamation କର୍ତ୍ତୃପକ୍ଷଙ୍କ ଦ୍ୱାରା ପରିଚାଳିତ ଏହି ଦୁଷ୍କର ଯୋଜନାରେ ୨୧୦୦୦ ଲୋକ କାମ କରିଥିଲେ ଏବଂ ବିଭିନ୍ନ କାରଣରୁ ଶତାଧିକ ମୃତ୍ୟୁବରଣ କରିଥିଲେ। କର୍ମଚାରୀ ଓ ଶ୍ରମିକମାନଙ୍କ ରହିବା ପାଇଁ ଯେଉଁ ଅସ୍ଥାୟୀ ଜନପଦଟି ସେହି ଅବଧିରେ ଗଢ଼ିଉଠିଥିଲା ତା'ର ନାମ 'ବୋଲଡର ସିଟି'। ବୋଲ୍ଡର ବହୁଳ କାନ୍ୟନ ଅଞ୍ଚଳରେ ଏହି ବନ୍ଧ ଗଢ଼ାଯାଇଥିବାରୁ ଏହାକୁ ପ୍ରଥମେ 'ବୋଲଡ଼ର ଡ୍ୟାମ' କୁହାଗଲା। ପରେ ଏହି ବୃହତ୍ ନଦୀବନ୍ଧ ଯୋଜନା ସଂପୂର୍ଣ୍ଣ ହୋଇଥିବା କାଳରେ ଦେଶର ରାଷ୍ଟ୍ରପତି Herbert Hooverଙ୍କ ନାମରେ ନାମିତ ହୋଇଥିଲା।

ବିଶ୍ୱସ୍ତରୀୟ ନିର୍ମାଣ ପ୍ରଯୁକ୍ତି କ୍ଷେତ୍ରରେ ହୁଭର ଡ୍ୟାମ ଏକ ସ୍ୱର୍ଣ୍ଣିମ ଅଧ୍ୟାୟ ସୃଷ୍ଟି କରିଛି। ନଦୀର ତୀବ୍ରସ୍ରୋତକୁ ନିୟନ୍ତ୍ରିତ କରି ଦୁର୍ଗମ ପାହାଡ଼ ଦେହରେ ସୁଡ଼ଙ୍ଗ ଖୋଳି ଗତିପଥ ବଦଳାଯାଇଛି। ସେଥିରୁ ସୃଷ୍ଟି ହୋଇଛି କେତେଗୋଟି ବୃହତ ଜଳାଶୟ ବା କୃତ୍ରିମ ହ୍ରଦ। ସେଥି ମଧ୍ୟରୁ 'ଲେକ୍ ମିଡ୍' ଅନ୍ୟତମ। ବନ୍ଧର ସର୍ବୋଚ୍ଚ ଉଚ୍ଚତା ୭୨୬ ଫୁଟ। ଏଥିରେ ସର୍ବାଧିକ ୫୯୦ ଫୁଟ ଗଭୀରରେ ଜଳ ରହିପାରେ। ଏହି ବନ୍ଧ ଯୋଗୁଁ ପ୍ରତିଷ୍ଠିତ ଜଳ ବିଦ୍ୟୁତ କେନ୍ଦ୍ରରୁ ଉତ୍ପନ୍ନ ବିଜୁଳି ଶକ୍ତି ନିକଟତମ ଆଠଗୋଟି ରାଜ୍ୟକୁ ଯୋଗାଣ ହୋଇଥାଏ। ବିଦ୍ୟୁତ ଉତ୍ପାଦନ ବ୍ୟତିତ ପାନୀୟ ଜଳଯୋଗାଣ, କୃଷିକର୍ମ ପାଇଁ ଜଳସେଚନ, ବନ୍ୟା ନିୟନ୍ତ୍ରଣ ଆଦି ଏହି ବନ୍ଧ ନିର୍ମାଣର ମୁଖ୍ୟ

ଉଦ୍ଦେଶ୍ୟ। ଏହି ବନ୍ଧ ତଥା ସଂଲଗ୍ନ ହ୍ରଦ ଆଦି ବୁଲିବାକୁ ନିୟୁତାଧିକ ଲୋକ ପ୍ରତିବର୍ଷ ଆସିଥାନ୍ତି, ଏଣୁ ପର୍ଯ୍ୟଟନର ବିକାଶ ମଧ୍ୟ ହେଉଛି। ଏହି ବନ୍ଧର ବିଶାଳତା, ପ୍ରାକୃତିକ ସୌନ୍ଦର୍ଯ୍ୟ, ପାରିପାର୍ଶ୍ୱିକ ନୃତତ୍ତ୍ୱ ଦୃଷ୍ଟିରୁ ଏହାକୁ ବିଶ୍ୱର ଅଷ୍ଟମ ଆଶ୍ଚର୍ଯ୍ୟ କୁହାଯାଏ ଯଦିଓ ଚୀନରେ ଏହାଠାରୁ ଅଧିକ ଉଚ୍ଚତା ସଂପନ୍ନ ନଦୀବନ୍ଧ ମଧ୍ୟ ଏହାପରେ ନିର୍ମାଣ ହୋଇଛି। ହୁଭର ଡ୍ୟାମ ୧୯୯୫ରେ ସଂଘୀୟ ସରକାରଙ୍କ ପକ୍ଷରୁ 'ଜାତୀୟ ସ୍ମାରକୀ' ଭାବେ ସ୍ୱୀକୃତି ପାଇଛି। ଏହାର ଭୌଗୋଳିକ ସ୍ଥିତି ତଥା କାର୍ଯ୍ୟକାରିତା ବିଷୟ ମାଧ୍ୟମିକ ସ୍ତର ପାଠ୍ୟକ୍ରମରେ ପଢ଼ାଯାଉଛି। କଲୋରାଡ଼ ନଦୀ ସହିତ ଭର୍ଜିନ ଓ ମଡ୍ଡି ଦୁଇଟି ଉପନଦୀର ମିଶ୍ରଣରେ ଏହି ମନୁଷ୍ୟକୃତ ବିଶାଳ ସ୍ଥାପତ୍ୟଟି ସୃଷ୍ଟି କରାଯାଇଛି।

ରାଜପଥରେ ଗଲାବେଳେ କିଛି ପୂର୍ବରୁ ହୁଭର ଡ୍ୟାମ ସମ୍ବନ୍ଧୀୟ ସୂଚନା ଫଳକମାନ ଦେଖିବାକୁ ମିଳେ। ବନ୍ଧ ଅଞ୍ଚଳ ପୂର୍ବରୁ ଆମେ ଏକ ଜୈବ ମଣ୍ଡଳରେ ପହଞ୍ଚିଲୁ। ସେଇଟି ଥିଲା ନଦୀ ବନ୍ଧ ନିର୍ମାଣ ପ୍ରଭାବରେ ସୃଷ୍ଟି ହୋଇଥିବା ବିଶାଳ 'ମିଡ଼' ହ୍ରଦର ଏକ ପାର୍ଶ୍ୱ। ଅନ୍ୟ ଏକ ହ୍ରଦ ହେଉଛି 'ମୋହାବେ'। ରାଜପଥ ପାର୍ଶ୍ୱରେ ଏକ ମଞ୍ଚ ଭଳି ସ୍ଥାନରେ ଦର୍ଶନୀସ୍ଥଳ କରାଯାଇଛି। ସେଠାରୁ ଚତୁର୍ଦ୍ଦିଗର ଦୃଶ୍ୟ ଉପଭୋଗ କରିହୁଏ। ବିଭିନ୍ନ ଆକୃତିର ପାହାଡ଼ ଘେରା ଅଞ୍ଚଳ ଭିତରେ ଜଳାଶୟର ଦୃଶ୍ୟ ଉପଭୋଗ କରିହୁଏ। ସଂପୂର୍ଣ୍ଣ ଟାଙ୍ଗରା ଭୂମି ନହେଲେ ମଧ୍ୟ ମଝିରେ ମଝିରେ ବୃକ୍ଷଲତା ରହିଛି। ସୁନ୍ଦର ଭାବରେ ସଜ୍ଜିତ କେତେଗୋଟି ଫଳକରେ ସେ ଅଞ୍ଚଳର ଜୈବ ବିବିଧତା, ପଶୁପକ୍ଷୀ ସରୀସୃପଙ୍କ ବର୍ଣ୍ଣନା, ହ୍ରଦର ପାଶ୍ୱବର୍ତ୍ତୀ ଅଞ୍ଚଳର ବିକାଶର କଥା ଇତ୍ୟାଦି ଫଟୋଚିତ୍ର ସହିତ ପ୍ରଦର୍ଶିତ ହୋଇଛି। ସେଠାରୁ ଅନେକ ଦୂରରେ ନିମ୍ନଦେଶରେ ହୁଭର ଡ୍ୟାମର ଦୃଶ୍ୟ ମଧ୍ୟ ଦିଶୁଥାଏ। ଏହି ଅଞ୍ଚଳକୁ National Recreation Area ନାମରେ ୧୯୬୪ରେ ଘୋଷଣା କରାଯାଇଛି।

ମିଡ଼ ହ୍ରଦଠାରୁ ହୁଭର ଡ୍ୟାମ ଅଞ୍ଚଳ ପ୍ରାୟତଃ ଆରମ୍ଭ ହୁଏ। ଏକ ବିରାଟ ତୀଖ ପାହାଡ଼ର ପାର୍ଶ୍ୱରେ ଯାଇଛି ଅର୍ଦ୍ଧଗୋଲାକାର ରାଜପଥ। ଅପର ପାର୍ଶ୍ୱରେ ଆଖି ପାଉନଥିବା ଅଞ୍ଚଳ ଜଳାର୍ଣ୍ଣବ। ଅନ୍ୟ ଦୁଇ ପାର୍ଶ୍ୱରେ ଆହୁରି ପାହାଡ଼ ଜଳ ସ୍ରୋତ କୁଆଡୁ ଆସିଛି ପୁଣି କୁଆଡ଼େ ଯାଉଛି ବିନା ମାନଚିତ୍ରରେ ଜାଣିବା କଷ୍ଟକର। ଡ୍ୟାମର ପ୍ରମୁଖ ଅଞ୍ଚଳରେ ରହିଛି ପ୍ରଶସ୍ତ ଦର୍ଶନୀସ୍ଥଳ। ପର୍ଯ୍ୟଟକଙ୍କ ସଂଖ୍ୟା ଏତେ ଅଧିକ ଯେ ଗାଡ଼ି ରଖିବାକୁ ଯାଗା ମିଳେ ନାହିଁ। ଇନ୍ଦରଜୀ ଗାଡ଼ି ନେଇ ଦୂରରେ ଅପେକ୍ଷା କରି ରହିଲେ। ଆମେ ସବୁ ଓହ୍ଲାଇ ବୁଲିଲୁ। ସେହିଠାରେ ରହିଛି ଜଳ-ବିଦ୍ୟୁତ ଉତ୍ପାଦନ କେନ୍ଦ୍ର। ପର୍ଯ୍ୟଟକଙ୍କ ପାଇଁ ରହିଛି ଆବଶ୍ୟକୀୟ ସୁବିଧା। ରାସ୍ତାରେ ଗାଡ଼ିମାନଙ୍କର ଧାଡ଼ି ଲାଗି ରହିଛି। ଲାସଭେଗାସ ସହରର ନିକଟବର୍ତ୍ତୀ ହୋଇଥିବାରୁ ଅନେକ ଯାତ୍ରୀ ଏଠାକୁ ବୁଲିବାକୁ

ଆସିଥାନ୍ତି। ଅଦୂରରେ ଜଳାଶୟ କୂଳରେ ବଣଭୋଜୀ ସ୍ଥଳ ଆଉ ନୌବିହାର ପାଇଁ ଛୋଟ ବଡ଼ ଜଳଯାନର ବ୍ୟବସ୍ଥା। ପରିପାର୍ଶ୍ୱର ଦୃଶ୍ୟ ଅତୀବ ମନୋରମ। ଆମର ଦୀର୍ଘଯାତ୍ରା ସେହିମାତ୍ର ଆରମ୍ଭ ହୋଇଥିଲା। ସେଠାରୁ ଆମର ଗନ୍ତବ୍ୟ ସ୍ଥଳ ହାରାହାରି ୨୩୦ ମାଇଲ। ଆମେ ଅଧିକ ସମୟ ସେଠାରେ ନରହି ପୁଣି ରାଜପଥ ଧରିଲୁ।

କିଛି ବାଟ ପାହାଡ଼ିଆ ଅଞ୍ଚଳ ପାର ହେବା ପରେ ବିସ୍ତୀର୍ଣ୍ଣ ପ୍ରାନ୍ତ ଦେଇ ରାଜପଥ ଲମ୍ବିଯାଇଛି ଆରିଜୋନା ରାଜ୍ୟରେ। ମାଇଲ ମାଇଲ ବ୍ୟାପୀ ଜନଶୂନ୍ୟ ଅଞ୍ଚଳ। ପ୍ରାୟ ୨୦ /୩୦ ମାଇଲ ବ୍ୟବଧାନରେ ପଡ଼େ ଗୋଟେ ଛୋଟ ଗ୍ରାମ୍ୟ ସହର ଅଥବା ଗ୍ୟାସ ଷ୍ଟେସନ। ରାସ୍ତାରେ ଗାଡ଼ି ସଂଖ୍ୟା କମ୍। ପ୍ରାୟ ଅପରାହ୍ଣ ବେଳକୁ ଏକ ସହର ପଡ଼ିଲା। ଆମେ ସେଠାରେ ଅନୁସନ୍ଧାନ କରି ଏକ ଭାରତୀୟ ଭୋଜନାଳୟରେ ପହଞ୍ଚିଲୁ। ବଙ୍ଗାଳି ମାଲିକ ଜଣକ ଆମ ପାଇଁ ଖାଦ୍ୟ ପ୍ରସ୍ତୁତ କରିବା ପାଇଁ ଅଧ ଘଣ୍ଟାଏ ସମୟ ନେଲେ। ସେ ସମୟରେ ସେ ଭୋଜନଗୃହ ଭିତରେ ଅନେକ ଗୁଡ଼ିଏ ବିଭିନ୍ନ ପ୍ରକାରର ପୁରୁଣା ରେଡ଼ିଓ ଓ କ୍ୟାମେରା ସଜା ହୋଇ ଥାକମାନଙ୍କରେ ରହିଥିବାର ଦେଖିଲୁ। ପଚାରିବାରୁ ମାଲିକ ଏସବୁ ସଂଗ୍ରହ କରିବା ତାଙ୍କର ରୁଚି ବୋଲି କହିଲେ।

ସେଠାରେ ବିଳମ୍ବିତ ମଧ୍ୟାହ୍ନ ଭୋଜନ ସାରି ପୁଣି ବାହାରିଲୁ। ଲକ୍ଷ୍ୟସ୍ଥଳରେ ପହଞ୍ଚିଲା ବେଳକୁ ସନ୍ଧ୍ୟାପ୍ରାୟ। ପୂର୍ବରୁ ପ୍ରୀତି ଆରକ୍ଷଣ ବ୍ୟବସ୍ଥା କରିଥିଲା। ପର୍ଯ୍ୟଟନ ସଂସ୍ଥାର ଅଫିସ୍‌ରେ ପହଞ୍ଚି ଘରର ଚାବିନେଇ ଘର ପାଇବାକୁ କିଛି ସମୟ ଲାଗିଗଲା। ରାଜପଥର ଅପର ପାର୍ଶ୍ୱରେ ଅନତିଦୂରରେ ରହିଥିଲା ଦାଣ୍ଡିଏ କେବଳ କାଠ ନିର୍ମିତ ଘର, 'ଲଗ୍ ହାଉସ୍'। ଲଣ୍ଠନ ଭିତରେ ପୁରୁଣା ବଲ୍ବ ଜଳୁଥିଲା। କାଠଗଣ୍ଡିରେ ଖଟ ଉପରେ ଶେଯ। ଚଟାଣ ମାଟି ଭଳି ଲାଗୁଥିଲା। ସ୍ଥାନଟି ନିର୍ଜନ। ଦୂରରେ କିଛି ଘରର ଆଲୁଅ ଦିଶୁଥିଲା। ସଂନ୍ଧ୍ୟା ପରେ ରାତିର ବୟସ ସହିତ ଥଣ୍ଡା ବଢୁଥିଲା। ବାହାରେ ତାରାଭର୍ତ୍ତି ଆକାଶ ତଳେ ନିଶବ୍ଦ ପୃଥିବୀ। ଚତୁର୍ଦ୍ଦିଗ ଅନ୍ଧକାର। ରୋମାଞ୍ଚକର ପରିବେଶ। ରାଜପଥରେ ତୀବ୍ରଗତିରେ ଯାଉଥିବା ଯାନର ଶବ୍ଦ ଓ ଆଲୁଅ, ସେ ପରିବେଶର ଗାମ୍ଭୀର୍ଯ୍ୟକୁ ଯାହା ପ୍ରତିହତ କରୁଥାଏ। ସେଠାରେ ଆମର ଦୁଇଟି ରାତି କଟାଇବାର ଥିଲା। ସଂସ୍ଥା ଅଫିସ ସଂଲଗ୍ନ ରେସ୍ତୋରାଁରୁ କିଛି ଖାଦ୍ୟ ଆଣି ଖାଇବା ପରେ ପରଦିନ ସକାଳୁ ବହୁ ପ୍ରତୀକ୍ଷିତ ଗ୍ରାଣ୍ଡ କାନ୍ୟନ ଦେଖିବାର ଅଭିଳାଷ ମନରେ ରଖି ପଥଶ୍ରାନ୍ତି ମେଣ୍ଟାଇବା ପାଇଁ ବିଶ୍ରାମ ନେଲୁ।

ପରଦିନ ସକାଳୁ ନିତ୍ୟକର୍ମ ସାରି କାଫେରେ ଜଳଖିଆ ଖାଇ ସେହି ପାଖ ଅଞ୍ଚଳ ମୁଁ ବୁଲିବା ବେଳେ ନିକଟରେ ଏକ ପରିତ୍ୟକ୍ତ କାରଖାନା ଆବିଷ୍କାର କଲି

ସେଠାରେ ଭେଗାସ୍ ସହରରେ ଦେଖିଥିବା ଲୌହଚାଦର ନିର୍ମିତ କାରୁକଳା ବହୁ ସଂଖ୍ୟାରେ ଗଚ୍ଛିତ ଥିଲା। ତା' ମଧ୍ୟରେ କେତେଗୋଟି ସେଟରେ ଦୁଇଟି ଘୋଡ଼ାଟଣା ଚାରିଚକ ଲାଗିଥିବା ଗାଡ଼ି ସହିତ ଅନେକ ସୁସଜ୍ଜିତ ମଣିଷଙ୍କ ବିଭିନ୍ନ ଭଙ୍ଗୀର ଲାଇଫ ସାଇଜ ମୂର୍ତ୍ତି ସବୁ ରହିଥିଲା। ଏହି ମୂର୍ତ୍ତିମାନଙ୍କର ଚରିତ୍ରକୁ 'କାଓବୟେଜ' କୁହାଯାଏ।ଏମାନଙ୍କ ମସ୍ତକରେ ଟୋପି, ପାଦରେ ଆଣ୍ଠୁ ପର୍ଯ୍ୟନ୍ତ ଜୋତା ଥାଏ। ଏମାନେ ଅଶ୍ୱରକ୍ଷକ ଭାବରେ ପରିଚିତ। କେତେଗୋଟି ସେଟ୍‌ରେ ବଗିଟି କାଠନିର୍ମିତ ହୋଇଥିବା ବେଳେ ଘୋଡ଼ା ଓ ମଣିଷ ସବୁ ଲୁହା ଚାଦରରେ ହୋଇଥାଏ। ଅଧିକାଂଶ ମୂର୍ତ୍ତି ଆଂଶିକ ଭଗ୍ନ ଅବସ୍ଥାରେ ରହିଛି। ତା'ଛଡ଼ା ଅନ୍ୟ କେତେକ ପଶୁଙ୍କ ମୂର୍ତ୍ତି ବିକ୍ଷିପ୍ତ ଭାବରେ ଖୁଆଡ଼ ଭିତରେ ରହିଥିଲା। ଅନୁବନ୍ଧିତ ପର୍ଯ୍ୟଟନ ସଂସ୍ଥା କାର୍ଯ୍ୟାଳୟର ଦ୍ୱାରଦେଶରେ ଏକ ତଳମୁହାଁ ଘୋଡ଼ା ଉପରେ ଜଣେ ଯୁବକ ବସିଥିବାର ମୂର୍ତ୍ତି ପୂର୍ବରୁ ମୁଁ ଦେଖିଥିଲି। ଏସବୁ ଏହି ଅଞ୍ଚଳରେ ଉତ୍ପାଦିତ କଳା ଯହିଁରେ ଆଞ୍ଚଳିକ ସଂସ୍କୃତିର ପ୍ରତିଫଳନ ଘଟିଛି। ଉନ୍ମୁକ୍ତ ସଜ୍ଜୀକରଣର ଏକ ଉପାଦାନ। ଆଦୃତି ରହିଲେ କଳା ବିକଶିତ ହୁଏ।

ମାତ୍ର କେଇ ମିନିଟର ଡ୍ରାଇଭ ପରେ ଆମେ ତୁସାୟାନ (Tusayan)ରେ ଥିବା ଗ୍ରାଣ୍ଡ କାନ୍ୟନ ପର୍ଯ୍ୟଟନ କେନ୍ଦ୍ରରେ ପହଞ୍ଚିଲୁ। ସେଠାରେ ପର୍ଯ୍ୟଟକମାନଙ୍କ ପାଇଁ ସବୁ ପ୍ରକାରର ସେବା ସହାୟତା ଯୋଗାଇ ଦିଆଯାଏ। ସୂର୍ଯ୍ୟାସ୍ତ ବେଳେ Sun-set point ଯିବା ପାଇଁ ସ୍ୱତନ୍ତ୍ର ଜିପ୍‌ର ଆରକ୍ଷଣ କରାଗଲା। ତା' ପୂର୍ବରୁ ଅନ୍ୟ ଦିଗରେ ଯାଇ ପ୍ରମୁଖ ଅଞ୍ଚଳ ବୁଲି ଆସିବାକୁ ସ୍ଥିର କଲୁ। ସେତିକି ବେଳେ କେନ୍ଦ୍ର ପରିସରରେ ଥିବା ପ୍ରେକ୍ଷାଳୟରେ ଗ୍ରାଣ୍ଡ କାନ୍ୟନ ବିଷୟକ ଚଳଚ୍ଚିତ୍ରର ଗୋଟିଏ ସୋ ଆରମ୍ଭ ହେଉଥିବାରୁ ପ୍ରଥମେ ସେଇଟିକୁ ଦେଖିନେବା ପାଇଁ ମନସ୍ଥ କଲୁ। ମାତ୍ର ୪୦ ମିନିଟର ଚଳଚ୍ଚିତ୍ରରେ ଗ୍ରାଣ୍ଡ କାନ୍ୟନର ୫୦୦ ବର୍ଷର ଇତିହାସ ନାଟକୀୟ ଶୈଳୀରେ ପ୍ରଦର୍ଶିତ ହୋଇଛି। ପ୍ରଥମେ ସ୍ପେନୀୟମାନେ ସୁନା ସନ୍ଧାନରେ ଆସି ଏହି ଅଞ୍ଚଳ ଆବିଷ୍କାର କରିବାଠାରୁ ଅଧିବାସୀମାନଙ୍କ ସହିତ ସଂଗ୍ରାମ ପର୍ଯ୍ୟନ୍ତ ତଥ୍ୟର ସଂକ୍ଷିପ୍ତ ପ୍ରଦର୍ଶନ। ପ୍ରଖର ଜଳସ୍ରୋତର ସାମନା କରି ଯେଉଁଭଳି ୟୁରୋପୀୟମାନେ ଏହି ଅତିକାୟ ଗିରିଗହ୍ୱରକୁ ଲୋକଲୋଚନକୁ ଆଣିଛନ୍ତି ତାହାର ଇତିବୃତ୍ତ ଚଳଚ୍ଚିତ୍ରରେ ଦେଖି ଏକ ସମ୍ୟକ୍ ଧାରଣା ଲାଭ କଲୁ। ତା'ପରେ ଆମେ ବୁଲିବାକୁ ବାହାରିଲୁ। ସେ ଅଞ୍ଚଳ ଥିଲା ବିଶାଳ ଗ୍ରାଣ୍ଡ କାନ୍ୟନର ଦକ୍ଷିଣ ଆବର୍ତ୍ତ ଯାହା ୨୦୦ ମାଇଲ ଦୀର୍ଘ ଏବଂ ୧୧ ମାଇଲ ଓସାର। ସେଥିରେ କିଛି ଅଞ୍ଚଳକୁ ଜାତୀୟ ଉଦ୍ୟାନ ଘୋଷଣା କରାଯାଇଛି।

# ଗ୍ରାଣ୍ଡ କାନ୍ୟନ (Grand Canyon)

କାହିଁ କେଉଁ ଆଦିମ କାଳରୁ ପ୍ରକୃତି, ଭୂପୃଷ୍ଠରେ ରଚିଚାଲିଛି ତା'ର ବିଚିତ୍ର ଲୀଳା। ପାହାଡ଼ ପର୍ବତ ବଣ ଜଙ୍ଗଲ ନଦୀ ପ୍ରପାତ ଆଦି ସୃଷ୍ଟି ହେଇଛି ପ୍ରାକୃତିକ ଉପାୟରେ। ମନୁଷ୍ୟ କେବଳ ପ୍ରକୃତିର ଏହି ବୈଚିତ୍ର୍ୟମୟ କ୍ରିୟାର ଫଳସ୍ୱରୂପ ସୃଷ୍ଟ ନିର୍ଦ୍ଦିଷ୍ଟ ଭୂଖଣ୍ଡର ମନୋରମ ଦୃଶ୍ୟ ଦେଖି ଅଭିଭୂତ ହେଉଛି। ପ୍ରକୃତିର ଅପାର ଶକ୍ତି ଆଗରେ ମାନବଜାତି ନତମସ୍ତକ ହୋଇଛି। ନିଜର ବଳ ବୁଦ୍ଧି ବିଦ୍ୟା ପ୍ରୟୋଗ କରି ମନୁଷ୍ୟ ନଦୀ ଉପରେ ବନ୍ଧ ନିର୍ମାଣ କରି ଗତିପଥ ବଦଳାଇ ଦେଇଛି ସିନା ନଦୀର ପ୍ରକୃତ ସଂଗୁପ୍ତ ଉତ୍ସକୁ ଛୁଇଁ ପାରିନି। ବଞ୍ଚିବା ପାଇଁ ନିଜର ଆବଶ୍ୟକତା ମେଣ୍ଟାଇବା ପାଇଁ ମନୁଷ୍ୟ କେତେ ବାଗରେ ପ୍ରକୃତିକୁ ନିର୍ଯ୍ୟାତିତ କରିଛି, ତଥାପି ତା'ର ମହାନତାକୁ ପ୍ରଭାବିତ କରିପାରିନାହିଁ। ନିୟୁତ ନିୟୁତ ବର୍ଷ ଧରି ପ୍ରକୃତିର ଏହି ନିରନ୍ତର ସେବା ଅବ୍ୟାହତ ରହିଛି ଯାହା ସମଗ୍ର ଜୀବଜଗତର କଲ୍ୟାଣ ପାଇଁ ଉଦ୍ଦିଷ୍ଟ। ଏଣୁ ପ୍ରକୃତି ଯେ ମାତା ଏବଂ ଜୀବଜଗତ ତା'ର ସନ୍ତାନ ସନ୍ତତି।

ପ୍ରାକୃତିକ ନିୟମରେ ପାର୍ବତ୍ୟ ଶିଖରରେ ବର୍ଷାଜଳ ଜମା ହୋଇ ତା'ର ଉଦ୍‌ବୃତ୍ତାଂଶ ନିମ୍ନଗାମୀ ହୋଇ ନଦୀର ରୂପ ନେଇଥାଏ। ଏହି ପ୍ରକ୍ରିୟାରେ କ୍ରମଶଃ ନଦୀର ରୂପ ବଦଳିଥାଏ ଏବଂ ଭୂପୃଷ୍ଠର ଯେଉଁ ଅଂଶରେ ଏହା ପ୍ରବାହିତ ହୁଏ ଜଳର ଜୈବିକ ପ୍ରଭାବରେ ସେ ଅଞ୍ଚଳ ମଧ୍ୟ ପ୍ରଭାବିତ ହୁଏ। ବର୍ଷାଧିକ କାଳ ଏହି ପ୍ରକ୍ରିୟାରେ ଜଳସ୍ରୋତର ପ୍ରଖରତା ବୃଦ୍ଧିପାଏ। ପ୍ରଖରତାରୁ ଉଦ୍‌ବୃତ୍ତ ଶକ୍ତି ନଦୀଶଯ୍ୟା ତଥା ଦୁଇ ପାର୍ଶ୍ୱକୁ ବିବର୍ତ୍ତିତ କରେ। ନଦୀ ଶଯ୍ୟା ଗଭୀରରୁ ଗଭୀରତର ହୁଏ ଏବଂ ଦୁଇ ପାର୍ଶ୍ୱର ପାହାଡ଼ ବା ଉଚ୍ଚଭୂମି କ୍ଷୟ ହୋଇ ନଦୀର ପ୍ରସ୍ଥ ବଢ଼ିଚାଲେ। ବହୁ ବର୍ଷଧରି ଏହି ପ୍ରାକୃତିକ ପ୍ରକ୍ରିୟା ଜରିଆରେ ସୃଷ୍ଟି ହୁଏ ଅନେକ ଗଣ୍ଡ ତଥା ଗିରିଗହ୍ୱର। ଆମେରିକାର ଏହି ଭୂଖଣ୍ଡରେ ଶକ୍ତିଶାଳୀ କଲୋରାଡ଼ ନଦୀ ଯୋଗୁଁ ସୃଷ୍ଟି ହେଇଛି ବିଶ୍ୱର ସପ୍ତାଶ୍ଚର୍ଯ୍ୟ

ମଧ୍ୟରୁ ଅନ୍ୟତମ ଦୀର୍ଘତମ ଗିରିଗହ୍ୱର 'ଗ୍ରାଣ୍ଡ କାନ୍ୟନ'। ଅଗମ୍ୟ ଅଭେଦ୍ୟ ତଥା ରହସ୍ୟମୟ ପାର୍ବତ୍ୟ ଭୂଖଣ୍ଡ। ପର୍ଯ୍ୟଟକଙ୍କ ପାଇଁ ଆକର୍ଷଣ, ପରିବେଶବିତ୍‌ଙ୍କ ପାଇଁ ଭୂସ୍ୱର୍ଗ, ପ୍ରକୃତିପ୍ରେମୀଙ୍କ ଆଦ୍ୟ ପସନ୍ଦ, ଏହି ସ୍ଥାନ।

କଲୋରାଡ଼ ନଦୀ, କଲୋରାଡ଼ ରାଜ୍ୟର ପାର୍ବତ୍ୟାଞ୍ଚଳରୁ ବାହାରି ଉତ୍ତର ପାର୍ଶ୍ୱରେ ଆରିଜୋନା ଓ ଦକ୍ଷିଣରେ ୟୁଟାଃ ରାଜ୍ୟ ଦେଇ ନିମ୍ନରେ ନେଭାଡ଼ା ରାଜ୍ୟକୁ ହୁଭର ଡ୍ୟାମ ନିକଟରେ ସ୍ପର୍ଶ କରି ଶେଷରେ କାଲିଫର୍ଣ୍ଣଆ ପାଖରେ ପ୍ରଶାନ୍ତ ମହାସାଗରରେ ମିଶିଛି। ଏହି ଅତି ପ୍ରାଚୀନ ନଦୀ ଯେଉଁ କଙ୍କରିଳ ପାର୍ବତ୍ୟପଥ ଅତିକ୍ରମ କରି ଆସିଛି ତା'ର ଦୁଇ ପାର୍ଶ୍ୱରେ ସୃଷ୍ଟ ଅବକ୍ଷୟଜନିତ ବିବର୍ତ୍ତନର ଅନ୍ୟ ନାମ 'ଗ୍ରାଣ୍ଡ କାନ୍ୟନ'। ପୃଥିବୀ ପୃଷ୍ଠରେ ଜଳଉତ୍ସର ଆବିର୍ଭାବ ହେବା କାଳରୁ ନିୟୁତ ନିୟୁତ ବର୍ଷ ଧରି ପ୍ରଖର ଜଳ ସ୍ରୋତର ପ୍ରଭାବରେ ଯେଉଁ କ୍ରମ କ୍ଷୟମାନ ସ୍ଥିତି ସୃଷ୍ଟି ହେଇଛି ତା'ର ଚାକ୍ଷୁଷ ପ୍ରମାଣ ଏହି ବିଶାଳ ଭୂଖଣ୍ଡରେ ପ୍ରତ୍ୟକ୍ଷ କରାଯାଇପାରେ। ଫଳସ୍ୱରୂପ ପାହାଡ଼ ନେଇଛି ବିଚିତ୍ର ରୂପ। ନଦୀ ଶଯ୍ୟାରେ ଗଭୀରତା ବୃଦ୍ଧି ପାଇଁ ସୃଷ୍ଟି ହେଇଛି ବିରାଟ ଗଣ୍ଡ। ବଦଳିଯାଇଛି ଭୌଗୋଳିକ ଚିତ୍ର ଓ ମାନଚିତ୍ର। ପ୍ରକାଶ ପାଇଛି ଅଭିନବ ନୈସର୍ଗିକ ସ୍ଥିତି। ଏବେ ଯାହା ଦୃଶ୍ୟମାନ ତାହା ହିଁ ବାସ୍ତବ। ପୁଣି ଭବିଷ୍ୟତରେ କେଉଁ ସନ୍ଧିକ୍ଷଣରେ ସେହି ଚିତ୍ର ପୁଣି ବଦଳି ନଯିବ, ସେକଥା କିଏ କହିବ!

ଶହ ଶହ ମାଇଲ ଧରି ଭୂପୃଷ୍ଠର ଏହି ଚିତ୍ର ପ୍ରକୃତିର ବୈଚିତ୍ର୍ୟମୟ ଲୀଳାକୁ

ଅତିରଞ୍ଜିତ କରି ପ୍ରକାଶ କରିବାରେ ସମର୍ଥ ହୁଏ। ଏହି ଦୃଶ୍ୟ ଦେଖି ଯେକୌଣସି ବ୍ୟକ୍ତି ପ୍ରକୃତିର ବିଶାଳତା ତଥା ସାମର୍ଥ୍ୟ ଆଗରେ ନିଜର ପାରଦର୍ଶିତାକୁ ନ୍ୟୁନ ବୋଲି ଭାବିବାକୁ ବାଧ୍ୟ ହୁଏ। ପ୍ରକୃତିର ରହସ୍ୟ ଯେତେ ଉନ୍ମୋଚିତ ହୁଏ ତା'ଠାରୁ ଅଧିକ କିଛି ଗୁହ୍ୟ ରହିଯାଏ। ଶେଷରେ ମଣିଷ ହାର ମାନେ। ୧୫୪୦ରେ Francisco Vasquez de Coronado ନାମକ ଜଣେ ସ୍ପେନୀୟ ସୈନିକ ଏହି ପାର୍ବତ୍ୟାଞ୍ଚଳ ଅଭିଯାନ ଆରମ୍ଭ କଲେ। ସାଙ୍ଗରେ ୩୦୦ ସୈନିକ, ୪ଜଣ ଧର୍ମଯାଜକ, ଶତାଧିକ କ୍ରୀତଦାସ ଓ ୧୫୦୦ ଗୋ-ଛାଗଳାଦି ପଶୁ ନେଇ ପ୍ରାୟ ଦୁଇ ବର୍ଷ ଅସାର୍ଥକ ଭାବେ ବୁଲି ଶେଷରେ ପୂର୍ବଭାଗରେ ଆର୍କନସସ ସହର ନିକଟରେ ପହଞ୍ଚିଲେ ମାତ୍ର କୌଣସି ଧାତବ ସମ୍ପଦର ସନ୍ଧାନ ପାଇନଥିଲେ।

ପରବର୍ତ୍ତୀ କାଳରେ Garcia Lopez De Cardenas ନାମକ ଜଣେ ବ୍ୟକ୍ତି କିଛି ସହଯୋଗୀଙ୍କ ସହ ଏହି ଅଞ୍ଚଳକୁ ସୁନା ଭଳି କିଛି ମୂଲ୍ୟବାନ ଧାତୁ ଅନ୍ୱେଷଣରେ ଯାଇଥିଲେ। ମାତ୍ର ସେମାନେ ସେମିତି କରି ସଫଳତା ପାଇନଥିଲେ ମଧ୍ୟ ସେହି ବିସ୍ତୃତ ଅଭିଯାନ, ପରବର୍ତ୍ତୀ ଅନ୍ୱେଷଣ ପାଇଁ ଅନେକ ସହାୟକ ହୋଇଥିଲା। ସେହି ଅଭିଯାନର ମୁଖ୍ୟ ତଥା ସହଯୋଗୀମାନେ ଲେଖିଥିବା ତଥ୍ୟ ଅନୁସାରେ ସେଠାରେ ବହୁ ପୂର୍ବରୁ ବାସ କରୁଥିବା ଆଦିମ ଅଧିବାସୀମାନେ ଥିଲେ ବାହାର ଦୁନିଆ ବିଷୟରେ ସମ୍ପୂର୍ଣ୍ଣ ଅଜ୍ଞ। ନିମ୍ନଦେଶର ନଦୀ ସଂଲଗ୍ନ ପାର୍ବତ୍ୟ ଗୁମ୍ଫାମାନଙ୍କରେ ରହୁଥିବା ମଣିଷମାନେ

କେବଳ ଶିକାର ଉପରେ ନିର୍ଭର କରି ବଞ୍ଚୁଥିଲେ। ସେମାନଙ୍କର ବିଶ୍ୱାସ ଥିଲା ଯେ ସେହି ପାହାଡ଼ର ଶୀର୍ଷ ସ୍ୱର୍ଗକୁ ଛୁଇଁଛି। ଇତର ମଣିଷମାନେ ଆଗନ୍ତୁକମାନଙ୍କୁ ଦେଖି ସେହି ସ୍ୱର୍ଗଦେଶରୁ ଆସିଛନ୍ତି ବୋଲି ଭାବିଥିବେ! ଭିନ୍ନ ପ୍ରଜାତିର ମଣିଷମାନଙ୍କ ମଧ୍ୟରେ ଭାବର ଆଦାନପ୍ରଦାନ କେତେ ଦୂର ଫଳପ୍ରଦ ହୋଇଥିବ! ଉଭୟ ପରସ୍ପରକୁ ବୁଝିବା ଆଦୌ ସମ୍ଭବ ହୋଇନଥିବ। କେତେ ଲୁଚକାଳି ଖେଳ ହୋଇନଥିବ! ସେ ଅନାହୂତ ପରିସ୍ଥିତିର ଜଟିଳତାରେ କେତେ ଆଗନ୍ତୁକ ଶେଷ ହେଇଯାଇଥିବେ! ଶେଷରେ ଯିଏ ବଞ୍ଚିଥିବେ ସେମାନେ ଉପରକୁ ଆସି ଦୁନିଆ ଆଗରେ ସେହି ଦେଶର କଥା ବଖାଣିଥିବେ।

ଏମିତି କେତେ ଦଳରେ ଗୋରାମାନେ ବିଭିନ୍ନ କାଳଖଣ୍ଡରେ ଏହି ଦୁର୍ଗମ ଅଞ୍ଚଳକୁ ଆସିଛନ୍ତି। କିଏ ଯାଇ ବିଶାଳ କାନ୍ୟନର କେଉଁ ଅଞ୍ଚଳରେ ପହଞ୍ଚିଛନ୍ତି ତାହା କହିବା କଷ୍ଟ ମାତ୍ର ମୂଲ୍ୟବାନ ଧାତୁର ସନ୍ଧାନ ପ୍ରାୟ ସବୁ ଦଳର ଅଭିପ୍ରାୟ ରହିଥିଲା। ସୁନାର ସନ୍ଧାନ କେତେ ମିଳିଲା ସେ ବିଷୟରେ ତଥ୍ୟ ନାହିଁ ମାତ୍ର ତମ୍ବାର ସନ୍ଧାନ ୟୁରୋପୀୟମାନଙ୍କୁ ମିଳିଗଲା। ଉନବିଂଶ ଶତାବ୍ଦୀର ଶେଷଭାଗକୁ 'କାନ୍ୟନ ତମ୍ବା କମ୍ପାନୀ' ପ୍ରତିଷ୍ଠା ହେଇ ବିଧିବଦ୍ଧ ଖନନ, ଉତ୍ତୋଳନ ତଥା ପରିବହନ ଆରମ୍ଭ ହୋଇଯାଇଥିଲା। ଖଣିଜ ପରିବହନ ପାଇଁ ରେଳ ବ୍ୟବସ୍ଥା ମଧ୍ୟ ହେଇଗଲା। Pete Berry ନାମକ ଜଣେ ଖଣିଜ ବ୍ୟବସାୟୀ କିଛି ବର୍ଷ ଧରି ତମ୍ବା ପଥର ଉତ୍ତୋଳନ କରି ବାହାରକୁ ପଠାଉଥିଲେ। ପରେ ତମ୍ବାର ବଜାର ଦର କମିବାରୁ ବିଶେଷ ଲାଭଜନକ ହେଲାନାହିଁ କାରଣ ଅତି ଗଭୀର ଅଞ୍ଚଳରୁ ଉତ୍ତୋଳନ ବ୍ୟୟବହୁଳ ଥିଲା। ସେତେବେଳେ ରେଳ ବ୍ୟବସ୍ଥା ଆରମ୍ଭ ହେଉଥିବାରୁ କିଛି ପର୍ଯ୍ୟଟକ ଆସିବା ଆରମ୍ଭ ହୋଇଥିଲା। Pete Berry ୧୮୯୩ରେ ଆଗନ୍ତୁକମାନଙ୍କ ରହଣୀ ପାଇଁ କେତେଗୋଟି କ୍ଷୁଦ୍ର କାଠ ନିର୍ମିତ କୁଟୀର ନିର୍ମାଣ କଲେ। ବସ୍ତୁତଃ ତାହା ହିଁ ଥିଲା ଗ୍ରାଣ୍ଡ କାନ୍ୟନ ପର୍ଯ୍ୟଟନର ଆଦ୍ୟପ୍ରସ୍ଥ। ସେଥିରେ ଆଗନ୍ତୁକମାନଙ୍କ ରହିବା ସହିତ ଭୋଜନ ଓ ଭ୍ରମଣ ପାଇଁ ସେବା ଯୋଗାଇ ଦିଆଗଲା। କ୍ରମେ ଆଗନ୍ତୁକଙ୍କ ସଂଖ୍ୟା ବଢ଼ିଚାଲିଲା। ବିଶାଳ ଅଞ୍ଚଳର ପ୍ରାକୃତିକ ସୌନ୍ଦର୍ଯ୍ୟ ବିଷୟରେ ଗଣମାଧ୍ୟମରେ ପ୍ରସାରଣ ଆରମ୍ଭ ହେଲା। ପର୍ଯ୍ୟଟକଙ୍କ ସହିତ ଆହୁରି ଆସିଲେ ଗବେଷଣା ପାଇଁ ନୃତତ୍ତ୍ୱବିତ୍, ଚିତ୍ରକର, ଫଟୋଗ୍ରାଫର, ପ୍ରକୃତିପ୍ରେମୀ ଇତ୍ୟାଦି। ଗ୍ରାଣ୍ଡ କାନ୍ୟନର ପ୍ରବେଶପଥ 'ଫ୍ଲାଗ ଷ୍ଟଫ'ର ନିଟକବର୍ତ୍ତୀ ଅଞ୍ଚଳ ବିକଶିତ ହେଲା। Pete Berry 'ଗ୍ରାଣ୍ଡ ଭିୟୁ' ଅଞ୍ଚଳରେ ଆଉ ଏକ ବୃହତ ହୋଟେଲ ସ୍ଥାପନ କଲେ। କ୍ରମେ ଅନ୍ୟ ଉଦ୍ୟୋଗୀମାନେ ପର୍ଯ୍ୟଟନର ବିକାଶ ପାଇଁ ପୁଞ୍ଜିନିବେଶ କଲେ। ସରକାରଙ୍କ ପକ୍ଷରୁ ପର୍ଯ୍ୟଟକଙ୍କୁ ପ୍ରୋତ୍ସାହିତ

କରିବା ପାଇଁ ବିଭିନ୍ନ ଯୋଜନା କାର୍ଯ୍ୟକାରୀ ହେଲା। ଏସବୁ ସହିତ ଦେଶୀୟ ଅଧିବାସୀମାନଙ୍କର ମଧ୍ୟ ବିକାଶ ସାଧିତ ହେଲା। ଆଗନ୍ତୁକମାନେ ଏମାନଙ୍କ ସଂସ୍କୃତି ବୁଝିବା ପାଇଁ ଓ ଏମାନଙ୍କ ସହିତ ମିଶିବା ପାଇଁ ଆଗ୍ରହ ପ୍ରକାଶ କଲେ। ପଦପାତ ବଢ଼ିଚାଲିଲା। ବିଶ୍ୱ ପର୍ଯ୍ୟଟନ ମାନଚିତ୍ରରେ ଗ୍ରାଣ୍ଡ କାନ୍ୟନ ଏକ ସ୍ୱତନ୍ତ୍ର ସ୍ଥାନର ଅଧିକାରୀ ହେଲା। ୟୁନେସ୍କୋ ଦ୍ୱାରା ସପ୍ତାଶ୍ଚର୍ଯ୍ୟରେ ଅନ୍ତର୍ଭୁକ୍ତ ହେଲା। ଅବଶ୍ୟ ନେପାଳରେ ଗଣ୍ଡକୀ ନଦୀରେ ଏହାଠାରୁ ଅଧିକ ଗଭୀର ଗଣ୍ଡ ରହିଛି ମାତ୍ର ତାହା ଗ୍ରାଣ୍ଡ କାନ୍ୟନ ଭଳି ପ୍ରଶସ୍ତ ଓ ବିସ୍ତୃତ ନୁହେଁ। ୧୮୮୫ରେ C.O. Hall ନାମକ ଜଣେ ପର୍ଯ୍ୟଟକଙ୍କ ଦ୍ୱାରା ଲିଖିତ ଏହି ବିବରଣୀ ଅନ୍ୟମାନଙ୍କୁ ବେଶ୍ ଉତ୍ସାହିତ କରିଥିଲା। "No language can fully describe, no artist paint the beauty , grandeur, immensity & sublimity of this most wonderful production of nature's great architect, (Grand Canyon)must be seen to be appreciated."

ଆମେ 'ଗ୍ରାଣ୍ଡ ଭିୟୁ' ଦର୍ଶନୀସ୍ଥଳରୁ କାନ୍ୟନର ଦୃଶ୍ୟ ସ୍ୱଚକ୍ଷୁରେ ଦର୍ଶନ କରି ବିମୋହିତ ହେଲୁ। ରହସ୍ୟମୟୀ ପ୍ରକୃତି ମେଲି ଦେଇଛି ତା'ର ମାୟାବୀ ରୂପ ପସରା ଯାହାର ଦୈର୍ଘ୍ୟ କଳି ହେବନି, ଗଭୀରତା ମାପି ହେବନି, ଅପହଞ୍ଚ ପାର୍ବତ୍ୟ ଖସଡ଼ା, ପାହାଡ଼ମାନଙ୍କର ବିଚିତ୍ର ରୂପ। ସୂର୍ଯ୍ୟଙ୍କ ଗତି ସହିତ ବଦଳିଯାଏ ରୂପ। ସୃଷ୍ଟିହୁଏ ମନଲୋଭା ଚିତ୍ର। ନିମ୍ନଦେଶରେ କେଉଁଠି ନଦୀର ଧାରଟି ପ୍ରବାହିତ ତାହା

ବି ଅସ୍ପଷ୍ଟ । ପୃଷ୍ଠଦେଶରୁ ମାତ୍ର କେତେଫୁଟ ତଳେ ଥିବା ଚଟାଣ ଉପରକୁ ଯାଇ ଫଟୋ ଉଠାଇବାରେ ଆଗନ୍ତୁକମାନଙ୍କର କି ଆନନ୍ଦ ! ବିଭିନ୍ନ ଭଙ୍ଗୀରେ ରହି ଅଲଂଘ୍ୟକୁ ଲଂଘିବାର  ଗୌରବକୁ ତୋଳି ଧରିବାକୁ କି ଆଗ୍ରହ !

ଗଣ୍ଡର ଉଭୟ ପାର୍ଶ୍ୱରେ ଥିବା ପାହାଡ଼ଗୁଡ଼ିକର ଶୀର୍ଷକୁ ନେଇ ବିଭିନ୍ନ କାଳ୍ପନିକ ରୂପ ଦିଆଯାଇଛି । ଗୋଟିଏ ପାହାଡ଼ର ତୀଖ ଏକ ବତକ ଭଳି ଦେଖାଯାଉଥିବାରୁ ତାକୁ 'ଡକ୍ ଅଫ ରକ୍' ବୋଲି ନାମିତ କରାଯାଇଛି । ଆହୁରି ତିନିଗୋଟି ବୃହତ୍  ମସ୍ତକ ଭଳି ଦେଖାଯାଉଥିବା ଅଂଶକୁ ବ୍ରହ୍ମା, ବିଷ୍ଣୁ ଓ ମହେଶ୍ୱର ଭାବରେ ନାମିତ କରାଯାଇଛି । ଦର୍ଶନୀସ୍ଥଳ ନିକଟରେ ଗୈରିକ ବସ୍ତ୍ର ପରିହିତ ଜଣେ ଧର୍ମ ପ୍ରଚାରକ ଛୋଟ ପ୍ରଚାରପତ୍ରଟିଏ ଦେଲେ । ସେଥିରେ ସନାତନ ଧର୍ମର ମୂଳ ତତ୍ତ୍ୱ ସୃଷ୍ଟି ସ୍ଥିତି ବିଲୟର ପ୍ରତୀକ ସ୍ୱରୂପ ଏହି ତିନିଗୋଟି ମସ୍ତକାକୃତି କାଳ୍ପନିକ ପ୍ରାକୃତିକ ଭାସ୍କର୍ଯ୍ୟର ନାମକରଣ ଯଥାର୍ଥ ବୋଲି  ଫଟୋ ସହିତ ଉଲ୍ଲେଖ ଥିଲା । କହିବା ବାହୂଲ୍ୟ ସେ ବ୍ୟକ୍ତିଜଣକ ଜଣେ ଇସ୍କନ ଭକ୍ତ ଥିଲେ । ଏହି ଆନ୍ତର୍ଜାତୀୟ ସଂସ୍ଥାର ସନାତନ ଧର୍ମର ମହାନତା ପ୍ରଚାର କରିବା ପାଇଁ ନିଷ୍ଠା ଓ ଉଦ୍ୟମ ପ୍ରଶଂସନୀୟ । ଆହୁରି କିଛି ଫଳକରେ କାନ୍ୟନ ପୃଷ୍ଠଦେଶର ଭୌଗଳିକ ସ୍ଥିତି, ପ୍ରାଣୀଜୀବନ, ବୃକ୍ଷଲତା ତଥା ସଂକ୍ଷିପ୍ତ ଇତିହାସ ବିଷୟକ ସୂଚନା ମିଳେ ।

ଆମେ ସେଠାରୁ ଫେରି କିଛି ସମୟ ପରେ ପର୍ଯ୍ୟଟନ କେନ୍ଦ୍ରରୁ ପୂର୍ବ ଆରକ୍ଷିତ ସ୍ୱତନ୍ତ୍ର ଜିପ୍‌ର ପଛରେ ବେଲ୍ଟ ବାନ୍ଧି ବସି ସୂର୍ଯ୍ୟାସ୍ତ ଦର୍ଶନ ପାଇଁ ବାହାରିଲୁ । ଚାଳକ ଥିଲେ ଜଣେ ଆଦିବାସୀ ସଂପ୍ରଦାୟର ବ୍ୟକ୍ତି । ସେ ଗାଡ଼ି ଚାଳନା ସହ ବିବରଣୀ ପ୍ରଦାନ କରୁଥିଲେ । ସେଥିରେ ସେ ଅଞ୍ଚଳର ଇତିହାସଠାରୁ ଆରମ୍ଭ କରି ସାମ୍ପ୍ରତିକ ପର୍ଯ୍ୟଟନ ବ୍ୟବସ୍ଥା ଏବଂ ସେମାନଙ୍କ ସମ୍ପ୍ରଦାୟର ବିକାଶ ତଥା ସାଂସ୍କୃତିକ ଅଧୋଗତି ବିଷୟ ମଧ୍ୟ ରହିଥିଲା । ଆହୁରି ଅନେକ ସଚେତନତା ସମ୍ବଳିତ ସୂଚନା ମଧ୍ୟ ସେ ଦେଉଥିଲେ । ଗାଡ଼ି ଉଚ୍ଚଗତିରେ ଗଲାବେଳେ ଯେଉଁ ଭଳି କମ୍ପନ ସୃଷ୍ଟି ହେଉଥାଏ ସେଥିପାଇଁ ଯାତ୍ରୀମାନେ ବେଲ୍ଟ ବାନ୍ଧି ବସିବା ଯଥାର୍ଥ । ସୁଦୂର ପ୍ରଲମ୍ବିତ କାନ୍ୟନର ଧାରରେ ପ୍ରାୟ ତିନି ଚାରୋଟି ସ୍ଥାନରେ ଗାଡ଼ି ଅଟକାଇ ସେ ଆମକୁ ଭିନ୍ନ ଭିନ୍ନ ଦୃଶ୍ୟ ଦେଖିବାର ସୁଯୋଗ ଦେଲେ ଏବଂ ସଂପୃକ୍ତ ସ୍ଥଳର ଗୁରୁତ୍ୱ ବିଷୟରେ ପୂର୍ବସୂଚନା ଦେଉଥିଲେ । କେଉଁଠିକୁ କେଉଁ ପ୍ରାକ୍ତନ ରାଷ୍ଟ୍ରପତି ଅଧିକ ପସନ୍ଦ କରିଥିଲେ ତେଣୁ ତାଙ୍କ ନାମାନୁସାରେ ସେହି ଦର୍ଶନୀସ୍ଥଳରେ ନାମକରଣ କରାଯାଇଛି, ପୁଣି କେଉଁଠାରୁ ତଳେ ପ୍ରବାହିତ ନଦୀର ଭିନ୍ନ ରୂପ ଦେଖାଯାଏ ଇତ୍ୟାଦି ସେ ଆମକୁ ଜଣାଇ ଦେଲେ । ଶେଷରେ ଆସିଲା ସନସେଟ୍ ପଏଣ୍ଟ । ସେତେବେଳକୁ ସନ୍ଧ୍ୟା ଆଗତ ପ୍ରାୟ ।

ପଶ୍ଚିମାକାଶରେ ସୂର୍ଯ୍ୟର ନିମ୍ନଗତିଜନିତ ରଙ୍ଗୀନ କିରଣର ପ୍ରଭାବରେ ସମଗ୍ର କାନ୍ୟନର ଚିତ୍ରପଟ ଧିରେ ଧିରେ ବଦଳିବାକୁ ଲାଗିଲା । ଗୋଲାପି ଆକାଶର ପ୍ରଚ୍ଛଦରେ ପାହାଡ଼ମାନଙ୍କର ରୂପ, ଛାୟାଛବି (silhoutte) ଭଳି ମନେ ହେଲା । ପାହାଡ଼ କାନ୍ଥରେ ଅଙ୍କିତ ସ୍ତରଗୁଡ଼ିକର ଆନୁଭୂମିକ ରେଖାଗୁଡ଼ିକ କ୍ରମଶଃ ମ୍ଳାନ ପଡ଼ିଗଲା । ଗଛବୃଛମାନେ ରାତ୍ରିର ଅନ୍ଧକାରକୁ ଆବୋରି ନେବାକୁ ତତ୍ପର ହେଲେ । ନିମ୍ନଦେଶ ଧୂସର ଦେଖା ଯାଇ ପରେ ଅଦୃଶ୍ୟ ହେଲା । ଆମେ କାନ୍ୟନର ଏକ ପାର୍ଶ୍ୱର ପୃଷ୍ଠଦେଶରେ ଥିବାରୁ ସୂର୍ଯ୍ୟାସ୍ତୋତ୍ତର ଆକାଶର ଶେଷ ଆଭା ଦୃଶ୍ୟ ହେବା ପର୍ଯ୍ୟନ୍ତ ମନଭରି ଉପଭୋଗ

କଲୁ । ଆମ ଭଳି ବହୁ ପର୍ଯ୍ୟଟକ ରାସ୍ତାଧାର ବାଡ଼ ଉପରେ ଅଥବା କେଉଁଠି ସାମାନ୍ୟ ତଳକୁ ଖସି ବିଶେଷତଃ ସେ ଦିନର ଅନ୍ତିମ ଦୃଶ୍ୟର ଅନନ୍ୟ ଅନୁଭୂତିକୁ ଫଟୋରେ ଜୀବନ୍ତ ରଖିବାକୁ ତତ୍ପର ଥିଲେ । ସଂପୂର୍ଣ୍ଣ ଅନ୍ଧାର ହେବାରୁ, କେବଳ ରାତ୍ରିର ପ୍ରଥମ ପ୍ରହରର ଆକାଶଠୁ ନିର୍ଗତ ନାମ ମାତ୍ର ଆଲୋକରେ କାନ୍ୟାନର ବିଷଣ୍ଣ ରୂପ ଦେଖି ସମସ୍ତେ ବାହୁଡ଼ିଲେ । ଦିନସାରା ଖରାର ତେଜ ସହି ପାହାଡ଼ମାନେ କ୍ଲାନ୍ତ ଲାଗୁଥିଲେ । ସେମିତି ଘୁମନ୍ତ ଅବସ୍ଥାରେ ଆଗାମୀ ସକାଳ ପର୍ଯ୍ୟନ୍ତ ଅନ୍ଧକାରର ଆବରଣରେ ପଡ଼ିରହିଥିବେ ସେମାନେ, ନୂଆ ଆଗନ୍ତୁକମାନଙ୍କ ଆଗରେ ନିଜର ଅପୂର୍ବ ରୂପ ପସରା ଦେଖାଇବା ପାଇଁ । ଜିପ୍ ଚାଳକଙ୍କ ସୂଚନା ଅନୁସାରେ ପୂର୍ଣ୍ଣମୀ ଭଳି ଚନ୍ଦ୍ରପକ୍ଷ ରାତିମାନଙ୍କରେ କାନ୍ୟନର ଶୋଭା ଦେଖିବା ପାଇଁ ବହୁତ ଲୋକ ଆସନ୍ତି । ପ୍ରକୃତରେ ପୂର୍ଣ୍ଣମୀ ତଥା ଶୁକ୍ଳ ଚତୁର୍ଦ୍ଦଶୀ ଓ କୃଷ୍ଣ ପ୍ରତିପଦା ତିଥିରେ ଏହାର ଦୃଶ୍ୟ ଅଧିକ ରୋମାଣ୍ଟିକ ହୋଇଥିବ । ଠିକ୍ ଆଗ୍ରାର ତାଜମହଲ ଭଳି ।

ଗ୍ରାଣ୍ଡ କାନ୍ୟନ ଦର୍ଶନର ମହାର୍ଘ ଅନୁଭୂତି ନେଇ ଆମ କାଠ ନିର୍ମିତ ବସାଘରକୁ ଫେରିବା ରାସ୍ତାରେ ଏକ ମେକ୍ସିକୀୟ ରେସ୍ତୋରାଁରେ ରାତ୍ରିଭୋଜନ କଲୁ । ଭାରତରେ ଚୀନର ଖାଦ୍ୟ ସମ୍ଭାରର ଆଦର ଭଳି ଆମେରିକାରେ ମେକ୍ସିକୀୟ ଖାଦ୍ୟର ଯଥେଷ୍ଟ ଆଦର ରହିଛି । ରେସ୍ତୋରାଁରେ ଗହଳି ଭିତରେ କୌଣସି ପ୍ରକାର ବସି ଯାହା ଖାଦ୍ୟ

ବରାଦ ହେଲା ସେସବୁ ମୋର ରୁଚି ବହିର୍ଭୂତ ଥିଲା । ଖାଦ୍ୟ ତାଲିକାରେ କେତେ ଗୋଟି ଗୋମାଂସ ବ୍ୟବହୃତ ବ୍ୟଞ୍ଜନ ରହିଥିବାରୁ ସେଥିରେ ଏକ ପ୍ରକାରର ଅସ୍ୱସ୍ତିକର ଗନ୍ଧ ବାରି ଆମେ ଦୁଇପ୍ରାଣୀ କେବଳ ପାପଡ଼ ଭଳି ଦିଶୁଥିବା ଟର୍ଟିଲା (tortilla) ନିରାମିଷ ବରିଟୋ  (Verito) ଓ ଆଭାକାଡ଼ୋ ଫଳ ଇତ୍ୟାଦି ଖାଇଲୁ । ଭୋଜନ ପରେ ବସାଘରକୁ ଫେରି ନିକଟସ୍ଥ ନିର୍ଜନ ଅଞ୍ଚଳରେ ଶେଷ ରାତିର ତାରାଭରା ଆକାଶକୁ ଆଉଥରେ ଦେଖିନେଇ ବିଶ୍ରାମ ନେଲୁ । ପରଦିନ କାଲିଫର୍ଣ୍ଣିଆ ଯାତ୍ରା ମଝିରେ 'ଲେକ୍ ହାଭାସୁ' ବୋଲି ଏକ କ୍ଷୁଦ୍ର ନଗରୀରେ ରାତ୍ରିଯାପନର ଯୋଜନା ରହିଥାଏ ।

ପରଦିନ ସକାଳେ ସେ ସ୍ଥାନ ଛାଡ଼ିବା ପୂର୍ବରୁ ନିକଟରେ ଥିବା ଏକ ଆଦିବାସୀ ସଂଗ୍ରହାଳୟ ଦେଖିବାକୁ ମିଳିଲା । ସେ ଅଞ୍ଚଳରେ ପ୍ରାଚୀନ ଅଧିବାସୀମାନଙ୍କର ବେଶଭୂଷା, ବ୍ୟବହାର୍ଯ୍ୟ ଦ୍ରବ୍ୟ, ଅସ୍ତ୍ରଶସ୍ତ୍ର ଆଦି ରହିଥିବା ସହିତ କେତେଗୋଟି  ଭିନ୍ନ ପ୍ରକାରର କୁଟୀରର ମଡ଼େଲ ପ୍ରଦର୍ଶିତ ହୋଇଥିଲା । ଠିକ୍ ଭୁବନେଶ୍ୱରରେ ଆଦିବାସୀ ମେଳା ଅବସରରେ ନିର୍ମିତ ବିଭିନ୍ନ ପ୍ରଜାତିର ଆଦିବାସୀଙ୍କ ଅସ୍ଥାୟୀ ଘର ଭଳି ସେଗୁଡ଼ିକ ଦିଶୁଥିଲା ।

# ଲେକ୍ ହାଭାସୁ ସିଟି

ପ୍ରାୟ ତିନି ଘଣ୍ଟାର ରାସ୍ତା ଅତିକ୍ରମ କଲାପରେ ଏକ ପଞ୍ଜାବୀ ଢାବାର ସନ୍ଧାନ ପାଇଲୁ ସେଠାରେ ରୁଚିପୂର୍ଣ୍ଣ ଭାରତୀୟ ଖାଦ୍ୟ ଭୋଜନ କରି ଲେକ୍ ହାଭାସୁରେ ପହଞ୍ଚି ଆରକ୍ଷିତ ଏଆର.ବି.ଏନ.ବି ଘରେ ପହଞ୍ଚିଲୁ। ବାହାରେ ପ୍ରଚଣ୍ଡ ଗ୍ରୀଷ୍ମ ପ୍ରବାହ। ଗରମ ପବନ ଦେହକୁ ଲାଗୁଥାଏ। ସୁସଜ୍ଜିତ ଦୁଇଟି ପ୍ରଶସ୍ତ କୋଠରୀ ବାଲକୋନି ସହିତ ଆଗନ୍ତୁକମାନଙ୍କ ସାମୟିକ ଭାବେ ବ୍ୟବହାର ପାଇଁ ଗୃହସ୍ୱାମୀ ରଖିଛନ୍ତି। ଘରଟି ଢାଲୁଆ ସହରର ଉଚ୍ଚସ୍ଥାନରେ ଥିବାରୁ ବାଲକୋନିରୁ ନିମ୍ନରେ ଥିବା ହ୍ରଦ ଆଡ଼କୁ ଗଡ଼ିଯାଇଥିବା ରାସ୍ତା ସହିତ ସହରର ଅନେକାଂଶ ଦୃଶୀଭୂତ ହୁଏ। ସେ ଘରେ ମୋ ପାଇଁ ସବୁଠାରୁ ଆକର୍ଷଣୀୟ ଥିଲା ଥାକମାନଙ୍କରେ କେତେଗୋଟି ବିଭିନ୍ନ ଦେଶୀୟ ଜଳଯାନର କ୍ଷୁଦ୍ର ନମୁନା। କେତେ ବିଚିତ୍ର ଘରସଜା ସାମଗ୍ରୀ ମଧ୍ୟ ରହିଥିଲା। ଇଣ୍ଟନେଟ୍‌ରେ ପ୍ରାପ୍ତ ସୂଚନା ଅନୁଯାୟୀ ଆରିଜୋନା ରାଜ୍ୟର ଏଇ ହ୍ରଦକୂଳିଆ ସହର ବସବାସ କରିବା ପାଇଁ ଉପଯୋଗୀ। ଖିଆଲି ଆମେରିକୀୟମାନେ ବୃହତ୍ ସହରରେ ଅନେକ ଦିନ ରହିବା ପରେ ଅଣନିଶ୍ୱାସୀ ହେଲେ ଏଇଭଳି ଛୋଟ ସହରରେ ଆସି ରହିବା ପାଇଁ ପସନ୍ଦ କରନ୍ତି। କଲୋରାଡ଼ୋ ନଦୀର ପ୍ରଖର ଜଳସ୍ରୋତରୁ ସୃଷ୍ଟ ଏହି ହ୍ରଦଟି ବେଶ୍ ଆକର୍ଷଣୀୟ।

ଲେକ୍ ହାଭାସୁ ସିଟି ଏକ ପୌରସଂସ୍ଥା ଦ୍ୱାରା ପରିଚାଳିତ। ସହରରେ ବହୁତଳ ପ୍ରାସାଦ ପ୍ରାୟତଃ ଦେଖାଯାଏନାହିଁ। ହ୍ରଦକୂଳରୁ ଦେଖିଲେ ସହରର ମୁଖ୍ୟାଂଶ ଦେଖାଯାଏ। ସବୁ ଘରଗୁଡ଼ିକ ପ୍ରାୟତଃ ସୁନ୍ଦର ଡୁ୍ୟପ୍ଲେକ୍ସ ଭଳି ପରସ୍ପରଠାରୁ ବ୍ୟବଧାନ ରକ୍ଷାକରି ଏକ ଅଭିଜାତ କଲୋନୀ ଭଳି ରହିଅଛି। ତେବେ ରାସ୍ତାଗୁଡ଼ିକ ପ୍ରଶସ୍ତ ଓ ଯୋଜନାବଦ୍ଧ। ଏହି କ୍ଷୁଦ୍ର ସହରରେ ମଧ୍ୟ ଏକ ସୁନ୍ଦର ବିମାନଘାଟି ରହିଅଛି। ଆମେ ସହରକୁ ପ୍ରବେଶ କରିବା ବେଳେ ରାସ୍ତା ପାର୍ଶ୍ୱରେ ଏହି ବିମାନଘାଟିରେ ଅନେକ ଗୁଡ଼ିଏ ଛୋଟ ବିମାନ ଓ ହେଲିକପ୍ଟର ରହିଥିବା ଦେଖିଥିଲୁ। ଅତଏବ ବ୍ୟକ୍ତିଗତ

ବିମାନ ରଖିଥିବା ଅନେକ ବିତ୍ତଶାଳୀ ବ୍ୟକ୍ତିଙ୍କ ସହର ଇଏ। ସହରରେ 'ଲଣ୍ଡନ ବ୍ରିଜ' ବୋଲି ସ୍ଥାନଟି ବେଶ ଚର୍ଚ୍ଚିତ। ଏକ ନାତିବୃହତ୍ ସେତୁର ଦୁଇ ପାର୍ଶ୍ୱକୁ ନେଇ ଏଇ ସହରର ମୁଖ୍ୟସ୍ଥଳ ବା ଡାଉନ ଟାଉନ ବିକଶିତ ହୋଇଛି ମାତ୍ର ନାମାଙ୍କିତ ସେତୁରେ ପ୍ରକୃତ ଲଣ୍ଡନ ବ୍ରିଜର ସାଦୃଶ୍ୟ ନାହିଁ। ହ୍ରଦ ତଟରେ ଗଢ଼ିଉଠିଛି ମୁକ୍ତାକାଶ ରେସ୍ତୋରାଁ, ଶିଶୁ ଉଦ୍ୟାନ, ବ୍ୟାୟାମଶାଳା, କ୍ଲବ ହାଉସ୍, ନୌଚାଳନା ପ୍ରଶିକ୍ଷଣ କେନ୍ଦ୍ର, ଆହୁରି କେତେ କ'ଣ।

ସନ୍ଧ୍ୟା ପୂର୍ବରୁ ପବନର ତେଜ ସାମାନ୍ୟ କମିବାରୁ ଆମେ ହ୍ରଦ କୂଳକୁ ବୁଲି ବାହାରିଲୁ। ଅଭ୍ୟାସମତେ ଆଦିତ୍ୟ ହ୍ରଦ ମଧ୍ୟରେ ସ୍ନାନ କରିବାର ପ୍ରସ୍ତାବ ଦେଲା। ସମସ୍ତେ ସେଇ ଅନୁସାରେ ପ୍ରସ୍ତୁତ ହେଇ କୂଳକୁ ଗଲୁ। ଯାଇ ଦେଖିଲୁ ପାଣି ସ୍ୱଚ୍ଛ ମାତ୍ର ଅଗଭୀର ପାଣି ତଳେ ବାଲି ଗେରେଡ଼ା ପଥରର ଆସ୍ତରଣ। ଆଣ୍ଠୁଏ ପାଣିରେ ବସିଲେ ବେକ ବୁଡ଼େ ନାହିଁ। ଯା'ହେଉ ଶୀତଳତାର ସ୍ପର୍ଶରେ ଦୁଃସହ ଗରମ ପବନରୁ ସାମୟିକ ମୁକ୍ତି ମିଳିଲା। ଅବଶ୍ୟ ହ୍ରଦ କୂଳରେ ବିଶେଷ ଗରମ ଅନୁଭୂତ ହେଉନଥିଲା। ସ୍ନାନ ଅବସରରେ ସନ୍ଧ୍ୟାର ଦୃଶ୍ୟ ଉପଭୋଗ କଲୁ। ପଶ୍ଚିମାକାଶର ଲାଲିମା ଜଳରାଶିରେ ପ୍ରତିବିମ୍ବିତ ହେଇ ଅପୂର୍ବ ଶୋଭା ସୃଷ୍ଟି କରୁଥାଏ। ସେତିକିବେଳେ ଏକ ଯନ୍ତ୍ରଚାଳିତ ଡଙ୍ଗା ଦୂରରୁ ନାଟକୀୟ ଭାବେ ଆସି ଆମ ସ୍ନାନସ୍ଥଳ ନିକଟରେ ଥିବା ଏକ ଖସଡ଼ାରେ ଲାଗିଲା। ରାସ୍ତାରେ ଅନ୍ୟ ଏକ କ୍ୟାରିଅର ଥିବା ମଟର ଗାଡ଼ି ପଛୁଆ

ଭାବେ ପାଣି କୂଳକୁ ଲାଗିଲା ଏବଂ ପଛରେ ଥିବା ଡାଲା ପ୍ରସାରିତ ହେବା ସଙ୍ଗେ ସଙ୍ଗେ ଡଙ୍ଗାଟି ସାମାନ୍ୟ ଯାନ୍ତ୍ରିକ ଉପାୟରେ ଗାଡ଼ି ଉପରେ ଲଦି ହେଇଗଲା। ଡଙ୍ଗାର ଚାଳକ ଓହ୍ଲାଇ ଗାଡ଼ିର ଯଥାସ୍ଥାନରେ ବସିଲେ ଆଉ ଗାଡ଼ି ଚାଲିଲା। ନୌଚାଳନା ଅଭ୍ୟାସ ଜାରି ରଖିବା ପାଇଁ କି ସୁନ୍ଦର ବ୍ୟବସ୍ଥା! ଜୀବନକୁ ରସପୂର୍ଣ୍ଣ କରିବାକୁ କେତେ ଉପାୟ ଖଞ୍ଜା ଯାଇଛି, ତା ଦେଖିବାର କଥା। ହ୍ରଦ କୂଳରୁ ଆମେ ଗାଡ଼ି ପାଖକୁ ଫେରିବା ବେଳେ ଏକ ସ୍କେଟିଂ କ୍ଲବ ଦେଖିଲୁ। ପିଲାମାନେ ବିଭିନ୍ନ ପ୍ରକାରର ସ୍କେଟିଂ ଅଭ୍ୟାସ କରିବା ପାଇଁ ଏ ସୁବିଧାଟି ସ୍ଥାନୀୟ ରୋଟାରୀ କ୍ଲବ୍ ଦ୍ୱାରା କରାଯାଇଥିଲା। ମୁଁ ଜଣେ ରୋଟାରିଆନ୍ ହେଇଥିବାରୁ ଏହା ଦେଖି ଖୁସି ଲାଗିଲା। କିଛି ପିଲା ବିଭିନ୍ନ ପ୍ରକାରର ଖସଡ଼ା ପ୍ରଭୃତିର ଅଭ୍ୟାସ କରୁଥିଲେ। ବ୍ୟବସ୍ଥାଟି ଚଳଚଞ୍ଚଳ ଲାଗୁଥିଲା। ତା'ପରେ ଆମେ କିଛି ସମୟ ସହରରେ ବୁଲାବୁଲି କରି ବସାଘରକୁ ଫେରିଆସିଲୁ। ବାଲକୋନିରେ ରାତ୍ରିଭୋଜନ ଉପଭୋଗ୍ୟ ଥିଲା। ରାତିରେ ଏ କ୍ଷୁଦ୍ର ସହରର ଚିତ୍ର ସ୍ୱାଭାବିକ ଭାବେ ବଦଳି ଯାଇଥିଲା। ପରଦିନ ସେ ସହରରୁ କାଲିଫର୍ଣ୍ଣିଆ ଯାତ୍ରା ପାଇଁ ଆବଶ୍ୟକୀୟ ପ୍ରସ୍ତୁତି କରି ବିଶ୍ରାମ ନେଲୁ।

# କାଲିଫର୍ଣ୍ଣିଆ

ପ୍ରଶାନ୍ତ ମହାସାଗର ଉପକୂଳରେ ପ୍ରାୟ ୯୦୦ ମାଇଲ ଅଞ୍ଚଳ ବ୍ୟାପୀ ଦେଶର ତୃତୀୟ ବୃହତ୍ତମ ଆୟତନ ବିଶିଷ୍ଟ ଉଚ୍ଚ ବିକଶିତ ରାଜ୍ୟ କାଲିଫର୍ଣ୍ଣିଆ। ଏହାର ବିଭିନ୍ନ ଅଂଶରେ ଜଳବାୟୁର ଭିନ୍ନତା ରହିଥିଲେ ମଧ୍ୟ ଏହାର ଜନସଂଖ୍ୟା କମ୍ ନୁହେଁ। ଜୀବନଧାରଣର ମାନଦଣ୍ଡ ଅନ୍ୟ ରାଜ୍ୟ ତୁଳନାରେ ଅଧିକ ବ୍ୟୟବହୁଳ। ବାସଗୃହଠାରୁ ଆରମ୍ଭ କରି ନିତ୍ୟ ବ୍ୟବହାର୍ଯ୍ୟ ଜିନିଷ ସବୁଥିର ଦର ଉଚ୍ଚ ତଥାପି ଲୋକଙ୍କର ପ୍ରଥମ ପସନ୍ଦର ରାଜ୍ୟ ଇଏ। ଲସ୍ ଆଞ୍ଜେଲସ୍ ଓ ସାନ୍ ଫ୍ରାନ୍ସିସ୍କୋ ଭଳି ଅତି ବୃହତ ସହର ଦ୍ୱୟ କେବଳ ଏ ରାଜ୍ୟ କାହିଁକି ସାରା ଦେଶରେ ବିକାଶ କ୍ଷେତ୍ରରେ ମାନକ ଭାବେ ପ୍ରତିଷ୍ଠିତ। ଲସ୍ ଏଞ୍ଜେଲସ୍ ନିକଟରେ ହଲିଉଡ୍ ବିଶ୍ୱର ମନୋରଞ୍ଜନ ଶିଳ୍ପ କେନ୍ଦ୍ର।

କାଲିଫର୍ଣ୍ଣିଆର ଏକ କଳଙ୍କିତ ଇତିହାସ ରହିଛି। ସପ୍ତଦଶ ଶତାବ୍ଦୀରେ ୟୁରୋପୀୟ ଉପନିବେଶ ଭାବେ ସ୍ପେନୀୟ ଶାସକମାନଙ୍କ ଅଧୀନରେ ଥିଲା ଏହି ରାଜ୍ୟ। ପଡ଼ୋଶୀ ଦେଶ ମେକ୍ସିକୋର ମୂଳ ଅଧିବାସୀ ଏଠାକାର ମୁଖ୍ୟ ଅଧିବାସୀ ଥିଲେ। ୧୮୨୧ରେ କାଲିଫର୍ଣ୍ଣିଆ ମେକ୍ସିକୋ ଅଧୀନକୁ ଚାଲିଯାଇଥିଲା। ୧୮୪୮ରେ ମେକ୍ସିକୋ ସହିତ ଯୁଦ୍ଧରେ ଆମେରିକା ଜିତିବା ପରେ ୧୮୫୦ରେ ଦେଶର ୩୧ତମ ରାଜ୍ୟ ଭାବେ ଘୋଷିତ ହୋଇଥିଲା। ସେହି କାଳରେ ଘଟିଲା ଏକ ନାଟକୀୟ ପରିବର୍ତ୍ତନ। ଜେମସ୍ ଡବ୍ଲ୍ୟୁ ମାର୍ଶାଲ ନାମକ ଜଣେ ବ୍ୟକ୍ତି କଲୋମା(Coloma) ଅଞ୍ଚଳରେ ଭୂମି ତଳେ ସୁନା ରହିଥିବା ସନ୍ଧାନ ପାଇଥିଲେ। ଏ ଖବର ଯେମିତି ବିଜୁଳି ବେଗରେ ପ୍ରଚାରିତ ହେଲା ଦେଶର ବିଭିନ୍ନ ପ୍ରାନ୍ତ ତଥା ବିଦେଶରୁ ବହୁ ଲୋକଙ୍କ ଧାଡ଼ି ଲାଗିଲା। ସୁନା ପାଇଁ ଦୌଡ଼ (Gold rush)ର ଆକର୍ଷଣ ଏତେ ତୀବ୍ର ହେଲା ଯେ ୧୯୪୮ରୁ ୫୫ ମଧ୍ୟରେ ଲକ୍ଷ ଲକ୍ଷ ଲୋକ ଆସିଗଲେ ଯାହା ଫଳରେ ରାଜ୍ୟ ମାନ୍ୟତା ପାଇବା ସହଜ ହେଲା। ଯୁଦ୍ଧ ସହିତ ସୁନା ପାଇଁ ଦୌଡ଼ର କୁପ୍ରଭାବ ବିଶେଷ କରି ପ୍ରାଚୀନ

ଅଧିବାସୀମାନେ ଭୋଗିଲେ। ସମଗ୍ର ଅଞ୍ଚଳକୁ ହାତକୁ ନେବା ପାଇଁ ସରକାରଙ୍କ ସହିତ ପ୍ରଭାବଶାଳୀ ଲୋକେ ହାତ ମିଳାଇଲେ। ଜମିଜମାର ସୁବନ୍ଦୋବସ୍ତ ନଥିବାରୁ ପୁରୁଣା ଲୋକଙ୍କ ଜମି ଉପରେ ଗୋରାମାନେ କବ୍‌ଜା କଲେ। ପ୍ରତିବାଦର ଫଳ ସ୍ୱରୂପ ସେମାନଙ୍କୁ ହତ୍ୟା କରାଗଲା। ଅନେକ ଲୋକ ଖଣି ପ୍ରଭୃତିରେ ସୁନା ଖୋଜାରେ ରାତିଦିନ ଖଟି ରୋଗାକ୍ରାନ୍ତ ହୋଇ ମଲେ। ପ୍ରାଚୀନ ମେକ୍ସିକୀୟମାନେ ସଂଗଠିତ ହୋଇ ଅନେକ ୟୁରୋପୀୟଙ୍କୁ ମଧ ମାରିଲେ। ଏହି ଗଣହତ୍ୟାରେ ଉଭୟ ପକ୍ଷର ହଜାର ହଜାର ଲୋକ ଜୀବନ ଦେଲେ। ରାଜ୍ୟର ଶାସନ ବ୍ୟବସ୍ଥିତ ହେଲା ପରେ ସୁନା ମିଳୁଥିବା ଖଣି ଅଞ୍ଚଳର ଜାତୀୟକରଣ ହୋଇଥିଲା। ଏହି କାରଣରୁ କାଲିଫର୍ଣ୍ଣିଆକୁ ସୁବର୍ଣ୍ଣ ରାଜ୍ୟ (Golden state) ବୋଲି କୁହାଯାଏ।

ଲେକ୍ ହାଭାସୁରୁ ଲସ୍‌ଏଞ୍ଜଲସ୍ ଗୁଗୁଲ ହିସାବରେ ପ୍ରାୟ ଚାରି ଘଣ୍ଟାର ରାସ୍ତା। ପ୍ରାୟ ଅର୍ଦ୍ଧେକ ରାସ୍ତା ଆରିଜୋନା ରାଜ୍ୟରେ। ବିସ୍ତୃତ ଶୁଷ୍କ ମରୁଭୂମି ଭଳି ପ୍ରତ୍ୟୟ ହେଉଥିବା ଦିଗନ୍ତ ବିସ୍ତାରି ରାସ୍ତା ଅତିକ୍ରମ କଲା ପରେ ଲାଗେ ସତେ ଅବା ଏହା ଆମେରିକା ନୁହେଁ ବରଂ ଆରବୀୟ ଦେଶର କୌଣସି ଅଞ୍ଚଳ। କିଛି ପାର୍ବତ୍ୟ କ୍ଷେତ୍ର, କାଁ ଭାଁ ଗଛର ସଂଖ୍ୟା ନଗଣ୍ୟ ମାତ୍ର କାକ୍‌ଟସ୍ ଭଳି ଗଛର ପ୍ରାବଲ୍ୟ। କାଲିଫର୍ଣ୍ଣିଆ ରାଜ୍ୟରେ ପ୍ରବେଶ କଲା ପରେ ଏକ ପଞ୍ଜାବୀ ଢାବାର ସନ୍ଧାନ ପାଇଲୁ। ନିକାଞ୍ଚନ ମରୁଉଦ୍ୟାନ ସଦୃଶ କେତେଗୋଟି ମଟର ଗ୍ୟାରେଜ ବା ସେହିଭଳି କିଛି ବ୍ୟବସାୟ ଅନୁଷ୍ଠାନ ସହିତ ଜଣେ ବୟସ୍କ ଶିଖ ବ୍ୟକ୍ତି ହୁଏତ ବହୁବର୍ଷ ଧରି ଏହିଠାରେ ସେବାପରାୟଣ ଭାବେ ଭୋଜନ କେନ୍ଦ୍ରଟିଏ ଚଳାଉଛନ୍ତି। ସହଧର୍ମିଣୀ ମୁଖ୍ୟ ସହଯୋଗୀ ଭାବେ ତାଙ୍କ ସହିତ କାର୍ଯ୍ୟରତ। ସଦ୍ୟସେକା ରୁଟି, ଭାତ, ତଡ଼କା ଓ ଦହି ଇତ୍ୟାଦିରେ ମହାଆନନ୍ଦରେ ମଧ୍ୟାହ୍ନ ଭୋଜନ ସାରି ଆମେ ପୁଣି ବାହାରିଲୁ।

ଲସ୍ ଏଞ୍ଜେଲସ୍‌ର ହାରିଙ୍ଗଟନ୍ ବିଚ୍‌ରେ ଥିବା ମାରିଅଟ ହୋଟେଲରେ ଆମ ପାଇଁ ଆରକ୍ଷିତ ପ୍ରକୋଷ୍ଠରେ ପହଞ୍ଚି କିଛି ସମୟ ବିଶ୍ରାମ ନେଲୁ। ମାରିଅଟ ଗ୍ରୁପର ଏହା ଏକ ମଧ୍ୟମ ବର୍ଗର ହୋଟେଲ। ଅଧିକ ବିଳାସଯୁକ୍ତ ନହେଲେ ମଧ ଆମର ଦୁଇ ରାତିର ରହିଣୀ ପାଇଁ ଉପଯୁକ୍ତ ଥିଲା। ଚାରି ମହଲା ଉପର ଛାତରେ ଥିବା ରେସ୍ତୋରାଁ ଓ ଜିମ୍ ଥିଲା ଅଧିକ ଆକର୍ଷଣୀୟ। ପଥଶ୍ରାନ୍ତି କିଛି ସମୟ ମେଣ୍ଟାଇବା ପରେ ସନ୍ଧ୍ୟାରେ କଫି ଇତ୍ୟାଦି ନେଇ ଆମେ ବାହାରିଲୁ ପ୍ରୀତିର ଜଣେ ଘନିଷ୍ଠ ବାନ୍ଧବୀ ଭାରତୀର ନିମନ୍ତ୍ରଣ ରକ୍ଷା କରି, ଆରକ୍ଷିତ ଏକ ଚାଇନିଜ ରେସ୍ତୋରାଁରେ ରାତ୍ରିଭୋଜନ ପାଇଁ। ଭାରତୀ କଟକ ଜିଲ୍ଲାର ଝିଅ। ଓଲଟପୁରରେ ଥିବା 'ନିରତାର' ସଂସ୍ଥାରେ ଶାରୀରିକ ବିକଳାଙ୍ଗଙ୍କ ପାଇଁ ଉଦ୍ଦିଷ୍ଟ କିଛି ସ୍ୱତନ୍ତ୍ର ସେବା ବିଷୟରେ ଡ଼ିଗ୍ରୀ ପ୍ରାପ୍ତ ହୋଇ ତିରିଶ ବର୍ଷ ତଳେ

ଆମେରିକା ଯାଇଥିଲା, ଏକ ସମବୃତ୍ତିଭିତ୍ତିକ ସେବାକାରୀ ଦଳର ସଦସ୍ୟ ଭାବରେ। ସେତେବେଳେ ଏହି ବର୍ଗର ସେବାକାରୀଙ୍କ ପାଇଁ ଭିସା ବ୍ୟବସ୍ଥା ସୁବିଧାଜନକ ଥିଲା। ସେଠାରେ ପହଞ୍ଚି କିଛି ଦିନ କାମ କଲାପରେ ସେହିଦଳରେ ଯାଇଥିବା ଜଣେ ପୁରୁଷ ବନ୍ଧୁଙ୍କ ସହିତ ବିବାହ ହେଲା। ସେମାନେ ସେତେବେଳେ ଡ୍ୟାଲାସ୍‌ରେ ଏକ ଘର କିଣି ସୁଖରେ ରହୁଥିଲେ। ଦୁଇଟି ପୁଅ ମଧ୍ୟ ହେଲେ। ପରେ କିଛି ଅଜ୍ଞାତ କାରଣରୁ ବିଚ୍ଛେଦ ହେଲା। ସ୍ୱାମୀ ଅନ୍ୟ ଜଣେ ମହିଳାଙ୍କୁ ବିବାହ କଲେ। ଦୁଇ ପୁଅ ମଧ୍ୟ ଭାଗ ଭାଗ ହେଲେ। ଏବେ ଭାରତୀ ସାଙ୍ଗରେ ସାନପୁଅ ରହୁଛି। ଗ୍ରାଜୁଏସନ ପରେ ଚାକିରୀରେ ସଦ୍ୟ ଯୋଗ ଦେଇଛି। ମା'ପୁଅ ଏକ କଣ୍ଡୋମନିୟମରେ ରହୁଛନ୍ତି। ଭାରତୀର ବୃତ୍ତି ଭଲ ଚାଲିଛି। କିଛି ସ୍ୱତନ୍ତ୍ର ପାଠ୍ୟକ୍ରମ ଶେଷ କରି ସେ ଏବେ ମନସ୍ତାତ୍ତ୍ୱିକ ଚିକିତ୍ସକ ଭାବେ କାର୍ଯ୍ୟରତ। ଏ ବୃତ୍ତିରେ ଭଲ ପାରିଶ୍ରମିକ ମିଳିଥାଏ।

ରେସ୍ତୋଁରାରେ ଭାରତୀ ଓ ତା' ଚଞ୍ଚଳମନା ପୁଅ ଅପେକ୍ଷା କରିଥିଲେ। ରେସ୍ତୋଁରାଟି ଏକ କେନାଲ ଭଳି ଜଳଧାରା ପାର୍ଶ୍ୱରେ ଥିଲା ରୁଚିପୂର୍ଣ୍ଣ, ସୌଖୀନ। ପ୍ରାଥମିକ ସମ୍ଭାଷଣ ପରେ ଆମେ ଆଠଜଣଙ୍କ ପାଇଁ ଉଦ୍ଦିଷ୍ଟ ସ୍ଥାନରେ ବସିଲୁ। ଟେବୁଲ ମଝିରେ ଥିବା ଏକ କୁଣ୍ଡରୁ ଅଗ୍ନିସ୍ଫୁରଣ ହେଉଥିଲା। ଆଖପାଖରେ ଏକ ସଙ୍ଗୀତ ଆସର ଚାଲିଥାଏ। ରେସ୍ତୋଁରାରେ ଅତିଥିମାନେ ସଙ୍ଗୀତ ପର୍ବରେ ଭାଗନେବା ପାଇଁ ପରିଚାଳକମାନଙ୍କ ପକ୍ଷରୁ ଆମନ୍ତ୍ରଣ ରହିଥିଲା। ସୁସ୍ୱାଦୁ ଖାଦ୍ୟରେ ଆପ୍ୟାୟିତ ହେଇ ଆମେ ବାହାରିବା ବେଳକୁ ରେସ୍ତୋଁରା ବାହାରେ ଦୁଇଜଣ ଉଦ୍ଧତ ମହିଳା କଳହରତ ଥିଲେ। ପରିବେଶର ଶାନ୍ତି ଭଙ୍ଗ ହେଉଥିଲା। ହାତାହାତି ହେଇଯିବା ଭଳି ଅବସ୍ଥା। ଆମେ ବାଟ କାଟି ଗାଡ଼ି ପାଖକୁ ଗଲୁ। ଇନ୍ଦରଜୀଙ୍କ ଭାଷାରେ ଦୁଇଜଣଯାକ ରାତ୍ରିଜୀବନ କଟାଇବା ପାଇଁ ଗ୍ରାହକ ଅନ୍ୱେଷଣରେ ପରସ୍ପରର ପ୍ରତିଦ୍ୱନ୍ଦୀ। ଏମିତି ପ୍ରାୟ ରେସ୍ତୋରାଁ ନିକଟରେ ବିଳମ୍ବିତ ରାତିରେ ଘଟିଥାଏ। ମୁଁ ଭାବୁଥାଏ ଏହା କ'ଣ କାଲିଫର୍ଣ୍ଣିଆର ସଂସ୍କୃତି ?

ମ୍ୟାରିଅଟ ହୋଟେଲରେ ସୌଜନ୍ୟମୂଳକ ପ୍ରାତଃଭୋଜନର ବ୍ୟବସ୍ଥା ରହିଥାଏ। ଆମେ ପରଦିନ ସକାଳୁ ଉଠି ହଲିଉଡ଼ ଭ୍ରମଣ ପାଇଁ ତତ୍ପର ହେଲୁ। ହୋଟେଲରେ ରେସ୍ତୋରାଁ, କୋଭିଡ଼ ପରେ ଆହୁରି ଖୋଲି ନଥାଏ। ଲାଉଞ୍ଜର ଏକ କାଉଣ୍ଟରରେ ସବୁ ଖାଦ୍ୟଦ୍ରବ୍ୟ ସଜାଇ ପରିଚାରିକାମାନେ ମଧୁର ସ୍ୱରରେ ସେଗୁଡ଼ିକ ଭିତରୁ ପସନ୍ଦଯୋଗ୍ୟ ଜଳଖିଆ ନେବା ପାଇଁ କହୁଥିଲେ। ସ୍ୟାଣ୍ଡଉଇଚ୍, ବର୍ଗର, ରୋଲ, ପ୍ୟାଷ୍ଟ୍ରି, ଜୁସ୍ ସହିତ କଫି ଯାହା ଅତିଥିମାନେ ଧାଡ଼ିରେ ଆସି ନିରାପଦ ଦୂରତା ରଖି ନେଉଥାନ୍ତି। ଆମେ ସେସବୁ ଦ୍ରବ୍ୟ ରୁମକୁ ନେଇ ଖାଇବା ପରେ ବୁଲିବାକୁ ବାହାରିଲୁ।

# ହଲିଉଡ଼, ବିଭରଲି ହିଲସ୍

୧୮୮୫ରେ ପ୍ୟାରିସ୍‌ରେ ପ୍ରଥମ ମୁଭି ପ୍ରୋଜେକ୍ଟର ଉଦ୍ଭାବନ ହୋଇ ଗୋଟିଏ ଚଳଚ୍ଚିତ୍ର ପ୍ରଦର୍ଶିତ ହେଲା । ଏହାର ଜ୍ଞାନକୌଶଳ ଆମେରିକାରେ ପ୍ରସାରିତ ହେବା ସଙ୍ଗେ ମଞ୍ଚକଳା ସହ ସଂପୃକ୍ତ ବ୍ୟକ୍ତିବିଶେଷ ଏ ଦିଗରେ ଉତ୍ସାହିତ ହେଲେ । ଗବେଷଣା ସହିତ ପରୀକ୍ଷା ନିରୀକ୍ଷା ଚାଲିଲା । ସିକାଗୋ ଓ ଲସ୍ ଆଞ୍ଜେଲସ୍‌ରେ ଏ ପ୍ରକ୍ରିୟା ସକ୍ରିୟ ଥିଲା । ସେତେବେଳେ କେତୋଟି ନିର୍ବାକ୍ ଚଳଚ୍ଚିତ୍ର ମାତ୍ର ପ୍ରଯୋଜିତ ହୋଇପାରିଥିଲା । H.J Whitley ନାମକ ଜଣେ ସମ୍ପତ୍ତି ବ୍ୟବସାୟୀ ୧୯୧୦ରେ ବିସ୍ତୃତ ଅଞ୍ଚଳ ପରିବ୍ୟାପ୍ତ ହଲିଉଡ଼ରେ କେତୋଟି କୋଠା ନିର୍ମାଣ କରି କିଛି ଚିତ୍ର ନିର୍ମାତା ତଥା କଳାକାରମାନଙ୍କୁ ଆମନ୍ତ୍ରଣ ଜଣାଇଲେ । ଚଳଚ୍ଚିତ୍ର ନିର୍ମାଣ ସହିତ ସଂପୃକ୍ତ ଉପାଦାନଗୁଡ଼ିକୁ ଦେଖାଇ ଦିଆଗଲା । ଏ ଅଞ୍ଚଳରେ ଉପଯୁକ୍ତ ଜଳବାୟୁ, ପର୍ଯ୍ୟାପ୍ତ ସୂର୍ଯ୍ୟକିରଣ, ବିସ୍ତୃତ ପାର୍ବତ୍ୟାଞ୍ଚଳ ତଥା ବୃହତ ଶ୍ରମ ବଜାର ଆଦି ଅନୁକୂଳ ଆକର୍ଷଣ ସୃଷ୍ଟି କରିଥିଲା । କ୍ରମେ Whitleyଙ୍କ ଉଦ୍ୟମ ଫଳବତୀ ହୋଇଥିଲା ଏବଂ ଚିତ୍ର ନିର୍ମାତାମାନେ ବହୁ ସଂଖ୍ୟାରେ ଆସି ବ୍ୟବସାୟ ଆରମ୍ଭ କରିଥିଲେ । ସେଥିପାଇଁ H.J Whitleyଙ୍କୁ ହଲିଉଡ଼ର ଜନକ ବୋଲି କୁହାଯାଏ । ୧୯୧୧ରେ ହଲିଉଡ଼ରେ ପ୍ରଥମ ଷ୍ଟୁଡ଼ିଓ ନିର୍ମିତ ହୋଇଥିଲା । ତା'ପରେ ଦେଶୀ ବିଦେଶୀ ଚିତ୍ର ନିର୍ମାତାମାନେ ବହୁ ସଂଖ୍ୟାରେ ଆକର୍ଷିତ ହେଲେ । Paramount pictures ଥିଲା ସେତେବେଳେ ପ୍ରମୁଖ ଉଦ୍ୟୋଗୀ । ୧୯୧୫ ବେଳକୁ ହଲିଉଡ଼ ଆମେରିକାର ଚଳଚ୍ଚିତ୍ର ଶିଳ୍ପର ମୁଖ୍ୟକେନ୍ଦ୍ର ଭାବେ ଉଭା ହେଲା । ସିକାଗୋ ଓ ନ୍ୟୁୟର୍କର ଫିଲ୍ମ କମ୍ପାନୀମାନେ ଏଠାକୁ ଆସି କାମ ଆରମ୍ଭ କଲେ । ବିଖ୍ୟାତ ଚିତ୍ର ନିର୍ମାତା D.W Griffith, Goldwyn, Adolph Zukor, William Fox, Louis B. Mayer, Darry F. Zanuch ତଥା Harry Cohn ପ୍ରଭୃତି ପ୍ରତିଷ୍ଠିତ ଷ୍ଟୁଡିଓମାନଙ୍କରେ କାମ କଲେ । ୧୯୬୦ ବେଳକୁ

ହଲିଉଡ୍‌ରେ ଅନେକ ବୃହତ୍ ଷ୍ଟୁଡ଼ିଓମାନ ପ୍ରତିଷ୍ଠିତ ହୋଇ ବିଶ୍ୱର ମନୋରଞ୍ଜନ ରାଜଧାନୀ ବୋଲି ସ୍ୱୀକୃତି ପାଇଲା । ସେଥିରେ 20th century -Fox, Metro-Goldwyn - Mayer, Paramount Pictures, Columbia Pictures, Warren Brothers ଇତ୍ୟାଦି ଷ୍ଟୁଡ଼ିଓ ଅଗ୍ରଣୀ ଭୁମିକା ଗ୍ରହଣ କରିଥିଲେ । ହଲିଉଡ୍ ଏକ ପର୍ଯ୍ୟଟନସ୍ଥଳ ଭାବେ ପ୍ରସିଦ୍ଧି ଅର୍ଜନ କଲା । ବୈଶ୍ୱିକ ସଭ୍ୟ ସମାଜରେ ସିନେମା ପ୍ରମୁଖ ମନୋରଞ୍ଜନର ମାଧ୍ୟମ ଭାବେ ଗୃହୀତ ହେବା ସହିତ ସିନେପ୍ରେମୀଙ୍କ ପାଇଁ ତୀର୍ଥସ୍ଥଳ ପାଲଟିଲା । (ଆଧୁନିକ ସମାଜରେ ଚିତ୍ରତାରକାମାନଙ୍କୁ କିଛି ଭକ୍ତ ଉପଦେବତା ରୂପେ ସମ୍ମାନ ଦିଅନ୍ତି ।) ସିନେମା ଏକ ଶିଳ୍ପରେ ପରିଣତ ହେବା ପ୍ରକ୍ରିୟା ଏହି ହଲିଉଡ୍‌ରୁ ଆରମ୍ଭ ହେଇଥିଲା । ପ୍ରଯୋଜନା କ୍ଷେତ୍ରରେ ସଂପୃକ୍ତ ଲେଖକ, ନିର୍ଦ୍ଦେଶକ, କଳାକାର, ସଂଗୀତଜ୍ଞ, ଗାୟକ, ବାଦକ, କ୍ୟାମେରାମ୍ୟାନ, ସହାୟକ, ଯାନ୍ତ୍ରିକ କର୍ମୀ, ବିଜ୍ଞାପନ

ସଂସ୍ଥା ଓ ଖବରଦାତା ପ୍ରଭୃତି ଆହୁରି କେତେ ବର୍ଗର ଲୋକେ କାମ କରିବାର ସୁଯୋଗ ପାଇଲେ। ସିନେମା ଶିଳ୍ପ ବିକଶିତ ହେଲା। ତା'ସହିତ ଆହୁରି ସେଲିବ୍ରିଟିମାନେ ନିରୋଳା ଜୀବନଯାପନ କରିବା ପାଇଁ ନିକଟରେ ଏକ ପାହାଡ଼ିଆ ସ୍ଥାନ 'ବିଭରଲି ହିଲସ୍' ଉନ୍ମୋଚିତ ହେଲା। ଚିତ୍ରତାରକାମାନଙ୍କ ପାଇଁ ନିଜସ୍ୱ ଏକାନ୍ତ ବ୍ୟକ୍ତିଗତ ଜୀବନ ବଞ୍ଚିବା ପାଇଁ ପ୍ରଥମ ପସନ୍ଦ ହେଲା ଏହି ଅଞ୍ଚଳ। କେବଳ ଆମେରିକା କାହିଁକି ଅନ୍ୟ ଦେଶରୁ ମଧ୍ୟ ସଫଳ ବିତ୍ତଶାଳୀ କଳାକାରମାନେ ଆସି ଏଠି ବସବାସ କଲେ। ସିନେମା ସଂପୃକ୍ତ ସମସ୍ତ ପ୍ରକାର ବୃତ୍ତିରେ ସଫଳତାର ସଠିକତା ନଥାଏ। ଆୟ କମିଗଲେ ଅଥବା ରୁଚି ବଦଳିଗଲେ ତାରକାମାନେ ଘର ବିକି ଅନ୍ୟତ୍ର ଚାଲିଯାଆନ୍ତି। ପୁଣି କିଏ ଭାଗ୍ୟଶାଳୀ ଆସି ସେହି ଘରକୁ ଉପଭୋଗ କରନ୍ତି। ଏମିତି ପ୍ରାୟତଃ ଚାଲିଥାଏ। ତାରକାମାନଙ୍କ ସହିତ ଗୃହ ସମ୍ପତ୍ତିର ଭାଗ୍ୟ ବଦଳୁଥାଏ। ଏବେ ଚଳଚ୍ଚିତ୍ର ଜଗତ ସହିତ ସଂପୃକ୍ତ ଅନେକ ପ୍ରଖ୍ୟାତ କଳାକାର ଓ ଗାୟକମାନେ ଏଠାରେ ରହୁଛନ୍ତି। କହିବା ବାହୁଲ୍ୟ ସେହି ହଲିଉଡ଼ ଯାହା ପ୍ରଭାବରେ ବଲିଉଡ଼୍, ଓଲିଉଡ଼୍, ଟଲିଉଡ଼୍ ଆଦି ଭାରତରେ କେତେ ଉଡ଼୍ ଦେଖିବାକୁ ମିଳୁଛି। ଅଧୁନା ସିନେମା ଶିଳ୍ପର ବହୁଳ ବିକାଶ ଘଟିଛି।

ଲସ୍‌ଏଞ୍ଜଲସ୍ ସହରରୁ ବାହାରି ହଲିଉଡ଼୍ ପହଞ୍ଚିବା ପୂର୍ବରୁ ଅଦୂରରେ ଏକ ପାହାଡ଼ ଉପରେ ଏକ ନାମ ଫଳକ ବା ସାଇନେଜ୍ ଦେଖାଯାଏ। ଶ୍ୱେତ ବର୍ଣ୍ଣର ବଡ଼

ଆକାରର ଅକ୍ଷରଗୁଡ଼ିକୁ ବ୍ୟବଧାନ ରକ୍ଷାକରି ଏକ ଧାଡ଼ିରେ ଲଗାଯାଇଛି । ପ୍ରାୟ ଦୁଇ ତିନି ମାଇଲ ଦୂରରୁ ଏହି ଫଳକ ପ୍ରାଞ୍ଜଳ ଭାବେ ଦୃଶ୍ୟ ହୁଏ । ଆଗନ୍ତୁକମାନେ ଉଲ୍ଲସିତ ହୁଅନ୍ତି । ହଲିଉଡ୍‌ର ଏହି ଫଳକଟି ୧୯୨୩ରେ ପ୍ରଥମେ ଲଗାଯାଇଥିଲା ଯାହାର ଶତବାର୍ଷିକୀ ପାଳନ ପାଇଁ ଏବେଠାରୁ ସଜବାଜ ଆରମ୍ଭ ହେଲାଣି ।

ଆମେ ହଲିଉଡ଼ରେ ପହଞ୍ଚି ପ୍ରଥମେ ବିଭରଲି ହିଲ୍ସ ବୁଲିବା ପାଇଁ ଏକ ଟୁର୍ କମ୍ପାନୀରେ ଆରକ୍ଷଣ କଲୁ । ଗ୍ରାଣ୍ଡ କାନ୍ୟାନରେ ବସିଥିବା ଗାଡ଼ିଠାରୁ ସାମାନ୍ୟ ବଡ଼, ଝରକା ନଥିବା ମିନିବସ୍‌ରେ ବିଭିନ୍ନ ଦେଶ ବା ମହାଦେଶର ଲୋକଙ୍କ ସହିତ ବସି ଆମେ ଗଲୁ । ଏଠି ବି ଯିଏ ଚାଳକ , ସିଏ ଗାଇଡ଼ । ଯାନ ଭିତରେ ଗାଇଡ଼ର ପ୍ରାପ୍ୟ ବାବଦରେ ଅତିରିକ୍ତ  ଦେୟ ଦେବା ପାଇଁ ଅନୁରୋଧ ସୂଚକ ପରାମର୍ଶ ଫଳକ ରହିଛି । ପର୍ଯ୍ୟଟନ ଶିଳ୍ପର ଏକ ଚତୁରତା ନିଶ୍ଚୟ । ପୁରୀରେ କୋଣାର୍କ ଭୁବନେଶ୍ୱର ଖଣ୍ଡଗିରି ଆଦି ବୁଲିବାକୁ ଯାଉଥିବା ଯାତ୍ରୀମାନଙ୍କୁ ମଧ୍ୟ ସେହିଭଳି କୁହାଯାଏ । ଗାଇଡ଼ମାନେ ବସ୍ ଭିତରେ ସମସ୍ତଙ୍କଠାରୁ ପ୍ରବେଶ ଶୁଳ୍କ ସହିତ ପ୍ରାପ୍ୟ ଆଦାୟ କରିନିଅନ୍ତି । ହଲିଉଡ୍‌ର କଥା ଅଲଗା । ଏଠି ଚାଳକ ନିଜେ ଗାଇଡ଼, ଜଣେ ବ୍ୟକ୍ତି ଦୁଇଟି କାମ ତୁଲାଉଥିବାରୁ ଅତିରିକ୍ତ ଦେୟ ପାଇଁ ସଂଭ୍ରମ ଅନୁରୋଧ ।

ପୂର୍ବରୁ ଏହି ଢାଲୁଆ ଅଞ୍ଚଳରେ ମେକ୍ସିକୋବାସୀଙ୍କ ଦ୍ୱାରା ଚାଷବାସ କରାଯାଉଥିଲା । ଦଳେ ୟୁରୋପୀୟନ  ଏଠାରେ ତୈଳ ସନ୍ଧାନରେ ଖନନ କାର୍ଯ୍ୟ

ଆରମ୍ଭ କରି କେବଳ ଜଳ ଉତ୍ତୋଳନ କରିପାରିଥିଲେ। ଏଥିରେ ହତାଶ ନହୋଇ ନିକଟରେ ହଲିଉଡ୍ ସେହି କାଳରେ ବିକାଶ ଲାଭ କରୁଥିବାରୁ ତା'ଦ୍ୱାରା ପ୍ରଭାବିତ ହୋଇ ଏଠାରେ ଉଚ୍ଚବର୍ଗଙ୍କ ପାଇଁ ବ୍ୟୟବହୁଳ ଘର ତିଆରି ପ୍ରକଳ୍ପ ଆରମ୍ଭ କଲେ ଓ ସେଥିରେ ସଫଳ ହେଲେ। ଚିତ୍ର ତାରକାମାନଙ୍କୁ ସୁହାଇଲା ଭଳି ନିରୋଳା ପରିବେଶ। ଏକାନ୍ତ ଜୀବନଚର୍ଯ୍ୟା ପାଇଁ ଲୋଡ଼ା ଅଭିଜାତ ଆସବାବର ସୁବନ୍ଦୋବସ୍ତ ହୋଇପାରିଲା। ଆଧୁନିକ ସମାଜରେ ଏହି ତଥାକଥିତ ଉପଦେବତାମାନଙ୍କୁ ନିରାପତ୍ତା ଯୋଗାଇଦେବା ପାଇଁ ସରକାର ଆଇନ ମଧ୍ୟ ପ୍ରଣୟନ କରିଛନ୍ତି। ଏହି ଅଞ୍ଚଳରେ ରାସ୍ତାରେ ଗାଡ଼ିରେ ଯାଇପାରିବେ ମାତ୍ର କୌଣସି ଘରର ଫାଟକ ପାଖରେ ଅଟକି ପାରିବେନି। ଭିତରକୁ ପ୍ରବେଶ କଲେ ତ ଗିରଫ ହେବା ଥୟ।

ବିଭରଲି ହିଲ୍ସକୁ ଆକର୍ଷଣୀୟ କରିବା ପାଇଁ ବିପୁଳ ସୌନ୍ଦର୍ଯ୍ୟକରଣ କରାଯାଇଛି। ପ୍ରଶସ୍ତ ରାସ୍ତାର ଦୁଇ ପାର୍ଶ୍ୱରେ ବୃକ୍ଷମାଳା ସହିତ ଭୂମିସଜ୍ଜା (Landscaping) ସମ୍ଭ୍ରାନ୍ତ ଶୈଳୀରେ କରାଯାଇଛି। ତାରକାମାନଙ୍କ ଘରଗୁଡ଼ିକର ସମ୍ମୁଖଭାଗ ଚମତ୍କାର ତଥା ଭିନ୍ନଭିନ୍ନ ଶୈଳୀର। ସନସେଟ ବୋଲେଭାର୍ଡ (Sunset Boulevard)- ଦୁଇପାର୍ଶ୍ୱରେ ସୁଦୃଶ୍ୟ ବୃକ୍ଷ ଶୋଭିତ ଏକ ପ୍ରଶସ୍ତ ରାସ୍ତା ଯାହା ଲସ୍ଏଞ୍ଜେଲସ୍‌କୁ ବିଭରଲି ହିଲ୍ସ ସହିତ ଯୋଡ଼ିଥାଏ। Rodeo Drive ମୁଖ୍ୟ ବଜାର ଯେଉଁଠି ବିଶ୍ୱର ପ୍ରମୁଖ ନାମୀଦାମୀ ବ୍ରାଣ୍ଡର ପୋଷାକ ଓ ବିଳାସପୂର୍ଣ୍ଣ ସାମଗ୍ରୀର ବର୍ଣ୍ଣାଢ୍ୟ ବିପଣୀ ସବୁ ରହିଛି। ବିଶେଷ କରି ଏଠାରେ ରହୁଥିବା ତାରକାମାନଙ୍କ ପସନ୍ଦଯୋଗ୍ୟ ଉଚ୍ଚମାନର ବ୍ୟାବହାରିକ ଦ୍ରବ୍ୟ ଯଥା ପୋଷାକ ପରିଚ୍ଛଦ, ପ୍ରସାଧନ ସାମଗ୍ରୀ ମିଳିଥାଏ।

ଆମେ ବୁଲିବାବେଳେ ଆମ ଗାଇଡ୍ ତଥା ଡ୍ରାଇଭର ଗୋଟିଏ ଗୋଟିଏ ଘର ପାଖରେ ଗତି ମନ୍ଥର କରି ଘରଟିର ସଂକ୍ଷିପ୍ତ ଇତିହାସ ବଖାଣୁଥାଏ, ସତେ ଅବା ଏ ଅଞ୍ଚଳର ମାଦଳାପାଞ୍ଜିର ରଚୟିତା ସେ ନିଜେ। ସଂପୃକ୍ତ ଘରେ ଏବେ କିଏ ରହୁଛନ୍ତି, ଯାଙ୍କ ପୂର୍ବରୁ ମାଲିକ କିଏ ଥିଲେ, ସେ କାହିଁକି ବିକିଲେ ବା ପୂର୍ବରୁ ସେ କାହାଠୁ କିଣିଥିଲେ ଇତ୍ୟାଦି। ଆହୁରି କେତେକ ରୋଚକ କଥା ମଧ୍ୟ ସେ କହୁଥିଲା। କେଉଁ ତାରକାଙ୍କର ବିବାହ ବିଚ୍ଛେଦ ହେବା ପରେ ଘରର ଅବସ୍ଥା କ'ଣ ହେଲା। ଅନ୍ୟଜଣେ ତାରକା କୌଣସି କାରଣରୁ ଆତ୍ମହତ୍ୟା କରିଥିବାରୁ ସେ ବଙ୍ଗଳା ଏବେ ହଣ୍ଟେଡ଼ ହାଉସ୍ ହେଇଛି। କେଉଁ ତାରକା ବିଶାଳ ପ୍ରାସାଦ କିଣି ବାନ୍ଧବୀକୁ ଉପହାର ସୂତ୍ରରେ ଦେଇଛନ୍ତି, ଇତ୍ୟାଦି। ଏଠି ଏ କ୍ଷୁଦ୍ର ସହରରେ ମାର୍କିନ ତାରକା Taylor Swift, Jenifer Lawrence, Kate Perry,Jack Nicholson, John Legend ଆଦି ଆହୁରି ଅନେକ ଚିତ୍ର ତାରକାମାନେ ରହୁଛନ୍ତି। ଭାରତୀୟ ତାରକା

ଅଭିନେତା ଶାହାରୁଖ ଖାଁଙ୍କର ଗୋଟିଏ ବଙ୍ଗଳା 'ଜନ୍ନତ୍' ସାମନାରେ ରଖି ସେ କହିଲା, ସେ ଏ ଘର ୨୦୧୭ରେ କିଣି ମାତ୍ର ଥରଟିଏ ଆସି ରହିଛନ୍ତି। ଏବେ ଦୁଇ ବର୍ଷର କୋଭିଡ୍ କାଳରେ ଆସିବା ମୁସ୍କିଲ। ମୁଁ ମନେ ମନେ ଭାବୁଥିଲି କି ଏ ଘର କିଣିବାରେ ଯେତିକି ଟଙ୍କା ଲାଗିଥିବ, ସେଥିରେ ବେଶୀ ନହେଲେ ମୋ ପକେଟର ଟଙ୍କା କେତୋଟି, ଏକ କ୍ଷୁଦ୍ରାତିକ୍ଷୁଦ୍ର ଅଂଶହେଇ ନିଶ୍ଚିତ ରହିଥିବ ଯଦିଓ ଶାହାରୁଖଙ୍କର ଅଳ୍ପ କେତୋଟି ମାତ୍ର ସିନେମା ମୁଁ ଟିକେଟ କିଣି ଦେଖିବାର ସୌଭାଗ୍ୟ ପାଇଛି।

ବିଭରଲି ହିଲ୍ସର ସ୍ୱପିଳ ପରିବେଶ ପ୍ରତ୍ୟୟ କରି ଆମେ ପୁଣି ହଲିଉଡ୍ ଫେରିଲୁ। ଫେରିବା ବାଟରେ ଆମ ଗାଇଡ୍, ଷ୍ଟୁଡ଼ିଓ କେତୋଟି ଦେଖାଇଦେଲା। ସର୍ବପ୍ରାଚୀନ ପାରାମାଉଣ୍ଟଷ୍ଟୁଡ଼ିଓର ନୂଆ ରୂପ, ଚାଇନିଜ୍ ଷ୍ଟୁଡ଼ିଓ ସହିତ ଓସ୍କାର ପୁରସ୍କାର ପ୍ରେକ୍ଷାଳୟର ବାହ୍ୟ ଦୃଶ୍ୟ ଦେଖିଲୁ। ଓସ୍କାରର ଶ୍ୱେତବର୍ଣ୍ଣର ବଳିଷ୍ଠ ପୁରୁଷର ରୂପ ସମ୍ବଳିତ ମସ୍କଟ ବା ପ୍ରତୀକର ଦୁଇଟି ମୂର୍ତ୍ତି ପ୍ରେକ୍ଷାଳୟର ଦୁଇ ପାର୍ଶ୍ୱରେ ଦଣ୍ଡାୟମାନ ଥିଲେ। ଏହି ପ୍ରେକ୍ଷାଳୟରେ ବିଶ୍ୱର ସବୁଠାରୁ ମର୍ଯ୍ୟାଦାଜନକ ସିନେ ପୁରସ୍କାର ସବୁ ପ୍ରଦାନ ସମାରୋହ ବେଳେ ଏ ରାସ୍ତା, ତାରକାମାନଙ୍କ ଔଜଲ୍ୟରେ ଚକ୍‌ମକ୍ କରେ ବୋଲି ଗାଇଡ୍ ନିଜ ଭାଷାରେ ବର୍ଣ୍ଣନା କଲା।

ଆମେ ଗାଡ଼ିରୁ ଓହ୍ଲାଇ ଡାଉନ ଟାଉନ ଗଲୁ। 'ହଲିଉଡ୍ ୱାକ ଅଫ ଫେମ୍' ଏକ ଚିତ୍ର ତାରକାମାନଙ୍କ ନାମକୁ ନେଇ ଅଭିନବ ସ୍ମାରକୀ। ମୁଖ୍ୟରାସ୍ତାର ପାର୍ଶ୍ୱରେ ଥିବା ପାଦଚଲା ରାସ୍ତାର ମସୃଣ ଚଟାଣରେ ଏକ ପଞ୍ଚକୋଣୀ ତାରକାର ସ୍ୱର୍ଣ୍ଣିମ ଖଣ୍ଡ ଖଞ୍ଜାଯାଇଛି। ତାରାର ତଳେ ଜଣେ ଚଳଚ୍ଚିତ୍ର ଜଗତର ସ୍ୱନାମଧନ୍ୟ ଅଭିନେତା / ନିର୍ଦ୍ଦେଶକ/ ଗାୟକ / ସଂଗୀତଜ୍ଞ/ କ୍ରୀଡ଼ାବିତ୍‌ଙ୍କ ନାମ ଖୋଦେଇ କରାଯାଇଛି। ଏହି ବ୍ୟବସ୍ଥା ୧୯୬୦ରେ ଆରମ୍ଭ ହୋଇଥିଲା, ପରେ କ୍ରୀଡ଼ା, ନୃତ୍ୟ ଆଦି କ୍ଷେତ୍ରରେ ଲୋକପ୍ରିୟ ବ୍ୟକ୍ତିମାନଙ୍କ ନାମ ମଧ୍ୟ ସ୍ଥାନ ପାଇଲା। ନିର୍ଦ୍ଦିଷ୍ଟ ବ୍ୟବଧାନରେ ଏହି ଏକକ ଗୁଡ଼ିକ ସହରର ଦୁଇଟି ପ୍ରମୁଖ ଦୀର୍ଘ ରାସ୍ତାରେ ପ୍ରାୟ ୨୭୦୦ ସଂଖ୍ୟାରେ ରହିଅଛି। ଏହାର ସ୍ଥାପନା, ରକ୍ଷଣାବେକ୍ଷଣ କାର୍ଯ୍ୟ ଏକ ସ୍ଥାନୀୟ ଟ୍ରଷ୍ଟ ଉପରେ ନ୍ୟସ୍ତ। ଏହି ବ୍ୟବସ୍ଥା ତାରକାମାନଙ୍କ ପାଇଁ ଏକ ସ୍ୱୀକୃତି ବୋଲି ବିଚାର କରାଯାଏ। ଆହୁରି ଅଧିକ ସଂଖ୍ୟକ ତାରକାମାନଙ୍କ ନାମ ଏହି ସ୍ମାରକୀରେ ଯୋଗ କରାଯାଉଛି। ପ୍ରଥମ ଭାରତୀୟ ଭାବେ କର୍ଣ୍ଣାଟକର ସାବୁ ଦସ୍ତାଗିରଙ୍କ ନାମ ହଲିଉଡ୍‌ର ଏହି ଅଭିନବ ସ୍ମାରକୀରେ ସ୍ଥାନ ପାଇଛି। ନିକଟରେ ପ୍ରିୟଙ୍କା ଚୋପ୍ରାଙ୍କ ନାମ ଏଥିରେ ସ୍ଥାନ ପାଇବାର ସମ୍ଭାବନା ରହିଛି। ଏହି ପ୍ରଣାଳୀର ଅନୁକରଣରେ ମୁମ୍ବାଇର ବାନ୍ଦ୍ରାଠାରେ ବେଳାଭୂମି ସଂଲଗ୍ନ ରାସ୍ତାରେ 'ଷ୍ଟାର ଅଫ୍ ଫେମ୍' ଶୀର୍ଷକ ଅନୁରୂପ ସ୍ମାରକୀ ସୃଷ୍ଟି କରାଯାଇଛି।

ଏଥିରେ ଭାରତୀୟ ସିନେମା ଜଗତରେ ପ୍ରସିଦ୍ଧ କପୁର ପରିବାରର ଅନେକଙ୍କ ନାମ ପ୍ରଥମେ ଉତ୍କୀର୍ଣ୍ଣ ହୋଇଛି।

ଲଣ୍ଡନରେ ଥିବା ମାଡ଼ାମ ତୁଷାଦଙ୍କ ମହମ ସଂଗ୍ରହାଳୟର ଏକ ଶାଖା ହଲିଉଡ଼ରେ ରହିଛି। ଏଥିରେ ଅନେକ ଚିତ୍ର, ସଂସ୍କୃତି ତଥା କ୍ରୀଡ଼ା ତାରକାଙ୍କ ମହମ ନିର୍ମିତ ମୂର୍ତ୍ତି ପ୍ରଦର୍ଶିତ। ତାହାର ଅନୁକରଣରେ ଏଠାରେ ଗଢ଼ିଉଠିଛି କେତେଗୋଟି ଛୋଟ ମହମ ସଂଗ୍ରହାଳୟ। କୌଣସି ବ୍ୟକ୍ତିର ଅବିକଳ ନକଲ, ମୂର୍ତ୍ତି - ଅଭିଜ୍ଞ ଶିଳ୍ପୀମାନଙ୍କ ଦ୍ୱାରା ପ୍ରସ୍ତୁତ କରି ଆକର୍ଷଣୀୟ ଭାବେ ସଜାଯାଇଛି। ପ୍ରବେଶ ଶୁଳ୍କ ମାଡାମ ତୁଷାଦଠାରୁ ଯଥେଷ୍ଟ କମ୍। ସେହିଭଳି ଗୋଟିଏ ସଂଗ୍ରହାଳୟରେ ମୁଁ କୋଡ଼ିଏ ଡଲାର ଦେଇ ବୁଲିବାକୁ ଗଲି। ବ୍ୟବସାୟିକ ଭିତ୍ତିରେ ପ୍ରଦର୍ଶନୀ ଏକ ଲାଭଜନକ ବୃତ୍ତି। ସ୍ୱତନ୍ତ୍ର କୋଠରୀମାନଙ୍କରେ ଉପଯୁକ୍ତ ଆଲୋକ ବ୍ୟବସ୍ଥା ମଧ୍ୟରେ ମୂର୍ତ୍ତିଗୁଡ଼ିକ ଜୀବନ୍ତ ଲାଗନ୍ତି। ତିନିପାର୍ଶ୍ୱରେ ଦର୍ପଣ ଖଚିତ ମଞ୍ଚରେ ରଙ୍ଗିନ ଆଲୋକ ସହିତ ମୂର୍ତ୍ତିଗୁଡ଼ିକ ଦେଖିଲେ ଆଖି ଝଲସିଯାଏ। ମାଡ଼ାମ ତୁଷାଦ ଅପେକ୍ଷା ଏଠାରେ କିଛି ବ୍ୟତିକ୍ରମ ଲକ୍ଷ୍ୟ କରାଯାଏ। ମାଡ଼ାମ ତୁଷାଦରେ ପୁରୁଣା ବରିଷ୍ଠ ତାରକାମାନଙ୍କୁ ଅଥବା ଲୋକପ୍ରିୟତାର ଶୀର୍ଷ ଛୁଇଁଥିବା ବ୍ୟକ୍ତିବିଶେଷଙ୍କୁ ସାଧାରଣତଃ ଅଗ୍ରାଧିକାର ଦିଆଯାଏ। ମାତ୍ର ଏହି କ୍ଷୁଦ୍ର ସଂଗ୍ରହାଳୟମାନଙ୍କରେ ଅପେକ୍ଷାକୃତ କମ୍ ବୟସର ତାରକାମାନଙ୍କ ମୂର୍ତ୍ତି ଅଧିକ ଦେଖିବାକୁ ମିଳେ। ବୋଧହୁଏ ଯୁବାବର୍ଗଙ୍କୁ ଆକର୍ଷିତ କରିବା ପାଇଁ ଏହି ନିଷ୍ପତ୍ତି ନିଆଯାଇଛି। ଏଥିରେ ଓସ୍କାର ଓ ଗ୍ରାମୀ ପୁରସ୍କାର ବିଜେତା, ଅଲମ୍ପିକ ବିଜେତା ତାରକା କ୍ରୀଡ଼ାବିତ୍‌ମାନଙ୍କ ସୁନ୍ଦର ଅବୟବ ସମୃଦ୍ଧ ପ୍ରତିମୂର୍ତ୍ତି ସ୍ଥାନ ପାଇଛି। ଗୋଟିଏ ମଞ୍ଚରେ ପାଞ୍ଚଜଣ ତାରକା ରହିଛନ୍ତି। ସେମାନେ ହେଲେ Matt Damon 1970 , Scarlett Johansson 1984, Ryan Reynolds 1976, Jennifer Aniston 1969, Leonardo Dicaprio 1974। ଝଲମଲ ପ୍ରଚ୍ଛଦ ଆଗରେ, ସୁନ୍ଦର ପୋଷାକରେ ବିଭିନ୍ନ ଭଙ୍ଗୀରେ ତାରକାଗଣ ଛିଡ଼ା ହେଇ ସତେ ଯେମିତି ଅଭିବାଦନ ଜଣାଉଛନ୍ତି। ପଛରେ ଥିବା ବୃହତ୍ ଦର୍ପଣରେ ସେମାନଙ୍କର ପଶ୍ଚାତ୍‌ଭାଗ ପ୍ରତିଫଳିତ। ଆହୁରି କେତେ ଏକକ ତଥା ଦ୍ୱୈତ ମୂର୍ତ୍ତି ସବୁ ବିଭିନ୍ନ ଭଙ୍ଗୀରେ ସଜାଇ ରଖାଯାଇଛି ଆଗନ୍ତୁକମାନଙ୍କ ମନୋରଞ୍ଜନ ଉଦ୍ଦେଶ୍ୟରେ। ଆଧୁନିକ ଯୁଗର ଏହି ତଥାକଥିତ ଉପଦେବତାମାନଙ୍କ ଅନୁକୃତି ଦର୍ଶନ କରିବା ପାଇଁ ଲୋକଙ୍କ ମନରେ ସତେ କେତେ କୌତୁହଳ !

# ସାନ୍ତାମୋନିକା ବେଳାଭୂମି

ପ୍ରଶାନ୍ତ ମହାସାଗରର ବିଶାଳ ନୀଳ ଜଳରାଶି ସଂଲଗ୍ନ ଗୋଟିଏ ବିନ୍ଦୁରେ ଅବସ୍ଥିତ ମେକ୍ସିକୀୟ ନାମ ବହନ କରୁଥିବା ଏହି ବେଳାଭୂମି ଲସ୍‌ଆଞ୍ଜେଲସ୍ ସହରରର ବିକାଶ ସହିତ ତାଳଦେଇ ନିଜର ସମୁଜ୍ଜ୍ୱଳ ସ୍ଥିତି ଜାହିର କରୁଛି। ଦୁଇ ପାର୍ଶ୍ୱରେ ପ୍ରଲମ୍ବିତ ଉଚ୍ଚ ସ୍ଥଳଭାଗରେ, ସବୁ ବେଳାଭୂମିର ତଟଦେଶ ଭଳି ସ୍ୱାଭାବିକ ଭାବେ ରହିଛି ସୁଉଚ୍ଚ କୋଠାମାଳ। ସମୁଦ୍ରକୂଳିଆ ଅଞ୍ଚଳରେ ଲୋକେ ସାଧାରଣତଃ ବସବାସ କରିବାକୁ ଭଲ ପାଆନ୍ତି। ମାନବ ସମାଜର ସମୁଦ୍ର ପ୍ରତି ରହିଛି ପ୍ରଗାଢ଼ ଆକର୍ଷଣ। ସମୁଦ୍ର କୂଳରେ ଲହଡ଼ିରେ, ଆମ ସମୁଦ୍ର ଭଳି ଉଦ୍ଦାମତା ନଥିଲେ ମଧ୍ୟ ତରଙ୍ଗର ତୀବ୍ରତା ଦେଖିବାକୁ ମିଳେ। ଉଚ୍ଚ ସ୍ଥଳଭାଗରୁ ପ୍ରାୟ ଚଉଠ ମାଇଲ ଦୂରରେ ସମୁଦ୍ର ଭିତରେ ନିର୍ମିତ ଜେଟିକୁ ସଂଯୋଗ କରୁଛି ଉଡ଼ାରାସ୍ତା ବା ପୋଲ। ସେହି ଉଡ଼ା ରାସ୍ତାର ଏକ ପାର୍ଶ୍ୱରେ କାର ପାର୍କିଙ୍ଗ ଆଉ ଅପର ପାର୍ଶ୍ୱରେ ମନୋରଞ୍ଜନ ପାଇଁ ମୀନା ବଜାର ଓ ଖାଦ୍ୟ ପେୟର ବିପଣୀ। ଉଡ଼ା ରାସ୍ତାର ଶେଷରେ ରହିଥିବା ଜେଟି ପ୍ରାୟ ୨୫-୩୦ ଫୁଟ ଉଚ୍ଚରେ ରହିଛି। ସେ ସ୍ଥାନରେ ଲହଡ଼ିର ପ୍ରକୋପ କମ୍ ଥିବାରୁ ପାହାଚ ସାହାଯ୍ୟରେ ତଳକୁ ଯାଇ ନୌବିହାର ପାଇଁ ସୁବନ୍ଦୋବସ୍ତ କରାଯାଇଛି। ଲହଡ଼ି ଉଠୁଥିବା ସ୍ଥାନରେ ନୌକାରେ ଚଢ଼ିବା ଓ ଓହ୍ଲାଇବା ଅସୁବିଧାଜନକ ହୋଇଥାଏ। ପ୍ରଶସ୍ତ ଉଡ଼ାରାସ୍ତାରେ ଜନସମାଗମ ମଧ୍ୟରେ କେତେ ଲୀଳା, କେତେ ସୁଆଙ୍ଗ, ବିଚିତ୍ର ପ୍ରତିଭା ପ୍ରଦର୍ଶନାଦି ଦେଖିବାକୁ ମିଳେ।

ଆମେ ପୁରୀବାସୀଙ୍କ ପାଇଁ ସମୁଦ୍ର କୂଳ ନୂଆ ନହେଲେ ମଧ୍ୟ ସବୁ ସ୍ଥାନରେ ପାରିପାର୍ଶ୍ୱିକ ଦୃଶ୍ୟ ଭିନ୍ନ। ଆମେ ଅଦୂରରେ ଗାଡ଼ିରଖି ଉଡ଼ାରାସ୍ତା ଦେଇ ଜେଟି ପର୍ଯ୍ୟନ୍ତ ଗଲୁ। ଦୁଇପାର୍ଶ୍ୱରେ ବେଳାଭୂମି ଓ ତତ୍‌ସଂଲଗ୍ନ ବର୍ଣ୍ଣାଢ଼୍ୟ ଜନବସତିର ଅତ୍ୟନ୍ତ ମନୋରମ ଦୃଶ୍ୟ ଉପଭୋଗ କଲୁ। ନିମ୍ନରେ ସହସ୍ର ସଂଖ୍ୟାରେ ମଟରଗାଡ଼ିର ମେଳା।

ବେଳାଭୂମିରେ ଗହଳି ସାଧାରଣ। ପୋଲ ଉପରେ ଲୋକଙ୍କୁ ଆକର୍ଷିତ କରି ବିଭିନ୍ନ ଚମକ ଦେଖାଇ ଚାଲିଛି ବିଭିନ୍ନ ପ୍ରତିଭା ପ୍ରଦର୍ଶନ, ହାସ୍ୟାଭିନୟ, ଯାଦୁଖେଳ, ମାଙ୍କଡ଼ଡ଼ିଆଁ, ବନ୍ଧୁକ ଫୁଟା ଇତ୍ୟାଦି କେତେ କ'ଣ। ପାର୍ଶ୍ୱରେ ମୀନା ବଜାରରେ ରାମଦୋଳି, ଚକ୍ରୀ , ଉଠାପକା ଚକ୍ରୀ ଇତ୍ୟାଦି। ଜେଟିର ପାଖାପାଖି ପହଞ୍ଚିଲା ବେଳକୁ କୌଣସି ଏକ ପୁରାତନ ହିନ୍ଦୀ ଚଳଚ୍ଚିତ୍ରର ଗୀତର ଯନ୍ତ୍ର ସଙ୍ଗୀତରେ ସ୍ୱର ଆମକୁ ଚମକୃତ କଲା। ପାଖକୁ ଯାଇ ଜଣେ ଭାରତୀୟ ପ୍ରତିଭାଙ୍କୁ ଭେଟିଲୁ। ମଧ୍ୟବୟସ୍କ କଳାକାର ଜଣକ ଏକ ବୀଣା ସାହାଯ୍ୟରେ ଯାନ୍ତ୍ରିକ ଧୁନ୍ ପରିବେଷଣ କରୁଥିଲେ। ସେ ଧୁନ୍‌ରେ ସାମୁଦ୍ରିକ ବାତାବରଣ ମହିମାନ୍ୱିତ ହେଉଥିଲା।

କଳାକାର ଜଣକ ବିହାରରେ ଜନ୍ମିତ। ପ୍ରାୟ କୋଡ଼ିଏ ବର୍ଷ ତଳେ ଆମେରିକା ଯାଇ ପୂର୍ବରୁ ଶିଖିଥିବା ସଙ୍ଗୀତ କଳାକୁ ବୃତ୍ତି କରି ରହିଛନ୍ତି। ଘରୋଇ ସମାବେଶରେ ସଙ୍ଗୀତ ପରିବେଷଣ କରିବା ସହିତ ଭାରତୀୟ ସଙ୍ଗୀତରେ ରୁଚି ରଖୁଥିବା କିଛି ଲୋକଙ୍କୁ ଶିକ୍ଷାଦାନ କରି ଆର୍ଥିକ ଦୃଷ୍ଟିରୁ ବେଶ୍ ସନ୍ତୋଷଜନକ ସ୍ଥିତିରେ ରହିଛନ୍ତି। ସେ ବୀଣା ସହିତ ଗିଟାର ଓ ଭାଓଲିନ୍ ମଧ୍ୟ ବଜାଇ ପାରନ୍ତି ହେଲେ ବୀଣା ଅଧିକ ଲୋକଙ୍କୁ ଆକର୍ଷିତ କରିଥାଏ ବୋଲି ସେ ସ୍ୱୀକାର କଲେ। ଆମର ବାକ୍‌ଦେବୀ ସରସ୍ୱତୀଙ୍କ ଶ୍ରୀହସ୍ତ ଶୋଭିତ ବୀଣାକୁ ଲୋକପ୍ରିୟ କରିଥିବାରୁ ଆମେ ତାଙ୍କୁ ଧନ୍ୟବାଦ ଦେଇ ଫେରିଲୁ। ପୁଣି ପୋଲ ଉପରୁ ବେଳାଭୂମିକୁ ଆସି ପ୍ରଶାନ୍ତ ମହାସାଗରର ଜଳସ୍ପର୍ଶ

କରିବାକୁ ଗଲୁ। ଆଦିତ୍ୟ ବୁଡ଼ଟିଏ ପକାଇବା ପାଇଁ ଆଗରୁ ମନସ୍ଥ କରି ଅତିରିକ୍ତ ପୋଷାକ ଆଣିଥିଲା। ସେ ଗାଧୋଇଲା ବେଳକୁ ଆମେ ସବୁ ଅପେକ୍ଷା କଲୁ। ସନ୍ଧ୍ୟାର ଆଗମନରେ ବେଳାଭୂମିର ରଙ୍ଗ ବଦଳି ସାରିଥିଲା। ନିକଟରେ ଏକ ମୁକ୍ତାକାଶ ରେସ୍ତୋଁରାରେ ସାନ୍ଧ୍ୟକାଳୀନ ମନୋରଞ୍ଜନ କାର୍ଯ୍ୟକ୍ରମ ଆରମ୍ଭ ହୋଇଥିଲା। କିଛି ଯୁବକ ଯୁବତୀ ଏକତ୍ର ବାଦ୍ୟ ସହିତ ତାଳ ମିଳାଇ ପଦଚାଳନା କରୁଥିଲେ। ହାତରେ ଗୀଟାର ଧରିଥିବା ଯୁବକ ଜଣକ ଅଭିନୟ ସହିତ ସଙ୍ଗୀତ ପରିବେଷଣ କରୁଥିଲେ। ଆମେ ଉପରକୁ ଆସି ଏକ ମ୍ୟାକ୍‌ଡୋନାଲ୍ଡ କାଫେରେ ବସି ଜଳଯୋଗରେ କିଛି ସମୟ କଟାଇ ସାନ୍ତାମୋନିକାଠାରୁ ବିଦାୟ ନେଇ ଫେରିଲୁ।

# ପୁନଶ୍ଚ ମରୁଯାତ୍ରା

ଲସ୍ ଆଞ୍ଜେଲସ୍‌ର ଆହୁରି ଅନେକ କିଛି ଅଣଦେଖା ରହିଗଲା। କ୍ୟାଟାଲିନା ଦ୍ୱୀପକୁ ଜଳଯାତ୍ରା ପାଇଁ ଯୋଜନା ରହିଥିଲେ ମଧ୍ୟ ସମ୍ଭବ ହେଲା ନାହିଁ। ପରଦିନ ସକାଳୁ ହୋଟେଲରେ ପ୍ରାତଃଭୋଜନ ସାରି ଆମେ ପୁଣି ଲାସ ଭେଗାସ୍ ପ୍ରତ୍ୟାବର୍ତ୍ତନ ପାଇଁ ପ୍ରସ୍ତୁତ ହେଲୁ। ପୁରୀର ପ୍ରମୋଦ ସେନାପତି, ଆମକୁ ଡିଟ୍ରୟଟରେ ଆତିଥ୍ୟ ପ୍ରଦାନ କରିଥିବା ଡାକ୍ତର ଶିଶିର ସେନାପତିଙ୍କ ଉପର ଭାଇ ଲସ୍‌ଆଞ୍ଜେଲସ୍‌ର ଅନତି ଦୂରରେ ବସବାସ କରନ୍ତି। ତାଙ୍କର ଆମନ୍ତ୍ରଣ କ୍ରମେ କେବଳ ଚା'ପାନ ପାଇଁ ତାଙ୍କ ଘରକୁ ଗଲୁ। ପ୍ରମୋଦ ଭାଇନା ଭୂସମ୍ପତ୍ତି ବା ରିଏଲ ଇଷ୍ଟେଟ୍ ବ୍ୟବସାୟ କରନ୍ତି। ଆମେରିକାରେ ପ୍ରାୟ ଶହେ ଏକରରୁ ଅଧିକ ଜମି ନିଜ ମାଲିକାନାରେ ରଖିଛନ୍ତି। ଏହା କିଛି କମ୍ କଥା ନୁହେଁ। ତାଙ୍କ ଘର ଏକ ଉପତ୍ୟକାର ଉପରି ଭାଗରେ ବୋଲି କହିଲେ ଠିକ୍ ହେବ। ସୁସଜ୍ଜିତ ଦ୍ୱିତଳ ଘର ଚଟାଣ ସମ୍ପୂର୍ଣ୍ଣ ଭାବେ ଗାଲିଚାରେ ଆବୃତ। ରୁଚିପୂର୍ଣ୍ଣ ଆସବାବ ପଶ୍ଚାତଭାଗରେ ବଗିଚାରୁ ଉପତ୍ୟକାର ଦୃଶ୍ୟ ମନୋରମ। ଦୁଇ ଝିଅ ବାହାରେ ରୁହନ୍ତି। ଦୁହେଁ ଅବିବାହିତ, ବୃତ୍ତିଧାରୀ। ଘରେ କେବଳ ଭାଇନା ଭାଉଜ। ଅଧିକାଂଶ ଘରର ହାଲଚାଲ ଏକା ଭଳି। ଆମେ ତାଙ୍କ ଘରେ ଚା ଇତ୍ୟାଦି ଖାଇ ଆମ ଯାତ୍ରାପଥରେ ଆଗେଇଲୁ। ପ୍ରମୋଦ ଭାଇନା ସଠିକ ରାସ୍ତା ସଂପର୍କରେ କିଛି ଉପାଦେୟ ପରାମର୍ଶ ଦେଲେ। ସେହିଠାରୁ ଆମେ ଆସି ରାଜପଥ ୧୧ ଧରିଲୁ। ଧିରେ ଧିରେ ସବୁଜିମା ଅପସରି ଗଲା। ଆରମ୍ଭ ହେଲା ମରୁ ଅଞ୍ଚଳର ଶୁଷ୍କ ବାତାବରଣ। ଜୁନ୍ ମାସ ପ୍ରଥମ ସପ୍ତାହର ଟାଣ ଖରାରେ ଚମକୁଥାଏ ବାଲୁକା ପ୍ରାନ୍ତର, ଛୋଟ ବଡ଼ ପାହାଡ଼ ଓ ତହିଁରେ କାଁ ଭାଁ ବୃକ୍ଷରାଜି। ଗ୍ରାଣ୍ଡ କାନ୍ୟନରୁ ଫେରିବା ବେଳର ପୁନରାବୃତ୍ତି। ମରୁଭୂମିର ବି ଏକ ପ୍ରକାର ଚମକ ଥାଏ। ସାମୟିକ ଆକର୍ଷଣ ଅନୁଭବ କରିହୁଏ। ଆମେରିକାରେ କାଲିଫର୍ଣ୍ଣିଆ, ଆରିଜୋନା ଓ ନେଭାଡ଼ା ପ୍ରଭୃତି ରାଜ୍ୟର ମରୁ ଅଞ୍ଚଳ

ଜଗତ ଖ୍ୟାତ। ଠିକ୍ ଆମର ରାଜସ୍ଥାନ ଓ ଗୁଜୁରାଟ ରାଜ୍ୟ ଭଳି। ଆମ ଦେଶ ଭଳି ଏ ଦେଶର ଭୂଗୋଳରେ ଏହା ହିଁ ବୈଚିତ୍ର। କେଉଠିଁ ତୁଷାରପାତ ତ ପୁଣି କେଉଁଠି ପ୍ରଚଣ୍ଡ ଗ୍ରୀଷ୍ମ ପ୍ରବାହ। ଏ ସବୁ ପ୍ରକୃତିର ବିଚିତ୍ର ଲୀଳା।

ପ୍ରାୟ ଦୁଇ ଘଣ୍ଟାର ଯାତ୍ରା ପରେ ମଧ୍ୟାହ୍ନ ଭୋଜନ ପାଇଁ ଇଣ୍ଟନେଟ୍‌ରୁ Barstow ନାମକ ଏକ କ୍ଷୁଦ୍ର ସହର ଆଗରେ ଆସୁଥିବାର ସନ୍ଧାନ ପାଇଲୁ। ସେଠାରେ ଯାଇ ଛୋଟିଆ ଗୋଟେ ରେସ୍ତୋରାଁରେ ପହଞ୍ଚିଲୁ। ଗାଡ଼ିରୁ ଓହ୍ଲାଇ ବାହାରକୁ ଯାଇ ଅସହ୍ୟ ସୂର୍ଯ୍ୟତାପ ସତ୍ତ୍ୱେ ସେ ଭୋଜନାଳୟ ଭିତରକୁ ପ୍ରବେଶ କରି ରକ୍ଷା ପାଇଲୁ। ସଂକୀର୍ଣ୍ଣ ଆଭ୍ୟନ୍ତର ବିଶିଷ୍ଟ Mr Kabob ନାମକ ରେସ୍ତୋଁରାରେ କେବଳ ମହିଳା

ପରିଚାରକମାନେ ଥିଲେ। କାଉଣ୍ଟରର ବିପରୀତ ପାର୍ଶ୍ୱରେ ଜଣେ ଅଭିବାଦନ ଜଣାଇଲେ। କାଉଣ୍ଟରରେ ସଦ୍ୟ ପ୍ରସ୍ତୁତ ଭୂମଧ୍ୟସାଗରୀୟ ଖାଦ୍ୟ ସମ୍ଭାର ସଜାହୋଇ ରହିଥିଲା। ତା'ର ଫଳକ ମଧ୍ୟ ଆଗନ୍ତୁକମାନଙ୍କ ଗୋଚରାର୍ଥେ ଲଗାଯାଇଥିଲା। ତା ସତ୍ତ୍ୱେ ମହିଳା ଜଣକ ମଧୁର ସ୍ୱରରେ ଗୋଟି ଗୋଟି କରି ସବୁ ବ୍ୟଞ୍ଜନର ନାମ ତଥା ବିବରଣୀ ପ୍ରଦାନ କଲେ। କ୍ରିମି ଗାରଲିକ୍ ଚିକେନ୍, ସ୍ପ୍ରେଡେଡ୍ ପ୍ରିମାରିଓ, ଓ୍ୱାୟରଡ୍ ପଟାଟୋ, ବ୍ରାଉନ ରାଇସ୍ ବିଫ ଓ ଲେଣ୍ଟିଲ, ଗ୍ରିନ ରାଇସ, ସିଲାଣ୍ଟ୍ରୋ ସ୍ୱଫ୍ଟ ଏଗ୍‌ପ୍ଲାଣ୍ଟ, ଲେମନ୍ ଚିକେନ୍ କବାବ, ଚିକେନ ବା ବିଫ କୁବିଡ଼ନ୍ ଇତ୍ୟାଦି ଥିଲା ସେହି Mediterranean ରେଷ୍ଟୋରାଁରେ ଆଗନ୍ତୁକମାନଙ୍କ ପାଇଁ ସେଦିନର ଖାଦ୍ୟ ସମ୍ଭାର। କିଛି ଖାଦ୍ୟରେ ଗୋମାଂସ ମିଶିଥିବା ଜାଣି ମନ ଉଣା ହୋଇଗଲା। କେବଳ କ୍ଷୁଧା ମେଣ୍ଟାଇବାକୁ ମନସ୍ଥ କରି ଭାତ ଓ ଚିକେନର କିଛି ଖାଦ୍ୟ ଖାଇନେଲୁ। ବାହାରେ ଆସି ମୋଜାଭେ ରିଭର ଭ୍ୟାଲି ମ୍ୟୁଜିୟମ, ସେଇ ନିକଟରେ ରହିଥିବା ଦେଖିଲୁ। ରାସ୍ତା ପାର୍ଶ୍ୱ କାନ୍ଥରେ ଏକ ବିରାଟ ଭିତ୍ତିଚିତ୍ରରେ ମୋଜାଭେ ନଦୀ ଅବବାହିକାର ପ୍ରାଚୀନ ଅଧିବାସୀଙ୍କ ବିଭିନ୍ନ ଜୀବଜନ୍ତୁଙ୍କ ସହିତ ସହାବସ୍ଥାନ ବିଷୟ ଚିତ୍ରଣ ହୋଇଥିଲା। ସେଥିରେ ଆକାଶରେ ଏକ ଉଡ଼ନ୍ତା ଇଗଲ ବୁଦା ମୂଳେ ଏକ ଠେକୁଆକୁ ଝାମ୍ପ ମାରିବା ପାଇଁ ପକ୍ଷ ମେଲାଇ ଆସୁଥିବାର ଚିତ୍ର ଅତ୍ୟନ୍ତ ଜୀବନ୍ତ। ସୁଦୀର୍ଘ ବାଲୁକା ପ୍ରାନ୍ତର ପ୍ରଚ୍ଛଦରେ କେତେଗୋଟି କାକ୍‌ଟସ୍‌ର ଅବତାରଣା ସ୍ଥାନୀୟ ପ୍ରାକୃତିକ ଦୃଶ୍ୟପଟର ବାହକ ମାତ୍ର।

ଆମେରିକାର ଏହି ଉତ୍ତର ପଶ୍ଚିମପ୍ରାନ୍ତ ଯଥା ଆରିଜୋନା, ନାଭାଡ଼ା ଓ କାଲିଫର୍ଣ୍ଣିଆର ପୂର୍ବାଞ୍ଚଳରେ ସପ୍ତଫେଣୀ ବା କାକ୍‌ଟସ୍‌ର ପ୍ରାବଲ୍ୟ ଦେଖାଯାଏ। କାକ୍‌ଟସ ଅନେକ ପ୍ରକାର ମଧ୍ୟରୁ 'ସାଗୁଆର' (Saguaro) ପ୍ରଜାତି ଏହି ଅଞ୍ଚଳରେ ଅଧିକ ସଂଖ୍ୟକ ଦେଖାଯାଏ। ଏହା ମୁଖ୍ୟତଃ ନଳୀ ସଦୃଶ ଆକୃତିର ତୀକ୍ଷ୍ଣ କଣ୍ଟାରେ ଆଚ୍ଛାଦିତ, ଅତି ମନ୍ଥର ଗତିରେ ବଢ଼ିଥାଏ। ଏହି ଅଞ୍ଚଳରେ ସାଗୁଆର ପ୍ରାୟ ୧୦ ବା ୧୨ ଫୁଟ ଉଚ୍ଚ ହେବା ପାଇଁ ୧୦୦ ବର୍ଷ ପାଖାପାଖି ଲାଗିଥାଏ। ଏହି ପ୍ରଜାତିର କାକଟସ୍‌କୁ ସଂରକ୍ଷିତ ଉଦ୍ଭିଦ ଭାବେ ଘୋଷଣା କରି ମାର୍କିନ ସରକାର ଏହାର ସୁରକ୍ଷା ପାଇଁ ଆଇନ ଆଣିଛନ୍ତି। କେହି ଏହି ପ୍ରାକୃତିକ ସମ୍ପଦକୁ ନଷ୍ଟ ବା କର୍ତ୍ତନ କଲେ ଆଇନତଃ ଦଣ୍ଡିତ ହେବେ। କଣ୍ଟକିତ ହେଲେ ମଧ୍ୟ ଏହି ବୃକ୍ଷର ସୌନ୍ଦର୍ଯ୍ୟ ଅନେକଙ୍କୁ ଆକର୍ଷିତ କରିଥାଏ। ସାଗୁଆରର ବ୍ୟବସାୟିକ ପ୍ରତିପାଳନ କରାଯାଇ ଏହାର ବଜାର ମଧ୍ୟ ସୃଷ୍ଟି କରାଯାଇଛି। ଧନ୍ୟରେ ମାର୍କିନ ଜାତି! ଏହି କଣ୍ଟାଗଛ ଯାହାକୁ ଛୁଇଁବା ତ ଦୂରକଥା ଯାହା ପାଖକୁ ଯିବା ପାଇଁ ମଣିଷ ଡରେ ତା' ପାଇଁ ପୁଣି ଏତେ ଆଟୋପ!

ପୁଣି ଆରମ୍ଭ ହେଲା ମରୁଯାତ୍ରାର ପର ଅଧ୍ୟାୟ। ଦକ୍ଷିଣରେ ଆସିଲା

ପର୍ବତମାଳା। ମାନଚିତ୍ର ଅନୁସାରେ ଏହି ପର୍ବତଶ୍ରେଣୀ ସଂଲଗ୍ନ ଅଞ୍ଚଳ ମୋଜଭେ ଅବବାହିକା ଯାହା ପ୍ରାଚୀନ ଜନଜାତିଙ୍କ ବସବାସ କାରଣରୁ ସଂରକ୍ଷିତ ସ୍ଥଳ ହୋଇଅଛି। ଯେମିତି ଆମ ଦେଶର ଆଣ୍ଡାମାନ ଓ ନିକୋବର ଦ୍ୱୀପପୁଞ୍ଜ ଆଉ ଆମ ଓଡ଼ିଶାର କୋରାପୁଟ ଜିଲ୍ଲାରେ ବଣ୍ଡାଘାଟିରେ ଆଦିବାସୀ ସଂସ୍କୃତିକୁ ସୁରକ୍ଷା ଦେବା ପାଇଁ ଯାହା ପଦକ୍ଷେପ ନିଆଯାଇଛି। ଆମ ଗାଡ଼ି ଚାଲିଛି ବିସ୍ତୀର୍ଣ୍ଣ ବାଲୁକା ପ୍ରାନ୍ତର ମଝିରେ ସୁଦୀର୍ଘ ରାସ୍ତାରେ। ବାମପାର୍ଶ୍ୱରେ କେତେବେଳେ ଗୋଟେ କାର ବା ଟ୍ରକଟିଏ କ୍ଷିପ୍ର ଗତିରେ ଆମ ପଛକୁ ଚାଲିଯାଉଛନ୍ତି। ଆଗରେ ମସୃଣ ରାସ୍ତା ଉପରେ ଝଲମଲ କରୁଛି ତୀବ୍ର ସୂର୍ଯ୍ୟାଲୋକର ଯାଦୁକରୀ ପ୍ରତିଫଳନ।

ପ୍ରାୟ ଏକ ଘଣ୍ଟାର ଯାତ୍ରା ପରେ ଆସିଲା ବେକ୍‌ର ନାମକ ଅନ୍ୟ ଏକ କ୍ଷୁଦ୍ର ଜନପଦ ଯହିଁରେ ବାମପାର୍ଶ୍ୱର ବିସ୍ତୃତ ଅଞ୍ଚଳ "ଡ଼େଥ୍ ଭ୍ୟାଲି" ନାମରେ ଅଭିହିତ। ଏଭଳି ନକରାତ୍ମକ ନାମକରଣ ପଛରେ କ'ଣ ବା ତାତ୍ପର୍ଯ୍ୟ ରହିଥାଇ ପାରେ! ସହସ୍ରାଧିକ ଏକର ବ୍ୟାପ୍ତ ଏହି ଅଞ୍ଚଳ ଦେଶର ସବୁଠାରୁ ଶୁଷ୍କ, ଉତ୍ତପ୍ତ ତଥା ସମୁଦ୍ର ପତନଠାରୁ ନୀଚା ସ୍ଥାନ ହୋଇଥିଲେ ମଧ୍ୟ ଜାତୀୟ ଉଦ୍ୟାନର ମାନ୍ୟତା ପାଇଛି। କୌତୁହଳୀ ପର୍ଯ୍ୟଟକ ଏହାର ବିଭିନ୍ନ ଅଞ୍ଚଳକୁ ବୁଲିବାକୁ ଯାଆନ୍ତି। ସାମାନ୍ୟ କେତେଗୋଟି ମରୁଦ୍ୟାନକୁ ପାଥେୟ କରି ଏହି ମରୁ ଉପତ୍ୟକାରେ ପର୍ଯ୍ୟଟନ ବିକାଶ ଲାଭ କରିଛି। ଏହାର ଇତିହାସ କହେ ଊନବିଂଶ ଶତାବ୍ଦୀରେ (୧୮୪୪) କିଛି ୟୁରୋପୀୟ ଆମେରିକୀୟ କାଲିଫର୍ଣ୍ଣିଆରେ 'ସୁନା ପାଇଁ ଦୌଡ଼' କାଳରେ ଏଠାକୁ ସୁନା ସନ୍ଧାନରେ ଆସି ଫସିଗଲେ କହିଲେ ଚଳେ। ଆଉ ଫେରି ନପାରି କିଛି ଲୋକ ମୃତ୍ୟୁବରଣ କରିଥିଲେ। ସେହି କାରଣରୁ ଏହି ଉପତ୍ୟକା 'ଡେଥ୍ ଭ୍ୟାଲି' ନାମରେ ଲୋକମୁଖରେ ଉଚ୍ଚାରିତ। ସରକାରୀ ଭାବରେ ମଧ୍ୟ ଗୃହୀତ।

ବେକର ସହରର ଅନ୍ୟ ଏକ ପରିଚୟ ରହିଛି। ଏହିଠାରେ ରହିଛି ୧୩୪ ଫୁଟ ଉଚ୍ଚତା ବିଶିଷ୍ଟ ବିଶ୍ୱର ବୃହତମ ଥର୍ମୋମିଟର। ରାଜପଥ ପାର୍ଶ୍ୱରେ ଦଣ୍ଡାୟମାନ ଏହି ଥର୍ମୋମିଟର ପ୍ରାୟ ପାଞ୍ଚମାଇଲ ପୂର୍ବରୁ ଦୃଷ୍ଟି ପଥାରୂଢ଼ ହୁଏ। ୧୯୦୩ରେ ସଂସ୍ଥାପିତ ଏହି ଯନ୍ତ୍ରଟି ମରୁଭୂମିରେ ସଠିକ୍ ଉତ୍ତାପର ସୂଚନା ଦେବା ପାଇଁ ଲଗାଯାଇଛି।ଏଥିରେ ସର୍ବୋଚ୍ଚ ୧୩୪ ଫାରେନ୍‌ହିଟ୍ ବା ୫୭ ସେଣ୍ଟିଗ୍ରେଡ ଉତ୍ତାପର ମାତ୍ରା ନିର୍ଦ୍ଧାରିତ ହୋଇପାରେ। ଆମେ ଗାଡ଼ିରୁ ଓହ୍ଲାଇ ଦେଖିଲା ବେଳକୁ ୧୧୦ ଫାରେନହିଟ ରହିଥିଲା।

ଆମେ ସେତେବେଳକୁ ଲାସଭେଗାସ୍‌ଠାରୁ ମାତ୍ର ପଚାଶ ମାଇଲ ଦୂରରେ ଥାଉ। ରାସ୍ତାର ଗହଳିରୁ ଏକ ବଡ଼ ସହର ଆଗରେ ଆସୁଥିବାର ସଙ୍କେତ ମିଳିଲା।

ଭେଗାସ ପହଞ୍ଚିବା ବହୁ ପୂର୍ବରୁ ରାସ୍ତା ଧାରରେ ଅନେକ ରିସର୍ଟ ରହିଥିବାର ଦେଖିଲୁ ଓ ପ୍ରାୟ ସବୁଥିଲେ କ୍ୟାସିନୋର ବିଜ୍ଞାପନ ରହିଥିଲା। ସବୁ ରିସର୍ଟଗୁଡ଼ିକ ଭିନ୍ନ ଭିନ୍ନ ନକ୍ସା ଓ ପରିପାଟୀ ନେଇ ଆତ୍ମପ୍ରକାଶ କରିଛନ୍ତି। ଆକର୍ଷଣୀୟତାର ପ୍ରତିଯୋଗିତାରେ କିଏ ଆଗ, କିଏ ପଛ। ଟ୍ରାଫିକ୍ ଜାମରେ କିଛି ସମୟ ଅପଚୟ କଲା ପରେ ଆମ ଗନ୍ତବ୍ୟ ସ୍ଥଳ ଯେଉଁଠାରେ, ଆଉ ଗୋଟିଏ ରାତି କଟାଇବା ପାଇଁ ପୂର୍ବରୁ ବ୍ୟବସ୍ଥା ହୋଇଥିଲା, ସେଠାରେ ପହଞ୍ଚିଲୁ।

# ଏକ୍ସକ୍ୟାଲିବର (Excalibur) ହୋଟେଲ

ବିଶ୍ୱର ମନୋରଞ୍ଜନ ରାଜଧାନୀ ଭାବେ ଖ୍ୟାତ ଲାସଭେଗାସ୍‌ର ପ୍ରମୁଖ ରାଜପଥ 'ଷ୍ଟ୍ରିପ୍'ର ପାରାଡାଇଜ୍ ଅଞ୍ଚଳରେ ୧୯୬୦ ପ୍ରତିଷ୍ଠିତ ବିଶ୍ୱର ୧୧ତମ ତଥା ଆମେରିକାର ୭ମ ବୃହତ୍ ହୋଟେଲ 'ଏକ୍ସକ୍ୟାଲିବର'। ଏହାର ନାମକରଣ ଅତ୍ୟନ୍ତ ତାତ୍ପର୍ଯ୍ୟପୂର୍ଣ୍ଣ। ବିଗତ ଷଷ୍ଠ - ସପ୍ତମ ଶତାବ୍ଦୀରେ ବ୍ରିଟେନରେ କିଙ୍ଗ ଆର୍ଥର ନାମକ ଜଣେ ବୀରଙ୍କର ଆବିର୍ଭାବ ହୁଏ କିଛି ଲୋକସାହିତ୍ୟ ମାଧ୍ୟମରେ। ସେଇ କାଳ୍ପନିକ ଚରିତ୍ର ଦେଖିବାକୁ ଅସାମାନ୍ୟ ରୂପ ବେଶଭୂଷା ବିଶିଷ୍ଟ। ହାତରେ ଥିବା ଦୀର୍ଘ ଅସି ଯାହାର ନାମ 'ଏକ୍ସକ୍ୟାଲିବର'। କ୍ରମେ ବହୁ ଶତାବ୍ଦୀ ଧରି ଏହି କିମ୍ବଦନ୍ତୀ ଚରିତ୍ରର ବହୁଳ ପ୍ରସାର ଘଟି ତାଙ୍କ ଉପରେ ଅନେକ ନାଟକ, ଚଳଚ୍ଚିତ୍ର ଆଦି ସୃଷ୍ଟି ହୋଇଛି। ବିଡ଼ମ୍ବନା ଏହି ଯେ ଉକ୍ତ ଚରିତ୍ର ଇତିହାସର ସ୍ୱୀକୃତି ପାଇନଥିଲେ ମଧ୍ୟ ଏହାଙ୍କ ଲୋକପ୍ରିୟତା ସର୍ବାଗ୍ରେ। ତାଙ୍କ ସହିତ ସ୍ୱନାମଧନ୍ୟ ଖଣ୍ଡାଟିର ନାମ ମଧ୍ୟ ବହୁଳ ଭାବେ ଜନାଦୃତ ହୋଇଛି।

ଏକ୍ସକ୍ୟାଲିବର ହୋଟେଲର ମୁଖ୍ୟ ଆକର୍ଷଣ ହେଉଛି ଏହାର ସମ୍ମୁଖ ଭାଗରେ ରହିଥିବା ପ୍ରାଚୀନ ଗମ୍ବୁଜ ବା କ୍ୟାସେଲ ଆକୃତିର ସ୍ଥାପତ୍ୟ ସମୂହ ଯାହା ଲାସଭେଗାସ୍‌ର ଅନ୍ୟ ବୃହତ୍ ହୋଟେଲଗୁଡ଼ିକଠାରୁ ଏହାକୁ ଅନନ୍ୟତା ଆଣିଦିଏ। ବିମାନରୁ ଏହି ସହରର ଦୃଶ୍ୟ ମଧ୍ୟରେ ଏହି ହୋଟେଲର ସ୍ଥିତି ବାରି ହେଇପଡ଼େ। ଏଥିରେ ଦୁଇଟି ପ୍ରକାଣ୍ଡ ଅଟ୍ଟାଳିକାରେ ରହିଛି ପ୍ରାୟ ୪୦୦୦ କୋଠରୀ, ୮ ଗୋଟି ସୁବିଖ୍ୟାତ ରେସ୍ତୋରାଁ, ଛଅଗୋଟି ପ୍ରେକ୍ଷାଳୟ ଆଉ କ୍ୟାସିନୋ ଲାଉଞ୍ଜରେ ୧୬୦୦ ଗୋଟି ସ୍ଲଟ ମେସିନ ସହିତ ଅନେକ ଖେଳ ଟେବୁଲ। ପୂର୍ବରୁ କୁହାଯାଇଛି କ୍ୟାସିନୋ,ଏ ସହରରେ ପର୍ଯ୍ୟଟକଙ୍କ ପାଇଁ ମୁଖ୍ୟ ଆକର୍ଷଣ ଏବଂ ନେଭାଡ଼ା ରାଜ୍ୟର ପର୍ଯ୍ୟଟନ, ରାଜସ୍ୱର ମୁଖ୍ୟ ସ୍ରୋତ।

ପୂର୍ବ ଆରକ୍ଷିତ କକ୍ଷର ଚାବି ପାଇବାକୁ ଆମକୁ ଏକ ଘଣ୍ଟା ଲାଗିଥିଲା। ବିଶାଳ ଅଭ୍ୟର୍ଥନା କକ୍ଷର ପ୍ରାୟ କୋଡ଼ିଏରୁ ଅଧିକ କାଉଣ୍ଟରରେ ଲୋକଙ୍କ ଧାଡ଼ି ଲାଗିଥାଏ। ଆମ ଭଳି କେତେ ଆଗନ୍ତୁକ ତ କିଏ ରୁମ୍ ଚାବି ହସ୍ତାନ୍ତର କରିବା ପାଇଁ ଅପେକ୍ଷା କରିଛନ୍ତି। ଚାବି ନେଇ ଆମେ ସୂଚନା ଫଳକର ନିର୍ଦ୍ଦେଶରେ ଯାଇ ଚଉଦ ମହଲାରେ ଆମ ରୁମରେ ପହଞ୍ଚିଲୁ।

ରାତିରେ କ୍ୟାସିନୋ ଲାଉଞ୍ଜରେ ଅନେକ ସମୟ କଟାଇଲୁ। ଶତାଧିକ ସଂଖ୍ୟାରେ ସ୍ଲଟ ମେସିନ ଖେଳ ଓ ଅନେକ ପ୍ରକାରର ଟେବୁଲ ଖେଳର ଅପୂର୍ବ ଆକର୍ଷଣ ବାନ୍ଧି ରଖିଛି ପର୍ଯ୍ୟଟକଙ୍କୁ। ସମସ୍ତ ଖେଳ ଜିତିବା ଉତ୍ତେଜନାବର୍ଦ୍ଧକ ମାତ୍ର  ଜିତିବା ଲୋକଙ୍କ ସଂଖ୍ୟା ନଗଣ୍ୟ। ଜ୍ୟାକପଟ ଜିତିବାର ମୋହ ଓ କ୍ଷଣିକ ଉତ୍ତେଜନାର ବଶବର୍ତ୍ତୀ ହୋଇ  ଲୋକେ ବିପୁଳ ଅର୍ଥ ବ୍ୟୟ କରନ୍ତି। ଖେଳର ନିୟମ ଶିଖାଇବା ପାଇଁ ପ୍ରଶିକ୍ଷକ ରହିଛନ୍ତି। ନୂଆ ଖେଳାଳୀଙ୍କୁ ଉତ୍ସାହିତ କରିବା ପାଇଁ ଅତି କମ୍ ଅର୍ଥ ବିନିମୟରେ ଖେଳର ଅନୁଭୂତି ନେବା ପାଇଁ ବ୍ୟବସ୍ଥା ରହିଛି। ପିଲାମାନେ ମଧ୍ୟ ସ୍ଲଟ ମେସିନରେ କଏନ୍ ପକାଇ ଖେଳିଥାଆନ୍ତି। ତିନିପତ୍ରି ବା ରନିଂ ଫ୍ଲାସ ଖେଳୁଥିବା ଲୋକମାନେ ଗମ୍ଭୀର ଜଣାପଡୁଥାଆନ୍ତି। ସବୁଠାରୁ ମଜାଦାର ଖେଳ ହେଲା ଘୋଡ଼ା ଦୌଡ଼। ଜୀବନ୍ତ ଘୋଡ଼ା ଦୌଡ଼ରେ ଟଙ୍କା ଲଗାଇ ଖେଳିବା ଏକ ଅଭିଜାତ ବିଳାସ। ଆମ ଦେଶରେ ଏହି ଖେଳ କଲିକତା, ବାଙ୍ଗାଲୋର ଆଦି ସହରରେ ଚାଲେ। ଏଠି ଏକ ବିଶାଳ ଟେବୁଲ ଉପରେ କ୍ଷୁଦ୍ର କଣ୍ଢେଇ ଭଳି ଘୋଡ଼ାମାନେ ଯାନ୍ତ୍ରିକ ଉପାୟରେ ଦୌଡ଼ନ୍ତି। ସେମାନଙ୍କ ଉପରେ ଟଙ୍କା ଲଗାଯାଏ। ନିର୍ଦ୍ଧାରିତ ଧାଡ଼ିରେ ସେମାନେ ଦୌଡ଼ନ୍ତି। ଜିତିବା ଘୋଡ଼ା ଉପରେ ଲଗାଇଥିବା ଖେଳାଳି ନିୟମ ଅନୁସାରେ ଅର୍ଥ ଜିତନ୍ତି। ହାରିବା ଲୋକେ ନିରାଶ ହୁଅନ୍ତି। ଏମିତି କେତେ ପ୍ରକାରର ଖେଳ ଅଧିକ ସମୟ ଉପଭୋଗ କରି ଫୁଡ଼କୋର୍ଟରେ ରାତ୍ରିଭୋଜନ ସାରି ରୁମକୁ ଆସି ବିଶ୍ରାମ ନେଲୁ। ପରଦିନ ଡ୍ୟାଲାସ ଫେରିବା ପାଇଁ ଭଡ଼ା ଗାଡ଼ି ଫେରାଇ ବିମାନ ବନ୍ଦରକୁ ଆସିଲୁ। ବିମାନବନ୍ଦର ପରିସରରେ ଅନେକ ଆକର୍ଷଣୀୟ କଳାତ୍ମକ ବସ୍ତୁ ରହିଥିଲା। କାନ୍ଥରେ ଲଗାଇଥିବା ଏକ ବୃହତ କୋଲାଜରେ ସହସ୍ର ସଂଖ୍ୟାରେ ଶିଶୁମାନଙ୍କ ଦ୍ୱାରା ଅଙ୍କିତ ଚିତ୍ରର କ୍ଷୁଦ୍ର ଖଣ୍ଡ ସବୁ ସମାହିତ ହୋଇ ପ୍ରସ୍ତୁତ ହୋଇଥିଲା। ନିରେଖି ଦେଖିଲେ ହାତଅଙ୍କା ଚିତ୍ରଗୁଡ଼ିକ ଜଣାପଡେ। ଅଭିନବ ଶୈଳୀର ପ୍ରଦର୍ଶନ ମଧ୍ୟ ଏକ ପ୍ରକାରର କଳା ନୁହେଁ ତ ଆଉ କ'ଣ! ଏହାଛଡ଼ା ବେଙ୍ଗ, ଗୋଧି ଭଳି କିଛି ସରୀସୃପଙ୍କ ଖୁବ୍ ବଡ଼ ଆକାରର ପ୍ରତିକୃତି ଆକର୍ଷଣୀୟ ଥିଲା।

# ଷ୍ଟକ୍‌ୟାର୍ଡ ଓ କାଓ ବୟେଜ

ମାର୍କିନ ସଂସ୍କୃତିରେ ନିୟମିତ ଆମିଷ ଭକ୍ଷଣ ସାଧାରଣ କଥା। ନିରାମିଷାଶୀଙ୍କ ସଂଖ୍ୟା ଅତି ନଗଣ୍ୟ। ଧର୍ମାନ୍ତରିତ ହିନ୍ଦୁ, ବୌଦ୍ଧ, ଜୈନ ତଥା ସ୍ୱାସ୍ଥ୍ୟଗତ କାରଣରୁ ବା ନିଜ ରୁଚିକୁ ନେଇ ଆମିଷ ଖାଉନଥିବା ଲୋକେ କମ୍ ସଂଖ୍ୟକ। ଆମିଷ ଭାବରେ ମାଛ ଚିଙ୍ଗୁଡ଼ି ତଥା ଅନ୍ୟ ସାମୁଦ୍ରିକ ଜୀବ ଛଡ଼ା କୁକୁଡ଼ା, ଟର୍କି ଆଦି ପକ୍ଷୀ ତଥା ଛେଳି, ମେଣ୍ଢା, ଗାଈ, ମଇଁଷି ଇତ୍ୟାଦି ପଶୁଙ୍କ ମାଂସଯୁକ୍ତ ବା ପ୍ରକ୍ରିୟାକୃତ ଖାଦ୍ୟ ବହୁ ପରିମାଣରେ ଲୋକେ ଖାଇଥାଆନ୍ତି। ସେଥିପାଇଁ ଏହି ଜନ୍ତୁମାନଙ୍କ ପାଳନ, କର୍ତ୍ତନ, ମାଂସ ପ୍ରସ୍ତୁତି, ସଂରକ୍ଷଣ ତଥା ସ୍ୱତନ୍ତ୍ର ପ୍ୟାକିଂ ପ୍ରତିଷ୍ଠାନ ସବୁ ରହିଛି। ପାଳନ ପାଇଁ ଖୁଆଡ଼କୁ 'ରାଞ୍ଚ' ଓ ବ୍ୟବସାୟ ପେଣ୍ଠକୁ 'ଷ୍ଟକ୍‌ୟାର୍ଡ଼' କୁହାଯାଏ। ପଶୁ ପାଳନ ଓ

ମାଂସ ବେପାର ଊନବିଂଶ ଶତାବ୍ଦୀରେ ଶିଳ୍ପର ମାନ୍ୟତା ପାଇଲା । ସିକାଗୋ ସହର ଓ ଟେକ୍ସାସ୍ ରାଜ୍ୟ ଏହି ଶିଳ୍ପ କ୍ଷେତ୍ରରେ ଆଗରେ ଥିଲେ । ଟେକ୍ସାସ୍‌ର ଫୋର୍ଟଓ୍ୱର୍ଥରେ ଥିଲା ଏକ ବିଶାଳ ରାଞ୍ଚ ଓ ଷ୍ଟକ୍‌ୟାର୍ଡ । ବ୍ୟବସାୟ କ୍ଷେତ୍ରରେ ଏହାର ପ୍ରସିଦ୍ଧି ରହିଥିଲା । ଏବେ ଏଠାରେ ଅତି ଅଳ୍ପ ସଂଖ୍ୟକ ପଶୁ ରହିଥିଲେ ମଧ୍ୟ ଏହାର ପୂର୍ବ ପ୍ରସିଦ୍ଧି ସକାଶେ 'ଐତିହ୍ୟ ଜିଲ୍ଲାର' ମାନ୍ୟତା ପାଇଛି । ପୂର୍ବେ ରାଞ୍ଚରେ ଥିବା ବିପୁଳ ସଂଖ୍ୟକ ପଶୁମାନଙ୍କର ଦେଖାରେଖା କରିବା ପାଇଁ ପଶୁ ରକ୍ଷକମାନେ ଘୋଡ଼ା ପିଠିରେ ସବାର ହେଇ ପଶୁମାନଙ୍କୁ ଅଡ଼ାଇବା କାମଟି କରୁଥିଲେ । ପ୍ରାୟ ଶହେ ଏକର ସ୍ଥାନ ପରିମିତ ଷ୍ଟକ୍‌ୟାର୍ଡରେ ଘୋଡ଼ାରେ ବସି, ହାତରେ ଚାବୁକ ଧରି ଏମାନେ ପଇଁତରା ମାରୁଥିଲେ । ରୂପ ପୋଷାକରେ ଭିନ୍ନ ଥିବା ଏହି ପଶୁ ରକ୍ଷକମାନଙ୍କୁ 'କାଓ ବୟେଜ' କୁହାଯାଏ । ଅନେକ କୃଷ୍ଣକାୟ କ୍ରୀତଦାସ ମଧ୍ୟ ଏହି କର୍ମରେ ନିଯୁକ୍ତ ଥିଲେ । ଅଧୁନା ଏହି ଷ୍ଟକ୍‌ୟାର୍ଡରେ ଅଳ୍ପ କିଛି ଘୋଡ଼ା ଓ ମଇଁଷି ଇତ୍ୟାଦି ରହିଥିବା ଯୋଗୁଁ 'କାଓ ବୟେଜ'ମାନଙ୍କର ସଂଖ୍ୟା ମଧ୍ୟ କମ୍ । କେବଳ ସେହି ପୂର୍ବ ପରମ୍ପରା ବଜାୟ ରଖି ପ୍ରତ୍ୟହ ଅପରାହ୍ଣରେ ଏକ ସଂକ୍ଷିପ୍ତ ଶୋଭାଯାତ୍ରାରେ ସୁସଜ୍ଜିତ ଘୋଡ଼ାଟଣା ଗାଡ଼ି ଚଢ଼ି ଏମାନେ ସାରା ଅଞ୍ଚଳ ପରିକ୍ରମା କରନ୍ତି । ରାସ୍ତାର ଦୁଇ ପାର୍ଶ୍ୱରେ ଦେଖଣାହାରୀମାନେ ଏମାନଙ୍କୁ ହାତ ହଲାଇ ଅଭିବାଦନ ଜଣାନ୍ତି । ବୋଧହୁଏ ଏହି ଶୋଭାଯାତ୍ରାର ଉଦ୍ଦେଶ୍ୟ ଏଇଆ ହୋଇପାରେ କି ଏହି ସଂସ୍କୃତିର ସମ୍ପୂର୍ଣ୍ଣ ବିଲୟ ହୋଇ ନାହିଁ ବୋଲି ପ୍ରମାଣିତ କରିବା ।

ଆମେରିକାରୁ ଫେରିବା ପୂର୍ବଦିନ ମଧ୍ୟାହ୍ନ ଭୋଜନ ସାରି ଷ୍ଟକ୍‌ୟାର୍ଡ ବୁଲିବାକୁ ଗଲୁ। ପ୍ରୀତିର କହିବାନୁସାରେ ଅପରାହ୍ଣ ପ୍ରାୟ ଚାରିଟାରେ ସେହି ଶୋଭାଯାତ୍ରା ବାହାରେ। ଆମେ ଯାଇ ସେଠାରେ ପହଞ୍ଚିବା ବେଳକୁ ଶୋଭାଯାତ୍ରା ପ୍ରାୟ ଅନ୍ତିମ ପର୍ଯ୍ୟାୟରେ। ଘୋଡ଼ା ପିଠିରେ ଆକର୍ଷଣୀୟ ପୋଷାକରେ ମାତ୍ର କେତେଜଣ କାଓବୟେଜ ଦର୍ପର ସହିତ ରାସ୍ତାର ଦୁଇ ପାର୍ଶ୍ୱରେ ଲୋକଙ୍କୁ ଅଭିବାଦନ ଜଣାଇ ଚାଲିଥାନ୍ତି। ଅନ୍ୟ କେତୋଟି ଘୋଡ଼ାଗାଡ଼ିରେ ଲୋକେ ବସି ପରିକ୍ରମା କରୁଥାନ୍ତି। ଅନେକ ଯୁବକ କାଓ ବୟେଜଙ୍କ ଭଳି ପୋଷାକ ପିନ୍ଧି ବୁଲୁଥାଆନ୍ତି। ସମଗ୍ର ଅଞ୍ଚଳଟି ଏକ ପ୍ରକାର ଉତ୍ସବମୁଖର ହୋଇପଡ଼େ ପ୍ରତ୍ୟହ ଅପରାହ୍ଣରେ। ରାସ୍ତାର ଅପର ପାର୍ଶ୍ୱରେ ଯାଇ ଖୁଆଡ଼ରେ ଅଳ୍ପ କେତୋଟି ଗଧ, ଗାଈ ସହିତ କେତୋଟି ଅରଣା ମଇଁଷି ଭଳି ଜନ୍ତୁ ଯାହାର ମସ୍ତକରେ ପ୍ରାୟ ତିନି ଫୁଟରୁ ଅଧିକ ଲମ୍ବର ଶିଙ୍ଘ ବାହାରି ରହିଥାଏ, ଦେଖିଲୁ। ପୁଣି ପୂର୍ବ ପାର୍ଶ୍ୱକୁ ଫେରି ଅତୀତରେ ଥିବା କଂସେଇଖାନାରୁ ରୂପାନ୍ତରିତ ବଜାର ଭିତରେ ବୁଲିଲୁ। ବିଭିନ୍ନ ପ୍ରକାରର ମାଂସ ପ୍ରସ୍ତୁତ ଖାଦ୍ୟ ମିଳୁଥିବା ରେସ୍ତୋଁରା ସହିତ କେବଳ ବିଭିନ୍ନ ପଶୁମାନଙ୍କ ଚମଡ଼ା ଓ ଦେହାଂଶ ପ୍ରସ୍ତୁତ ସାମଗ୍ରୀର ବିପଣୀମାନ ରହିଥିଲା। ଅନେକ ହରିଣ, ଘୋଡ଼ା ଓ ଗୟଳ ପ୍ରଭୃତିଙ୍କ ଶିଙ୍ଘଯୁକ୍ତ ମୁଣ୍ଡ, ପଟା ଉପରେ ଲଗାଯାଇ ଘର ସଜାଇବା ପାଇଁ ବିକ୍ରି ହେଉଥାଏ। ସେହିଭଳି ନେଉଳ ଓ ଗୁଣ୍ଡିଚି ପ୍ରଭୃତିଙ୍କ ଚମଡ଼ା ଭିତରେ ତୁଳା ବା କନା ପୂର୍ଣ୍ଣକରି ଜୀବନ୍ତ ଭଳି ରଖାଯାଇଥାଏ। ଅନ୍ୟ ଏକ ବିପଣୀରେ 'କାଓ ବୟେଜ' ପୋଷାକ ପରିହିତ ଏକ ମୂର୍ତ୍ତି ଦ୍ୱାର ଦେଶରେ

ରହି ଶୋଭାବର୍ଦ୍ଧନ କରୁଥାଏ। ଭିତରେ ଘୋଡ଼ାର ବିଭିନ୍ନ ଆସବାବ ମଧ୍ୟରେ ନାଲ ଠାରୁ ବେଲ୍ଟ ତଥା ପିଠି ଉପର ଆସନ ସହିତ 'କାଓ ବୟେଜ'ମାନଙ୍କର ଜୋତା, ପୋଷାକ, ବେଲ୍ଟ , ଟୋପି, ହତିଆର ଓ ଚାବୁକ୍ ଇତ୍ୟାଦି ମିଳୁଥାଏ। ସେହିଠାରେ ଅନେକ ଯୁବକ ରୁଣ୍ଡ ହୋଇଥାଆନ୍ତି। ଏହି ଧରଣର ପୋଷାକ ପ୍ରତି ଅନେକ ଯୁବକଙ୍କର ଦୁର୍ବଳତା ରହିଅଛି। ଏହାକୁ 'କାଓ ବୟେଜ' ଫ୍ୟାଶନ ବୋଲି କୁହାଯାଏ।

ଆମେ ଏକ କଫି ଷ୍ଟଲରେ କଫି ପିଇ ଫେରିଲୁ। ଉଡ଼ାଜାହାଜରେ ଆସିଲା ବେଳେ ଡ଼.ଏଫ,ଡ୍ଳୁ ବିମାନ ବନ୍ଦରରେ ଅବତରଣର ଅଳ୍ପ ସମୟ ପୂର୍ବରୁ ତଳେ ଏକ ବୃହତ ଜଳାଶୟ କୂଳରେ ବହୁ ଲୋକ ବୁଲାବୁଲି କରୁଥିବା ଦେଖିଥିଲି। ଏହା ନିଶ୍ଚୟ ଏକ ହ୍ରଦ ହୋଇପାରେ। ଏକଥା ପ୍ରୀତିକୁ କହିବାରେ ସେ ଇଣ୍ଟରନେଟ୍‌ରେ ଖୋଜି ଆମକୁ ସେଠାକୁ ନେଇଗଲା। ପ୍ରୀତି ବୋଧେ ସେଠାକୁ ପୂର୍ବରୁ କେବେ ଯାଇନଥିଲା। ଘରଠାରୁ ପ୍ରାୟ ୩୨ ମାଇଲ ଦୂରରେ ସେଇଟି ଥିଲା Lake Lewisville ଆମେ ଶେଷ ସନ୍ଧ୍ୟା ସେହି ହ୍ରଦ କୂଳରେ ଶୀତଳ ପରିବେଶରେ କଟାଇଲୁ। ଜୁନ ମାସର ଉତ୍ତାପକୁ ପ୍ରତିହତ କରିବା ପାଇଁ ଆବାଳ ବୃଦ୍ଧବନିତା ହ୍ରଦରେ ଥିଲେ ସ୍ନାନରତ। ଅନେକ ପିଲା ଖେଳକୁଦ, ସନ୍ତରଣରେ ଲିପ୍ତ ଥିଲେ। ସମୟ କଟାଇବା ପାଇଁ ଆବଶ୍ୟକୀୟ ଅନେକ ସୁବିଧା ରହିଥିଲା। ସେଠାରେ ସୂର୍ଯ୍ୟାସ୍ତର ଦୃଶ୍ୟ ଉପଭୋଗ କରି ଘରକୁ ଫେରିଲୁ। ଆମ ସାଙ୍ଗରେ ସେଦିନ ଆଦିତ୍ୟ ରହିଥିଲେ ଅବଶ୍ୟ ହ୍ରଦରେ ଗାଧେଇବା ଭଳି କଥା ଉଠିଥାଆନ୍ତା ! ସେ ଘରେ ତା' କାମରେ ବ୍ୟସ୍ତ ଥିଲା।

# ହେ ଆମେରିକା ବିଦାୟ

ଆତ୍ମୀୟମାନଙ୍କଠାରୁ ବିଦାୟ ବେଳା ସର୍ବଦା ଦୁଃଖଦାୟକ। ବିବାହ ପରେ ଝିଅବିଦା ହେଉ ବା ଘରକୁ କୁଣିଆ ଆସି କିଛିଦିନ ପରେ ଫେରିବା ବେଳର ଉଦ୍‌ବେଳିତ ଅନୁଭୂତି, ଉଭୟ ପକ୍ଷଙ୍କ ପାଇଁ କରୁଣ ହୋଇଥାଏ, ଯଦି ସଂପର୍କରେ ଆତ୍ମୀୟତା ରହିଥାଏ। କିଛି ଦିନ ସାହଚର୍ଯ୍ୟର ବନ୍ଧନ ପରେ ବିଛେଦ, ମନରେ ଭାବପ୍ରବଣତା ସୃଷ୍ଟି କରିଥାଏ। ମିଳନ ବେଳାର ଖୁସି , ବିଦାୟ ବେଳାରେ ବିରହ ଭାବ ଆଣିଦିଏ ମାତ୍ର ମିଳନ ପରେ ବିଛେଦ ତ ସବୁ ସମ୍ପର୍କରେ ଅବଶ୍ୟମ୍ଭାବୀ। ବିଦାୟବେଳାର ଦୁଃଖ ଉଭୟ ପକ୍ଷଙ୍କୁ ସହ୍ୟ କରିବାକୁ ହୁଏ। ପୁଣି ଆରମ୍ଭ ହୁଏ ଗତାନୁଗତିକ ଜୀବନଚର୍ଯ୍ୟା, କେବଳ ମନରେ ରହିଯାଏ ସେହି କେତୋଟି ଦିନର ସ୍ମୃତି ବିଜଡ଼ିତ ଅନୁଭୂତି। ସିକାଗୋରୁ ଦିଲ୍ଲୀ ଫେରିବା ପାଇଁ ଆମର ସ୍ଥାନ ଆରକ୍ଷିତ ବିମାନ ପୂର୍ବରୁ ବାତିଲ ହେଇସାରିଥାଏ। ପୂର୍ବରୁ ଆମର ଟିକେଟ ଡ୍ୟାଲାସ୍- ସିକାଗୋ- ଦିଲ୍ଲୀ - ଭୁବନେଶ୍ୱର ହୋଇଥିଲା। ବିମାନ ବାତିଲ ହେଲାପରେ ପୁଣି ସିକାଗୋ ଯାଇ ସେଠାରୁ ନ୍ୟୁଆର୍କ ଯାଇ ଦିଲ୍ଲୀ ବିମାନ ଧରିବାକୁ ପଡ଼ିଲା। ଆଦିତ୍ୟ ଆମ ସହିତ ସିକାଗୋ ପର୍ଯ୍ୟନ୍ତ ଆସି ସେଠାରୁ ନ୍ୟାସ୍‌ଭିଲ ଫେରିଯିବାର ଯୋଜନା ଥିଲା। ତାହା ହିଁ ହେଲା। ମାତ୍ର ଆମ ତିନିଜଣଙ୍କୁ ଆଉ ଏକ ବିମାନ ବଦଳ କରି ନ୍ୟୁଆର୍କ ଯିବାକୁ ପଡ଼ିଲା।

ପ୍ରୀତିର ଘର ଛାଡ଼ିଲା ବେଳକୁ ଇନ୍ଦରଜୀଙ୍କ ମୁହଁ ଶୁଖିଲା ଦିଶୁଥିଲା। ଭାରତୀୟମାନେ ସାଧାରଣତଃ ବନ୍ଧୁବାନ୍ଧବଙ୍କ ଗାଣ୍ଠରେ ଚଳିଥାଆନ୍ତି। ଆମେରିକାରେ ରହୁଥିବା ଭାରତୀୟମାନଙ୍କ ପାଇଁ ସେ ସୁଯୋଗ କମ୍ ଆସେ। ଯେବେ ଆସେ ବିଛେଦ ବେଳକୁ ସେମାନେ ଅଧିକ ଭାବପ୍ରବଣ ହୁଅନ୍ତି। ପ୍ରୀତି ଆମକୁ ଡିଏଫଡବ୍ଲୁ ବିମାନବନ୍ଦରରେ ଛାଡ଼ି ଘରକୁ ଫେରିଗଲା। ସିକାଗୋ ବିମାନ ବନ୍ଦରରେ ଆମ ଜିନିଷପତ୍ର ସିଧାସଳଖ ଦିଲ୍ଲୀ ପର୍ଯ୍ୟନ୍ତ ଆସିବା ପାଇଁ ବ୍ୟବସ୍ଥା କରିବାକୁ ଆଦିତ୍ୟକୁ ଅଧିକ ସମୟ ଲାଗିଗଲା।

ଏଣେ ଆମମାନଙ୍କର କୋଭିଡ଼୍ ନେଗେଟିଭ ପ୍ରମାଣପତ୍ର ସେ ପର୍ଯ୍ୟନ୍ତ ନଆସିଥିବାରୁ ଆମେ ବିଚଳିତ ହେଲୁ। ତାହା ବିମାନ ପ୍ରବେଶ ପାଇଁ ସେତେବେଳେ ଅନିବାର୍ଯ୍ୟ ଥିଲା। ସବୁ ସମସ୍ୟାର ସମାଧାନ ପରେ ଆଦିତ୍ୟର ବିମାନ ଉଠିବା ସମୟ ହେବାରୁ ସେ ଚାଲିଗଲା। ଆମେ ତିନିଜଣ ଏକାଠି ଥିଲେ ମଧ୍ୟ ବହୁତ ନିଃସଙ୍ଗ ଲାଗିଲା। "ଦେଢ଼ ମାସ ତଳେ ଆମକୁ ଆସି ଯେଉଁଠୁ ସାଙ୍ଗରେ ନେଇଥିଲୁ ପୁଣି ସେଇଠି ଛାଡ଼ି ଦେଇଯାଉଛୁ" ବୋଲି କହି ତାକୁ କୁଣ୍ଢାଇ ପକାଇଥିଲି। ସେ ମଧ୍ୟ ବିଚଳିତ ଜଣାପଡୁଥିଲା। ଆମକୁ ପ୍ରଣାମ ଜଣାଇ ଯାତ୍ରାର ସଫଳତା କାମନା କରି ତା'ଜାଗାକୁ ଫେରିଗଲା।

ନ୍ୟୁଆର୍କ ବିମାନ ବନ୍ଦର ନ୍ୟୁୟର୍କ ସହରର ତିନିଗୋଟି ବିମାନ ବନ୍ଦର ମଧ୍ୟରୁ ଅନ୍ୟତମ। ଆମେ ଶିକାଗୋରୁ ନ୍ୟୁଆର୍କ ବିମାନବନ୍ଦରରେ ପହଞ୍ଚିଲା ବେଳକୁ ଆମେରିକାନ ଏୟାରଲାଇନ୍ସର ଦିଲ୍ଲୀ ବିମାନ ଛାଡ଼ିବା ପାଇଁ ଘୋଷଣା ହେଲାଣି। ଆମେ ଅଣନିଶ୍ୱାସୀ ହେଇ ଯାଇ ବିମାନରେ ପଶିଲୁ। ଦିଲ୍ଲୀରୁ ଯିବା ବେଳେ ଯାହା ଅବସ୍ଥା ଥିଲା ତା'ଠାରୁ ଅତି ଭିନ୍ନ ପରିବେଶ ଦେଖିବାକୁ ମିଳିଲା। ଗଲାବେଳେ ସମସ୍ତ ଆସନରେ ଲୋକ ଥିଲେ ମାତ୍ର ଏବେ ତିନି ଭାଗରୁ ପ୍ରାୟ ଦୁଇ ଭାଗ ଆସନ ଖାଲିଥିଲା। ଏତେ ସଂଖ୍ୟକ ଶୂନ୍ୟ ସ୍ଥାନ ଦେଖି ଶୋଇବାର ସୁଯୋଗ ଉଜ୍ଜ୍ୱଳ ଦିଶୁଥିଲା। ବିମାନ ରନୱେ ଛାଡ଼ି ରାତ୍ରିର ଅନ୍ଧକାର ଭେଦ କରି ଉଡ଼ିଚାଲିଲା ଆହୁରି ଉପରକୁ ପୂର୍ବ ଗୋଲାର୍ଦ୍ଧ ଆଡ଼କୁ। ତଳେ ରହିଗଲା ସହସ୍ର ଆଲୋକମାଳା ଶୋଭିତ ନିଉୟର୍କ ନିକଟସ୍ଥ ଅନ୍ୟତମ ପ୍ରକାଣ୍ଡ ଅଭିଜାତ ସହର ନ୍ୟୁଆର୍କ। ବିମାନରୁ ଅନେକ ସମୟ ଧରି ସେ ଆଲୋକମାଳାର ଅପୂର୍ବ ଦୃଶାବଳୀ ଦୃଷ୍ଟିଗୋଚର ହେଲା। ଦୃଶ୍ୟପଟ ଯେତେ ଦୀର୍ଘ, ସହରର ବିସ୍ତାର ସେତେ ଅଧିକ। ମନେ ହେଉଥାଏ ସତେ ଯେପରି ବସ୍ତା ବସ୍ତା ହୀରା ମୋତି ମାଣିକ ବୈଦୁର୍ଯ୍ୟ ଆଦି ବିଭିନ୍ନ ରଙ୍ଗର ମୂଲ୍ୟମାନ ପଥର ସବୁ ବିକ୍ଷିପ୍ତ ଭାବରେ ପଡ଼ିରହିଛି ଅଥବା କିଛି ରତ୍ନମାଳା ସୂତାରୁ ଛିଣ୍ଡି ବିଛାଡ଼ି ପଡ଼ିଛି। ଆକାଶରୁ ଅସଂଖ୍ୟ ତାରା ଯେମିତି ଓହ୍ଲାଇ ଆସି ସତେ ଅବା ଅପେକ୍ଷାକୃତ କମ୍ ଔଜ୍ୱଲ୍ୟର ଜୁଳୁଜୁଳିଆ ପୋକମାନଙ୍କ ସହିତ ମିଶିଯାଇଛନ୍ତି।

ର ାତ୍ରିଭୋଜନ ସାରି ଅନେକ ଯାତ୍ରୀ ଖାଲିଥିବା ଆସନର ହାତରଖାଗୁଡ଼ିକ ଟେକିଦେଇ ଶୋଇବାକୁ ପ୍ରୟାସ କଲେ, ଆମେ ମଧ୍ୟ ଦାୟିତ୍ୱରେ ଥିବା ଜଣେ ହିନ୍ଦୀଭାଷୀ ଯୁବକଙ୍କୁ ଜଣାଇ ସେୟା କଲୁ। ମୁଁ ଏକ ମଧ୍ୟବର୍ତ୍ତୀ ଧାଡ଼ିର ଚାରିଟିକିଆ ଆସନ ପାଇଥିଲି ଯାହା ଲମ୍ବ ଭାବରେ ଶୋଇବା ପାଇଁ ଥିଲା ଯଥେଷ୍ଟ। ଆଉ ବିଳମ୍ବ ନକରି ଆମେ ତିନିଜଣ ଭିନ୍ନ ସ୍ଥାନରେ ବିଶ୍ରାମ ନେଲୁ। ତାହା ଏକ ମହାର୍ଘ ଅନୁଭୂତି। ସାଧାରଣତଃ ନିମ୍ନ ଶ୍ରେଣୀରେ କେବଳ ବସିରହି ଶୋଇବାକୁ ପଡ଼ିଥାଏ। ଏମିତି

ରେଳଗାଡ଼ିର ଶୟନ ବ୍ୟବସ୍ଥା ପରି ସୁଯୋଗ ବିମାନରେ ପାଇବା ବିରଳ। ଦୀର୍ଘ ପନ୍ଦର ଘଣ୍ଟାର ଉଡ଼ାଣ ମଧ୍ୟରେ ଅର୍ଦ୍ଧାଧିକ ସମୟ ଗୋଡ଼ ଲମ୍ବାଇ ଶୋଇଯିବା ପରେ ସତେଜ ଲାଗିଲା। ଥରେ ଉଠି ବସିଲା ବେଳକୁ ମୁଣ୍ଡ ଉପରେ ପରିଚାରିକା କିଛି ଜଳଖିଆ ଓ ପାଣି ରଖିଦେଇ ଯାଇଛନ୍ତି। ସେଥିରୁ କିଛି ଖାଇ, ପାଣି ପିଇ ପୁଣି ନିଦ୍ରାଦେବୀଙ୍କ କୋଳକୁ ଫେରିଲି। ବିମାନରେ ଏମିତି ଶୋଇବା ସୁବିଧା ମିଳିଲେ ମାସକୁ ଦୁଇ ଚାରିଥର ଆମେରିକା ଯିବା ଆସିବା କଲେ ମଧ୍ୟ କିଛି ବାଧିବନି।

ପୃଥିବୀ ଉପରେ ବିମାନର ବକ୍ର ଗତିପଥ ବିଷୟ ପ୍ରଥମ ପରିଚ୍ଛେଦରେ ଉଲ୍ଲେଖ କରାଯାଇଥିଲା। ସେହି ଖଣ୍ଡ ଗୋଲାକାର ଗତି ସକାଶେ ଯାତ୍ରାର ମଧ୍ୟାଂଶରେ ବିମାନ ଉତ୍ତର ମେରୁର ନିକଟତର ହୁଏ। ସେହି ଯୋଗୁଁ କିଛି ମାତ୍ର ସମୟ ପାଇଁ ଉଜ୍ଜ୍ୱଳ ସୂର୍ଯ୍ୟାଲୋକ ଗବାକ୍ଷ ଦେଇ ବିମାନର ଆଭ୍ୟନ୍ତରକୁ ଉଦ୍‌ଭାସିତ କରିଥାଏ। ମାତ୍ର କେତୋଟି ମିନିଟ ପାଇଁ ତାହା ଘଟିବା ପରେ ସୂର୍ଯ୍ୟାଲୋକ ଅପସରି ଯାଇଥିଲା ଏବଂ ପୁନଶ୍ଚ ଯେଉଁ ତିମିରେକୁ ସେଇ ତିମିରେ। ବାହାରକୁ ଦେଖିଲେ କେବଳ ଅନ୍ଧକାର ବା ଧୂସର ବାୟୁମଣ୍ଡଳର ଦୃଶ୍ୟ ଦେଖାଯାଏ। ପୃଥିବୀର ଘୁର୍ଣ୍ଣନ ସହିତ ଦୁଇ ଗୋଲାର୍ଦ୍ଧ ମଧ୍ୟରେ ସମୟର ଯୋଗ ଓ ବିୟୋଗ ଘଟେ, ସେ ବିଷୟରେ ମଧ୍ୟ ଲେଖିଥିଲି। ଏବେ ପ୍ରତ୍ୟାବର୍ତ୍ତନ ବେଳେ ଯିବା ବେଳର ବିପରୀତ ଘଟିଲା। ଗଲାବେଳେ ଆମେ ଯେଉଁ ସମୟ ହରାଇଥିଲୁ, ଦିଲ୍ଲୀରେ ଓହ୍ଲାଇବା ବେଳେ ପୁଣି ସେହି ସମୟ ଫେରି ପାଇଲୁ ଅର୍ଥାତ୍ ଯେଉଁ ଜୁନ୍ ୦୯ ତାରିଖ ରାତିରେ ଆମେରିକାର ନ୍ୟୁୟର୍କ ବିମାନ ବନ୍ଦରରୁ ଉଡ଼ାଣ ଆରମ୍ଭ କରିଥିଲୁ ପୁଣି ସେଇ ନଅ ତାରିଖ ରାତିରେ ଦିଲ୍ଲୀରେ ଅବତରଣ କଲୁ। ଦୀର୍ଘ ପନ୍ଦର ଘଣ୍ଟା ଉଡ଼ାଣ ପରେ ମଧ୍ୟ ଆମ ପାଇଁ ତାରିଖରେ ପରିବର୍ତ୍ତନ ଘଟିନଥିଲା।

ଦିଲ୍ଲୀ ବିମାନ ବନ୍ଦରରେ ପହଞ୍ଚି କିଛି ଘଣ୍ଟା କଟାଇବା ପରେ ପରଦିନ ସକାଳେ ଆମର ଭୁବନେଶ୍ୱର ଫେରିବା ପାଇଁ ଇଣ୍ଡିଗୋ ବିମାନରେ ଆରକ୍ଷଣ ହୋଇଥିଲା। ମାତ୍ର ସେ ବିମାନରେ ନାମ ଗନ୍ଧ ସୂଚନା ଫଳକରେ ନପାଇ ଅନୁସନ୍ଧାନ କରିବାରେ ସେ ବିମାନଟି ବାତିଲ ହେବାର ଖବର ପାଇଲୁ। ବିମାନ କମ୍ପାନୀର ପୂର୍ବ ସୂଚନା ଇମେଲରେ ଆସିଥିଲା ଓ ଆମେ ତାକୁ ଅଣଦେଖା କରିଥିଲୁ। ସେହି ଟିକେଟର ଉପଯୋଗ କରି ଭୁବନେଶ୍ୱର ଫେରିବା ପାଇଁ ଆମକୁ ଏକ ବିମାନରେ ବାଙ୍ଗାଲୋର ଯାଇ ସେଠାରେ ପୁଣି ଅନ୍ୟ ଏକ ବିମାନ ବଦଳାଇ ପ୍ରାୟ ୫ ଘଣ୍ଟା ବିଳମ୍ବରେ ଆସି ଭୁବନେଶ୍ୱରରେ ଓହ୍ଲାଇଲୁ। ଘରେ ଆସି ଦୀର୍ଘ ସମୟ ବିଶ୍ରାମ ନେଇ ରାତିରେ ସିଂହଦ୍ୱାର ନିକଟରେ ଉପରେ ନୀଳଚକ୍ର ଓ ପତିତପାବନଙ୍କୁ ହାତ ଟେକି ପ୍ରଣାମ ଜଣାଇ କହିଥିଲି, ପ୍ରଭୁ ସବୁ ତୁମ ଲୀଳା ! ଜୟ ଜଗନ୍ନାଥ। ■■

## BLACK EAGLE BOOKS

www.blackeaglebooks.org
info@blackeaglebooks.org

Black Eagle Books, an independent publisher, was founded as a nonprofit organization in April, 2019. It is our mission to connect and engage the Indian diaspora and the world at large with the best of works of world literature published on a collaborative platform, with special emphasis on foregrounding Contemporary Classics and New Writing.

www.ingramcontent.com/pod-product-compliance
Lightning Source LLC
Chambersburg PA
CBHW060557080526
44585CB00013B/599
*9781645604730*